NEW

인적자원 관리론

원리와 응용

윤성두

NEW HUMAN RESOURCE MANAGEMENT

박영사

머리말

21세기 지식기반 경제로의 이행은 '사람'의 가치와 역할을 근본적으로 재조명하게 하였다. 특히 대한민국은 자원이 풍부하지 않은 소국(小國)임에도 불구하고, 짧은 기간 내에 눈부신 산업화를 달성하고, 세계 경제 질서에서 당당한 위치를 점하고 있다. 이제 세계 각국의 주요 도시에서 한국산 제품과 서비스를 손쉽게 찾아볼 수 있으며, 단지 '저렴한 대체재'가 아니라 '신뢰받는 고품질 브랜드'로서 세계인들의 선택을 받고 있다. 이는 외형적 성장 이상의 의미를 지니며, 그 이면에는 대한민국 기업과 사회가 축적해온 우수한 인적자원이 자리하고 있다.

기업 경쟁력이 기술력이나 자본력에만 의존하던 시대는 이미 저물었다. 이제는 누가 더 우수한 인재를 확보하고, 그 인재의 역량을 어떻게 개발·활용하는가가 경쟁우위의 핵심이 되었다. 과거 기업들은 가격경쟁력과 제품 차별화를 중심으로 전략을 수립했지만, 이러한 전략은 곧 모방과 벤치마킹으로 한계를 드러냈다. 이에 따라 기업들은 점차 '사람'이야말로 가장 모방 불가능하며, 동시에 가장 전략적인 자원이라는 사실을 인식하게 된 것이다. 이러한 변화는 기업의 인사관리 영역을 단순한 '지원 기능'이 아닌, 조직의 전략을 실현하는 핵심 기능으로 격상시켰다. 조직이 필요로 하는 인재를 어떻게 확보하고, 유지하며, 개발하고, 적절히 보상하며, 궁극적으로는 조직과 구성원 모두의 지속가능한 성장을 도모할 것인가. 이러한 질문에 체계적으로 답하는 학문이 바로 인적자원관리(Human Resource Management: HRM)이다.

오늘날 대한민국 사회 역시 다양한 인적자원 이슈에 직면해 있다. 청년실업과 고령화, 노동시장 유연화와 불안정 고용의 문제, 여성 인력의 활용과 경력단절, 저출산과 인구절벽, 외국인 노동자의 증가, 산업재해와 근로환경 개선, 성과 중심 인사제도의 공정성 문제, 그리고 노사 간 신뢰 회복 등은 모두 인적자원관리의 영역에서 깊이 있게 다루어져야 할 과제들이다. 이러한 환경 변화 속에서 HRM은 단지 조직 내부의 효율성 제고를 넘어서, 사회 전체의 지속가능성을 고민하는 윤리적이고 전략적인 시스템으로 기능해야 한다.

본 교재는 이러한 시대적 변화와 학문적 요청에 부응하고자 기획되었다. 인적자원관리를 처음 접하는 학습자들에게는 기초 개념과 체계를 명료하게 설명하고, 실무 종사자들에게는 현장 적용 가능성과 전략적 시사점을 함께 제공하고자 하였다. 동시에 이론과 실제, 국내 현실과 글로벌 트렌드, 고전적 관점과 현대적 디지털 기술의 융합 등을 유기적으로 연결하는 데 초점을 맞추었다. 본서는 총 13장으로 구성되어 있으며, 다음과 같은 흐름으로 구성되었다.

제 1 장　인적자원관리의 개념에서는 HRM의 정의와 전략적 의의, 현대 경영에서의 역할을 다룬다.

제 2 장　인적자원관리의 역사와 발전과정에서는 고전적 인사관리에서 전략적 HRM으로의 발전, 주요 이론가의 공헌을 조망한다.

제 3 장　인적자원 계획에서는 인력 수요 · 공급 예측 및 계획 수립의 실무적 틀을 설명한다.

제 4 장　인적자원의 환경에서는 HRM에 영향을 미치는 거시 · 미시 환경요인을 분석하고, 대응전략을 제시한다.

제 5 장　직무이론에서는 직무분석, 직무평가, 직무설계 등 인사관리의 과학적 기초를 정리한다.

제 6 장　고용관리(모집과 선발)에서는 인재확보 전략, 채용공정성, 선발 도구 등의 내용을 포함한다.

제 7 장　인력활용과 이동관리에서는 배치, 전보, 승진, 이직 등의 이동과 그 관리 전략을 다룬다.

제 8 장　근로조건과 고용환경 변화에서는 근로시간, 유연근무, 정년, 워라밸 등 제도 변화에 따른 조직 대응을 다룬다.

제 9 장　교육훈련관리에서는 조직학습과 개인역량 개발을 위한 체계적 교육훈련 시스템을 다룬다.

제10장　경력개발관리에서는 경력단계이론, 경력설계 전략 및 개인·조직 차원의 제도 운영을 설명한다.

제11장　인사평가와 성과관리에서는 공정한 성과평가 제도의 설계, KPI 관리, 피드백 문화 정착 등을 포괄한다.

제12장　보상관리(임금과 복지후생)에서는 총보상(Total Rewards) 관점에서 임금, 인센티브, 복지전략을 통합적으로 다룬다.

제13장　인적자원정보시스템과 HR 디지털화에서는 HRIS, 데이터 기반 의사결정, AI 기반 채용과 HRTech 등 최신 흐름을 포함한다.

본서는 이론적 깊이를 유지하면서도 독자의 실무 감각을 높이고자, 가능한 평이한 문장과 구체적 사례 중심의 구성을 택했다. 지면의 한계로 인해 수록하지 못한 더 많은 국내·외 사례와 HRM 관련 법제 및 통계자료는 향후 보완할 계획이다. 그럼에도 불구하고 이 책이 학습자와 실무자 모두에게 현대 인적자원관리의 체계적 이해와 전략적 접근을 위한 좋은 출발점이 되기를 기대한다.

끝으로 집필 과정 내내 묵묵히 응원해 준 가족에게 깊은 감사를 전하며, 본서의 완성도를 높이기 위해 애써주신 박영사 관계자 여러분께도 깊은 감사의 뜻을 전한다.

2026년 2월,
경영연구원에서
윤 성 두

차 례

NEW

인적자원관리론

원리와 응용

NEW HUMAN RESOURCE MANAGEMENT

CHAPTER

01

인적자원관리의 개념

section 01 인적자원관리의 이해

— 전략적 자원으로서 '사람'을 바라보는 경영의 중심축 —

1. 인적자원관리의 개념과 의의

인적자원관리(Human Resource Management: HRM)는 조직이 설정한 목표를 효과적으로 달성하기 위해 필요한 인적자원을 체계적으로 확보하고, 육성하며, 유지하고, 이를 적절히 배치·활용하는 일련의 관리 활동을 의미한다. 그러나 HRM은 단순히 사람을 '관리'하는 기능적 측면을 넘어선다. 오늘날의 인적자원관리는 조직의 전략, 비전, 경쟁 환경과 긴밀하게 연계되며, 사람을 조직의 가장 핵심적이고 전략적인 자산으로 인식하고 이를 최적화하는 과정을 포괄한다.

과거 인사관리(Personnel Management)라는 용어가 사용되던 시기에는 인적자원이 행정적으로 다루어졌으며, 급여·근태·복무·채용 등의 업무가 중심이었다. 하지만 급변하는 경영환경과 노동시장, 기술의 진보, 그리고 사람에 대한 인식의 진화는 인사관리의 기능과 철학을 근본적으로 변화시켰다. 이로 인해 인사관리는 단순한 관리 기능을 넘어서, 사람을 전략적 관점에서 통합적으로 관리하는 현대적 개념인 '인적자원관리(HRM)'로 발전하게 되었다. 이러한 개념적 변화는 명칭의 변경에 그치지 않는다. HRM은 조직의 경쟁력,

지속가능성, 구성원의 몰입과 성장 등 조직 전체의 질적 발전과 밀접하게 연결된 기능으로 자리매김하고 있다. 또한 HRM은 단순한 기업 경영의 도구가 아니라, 사람 중심의 조직철학과 윤리적 경영의 실천 수단으로 그 역할과 의미를 확장해가고 있다.

인사(人事)의 철학적 의미와 경영학적 해석으로 '인사(人事)'는 한자로 '사람 인(人)'과 '일 사(事)'가 결합된 단어로, 단순히 '사람의 일' 또는 '일을 담당하는 사람'을 뜻하는 데 그치지 않는다. '事'는 상황에 따라 '섬길 사(仕)', '벼슬 사(司)', '다스릴 사(治)', '경영할 사(経)' 등의 복합적 의미를 지닌다. 이러한 점에서 '人事'는 단지 '일을 시키는 사람에 대한 관리'가 아니라, 사람을 통해 일의 의미를 실현하고, 사람과 일이 유기적으로 연결되도록 경영하는 포괄적 활동으로 이해되어야 한다.

경영학적으로 보면, 인사관리는 조직 내에서 업무를 수행하는 사람을 이해하고, 지원하며, 그들의 역량이 조직의 성과로 연결될 수 있도록 체계화된 방식으로 관리하는 과정이다. 즉, 조직에서 수행되는 업무의 효율성과 사람의 성장 가능성이라는 두 축을 동시에 달성하기 위한 통합적 관리활동이라고 할 수 있다.

현대의 인적자원관리는 바로 이러한 철학을 기반으로, 사람을 비용이 아닌 가치창출의 원천, 일의 주체로 바라보며, 조직의 전략적 방향성과 연결된 주도적·협력적 파트너십 관계를 전제로 한다. 또한 HRM은 조직이 단기적인 인력 운영을 넘어서, 중장기적 관점에서 인재를 육성하고 조직문화와 성과를 지속적으로 발전시키는 플랫폼으로 작용한다.

요약

인적자원관리는 단순한 '사람의 관리'가 아닌, 사람과 일, 조직과 사회의 조화를 추구하는 전략적 기능이다. 조직의 지속가능한 성장과 구성원의 자기실현을 동시에 달성하고자 하는 오늘날의 HRM은, 과거의 인사관리 개념에서 진화한 미래 지향적 경영 패러다임이라고 할 수 있다.

1) '人事'에 포함된 의미의 구체적 해석

'人事'라는 단어에 내포된 의미는 다음과 같이 구체적으로 해석할 수 있다. 첫째, 사람에 대한 큰일이라는 의미이다. 이는 인적자원이 조직 운영에 있어 가장 중요한 요소이며, 인간 중심의 사고와 가치가 최우선임을 강조한다. 조직의 성공은 결국 사람에 의해 결정된다는 인식이 강하게 반영되어 있다. 둘째, 사람을 다스리는 일이라는 의미가 있다. 이는 인적자원을 효과적으로 관리하는 것을 뜻하며, 인적자원관리는 조직 내 인재가 자신의 역할을 충실히 수행할 수 있도록 구조화된 관리 시스템을 통해 이루어진다. 인재 확보, 배치, 성과관리, 보상, 유지 등의 활동이 여기에 포함된다. 셋째, 사람들이 수행하는 일을 관리한다는 의미이다. 조직 내 모든 업무는 사람이 수행하는 것이며, 그 업무가 원활하게 이루어지도록 직무 설계, 업무 프로세스 최적화, 업무 몰입 환경 조성 등의 활동을 통해 관리되어야 한다는 점을 의미한다.

넷째, 사람을 섬기는 일이라는 의미도 내포되어 있다. 이는 오늘날 인적자원관리에서 강조되는 직원 경험(Employee Experience), 심리적 안전(Psychological Safety), 워라밸(Work－Life Balance), 그리고 다양성과 포용성(DE&I)의 개념으로 확장된다. 조직은 구성원이 최적의 상태에서 업무를 수행할 수 있도록 지원하고, 이를 통해 개인과 조직이 함께 성장하는 선순환 구조를 만들어야 한다.

2) 인적자원관리의 발전 과정

경영학 초기에는 조직 내 인력을 임금노동자 혹은 생산직 미숙련공으로 인식하고 이들을 관리하는 기능으로서 노무관리(Labor Management)라는 용어가 사용되었다. 이 시기의 관리 방식은 주로 통제와 규율에 초점이 맞춰져 있었으며, 인력을 비용 중심으로 바라보았다. 그러나 1930년대부터 1950년대에 걸쳐 인간관계론(Human Relations Theory)이 대두되면서 인간에 대한 이해와 조직 내 심리적 요인의 중요성이 강조되기 시작했다. 인간을 단순히 노동력으로 보지 않고, 조직 내에서의 만족감과 동기부여가 생산성과 직결된다는 인식이 확산되었다. 이로 인해 노무관리라는 용어는 점차 인사관리(Personnel Management)로 대체되었고, 조직 내 모든 종업원을 포괄하는 관리 개념으로 발전하였다.

1960년대 이후 산업환경의 급격한 변화와 글로벌 경쟁의 심화는 기업의 생존 전략을 요구하게 되었고, 이에 따라 인사관리는 단순한 운영 기능을 넘어서 조직 전략과 직결되는 기능으로 확장되었다. 이 과정에서 인사관리(Personnel Management)는 인적자원관리(Human Resource Management)라는 보다 확장된 개념으로 진화하였다. 특히 1990년대 이후에는 전략적 인적자원관리(Strategic HRM)가 강조되면서 HR 기능은 조직의 경쟁력 확보와 지속가능성 유지에 있어 핵심적인 역할을 담당하게 되었다. 최근에는 디지털 전환, ESG 경영, 하이브리드 근무, 직원 경험 관리(EX) 등으로 그 범위가 더욱 넓어지고 있다.

3) 인적자원관리의 정의

인적자원관리란 다음과 같이 정의할 수 있다. "조직의 목표 달성을 위해 인적자원을 확보, 유지, 개발, 활용, 보상하는 일련의 관리 활동으로, 조직의 내·외부 환경 변화에 효과적으로 대응하며 사람을 통한 가치 창출을 실현하는 전략적 시스템이다." 또는, "종업원의 행위, 태도, 성과에 영향을 미치는 정책, 관행, 제도 및 시스템의 총체"로도 정의된다. 이 외에도 인적자원관리는 조직 목표를 달성하기 위해 인간능력의 효과적이고 효율적인 활용을 확보하기 위한 공식적인 조직 시스템의 설계와 운영으로 설명된다.

4) 학자들의 인적자원관리 정의

피고스와 마이어즈(P. Pigors & C.A. Myers)[1)]는 인적자원관리를 개인의 능력을 최대한 발휘하여 자신의 직무에서 혹은 조직의 일원으로서 만족을

1) 피고스(Paul Pigors)와 마이어즈(Charles A. Myers)는 인적자원관리 분야의 초기 학문적 체계를 확립한 대표적인 학자들로, 인사관리(Human Resource Management) 이론과 실천의 토대를 제공한 인물들이다. 이들은 1950년대와 1960년대에 걸쳐 인사관리 분야에서 가장 널리 사용된 교재 중 하나인『Personnel Administration: A Point of View and A Method』를 공동 저술하였다.

극대화할 수 있도록 지원하는 활동으로 정의한다. 스페이트(T.G. Spates)는 종업원이 스스로 잠재력을 최대한 발휘하여 기업의 목표를 달성하도록 그들을 조직하고 관리하는 규범체계라고 정의한다. 드러커(P.F. Drucker)[2]는 인적자원관리를 조직이 종업원이라는 인적자원을 대상으로 행하는 일련의 관리활동으로 본다.

이들의 정의를 종합하면, 인적자원관리는 단순히 인력을 운영하는 기능을 넘어, 조직의 목표 달성을 위해 인적자원을 확보하고, 개발하며, 유지하고 활용하는 계획적이고 조직적인 관리 시스템이라고 할 수 있다.

5) 인적자원관리의 본질

따라서 인적자원관리는 궁극적으로 조직의 목표 달성에 필요한 인재를 선발하고 육성하며, 그들이 조직을 위해 자발적이고 적극적으로 최선을 다해 일하도록 동기부여하는 것을 목적으로 한다. 이를 통해 인적자원관리는 조직이 요구하는 가치, 능력, 그리고 행동을 구성원들이 효과적으로 발휘할 수 있도록 지원한다.

6) 인적자원관리의 과정적 관점

과정적 측면에서 인적자원관리의 영역은 사람이 조직에 들어오면서부터 퇴직하거나 이직할 때까지 조직 내에서 발생하는 모든 사람 관련 의사결정 과정을 포함한다. 전통적 인적자원관리는 다음과 같은 기능에 중점을 두어왔다.

- 인력의 모집 및 선발
- 직무 설계와 배치
- 교육훈련과 개발
- 성과 평가

---

2) 드러커(Peter F. Drucker)는 현대 경영학의 아버지로 불리며, 인적자원을 단순한 생산요소가 아닌 조직의 가장 중요한 자산으로 인식하였다. 그는 인적자원관리를 "기업이 종업원을 대상으로 수행하는 핵심적인 관리활동"으로 정의하며, 특히 사람을 통한 조직의 성과 창출과 지속가능한 성장의 중요성을 강조하였다(The Practice of Management, 1954).

- 보상 및 복리후생
- 인재 유지
- 노사관계 관리

그러나 최근에는 조직의 비즈니스 전략과 인적자원관리의 긴밀한 통합이 강조되고 있으며, 이를 통해 단순한 관리 기능을 넘어서 전략적 파트너로서의 역할을 수행하고 있다.

7) 인적자원관리의 특성

이와 같은 인적자원관리의 특성은 다음과 같이 정리할 수 있다.

① 인적자원관리의 대상은 인간이다. 인간은 감정, 가치, 동기, 자율성을 가진 존재이며, 단순한 비용 요소나 도구로 취급될 수 없다.

② 인적자원관리를 실행하는 주체도 인간이다. 즉, 사람이 사람을 관리하는 것이며, 따라서 사람 간의 상호작용과 신뢰, 소통이 매우 중요하다.

③ 인간이 인적자원관리의 주체이자 객체가 된다는 점에서, 인간 상호작용이 인적자원관리의 핵심이 된다.

④ 인간이 주체와 객체가 된다는 특성 때문에, 성공적인 인적자원관리는 자발성과 자율성을 기반으로 한다. 명령과 통제 방식은 한계가 있으며, 자율적 동기부여가 성과에 직결된다.

⑤ 인적자원관리는 현재의 조직 환경과 상황을 유연하게 조정하고, 이를 통해 조직목표 달성을 위한 제도를 설계하고 운영하는 기능을 수행한다. 특히 최근에는 심리적 안전, 다양성 · 형평성 · 포용성(DE&I), 직원 경험, ESG 경영과 같은 가치가 인적자원관리의 중심에 놓이고 있다.

2. 인적자원관리의 목표

1) 생산성 향상 및 조직의 유지

인적자원관리의 가장 근본적인 목표는 생산성 목표(Productivity Goal)와 유지 목표(Maintenance Goal)를 동시에 달성하는 것이다. 생산성 목표는 조직의 업무 및 과업 수행을 통해 창출되는 가치 극대화를 의미하며, 이는 물적 자원과 재무 자원의 효율적인 활용만으로는 달성할 수 없다. 현대 경영환경에서 생산성 향상은 디지털 전환, 자동화, 인공지능(AI) 도입 등의 물적 자원 관리와 더불어, 인적자원의 역량 강화와 몰입이 절대적으로 중요하다. 즉, 인재가 주도적으로 역량을 발휘하고, 변화에 유연하게 대응하며, 창의적이고 혁신적인 방식으로 업무를 수행하는 것이 조직의 생산성 목표 달성의 핵심이 되고 있다. 반면, 유지목표는 조직의 지속적인 생존과 성장을 위한 인간적·사회적 측면과 깊은 관련이 있다. 오늘날 기업의 생존은 단순히 생산성과 효율성만으로 결정되지 않는다. 조직문화, 직원의 심리적 안전, 일과 삶의 균형, 다양성과 포용성(DE&I) 등 인적자원의 지속 가능한 관리가 반드시 수반되어야 한다. 아무리 첨단의 물적 자원을 갖추고 있어도, 이를 활용하고 가치를 창출하는 것은 결국 사람이다.

따라서 인적자원관리는 단순히 인력을 관리하는 기능을 넘어, 인재의 경쟁력 강화와 동기부여, 그리고 조직의 지속 가능성 확보를 위한 전략적 파트너로서 기능해야 한다. 적은 비용과 노력으로 최대의 성과를 창출하는 것은 궁극적으로 인적자원의 몰입과 주도적 참여에서 비롯되며, 이것이 곧 조직의 생존과 성장의 근간이 된다.

2) 근로생활의 질적 수준 향상

과거 산업화 시대에는 과학적 관리법[3]이 생산성 향상에 크게 기여했지만,

3) 과학적 관리법(Scientific Management)은 미국의 공학자 프레더릭 윈슬로 테일러(Frederick W. Taylor)가 20세기 초에 주장한 경영관리 이론으로, 작업을 과학적으로 분석하고 표준화하여

동시에 작업의 지나친 분업화, 단순화, 자동화는 근로자에게 소외감, 단조로움, 인간성 상실, 그리고 고용 불안정이라는 부작용을 초래했다. 이러한 문제는 오늘날에도 여전히 존재하며, 디지털 전환과 원격 근무의 확산 속에서 더욱 복잡하게 나타나고 있다. 따라서 현대 인적자원관리의 중요한 목표 중 하나는 근로생활의 질(Quality of Working Life: QWL)을 향상시키는 것이다. 이는 단순히 물리적 근로조건의 개선을 넘어서, 다음과 같은 요소를 포함한다.

- 공정하고 투명한 보상 시스템
- 쾌적하고 심리적으로 안전한 근로환경
- 일과 삶의 균형(Work－Life Balance)
- 자기개발 및 성장의 기회 제공
- 업무에서의 의미 부여와 직무 만족도 증진
- 정신적 웰빙과 조직 내 포용적 문화 조성

기업은 더 이상 조직의 목표만을 우선하는 방식으로는 인재를 유지할 수 없다. 개인의 가치, 행복, 삶의 질과 조직의 목표가 상호보완적 관계로 조화될 수 있도록 인적자원관리를 설계하고, 이는 곧 직원 몰입(Employee Engagement)과 직결되며, 장기적으로는 조직의 경쟁력 강화로 이어진다.

3) 합리적 인사제도 확립

전통적으로 우리나라를 포함한 아시아 기업들은 연공서열 중심의 온정주의적 인사제도를 기반으로 운영되어 왔다. 하지만 글로벌화, 디지털 전환, 세대 간 가치관 변화(MZ세대 등장), 그리고 ESG 경영의 확산은 기존 인사제도의 근본적 변화를 요구하고 있다. 오늘날 인적자원관리는 단순히 연공주의나 능력주의 중 하나를 선택하는 방식이 아닌, 두 요소의 장점을 균형 있게 융합해야 한다. 이를 통해 성과 중심의 합리적이고 공정한 인사제도가

생산성을 극대화하는 관리 방법이다. 업무의 분업화, 시간·동작 연구, 성과 기반 임금체계 등을 통해 효율성을 추구했으나, 노동자의 인간적 측면은 상대적으로 소홀히 했다는 비판도 받는다(Frederick W. Taylor, The Principles of Scientific Management, 1911).

확립되어야 한다. 구체적으로는 다음과 같은 기준이 요구된다.

- 객관적이고 데이터 기반의 인사 평가시스템
- 역량 중심의 선발 및 배치
- 성과와 기여도에 따른 공정한 보상 및 승진 체계
- 투명성과 신뢰성 기반의 HR 정책 운영
- 심리적 안전과 다양성·포용성(DE&I)이 내재된 인사 제도

이러한 인사제도는 단순히 규칙이나 절차로 기능하는 것이 아니라, 조직의 전략적 목표와 인적자원의 기대를 일치시키는 중요한 역할을 한다. 또한 구성원 모두가 공정성과 신뢰를 바탕으로 인사제도를 받아들일 수 있어야 하며, 이를 통해 조직 몰입과 지속 가능한 성장을 실현할 수 있다.

현대 인적자원관리의 목표는 단순히 생산성 향상만을 위한 관리기능을 넘어서고 있다. 생산성 향상과 조직의 유지, 근로생활의 질 향상, 그리고 합리적 인사제도의 확립은 서로 독립적인 목표가 아니라 상호 연결되어 있으며, 이를 통합적으로 운영하는 것이 인적자원관리의 핵심이라 할 수 있다. 이는 곧 사람을 통한 조직의 경쟁력 강화와 지속 가능성 확보로 이어진다.

3. 인적자원관리의 내용과 체계

1) 인적자원관리의 내용

인적자원관리의 내용은 크게 두 가지 관점에서 접근할 수 있다. 하나는 관리과정적 측면(Managerial Process)이며, 다른 하나는 실행 기능적 측면(Practical Functions)이다.

(1) 관리과정적 측면

관리과정적 측면은 인적자원관리를 일반적인 경영관리 과정에 따라 체계적으로 접근하는 방식이다. 즉, 계획화(Planning) → 조직화(Organizing) → 지휘화(Leading) → 통제화(Controlling)라는 관리 사이클에 따라 인적자원을

전략적으로 관리한다. 이러한 관리과정은 단순히 절차적 업무가 아니라, 조직의 목표 달성을 위한 전략적 인적자원관리의 근간이 된다. 계획 수립에서부터 실행과 모니터링, 그리고 피드백을 통한 개선까지 모든 과정이 유기적으로 연결되어야 한다.

(2) 실행 기능적 측면

실행 기능적 측면은 인적자원관리의 실무적 활동에 초점을 맞춘다. 조직에 필요한 인재를 확보 → 유지 → 활용 → 개발하는 일련의 활동이 이에 해당된다. 특히 인적자원관리를 단일 기능이 아닌 하나의 전체적 실체(entity)로 인식하고, 이 실체가 포함하는 여러 하위 기능(예를 들면 선발, 교육훈련, 평가, 보상, 승진, 이직, 퇴직 등)들이 상호 유기적으로 작동함으로써 조직의 목표 달성에 기여한다.

표 1-1 인사관리의 내용

구분	관리영역	내용
환경	인사환경	경영이념, 경영전략, 조직규모, 조직 환경
관리과정	계획과정	인력계획, 인력수요 예측
	조직과정	인사조직 설계, 직무설계
	통제과정	인사 감사, 인사 조사, 인사 정보 시스템
실행기능	확보기능	직무분석, 직무설계, 정원관리, 모집, 선발
	유지기능	배치, 이동, 승진, 징계, 이직, 성과 평가, 보상, 안전 및 건강
	개발기능	교육훈련, 경력개발, 리더십 개발, 조직개발
	관계기능	인간관계(사기, 만족, 리더십, 커뮤니케이션, 인사상담, 참여관리), 노사관계(단체교섭, 협약, 경영참가제도)

현대 인적자원관리에서는 이러한 기능 외에도 직원 경험(Employee Experience: EX), 심리적 안전(Psychological Safety), 다양성 · 형평성 · 포용성(DE&I), 그리고 ESG 기반 인적자원 전략이 추가적으로 강조되고 있다.

2) 인적자원관리의 체계

인적자원관리는 단순히 인력 운영 기능만을 담당하는 것이 아니다. 조직의 전략적 목표 달성을 지원하는 핵심 파트너로서, 사람을 체계적으로 관리하기 위한 학문적 지식과 실천적 기술을 포함하는 독립된 학문이다. 인적자원관리의 체계는 크게 세 가지 관점으로 구분된다.

(1) 기능적 인적자원관리체계

기능적 체계는 인적자원관리의 주요 기능을 기준으로 구성된다. 이는 다음과 같은 기능으로 정리할 수 있다.

- **고용관리**(Acquisition): 인력계획, 채용, 선발
- **개발관리**(Development): 교육훈련, 경력개발, 리더십 개발
- **보상관리**(Compensation): 임금, 성과급, 복리후생
- **유지관리**(Retention): 직원 몰입, 조직문화 관리, 복지, 건강, 심리적 안전

이 체계는 직무의 요구와 조직의 목표를 맞추는 데 집중하며, 모든 기능이 서로 연계되어 조직 성과를 극대화하는 방향으로 작동한다.

(2) 관리과정적 인적자원관리체계

관리과정적 체계는 일반적인 경영관리 사이클을 인적자원관리에 적용한 체계이다. 전통적인 관리 사이클인 계획 → 실행 → 통제 또는 확장된 형태인 계획화 → 조직화 → 충원(Staffing) → 지휘화 → 통제화로 구성된다.

- **계획화**(Planning): 인력 수요예측, 인재 확보 전략 수립
- **조직화**(Organizing): 인사조직설계, 직무설계, 인사 부서 구조화
- **충원**(Staffing): 채용, 선발, 직무 배치
- **지휘화**(Leading): 리더십 발휘, 동기부여, 소통, 변화 관리
- **통제화**(Controlling): 성과관리, 피드백, 인사감사, 법적 준수 및 윤리 경영

이 체계는 인적자원관리 기능이 단순히 일회성으로 끝나는 것이 아니라, 계속적인 순환과 피드백을 통해 최적화되어야 함을 강조한다.

(3) 체계론적 인적자원관리체계

체계론적 인적자원관리체계(System-based HRM)는 기능적 체계와 관리과정적 체계를 포괄하면서도, 조직 내·외부 환경과의 상호작용을 강조한다. 이는 개방체계(Open System)적 사고에 기반하며, 인적자원관리의 결과가 환경요인에 따라 영향을 받음을 전제로 한다. 조직의 규모(Size), 산업 특성, 경영자의 리더십 스타일, 조직문화, 노동시장 상황, 법적·사회적 규제 등이 인적자원관리의 전략과 실행에 중요한 영향을 미친다. 또한 ESG 경영, 디지털 전환, MZ세대의 가치관 변화, 글로벌 인재경쟁 등도 현대 HRM에 반드시 반영해야 할 요소다. 이러한 체계론적 접근은 인적자원관리의 효과성을 극대화하기 위해 반드시 필요하며, 조직 외부 환경과 내부 역량 간의 동적 균형(Dynamic Balance)을 유지하는 것을 목표로 한다.

표 1-2 인사관리의 실행적 체계와 그 성격

영역	주요 논리	인간상	관계	차원
고용관계론	능률의 논리 (Logic of Efficiency)	기능적 인간	수직적 관계	개별적 차원
인간관계론	감성의 논리 (Logic of Sentiments)	사회적 인간	수직·수평 혼합	개별·집단 차원
노사관계론	권력의 논리 (Logic of Power)	정치적 인간	수평적 관계	집단 차원

설명

고용관계론은 효율성과 생산성 극대화를 위한 관리 논리이며, 관리자가 주도하는 수직적 관계가 특징이다. 인간관계론은 비공식적 조직과 감정, 소속감을 중시하며, 사람 간 상호작용을 통한 동기부여에 초점을 맞춘다.

노사관계론은 사용자와 노동자 간의 권력 균형을 기반으로 집단적 협상과 교섭을 중요시한다.

결론적으로 현대 인적자원관리는 단순히 전통적 인사관리 기능을 수행하는 것을 넘어, 관리 과정, 실행 기능, 그리고 조직 환경과의 상호작용을 포괄하는 복합적이고 통합적인 체계로 진화하고 있다. 이는 곧 조직의 지속 가능성과 경쟁력 확보를 위한 핵심 전략으로 자리 잡고 있다.

section 02 전략적 인적자원관리

1. 전략적 인적자원관리의 필요성과 개념

1) 전략적 인적자원관리의 필요성

전략적 인적자원관리가 중요하게 대두된 배경은 급격히 변화하는 글로벌 경영환경 때문이다. 특히 1960년대 이후 기업들은 치열한 경쟁과 국제화라는 두 가지 거대한 흐름 속에서 생존과 성장을 위한 새로운 전략을 모색해야 했다. 기존의 생산중심, 비용 절감 중심의 경영 방식만으로는 더 이상 조직의 경쟁력을 유지할 수 없게 된 것이다. 이러한 변화는 단순히 인사관리(Personnel Administration)에서 인적자원관리(Human Resource Management)로의 명칭 변화에 그치지 않는다. 이는 기업이 인적자원을 더 이상 단순한 비용(cost)이나 생산수단으로 보지 않고, 경쟁우위의 핵심 자원으로 인식하게 된 근본적인 패러다임의 전환이다. 과거 인사관리는 인력계획, 채용, 교육훈련, 평가, 보상, 노사관계 등 기능별로 나뉜 운영 중심의 관리였다. 사람은 통제(control)와 관리(management)의 대상이었다. 그러나 오늘날 인적자원관리(HRM)는 사람을 단순히 비용으로 보는 시각에서 벗어나, 조직의 성과 창출과 경쟁우위를 지속적으로 확보하는 핵심 전략 자원(resource)으로 인식한다.

특히 1980년대 이후에는 이러한 관점을 더 명확히 반영한 전략적 인적자원관리(Strategic Human Resource Management: SHRM)가 등장하였다. 전략적 인적자원관리는 전통적인 인사관리 기능을 넘어, 조직의 경영전략과 인적자원관리가 긴밀하게 연계되어야 한다는 점을 강조한다. 미시간대학의 데이브 울리히(D. Ulrich) 교수는 현대 기업이 직면한 환경변화는 조직으로 하여금 단순히 비용을 줄이는 방식이 아닌, 인재를 유치하고 개발하며 유지하는 것이 생존과 경쟁력 확보의 핵심이 되었다고 지적한다. 이는 빠르게 변화하는 시장 환경과 고객 니즈, 그리고 디지털 전환과 ESG 경영 등 복합적인 외부 요인이 영향을 미친다. 또한 제프리 페퍼(J. Pfeffer) 교수는 과거 기업들이 경쟁력을 확보할 수 있었던 주요 요인들(즉 생산 및 공정기술(Product/Process Technology), 정부의 시장 보호 및 규제, 자본조달의 용이성, 그리고 규모의 경제(Economies of Scale)들이 오늘날에는 그 효과가 현저히 감소했음을 강조한다.

첫째, 과거에는 기술적 우위가 경쟁력 유지에 결정적이었으나, 현재는 기술이 빠르게 확산되어 기술 우위의 지속성이 약화되었다. 둘째, 세계화와 규제 완화로 인해 정부의 시장 보호는 거의 사라졌으며, 경쟁은 더욱 치열해졌다. 셋째, 스타트업 생태계와 벤처캐피탈의 발달로 자금 조달 장벽이 크게 낮아졌다. 넷째, 소비자 기호의 다양화와 유연생산체제 도입으로 인해 규모의 경제가 더 이상 절대적인 경쟁우위가 되지 않는다. 이와 같은 환경변화 속에서 기업은 지속가능한 경쟁우위의 원천을 사람(인적자원)에서 찾아야 하며, 따라서 인적자원관리는 단순한 관리기능이 아닌, 전략의 중심축으로 자리 잡게 되었다.

2) 전략적 인적자원관리의 개념

전략적 인적자원관리(SHRM)는 단순히 인적자원의 운영이나 관리 수준을 넘어서, 조직의 전략적 목표와 인적자원 정책 및 실천 활동을 정렬(alignment)시키는 것을 의미한다. 라이트(Wright)와 맥마한(McMahan)은 전략적 인적자원관리를 "조직이 그 목적을 달성하기 위해 인적자원의 계획적 개발과 활동

유형을 설정하는 일련의 체계적인 접근 방식"이라고 정의하였다. 이 정의는 두 가지 핵심 요소를 포함한다.

- **외적 적합성**(External Fit): 인적자원관리 시스템이 조직의 전략적 목표와 긴밀하게 연계되어야 한다는 것. 즉, 기업이 추구하는 전략 방향에 맞춰 HR 정책이 설계되고 실행되어야 함을 의미한다.
- **내적 적합성**(Internal Fit): 인적자원관리의 각 기능(채용, 교육, 평가, 보상 등)이 서로 유기적으로 연계되어 시너지를 창출해야 한다는 것이다.

따라서 전략적 인적자원관리는 단순한 기능 수행을 넘어, "사람을 통한 경쟁우위 창출"이라는 궁극적 목표를 지향한다.

표 1-3 **인적자원관리의 전개 과정에 따른 유형**

단계	특징	인적자원관리 부서의 주요 역할
원시적 인사관리	인사 기능이 제도화되지 않고 개인적 판단에 의존	인적사항 기록, 문서 보관, 기본적인 태도와 업적 관리, 보상 지급
인사관리	기능별로 제도화되어 있으나 기능 간 조정은 미비	각 기능별 활동 수행, 제도화로 인한 업무 일관성 확보
인적자원관리	각 기능이 통합되어 하나의 시스템으로 작동, 전략과는 다소 분리	기능 간 조정, 통합된 인사 시스템 운영, 인사부서의 독립적 운영
기능별 전략적 인적자원관리	각 기능(채용, 보상 등)이 전략과 연계되지만 기능 간 조정은 부족	개별 인사 기능별로 전략적 접근, 벤치마킹 통한 혁신화
협의의 전략적 인적자원관리	조직의 목표와 전략에 부합하지만, 경쟁우위 확보 역할은 제한적	조직 전략에 부합하는 인사정책 수립 및 실행, 전략 피드백 제공
창의적 인적자원관리	인적자원을 경쟁력의 원천으로 인식, 적극적·주도적 역할 수행	학습 촉진, 지식 창출 및 공유, 문화 개발, 전략적 비전 구축 및 실행

(1) 전략적 인적자원관리와 전통적 인사관리의 주요 차이점

① 전략적 연계

전통적 인사관리는 기능별 운영 중심이며, 전략적 연계가 약하다. 반면, 전략적 인적자원관리는 경영전략과 인사정책을 긴밀하게 연결한다.

② 노사관계 변화

단순히 협상을 위한 노사관계가 아닌, 종업원의 참여(participation)와 몰입(involvement)을 강화하여 생산성 및 조직 몰입을 촉진한다.

③ 조직문화 중시

직무만족 중심의 전통적 접근을 넘어, 조직문화와 직장 분위기를 통해 지속가능한 성과를 창출하는 방향으로 전환한다.

④ 집단성과 강조

개인 중심의 직무관리에서 탈피하여, 팀 및 집단 기반의 성과관리로 발전한다.

⑤ 교육과 개발의 변화

단편적 교육이 아닌, 장기적이고 집단적 역량 개발 중심으로 전환한다. 이는 조직의 학습 능력 강화와 지식경영의 기반이 된다.

결론적으로 전략적 인적자원관리는 인적자원을 조직의 경쟁우위 확보와 유지의 핵심으로 인식하며, 인사 기능을 경영전략과 유기적으로 통합한다. 따라서 단순한 인사관리 차원을 넘어, “사람을 통한 가치 창출(Value Creation)”과 “조직 경쟁력 강화”라는 본질적 목적을 지향한다.

(2) 전략적 인적자원관리 적용 기업 사례

구글(Google) - 데이터 기반 HR과 심리적 안전을 통한 혁신

구글은 HR을 단순히 인사행정 업무를 수행하는 부서가 아닌, ‘People Operations’라는 명칭으로 운영하며 조직 전략의 핵심 기능으로 자리 잡고 있다. 구글의 인적자원관리는 전통적인 HRM과는 전혀 다른 방식으로, 철저하게 데이터와 분석 기반(People Analytics)으로 운영된다. 특히 구글은 ‘프로젝트 아리스토텔레스(Project Aristotle)’라는 연구를 통해 높은 성과를 내는 팀의 비결이 무엇인지를 심층 분석했다. 연구 결과, 단순히 학벌이나 직무능력, 경력보다 '심리적 안전(Psychological Safety)'이 가장 중요한 변수임을 밝혀냈다. 즉, 팀원들이 실수를 두려워하지 않고 자유롭게 의견을 말할 수 있는 분위기, 상호 존중과 신뢰가 성과와 직결된다는 것이다.

이에 따라 구글은 리더십 교육, 피드백 문화, 팀 빌딩 워크숍, 심리적 안전 진단 도구 등을 HR 전략에 반영했다. 더 나아가, 구글은 직원들의 업무 몰입을 위해 '20% 시간 제도'를 도입했다. 이 제도는 직원이 업무 시간의 20%를 본인이 관심 있는 프로젝트에 자유롭게 사용할 수 있게 허용하는 것이다. 이 정책에서 지메일(Gmail)과 애드센스(Adsense) 같은 혁신적인 서비스가 탄생했다. 구글은 인적자원관리를 단순히 채용 · 보상 · 교육의 기능적 접근을 넘어, 조직 혁신과 지속 가능한 경쟁력 확보의 전략적 도구로 활용하고 있다.

삼성전자 - 글로벌 인재 육성과 전략적 HRM의 전환

삼성전자는 글로벌 기업으로 도약하면서 인적자원을 경쟁력의 핵심 요소로 인식하게 되었다. 과거에는 대기업의 전형적인 연공서열 중심 인사 제도를 운영했지만, 글로벌화가 가속화되면서 성과 · 역량 중심의 전략적 인적자원관리 체계로 전환했다. 삼성전자는 인사관리 부서를 단순한 인사운영 부서가 아닌, 전사 전략을 지원하는 핵심 부서로 재편했다. 이를 위해 삼성인력개발원(SHRDC)를 설립하고, 다음과 같은 전략적 HR 프로그램을 운영한다.

- **글로벌 지역 전문가(GEP) 프로그램**: 직원들을 전 세계 주요 지역에 파견하여 현지 문화와 비즈니스 환경을 학습하게 함으로써, 글로벌 감각과 현지 적응력을 갖춘 인재를 양성한다.
- **미래 리더 육성 프로그램**: 차세대 경영자와 핵심 리더 후보를 선정하여 집중적인 리더십 교육, 경영 시뮬레이션, 해외 MBA 및 글로벌 현장 프로젝트 참여 기회를 제공한다.
- **디지털 전환 인재 양성**: 최근에는 AI, 반도체, 배터리, ESG 등 미래 전략 산업에 필요한 인재를 육성하기 위해 디지털 역량 강화 교육 플랫폼을 도입하고 있다.

삼성은 인재 확보와 육성 전략을 단순히 HR 기능으로 보지 않고, 미래 사업 전략과 완전히 연계된 조직 전략의 일부로 운영한다. 이러한 HR 전략은 글로벌 반도체 시장에서 압도적 1위를 유지하고, 전장 · 바이오 · AI 등의 신성장 동력을 확보하는 데 핵심적 역할을 하고 있다.

넷플릭스(Netflix) – 자율과 책임, 성과 중심 HRM

넷플릭스는 HR 철학을 전통적인 인사관리와는 완전히 다르게 정의한다. 넷플릭스의 핵심 가치는 바로 'Freedom & Responsibility(자율과 책임)'이다. 이는 직원들에게 최대한의 자율성을 부여하는 대신, 높은 수준의 책임과 성과를 요구하는 방식이다. 넷플릭스는 일반적인 기업에서 필수로 운영하는 근태관리, 연차관리, 출장 규정, 복장 규정 등이 존재하지 않는다. 대신, 모든 직원이 "회사를 운영하는 CEO처럼 행동하라"는 원칙을 따르며, 개인의 판단과 책임하에 자유롭게 일한다.

특히 넷플릭스는 성과가 기대에 미치지 못하면 "패밀리에서 팀으로"라는 원칙하에 빠르게 인력을 교체한다. 반면, 높은 성과를 내는 직원에게는 업계 최고 수준의 보상과 스톡옵션을 제공한다. 이러한 전략적 인적자원관리 방식은 빠르게 변화하는 콘텐츠 시장에서 넷플릭스가 민첩하게 대응하고, 크리에이티브한 콘텐츠를 지속적으로 생산할 수 있는 원동력이 된다. HR 전략은 단순한 지원 부서가 아니라, 넷플릭스의 조직문화와 경쟁전략의 중심이다.

LG화학 – ESG 경영과 인적자원 전략의 통합

LG화학은 최근 몇 년간 글로벌 친환경 트렌드와 ESG(환경 · 사회 · 지배구조) 경영이 화두가 되면서, 인적자원관리 전략을 기업의 지속가능성과 밀접하게 연계했다. 특히 '넷제로(Net-Zero) 인재 육성 프로그램'과 '그린 인재 아카데미'는 단순한 직무 역량 개발을 넘어서, 조직의 친환경 전략과 직접적으로 연결되어 있다. LG화학은 친환경 소재, 전지 소재, 바이오플라스틱 등의 미래 산업에 적합한 인재를 선발하고, 전사적으로 탄소중립 역량 강화 교육을 실시한다. 또한 LG화학은 HR 전략을 통해 다음과 같은 변화를 추구하고 있다.

- **다양성 및 포용성(DE&I) 확대**: 여성, 외국인, 장애인 채용 확대 및 포용 문화 조성 디지털 전환 인재 육성 : 전통 제조업을 넘어, 데이터 기반 의사결정과 디지털 역량을 갖춘 인재로 전환
- **ESG 리더십 프로그램**: 환경경영과 사회적 책임을 실천할 수 있는 글로벌 리더 양성. 이처럼 LG화학의 전략적 인적자원관리는 단순히 인재 확보와 개발에 그치지 않고, 기업의 ESG 전략실행과 조직의 지속가능성을 강화하는 핵심적 역할을 한다.

사례 종합 정리[4)]

기업	전략적 HR 접근 방식	주요 특징 및 결과
구글	데이터 기반 HR, 심리적 안전, 직원 경험 강화	혁신적 서비스 개발(Gmail, Adsense), 높은 조직 몰입과 창의성 유지
삼성전자	글로벌 인재 육성, 전략 연계형 HR	글로벌 시장에서 지속적인 경쟁력 유지, 신성장 산업 선도
넷플릭스	자율과 책임 기반 HR, 성과 중심 문화	콘텐츠 시장에서 민첩한 대응력과 창의적 성과 창출
LG화학	ESG와 HR 통합, 친환경 인재 전략	지속가능한 성장과 탄소중립 선도, 친환경 기술 인재 확보

2. 전략적 인적자원관리의 주요 접근법

1) 전략과 인적자원관리의 통합모형

전략적 인적자원관리는 경영전략과 인적자원관리의 유기적 통합을 전제로 한다. 초기 HRM 논의에서는 인적자원관리가 기업의 사업전략에 종속되는 방식으로 이해되었으며, 전략이 결정되면 그에 맞춰 인적자원 시스템이

4) Google Official Re:Work Site (https://rework.withgoogle.com), 연구명: Project Aristotle – Understanding team effectiveness (2016). 삼성전자 지속가능경영보고서 2023, 삼성인력개발원(SHRDC) 공식 자료, 2022–2023. Hastings, R. & Meyer, E. (2020). No Rules Rules: Netflix and the Culture of Reinvention. Penguin Press.한국경제신문, 2023.04.15. “LG화학, ESG 인재 확보 위해 인사제도 개편”

수동적으로 설계되는 형태였다. 이는 '전략 종속형 모형'으로 불리며, HR은 단순히 경영전략의 실행 도구로만 간주되었다. 그러나 글로벌화, 디지털 전환, ESG 경영 등 복잡한 경영환경 속에서 기업은 전략과 인적자원관리가 일방향적 종속 관계가 아니라, 상호작용적이고 동시적이며, 전략적 파트너십 관계를 형성해야 한다는 인식이 강화되었다. 이 과정에서 학자들은 전략과 인적자원관리의 통합을 바라보는 다양한 관점을 제시하였다.

- **전략 종속형**: HR은 전략의 종속 변수로, 전략이 수립되면 HR 시스템은 이를 뒷받침하는 수단으로 설계됨.
- **느슨한 결합형**: HR과 사업 전략은 비교적 독립적으로 존재하나, 환경 변화나 필요에 따라 상호 영향을 주고받음.
- **상호중첩형(통합형)**: HR 전략과 사업 전략은 동시적이며 상호 보완적이다. 양자는 동일한 환경적 제약 속에서 긴밀하게 연계되어 발전함.

이러한 관점은 현대 기업에서 특히 강화되고 있다. 예를 들어, ESG 경영을 추진하는 기업은 조직 전략과 동시에 'ESG 인재 확보 및 육성' 전략이 함께 수립된다. 또한, 디지털 전환 전략을 세우는 기업은 동시에 디지털 역량 중심의 HR 전략을 설계하는 구조로 발전하고 있다.

표 1-4 전략과 인적자원관리의 통합모형

구분	특징	관계 특성	적용 사례
전략 종속형	HR은 사업전략의 하위 개념, 수동적 대응	일방향 종속	제조업 전통 대기업 초기 형태
느슨한 결합형	HR과 전략은 상대적으로 독립, 환경 변화에 따라 상호 영향	부분적 상호작용	대기업 내 일부 사업부 독립 운영
상호중첩형 (통합형)	HR과 전략이 동시적으로 설계, 동일한 환경적 제약에서 공동 진화	상호작용적, 파트너십 기반	구글, 삼성, LG화학, 넷플릭스 등

2) 주요한 접근법

전략적 인적자원관리의 대표적인 접근법은 기업의 경쟁전략 유형에 따라 인적자원관리의 기능과 실행 방식이 어떻게 달라지는지를 보여준다.

(1) 포터(Porter)의 본원적 전략과 HRM

마이클 포터는 기업이 경쟁우위를 확보하는 방식으로 원가우위 전략(Cost Leadership)과 차별화 전략(Differentiation)을 제시하였다. 슐러(Schuler)는 차별화 전략을 다시 품질 우위(Quality)와 혁신 우위(Innovation)로 세분화하였다.

이 전략 유형에 따라 인적자원관리의 운영방식은 크게 달라진다.

- **원가우위 전략**: 비용 절감을 최우선 목표로 하며, 내부 인력 활용, 직무 단순화, 제한적 교육훈련, 낮은 고용보장 등 효율성 중심의 HR 정책을 추구한다.
- **품질 우위 전략**: 고객 만족과 품질 향상을 위해 직원의 숙련도와 서비스 역량을 강화한다. 교육훈련이 강화되고, 고용 안정성이 다소 높아진다.
- **혁신 우위 전략**: 창의성과 혁신을 중시하는 조직으로, 폭넓은 외부인재 영입, 유연한 경력개발, 높은 성과급, 장기적 성과 평가 시스템을 구축한다.

표 1-5 포터(Porter)의 본원적 전략에 따른 인적자원관리 특성

항목	비용우위 전략	품질 우위 전략	기술/혁신 우위 전략
경영참여	낮음	높음	매우 높음
모집 방식	내부 인력 중심	내부 + 외부 일부	외부인재 적극 영입
경력경로	좁음	좁음	넓음
인사고과 기준	결과 중심	과정 + 결과	과정 + 결과
목표	단기적	중·장기적	장기적
성과 기준	개인 목표 중심	동일 집단 목표	동일 집단 목표
고용보장	낮음	보통	다소 높음
보상	성과급 거의 없음	성과급 보통	높은 성과급, 인센티브

자료 : R. S. Schuler, "Strategic human resource management and industrial relations", *Human Relations*, 42, 1989, pp. 157－184 수정.

(2) 마일즈와 스노우(Miles & Snow)의 전략 유형과 HRM

마일즈와 스노우는 기업 전략을 방어형(Defender), 공격형(Prospector), 분석형(Analyzer)으로 구분했다.

- **방어형**: 안정성과 내부 효율성 중시. 내부 인재 개발, 공정성 중심 보상, 직무 안정성 강조.
- **공격형**: 시장 선도 및 혁신 중시. 외부 인재 적극 채용, 유연한 직무설계, 성과 기반 보상, 높은 이직률 허용.
- **분석형**: 안정성과 혁신을 균형 있게 추구. HRM에서도 내부 인재 개발과 외부 인재 영입을 적절히 조화.

표 1-6 마일즈와 스노우(Miles & Snow) 전략 유형에 따른 인적자원관리 특성

항목	방어형	공격형	분석형
기본 전략	내부 효율성, 비용 절감	혁신, 시장 선도	안정 + 혁신 균형
충원 및 선발	제한적 충원, 내부 인재 활용	적극적 외부 채용	외부와 내부 균형
교육훈련	공식적이고 광범위	제한적, 필요시에만	공식적, 집중 투자
인사평가	과정 중심, 내부 기준	결과 중심, 시장 기준	과정 + 결과 모두
보상	내부 공정성 중시, 연공 중심	외부 경쟁력 중시, 성과 중심	내부 공정성과 외부 경쟁력 병행

자료: 김식현, 『인사관리론』, 무역경영사, 1999, p. 492. 수정

(3) 성장 및 철수 전략에 따른 인적자원관리

- **집중 전략**: 기존 시장과 제품에 집중. 품질개선, 생산성 향상, 기존 인력의 역량 강화가 핵심이다. 교육훈련과 다기능 인재 육성에 중점.
- **내적 성장전략**: 신시장 개발, 제품 혁신, 합작투자 등을 통한 성장. 창의적 조직문화 구축과 학습 문화 강화가 요구된다.
- **외적 성장전략**: M&A, 수직·수평적 통합, 비관련 다각화. 인수 대상

기업과의 조직 문화 통합, HR 시스템 융합이 중요.

- **철수 전략**: 사업 축소, 매각, 청산. 인력 구조조정, 퇴직 지원, 변화 관리가 HR의 주요 역할이 된다.

표 1-7 사업전략 유형에 따른 인적자원관리 전략

전략 유형	전략 실행 초점	HR 핵심 이슈	교육훈련 방향
집중 전략	품질 개선, 생산성 향상, 시장 점유율 확대	기존 인력개발, 다기능화, 팀워크 강화	팀 훈련, 직무 확장, 리더십 개발
내적 성장전략	신시장 개척, 제품 개발, 혁신	창의성, 직무 재설계, 문화 강화	창의성, 협업, 갈등관리, 변화교육
외적 성장전략	인수합병(M&A), 글로벌 확장, 통합	조직문화 융합, HR 시스템 통합	통합 워크숍, 커뮤니케이션 교육
철수 전략	비용 절감, 사업 축소, 조직 효율화	인력 감축, 이직 지원, 심리적 안정	전직지원, 시간 관리, 변화 관리

자료 : R. A. Noe, J. R. Hollenbeck, B. Gerhart, and P. M. Wright, *Human Resource Management : Gaining a Competitive Advantage*, Boston:Irwin McGraw-Hill, 2000, p. 214. 수정

결론적으로 전략적 인적자원관리는 기업의 경쟁전략과 긴밀하게 연결되어 있으며, 단순한 인사 기능을 넘어 조직의 전략적 성공과 지속가능성 확보의 핵심 도구가 되었다. 포터, 마일즈와 스노우(Miles & Snow), 그리고 성장전략 모델은 HRM이 기업의 전략과 어떻게 정렬되어야 하는지를 명확하게 보여준다.

3. 전략적 인적자원관리의 틀

1) 전략적 인적자원관리의 관점

(1) 전략적 인적자원관리의 본질

전략적 인적자원관리(Strategic Human Resource Management: SHRM)는 인적자원관리(HRM)가 단순한 행정적 기능을 넘어서, 조직의 경쟁전략과 긴밀하게 정렬되고, 조직의 지속가능한 경쟁우위를 창출하는 핵심 전략적 기능으로 발전하는 과정을 의미한다. 이는 단순히 직원의 채용, 평가, 보상과 같은 기능적

관리 차원을 넘어, 기업이 변화하는 환경 속에서 어떻게 인적자원을 전략적으로 활용할 것인가를 고민하는 과정이다. 특히 21세기 경영환경에서는 기술혁신, 글로벌화, 디지털 전환, ESG(환경 · 사회 · 지배구조) 경영 등 급격한 외부 변화가 조직에 강하게 작용하고 있다. 이러한 환경에서 조직의 성공은 더 이상 자본, 설비, 기술만으로 이루어지지 않는다. '사람'이라는 자산의 전략적 가치가 그 어느 때보다 중요하게 부각되고 있다.

(2) 신시아 A. 레닉 · 홀(Cynthia A. Lengnick-Hall)과 마크 L. 레닉 · 홀(Mark L. Lengnick-Hall)의 전략적 인적자원관리 관점

레닉 · 홀과 레닉 · 홀은 전략적 인적자원관리가 단순히 사업전략의 종속적인 지원 기능이 아니라, 사업전략과 인적자원전략이 동등하게 서로 영향을 주고받는 상호작용적 관계라고 강조했다. 이들은 기업의 다차원적인 수요(Demand)와 인적자원의 다면적 수용성(Readiness)이 서로 상호작용하면서 조직의 성과를 창출하는 복잡한 메커니즘을 제안했다.

- **수요(Demand)**: 기업이 시장에서 생존하고 경쟁하기 위해 필요한 역량, 즉 변화 대응력, 혁신 역량, 운영 효율성, 고객 중심 역량 등.
- **수용성(Readiness)**: 이러한 기업의 요구를 충족할 수 있는 인적자원의 역량, 기술, 태도, 동기, 학습 능력, 적응성.

이 두 가지가 동적으로 상호작용하며, 인적자원의 전략적 정렬(Strategic Alignment)이 이루어질 때 조직은 지속적인 경쟁우위를 확보할 수 있다.

(3) 통제전략과 몰입전략

레닉-홀 모델을 적용하여 HR 전략은 크게 두 가지 축으로 구분할 수 있다.

① 통제전략(Control Strategy)

- 조직이 인적자원을 비용의 관점에서 바라보는 전략.

- 주로 대량 생산체제, 안정된 시장, 직무 단순화, 위계적 조직구조에서 사용.
- 규칙, 절차, 표준화, 감독을 통해 효율성을 극대화.

② 몰입전략(Commitment Strategy)

- 인적자원을 핵심 자산으로 인식하는 전략.
- 자율성, 참여, 학습, 공동체적 문화가 강조.
- 변화 대응력, 혁신, 서비스 품질 향상에 필수적인 전략.

표 1-8 통제전략과 몰입전략의 비교

항목	통제전략	몰입전략
조직구조 및 경영스타일	위계적 조직, 하향식 통제, 규칙과 절차 중심	평면 조직, 공유 가치 및 비전 기반, 자율성 강조
직무 설계	직무 단순화, 세분화, 개인 중심	직무 확대, 책임과 권한 강화, 팀 기반 작업
성과 기대	최소한의 성과 달성	높은 성과 기대, 창의성과 혁신 지향
보상 정책	직무급, 개인 인센티브, 불황 시 생산직 임금 삭감 우선	능력급(skill-based pay), 집단 인센티브, 불황 시 동등한 임금 조정
고용 정책	고용 보장 없음, 필요 시 해고	최대한 고용 보장, 인력 과잉 시 재훈련 및 직무 전환
종업원 참여	제한적 참여, 정보 공유 최소화	광범위한 참여, 투명한 정보 공유
노사관계	대립적, 거래적	협력적, 상호 신뢰 및 상호 이익을 추구하는 관계

2) 전략적 인적자원관리의 전개과정

단계별 심화 설명

① 기업 및 인적자원관리 사명 정립

기업은 먼저 존재 이유와 목적을 명확히 규정해야 한다. 이러한 기업의 미션은 인적자원관리 미션에도 직결된다.

예 기업 미션이 '글로벌 리더십 확보'라면, HR 미션은 '글로벌 역량을 갖춘 인재 확보 및 개발'이 된다.

표 1-9 전략적 인적자원관리 전개과정 요약

단계	주요 활동	HR 적용 사례
사명 정립	기업 및 HR 미션, 비전 정립	ESG 경영 → 친환경 인재 육성 미션 설정
환경 분석	내부(역량, 시스템) + 외부 (노동시장, 규제, 트렌드) 분석	디지털 전환 → AI, 데이터 인재 부족 파악
전략 수립	기업 전략과 HR 전략 동시 수립	디지털 전략 → 데이터 중심 채용 및 역량 개발
전략 실행	채용, 교육, 배치, 평가, 보상, 유지	디지털 교육 도입, ESG 리더십 프로그램 운영
평가 및 피드백	성과 평가 및 지속적 개선	이직률 15% 감소, 직원 몰입도 20% 증가

② 환경 분석(SWOT 분석)

내부 분석: 현재 보유한 인적자원의 역량, HR 프로세스의 강점과 약점, 조직문화, 인재 확보 능력

외부 분석: 노동시장 동향, 법적 환경, 산업 변화, 기술 트렌드, ESG 규제, 글로벌 경쟁 등

③ 전략 대안 도출 및 정렬

기업전략(예 디지털 전환, ESG 선도, 글로벌 확장)과 HR 전략이 동시에 수립된다.

예 디지털 전환 전략 → AI 전문가 채용, 데이터 기반 성과관리 도입

④ 전략실행

채용, 교육훈련, 배치, 성과관리, 보상, 유지관리 등 HR의 모든 기능이 기업 전략과 정렬되어 실행.

예 ESG 전략 → 탄소중립 역량을 갖춘 인재 확보, 지속가능성 교육 프로그램 도입

⑤ 평가 및 피드백

HR 전략의 성과는 재무적 성과(수익성, 생산성)뿐 아니라, 비재무적 성과

그림 1-1 전략적 인적자원관리 전개 과정 도식화

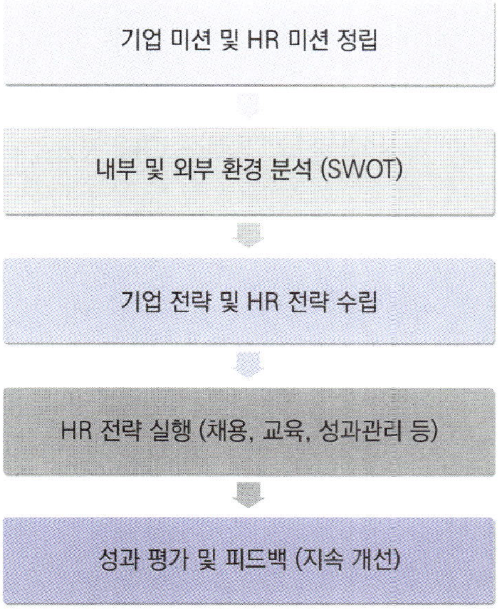

(이직률, 직원 몰입도, 조직문화 강화)로 측정되고 지속적인 개선과 전략 수정이 이루어진다.

결론적으로 전략적 인적자원관리는 조직의 경쟁력을 강화하는 가장 강력한 도구다. 단순히 사람을 관리하는 수준이 아닌, 인적자원을 통해 조직의 전략을 실현하고, 경쟁우위를 지속적으로 확보하는 핵심 경영 기능으로 자리 잡았다. 디지털 전환, ESG, 글로벌 경쟁 등 복잡한 경영 환경에서 기업의 성공은 결국 '사람을 얼마나 전략적으로 관리하고 활용하는가'에 달려 있다.

4. 전략적 인적자원관리의 효과

1) 산업구조론의 한계와 인적자원의 전략적 가치 부상

과거 산업시대의 기업 경쟁력은 자본, 설비, 기술과 같은 물적 자원과 포터(M. Porter)가 제시한 ① 신규 경쟁사에 대한 높은 진입 장벽, ② 대체제의

낮은 위협, ③ 구매자의 낮은 협상력, ④ 공급업자의 낮은 협상력, ⑤ 산업 내 경쟁사간의 낮은 경쟁관계 등 5가지의 산업구조 분석(5 Forces Model)에 근거하여 설명되어 왔다. 이 접근법은 시장의 경쟁 강도, 신규 진입자, 대체재, 구매자와 공급자의 교섭력과 같은 외부 요인이 기업 성과의 핵심 변수라고 보았다. 즉, 기업 외부 환경에 대한 전략적 대응이 수익성과 지속 가능성을 결정짓는다고 본 것이다.

그러나 1980년대 이후 기업 간 성과 차이에 대한 연구가 심화되면서, 동일한 산업 내에서도 기업마다 성과 편차가 극단적으로 나타난다는 사실이 밝혀졌다. 예를 들어, 항공업, 유통업, 제조업처럼 동일한 외부 환경과 법적 · 제도적 규제를 받는 기업들 간에도 어떤 기업은 지속적으로 성장하는 반면, 다른 기업은 도산하거나 시장에서 퇴출되고 있다.

이는 단순히 산업의 외부 환경 요인만으로는 기업의 경쟁력을 온전히 설명할 수 없음을 의미한다. 즉, 산업구조론은 기업 간 성과 차이를 설명하는 데 일정 부분 기여하지만, 기업 내부 역량, 특히 인적자원과 조직 역량이 근본적인 차이를 만든다는 점이 점차 강조되고 있다. 이에 따라 1990년대 이후 경영학계에서는 자원기반관점(Resource-Based View: RBV)이 주류 이론으로 자리잡았다. 자원기반관점은 기업의 내부 자원이 희소하고, 가치가 있으며, 모방이 어렵고, 대체가 어려울수록 그 기업은 지속가능한 경쟁우위를 확보할 수 있다고 본다. 특히 이 중에서도 인적자원은 지식, 경험, 기술, 조직문화와 결합해 경쟁사가 모방하기 극히 어려운 차별적 경쟁력으로 작용한다.

2) 인적자원을 통한 지속 가능한 경쟁우위 사례

실제 기업 사례는 이러한 이론을 강하게 뒷받침한다. 미국 증권시장에서 1972년부터 1992년까지 최고의 주가 수익률을 기록한 5개 기업(사우스웨스트항공, 월마트, 타이슨푸드, 서킷시티, 프레넘 퍼블리싱)은 산업의 구조적 진입장벽이나 특허, 독점 기술 같은 외적 보호장치 없이도 탁월한 성과를 창출했다.

이들 기업은 공통적으로 고유한 인적자원관리 시스템을 구축하고 있었으며,

이는 단순한 보조 기능이 아닌, 기업전략의 핵심으로 작동했다. 특히 이들의 HRM 시스템은 채용, 교육, 직무설계, 평가, 보상, 리더십, 조직문화까지 유기적으로 연계되어 있었다. 이로 인해 경쟁기업들은 단순히 이들의 보상제도나 교육 프로그램만 벤치마킹해서는 성과를 재현할 수 없었다. 인적자원에서 비롯된 경쟁우위는 다음과 같은 속성을 가진다.

인과적 불명확성(Causal Ambiguity)

어떤 HR 요소가 어떻게 성과에 기여하는지 외부인이 명확히 이해하거나 복제하기 어렵다. 이는 신뢰, 협업, 조직문화처럼 수치화가 어려운 소프트 자산이 시스템 전반에 내재되어 있기 때문이다.

사회적 복잡성(Social Complexity)

오랜 시간에 걸쳐 축적된 조직 내 인간관계, 신뢰, 관행, 공동체적 문화는 단기간 내 외부에서 복제하기 어렵다.

경로의존성(Path Dependency)

현재의 HR 시스템은 조직이 과거에 축적해 온 경험, 문화, 선택의 결과이다. 따라서 단순 모방이 불가능하다.

3) 전략적 인적자원관리의 효과적 구성 요소

전략적 인적자원관리는 기능별 인사관리의 단순 집합이 아니라, 기업의 전략과 완전히 정렬된 총체적 시스템이다. 글로벌 선진 기업들은 다음과 같은 HRM 요소들을 통합적으로 활용하여 경쟁우위를 확보하고 있다.

(1) 고용보장(Employment Security)

고용보장은 전략적 인적자원관리에서 가장 핵심적인 요소 중 하나로, 단순히 직업 안정성을 보장하는 제도를 넘어 조직과 직원 간의 심리적 계약(psychological contract)을 강화하는 역할을 한다. 현대 경영 환경은 불확실성과 급격한 변화가 상존하는데, 이런 상황 속에서 기업이 직원에게 고용 안정성을 제공한다는 것은 단순한 복지 혜택 차원이 아니라, 조직의 철학과 전략적 선택을 의미한다. 고용보장의 효과는 매우 명확하다. 기업이 '우리 회사는 직원들의 일자리를 보호한다'는 메시지를 명확히 전달하면, 직원들은 생계 불안에서 해방되며, 당장의 직무 만족을 넘어서 조직의 목표와 가치에 대한 강한 몰입과 헌신을 보인다. 특히 기업이 직원들에게 지속적인 고용을 약속할 때, 직원들은 장기적인 경력 계획을 회사와 함께 설계하고, 주도적으로 역량 개발에 나서며, 조직의 생산성 향상에 적극 기여한다.

대표적인 사례는 도요타와 GM이 합작하여 설립한 NUMMI(New United Motor Manufacturing Inc.)이다. 이 회사는 미국 내에서 일본식 생산 방식과 고용 문화를 성공적으로 접목시킨 사례로 평가된다. NUMMI는 직무 계층 수를 축소하고, 작업 표준 준수와 파업 금지를 조건으로 경기 침체기에도 고용을 보장하는 협약을 체결했다. 이러한 고용보장은 단순한 구호가 아니라 법적 근로계약의 일부로 명시되어 직원들에게 강력한 신뢰를 부여했다. 결과적으로 NUMMI는 기존에 노사 갈등이 극심했던 GM 공장과는 달리, 생산성, 품질, 근로자 만족도 등 모든 지표에서 비약적인 성과를 거뒀다. 하지만 고용보장은 무조건적인 보장이 아니다. 조직이 경쟁력을 유지하기 위해서는 고용보장과 동시에 철저한 선발(Selection)과 지속적인 성과 관리(Performance Management), 그리고 역량 개발(Competency Development)이 병행되어야 한다. 즉, 회사는 '우리가 당신의 고용을 책임진다'는 메시지를 주는 동시에, 직원에게는 '당신은 조직의 일원으로서 역량 개발과 성과 향상을 지속적으로 책임져야 한다'는 명확한 기대치를 전달해야 한다.

고용보장의 가장 큰 효과는 조직과 직원 간의 상호호혜성(mutual reciprocity)이다. 기업은 고용 안정성을 제공하고, 직원은 이에 대한 보답으로 높은 충성도와 업무 몰입을 통해 조직 성과에 기여한다. 또한 이는 단기적인 이직률 감소와 같은 직접적인 효과뿐만 아니라, 장기적으로는 조직 문화의 질적 향상, 심리적 안전감(psychological safety) 증가, 혁신성과 협업 증가로 이어진다. 결국 고용보장은 단순한 복지가 아닌, 조직이 인적자원을 '비용(cost)'이 아닌 '핵심 자산(key asset)'으로 인식하고 있다는 전략적 선언이다. 그리고 이러한 철학이 제대로 실행될 때, 조직은 시장의 불확실성 속에서도 지속 가능한 경쟁력을 유지하게 된다.

(2) 충원과 선발(Selective Hiring)

충원과 선발은 전략적 인적자원관리의 출발점이며, 조직의 장기적인 경쟁력을 결정짓는 가장 중요한 과정 중 하나다. 단순히 직무를 수행할 수 있는 인재를 찾는 차원을 넘어서, 조직의 비전, 가치, 전략과 정렬된 인재를 확보하는 것이 핵심이다. 즉, 단기적인 인력 충원이 아니라 '조직의 미래를 설계하는 전략적 투자'로 접근해야 한다. 현대 기업은 복잡한 비즈니스 환경 속에서 빠른 변화와 불확실성에 대응해야 한다. 이때 단순히 직무 기술서에 맞는 인재를 찾는 것만으로는 부족하다. 조직은 변화에 유연하게 적응하고, 학습 능력이 뛰어나며, 협업을 중시하고, 조직문화에 잘 적응할 수 있는 인재를 확보해야만 지속가능한 경쟁력을 유지할 수 있다.

대표적인 사례는 사우스웨스트 항공(Southwest Airlines)이다. 이 회사는 항공업계에서 저비용 운영과 고품질 고객 서비스를 동시에 성공시킨 기업으로 유명하다. 사우스웨스트는 단순히 업무 수행 능력만을 평가하지 않는다. 고객 중심적 사고, 팀워크, 유머감각, 긍정적 태도 등 조직문화와 정렬된 인재를 선발한다. 심지어 승무원 채용 과정에 일부 최우수 고객을 심사위원으로 참여시켜, 고객의 시각에서 우수한 서비스 인재가 누구인지 판단하게 한다. 이 과정은 단순히 '일 잘하는 사람'을 찾는 것이 아니라, '사우스웨스트 항공답게 일할 수 있는 사람'을 찾는 것이다. 또 다른 예로, 미국 내 일본 자동차 공장들은 충원 과정에서 지원자가 변화하는 환경에서 얼마나 잘 적응할 수 있는지, 스스로 문제를 해결하고 팀워크를 발휘할 수 있는지를 집중적으로 평가한다. 단순히 기능적 역량만이 아니라, 학습 능력과 태도, 협업 역량을 중요하게 본다. 특히, 감독 없이도 스스로 성과를 낼 수 있는 자율성과 책임감을 가장 중요한 선발 기준으로 삼는다.

소매업체인 노드스트롬(Nordstrom)의 사례도 주목할 만하다. 노드스트롬은 단순히 뛰어난 판매 기술을 가진 인재보다는 소매업에서 경력을 쌓기를 희망하고, 고객 서비스에 열정적인 대졸 사원들을 선호한다. 이들은 채용 이후 조직의 철학과 문화를 깊이 내재화하며, 직무는 교육과 경험을 통해 빠르게 습득 가능하다는 믿음을 가지고 있다. 즉, 기술은 가르칠 수 있지만, 태도는 가르칠 수 없다는 철학에 입각한 선발 전략이다. 이처럼 전략적 충원과 선발은 단순히 현재 필요한 인재를 찾는 것이 아니라, 조직의 지속가능한 성장과 변화에 대응할 수 있는 인재를 확보하는 과정이다. 이를 위해 선발 과정은 단순한 서류 심사와 면접을 넘어서, 심층 인성검사, 행동 기반 면접(Behavioral Interview), 그룹 토론, 상황 모의평가(Assessment Center) 등의 다양한 도구를 활용해야 한다.

또한 중요한 것은 채용 과정에서의 '조직－구성원 적합성(Person－Organization Fit)'과 '직무－구성원 적합성(Person－Job Fit)'의 균형이다. 직무 수행 능력이 아무리 뛰어나도 조직문화와 맞지 않으면 장기적으로는 이직하거나 성과가 저하될 가능성이 높다. 반대로 조직 문화에는 잘 적응하지만 직무 역량이 부족하다면 즉각적인 생산성이 낮아진다. 따라서 충원과 선발은 이 두 가지 적합성을 균형 있게 고려해야 한다.

마지막으로 전략적 선발은 단순히 인사팀의 책임이 아니다. 조직의 리더, 현업 부서장, 그리고 때로는 고객까지 적극적으로 참여하는 조직 전체의 전략적 과정이어야 한다. 이러한 선발이 성공적으로 이루어질 때 조직은 단순히 사람을 고용하는 것이 아니라, 조직의 미래를 함께 설계할 동반자를 맞이하는 것이다.

(3) 높은 임금(High Compensation)

높은 임금은 인적자원 관리의 단순한 보상 정책을 넘어, 조직이 인재를 바라보는 철학과 전략적 가치를 명확하게 드러내는 상징적 수단이다. 과거 제조업 중심 경제에서는 인건비 절감이 경쟁력의 핵심 요소였지만, 오늘날의 지식 기반 경제와 서비스 산업 환경에서는 '인건비 절감=경쟁력 강화'라는 공식이 더 이상 성립하지 않는다. 오히려 '우수 인재에게 투자하는 것이 곧 경쟁력'이라는 인식이 점점 더 보편화되고 있다. 높은 임금은 단순히 경제적 보상을 넘어, 조직이 인재를 어떻게 대우하고 평가하는지에 대한 강력한 신호다. 이는 외부 노동시장에서의 우수 인재 유인 효과는 물론, 내부적으로는 직원들의 조직에 대한 헌신, 몰입, 그리고 장기적인 충성심을 강화하는 핵심 전략으로 작동한다. 다시 말해 높은 임금은 비용(cost)이 아니라, 미래 성과에 대한 선제적 투자(investment)인 것이다.

대표적인 사례는 미국의 패스트푸드 체인인 웬디스(Wendy's)다. 웬디스는 수익성이 하락하는 상황에서도 인건비 절감을 선택하지 않았다. 대신 근로자의 기본급을 인상하고, 분기별 보너스와 스톡옵션 제도를 도입하는 공격적인 보상 전략을 실행했다. 그 결과 점포 책임자의 이직률이 기존 39%에서 20%로, 부책임자의 이직률은 60%에서 37%로 대폭 낮아졌다. 이로 인해 채용 및 교육 비용이 절감되고, 숙련된 인력이 증가하면서 서비스 품질과 고객 만족도가 동시에 상승했다. 결국 웬디스는 인건비 상승 이상의 수익성을 확보할 수 있었으며, 이는 높은 임금이 비용이 아닌 투자임을 입증하는 사례다.

이와 유사하게, IT 기업이나 글로벌 컨설팅 기업들은 경쟁업체 대비 20~30% 높은 임금을 제공한다. 단순히 인재 유인 차원을 넘어, 조직 내부에서 인재들이 최고의 퍼포먼스를 낼 수 있도록 심리적 안정성과 물리적 지원을 보장하는 것이다. 특히 이러한 기업들은 임금 외에도 높은 복리후생, 유연 근무제, 교육 및 경력 개발 프로그램을 병행하여 총 보상(total compensation)의 질을 극대화한다.

높은 임금은 단순히 직원의 만족도를 높이는 것을 넘어서, 직원들로 하여금 조직이 자신들에게 투자하고 있으며, 스스로도 그 가치를 입증해야 한다는 심리적 계약을 강화한다. 또한 높은 임금은 '내가 속한 조직은 나를 시장 평균 이상의 가치로 평가한다'는 강한 소속감과 자부심으로 이어지며, 이는 직원의 몰입도, 혁신성, 그리고 고객 만족으로 연결된다. 그러나 높은 임금은 무조건적으로 지급되는 것이 아니다. 반드시 엄격한 성과 관리 시스템과 연계되어야 한다. 즉, 높은 임금은 높은 기대치를 전제로 한다. 이는 기업이 무조건적인 복지를 제공하는 것이 아니라, '당신은 고임금의 전문가로서 고성과를 낼 책임이 있다'는 상호 계약의 형태로 작동한다. 결론적으로 높은 임금은 단순한 보상 수단이 아닌, 전략적 인적자원 관리의 본질적인 요소이다. 이는 우수 인재를 유치하고 유지하며, 직원들의 몰입과 성과를 극대화하고, 조직의 지속가능한 경쟁우위를 창출하는 가장 직관적이고 강력한 경영 도구다. "사람에 대한 투자만큼 수익률이 높은 자산은 없다"는 것이 수많은 연구와 실증적 사례를 통해 입증되고 있다.

(4) 인센티브 보수(Incentive Compensation)

인센티브 보수는 단순히 임금체계의 부가적인 요소가 아니라, 조직이 무엇을 중요하게 여기고 어떤 가치를 추구하는지를 직원에게 명확하게 전달하는 강력한 신호이자 전략적 도구다. 단순한 월급 지급 방식만으로는 조직이 원하는 성과나 행동을 충분히 유도하기 어렵다. 반면 인센티브는 직원이 '어떤 행동을 하면 더 많은 보상이 주어지는지'를 직관적으로 이해하게 만든다. 즉, 인센티브는 조직 전략과 직원의 일상적 행동을 강력하게 연결하는 매개체다. 특히 현대 경영환경에서는 단순히 생산량이나 매출과 같은 양적 지표뿐만 아니라, 품질 향상, 고객 만족, 혁신적 문제 해결, 팀워크, 지속 가능성 등 복합적인 성과 요소들이 조직의 성공에 결정적인 역할을 한다. 따라서 인센티브 설계는 단순히 숫자에 기반한 보상을 넘어서, 조직이 추구하는 핵심 가치와 문화가 반영된 정교한 설계가 필수적이다.

대표적인 사례는 링컨 일렉트릭(Lincoln Electric)이다. 이 회사는 세계적인 용접기 제조 기업으로, 독특한 인센티브 제도로 유명하다. 링컨 일렉트릭의 보상체계는 직원들의 기본 급여 외에 성과 기반 상여금이 정규 급여의 100%를 넘는 수준으로 지급되기도 한다. 이 인센티브는 단순히 생산량만으로 결정되지 않는다. 품질, 불량률, 협력도, 혁신적 아이디어 제안, 그리고 팀워크까지 종합적으로 평가한다. 링컨 일렉트릭의 성과 평가는 네 가지 요소를 기준으로 한다.

- 신뢰성(Reliability)
- 품질(Quality)
- 산출량(Output)
- 아이디어 및 협력도(Creativity & Cooperation)

이러한 다면적 평가를 통해 직원들은 단순히 빠르게 제품을 생산하는 것뿐만 아니라, 품질 유지, 동료 지원, 공정 개선, 그리고 혁신적인 문제 해결에도 적극적으로 참여하게 된다.

특히 중요한 점은 불량품이 발생하면 해당 제품을 생산한 직원이 직접 그 비용을 부담하며 수정해야 한다는 점이다. 이는 품질에 대한 강한 책임감을 유도하며, 단순한 생산성과 품질 관리가 이원화되지 않고 통합된다는 것을 보여준다. 즉, 링컨 일렉트릭에서는 '양적 생산성'과 '질적 생산성'이 동시에 관리되는 인센티브 구조가 정착되어 있다. 인센티브 보수는 직원들에게 명확한 행동 기준을 제공한다. 예를 들어, 인센티브가 단순히 매출에만 집중되어 있다면 직원들은 매출 증대에만 몰두할 가능성이 크다. 그러나 품질, 고객 만족, 혁신 등이 평가 지표에 포함된다면 직원들은 더 장기적이고 지속 가능한 가치 창출에 집중하게 된다.

또한 인센티브 보수는 강력한 동기부여 효과 외에도, 조직의 문화와 전략적 방향성을 내부화하는 데 결정적인 역할을 한다. 조직이 지향하는 목표와 성과 기준이 보상 시스템을 통해 명확히 전달되기 때문이다. 즉, 직원들은 인센티브 구조를 통해 '무엇이 중요하고, 어떤 행동이 바람직한지'를 자연스럽게 배우고 실천하게 된다. 단, 인센티브 보수가 제대로 작동하기 위해서는 몇 가지 필수 조건이 따른다.

첫째, 공정성(Fairness)이다. 보상 기준이 명확하고, 누구나 납득할 수 있어야 한다. 둘째, 투명성(Transparency)이다. 직원들은 자신의 성과가 어떻게 측정되고, 어떤 방식으로 보상에 연결되는지를 이해해야 한다. 셋째, 일관성

(Consistency)이다. 평가와 보상 기준이 상황에 따라 임의로 변경되지 않고 일관되게 적용되어야 한다. 결론적으로 인센티브 보수는 단순히 직원들에게 금전적 동기를 부여하는 차원을 넘어서, 조직 전략의 실행 메커니즘이다. 잘 설계된 인센티브는 직원 개개인의 목표와 조직의 전략적 목표를 자연스럽게 일치시켜, 조직 전체의 생산성, 품질, 혁신 역량을 동시에 강화하는 강력한 도구로 작동한다.

(5) 종업원 지주제도(Employee Stock Ownership Plan)

종업원 지주제도(ESOP)는 인적자원관리에서 단순히 재무적 보상 체계의 하나가 아니라, 조직의 주인으로서 직원의 역할과 책임을 공식화하는 강력한 전략적 수단이다. 이는 직원들이 단순히 임금 노동자의 역할을 넘어, 회사의 공동 소유자로서 조직의 성공과 실패에 직결되는 이해관계자로 자리매김하게 만든다. 종업원 지주제도의 핵심은 명확하다. 조직의 재무적 성과가 곧 직원들의 자산 가치로 직결되기 때문에, 직원들은 일상적인 업무수행뿐만 아니라 생산성 향상, 품질 개선, 원가절감, 고객 만족도 제고, 그리고 조직의 장기적 성장과 지속 가능성에 대한 책임감을 자연스럽게 갖게 된다. 즉, '회사의 성장이 곧 내 자산의 성장'이라는 인식이 조직 전반에 확산되는 것이다. 종업원 지주제도의 실증적 효과는 매우 명확하다. 미국 주식시장에서 1972년부터 1992년까지 20년간 가장 높은 주가 수익률을 기록한 기업들(사우스웨스트 항공(21,775%), 월마트(19,807%), 타이슨푸드(18,118%) 등) 모두 공통적으로 종업원이 회사 지분의 최소 4% 이상을 보유한 기업들이었다. 이는 단순한 우연의 일치가 아니다. 이들 기업은 종업원 지주제도를 통해 직원들의 몰입도와 소속감을 극대화했고, 이는 곧 탁월한 경영성과로 이어졌다.

예를 들어, 사우스웨스트 항공(Southwest Airlines)은 종업원지주제를 통해 직원들이 단순히 임금 수령자가 아닌, 회사의 장기적 성공에 직접적인 이해관계를 가진 파트너로서 행동하도록 유도했다. 이 회사의 직원들은 비행기의 정시 운항, 연료 절감, 고객 서비스 품질 향상, 불필요한 비용 절감 등과 같은 문제를 스스로 인식하고, 관리자 지시가 없어도 자발적으로 개선 활동을 실행했다. 이는 단순한 동기부여 이상의 효과로, 조직의 자율적 혁신 문화를 뒷받침하는 핵심 기반이 되었다. 또한 종업원 지주제도는 인재 유지와 이직률 감소에도 강력한 효과를 발휘한다. 조직의 지분을 보유한 직원들은 단기적인 이직보다는 회사의 장기적인 성과와 성장에 더 큰 관심을 가지게 되며, 이는 조직의 지식 자산 축적과 내부 인재 육성에도 긍정적인 영향을 미친다. 단순히 임금을 위한 근로자가 아니라, 자신의 자산 가치 증대를 위해 일하는 '주인(owner)'으로 전환되는 것이다.

그러나 종업원 지주제도는 만능 해결책은 아니다. 단순히 주식을 배당한다고 해서 직원들이 자발적으로 헌신하거나 조직 성과가 자동으로 향상되는 것은 아니다. ESOP가 성공적으로 작동하기 위해서는 세 가지 핵심 조건이 반드시 선행되어야 한다.

첫째, 정보 공유(Information Sharing)다. 직원들이 회사의 전략, 재무 상태, 시장 동향, 경영 지표를 명확히 이해해야만 자신의 지분 가치가 어떻게 영향을 받는지를 체감할 수 있다. 둘째, 임파워먼트(Empowerment)다. 단순히 지분만 보유한 것이 아니라, 회사의 의사결정과 문제 해결 과정에 실질적으로 참여할 수 있어야 한다. 주인의식을 갖게 하려면 실질적인 권한과 책임이 동반되어야 한다. 셋째, 공정한 성과관리와 보상 시스템(Fair Performance & Reward Systems)이다. 성과에 대한 공정한 평가와 그에 따른 명확한 보상체계가 없다면, 종업원 지주제도는 오히려 직원들 간의 불만과 불신을 야기할 수 있다. 결론적으로 종업원 지주제도는 단순한 보상 메커니즘을 넘어서, '조직과 개인의 운명 공동체화'를 실현하는 전략적 인적자원 관리 도구다. 제대로 설계되고 실행된다면, 이는 단순히 이직률을 낮추고 생산성을 높이는 것을 넘어, 조직의 장기적 지속 가능성과 혁신 역량을 강화하는 가장 강력한 조직문화적 자산이 된다.

(6) 정보의 공유(Information Sharing)

정보의 공유는 전략적 인적자원관리에서 단순한 커뮤니케이션을 넘어, 조직의 신뢰 구축, 투명성 강화, 그리고 자율적 문제 해결 역량을 촉진하는 핵심 메커니즘이다. 현대 조직은 더 이상 상명하달식(top-down)의 일방적인 지시 체계로는 빠르게 변화하는 경영환경에 적응할 수 없다. 조직의 구성원 각자가 스스로 정보를 이해하고, 그 정보를 바탕으로 문제를 인식하고 해결하는 주체로 기능해야 조직은 진정한 경쟁력을 갖출 수 있다. 정보의 공유는 조직과 구성원 간 심리적 계약(psychological contract)의 신뢰를 강화하는 가장 본질적인 요소다. 조직이 정보를 공개한다는 것은 단순히 숫자나 데이터만을 나누는 것이 아니다. 이는 구성원들에게 "우리는 당신을 단순한 노동자가 아니라, 조직의 동료이며 동반자로 대우한다"는 강력한 신호다. 반대로 정보의 비공개, 불투명한 운영은 구성원에게 조직에 대한 불신을 심어주고, 자율적 몰입과 헌신을 저해하는 주요 원인이 된다.

대표적인 사례는 어드밴스드 마이크로 디바이시스(Advanced Micro Devices, AMD)의 서브마이크론 개발센터이다. AMD는 공장 곳곳에 설치된 컴퓨터 터미널을 통해 직원 누구나 실시간으로 생산 수율, 개발과정, 공정 진척도, 원가, 품질 지표 등 핵심 경영 데이터를 직접 조회할 수 있도록 했다. 이 시스템은 단순한 정보제공 수준을 넘어, 현장 직원들이 스스로 공정상의 문제를 인식하고, 실시간으로 대응하며, 품질 개선과 생산성 향상에 능동적으로 참여하는 문화를 만들었다. 다시 말해, 정보 공유는 조직 운영의 투명성과 현장 자율성을 동시에 강화한 것이다.

또 다른 사례는 사우스웨스트 항공(Southwest Airlines)이다. 이 회사는 회사의 재무 상태, 항공기 운항 효율, 연료비, 서비스 품질 등 주요 경영 데이터를 모든 직원에게 투명하게 공개한다. 심지어 신규 채용 교육과정에서부터 회사의 손익 구조, 항공 산업의 원가 구조까지 상세하게 설명한다. 이러한 정보의 투명성은 직원들로 하여금 단순히 승객을 응대하는 수준을 넘어, 어떻게 하면 회사의 비용을 절감하고, 고객 만족을 높이며, 회사의 성과를 개선할 수 있을지를 스스로 고민하게 만든다. 정보 공유의 효과는 단순한 커뮤니케이션을 넘어서 조직의 전반적인 문제 해결 속도, 혁신성, 그리고 협업의 질을 극적으로 향상시킨다. 정보가 폐쇄된 조직에서는 문제 해결이 오직 소수 관리자와 경영진의 몫이 된다. 그러나 정보가 투명하게 공유되는 조직에서는 구성원 개개인이 데이터에 근거한 의사결정을 내릴 수 있으며, 실시간으로 현장에서 문제를 인식하고 개선 조치를 취할 수 있다. 이는 곧 경영 효율성과 생산성의 비약적 상승으로 이어진다.

하지만 정보 공유는 단순히 시스템만 설치한다고 작동하지 않는다. 조직문화적인 뒷받침이 필요하다.

첫째, 심리적 안전감(Psychological Safety)이 전제되어야 한다. 직원들이 정보를 활용하여 문제를 제기하고 개선안을 제안했을 때 불이익이 없다는 확신이 있어야 한다. 둘째, 교육과 역량 강화가 필요하다. 데이터를 볼 줄 모르거나 경영 지표의 의미를 이해하지 못하면 정보는 단순한 숫자일 뿐이다. 따라서 직원들에게 데이터를 해석하고 의사결정에 활용할 수 있는 교육이 반드시 병행되어야 한다. 셋째, 정보 공유는 일방향적 보고가 아닌 쌍방향적 커뮤니케이션이 되어야 한다. 단순히 경영진이 데이터를 내려 보내는 것에 그치지 않고, 현장에서도 데이터를 바탕으로 의견을 피드백하고, 조직 전체가 학습하는 구조로 발전해야 한다. 결론적으로 정보의 공유는 단순한 기술적 시스템의 문제가 아니라, 조직의 민주화, 참여적 경영, 그리고 지속가능한 경쟁력 확보를 위한 핵심 전략이다. 정보가 권력이던 시대는 끝났다. 이제는 정보를 투명하게 공유하고, 이를 바탕으로 구성원 개개인이 의사결정의 주체가 되는 조직만이 급변하는 경영 환경 속에서 살아남을 수 있다.

(7) 참여와 임파워먼트(Participation & Empowerment)

참여와 임파워먼트는 현대 인적자원관리에서 단순히 직원들의 의견을 듣는 수준을 넘어서, 직원들이 조직의 문제 해결과 의사결정에 실질적으로 관여하고 영향력을 행사할 수 있도록 권한과 책임을 부여하는 전략적 접근이다. 이는 직원이 단순한 실행자가 아닌, 조직의 공동 설계자(co-designer)로 전환되는 과정이며, 궁극적으로 조직의 자율성, 창의성, 그리고 지속 가능성을 강화하는 핵심 동력이다. 전통적인 관리 방식은 명령과 통제(command & control) 시스템에 기반했다. 그러나 급변하는 시장 환경과 복잡해진 업무 구조 속에서, 상명하달식 관리만으로는 문제 해결의 속도와 질이 현저히 낮아진다. 반대로 임파워먼트는 현장과 문제의 가장 가까운 곳에 있는 직원들이 신속하게 판단하고 조치를 취할 수 있도록 권한을 부여함으로써, 조직의 민첩성(agility)과 혁신성을 극대화한다.

대표적인 사례는 노드스트롬(Nordstrom)이다. 노드스트롬은 전통적으로 "고객이 만족할 때까지 어떤 상황에서도 직원 스스로 최선의 판단을 내리라"는 원칙을 적용한다. 실제로 노드스트롬은 직원 매뉴얼이 단 한 문장으로 구성되어 있다. "모든 상황에서 당신의 선의의 판단을 활용하라. 그 외의 규칙은 없다." 이 철학은 단순히 구호가 아니라, 실제 고객 서비스 현장에서 고객 만족을 극대화하는 행동 지침으로 작동한다. 결과적으로 직원들은 권한과 책임을 동시에 갖고 고객 문제를 해결하며, 이는 노드스트롬의 탁월한 고객 만족도와 충성도로 이어진다.

또 다른 강력한 사례는 리바이 스트라우스(Levi Strauss)의 청바지 공장이다. 리바이는 포크리프트 트럭을 새로 구입해야 할 때, 관리자나 구매팀이 아닌 해당 트럭을 실제로 사용할 작업자들에게 기종 선정, 사양 결정, 공급업체 교섭, 심지어 최종 계약에 대한 결정권까지 위임했다. 이 과정에서 직원들은 단순히 업무지시를 수행하는 존재에서 벗어나, 경영자의 시각으로 비용, 품질, 생산성, 안전성을 종합적으로 고려하게 되었다. 이 같은 경험은 직무 몰입도를 획기적으로 상승시키고, 동시에 직무 만족도와 조직 충성도를 높이는 강력한 동인이 되었다. 임파워먼트의 핵심 효과는 명확하다. 첫째, 직원들이 단순한 업무 수행자가 아니라, 조직 운영의 적극적 주체로 전환된다. 둘째, 문제 해결 속도가 비약적으로 빨라진다. 관리자는 매번 현장의 세부적인 문제까지 개입하지 않아도 되고, 현장 직원들은 실시간으로 문제를 인식하고 즉각 조치할 수 있다. 셋째, 임파워먼트는 학습 효과를 촉진한다. 직원들은 권한을 가진 만큼 스스로 배우고 성장하며, 이는 개인 역량 강화뿐만 아니라 조직의 집단 지성(intelligence)을 강화하는 효과로 이어진다.

그러나 참여와 임파워먼트는 단순히 권한만 부여한다고 해서 성공하지 않는다. 반드시 세 가지 조건이 충족되어야 한다. 첫째, 정보 공유다. 정보가 없으면 권한도 의미가 없다. 따라서 조직은 직원들에게 충분한 경영 정보와 업무 데이터를 제공해야 한다. 둘째, 역량 강화(training & development)다. 직원들이 주어진 권한을 효과적으로 활용할 수 있도록 문제 해결 능력, 의사결정 능력, 커뮤니케이션 스킬 등을 지속적으로 개발해야 한다. 셋째, 심리적 안전감(psychological safety)이다. 임파워먼트는 직원이 새로운 시도나 의견을 낼 때 실수나 실패가 곧 처벌로 연결되지 않는다는 전제가 있어야 가능하다. 결론적으로 참여와 임파워먼트는 단순한 인적자원관리 기법을 넘어, 조직문화의 근본적인 혁신을 요구하는 전략적 선택이다. 이를 통해 조직은 단순히 문제를 지시하고 해결하는 집단이 아니라, 구성원 모두가 자율적으로 문제를 인식하고, 스스로 해결하며, 조직의 비전과 전략에 주도적으로 참여하는 진정한 학습 조직(learning organization)으로 발전할 수 있다.

(8) 자주관리팀(Self-Managed Teams)

자주관리팀(Self–Managed Teams)은 단순한 작업 그룹이나 팀 조직을 넘어서는, 현대적 조직 운영의 핵심 전략 중 하나다. 이는 팀이 상급 관리자의 지시나 감시 없이 스스로 업무를 계획, 실행, 모니터링하며, 품질 개선과 생산성 향상, 문제 해결까지 자율적으로 수행하는 조직 형태다. 자주관리팀은 전통적인 위계적 조직 구조의 한계를 극복하고, 민첩하고 유연한 조직 운영을 가능하게 만드는 강력한 인적자원관리 전략이다. 자주관리팀의 본질은 '권한과 책임의 극대화'이다. 단순히 작업만 분담하는 것이 아니라, 해당 업무의 전 과정(계획, 실행, 모니터링, 평가, 그리고 개선)을 팀 스스로가 담당한다. 이로 인해 팀원들은 단순한 노동자가 아니라, 자신이 속한 팀과 조직의 성과에 대한 실질적인 주인의식을 갖게 된다.

대표적인 사례는 글로벌 화학기업인 몬산토(Monsanto)다. 몬산토는 생산현장에 자주관리팀을 도입하여 기존 7단계에 달했던 관리계층을 3단계로 축소했다. 각 팀은 채용, 교육, 작업 배치, 품질관리, 생산계획, 원자재 구매, 심지어 예산 관리까지도 스스로 책임졌다. 그 결과, 공장의 생산성은 크게 향상되었으며, 안전사고율은 현저히 감소했다. 관리자의 수가 줄어든 만큼 인건비도 절감되었고, 의사결정 속도는 훨씬 빨라졌다.

또 다른 강력한 사례는 AT&T의 잠수함 시스템 공장(Submarine Systems Division)이다. 이 공장은 기존 318명의 직원을 대규모 자주관리팀 체제로 전환했다. 전환 이후 비용이 무려 30% 이상 절감되었고, 생산성과 품질 또한 동시에 개선되는 성과를 거뒀다. 이는 단순히 업무 배치의 효율성 개선만으로는 설명할 수 없는 구조적 혁신이었다.

물류기업인 페더럴 익스프레스(FedEx)도 자주관리팀을 통해 혁신을 이루었다. 이 회사는 1,000명의 사무직 직원 전체를 팀제로 전환했고, 각 팀은 고객 불만 처리, 서비스 품질 개선, 비용 관리 등의 의사결정 권한을 갖고 운영되었다. 그 결과 서비스 문제 발생 비율이 13% 감소하였으며, 고객 만족도는 눈에 띄게 상승했다.

자주관리팀의 강력한 효과는 다음 네 가지로 요약할 수 있다. 첫째, 의사결정의 속도와 품질 향상이다. 현장에서 바로 문제를 인식하고 해결할 수 있는 권한이 있기 때문에, 관리자 승인 절차에 소요되는 시간과 비효율이 사라진다. 둘째, 책임감과 소속감의 강화다. 팀원들은 자신들이 업무의 주체라는 인식을 갖고, 단순한 작업자가 아닌 조직의 일원으로서의 책임감을 느낀다. 셋째, 혁신성과 창의성의 증대다. 관리자의 지시를 기다리는 것이 아니라, 현장에서 스스로 새로운 방식과 프로세스를 찾아내기 때문에 지속적인 개선과 혁신이 일어난다. 넷째, 조직문화의 근본적인 변화다. 상명하달식 문화는 사라지고, 수평적이고 참여적인 문화가 자리 잡는다. 하지만 자주관리팀이 성공적으로 정착하기 위해서는 몇 가지 필수 전제조건이 있다. 첫째, 명확한 목표와 성과 기준이 필요하다. 목표가 명확하지 않으면 팀은 방향성을 잃고 혼란에 빠진다. 둘째, 충분한 교육과 역량 개발이 병행되어야 한다. 팀원들이 스스로 의사결정을 내리고 문제를 해결할 수 있도록 커뮤니케이션, 갈등 관리, 재무 이해, 품질 관리 등 다양한 역량을 강화해야 한다.

셋째, 심리적 안전감과 신뢰의 문화가 바탕이 되어야 한다. 실패에 대한 두려움이 크면 팀원들은 자율성을 포기하고 다시 상사의 지시를 기다리는 구조로 되돌아가게 된다. 결론적으로 자주관리팀은 단순한 업무 단위의 변경이 아니다. 이는 조직의 구조적 민주화이며, 권한과 책임의 균형을 바탕으로 한 강력한 경쟁력 확보 전략이다. 자주관리팀이 정착한 조직은 문제 해결 속도, 고객 대응력, 생산성, 그리고 직원 만족도에서 모두 타 경쟁 조직을 압도한다. 이것이 바로 자주관리팀이 전략적 인적자원관리에서 중요한 이유다.

(9) 훈련과 기능 개발(Training & Skill Development)

훈련과 기능 개발은 단순히 직무 수행에 필요한 기술을 가르치는 활동을 넘어, 조직의 전략적 경쟁력을 강화하는 핵심 동력이다. 현대의 급변하는 경영환경 속에서, 한 번 배운 지식이나 기술이 평생 동안 유효했던 시대는 이미 지나갔다. 이제는 직원들이 변화에 민첩하게 적응하고, 새로운 기술을 지속적으로 습득하며, 자기 주도적으로 역량을 개발해야 조직도 함께 성장하고 생존할 수 있다. 기업이 훈련과 기능 개발에 적극적으로 투자하는 이유는 명확하다. 직원들이 갖춘 역량이 곧 조직의 역량이며, 이는 경쟁우위의 가장 본질적이고 지속 가능한 원천이기 때문이다. 특히 기술 변화가 빠르고, 고객의 요구가 다양화되는 현대 경영환경에서는, 인적자원의 지속적 역량 강화 없이는 제품과 서비스의 질적 혁신은 물론, 조직의 생존조차 장담할 수 없다. 이러한 관점에서 훈련과 기능 개발은 단순한 비용이 아닌, 명백한 투자(investment)다. 단기적 생산성 손실이나 비용이 발생할 수 있지만, 장기적으로는 인적 자원의 질적 향상과 함께 생산성, 품질, 혁신성이 동반 상승하게 된다.

대표적인 사례는 어드밴스드 마이크로 디바이시스(Advanced Micro Devices, AMD)다. AMD는 구형 반도체 공장이 폐쇄될 때마다 해당 공장의 기능직 근로자들을 해고하지 않고, 이들을 최신 기술이 적용된 신규 공장으로 전환 배치했다. 단, 전환 배치는 무조건 이루어진 것이 아니다. 직원들은 먼저 기본 기술 역량에 대한 평가를 받고, 그 결과에 따라 지역 대학에서 진행되는 7개월간의 집중 교육 프로그램에 참여해야 했다. 이 기간 동안의 훈련비는 전액 회사가 부담하고, 심지어 훈련기간에도 급여가 지급되었다. 이러한 제도는 단순한 고용 유지 이상의 의미를 갖는다. 이는 기업이 직원을 단순한 노동력으로 보지 않고, '함께 성장할 파트너'로 인식하고 있다는 명확한 메시지다. 훈련과 기능 개발은 단순히 초기 채용 교육이나 직무 전환 시에만 필요한 것이 아니다. 조직은 일상적으로 다음과 같은 세 가지 측면에서 훈련을 설계하고 운영해야 한다. 첫째, 기초 직무 역량 개발이다. 이는 직무 수행에 필요한 기본 기술과 지식을 제공하는 과정이다. 특히 신입사원이나 직무 변경자에게 필수적이다. 둘째, 문제 해결 및 혁신 역량 강화다. 단순한 절차적 작업수행을 넘어, 현장에서 발생하는 복잡한 문제를 스스로 인식하고 해결할 수 있는 분석력, 창의력, 비판적 사고 능력을 강화하는 과정이 반드시 포함되어야 한다. 셋째, 리더십과 조직 역량 강화다. 이는 단순히 관리자에게만 필요한 것이 아니라, 팀원들도 스스로를 관리하고 팀의 목표를 주도적으로 이끌어갈 수 있는 자기 주도적 리더십과 협업 능력을 키우는 것이다. 현대적인 훈련은 기존의 강의식 일방향 교육에서 탈피하여, OJT(On-the-Job Training), 코칭(Coaching), 멘토링(Mentoring), 액션러닝(Action Learning), 시뮬레이션(Simulation) 등 실무 중심의 역량 강화 방식으로 발전하고 있다. 또한 디지털 트랜스포메이션의 확산에 따라, 이러닝(e-learning), 마이크로러닝(micro-learning) 등의 온라인 기반 학습도 필수적인 교육 수단으로 자리 잡았다.

하지만 훈련과 기능 개발이 단순히 교육 과정 개설만으로 성공하는 것은 아니다. 훈련 효과가 조직 성과로 이어지기 위해서는 반드시 다음 네 가지 요소가 충족되어야 한다. 첫째, 경영진의 강력한 지원이다. 교육은 인사

부서만의 일이 아니라, 조직 전체의 전략적 우선순위로 인식되어야 한다. 둘째, 학습 문화(Learning Culture)가 조직 전반에 정착되어야 한다. 직원들이 배움을 두려워하지 않고, 학습을 일상화할 수 있는 환경이 조성되어야 한다. 셋째, 피드백과 사후 지원이다. 교육 후 실무 적용을 위한 피드백과 코칭이 반드시 뒤따라야 하며, 그렇지 않으면 훈련 효과는 급속히 감소한다. 넷째, 성과와의 연계성이다. 훈련을 통해 향상된 역량이 어떻게 개인의 성과, 팀의 성과, 나아가 조직의 전략적 목표와 연결되는지를 명확히 인식할 수 있어야 한다. 결론적으로 훈련과 기능 개발은 단순한 인력 양성을 넘어, 조직의 지속 가능한 성장과 혁신을 견인하는 전략적 투자이자 경쟁우위의 핵심 요인이다. 오늘날과 같이 변화가 일상화된 시대에, 교육을 게을리하는 조직은 결코 지속적인 성장을 기대할 수 없으며, 반대로 학습과 성장을 전략적으로 관리하는 조직만이 미래의 승자가 될 수 있다.

(10) 복수 직무 담당 및 다기능 습득 훈련 (Multiskilling & Cross-Functional Training)

복수 직무 담당과 다기능 습득 훈련은 현대 인적자원관리에서 단순한 업무 분업을 넘어서는 전략적 인재 관리 방식이다. 이는 직원이 단일 직무에 국한되지 않고, 다양한 직무와 기능을 수행할 수 있는 능력을 갖추도록 하는 인재 양성 전략이며, 변화 대응력과 조직의 민첩성(agility)을 극대화하는 핵심 도구로 자리 잡고 있다. 전통적 생산 방식에서는 분업과 전문화가 생산성을 높이는 핵심 요소였다. 그러나 급변하는 시장 환경과 고객 요구의 다변화, 기술혁신, 불확실성의 증대는 이러한 전통적 방식의 한계를 드러냈다. 이제는 업무의 유연성, 빠른 전환 능력, 상황 변화에 따른 즉각적 대응이 경쟁 우위를 좌우한다. 바로 이런 이유로 복수 직무 담당과 다기능 훈련이 전략적 인적자원관리의 필수 요소로 부상하고 있다.

대표적인 사례는 일본의 마즈다(Mazda)다. 마즈다는 1980년대 글로벌 경기 침체 속에서도 대규모 구조조정 대신, 생산직 근로자들을 영업직으로 전환하는 혁신적 전략을 시도했다. 공장 생산라인 근로자들은 직접 시장으로 나가 자동차를 판매하는 임무를 맡았다. 이들은 제품에 대한 깊은 이해를 바탕으로 고객과 소통했고, 결과적으로 그해 마즈다의 판매왕 상위 10명 전원이 생산라인 출신이었다. 생산라인 근로자들이 영업을 경험하면서 고객의 요구와 시장의 목소리를 깊이 이해하게 되었고, 경기 회복 후 생산현장으로 복귀했을 때, 이들은 소비자의 니즈를 설계와 생산 공정에 반영하는 핵심 인재로 자리 잡았다. 이 사례는 단순한 직무 전환 이상의 의미를 갖는다. 복수 직무 경험은 근로자를 단순한 작업자가 아닌 '문제 해결자'와 '혁신 창출자'로 성장시킨다.

복수 직무 담당과 다기능 훈련이 제공하는 조직적 이점은 매우 강력하다. 첫째, 업무 연속성(Operational Continuity) 확보다. 특정 직무 담당자가 부재 시에도 다른 직원이 즉각 대체할 수 있어 생산성과 서비스 품질이 유지된다. 둘째, 유연한 인력 운용(Flexible Workforce)이다. 계절적 수요 변동, 긴급 프로젝트 발생, 갑작스러운 인력 이탈 등에도 탄력적으로 대응할 수 있다. 셋째, 조직 내 협업 강화(Collaboration Enhancement)다. 여러 직무를 경험한 직원은 부서 간 경계를 허물고, 상대 부서의 어려움과 필요를 더 잘 이해하게 되어, 협업이 자연스럽고 원활해진다. 넷째, 혁신과 문제 해결 능력 증진이다. 다양한 직무를 경험한 직원일수록 시스템적 사고(system thinking)가 가능해지며, 복잡한 문제를 다각도로 분석하고 창의적으로 해결하는 능력이 강화된다. 그러나 복수 직무 담당과 다기능 훈련은 단순히 여러 업무를 가르친다고 성과가 나는 것은 아니다. 반드시 조직 차원의 전략적 설계가 필요하다.

첫째, 명확한 직무 설계(Job Design)가 선행되어야 한다. 어떤 직무들이 상호 보완 가능한지, 어떤 직무 조합이 업무 효율성과 개인의 성장에 최적인지를 체계적으로 분석해야 한다. 둘째, 체계적인 교육 훈련 프로그램이 필요하다. 단순히 매뉴얼을 전달하는 수준이 아니라, OJT, 시뮬레이션, 롤플레잉, 멘토링 등 다양한 학습 방식을 활용해 실질적 역량 강화가 이루어져야 한다. 셋째, 적절한 보상과 인정 체계가 뒷받침되어야 한다. 다기능 근로자는 단순 업무자보다 더 많은 책임과 부담을 지게 되므로, 이에 걸맞은 보상과 경력 개발 기회가 반드시 제공되어야 한다. 결론적으로 복수 직무 담당과 다기능 습득 훈련은 단순히 비용 절감이나 위기 대응 수단이 아니다. 이는 조직의 지속 가능성과 혁신 역량을 극대화하는 전략적 인적자원 개발 방식이다. 복잡성과 불확실성이 일상화된 오늘날, 유연하게 움직이는 사람만이 경쟁력을 갖추듯, 유연하게 움직이는 조직만이 시장에서 승리할 수 있다. 복수 직무 담당과 다기능 습득은 바로 이러한 유연성을 조직에 내재화하는 가장 강력한 방법이다.

(11) 상징적 인류평등주의(Symbolic Egalitarianism)

상징적 인류평등주의(Symbolic Egalitarianism)는 단순히 조직 내 형식적 평등을 넘어서, 조직문화와 일상 속에서 자연스럽게 체화되는 평등의 상징과 가치다. 이는 조직구성원 간의 위계적 장벽을 허물고, '우리는 하나의 공동체다'라는 강력한 메시지를 전달하는 인적자원관리 전략으로 작동한다. 조직 내에는 공식적인 직급이나 직무 외에도 다양한 '상징적 장벽'이 존재한다. 예를 들어, 임원 전용 식당, 전용 주차장, 전용 엘리베이터, 상이한 유니폼, 사무실 크기나 위치의 차이 등은 모두 보이지 않는 심리적 장벽을 만들며, 이는 종종 조직 내 불필요한 거리감, 위화감, 계층적 긴장감을 유발한다. 이러한 상징적 차별은 직원들의 소속감, 헌신, 그리고 협업에 부정적 영향을 미치게 된다. 이를 극복하고자 도입된 것이 바로 상징적 인류평등주의다. 이는 물리적 공간에서의 평등뿐만 아니라, 심리적·정서적 차원에서의 평등을 강조한다. 다시 말해, 조직 내 누구든지 존중받는 존재이며, 조직의 성과는 위에서만 만들어지는 것이 아니라 현장과 사무실, 관리자와 근로자 모두의 협력으로 이루어진다는 확고한 메시지를 전달하는 것이다.

대표적인 사례는 뉴 유나이티드 모터 매뉴팩처링(New United Motor Manufacturing Inc.: NUMMI)이다. 도요타와 GM이 미국에 세운 합작공장인 NUMMI는 전통적인 미국 제조업 문화와는 전혀 다른 문화를 도입했다. 이 공장은 임원 전용 식당과 주차장을 없애고, 임원과 근로자가 동일한 작업복

(청색 유니폼)을 착용했다. 또한 과거 80개 이상으로 세분화되어 있던 직무 구분을 하나로 통합하여, “모든 사람은 동등한 팀의 일원”이라는 문화를 정착시켰다. 이러한 평등주의적 상징은 단순한 이미지 메이킹을 넘어, 실제로 조직 내 의사소통의 활성화, 팀워크 증진, 그리고 종업원 몰입도 향상으로 이어졌다.

또 다른 사례는 글로벌 전자 제조기업인 솔렉트론(Solectron)이다. 이 회사의 최고경영자(CEO)는 개인 사무실이 없다. 그는 직원들과 동일한 오픈 오피스에서 일하며, 이를 통해 물리적 거리뿐만 아니라 심리적 거리도 철저히 제거했다. 이러한 조직 문화는 솔렉트론이 말콤 볼드리지 국가 품질상을 수상할 정도로 뛰어난 품질 관리와 조직 몰입도를 이끌어내는 원동력이 되었다.

상징적 인류평등주의가 조직에 미치는 효과는 매우 뚜렷하다. 첫째, 심리적 안전감(Psychological Safety)이 증진된다. 직원들은 관리자나 임원 앞에서 자신의 생각을 자유롭게 말할 수 있으며, 이는 혁신적 아이디어 창출과 문제 해결 속도를 비약적으로 향상시킨다. 둘째, 팀워크와 협업의 질이 극대화된다. 물리적·상징적 장벽이 사라지면 구성원 간의 상호 존중과 신뢰가 자연스럽게 강화된다. 셋째, 직원 몰입도와 조직 충성도가 높아진다. 자신이 조직의 동등한 일원임을 체감할 때, 직원들은 단순히 생계를 위한 노동자가 아니라, 조직의 공동 주인으로서 책임감을 갖고 일하게 된다. 그러나 상징적 평등주의는 단순히 외형적 상징만 바꾼다고 작동하지 않는다. 진정성(authenticity)이 핵심이다. 임원이 작업복을 입고 오픈 오피스에 앉아있더라도, 여전히 의사결정권이 소수에 집중되어 있고, 정보가 폐쇄적이며, 보상과 기회가 불공정하게 주어진다면 상징은 오히려 불신을 증폭시키는 요소로 전락할 수 있다.

따라서 상징적 인류평등주의는 반드시 정보 공유, 임파워먼트, 공정한 성과 보상체계와 맞물려 실행되어야 진정한 효과를 발휘한다. 결론적으로 상징적 인류평등주의는 단순히 유니폼을 맞추고 식당을 공유하는 것 이상의 의미다. 이는 조직이 “우리 모두가 조직의 공동체이며, 함께 성공과 실패를 나누는 동등한 존재다"라는 철학을 실질적 문화와 행동으로 구현하는 강력한 전략이다. 이러한 문화가 정착된 조직은 탁월한 몰입도, 강력한 팀워크, 그리고 뛰어난 조직 탄력성을 확보하게 된다.

(12) 임금격차 축소(Pay Compression)

임금격차 축소(Pay Compression)는 조직 내 직급, 직무, 역할 간 보상의 차이를 최소화하는 전략적 보상 설계 방식이다. 이는 단순히 경제적 평등을 위한 조치가 아니라, 협력적 조직 문화를 강화하고, 내부 공정성을 확보하며, 조직의 집단 생산성과 지속 가능성을 높이는 핵심 전략이다. 과거의 전통적 임금체계는 직급이 올라갈수록 급격히 상승하는 피라미드형 보상 구조를 가지고 있었다. 이러한 구조는 관리자 중심의 명령-통제식 조직에서는 효과적일 수 있었지만, 오늘날과 같은 수평적이고 협업 중심의 조직에서는 오히려 장애물이 된다. 직급과 역할에 따른 과도한 임금 격차는 직원들 간의 심리적 거리감을 심화시키고, 협업보다는 경쟁을 유도하며, 직무 만족도와 조직 몰입도를 저해하는 부작용을 초래한다. 임금격차 축소의 핵심 철학은 다음과 같다. "조직은 개인의 직급이 아니라 기여와 협업에 가치를 둔다." 즉, 고위직과 하위직, 사무직과 생산직의 구분을 넘어, 조직 목표 달성에 얼마나 효과적으로 기여하는가가 보상의 핵심 기준이 되는 것이다.

대표적인 사례는 뉴 유나이티드 모터 매뉴팩처링(NUMMI)과 사우스웨스트 항공(Southwest Airlines)이다. NUMMI는 관리자와 생산직 근로자 간의 임금 격차를 최소화하는 정책을 도입했다. 관리자와 생산직 간의 연봉 차이는 통상적인 제조업체의 절반 이하 수준으로 유지되었다. 사우스웨스트 항공 역시 동일하게 파일럿, 객실 승무원, 정비사, 지상직 직원 등 직군 간의 임금 격차를 의도적으로 낮추었다. 이러한 보상 구조는 단순히 동기부여 차원을 넘어서, "모두가 하나의 팀"이라는 문화를 강력하게 뒷받침하는 메커니즘으로 작동했다. 임금격차 축소가 조직에 미치는 긍정적 효과는 매우 강력하다. 첫째, 협업 촉진(Cooperation Enhancement)이다. 직급이나 직무 간의 임금 불평등이 줄어들면, 동료 간의 심리적 경쟁은 자연스럽게 감소하고, 상호 지원과 협업의 질은 극적으로 향상된다. 둘째, 직무몰입과 조직 충성도 증대다. 직원들은 자신이 조직의 동등한 구성원으로 존중받고 있음을 느끼며, 이는 높은 몰입도와 낮은 이직률로 연결된다. 셋째, 조직 내 갈등과 정치적 행동의 감소다. 지나치게 큰 임금격차는 종종 상사에게 인정받기 위한 과도한 정치적 행동이나 사내 경쟁을 유발한다. 반면 임금격차가 적정 수준으로 관리되면, 직원들은 동료나 상사와 경쟁하기보다는 공동의 목표를 위해 협력하게 된다. 넷째, 내부 공정성(Internal Equity)의 강화다. 이는 단순히 정서적 만족감 이상의 효과를 가진다. 내부 공정성은 직원들의 동기부여와 생산성 향상에 직접적이고 강력한 영향을 미친다는 것이 수많은 연구에서 입증되었다.

그러나 임금격차 축소가 무조건적으로 효과적인 것은 아니다. 몇 가지 중요한 고려사항이 존재한다. 첫째, 시장 경쟁력 유지다. 외부 노동 시장에서 경쟁력 있는 보상 수준은 유지되어야 한다. 즉, 내부 공정성과 외부 경쟁력 간의 균형이 필수적이다. 둘째, 성과주의와의 균형이다. 임금격차를 지나치게 압축하면 고성과자에게 상대적인 불만이 발생할 수 있다. 따라서 성과에 따른 보상은 유지하되, 구조적인 임금격차가 지나치게 벌어지지 않도록 정교한 설계가 필요하다. 셋째, 문화적 수용성이다. 일부 국가나 산업에서는 여전히 직급이나 직무에 따른 사회적 위계와 보상 차이를 중요하게 여긴다. 이러한 문화적 요소를 무시하고 단순히 임금격차만 줄인다면, 오히려 역효과가 발생할 수 있다. 결론적으로 임금격차 축소는 단순한 급여 수준 조정 이상의 전략적 의미를 가진다. 이것은 조직이 어떤 가치를 우선시하는가에 대한 강력한 선언이며, "조직은 상호 의존적인 공동체이며, 모든 구성원은 동등하게 존중받아야 한다"는 철학의 실천이다. 올바르게 설계된 임금격차 축소 정책은 단순히 공정함을 넘어, 협업 강화, 조직 탄력성 증가, 그리고 지속 가능한 경쟁력 확보의 강력한 토대가 된다.

(13) 내부 승진과 경력 개발(Internal Promotion & Career Development)

내부승진과 경력개발은 단순히 직급 상승을 위한 제도가 아니라, 조직의 지속가능성과 경쟁력을 유지하기 위한 핵심 전략이다. 이 전략은 조직 구성원이 장기적인 시각으로 회사와 함께 성장하고, 동시에 조직 역시 인재의 지속적 육성을 통해 지속 가능한 성장을 도모하는 상호 윈-윈(win-win) 구조를 창출한다. 전통적인 외부 충원 중심의 인력 운용은 즉각적인 전문성 보강에는 효과적일 수 있지만, 조직문화의 훼손, 직원들의 동기 저하, 높은 이직률 등의 부작용을 초래할 위험이 크다. 반면 내부승진은 이미 조직의 문화와 가치, 업무 프로세스에 대한 깊은 이해를 가진 인재를 중심으로 조직을 성장시키는 방식으로, 심리적 안전감과 조직에 대한 신뢰, 그리고 공동체 의식을 강화하는 효과가 있다.

대표적인 사례는 노드스트롬(Nordstrom)이다. 노드스트롬은 학력이나 이전 경력에 관계없이 모든 신규 입사자가 매장 판매직에서 경력을 시작하도록 설계되어 있다. 심지어 대학 졸업생이나 고위 관리직으로 입사하는 인재조차도 처음에는 직접 고객을 응대하며, 판매 현장을 경험한다. 이를 통해 조직은 직원들에게 "우리 회사는 현장 중심이며, 고객 중심의 문화가 최우선이다"라는 명확한 메시지를 전달한다. 이후 승진은 철저히 성과, 태도, 그리고 조직 가치에 대한 몰입도를 기준으로 이루어진다. 새로운 점포가 열리면, 관리자나 부서장은 반드시 기존 점포에서 내부 승진을 통해 선발된다. 이 철저한 내부승진 정책은 노드스트롬 고유의 서비스 철학과 조직문화를 강하게 유지하는 비결이기도 하다. 내부승진과 경력개발의 강점은 다음과 같다.

첫째, 조직의 정체성과 문화가 강하게 유지된다. 외부 인재는 뛰어난 역량을 가졌더라도 조직의 가치와 문화를 내재화하는 데 시간이 걸린다. 반면 내부 인재는 이미 조직 문화를 체화하고 있으며, 이를 후배에게 전수하는 역할도 자연스럽게 수행한다. 둘째, 직원 몰입도와 충성도가 비약적으로 상승한다. 승진과 경력 개발이 외부가 아닌 내부에서 이루어진다는 확신은 직원에게 장기적인 심리적 안정감을 제공하며, 이는 곧 낮은 이직률과 높은 조직 몰입도로 이어진다. 셋째, 성장지향적 조직문화가 구축된다. 내부 인재가 조직 내에서 성장하고 성공하는 모습을 목격하는 것은 모든 직원에게 강력한 동기부여 요소로 작용한다. 이는 단순한 업무 수행을 넘어서, 자기 개발과 경력 성장을 위한 자발적 노력을 촉진한다. 넷째, 채용 및 교육 비용 절감 효과다. 외부 인재 채용 시 발생하는 막대한 검색 비용, 온보딩 비용, 문화 적응 비용을 절감할 수 있으며, 기존 인재의 생산성은 빠르게 유지된다.

그러나 내부승진과 경력개발 전략이 항상 성공하는 것은 아니다. 몇 가지 중요한 전제조건이 있다. 첫째, 명확하고 공정한 평가와 승진 기준이 있어야 한다. 내부 인재가 승진을 위해 무엇을 준비하고 어떻게 성장해야 하는지 명확히 안내되지 않으면, 내부승진은 오히려 불공정 논란으로 이어질 수 있다. 둘째, 체계적인 경력개발 프로그램이 뒷받침되어야 한다. 단순히 시간이 지나면 승진하는 것이 아니라, 역할 전환에 필요한 역량, 리더십, 문제 해결 능력 등을 체계적으로 개발할 수 있는 교육과 코칭이 제공되어야 한다. 셋째, 경력 경로의 다양성 확보다. 모든 인재가 관리자나 리더가 되는 것을 원하는 것은 아니다. 전문직 경로(specialist track)와 관리직 경로(managerial track)를 동시에 운영하여, 기술적 전문가도 리더만큼 인정받고 성장할 수 있는 구조가 필요하다. 결론적으로 내부승진과 경력개발은 단순히 인사관리의 한 기능이 아니라, "사람을 통해 조직이 성장한다"는 전략적 인적자원관리의 가장 핵심적인 구현 방식이다. 내부 인재가 성장할 수 있는 시스템을 갖춘 조직은, 단기적인 성과뿐만 아니라 장기적인 경쟁력, 높은 조직 탄력성, 그리고 강력한 조직 문화를 자연스럽게 구축하게 된다. 이것이 바로 현대 인적자원관리에서 내부승진과 경력개발이 선택이 아닌 필수인 이유이다.

4) 현대 경영환경에서의 적용 시사점

디지털 전환, ESG 경영, 글로벌화, 인공지능의 확산은 HRM의 역할을 더욱 전략적으로 전환시키고 있다. 디지털 전환은 자동화와 데이터 기반 HRM을 강화하지만, 오히려 '사람만이 창출할 수 있는 가치'(신뢰, 협력, 몰입)가 더욱 중요해지고 있다. ESG 경영은 단순히 환경과 사회적 책임을 넘어, 윤리적 리더십과 지속가능한 조직문화를 요구한다. 글로벌화는 다문화적 조직 역량과 다양성 관리(Diversity Management)를 필수 요소로 만든다.

결론적으로 전략적 인적자원관리는 더 이상 선택사항이 아니다. 그것은 기업의 전략 그 자체이며, 지속 가능한 경쟁우위의 본질적 요소이다. 인적자원은 단순한 비용이 아닌, 가치 창출의 원천이며, 조직이 혁신하고 변화하며 성장하는 유일한 자산이다. 결국 성공하는 기업은 '사람을 통해 경쟁하는 기업'이며, HRM은 단순히 보조 기능이 아니라, 기업 전략의 중심이어야 한다.

CHAPTER

02

인적자원관리의 역사와 발달과정

인적자원관리의 발달과정은 경영학 이론의 진화와 밀접한 관계를 맺으며 함께 발전해 왔다. 전통적인 작업 효율성 중심의 접근에서 출발하여, 인간 중심의 사고, 그리고 전략적 자원으로서의 인적자원을 중시하는 시기로 점차 확장되어 왔다. 이를 바탕으로 인적자원관리의 발달과정은 일반적으로 세 가지 주요 시기로 구분된다. 첫째, 테일러(F. W. Taylor)의 과학적 관리법에 기반한 전통적 관리 시기에는 인력을 효율 극대화의 수단으로 간주하였다. 둘째, 1930년대 호손공장 실험을 계기로 등장한 인간관계론 시기에는 조직 내 비공식적 관계와 감성적 요인을 중시하며, 구성원의 심리와 사회적 욕구에 대한 관심이 증대되었다. 마지막으로, 경영학의 이론적 성숙과 함께 전개된 근대 인적자원관리 시기에는 인적자원이 조직 성과에 기여하는 전략적 자산으로 인식되었고, 이를 체계적으로 통합·관리하는 전략적 인적자원관리 개념이 본격화되었다.

section 01 전통적 관점(traditional viewpoint)

고전적 경영학의 시기(Classical Era of Management)는 산업화의 본격화와 더불어 조직이 대규모화되고 복잡해지던 19세기 말에서 20세기 초에 해당하며,

인적자원관리(Human Resource Management: HRM)의 초기 형태가 등장한 시기이다. 이 시기의 인적자원관리는 '인간'을 조직 내의 효율적 자원으로 간주하고, 과학적이고 구조화된 방법을 통해 사람의 노동을 최대한 활용하려는 경향이 뚜렷했다. 중심 이론은 베버(Max Weber)의 관료제 이론, 테일러(Frederick W. Taylor)의 과학적 관리법, 페이욜(Henri Fayol)의 관리이론으로 요약된다.

1. 관료제론(Bureaucracy Theory)

1) 관료제의 의의

관료제는 근대 조직의 효율적 운영을 위한 체계적 관리 방식으로, 독일의 사회학자 막스 베버(Max Weber)에 의해 이론화되었다. 그는 전통적 권위와 카리스마적 리더십의 한계를 극복하고, 법적·합리적 권위에 기반한 조직 운영이 현대사회에서 가장 합리적이고 효과적이라고 보았다. 베버가 정의한 관료제는 규칙, 계층적 질서, 분업, 비개인성, 문서화 등으로 구성된 조직체계이며, 이는 특정 개인의 성격이나 인간적 감정이 아니라 법과 규칙에 따라 조직이 운영되어야 한다는 전제를 담고 있다. 이러한 관료제의 특징은 다음과 같다.

(1) 법에 따른 공식화된 원칙

막스 베버는 관료제의 핵심이 '법적·합리적 권위'에 있다고 강조하였다. 즉, 조직 내 직무나 권한은 개인의 전통이나 카리스마적 성격이 아니라, 법과 규칙에 의해 부여되어야 한다. 이는 조직 구성원 간의 공정성과 예측 가능성을 보장하는 기초가 되며, 권한 남용이나 자의적인 결정으로부터 조직을 보호하는 장치로 작동한다. 현대 공공기관이나 대기업에서는 업무 분장표, 직무기술서(Job Description), 규정집 등이 이 법적 원칙에 해당하며, 업무 수행의 기준을 공식화하는 데 필수적인 도구로 활용된다.

(2) 직위에 따른 계층 질서와 권한의 등급

관료제는 상하 위계질서에 따라 명확히 구조화된 조직을 지향한다. 각 직위는 고유한 권한과 책임을 가지고 있으며, 하급자는 상급자의 지시에 따라 행동하게 된다. 이 구조는 효율적인 감독과 책임소재의 명확성을 담보하며, 대규모 조직일수록 필수적이다. 다만 최근에는 수평적 구조와 자율성이 강조되면서, 형식적 위계보다는 기능 중심의 유연한 계층구조를 도입하는 사례도 증가하고 있다.

(3) 분업과 전문화

조직 내 직무는 세분화되어 각자가 수행해야 할 과업이 명확히 정의되며, 이에 따라 구성원에게 전문성이 요구된다. 분업은 효율성과 생산성을 높이는 핵심 원리이며, 오늘날에도 기능별 부서(예: 인사부, 회계부, 영업부) 운영, 직무 중심의 교육훈련, 자격 기준 등이 이 원리에 기반을 두고 있다. 다만 지나친 분업은 기능 간 단절과 협업 저해를 초래할 수 있어, 현대 조직에서는 크로스 펑셔널 팀(Cross-functional Team)이나 직무순환(Job Rotation) 등의 방식으로 이를 보완한다.

(4) 비개인성(탈개인화)

공식 업무는 개인적 감정, 친분, 성향 등에서 분리되어야 하며, 조직 내 모든 결정은 개인이 아닌 규칙과 절차에 따라 이루어져야 한다. 이는 조직의 일관성과 공정성을 유지하는 데 매우 중요하다. 특히 공공부문이나 교육기관, 대기업의 인사제도에서 이 원칙은 절차적 공정성(procedural justice)을 유지하는 핵심 기준으로 작용한다. 반면, 오늘날에는 조직 구성원의 감정과 정서적 소통도 중요시되므로, 지나친 비개인성은 '비인간적 조직'이라는 비판을 받을 수 있다.

(5) 성과 기반의 선발 및 승진

직원 채용과 승진은 개인의 혈연, 지연, 학연이 아니라, 기술적 역량과 직무성과를 기준으로 결정되어야 한다. 이를 통해 조직은 우수한 인재를 확보하고, 구성원에게 공정한 기회를 제공할 수 있다. 현대 기업에서는 이를 실현하기 위해 역량평가(Competency Assessment), 성과관리시스템(Performance Management), 구조화된 면접 등 다양한 제도를 도입하고 있다. 다만 이 역시 정량적 평가만으로는 인재의 잠재력을 파악하기 어렵다는 한계가 있어, 정성적 요소를 결합하는 방식으로 발전하고 있다.

(6) 자유로운 계약관계에 의한 임용

직원의 채용은 법률적 계약에 따라 이루어져야 하며, 이는 조직과 개인 간의 상호 동의하에 맺어진다. 이는 과거의 강제노동이나 종속적 고용관계에서 벗어나, 개인의 자율성과 계약상의 권리를 존중하는 조직운영의 전제다. 특히 비정규직, 계약직, 파견직 등 다양한 고용형태가 존재하는 현대 사회에서는 이 계약관계의 명확성이 더욱 중요해졌다. 근로계약서 작성, 고용조건 명시, 채용절차 공정성 확보 등은 이 원칙의 실천적 표현이다.

(7) 임명제 중심의 직위 충원

관료제는 직위에 대한 임용이 선거가 아닌 임명을 통해 이루어져야 한다고 본다. 이는 직무 수행의 전문성과 안정성을 보장하기 위한 것이다. 특히 선거제는 대중의 감정이나 인기도에 따라 좌우될 수 있어, 기술적 직무에는 부적절하다는 인식이 있다. 현대 관료 조직이나 법조계, 교육계 등은 대부분이 임명제를 채택하고 있으며, 임명 과정의 투명성과 적합성 검증이 중요한 이슈로 부각되고 있다.

(8) 고정된 봉급과 직위 기반 보상

조직은 각 직위별로 정해진 임금 기준을 두고 있으며, 보상은 직무의 난이도와 책임 수준에 따라 결정된다. 이는 내부 형평성을 유지하고, 공정한 처우를 제공하기 위한 장치다. 최근에는 직무급제도, 직능급, 성과급 등 다양한 보상 구조가 도입되어 이 원칙이 더욱 정교화되고 있으며, 특히 공공기관에서는 여전히 직위 중심의 고정급 체계를 유지하고 있다.

(9) 경력체계 및 종신재직권

조직 내 경력경로(career path)는 명확히 정의되어 있어야 하며, 장기 근속을 통해 점진적으로 상위직으로 진입할 수 있어야 한다. 이러한 구조는 구성원에게 안정성과 조직 몰입감을 부여하며, 기술과 조직문화의 축적에 기여한다. 현대 기업들은 이를 반영하여 경력개발계획(CDP), 승진 시스템, 멘토링 프로그램 등을 운영하고 있다. 다만 종신고용이 해체되고 있는 최근의 흐름 속에서는 내부 경력관리의 유연성과 수평적 이동 또한 중시되고 있다.

(10) 공사 구분의 명확성

조직 내 업무는 철저히 공적 기준에 따라 운영되어야 하며, 개인적 이해관계가 개입되어서는 안 된다. 공공기관의 이해충돌 방지법, 기업의 윤리경영, 부정청탁금지법(김영란법) 등은 이 원칙을 실현하기 위한 현대적 제도라 할 수 있다. 이를 통해 공적 신뢰를 확보하고, 조직의 공공성과 청렴성을 유지하는 것이 가능하다.

(11) 문서주의와 기록 중심 경영

모든 공식 행위는 문서로 남겨져야 하며, 이는 조직의 투명성과 책임성, 역사성을 확보하는 수단이다. 현대 조직은 전자문서관리시스템(EDMS), ERP 시스템 등을 활용하여 기록의 체계적 보관과 활용을 강화하고 있다. 이는 회계

표 2-1 현대적 관점에서 본 관료제의 구성요소와 특성

구성 요소	내용 요약
분업	복잡한 조직 활동을 기능별로 세분화하고 전문화함
가치 및 철학	법과 규정에 근거한 수단적 사고를 강조함
조직 구조	수직적 계층과 직위 중심 구조
커뮤니케이션	상하 간의 수직적 명령 및 보고 체계 중심
역할관계	규칙과 직무기술서에 의해 명확히 정의됨
동기부여	상사에 대한 충성심과 조직질서 준수 강조
보상 체계	직위 및 기술에 따른 공식적인 급여 지급
리더십	직위에 기반한 공식적 권한 행사
사회적 환경	규칙 중심의 예측 가능하고 규정적인 환경

감사, 내부통제, 리스크 관리 등에도 필수적 요소이며, 조직의 '기억장치'로서 중요한 기능을 한다.

2) 관료제의 순기능과 역기능

막스 베버가 제시한 관료제 이론은 당시의 조직이 지닌 비효율성과 비합리성을 극복하고, 조직 운영의 예측 가능성과 체계성을 확보하려는 목적에서 출발하였다. 그러나 관료제가 실제 조직에서 적용되며 긍정적 측면뿐 아니라 다양한 부작용도 함께 노출되었다. 현대 경영학에서는 베버의 이론을 토대로 순기능과 역기능을 보다 구체화하고 있으며, 이는 인적자원관리에서 제도 설계 시 균형 있게 고려되어야 할 중요한 기준이 된다.

(1) 순기능적 측면

㉮ 표준화된 행동과 능률 증대

관료제는 규칙과 절차를 통해 업무 수행의 표준화를 이끌어내며, 이를 통해 예측 가능성과 효율성을 높인다. 업무가 정형화됨에 따라 교육훈련이 용이하고, 신입 구성원도 빠르게 조직에 적응할 수 있다. 또한 직무수행능력 중심의 인사제도는 정실주의나 연고주의를 배제하고, 공정하고 능률적인 조직 운영이 가능하게 한다.

㈏ 고용의 안정성과 직무 몰입 유도

관료제는 종신고용이나 장기고용을 전제로 하며, 이는 구성원에게 안정감을 제공하고 조직에 대한 몰입을 유도한다. 현대의 공공기관이나 장기근속 중심의 기업에서 나타나는 높은 충성심과 공동체 의식은 이러한 관료제적 안정성에서 비롯된 것이다. 고용 안정성은 조직의 핵심 역량 축적에도 기여한다.

㈐ 공정성과 통일성의 확보

규정과 절차에 따라 업무를 수행하게 되면, 누구에게나 동일한 기준이 적용되므로 공정한 대우가 가능하다. 이는 조직 내 신뢰를 형성하고, 내부 갈등을 최소화하는 데 도움이 된다. 예를 들어, 인사평가 기준이 명확하고 표준화되어 있다면 평가 결과에 대한 수용성이 높아진다.

㈑ 명확한 책임 소재와 권한의 분배

위계적 구조와 문서 중심의 행정체계는 각 직위별 권한과 책임을 명확히 하여, 문제 발생 시 신속한 원인 파악과 책임소재 규명이 가능하다. 현대 기업에서는 이 구조를 통해 거버넌스를 강화하고 법적 리스크를 사전에 예방한다.

(2) 역기능적 측면

㈎ 목적과 수단의 전도(Goal Displacement)

관료제는 규칙과 절차를 중시하기 때문에, 본래의 조직 목표보다 규칙 준수 그 자체가 중요한 것으로 인식되는 현상이 나타날 수 있다. 이는 형식주의적 경향을 낳고, 조직 유연성과 창의성을 저해한다. 실제로 일부 공공기관이나 대기업에서는 "절차는 지켰으나 성과는 미흡한" 상황이 자주 나타나며, 고객 중심 사고가 약화되는 결과를 초래하기도 한다.

㈏ 규정이나 규칙에 대한 과도한 집착

환경이 변화함에도 불구하고, 기존 규정과 절차를 고수하려는 관성은 조직의 혁신을 저해한다. 예를 들어, 변화하는 시장에 맞는 유연한 의사결정이 필요한 시점에도 규정상 불가능하다는 이유로 새로운 시도를 하지 않는 현상이 이에 해당한다. 이는 조직이 복잡한 환경에 기민하게 대응하지 못하게 만드는 주요 요인 중 하나다.

㉰ 구성원의 소외감 및 탈인간화

관료제는 비개인성과 절차 중심을 강조하기 때문에 구성원이 조직 내 톱니바퀴처럼 느껴지게 만들 수 있다. 인간적 관계와 감정이 억제되고, 개인의 창의성이나 자율성은 경시되기 쉽다. 이는 정서적 몰입의 약화로 이어져, 이직률 상승이나 조직 시민행동의 저하로 나타날 수 있다.

㉱ 권력의 집중과 의사결정의 경직성

관료제는 상층부에 권력이 집중되는 구조를 띠며, 이는 의사결정의 속도와 질에 악영향을 줄 수 있다. 특히 빠르게 변화하는 산업 환경에서는 의사결정의 분권화와 임파워먼트가 필요하지만, 전통적 관료조직에서는 의사결정이 상위 계층의 지시에 의존하는 경향이 강하다. 이는 일선 구성원의 자율성과 책임감을 저해하게 된다.

㉲ 혁신성과 창의성의 부족

관료제는 과거 경험과 표준절차를 중시하기 때문에 새로운 방식이나 도전적 아이디어에 소극적일 수밖에 없다. 기업의 지속적인 혁신이 성패를 좌우하는 현대 사회에서는, 이와 같은 보수성은 조직의 경쟁력을 저해하는 중요한 요인으로 작용한다.

㉳ 무사안일주의와 기업관료주의

관료제는 개인에게 책임을 명확히 부여하면서도 동시에 "위에서 시키는 대로"라는 문화가 형성될 위험이 있다. 이는 문제가 발생하더라도 책임을 회피하고, 리스크를 부담하지 않으려는 태도를 낳는다. 결국 조직은 현상유지에만 급급하고, 새로운 도전에 소극적인 무사안일주의로 흐를 수 있다.

㉳ 형식주의 및 문서주의

규정과 형식이 조직의 핵심 가치로 자리 잡게 되면, 형식이 실질을 지배하는 현상이 나타난다. 이는 본질보다는 절차나 외형에 집중하게 만들며, 비효율과 관료적 부담을 초래한다. 예를 들어, 실무보다 보고서 작성을 더 중요하게 여기는 풍토가 이에 해당된다.

㉴ 조직정치 유발 가능성

관료제의 경직된 구조에서는 공식적인 권한이나 직위가 곧 영향력으로 작용하기 때문에, 개인의 출세나 권력 유지를 위한 정치적 행위가 증가할 가능성이 높다. 이는 파벌 형성, 내부 경쟁, 불필요한 정보 은폐 등 조직 내 부정적 정치 행위를 확산시켜 조직의 건전성을 해칠 수 있다.

표 2-2 관료제의 순기능과 역기능 요약

구분	내용
순기능적 측면	① 표준화된 행동과 능률 증대: 업무의 표준화를 통해 종업원의 행동을 통제하고 예측 가능하게 하여 조직운영을 효율화함. ② 고용의 안정성: 종신재직권을 보장함으로써 구성원의 조직 몰입을 유도하고 기술 축적을 가능케 함. ③ 공정성과 통일성 확보: 규칙과 규정을 통해 종업원이 공정한 대우를 받을 수 있으며, 행동의 일관성과 안정성을 확보. ④ 책임소재의 명확화: 수직적 계층구조에 따라 문제 발생 시 권한과 책임이 명확히 구분되어 신속한 대응이 가능함.
역기능적 측면	① 목표와 수단의 전도: 규칙과 절차 자체가 목적이 되어 본래의 조직 목표 달성을 방해함. ② 규정에 대한 집착: 변화하는 상황에 유연하게 대처하지 못하고 과거의 규칙과 경험에 의존함. ③ 구성원 소외: 몰인간적인 조직운영으로 인해 개인은 기계적 부품으로 전락하고 조직에 대한 소속감을 상실. ④ 권력의 집중: 의사결정이 상층부에 집중되며, 민주적 경영을 저해할 위험이 있음. ⑤ 혁신성 결여: 관료제의 보수적 성향과 절차주의는 창의성과 변화 대응력을 저하시킴. ⑥ 무사안일주의: 책임 회피, 형식주의, 절차 중시의 태도가 확산되며 조직 전체의 활력을 저하시킴. ⑦ 조직정치 유발: 개인의 생존과 출세를 위한 정치적 행위가 강화되며 조직 본연의 목적에서 이탈하게 됨.

2. 과학적 관리법(Scientific Management)

1) 과학적 관리법의 배경과 등장

20세기 초반의 미국은 산업혁명의 여파로 철강, 면방직 등 중공업을 중심으로 급격한 산업화가 진행되었고, 이에 따라 대규모 공장이 속속 들어서기 시작하였다. 이 시기에는 기계 중심의 생산 방식이 확산되면서, 노동자 개개인의 숙련도에 의존하던 과거의 수공업적 작업 방식이 점차 비효율적으로 인식되기 시작하였다. 그러나 기업 현장에서는 여전히 임금 산정과 업무 할당 기준이 명확하지 않아, 사용자와 노동자 간의 갈등이 매우 심각한 수준이었다. 특히 성과급 제도의 운용에 있어 공정성에 대한 불신이 심각했다. 경영진은 명확한 기준 없이 일방적으로 임금 단가를 결정하였고, 이에 반발한 노동자들은 조직적이고 계획적인 태업을 벌였다. 이러한 상황에서 노사는 서로를 불신하였고, 결과적으로 생산성은 저하되고 조직의 효율성은 떨어졌다.

이러한 배경 속에서 등장한 이론이 바로 프레더릭 윈슬로 테일러(Frederick Winslow Taylor)가 창안한 '과학적 관리법(Scientific Management)'이다. 테일러는 근로자가 고의적으로 일을 게을리한다고 비난하기보다는, 그러한 태업이 불합리한 임금체계와 명확하지 않은 작업 기준에서 비롯된다는 점에 주목하였다. 그는 근로자에게는 동기부여를 통해 높은 임금을 제공하고, 경영자에게는 표준화된 작업방식을 통해 저렴한 노동비용을 가능하게 함으로써, 노사 모두에게 이익이 돌아가는 시스템, 즉 '고임금과 저노무비(High Wages & Low Labour Costs)'의 동시 실현을 제시하였다. 테일러는 이러한 철학을 바탕으로 시간 및 동작연구(Time and Motion Study)를 통해 표준작업량을 산정하고, 노동자의 효율성을 과학적으로 분석·관리하고자 하였다. 그는 공학적 접근을 통해 인간의 작업을 정량화하고 분석할 수 있다는 전제하에, 보다 체계적이고 효율적인 작업수행을 가능하게 하는 관리기법을 제시하였다. 이는 현대의 경영학뿐만 아니라 산업공학, 작업연구, 조직행동 분야의 근간을 이루는 이론으로 발전하게 된다.

2) 과학적 관리법의 이론적 구성과 실제 적용 내용

(1) 과학적 관리법의 기본 이념

테일러가 제안한 과학적 관리법의 가장 핵심적인 이념은, 근로자와 사용자 간의 이익을 동시에 극대화하는 데 있었다. 그는 이를 위해 다음 두 가지 목표를 명확히 제시하였다.

- 첫째, 근로자에게는 작업 성과에 따라 공정하고 높은 임금을 지급함으로써 노력의 가치를 인정하고, 자발적이고 적극적인 작업 참여를 유도한다.
- 둘째, 사용자에게는 동일한 인건비로 더 많은 생산량을 확보함으로써 단위 노동비용을 절감하고 경쟁력을 확보한다.

이를 통해 테일러는 성과에 따라 보상받고, 표준화된 작업 기준을 기반으로 공정하게 평가되는 조직문화를 실현하고자 하였으며, 이는 오늘날 인적자원관리(HRM)에서 중요하게 다루는 공정성과 동기부여 이론과 직접 연결된다.

(2) 과학적 관리법의 기본 원리와 구성 체계

㉮ 과학적 관리법의 4대 원리

테일러는 과학적 관리가 실효성 있게 작동하기 위해서는 다음과 같은 4가지 핵심 원리를 반드시 따라야 한다고 보았다.

- **일일의 최고 과업**(Large Daily Task): 모든 작업자에게 매일 수행해야 할 명확하고 구체적인 작업 기준을 제시함으로써 목표 지향적이고 예측 가능한 작업 시스템을 만든다. 이는 성과 기준을 객관화함으로써 개인 평가의 공정성을 확보하는 데 핵심적인 기준이 된다.
- **표준적인 제조조건**(Standard Conditions): 작업 환경, 도구, 작업 방법 등 모든 생산 조건을 표준화하여 작업의 품질과 생산성을 일정하게 유지할 수 있도록 한다. 이는 변동성을 줄이고, 동일한 결과를 반복적

으로 도출하는 기반이 된다.

- **성공에 대한 우대**(High Pay for Success): 과업을 성공적으로 달성한 근로자에게는 표준 이상으로 높은 임금을 제공함으로써 성과에 대한 긍정적 강화를 제공한다. 이는 성과 중심의 인센티브 제도와 직결된다.
- **실패에 대한 손실**(Loss in Case of Failure): 과업을 달성하지 못한 경우에는 낮은 임금을 적용하여 책임감을 부여하고, 성과 미달에 대한 경각심을 심어준다. 이는 경영학에서 말하는 성과-기반 책임 메커니즘의 시초라 할 수 있다.

이러한 원칙은 단순히 작업자에게 책임을 전가하는 제도가 아니라, 공정하고 명확한 기준하에 생산성과 보상을 연계시키는 전략적 인사관리 방식이라 할 수 있다.

㉯ 과학적 관리법의 주요 실행체계

과학적 관리법은 단순한 이론에 그치지 않고, 실제 작업 현장에서 적용할 수 있는 여러 가지 실행체계를 함께 제시하였다. 이는 이후 현대 기업조직의 운영방식에 지대한 영향을 끼치게 된다.

- **차별성과급제**(Differential Piece-Rate System): 이 제도는 동일한 작업을 수행하더라도 성과 달성 여부에 따라 서로 다른 임률을 적용하는 방식이다. 즉, 기준 이상의 성과를 낸 근로자에게는 높은 임률, 기준 미달의 근로자에게는 낮은 임률을 제공함으로써, 작업자들의 경쟁심과 동기를 유발하는 제도이다. 오늘날의 성과급 제도(Pay-for-Performance), 스텝업 보너스 제도 등의 기반이 된 방식이다.
- **기획부 제도**(Planning Department System): 생산성과 효율성을 높이기 위해, 테일러는 기존의 작업 중심 관리 방식에서 벗어나 계획과 실행을 분리하였다. 기획부는 각 작업의 시간, 순서, 방법을 과학적으로 분석하여 최적화된 계획을 수립하고, 이를 작업자에게 명확히 전달하는 역할을 수행한다. 이 제도는 현재의 오퍼레이션 매니지먼트,

생산기획부서, PMO(프로젝트 관리실)의 개념과 맞닿아 있다.

- **기능식 직장제도**(Functional Foremanship): 테일러는 공장 내 작업자들을 단순히 하나의 상급자에게 맡기는 기존의 군대식 지휘 체계로는 복잡한 산업구조에 대응할 수 없다고 판단하였다. 그는 직장의 기능을 세분화하여 8개의 전문 기능[1)]으로 분리하고, 각각의 전문가가 해당 분야를 책임지도록 하였다. 이로 인해 작업자는 더 정밀하고 전문적인 지도를 받을 수 있었으며, 이는 생산성 향상으로 이어졌다. 이 제도는 현대 조직의 기능별 구조(Function-based Structure), 매트릭스 조직의 전신이라 볼 수 있다.
- **작업지시표 제도**(Instruction Card System): 각 작업자에게 동일한 작업 방식과 순서를 전달하기 위해, 테일러는 작업지시서를 제작하였다. 이 지시서에는 각 공정의 순서, 소요 시간, 사용 도구 등이 구체적으로 명시되어 있어, 작업자의 개별적인 습관이나 방식에 따른 편차를 제거하고 표준화를 가능하게 하였다. 이 제도는 오늘날 SOP(Standard Operating Procedure), 작업 매뉴얼, 품질관리 매뉴얼 등의 제도와 동일한 철학을 공유한다.

3) 현대적 의의와 평가

과학적 관리법은 단순히 '작업을 효율적으로 수행하는 방법'이 아니라, 조직의 성과를 극대화하고 인적자원의 가치를 극대화하기 위한 전략적 접근 방식이었다. 테일러의 이론은 오늘날의 성과관리, 보상관리, 직무분석, 교육훈련, 조직구조 설계 등의 다양한 HRM 실천 영역에 커다란 영향을 미쳤으며, 그 학문적 가치와 실천적 유효성은 여전히 유효하다. 물론, 테일러식 관리법은 인간을 기계처럼 다룬다는 비판도 받았다. 특히 창의성, 자율성, 감정 등의

---

1) 테일러는 직장의 기능을 ① 준비계, ② 속도계, ③ 검사계, ④ 수선계, ⑤ 순서 및 절차계, ⑥ 지시카드계, ⑦ 시간 및 원가계, ⑧ 훈련계 등으로 나누고 ①~④까지는 계획을 실행에 옮기는 부문으로, ⑤~⑧까지는 계획부에 흡수하여 이전에 1명의 직장이 담당하던 것을 8명으로 전문화한 제도이다.

그림 2-1 과학적 관리법의 체계

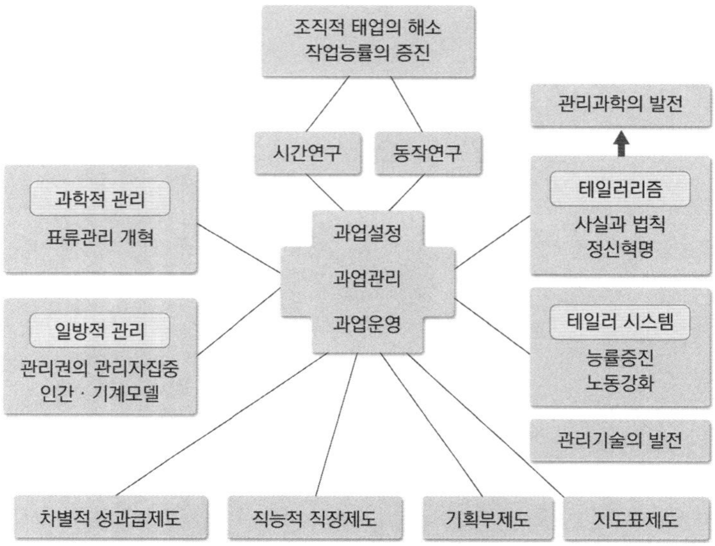

인간적 요소를 배제한 방식이라는 점에서 인간중심적 관리철학에는 부합하지 않는다. 하지만 이는 이후 인간관계론(Human Relations Approach), 조직행동론(Organizational Behavior) 등의 이론 발전을 촉진하는 촉매제가 되었고, 현대 경영의 다층적 발전에 결정적으로 공헌한 이론으로 평가된다.

3. 관리론적 경영(Administrative Management Theory)

1) 페이욜의 관리 이론: 배경과 의의

프랑스의 광산회사를 경영한 경험이 있는 앙리 페이욜(Henri Fayol, 1841~1925)은 기업 경영에서의 실천적 문제를 다루며, 당시까지 명확하게 정립되지 않았던 '경영'의 본질과 일반원칙을 이론적으로 체계화하였다. 그가 1916년에 발표한 『산업의 일반관리론(Administration Industrielle et Générale)』은 경영학의 발전사에서 매우 중요한 이정표로 평가된다. 페이욜은 "경영은 모든 조직에서 보편적으로 작동해야 하는 기능이며, 일정한 원리와 원칙에 따라 체계적으로 관리되어야 한다"고 주장했다. 그의 이론은 특정 산업이나 조직 유형에 국한되지 않고, 정치, 종교, 군대, 교육기관 등 모든 형태의 조직에 적용 가능한 보편 이론을 지향하였다. 이러한 관점은 오늘날 공공행정, 비영리조직, 국제기구 등 다양한 분야의 조직관리 이론에도 적용되고 있다.

2) 기업의 6대 기능과 관리활동의 중심성

페이욜은 조직 내 모든 활동을 여섯 가지 기능으로 구분하였으며, 이 중에서도 '관리적 기능(managerial function)'을 가장 중심적인 활동으로 강조하였다. 그가 제시한 여섯 가지 기능은 조직운영의 실천적 구조를 명료하게 설명하고 있으며, 이후 관리학, 조직행동, 인사관리 등 다양한 하위 분야로 분화되어 학문적으로 발전하였다.

표 2-3 기업의 6대 기능과 관리활동

기능명	설명
기술적 기능	생산, 제조, 가공과 같은 핵심 생산활동. 생산공정의 기계화, 자동화, 공정 개선 등의 기술적 관리도 포함됨.
영업적 기능	구매, 판매, 유통 등 상품·서비스가 고객에게 전달되기 위한 활동 전반. 마케팅 및 영업 전략으로 확장 가능.
재무적 기능	자금의 조달과 운용, 투자, 비용통제 등과 관련된 기능으로, 재무관리와 회계의 기초가 됨.
보전적 기능	종업원과 자산의 보호, 안전관리, 복리후생 등이 포함. 현대 HRM에서는 '근로환경관리'로 확장됨.
회계적 기능	회계장부, 통계분석, 원가회계 등 정보와 숫자를 활용한 경영진 의사결정 지원 기능.
관리적 기능	조직을 계획하고, 조직화하며, 지시하고, 조정하고, 통제하는 모든 경영 프로세스의 중심.

관리적 기능의 5대 구성 요소: 계획 → 조직 → 명령 → 조정 → 통제

페이욜이 제시한 관리활동의 5요소는 단순한 이론이 아닌, 조직운영의 실제 절차적 흐름을 보여준다. 이는 오늘날 POSDCORB(Planning, Organizing,

Staffing, Directing, Coordinating, Reporting, Budgeting)와 같은 행정학 이론에도 큰 영향을 주었다.

- **계획**(Planning): 미래를 예측하고 이에 대응하기 위한 실행계획을 수립하는 과정. 전략계획과 운영계획으로 구분되며, 최근에는 리스크 계획, ESG 경영계획 등으로 확장되고 있다.
- **조직**(Organizing): 인력, 자원, 기능을 효과적으로 배치하는 과정. 이는 조직구조 설계, 직무분석, 권한위임체계 등의 개념과 직결된다.
- **명령**(Commanding): 관리자가 부하직원에게 업무를 지시하고 감독하는 행위. 현대에는 '리더십 스타일', '코칭과 피드백' 개념으로 확장되고 있다.
- **조정**(Coordinating): 각 부문 간의 갈등이나 중복을 방지하고, 목표 달성을 위한 조화를 이루는 과정. 협업 체계, 부서 간 연계성 강화의 기초가 된다.
- **통제**(Controlling): 성과를 측정하고, 기준과의 편차를 분석하여 시정 조치를 취하는 기능. KPI 관리, 성과 피드백, 내부 감사 등이 포함된다.

3) 페이욜의 14대 관리 일반원칙: 현대 조직관리의 초석

페이욜은 실제 기업의 관리 경험에서 도출한 보편적이고 실용적인 14가지 원칙을 제시하였다. 이 원칙은 오늘날에도 리더십, 인사관리, 조직구조, 조직문화 등 다양한 경영학 분야에서 직접적으로 활용되고 있다.

표 2-4 보완된 페이욜의 14가지 관리 일반원칙과 현대적 해석

원칙명	현대적 해석 및 적용 예시
분업	전문성 향상 및 생산성 제고. IT기업의 부서별 역할 분담 (예: 개발/디자인/마케팅 팀)
권한과 책임	리더십 권한과 책임 간 균형. 위임된 책임의 명확화가 중요
규율	조직 규정 준수와 직무 윤리 확립. HR 정책과 윤리강령으로 제도화됨
명령의 통일	보고체계 일원화. 매트릭스 조직에서는 다중 보고를 최소화하는 지침
지휘의 통일	공동 목표를 위한 일관된 방향 설정. 프로젝트 목표에 대한 책임자 일원화
공익우선	기업 윤리, CSR, ESG에서 중요한 원칙. 개인보다 조직과 사회의 가치 우선

원칙명	현대적 해석 및 적용 예시
보상	성과 기반 보상, 복리후생 강화 등 인센티브 시스템의 근간
집권화	의사결정 권한의 집중과 위임 간 균형. '하향식 vs 분권형' 전략 비교 대상
계층적 연결	공식 커뮤니케이션 체계 수립. 조직의 계층구조 명확화 및 내부 보고 체계
질서	적재적소의 배치. '사람을 맞는 자리에' 전략 인사 배치의 기본 원칙
공정성	조직 내 공정한 대우. DEI(Diversity, Equity, Inclusion) 정책으로 확장
재임의 안정성	조직의 인재유지 전략. 높은 이직률 방지를 위한 HR 전략 필요
주도력	종업원의 자율성 존중. 창의적 조직문화 조성과 Bottom-up 아이디어 제안 제도
단체정신	조직문화, 팀워크, 집단 응집력 강조. 최근에는 '심리적 안전감'의 개념과 연결됨

4) 페이욜 이론의 현대적 적용과 평가

페이욜의 관리이론은 단순히 시대를 초월한 '고전이론'이 아니라, 오늘날의 복잡한 조직 운영에서도 여전히 적용 가능한 실용적 기반이 되는 이론이다. 그의 이론은 다음과 같은 의의를 가진다.

- **보편성과 유연성**: 페이욜은 그의 원칙들이 "절대적인 것이 아니라, 탄력적으로 적용되어야 한다"고 강조하였다. 이는 오늘날의 다양한 조직환경(스타트업, 다국적기업, 공공기관 등)에 맞춤형 적용이 가능함을 시사한다.
- **관리자의 실천 지침**: 페이욜 이론은 경영학 이론이 실천과 동떨어진 추상이 되어선 안 된다는 것을 보여주며, 실제 경영자의 의사결정과 리더십 활동에 직접적인 참고가 된다.
- **인사관리와 조직행동의 토대**: 그의 이론은 오늘날 HRM에서 중요한 조직설계, 보상체계, 리더십, 조직문화의 개념적 기초가 되었다.

앙리 페이욜(Henri Fayol)의 관리론적 경영이론 (5대 관리기능 및 14대 관리 원칙)을 기반으로 한 사례

사례 1. 구글(Google LLC) - 창의성 중심의 자율적 관리와 조직문화

① 기업 개요

구글은 1998년 미국 실리콘밸리에서 설립된 세계 최대의 인터넷 플랫폼 기업으로, 검색엔진을 넘어 인공지능(AI), 클라우드, 모바일 운영체제(Android) 등 다양한 기술 영역에서 글로벌 리더십을 확보하고 있다. 특히 구글은 기술 혁신과 더불어, 조직 내에서 창의성과 자율성, 협력 중심의 조직문화, 공정한 보상과 다양성 존중을 중시하는 경영 철학을 실천해 왔다.

② 페이욜의 관리기능과 원칙의 적용

주도력(Initiative)과 계획(Planning)

구글의 대표적인 제도인 20% 프로젝트는 직원이 자신의 업무시간 중 20%를 자유롭게 자신이 관심 있는 프로젝트에 사용할 수 있도록 보장한다. 이 제도는 '지메일(Gmail)', '구글 뉴스(Google News)', '애드센스(Adsense)' 등 주요 제품의 출발점이 되었으며, 조직 전반에 주도적인 창의성을 장려하는 시스템이다. 관리자는 목표와 방향(계획)을 제시하되, 실천은 직원의 주도력과 창의성에 맡기는 방식이다.

단체정신(Esprit de Corps)과 조정(Coordinating)

구글은 '심리적 안전감(Psychological Safety)'이라는 조직원칙을 모든 팀의 핵심 요소로 강조한다. 구성원 간 의견 충돌을 허용하고, 모든 의견이 존중되는 조직 문화를 조성함으로써, 팀 간의 협업과 조화를 적극 촉진한다. 이는 페이욜이 말한 '조정' 기능과, 팀워크 중심의 '단체정신' 원칙을 현대적으로 구현한 사례이다.

공정성(Equity)과 보상(Remuneration)

구글은 성과 기반 보상뿐만 아니라, 공정한 기회 제공과 다양성 존중을 중시하는 DEI(Diversity, Equity, Inclusion) 전략을 운영한다. 내부적으로 OKR (Objectives and Key Results) 시스템을 통해 각 직원과 팀의 성과를 측정하며, 이 과정에서의 평가 기준은 투명하게 공개된다. 특히 구글은 연봉·성과급 외에도 지분 보상(스톡옵션)과 다양한 복리후생(무제한 유급휴가, 건강지원 등)을 제공하여 장기적 충성심과 몰입도를 유도한다.

명령(Commanding)과 통제(Controlling)

구글은 자유롭고 수평적인 문화 속에서도 명확한 지시 체계를 갖고 있다. 프로젝트별 책임자는 '리드' 또는 '매니저'로 지정되어 명확한 커뮤니케이션 채널과 업무결정 권한을 가진다. 업무성과는 매 분기마다 OKR 리뷰를 통해 확인되며, 프로젝트의 성공 가능성과 리소스 재배치 여부 등을 전략적으로 통제한다.

③ 시사점 및 정리

구글은 페이욜의 관리원칙 중에서도 특히 다음 항목을 현대적으로 구현하고 있다.

이론 요소	구글의 실천 내용
주도력	20% 프로젝트 제도, 자유로운 아이디어 제안
단체정신	심리적 안전감 중심의 팀문화
공정성	OKR 기반 성과평가 + 다양성 프로그램
조정	팀 간 협업과 부서 간 시너지 조율
통제	정기 OKR 리뷰를 통한 목표관리 및 전략 통제

구글은 페이욜의 고전적 원칙을 수평적이고 자율적인 문화 속에서 현대화시킨 대표적인 사례로, 기술 중심 기업이더라도 사람 중심의 관리와 혁신을 성공적으로 접목할 수 있다는 사실을 보여준다.

사례 2. 삼성전자(Samsung Electronics)
- 전략 중심의 계층적 구조와 성과 통제

① 기업 개요

삼성전자는 1969년 설립된 대한민국 대표 글로벌 전자기업으로, 반도체, 스마트폰, 디스플레이, 가전 등 다양한 분야에서 세계 시장을 선도하고 있다. 삼성전자의 경영은 계획적이고 전략 중심적이며, 강력한 집권적 통제와 성과 관리 체계, 그리고 글로벌 조직 구조의 유기적 조정이 특징이다.

② 페이욜의 관리기능과 원칙의 적용

계획(Planning)과 집권화(Centralization)

삼성전자는 철저한 중앙집권적 전략 수립 체계를 운영하며, 연초에 CEO 중심으로 글로벌 전략을 수립하고 이를 전 세계 법인에 하달한다. 본사 경영기획실, 사업지원 T/F, 글로벌 전략회의 등을 통해 전사적 목표 설정과 실행 전략을 통일한다. 이는 페이욜이 말한 '계획' 기능과 '집권화' 원칙의 대표적 사례이다.

계층적 연결(Scalar Chain)과 명령의 통일(Unity of Command)

삼성은 명확한 수직적 보고 체계를 유지하고 있으며, 모든 사업부·부문·팀은 명시된 보고라인을 통해 상급자와 소통한다. 조직도상 1~2단계 내 보고 체계를 중심으로 한 라인 매니지먼트 체계를 고수하며, 의사결정의 속도와 책임 소재를 명확히 한다.

통제(Controlling)와 질서(Order)

삼성은 사업부별로 S-CM(Samsung Control Model)이라는 통제시스템을 도입하여, 연간 및 분기별 KPI 달성 여부를 체계적으로 점검한다. 불필요한 중복이나 낭비를 없애기 위해 각 부서별 인력, 자원, 시설의 최적화 배치를 추진하며, 이는 페이욜의 '질서' 원칙과 통제 기능의 실현이다.

조직(Organizing)과 보상(Remuneration)

삼성은 '인재제일' 원칙하에, 직무 중심의 조직 구조와 정교한 승진/보상 제도를 운영한다. 성과 중심 평가와 보상 체계(성과급, 장기 인센티브 등)를 통해 경쟁력을 유지하며, 우수 인재에게는 직무순환과 해외파견 등 경력 개발 기회를 제공한다.

③ 시사점 및 정리

삼성전자는 다음과 같은 페이욜의 관리 원칙을 구조적으로 실현하고 있다.

이론 요소	삼성의 실천 내용
계획	본사 주도 글로벌 전략 수립 체계
집권화	중앙 집중형 의사-결정 구조
계층적 연결	수직적 라인 보고 및 권한 체계
통제	S-CM 시스템을 통한 성과 통제
질서	인력 및 자원의 정밀한 배치 관리
보상	성과 기반 보상 + 경력경로 설계

삼성전자는 고전적 페이욜 이론의 원칙을 전략적, 계량적, 조직 설계 중심으로 적용한 대표 사례이며, 특히 대기업의 글로벌 통제 모델과 관련된 가장 모범적인 사례로 평가된다.

section 02 인간관계론적 관점

1. 호손공장실험

1) 인간관계론의 배경

20세기 초 미국 산업사회는 과학적 관리법의 전성기였다. 테일러의 관리 이론은 작업의 표준화, 시간·동작 연구, 성과급 도입 등을 통해 조직의 생산성을 극대화하고자 하였다. 이 접근은 "임금과 복지후생 등 물리적 조건이 향상되면, 자연스럽게 작업 성과도 향상될 것"이라는 전제를 내포하고 있었다. 그러나 이러한 전제는 곧 현장 경험과 충돌하게 된다. 대표적인 사례가 미국 시카고에 위치한 웨스턴 일렉트릭사(Western Electric Co.) 호손 공장이었다. 이 공장은 업계에서도 손꼽히는 수준의 복지후생과 임금수준을 제공하고 있었지만, 종업원의 불만은 지속되었고 생산성도 오르지 않았다. 테일러주의로 설명되지 않는 이 현상은 당시 경영자들과 학자들에게 큰 충격을 안겼다.

이에 따라 하버드대학교의 엘튼 메이요(Elton Mayo) 교수와 동료 연구자 뢰스리스버거(F.J. Roethlisberger)는 1924년부터 1932년까지 약 8년에 걸쳐 호손 공장에서 노동자의 행동과 심리, 생산성과의 관계를 분석하기 위한 일련의 실험을 수행하게 되었다. 이 실험은 단지 작업조건과 생산성의 관계를 밝히는 데 그치지 않고, 인간의 사회적 본성과 심리적 욕구가 조직 내 행동에 미치는 영향을 학문적으로 정립하였으며, 이후 인간관계론(Human Relations Theory)의 탄생을 이끄는 결정적 계기가 되었다.

2) 실험 과정

호손 공장실험은 총 4단계로 진행되었으며, 초기에는 과학적 관리법의 연장선상에서 물리적 작업조건이 노동생산성에 미치는 영향을 규명하려 하였다. 하지만 실험이 진전되면서 점차 사회적, 심리적 요인의 중요성이 부각되었고, 이는 고전적 경영이론에서 벗어나 인간 중심 경영의 길로 나아가는 전환점이 되었다.

(1) 조명실험(1924.11~1927.4)

조명실험은 조명의 밝기가 작업자의 능률에 어떤 영향을 주는지를 알아보기 위해 실시되었다. 가설에 따르면 조도를 높이면 생산성이 증가하고, 조도를 낮추면 생산성이 하락해야 했다. 그러나 실험 결과는 예상과 달리 조도를 높이든 낮추든 생산성은 모두 향상되었다. 이 실험은 작업환경이 아닌,

실험 대상자들이 자신이 관찰되고 있다는 사실 자체가 동기부여가 되었다는 점을 보여주었다. 이는 후일 '호손 효과(Hawthorne Effect)'라는 개념으로 정립되었으며, 인간이 단순히 외적 조건만이 아니라 사회적 상황에 반응하는 존재임을 시사한다.

(2) 릴레이 조립 실험(1927.4~1929.6)

두 번째 실험은 여섯 명의 여성 작업자를 대상으로 수행되었다. 이들에게는 다양한 조건 변화(작업시간 단축, 휴식시간 조정, 간식 제공, 임금 체계 변경 등)가 적용되었다. 연구자들은 각 조건이 생산성에 어떤 영향을 미치는지를 측정하였다. 그러나 실험 결과는 물리적 조건의 변화보다 작업 분위기, 감독자의 태도, 동료와의 관계 등 심리·사회적 요소가 더 큰 영향을 준다는 것을 보여주었다. 특히 작업자들이 실험자와 신뢰 관계를 형성하고, 감독자가 인간적으로 대할 때 생산성이 유의미하게 증가하였다. 이는 조직 내에서 인간관계, 감정적 유대, 인정 욕구가 중요한 요인임을 실증적으로 보여준 사례이다.

(3) 면접 실험(1928.9~1930.5)

세 번째 실험은 수천 명의 종업원을 대상으로 한 면접조사로, 이들은 자유롭게 조직에 대한 불만이나 감정을 표현할 수 있었다. 초기에는 질문이 구조화되어 있었으나, 시간이 지날수록 비구조화된 자유 면접 방식으로 전환되었다. 그 결과, 종업원들은 작업환경이나 임금보다도 상사와의 인간관계, 소속감, 존중받고 싶은 욕구, 팀 내 분위기 등 비물질적 요소에 더 민감하게 반응하고 있다는 사실이 밝혀졌다. 즉, 근로자의 심리적 상태와 사회적 조건이 태도와 생산성에 직접적인 영향을 미친다는 사실이 드러났다.

(4) 배선작업 관찰 실험(1931.11~1932.5)

마지막 실험은 실제 작업 현장에서 구성원들의 행동을 장기간 관찰한 것이다. 이 과정에서 연구자들은 공식조직과는 별개로 자생적으로 형성된 비공식조직의 존재를 확인하였다. 작업자들은 공식 규범 외에도 비공식적 규칙, 리더십, 규율 등을 만들어내며 집단 내부의 행동을 통제하고 있었다. 이 실험은 조직 내에서 비공식 집단이 종업원의 동기, 만족감, 행동에 결정적인 영향을 미친다는 점을 최초로 학문적으로 규명한 사례로 평가되며, 조직행동론(Organizational Behavior) 발전의 기반이 되었다.

3) 연구 결과

호손실험을 통해 얻어진 가장 핵심적인 결론은, 인간은 단순한 경제적 동기만으로 움직이는 존재가 아니라, 사회적·정서적·심리적 요인의 영향을 받는 다면적 존재라는 사실이었다. 이는 경영학의 연구 대상이 더 이상 구조나 작업 효율에 머물 수 없으며, 조직 내 인간의 행동과 관계를 중심에 두어야 함을 의미했다. 연구에서 도출된 주요 내용은 다음과 같다.

① 작업능률은 단지 물리적 조건이나 환경에 의해 결정되지 않는다. 종업원의 감정, 태도, 심리적 만족, 감독자의 태도, 상호작용 등의 내적·심리적 요인이 핵심적 영향을 미친다.

② 노동은 개인적 활동이 아니라 집단적 활동이다. 개인은 집단 속에서 자신의 역할과 의미를 찾으며, 집단의 분위기와 규범이 개인의 행동에 실질적으로 영향을 준다.

③ 종업원의 태도와 감정은 사회적 환경과 비공식 조직에 의해 좌우된다. 비공식 리더, 동료 간의 기대, 내부 집단 규범 등이 공식적 리더십보다 더 강한 영향력을 행사할 수 있다.

④ 종업원은 조직 내에서 소속감, 지지, 안정감을 느낄 때 생산성이 향상된다.

사회적 인정, 귀속감, 인간적 유대감이 구성원의 내적 동기를 자극하며, 이는 자발적 몰입으로 이어진다.

4) 인간관계론의 학문적 의의

호손 공장실험은 단지 실험으로 끝나지 않고, 조직이 인간 중심으로 설계되어야 한다는 이론적 토대를 제공하였다. 인간관계론은 고전적 경영 이론에서 간과되었던 인간의 감정, 사회적 상호작용, 동기와 관계성을 중심에 놓았으며, 이후 다음과 같은 학문적 흐름에 영향을 주었다.

① **동기유발 이론**: 매슬로우, 허즈버그, 맥그리거의 이론은 인간 내면의 욕구와 동기를 설명하기 위해 인간관계론을 확장

② **리더십 이론**: 권위 중심의 리더십에서 벗어나, 감성적 리더십, 참여형 리더십 등이 개발됨

③ **조직행동론(OB)**: 조직 내 공식적 구조뿐 아니라, 비공식적 행동, 집단 역학, 조직문화 등 다차원적 요인을 포괄적으로 다룸

결론적으로 호손공장실험은 경영학이 인간을 이해하고 존중하는 방향으로 전환되는 계기가 되었으며, 인간관계론은 오늘날까지도 조직관리, 인사정책, 리더십 개발 등 다양한 영역에서 이론적·실천적 기초로 활용되고 있다. 조직은 더 이상 생산성 향상의 기계적 구조가 아닌, 인간의 감정과 관계를 중심으로 운영되는 살아 있는 사회적 시스템임을 호손실험은 강력히 증명한 것이다.

2. 조직론적 관리론

1) 버나드의 조직론

현대 조직이론의 시초는 미국의 기업가이자 학자인 체스터 버나드(Chester I. Barnard)가 1938년에 출간한 『경영자의 역할(The Functions of the Executive)』을 통해 본격적으로 시작되었다. 당시의 전통적 관리이론이 공식조직의 구조와 규범을 중시하면서 인간의 감정이나 동기를 무시한 경향이 있었다면, 인간관계론은 반대로 비공식적 집단과 감정, 관계를 중시하면서도 조직의 구조적 특성을 경시하는 한계가 있었다. 이러한 두 흐름의 단점을 비판적으로

통합하여 조직에 대한 보다 균형 잡힌 관점을 제시한 것이 바로 버나드였다. 버나드는 조직을 단순한 통제장치가 아닌 '협동체계'(cooperative system)로 보았다. 그는 개인이 자신의 한계를 넘는 목표를 달성하고자 할 때, 반드시 타인과의 협동이 필요하며, 이 협동이 체계적으로 이루어지는 집합적 구조가 바로 조직이라고 보았다. 이러한 협동체계는 물리적·생물학적·사회적 요인들이 의식적으로 조정되어 형성되며, 대표적인 예가 바로 기업이다.

그는 조직이 성립하기 위해서는 세 가지 기본 요소가 필요하다고 보았다. 첫째, 공통목적(common purpose)이 있어야 하며, 이는 조직 구성원들의 활동이 향하는 방향이 일치할 수 있도록 이끄는 기준이 된다. 둘째, 구성원의 공헌의욕(willingness to contribute)이 있어야 한다. 이는 조직의 일원으로서 개인이 자발적으로 역할을 수행하려는 태도를 의미한다. 셋째, 구성원 간의 의사소통(communication)이 원활하게 이루어져야 하며, 이는 조직 내의 협동을 가능하게 하는 기초 조건이다. 버나드는 이 세 가지 요소를 공식조직의 필수 구성요소로 보았다. 특히 그는 의사소통을 조직 운영의 핵심 요소로 간주했으며, 복잡한 조직일수록 이를 전담하는 관리기능이 독립되어야 한다고 주장하였다. 조직이 단순한 규모에서 벗어나 복합적인 형태(complex organization)로 성장할수록, 의사소통의 체계화, 목적의 분화, 공헌 유도 방식의 다양화가 필요해지며, 이때 관리자는 단순한 지시자가 아니라 협동을 설계하고 유지하는 통합자로서 기능해야 한다고 강조하였다.

버나드의 조직론은 이후 경영학에서 '공식조직과 비공식조직', '조직의 균형', '의사결정의 권한과 수용' 등의 논의로 발전되며 현대 조직이론의 기초를 제공하였다. 그는 조직이란 단순한 구조가 아닌, 인간의 자발성과 협동에 기반한 살아 있는 시스템이라는 점을 최초로 이론화한 인물로 평가받는다.

2) 사이먼의 조직이론

허버트 사이먼(Herbert A. Simon)은 『경영행동(Administrative Behavior)』(1947)을 통해 조직 내 행위의 핵심을 의사결정(decision-making)의 과정으로

규정하였다. 그는 조직을 분석하기 위해서는 구조나 기능보다 의사결정이 이루어지는 방식을 중심으로 접근해야 한다고 주장하였다. 그에 따르면, 관리자는 끊임없이 선택하고 판단하며, 구성원의 행동 또한 이러한 결정의 연쇄 속에서 이루어진다. 사이먼은 조직 내에서의 의사결정이 항상 완벽하게 합리적인 것이 아님을 지적하였다. 그는 전통 경제학이 전제하는 '합리적 경제인(rational economic man)'이라는 가설을 비판하며, 현실의 인간은 한정된 정보, 제한된 인지능력, 불완전한 예측 능력을 지닌 것으로 보았다. 이에 따라 사이먼은 실제 조직 내 인간을 '관리인(administrative man)'으로 규정하고, 이들은 주어진 정보 안에서 만족할 만한 수준에서 타협적 결정을 내린다고 주장하였다. 이를 제한된 합리성(bounded rationality)이라 한다.

사이먼은 의사결정의 전제를 가치 전제와 사실 전제로 구분하였다. 가치 전제는 행위의 목적에 해당하며 주관적이고 검증 불가능한 반면, 사실 전제는 행동을 위한 수단으로 경험적으로 검정 가능하다. 관리자는 이 두 전제 사이에서 균형을 유지하며 조직적 결정을 내려야 한다고 보았다. 또한 사이먼은 조직을 균형을 유지하는 시스템으로 보았다. 조직은 구성원의 노동과 노력을 받아들이고, 그 대가로 임금, 보상, 승진 기회 등의 유인을 제공하는 일종의 교환 시스템이며, 이 균형이 무너질 경우, 조직은 기능을 상실하게 된다. 이때 조직의 균형을 유지하고 공헌－보상의 조화를 관리해야 할 주체는 바로 경영자 집단이다. 경영자는 단순한 관리자 수준을 넘어, 조직구성원의 행동을 유도하고 제어하는 설계자이자 조정자의 역할을 맡아야 한다. 사이먼의 조직이론은 조직행동을 분석하기 위한 행태주의적 접근을 제시하였으며, 이후의 조직이론 연구에서 의사결정, 정보, 동기, 규범 등을 분석하는 데 핵심 개념으로 사용되었다.

3) 마치와 사이먼의 조직이론

사이먼은 버나드의 조직론을 계승하고 확장하여 조직 내 행태를 의사결정 중심으로 분석할 수 있는 이론적 틀을 제공하였다. 그러나 그의 이론은 주로 이론적 전제와 분석 체계 정립에 중점을 둔 반면, 조직 내 실제 인간행동의 구체적 양상에 대한 설명은 부족하다는 한계를 가졌다. 이 점을 보완한 이들이 바로 제임스 마치(J.G. March)와 허버트 사이먼이 공동 집필한 『조직론(Organizations)』(1958)이다. 마치와 사이먼은 조직을 단순한 기능적 시스템이 아닌, 사회적 제도(social institution)로 보았다. 조직이란 결국 상호작용하는 인간들의 집합체이며, 그 안에서 벌어지는 행동은 경제적 논리만으로는 설명되지 않는 복잡한 사회적 과정이라는 점을 강조하였다. 이들은 조직 내 인간행동을 이해하기 위해 세 가지 행동모형을 제시하였다.

첫째, 인간행동의 기계모델(mechanical model)이다.

이는 조직 구성원을 외부의 명령에 수동적으로 반응하는 도구적 존재로 간주하는 모델로, 과학적 관리법에서 볼 수 있는 종업원의 모습이다. 여기서는 작업자에게 자율성이나 판단 능력은 고려되지 않으며, 관리자 중심의 일방적 통제가 전제된다.

둘째, 유인가·동기모델(incentive–motivation model)이다.

이 모델에서는 구성원이 조직과의 관계에서 자신의 목표와 태도를 형성하며, 조직은 구성원이 자발적으로 참여하도록 적절한 보상과 유인을 제공해야 한다고 본다. 인간은 조직의 가치와 목표를 이해하고 수용할 때 더 적극적으로 행동한다는 전제를 바탕으로 한다.

셋째, 의사결정자 모델(decision–maker model)이다.

이 모델은 인간을 문제해결자(problem solver)이자 인지적 존재(cognitive actor)로 보며, 조직 내 행동은 개인의 판단, 학습, 사고 과정을 통해 이루어진다고 본다. 이는 구성원의 자율성과 인지적 능력을 중시하며, 조직은 구성원 간의 의사소통, 학습, 정보처리를 통해 진화한다고 전제한다.

마치와 사이먼은 이 세 가지 행동모델을 통합적으로 고려해야 조직의 실태를 제대로 이해할 수 있다고 보았다. 조직은 수직적 지시, 경제적 유인, 인지적 판단이 복합적으로 작용하는 시스템이기 때문이다. 이러한 분석은 이후의 행동과학적 조직이론, 조직행동론(OB), 조직설계이론 등으로 확장되었으며, 미국 경영학계의 이론적 기초를 형성하는 데 중대한 역할을 하였다. 결론적으로 조직론적 관리이론은 버나드의 협동체계 개념을 시작으로, 사이먼의 의사결정 중심의 분석, 마치와 사이먼의 사회적 제도 접근으로 확장되었다. 이들은 모두 조직을 더 이상 기계적·기능적 구조가 아닌 인간과 관계, 의사결정, 정보와 커뮤니케이션이 상호작용하는 복합 시스템으로 보았으며, 현대 경영학의 인간 중심, 행동 중심 패러다임의 기반을 마련하였다.

section 03 근대적 관점: 시스템적 관점과 상황조건론적 관점

현대적 인적자원관리의 접근은 생산성과 인간성의 조화를 동시에 추구하는 통합적 시각에서 출발한다. 시대가 흐름에 따라 인간에 대한 이해가 다층적으로 확장되었고, 이에 따라 인적자원관리 또한 새로운 인식의 전환을 맞이하게 되었다.

이러한 인식은 인적자원관리의 문제를 단순한 기능적 또는 기술적 영역으로 보지 않고, 서로 다른 이해관계자들 간의 갈등과 협력, 권력과 상호작용이 복합적으로 얽혀 있는 사회적·정치적 체계로 바라보는 관점에 기반한다. 이러한 접근은 조직이나 기업을 폐쇄된 구조가 아닌, 외부 환경과 지속적으로 상호작용하며 영향을 주고받는 개방체계(open system)로 인식하게 만든다. 조직은 더 이상 독립적으로 작동하는 고립된 단위가 아니라, 정치적·경제적·사회문화적 환경과 역동적으로 연계되어 있는 시스템으로 이해되며, 인적자원관리 역시 그러한 복잡성과 불확실성을 고려하여 설계되어야 한다. 이와 같은 시스템적 관점과 상황조건론적 접근은 보편적 해법 대신 맥락에 따른 차별화된 관리전략의 필요성을 강조하며, 오늘날 전략적 인적자원관리의 이론적 기반이 되고 있다.

1. 시스템적 관점

1) 시스템적 관점의 의의

시스템(system)이란 하나의 목적을 중심으로 여러 구성요소들이 유기적으로 상호작용하여 전체를 이루는 구조를 말한다. 단순한 부품의 집합이 아닌, 구성요소들이 통합적으로 작동하며 하나의 유기체처럼 기능하는 구조로서의 '전체'를 의미한다. 경영학에서 시스템적 관점은 조직을 하나의 전체 시스템(total system)으로 보고, 이를 이해하기 위해 다양한 하위시스템(subsystem)의 상호작용과 조직과 환경 간의 관계를 함께 분석한다. 이는 조직을 구성하는 각 부문이 고립된 존재가 아니라, 상호 연결된 관계망 속에서 기능하고 있다는 점을 전제로 한다. 이러한 관점은 조직을 폐쇄된 기계적 구조로 보는 고전적 시각에서 벗어나, 외부 환경과의 상호작용 속에서 끊임없이 변동하고 적응하는 개방체계(open system)로 파악하게 한다. 특히 오늘날처럼 불확실성과 복잡성이 증대된 경영환경에서는 조직 내부의 효율성만이 아니라 환경에 대한 민감한 대응력과 유연성 확보가 필수적이며, 이에 따라 인적자원관리 또한 보다 전략적이고 체계적인 운영이 요구된다.

2) 시스템의 주요 특성

(1) 전체성(Wholism)

조직은 단순히 부서나 부문, 개인들의 모음이 아니라, 이들이 상호작용하며 만들어내는 조직적 시너지(synergy)를 통해 더 큰 가치를 창출하는 단일체이다. 이는 곧 "전체는 부분의 합보다 크다(the whole is greater than the sum of its parts)"는 관점과 일치한다. 따라서 조직 운영에 있어 특정 부문의 성과만을 독립적으로 최적화하려 하기보다, 조직 전체 관점에서의 효율성과 부문 간 연계성을 고려한 통합적 관리가 중요하다. 인사 부문도 단순 채용이나 교육, 평가 등 개별 기능의 최적화가 아닌, 조직의 전략과 연계된 통합적 인적자원관리 시스템을 구축해야 한다.

(2) 목적성(Objective)

시스템은 명확한 목표지향성(goal orientation)을 가진다. 각 하위시스템은 전체 조직의 목표 달성에 기여하기 위해 존재하며, 이를 위해 자원을 투입받고 활동을 수행하며 성과를 산출한다. 인적자원관리 역시 조직의 사명과 전략에 부합하도록 인재를 확보 · 배치 · 개발 · 보상하는 목적성을 가지며, 이는 단순한 행정관리 차원을 넘어서 조직성과 창출의 전략적 수단으로 작동해야 함을 의미한다. 특히 현대 조직은 단일 목적이 아닌 다중 목적성(multiple goals)을 가지므로, 인사관리도 유연성과 균형을 동시에 갖춰야 한다.

(3) 상호 관련성과 상호 의존성(Interrelatedness & Interdependence)

시스템은 부분 간의 상호작용과 의존성을 전제로 한다. 한 부문의 성과는 다른 부문의 투입이나 지원에 영향을 받고, 이는 전체 시스템의 균형과 안정성에 직결된다. 예컨대, 인사부서에서 우수한 인재를 채용하고도 교육체계가 미흡하거나 부적절한 성과관리제도를 운영하면 조직 전체 성과에 부정적 영향을 미칠 수 있다. 이는 인사관리 기능 간 수평적 연계와 통합 운영이 필요함을 시사하며, 각 하위 시스템 간의 선순환적 작용을 유도해야 한다.

(4) 개방성(Openness)

조직은 외부 환경과 끊임없이 상호작용하는 개방체계이다. 조직의 투입은 외부에서 자원을 얻어오며, 산출은 외부 이해관계자에게 제공된다. 또한 외부 정치·경제·사회·기술 환경의 변화는 조직 운영 전반에 영향을 미친다. 이러한 개방성은 인적자원관리에도 중대한 시사점을 제공한다. 노동시장 변화, 정부의 고용정책, 산업 기술의 변화, 노동자의 가치관 변화 등은 인사제도의 설계와 운영에 영향을 미치므로, 조직은 환경변화에 유연하게 적응하는 인사전략을 갖추어야 한다. 즉, 내부의 안정성과 외부 환경에 대한 적응성의 균형이 관건이다.

3) 개방체계적 접근과 인적자원관리

현대 조직은 내부적으로 다양한 부서 및 집단의 하위 시스템으로 구성되어 있으며, 외부적으로는 노조, 고객, 지역사회, 정부, 주주 등과 복잡하게 얽혀 있는 이해관계 속에 존재한다. 이러한 조직의 현실은 인적자원관리의 관점 또한 개방체계적으로 전환되도록 요구한다. 인적자원관리에 대한 개방체계적 접근은 다음과 같은 특성을 지닌다.

- 외부 환경 변화에 민감하게 반응하고, 이에 따라 인사정책과 제도를 유연하게 조정한다.
- 구성원 개개인의 역량과 욕구, 가치를 조직의 목표와 연결시키는 맞춤형 인사전략을 추구한다.
- 개인·집단·조직의 상호작용을 통합적으로 고려하여 조직 전체의 효과성을 극대화한다.
- 인사관리 기능들 간의 수직적 연계성과 수평적 통합성을 통해 전략적 일관성을 확보한다.

이처럼 개방체계적 접근은 단지 인재를 관리하는 기능에 머무르지 않고, 조직의 전략적 방향성과 외부 환경의 변화에 대응하는 인적자원관리 시스템의 설계와 운영을 강조한다. 이는 곧 생산성과 인간성을 동시에 추구하는 현대 인적자원관리의 핵심적 관점이다.

표 2-5 인적자원관리에 대한 개방체계적 접근

구성 요소	설명	인적자원관리의 적용 예시
투입(Input)	조직 외부 환경으로부터 유입되는 자원, 정보, 인력 등	- 노동시장으로부터의 인재 확보 - 외부교육기관과의 협력채용
과정(Process)	내부 시스템에서 자원을 변환·활용하여 산출을 위한 활동 수행	- 인재개발 및 교육훈련 - 평가, 보상, 경력관리 시스템 운영
산출(Output)	조직이 외부에 제공하는 결과물 (제품, 서비스, 인재 등)	- 성과창출 인력의 배출 - 조직문화 확산 및 인재브랜드 강화

구성 요소	설명	인적자원관리의 적용 예시
피드백 (Feedback)	산출에 대한 외부의 반응이 다시 투입으로 반영되어 시스템 개선에 기여	- 직원 만족도 조사 - 이직률 및 조직이미지에 대한 외부평가
경계(Border)	조직과 외부 환경을 구분하지만 상호작용을 가능케 하는 연결 지점	- 윤리·규제 대응 - 노동조합, 정부, 지역사회와의 협력
적응(Adaptation)	환경 변화에 대한 반응과 조직 내부의 유연한 조정	- 유연근무제 도입 - MZ세대 가치관 반영한 인사제도 개선
균형(Balance)	시스템의 안정성과 환경 대응 간의 조화 추구	- 성과지향성과 구성원 만족도 간 균형 - 공정성과 효율성의 조화

2. 상황조건론적 관점

1) 상황조건이론의 발전 배경

상황조건론(Contingency Theory)은 "상황에 따라 가장 적합한 조직구조와 관리 방식이 달라진다"는 전제를 기반으로 등장한 이론으로, 고전적 이론이나 인간관계론과 같은 단일 접근 방식의 한계를 극복하고자 하는 시도에서 발전하였다. 즉, 조직의 효과적인 운영과 성과는 보편적 원칙이 아닌, 조직이 직면한 구체적 환경 조건에 따라 달라진다는 점을 강조한다. 20세기 중반 이후 급격한 기술 진보, 글로벌 경쟁, 시장의 다변화, 사회문화적 요구의 복잡성은 조직이 더 이상 일정한 공식만으로 경영될 수 없다는 현실을 보여주었다. 이러한 맥락에서 상황조건이론은, 조직의 외부환경(예: 기술, 법률, 사회문화, 정치적 조건 등)과 내부 구조(예: 부서 구성, 권한 분배, 의사결정 방식 등) 간의 '적합성'(fit)이 조직성과를 결정짓는 핵심이라는 통찰을 제공하게 되었다.

2) 상황조건이론의 기본적 특성

(1) 결과 중심의 실증적 접근

상황조건론은 이론적 전제나 이상적 조직모형보다, 실제로 어떤 결과를 가져오는가를 중시한다. 이는 경영현장에서 매우 실용적인 의미를 가지며, 학술연구에서도 조직의 성과와 구조 간 인과관계를 실증적으로 입증하고자 하는 경향을 강화시켰다.

(2) 환경과의 상호작용 강조

조직은 고립된 시스템이 아니라, 외부 환경과 끊임없이 영향을 주고받는 개방체계로 간주된다. 상황조건론은 특히 환경의 불확실성, 기술의 복잡성, 시장 경쟁 강도, 정부 정책 등 다양한 상황변수가 조직구조 설계와 경영방식에 미치는 영향을 정밀하게 분석한다. 이러한 외부요인에 적절하게 적응하지 못하는 조직은 장기적으로 생존이 어렵다는 전제를 내포한다.

(3) 조직 수준의 분석 단위 설정

상황조건론은 개인이나 집단의 행동보다, 조직 전체의 설계 및 시스템 구축에 중점을 둔다. 예를 들어, 의사결정의 중앙집중화 여부, 부서 간 역할 분담, 절차의 공식화 수준 등이 환경에 따라 어떻게 달라져야 하는지 등을 분석함으로써 조직설계(organization design)의 합리성 확보를 지향한다.

(4) 적합성(fit) 강조와 진단 도구로의 활용

상황조건이론은 '어떤 상황에 어떤 구조가 적합한가'를 판단하기 위한 실무적 진단의 틀로도 활용된다. 예를 들어, 변화가 심한 시장환경에서는 탈중앙화되고 유연한 구조가 유리할 수 있으며, 안정적이고 반복적인 작업 환경에서는 중앙집권적이고 공식화된 조직구조가 적합할 수 있다. 이처럼 상황에 따라 구조를 조정해야 하는 유연성 확보가 핵심이다.

3) 상황조건이론의 기본모형

상황조건론은 일반적으로 세 가지 구성요소를 중심으로 설명된다. 상황 변수(환경·기술·규모) - 조직특성변수(복잡성·공식화·집권화) - 조직성과변수(유효성·능률)

(1) 상황변수(Contingency Variables)

- **환경**(Environment): 환경은 조직이 외부와 상호작용하며 자원을 획득하고 정보를 교환하는 장이다. 환경이 복잡하고 변화가 잦을수록, 조직은 분권화된 구조와 의사소통의 유연성을 요구받게 된다.
- **기술**(Technology): 조직이 생산 활동을 위해 사용하는 도구, 방법, 절차를 포함한다. 단순하고 예측 가능한 기술은 표준화된 구조와 잘 맞지만, 복잡하고 창의적인 기술이 요구되는 경우에는 보다 자율성과 참여 중심의 구조가 적합하다.
- **규모**(Size): 조직의 규모가 커질수록 기능의 전문화, 공식화, 계층화가 필요해진다. 따라서 중소규모 조직과 대규모 조직은 동일한 관리원칙을 적용하기 어렵다.

(2) 조직특성변수(Organizational Structure Variables)

- **복잡성**(Complexity): 조직의 수평적(부서 수), 수직적(계층 수), 지역적(지리적 분산) 다양성 정도를 의미한다. 복잡한 조직은 더 많은 조정 메커니즘과 정보관리 구조가 필요하다.
- **공식화**(Formalization): 규칙, 절차, 직무설명서 등 문서화된 기준이 존재하는 정도. 공식화 수준이 높을수록 예측 가능성과 통제는 높아지지만, 유연성은 떨어질 수 있다.
- **집권화**(Centralization): 의사결정 권한이 어느 수준에 집중되어 있는지를 나타낸다. 변화하는 환경에서는 분권화(decentralization)가 더 효과적인 경우가 많다.

(3) 조직성과 변수(Organizational Performance)

- **유효성**(Effectiveness): 조직이 설정한 전략적 목표를 어느 정도 달성했는지를 평가하는 기준. 성과관리나 목표관리(MBO)의 기반이 된다.

- **능률(Efficiency)**: 투입 대비 산출의 비율. 자원을 얼마나 절약하면서 목표를 달성했는가를 판단하는 지표로, 성과 대비 비용 또는 시간이 주요 기준이다.

section 04 최근의 인적자원관리-전략적 접근

1970년대 말 이후, 글로벌 경쟁 환경의 심화와 기업 내·외부 환경의 복잡성이 증가함에 따라 인적자원관리(Human Resource Management)에 대한 전략적 접근이 본격적으로 부각되기 시작하였다. 이러한 전략적 인적자원관리(Strategic Human Resource Management: SHRM)는 단순한 인사행정의 효율성 제고를 넘어, 조직의 장기적 성과와 경쟁우위를 달성하기 위한 핵심 수단으로서 인적자원을 바라보는 관점의 전환을 의미한다. 전략적 인적자원 관리의 이론적 기반은 시스템적 사고와 상황조건적 접근에 있으며, 이는 조직을 외부 환경과의 유기적 상호작용 속에서 이해하는 개방체계(open system)로 간주한다. 다시 말해, 인적자원관리는 조직 내부의 자율적 최적화가 아닌, 환경 변화에 대한 능동적이고 전략적인 적응을 통해 성과를 창출하려는 시도로 해석된다. 이 관점에서 전략적 인적자원관리는 기업의 외부 환경 변화에 대응하는 '대외적 적합성(external fit)'과, 조직 내의 경영전략 및 기능 간 조화에 부합하는 '대내적 적합성(internal fit)'을 동시에 확보하는 것을 목표로 한다.

전략적 인적자원관리가 부각되게 된 주요 배경으로는 다음과 같은 요소들이 지적된다. 첫째, 시장의 세계화와 무한경쟁 환경의 도래로 인해 기업 경쟁우위의 핵심 수단으로서 인적자원의 중요성이 재조명되었다. 이는 물적 자원이나 자본보다도 인적자원의 우수성과 차별성이 지속가능한 경쟁우위를 가능케 한다는 관점의 확산으로 이어졌다. 둘째, 정보기술(IT)의 급속한 발전은 기업의 운영구조와 인사관리 방식에 근본적인 변화를 초래하였다. 업무의 디지털화, 자동화, 유연화 등으로 조직은 수직적 명령통제 체계에서 자율적이고 분권적인 관리방식으로 전환하였으며, 이에 따라 인적자원관리도 구성원의 자율성과 창의성을 촉진하는 방향으로 재설계되었다. 셋째, 조직 구성원의 가치관 변화도 중요한 요인이다. 과거의 집단주의적 조직문화와는 달리, 현대 조직에서는 개인주의적 가치가 확산되면서 구성원의 다양성과 개별성을 존중하는 관리 방식이 요구되었고, 이에 따라 맞춤형 인사전략 및 성과관리 시스템의 도입이 확산되었다. 이러한 변화는 결과적으로 전략적 인적자원관리가 조직의 생존과 발전을 위한 필수적인 경영기능으로 자리잡게 되었음을 보여주는 동시에, 인적자원을 기업의 전략적 자산으로 인식하고 장기적인 관점에서 체계적으로 관리해야 한다는 당위성을 강화시키는 이론적 토대를 제공한다.

1. 전략적 인적자원관리의 기업 사례

(1) 구글(Google) - 유연성과 혁신을 위한 전략적 인적자원관리[2]

구글은 급변하는 글로벌 IT 시장 속에서 지속적인 혁신과 기술 선도를 가능케 한 대표적인 기업으로, 전략적 인적자원관리(SHRM)를 통해 대외환경 변화에 유연하게 적응하고, 동시에 내부적으로는 창의성과 자율성을 중시하는 조직문화를 조성하였다.

대외적 적합성 측면에서 구글은 IT 산업의 불확실성과 경쟁 격화라는 환경에 대응하기 위해 인재 확보와 유지 전략을 지속적으로 혁신해 왔다. 예를 들어, 뛰어난 소프트웨어 개발자나 데이터 과학자를 유치하기 위해 전 세계의 우수 인재를 타겟으로 한 적극적인 리크루팅 캠페인과, 유연한 근무 환경을 제공하는 글로벌 정책을 병행해 왔다.

대내적 적합성 측면에서는 '20% 룰(업무 시간의 20%를 자율 프로젝트에 사용)'과

2) 박남규 · 조영복(2017), 「글로벌 인재경영에서의 전략적 인사관리: 구글 사례 분석」, 『경영교육연구』 제32권 제6호, 327-349쪽.

같은 자율적 업무설계 제도, 팀 기반 프로젝트 문화, 평평한 조직구조(flat structure) 등이 대표적이다. 이는 내부적으로 조직구성원의 자율성, 창의성, 몰입도를 극대화하는 동시에, 기업 전략인 '지속적 혁신'과 직접 연계되어 있다. 이를 통해 구글은 인적자원을 단순한 운영요소가 아닌, 기업의 혁신전략을 실현하는 핵심 자산으로 성공적으로 활용해 온 대표적 사례로 평가된다.

(2) 삼성전자(Samsung Electronics) - 전략적 역량 중심의 글로벌 인재경영[3]

삼성전자는 글로벌 전자산업의 치열한 경쟁 속에서 지속적인 성장을 달성한 대표적인 한국 기업으로, 전략적 인적자원관리를 통해 '성과 중심'의 조직문화와 '글로벌 대응력'을 동시에 강화해 왔다.

대외적 적합성 측면에서 삼성전자는 2000년대 이후 글로벌 시장 확장 전략에 발맞추어, 글로벌 역량을 갖춘 핵심 인재 양성을 전략적으로 추진하였다. 대표적인 예로는 '글로벌 인재육성 프로그램(Global Scholarship Program: GSP)'이 있으며, 이는 전 세계의 유망 대학 졸업생을 조기 발굴하여 국내외 석·박사 과정을 지원하고, 이후 전략사업 분야에 배치하는 방식으로 진행되었다.

대내적 적합성에서는 '성과주의 인사제도'와 '역량 기반 평가체계'를 통해 직원들의 동기를 유발하고 조직의 전략적 목표와 개인 성과를 정렬시키고자 하였다. 또한, '리더십 육성체계'와 '신경영 아카데미' 등의 프로그램을 통해 차세대 리더를 조기 발굴하고 체계적으로 양성하였다. 이러한 전략은 외부의 글로벌 변화에 대응하는 동시에, 내부적으로는 경영전략과 인사전략의 일체화를 달성함으로써 인적자원을 통한 경쟁우위를 확보한 대표적 성공 사례로 평가된다.

1970년대 말 이후, 조직환경의 복잡성과 글로벌 시장에서의 경쟁 심화에 따라 인적자원관리의 전략적 중요성이 점차 강조되기 시작하였다. 이에 따라

---

3) 박경규(2018), 「삼성전자의 인재전략 분석: GSP와 리더십 파이프라인을 중심으로」, 『HRD연구』 제20권 제3호, 55-80쪽.

기존의 전통적 인사관리(Human Resource Administration)에서 전략적 인적자원관리(Strategic Human Resource Management: SHRM)로의 이행이 본격화되었다. 이러한 변화는 단순히 인사 기능의 일부가 수정되는 것이 아니라, 조직 전체의 전략적 방향성과 연계하여 인적자원의 역할을 재정립하는 전환을 의미한다. 과거에는 인적자원을 '관리의 대상'으로 간주하여 행정적이고 절차적인 기능 수행에 집중하였다면, 현대적 접근에서는 인적자원을 '경쟁우위의 원천'으로 보며 기업의 성과와 전략 달성에 있어 핵심적인 기여자로 인식한다. 이러한 변화의 핵심은 인적자원을 비용(cost)이 아닌 투자(investment)로 보고, 구성원의 역량을 조직의 성과로 연결시키는 데 있다.

표 2-6 전통적 인적자원관리와 현대적 인적자원관리의 비교

구분 항목	전통적 인적자원관리	현대적 인적자원관리 (전략적 인적자원관리)
초점(1)	관리 중심 (운영의 효율성)	전략 중심 (경영목표와의 연계)
초점(2)	생산 중심	서비스·성과 중심
행동 방향	반응적 (요청에 따른 대응 중심)	선도적 (전략적 변화 주도)
기업사명과의 관계	조직의 전략과 분리된 독립적 기능	기업 전략과 밀접하게 통합된 핵심 구성요소
조직 구조	수직적 위계 중심, 기능 중심 구조	유연하고 수평적인 네트워크형 구조
조직 내 역할	스페셜리스트 중심의 기능적 역할	제너럴리스트 중심의 통합적·조정적 역할 수행
인간관	인건비와 같은 관리 대상, 통제 중심	기업의 성장을 위한 핵심 자산, 전략적 투자 대상

자료: Robert L. Mathis and John H. Jackson, Human Resource Management, 9th ed., South-Western College Publishing, 2000, p.25 (수정·재구성)

2. 전략적 인적자원관리의 실천적 의의

이러한 전략적 인적자원관리로의 이행은 다음과 같은 두 가지 측면의 적합성 확보를 목표로 한다.

- **외적 적합성(External Fit)**: 급변하는 외부환경 변화에 대응하는 경영전략의 일부로서 인사전략을 정렬시킴.
- **내적 적합성(Internal Fit)**: 조직 내부의 기능별 전략(예: 마케팅, 생산, 재무 등)과 일관되게 인사정책을 조정하여 조직 전체의 전략적 통합성을 강화함.

3. 전략적 전환의 배경

전략적 인적자원관리의 필요성은 다음과 같은 경영환경의 구조적 변화에서 비롯되었다.

- **글로벌화로 인한 경쟁 격화**: 인재의 확보와 유지가 기업 경쟁력의 핵심요소가 됨.
- **정보기술 발달과 조직구조의 변화**: 수평적, 팀 기반 구조로 전환되며 자율과 책임이 강조됨.
- **개인주의적 가치의 확산**: 다양한 인적 특성과 니즈에 맞춘 개별화된 HR 전략의 필요성 증가.
- **성과 중심의 관리로의 전환**: 인사관리의 목적이 단순 유지에서 성과 창출로 이동.

따라서 전략적 인적자원관리는 단순히 전통적인 인사관리 기법의 개선을 넘어서서, 인적자원을 조직성과의 주도적 수단으로 전환하는 패러다임의 변화라 할 수 있다. 이는 기업의 전사적 전략과의 정렬을 통해, 조직성과 향상과 동시에 구성원 개인의 성장과 만족을 실현하는 것을 목표로 한다. 또한, 인적 자원의 기여도를 극대화시키는 방법에 대해서는 다음과 같은 다양한 접근법이 제시되고 있다.

4. 보편원칙 접근관점(Universalistic Approach)

보편원칙 접근관점은 모든 조직과 산업에 효과적으로 적용될 수 있는 보편적이고 이상적인 인적자원관리(HRM) 방식이 존재한다고 보는 관점이다. 이 접근은 특정 상황이나 조직의 맥락에 따라 HR 제도를 다르게 설계해야 한다는 입장과 달리, HRM에는 모든 기업에 유효한 '최고의 관행(best practices)'이 존재하며, 이를 적용함으로써 조직성과를 향상시킬 수 있다고 본다. 대표적인 예로는 GE, 구글, 삼성전자 등 글로벌 선도 기업들이 도입한 성과관리 시스템, 능력기반 평가제도, 직무 중심 보상체계 등이 있다. 이러한 사례들은 인재의 확보·육성·유지에서 탁월한 성과를 거두었으며, 이는 후발 기업들이 벤치마킹하는 대상이 되었다. 특히 현대 경영환경에서는 이 관점이 디지털 기술과 ESG 가치를 통합한 HRM으로 확장되고 있다. 예를 들어, 보편적으로 효과적인 HRM은 이제 단순한 선발·보상뿐만 아니라, 심리적 안전감(Psychological Safety), 포용성과 다양성(Diversity, Equity, Inclusion: DEI), 원격근무 지원제도, 일·생활 균형제도(WLB) 등을 포함한다. 따라서 보편적 접근은 일관된 기준을 제공한다는 장점이 있지만, 지나친 모방은 조직 고유의 전략과 문화가 충돌할 수 있으므로 전략적 감별력이 동반되어야 한다.

5. 전략적 적합성 관점(Strategic Fit Approach)

전략적 적합성 관점은 조직이 처한 외부 환경과 내부 전략에 가장 적합한 인적자원관리 체계는 조직마다 다르며, HRM이 기업의 전략 목표와 정합성을 가질 때 비로소 경쟁우위 확보가 가능하다는 이론적 기반에 서 있다. 이 관점에서는 인적자원관리의 전략 연계성을 가장 중요하게 평가하며, 두 가지 적합성 관점으로 나뉜다. 첫째, 외부적 적합성(external fit)은 HRM이 기업의 비전·목표·전략 방향과 일관되게 설계되어야 한다는 것이다. 예를 들어, 고객 중심의 차별화 전략을 지향하는 기업이라면, 서비스역량과 감성지능(EQ)이 뛰어난 인재를 선발하고, 이들의 고객응대 역량을 강화하는 교육과 보상체계를 갖춰야 한다. 둘째, 내부적 적합성(internal fit)은 HRM의 하위 정책들이 상호 연계성을 갖고 시너지 효과를 발휘해야 한다는 것이다. 예컨대 고위험·고성과 중심의 전략을 채택한 기업에서는, 혁신적 인재를 선발하고 이들의 모험성과 창의성을 보상할 수 있는 인센티브 제도, 자율적 평가체계를 함께 운영해야 한다.

오늘날 전략적 적합성 관점은 ESG 경영, 지속가능 전략, 데이터 기반 경영 등 다양한 경영요소와 연계되어 진화하고 있다. 즉, 기업의 ESG 전략에 맞춰 친환경 프로젝트 전담 인력의 역량을 중심으로 HRM을 설계하거나, 탄소중립을 위한 직무 전환 훈련을 실시하는 등 HRM이 전략적 실행수단으로 작동하는 것이다.

6. 내부 서비스 제공자 관점(Internal Service Provider Approach)

이 접근은 인사 부서가 조직 내의 '내부 고객(Internal Customers)', 즉 타 부서와 직원에게 서비스를 제공하는 전략적 지원자(Strategic Partner)로 기능해야 한다는 관점이다. 이는 단순한 인사행정 기능을 넘어, 인재 수요에 대한 맞춤형 공급자, 조직 변화에 대한 촉진자, 리더십 개발에 대한 컨설턴트 역할까지 포함한다. 이 관점에서 인사부서는 수요 부서의 니즈를 파악하여, 전략적으로 적합한 인재를 신속히 확보하고, 업무 적응과 성과 창출을 위한 교육·코칭을 제공해야 한다. 예를 들어, IT 부서에서 '애자일 문화'를 확산시키고자 할 경우, 인사부서는 해당 문화를 촉진하는 교육 프로그램을 운영하거나, 구성원 역량 진단과 학습 플랫폼을 연결하여 자율 학습을 지원하는 등의 서비스를 기획해야 한다. 최근에는 이러한 내부 고객 관점이 HR Shared Service, HRBP(HR Business Partner), People Analytics 등으로 세분화되며, HR 기능의 정교화가 이루어지고 있다. 내부 서비스 제공자 관점은 HRM의 고객지향성과 민첩성(Agility)을 증진시키며, 인사부서의 전략적 가치를 높이는 데 기여하고 있다.

7. 효과적인 정책 조합 관점(Configurational Approach)

효과적인 정책 조합 관점은 HRM의 효과는 개별 제도의 우수성보다도, 여러 정책들이 상호 일관성 있게 결합되어 작동하는 체계성에서 나온다는 입장이다. 즉, 하나의 우수한 제도가 있더라도 다른 제도와 충돌하거나 연계되지 않으면 조직성과로 이어지기 어렵다는 것이다. 이 관점은 HR 시스템이 단일 요소가 아닌 '정책 번들(policy bundle)'로 작동해야 한다는 점을 강조한다. 예를 들어, 팀제와 성과급을 도입한 조직이라면, 자율성과 성과평가가 잘 연계되어야 하며, 공정한 성과측정 지표와 피드백 시스템이 구축되어야 한다. 평가 없이 성과급만 존재하거나, 팀제로 운영되면서 개인 단위 평가를 강조할 경우, 구성원 간 갈등이나 불만이 발생할 수 있다. 〈표 2-7〉에 제시된 HR 시스템 유형은 이러한 조합이 전략적 맥락에서 어떻게 구성될 수 있는지를 보여준다. 이처럼 정책 간 정합성을 확보한 HR 시스템은 조직 몰입, 직무만족, 이직률 감소, 혁신역량 강화 등 다양한 긍정적 효과를 유발할 수 있다.

표 2-7 인적자원관리 시스템의 유형

	유인시스템 (inducement systems)	투자 시스템 (investment systems)	참여시스템 (involvement systems)
Dyer and Holder (1998)	• 중앙 집중적 인적자원 관리 • 성과급 • 직무에 꼭 맞춘 교육 훈련 • 바람직한 '행동유도'에 중점	• 선발과 훈련과정을 통해 종업원 역량 극대화 • 고정급+성과급 • 종업원의 다양한 '능력 개발'에 중점	• 자율성과 도전정신을 장려 • 높은 몰입도와 충성도 형성 • 의사결정권한 위임 • 개인 성과급+집단 성과급
	통제 시스템 (control systems)	몰입 시스템 (commitment systems)	
Dyer and Reeves (1995)	• 의사결정권한 집중 • 낮은 종업원 참여도 • 규정, 절차, 평가에 의한 빡빡한 관리	• 의사결정 분권화 • 높은 종업원 참여도 • 자율성과 임파워먼트 강조	
Snell and	행동 통제 시스템	결과 통제 시스템	투입 통제 시스템

Youndt (1995)	(behavior control systems)	(output control systems)	(input control systems)
	• 책임영역의 표준화 • 결과보다는 과정 중의 행동에 책임을 물음 • 행동 중심적 평가 • 피드백은 문제해결차원에서 사용함	• 협의하에 목표를 설정 • 결과 중심적인 평가 • 업적에 대한 금전적 보상	• 엄격한 선발과 훈련 • 회사의 가치와 정책을 종업원이 자기 자신의 것으로 만들 수 있도록 하는 시스템
Delery and Doty (1996)	외부시장 시스템 (market-type outside)	내부시장 시스템 (internal systems)	
	• 외부로부터 인력 영입 • 약간의 훈련만 제공 • 결과중심적인 평가 • 고용안정도 낮음 • 고충처리 제도 약소 • 업무를 넓게 정의	• 인력의 내부공급을 중시 • 가족 같은 분위기 조성, 많은 교육훈련 • 행동 중심, 과정 중심적 평가 • 평가는 개발목적에 주로 사용 • 고용 안정도 높음 • 고충 처리제도 발달 • 종업원으로부터 많은 정보를 얻을 수 있음 • 좁고 구체적인 업무 정의	

8. 자원/핵심역량 기반 관점 (Resource-Based View & Core Competency Approach)

자원 기반 관점은 기업의 경쟁우위가 모방이 어렵고, 대체가 불가능하며, 가치 있고 희소한 자원으로부터 기인한다는 바니(Barney, 1991)의 이론을 인사관리 영역에 적용한 것이다. 특히 인적자원은 이러한 요건을 모두 충족하는 가장 전략적인 자원으로 간주된다. 이 관점에서는 HRM이 단순한 비용 중심의 관리활동이 아닌, 조직의 핵심역량을 창출·강화하는 전략적 자원개발 활동으로 재정의된다. 예를 들어, 고도의 기술역량을 보유한 구성원을 선발하고 지속적으로 재훈련(reskilling)하고자 하는 조직에서는, 기술 자격기반 직무설계, 개별화된 경력개발제도, 학습조직 체계 등이 필요하다. 현대에는 인적자원의 가치가 디지털 기술, 창의력, 협업역량, 윤리적 판단, 문제해결능력 등 복합적 형태로 진화하고 있다. HRM은 이와 같은 복합 역량을 조직 내에서 내재화하여, 지속가능한 경쟁력으로 전환시키는 전략적 메커니즘이 되어야 한다.

9. 전략적 인적자원관리를 위한 필수 요건

위 다섯 가지 관점들을 종합해보면, 전략적 인적자원관리를 효과적으로 실행하기 위한 필수 요건은 다음과 같다.

① 인사조직 및 인사 담당자의 전략적 전환

기존의 행정 중심 인사조직에서 벗어나, 전략적 기획 기능을 보유한 HR 컨설팅 조직으로 전환되어야 하며, 인사담당자는 전략 실행자, 조직개발자, 변화 촉진자로서의 역량을 갖춰야 한다.

② 디지털 기반의 관리 효율성 제고

HR 프로세스 자동화, HRIS, AI 채용 등 디지털 기술을 활용해 반복 업무를 효율화하고, 고부가가치 활동에 집중할 수 있는 기반을 마련해야 한다.

③ HRM과 전략기획의 동시 연계

기업의 전략수립 초기 단계부터 HR 담당자가 참여하여, 전략적 적합성을 고려한 인재 확보, 조직구조 설계, 보상방식 등을 통합적으로 설계해야 한다.

④ HRM 하위 정책 간의 통합성 확보

채용, 교육, 평가, 보상 등 각 HR 활동은 단절되지 않고 유기적으로 연결되어야 하며, 이를 위해 연계성 높은 정책 번들이 필요하다.

⑤ 일선 관리자와의 신뢰 기반 파트너십 구축

현장 부서의 관리자와 긴밀한 협력관계를 유지하며, 조직문화 개선, 갈등관리, 리더십 교육 등을 공동 수행해야 한다.

⑥ HRM 활동의 정량적 효과 측정 체계 구축

HR 활동의 비용 대비 성과를 측정할 수 있는 ROI 체계를 구축하고, HR의 전략적 기여도를 경영진에게 입증해야 한다. 이는 HR의 전략적 위상을 제고하는 핵심 조건이다.

이 여섯 가지 전략적 인적자원관리(SHRM)의 실행 요건들은 서로 독립적인 것이 아니라, 상호 보완적이며 유기적으로 연결된 체계로 작동한다. 각각의 요소들은 단일 기능으로 작동하는 것이 아니라, 다양한 HRM 접근법(보편원칙, 전략적 적합성, 내부 서비스 제공자 관점, 효과적 정책 조합, 자원기반 관점 등)의 철학과 실천 원칙이 복합적으로 반영되어 있으며, 실질적으로는 기업의 전략, 조직문화, 산업 환경, 기술 수준 등에 따라 그 중요도와 실행 방식이 다르게 나타날 수 있다. 현대 기업들은 대부분 기존의 전통적 인사관리 체계를 기반으로 운영되어 왔다. 이러한 체계는 보통 인사행정, 급여, 복리후생, 규정관리 등 기능 중심의 HR 활동을 중심으로 설계되어 있으며, 이는 조직 운영의 기반이 되는 핵심 기능이자 안정성을 보장하는 역할을 해왔다. 하지만 급변하는 경영환경, 디지털 전환, ESG 가치의 확산, 밀레니얼·Z세대의 등장과 같은 변화는 이러한 기능 중심 인사관리만으로는 조직의 지속가능한 경쟁력을 담보하기 어렵게 만들었다.

따라서 전략적 인적자원관리로의 전환은 단순한 제도의 변경을 넘어, 인사부서의 정체성과 역할, 조직 구조, 담당자의 역량 전반에 걸친 근본적인 혁신을 요구한다. 인사부서는 더 이상 수동적인 규정 집행부서가 아니라, 조직의 전략 실행을 주도하는 전략 파트너이자 조직개발의 선도자로 자리매김해야 한다. 그렇다고 해서 기존의 기능적 인사관리 활동이 사라지거나 무시되어야 하는 것은 아니다. 오히려 이러한 활동들은 디지털 기술 기반의 자동화와 프로세스 혁신을 통해 효율성을 극대화함으로써, 시간과 비용을 절감하고 HR 부서가 보다 전략적 활동에 집중할 수 있는 여건을 조성해 주어야 한다. 예를 들어, 급여관리, 휴가관리, 근태처리 등은 클라우드 기반의 HRIS 시스템으로 통합하고,

채용관리나 교육운영은 AI 기반 자동화 플랫폼을 활용함으로써 관리 효율성을 대폭 향상시킬 수 있다.

특히 여섯 가지 요건 중 세 번째(전략기획과 HRM의 통합)와 네 번째(HRM 하위 활동 간 연계)는 전략적 적합성 관점을 반영한 핵심 조건이라 할 수 있다. 기업 전략이 수립되는 초기 단계부터 인사부서가 함께 참여해야만, 기업의 전략 방향과 인사정책이 구조적으로 연계될 수 있으며, 이는 조직 내 일관성과 실행력을 강화하는 핵심 기반이 된다. 또한, HRM의 각 기능 — 채용, 교육, 평가, 보상 등 — 이 단절된 방식이 아닌 상호 정렬된 정책 묶음으로 작동할 때, 내부적 적합성(internal fit)을 통해 인적자원의 가치가 극대화될 수 있다. 아울러, 인사담당자가 일선 관리자들과 전략적 파트너십을 형성하는 것도 매우 중요하다. 이는 단순한 협조 관계를 넘어, 조직 운영의 핵심 현장인 사업부나 팀 단위에서 실질적인 HR 전략이 적용되고 피드백이 수렴되는 쌍방향적 실행체계를 의미한다. 현장관리자의 리더십, 구성원의 역량개발 수요, 팀 내 갈등 상황 등은 전략 수립자가 아닌 일선 관리자와의 긴밀한 협업을 통해서만 정확히 포착될 수 있으며, 이를 HRM 정책에 반영할 수 있어야 조직성과로 연결될 수 있다.

마지막으로 강조할 점은, 인적자원관리 활동이 단지 조직의 '지원 기능'이 아니라, 기업의 지속가능한 가치창출의 핵심 수단이 되어야 한다는 것이다. 전략적 HRM은 단기적인 성과뿐만 아니라 장기적인 기업의 생존과 성장, 사회적 책임, 조직문화 형성, 학습조직 구축 등에 기여함으로써, 기업 내부의 인적 역량을 전략자산으로 전환시킨다. 따라서 HRM은 스스로의 존재 가치를 증명할 수 있는 측정 가능하고, 전략적으로 해석 가능한 활동이 되어야 하며, 이를 위해선 HR 성과 측정체계의 고도화도 필수적이라 할 수 있다.

CHAPTER

03

인적자원계획

section 01 인적자원계획의 의의

현대 조직은 불확실성과 복잡성이 증대된 경영환경 속에서 생존과 성장을 지속하기 위해, 자본과 기술 못지않게 인적자원에 대한 전략적 접근을 요구받고 있다. 이러한 흐름 속에서 인적자원에 대한 중장기적 계획을 수립하고 실행하는 활동, 즉 인적자원계획(Human Resources Planning)은 조직경영의 필수요소로 자리 잡고 있다. 인적자원계획은 일반적으로 조직이 미래에 필요로 하는 인력의 규모와 질을 예측하고, 이와 관련된 공급 계획, 수급조절 전략, 인력 운용 방향 등을 미리 수립하는 일련의 과정으로 정의된다. 이 계획은 단순히 사람을 채용하는 활동에 국한되지 않으며, 인재 확보에서부터 배치, 교육, 승진, 이직 관리, 조직구조 설계까지 포괄하는 전략적 프레임워크로 작동한다.

광의의 개념으로 접근하면 인적자원계획은 인적자원관리(HRM)의 전반에 대한 계획을 포함하며, 다음과 같은 세 가지 주요 영역으로 구성된다.

첫째, 인력계획(manpower planning)으로서 현재 및 장래의 업무수행에 필요한 인력 수요를 예측하고 이에 맞는 공급을 확보하는 기능을 수행한다.

둘째, 제도계획(system planning)으로서 인력의 유지·육성을 위한 제도적 기반을 설계하며, 교육훈련·보상체계·성과관리제도 등이 포함된다.

그림 3-1 경영계획과 인적자원계획의 관계

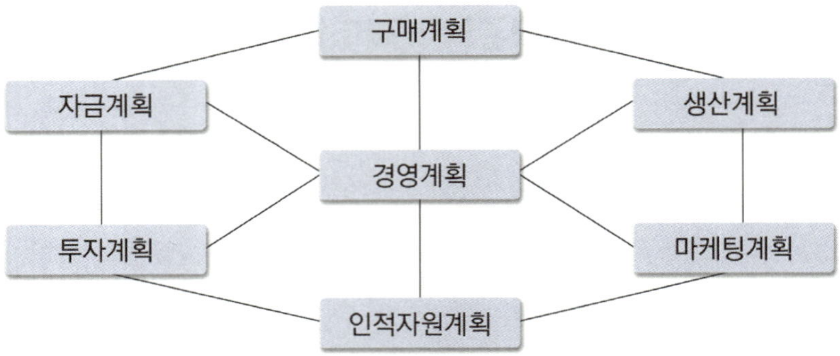

셋째, 조직계획(organization planning)으로서 인력운용과 조직구조 간의 정합성을 확보하고, 인적자원의 효율성과 유연성을 극대화하는 구조적 접근을 수립한다.

한편, 협의의 개념으로 인적자원계획은 인력계획과 거의 유사한 의미로 사용된다. 이 경우에는 특정 시점에서 조직의 목적을 달성하는 데 필요한 정확한 인원수와 직무유형을 파악하고, 이를 적재적소에 적시에 배치할 수 있는 방안을 설계하는 데 초점이 맞춰진다. 이는 곧 조직의 성과예측, 인력 흐름 분석, 이직률 및 노동시장 동향 반영, 후계자 계획(succession planning) 등 다양한 관리 기법과 연계되어 실행된다.

section 02 인적자원계획의 영향변수와 내용

인적자원계획(Human Resources Planning)은 단순히 인원의 수요 · 공급을 추정하는 작업에 그치지 않고, 경영전략과 조직문화, 노동시장 환경, 기술 변화 등 복합적인 요인을 반영하는 통합적 기획활동이다. 따라서 인적자원계획은 다양한 내·외부 변수의 영향을 받으며, 이러한 변수들은 계획의 방향성, 방식,

우선순위를 결정짓는 데 중요한 역할을 한다.

1. 인적자원계획에 영향을 미치는 주요 변수

1) 기업의 인사철학 및 조직문화

인사철학은 조직이 인적자원을 어떻게 인식하고 활용할 것인가에 대한 기본 전제와 가치체계를 의미한다. 이는 종업원을 단순한 비용 요소로 볼 것인지, 전략적 파트너로 인정할 것인지에 대한 경영진의 시각에 따라 달라지며, 인적자원계획의 전반적 방향에 강한 영향을 미친다. 예를 들어, 인간존중을 기반으로 한 참여지향적 인사철학을 가진 기업은 인력계획 시에도 단기성과보다는 장기적 역량 개발에 초점을 두며, 내부 육성과 경력개발을 중시하는 경향을 보인다. 이러한 인사철학은 최고경영자의 경영관과 깊은 관련을 가지며, 기업의 조직문화와 맞물려 실질적 인적자원 운영 방식에 큰 영향을 미친다.

2) 외부 경영환경 요인

외부 환경요인은 기업이 직접 통제할 수 없으나, 인적자원계획에 간접적 혹은 직접적 영향을 미치는 변수로 다음과 같다.

- **경제 환경**: 경기변동, 금리 수준, 실업률, 소비자 신뢰지수 등은 인력 수요 예측과 인건비 계획에 영향을 미친다.
- **제품시장 및 산업 특성**: 기술집약적 산업, 서비스 중심 산업 등 산업별 특성에 따라 요구되는 인력의 성격과 규모가 달라진다.
- **노동시장 변화**: 고령화, MZ세대 중심의 노동가치관 변화, 직무 중심 채용 확대, 플랫폼 노동 증가 등은 인력 구성과 운용에 직접적 영향을 준다.
- **법 · 제도 및 노사관계**: 근로기준법, 고용형태 공정화법, 노동조합과의 단체교섭 등은 채용방식, 정원 관리, 유연근무제 운영 등에 실질적

제약 또는 조율 요소로 작용한다.

- **정보기술의 발전**: 디지털 전환과 자동화의 진전은 기존 인력의 직무 재편을 요구하며, 새로운 형태의 디지털 역량 보유 인재 수요를 증대시킨다.

3) 경영전략과 기업의 성장 방향

인적자원계획은 기업의 전략적 방향성과 밀접하게 연계된다. 예를 들어, 사업 확장을 위한 성장전략을 추구하는 기업은 공격적인 인력확보계획과 교육훈련 프로그램이 필요하다. 반면 비용 절감이나 구조조정을 위한 감량전략(retrenchment)을 채택한 기업은 인력축소, 재배치, 조직 슬림화를 위한 인력계획이 필요하게 된다. 이와 같이 전략의 유형에 따라 인력계획의 규모, 시기, 우선순위가 달라지며, 최근에는 전략적 인적자원관리(SHRM)의 관점에서 경영전략과 HRM 간의 정합성 확보가 인적자원계획의 핵심 조건으로 자리잡고 있다.

2. 인적자원계획의 주요 내용과 구조

인적자원계획은 통상 인력계획, 제도계획, 조직계획이라는 세 가지 하위 영역으로 구성된다. 각각의 영역은 독립적으로 기능하기보다는 상호 연계되어 조직 전체의 인력운용을 총체적으로 뒷받침하는 구조를 형성한다.

1) 인력계획

인력계획은 조직이 필요로 하는 인력의 수요를 예측하고, 이에 따른 공급계획을 수립하는 핵심 영역이다. 이 계획은 다음의 세부 구성요소를 포함한다.

- **인력소요계획**: 조직 목표 달성을 위한 정원 수준을 단기·중기·장기별로 예측하며, 정량적 인원 수요와 정성적 역량 요건을 함께 고려한다.
- **인력확보계획**: 필요한 인재를 어디에서, 어떻게, 언제, 어떤 방식으로

확보할 것인가에 대한 계획이며, 채용계획, 내부 전환, 외부 채널 관리 등을 포함한다.

- **인력적응계획**: 확보된 인력을 조직 내 어디에 어떻게 배치할지, 직무 이동이나 전환이 필요한 경우 어떤 기준과 절차에 따라 실행할 것인지에 대한 계획이다.
- **인력개발계획**: 인적자원의 교육훈련, 경력개발, 리더십 육성 등을 통해 조직의 지속가능성을 확보하는 데 초점을 둔다.
- **인력비용계획**: 인력 확보 및 유지에 필요한 인건비, 복리후생, 교육훈련비 등 인력 관련 총비용을 예측·관리하는 예산 중심의 계획이다.

2) 제도계획

제도계획은 인력 운영을 위한 제도적 기반을 정비하고, 공정성과 효과성을 확보하기 위한 운영 원칙을 설정하는 데 중점을 둔다. 주요 구성요소는 다음과 같다.

- 임금 및 보상제도 설계
- 성과평가 기준 및 운영 방안
- 승진 및 경력개발 경로 설정
- 복리후생 및 유연근무제 운영 제도

이러한 제도들은 인력 확보 · 유지의 경쟁력 요소이자, 조직 구성원의 몰입도와 성과에 직접적인 영향을 미치는 제도적 장치이다.

3) 조직계획

조직계획은 인력을 어떻게 구조화하여 활용할 것인가에 대한 계획이다. 이는 직무설계, 권한체계 설정, 조직단위의 조정 등과 관련되며, 직무중심 운영, 직무공유(job sharing), 매트릭스 구조 등 다양한 조직 설계 방식이 활용된다. 특히 오늘날의 조직계획은 애자일 조직 운영, 자율조직 강화, 프로젝트 기반

유닛 조직 등 유연하고 민첩한 구조를 중심으로 진화하고 있다.

3. 인력 수요·공급 계획의 실무적 구분

인적자원계획은 실무적으로 인력 수요계획(Demand Planning)과 공급계획(Supply Planning)으로 구분된다. 이때 공급계획은 내부공급과 외부공급으로 나뉘며, 아래와 같은 방식으로 구성된다.

- **수요계획**: 각 부서의 사업계획에 근거하여 필요한 인력의 수·질을 예측. 전략 변화, 기술 요건 변화, 신규사업 계획 등을 반영.
- **내부공급계획**: 인사정보시스템(HRIS)을 활용한 내부 인력풀 분석, 승진·이직 가능성 예측, 직무 적합도 및 후계자 계획 반영.
- **외부공급계획**: 외부 노동시장 분석, 채용 채널 확보(온라인, 헤드헌팅, 지역대학 연계 등), 브랜드 기반 인재유치 전략 포함.

4. 종합적 시사점

오늘날의 인적자원계획은 과거의 정원관리 수준을 넘어서, 조직 전략과 인력의 정렬, 기술 변화 대응, 조직문화 혁신, 인적 다양성 포용(Diversity Management) 등을 종합적으로 반영하는 전략적 의사결정 도구로 작용하고 있다. 이는 단지 HR 부서의 업무가 아니라, 조직 전체의 전략 실행 역량을 좌우하는 핵심 경영기능임을 의미한다.

section 03 인력소요계획

조직이 미래의 사업을 추진하기 위해 필요한 인적자원의 수와 질을 예측하고, 시기와 부서별로 적정하게 배치할 수 있도록 준비하는 활동을 인력

소요계획이라 한다. 이는 인력수요계획(Human Resource Demand Planning)이라고도 불리며, 인적자원관리의 출발점이자 가장 기본이 되는 계획 기능이다. 인력소요계획은 조직이 "얼마나 많은 인재가 필요한가"라는 단순한 정원관리 수준을 넘어서, "어떤 역량을 갖춘 인재가, 언제, 어디에, 얼마나 필요한가"를 정교하게 파악하고자 하는 전략적 활동으로 발전해 왔다.

특히 급변하는 환경 속에서 디지털 전환(Digital Transformation), ESG 경영 강화, 고령화와 세대 다양화, 유연근무제 확산, 직무 중심 인사제도 정착 등의 변화가 가속화되면서, 인력계획은 더 이상 단기 예측에 그치지 않고, 조직의 미래 대비 전략 수단으로 기능하게 되었다. 인력소요계획은 이와 같은 변화에 선제적으로 대응할 수 있도록 전략적 방향성을 반영하고, 정량적 분석과 정성적 판단을 통합하여 수립되어야 한다.

1. 인력소요계획의 개념과 중요성

인력소요계획이란 조직이 현재 및 미래에 필요로 하는 직무 유형별, 계층별, 시기별 인원 규모와 역량 수준을 예측하는 활동으로, 다음의 목적을 지닌다.

- 기업 전략 및 사업계획의 실행을 위한 인력 기반 조성
- 불확실한 외부환경에 대응한 인력 유연성 확보
- 과잉 채용이나 인력 부족 등 인력비용 낭비 방지
- 직무중심 인사제도의 정착 기반 마련
- 중장기 인재 육성계획(리더십 파이프라인, 후계자 관리 등) 수립

특히 인적자원은 자본이나 설비와 달리 즉각적인 조정이 어렵고, 채용·배치·개발·유지의 전체 사이클이 시간이 오래 걸리기 때문에, 선제적 예측과 계획이 필수적이다. 또한 인력의 수급 오류는 경영성과에 치명적인 영향을 줄 수 있으므로, 과학적이고 정교한 인력소요계획이 요구된다.

2. 인력소요계획의 접근 방식

인력소요를 예측하는 방식은 일반적으로 정성적 기법(qualitative methods)과 정량적 기법(quantitative methods)으로 구분되며, 최근에는 이를 통합적으로 활용하는 복합적 접근이 강조되고 있다.

1) 정성적 기법

정성적 기법은 인력 수요에 대한 경험 기반의 전문가 판단에 의존하는 방식이다. 이는 기업 내외의 불확실성이 클 때, 또는 통계자료가 부족할 때 유용하며 다음과 같은 방법들이 있다.

- **부서별 자율 예측**: 각 부서에서 필요 인력을 자체적으로 산정한 후, 인사부서가 이를 통합 조정하여 전체 인력계획을 수립하는 방식이다.
- **경영자 또는 고위 임원의 판단**: 사업 전략, 외부 환경, 내부 인력 흐름 등을 종합적으로 고려하여 예측하는 방식이다.
- **델파이 기법(Delphi Method)**[1]: 전문가 집단의 의견을 반복적이고 익명으로 수렴하고, 의견을 정제해 합의점을 도출하는 구조화된 집단예측 기법이다.

※ 정성적 기법은 정확한 수치 산정보다는 전략적 방향성 설정과 정책적 판단에 유리하다는 장점이 있다.

2) 정량적 기법

정량적 기법은 통계적, 수학적 분석 도구를 활용해 과거의 자료와 현재의

---

1) 델파이 기법(Delphi Method)은 1950년대 미국 RAND 연구소의 노먼 달키(Norman Dalkey)와 헬머(Helmer)에 의해 개발된 집단의사결정기법으로, 불확실한 상황에서 전문가들의 의견을 반복적·익명적 방법으로 수렴하여 예측의 정합성을 높이는 기법이다. 참여한 전문가들은 개별적으로 자신의 의견을 제시하고, 조정된 집단 의견에 대한 피드백을 받은 후 다시 의견을 수정·보완하는 과정을 반복하며 최종적인 합의를 도출한다. 대면 회의 없이 진행되므로 지위나 권위에 영향을 받지 않고 자유로운 의견 개진이 가능하며, 주로 정책 분석, 기술예측, 인력수요 예측 등 정량화가 어려운 분야에서 활용된다.

정보를 바탕으로 미래 인력수요를 수치적으로 예측하는 방식이다. 디지털 기반의 HR 정보시스템(HRIS)과 연계하면 높은 정확성을 확보할 수 있으며, 주요 기법은 다음과 같다.

- **추세분석법**: 과거 인력 사용 추이를 분석하여 미래를 예측
- **회귀분석법**: 생산량, 매출액 등 독립변수를 기반으로 인력 수요를 예측
- **선형계획법 및 목표계획법**: 다양한 경영목표와 제약조건하에서 최적 인력 조합 도출
- **시뮬레이션 기법**: 다양한 가정하에 인력변화 시나리오를 시뮬레이션하여 예측값 산정

이러한 기법은 정량적 데이터가 풍부하고 비교적 안정적인 환경에서 효과적으로 활용되며, 인건비 예측, ROI 기반 인재 투자분석, 프로젝트 단위 인력수요 예측 등에 매우 유용하다.

표 3-1 거시적 인력소요계획과 미시적 인력소요계획

구분	거시적 인력소요계획	미시적 인력소요계획
접근 방식	Top-down 방식	Bottom-up 방식
초점	조직 전체의 총소요 인원	직무·작업단위별 세부 인원
활용 기법	부가가치 분석, 예산분석, 매출 예측	직무분석, 표준작업량, 생산성 기준
기준 정보	총매출, 인건비, 이익률, 부가가치율	작업시간, 작업량, 직무 요구 역량
장점	전략 연계, 자원 통합관리 용이	실무 정합성, 직무 수준의 현실성
단점	세부 인력 오차 가능성	총괄 조정 어려움

3. 거시적 vs 미시적 인력소요계획

인력소요계획은 예측의 범위와 단위에 따라 거시적 계획(Macroscopic Planning)과 미시적 계획(Microscopic Planning)으로 구분된다.

1) 거시적 인력소요계획

거시적 계획은 조직 전체 수준에서 전사적 전략과 예산계획을 바탕으로

상향식(top－down)으로 총 인력 수요를 예측하는 방식이다. 매출 목표, 부가가치율, 인건비 비율 등을 기준으로 인원 수요를 예측하며, 재무적 논리와 전략적 시뮬레이션 기반 계획으로서의 특징을 가진다.

예 매출 목표 → 부가가치 산정 → 인건비 허용범위 → 1인당 인건비 기준 → 총인원 산정 → 직능별 배분

이 방식은 전략과 자원의 연계 측면에서 강점이 있으나, 현장 직무별 현실성과 괴리가 발생할 수 있다.

■ 거시적 인력소요계획의 수립 과정

거시적 인력소요계획은 기업의 전략적 방향과 재무계획에 기초하여 전사적인 총인력 수요를 산정하고, 이를 부문별로 분배하는 방식으로 이루어진다. 그 주요 과정은 다음과 같다.

경영계획 및 사업계획 수립

기업은 장기적인 비전과 단기적인 경영환경을 반영하여 전사적 차원의 경영전략 및 사업계획을 수립한다. 이는 목표 매출, 생산량, 투자 규모 등을 포함한다.

연도별 예산 편성

수립된 경영계획을 바탕으로, 각 사업연도에 필요한 예산(특히 인건비 예산)을 설정하게 된다. 이 단계에서 자본비율, 인건비율, 예상 이익률 등의 재무지표가 고려된다.

목표 부가가치액 산정

매출목표 및 자산운용계획을 바탕으로 기업이 창출하고자 하는 목표 부가가치액을 추정한다. 부가가치는 인건비 산정의 핵심 기준이 된다.

계획노동분배율 설정

부가가치 대비 인건비가 차지하는 비율, 즉 계획노동분배율(Labor Share of Value Added)을 적용하여, 기업이 부담 가능한 인건비 총액을 계산한다.

1인당 평균 인건비 산정

인건비 상승 요인을 고려하여, 해당 연도 기준으로 예상되는 1인당 평균 인건비를 산정한다.

총 인원 수 산출

허용 가능한 인건비 총액을 1인당 인건비로 나누어, 전사적 수준의 총 필요 인원수를 계산한다.

부문별 인력배분

계산된 총 인원을 부서별 · 직무별 · 직급별로 적절히 배분한다. 이때 과거의 직능구성비, 생산성과 효율지표, 표준시간 분석 등이 활용된다.

부서별 인력소요계획 확정

최종적으로 각 부문은 할당된 인력 범위 내에서 정확한 직무 단위 및 시기별 인력 수요계획을 수립하고 확정한다.

이 과정은 전사 전략과 인력운용의 재무적 일관성 확보, 그리고 인건비 통제를 통한 경영 안정성 확보를 주요 목표로 한다. 따라서 인력소요를 단순한 현장 요구 수준에서 결정하는 것이 아니라, 예산 가능성과 조직의 전체 전략 정합성을 고려한 중앙집중형 인력계획 체계로 이해할 수 있다.

2) 미시적 인력소요계획

미시적 계획은 부서, 직무, 업무 단위에서 직무분석(Job Analysis), 표준작업량, 작업시간, 작업빈도 등을 바탕으로 인원수를 산정하는 하향식(bottom－up) 접근이다.

예 (1일 필요 작업시간+고정시간)/(작업가능 시간−개인고정시간)×여유율×가동률

> 소요인원수
> = {(1일 생산소요 전시간 + 직장고정시간)/
> (1일 작업시간 − 개인고정시간)}×(1+여유율)×가동률

이 방식은 실제 업무량과 현장 중심 기준에 기반한 계획 수립이 가능하지만, 상위 전략과의 정합성이 부족하거나 부서별 편차가 클 수 있다.

■ 여유율 및 고정시간의 개념

인력소요를 정밀하게 산정하기 위해서는 실제 작업시간 외의 고정적 시간 요소와 여유시간을 고려해야 한다. 작업시간 산정 시 사용되는 주요 개념은 다음과 같다.

- **개인고정시간**: 작업자가 하루 업무를 시작하고 종료하는 과정에서 필연적으로 발생하는 비작업성 고정시간으로, 예를 들어 시업·종업 시의 작업장 이동, 복장 착용(갱의), 도구 준비, 작업지시 수령 등이 이에 해당된다.
- **직장고정시간**: 작업자가 소속된 직장 단위(라인, 셀 등)에서 공통적으로 소요되는 준비시간을 의미하며, 설비 점검, 공정 청소·정돈, 기계 준비 작업 등이 이에 포함된다.
- **여유율**: 계획된 순수 작업시간 외에 불가피한 시간 손실을 보정하기 위해 추가로 반영하는 비율로, 작업자의 생리적 필요나 예기치 못한 대기상황 등을 반영한다.
- **개인여유시간**: 휴식, 용변, 체력 회복 등 작업자가 개인적으로 필요로 하는 시간.
- **직장여유시간**: 공정 간 대기, 장비 고장 수리, 부서 간 연락 등의 업무 외 시간.

이러한 고정시간과 여유율을 적절히 반영하는 것이야말로, 현실에 기반한 인력소요 산정의 핵심 요건이다. 특히 자동화 공정이나 유연생산 시스템에서는 직장고정시간 및 여유율의 관리가 인력배치 효율성에 미치는 영향이 더욱 크다.

4. 최신 인력소요계획의 특징과 고려요소

현대의 인력소요계획은 다음과 같은 변화 요소를 반영하여 설계되어야 한다.

- **디지털 환경**: 자동화, AI 도입 등으로 인한 직무 구조 재편
- **유연화된 조직 운영**: 프로젝트 조직, 자율조직의 확산에 따른 인력 단위의 변화
- **다양한 고용형태**: 정규직 외에 계약직, 프리랜서, 협력사 인력의 수요 고려
- **ESG 경영 반영**: 사회적 책임과 다양성, 포용성(DEI) 기반 인력 구조 설계
- **직무 기반 인사제도(Job-based HR)**: 직무 단위로 인력을 산정하고 관리하는 기준의 변화
- **글로벌 인력수요 예측**: 해외사업장 또는 원격근무 환경에서의 인력 소요를 통합 고려

5. 종합적 시사점

인력소요계획은 조직이 미래의 변화에 능동적으로 대응하고, 경쟁력을 지속적으로 유지하기 위한 핵심 경영 활동이다. 단순히 인원을 채우는 활동이 아닌, 전략과 일치된 인재운용을 실현하는 수단으로서, 예측 정밀도와 유연성, 전략 정합성을 함께 갖추어야 한다. 앞으로의 인력소요계획은 정량과 정성, 전사와 부서, 전략과 실무가 조화를 이루는 통합적 기획 활동으로 발전해야 하며, HR 부서뿐 아니라 조직 전체가 함께 책임지는 계획 체계로 설계되어야

할 것이다.

section 04 인력확보계획

인력확보계획(Human Resource Acquisition Planning)이란 조직이 중·장기적으로 필요로 하는 인적자원을 확보하기 위한 전략과 방법을 수립하는 활동이다. 이는 인력소요계획에 의해 도출된 인재 수요에 대응하여, 조직이 필요로 하는 인재를 언제, 어떤 방식으로, 어디에서 확보할 것인지를 계획하는 과정으로 이해된다. 인력확보는 크게 내부 공급(internal supply)과 외부 공급(external supply)의 두 경로를 통해 이루어질 수 있으며, 각각의 방식은 고유한 장단점을 지닌다. 조직은 경영전략, 조직문화, 직무 특성, 인재시장 상황 등을 고려하여 적절한 조달전략을 선택해야 한다.

표 3-2 인적자원의 내부조달과 외부조달의 비교

조달 방법	장점	단점
내부 공급	- 승진을 통한 사기 앙양 - 동기유발 및 몰입 증대 - 능력 개발 유도 - 구성원의 자질을 정확히 파악 가능 - 채용비용 절감 및 안정성 확보	- 모집 범위 제한 - 승진 누락자 실망 및 조직 갈등 가능성 - 폐쇄적 분위기 조성 - 유연성 결여 및 경쟁 약화
외부 공급	- 다양한 인재 확보 가능 - 새로운 정보 및 문화 유입 - 조직에 자극과 활력 제공 - 특정 전문역량 즉시 확보 가능	- 조직 적응 시간 소요 - 기존 인력의 사기 저하 우려 - 정보 부족으로 인한 부적격자 채용 위험 - 채용 및 교육 비용 부담

1. 내부공급

내부공급은 현재 조직에 소속된 구성원을 대상으로 필요한 인력을 확보하는 방식으로, 경력개발 경로 설계, 승진 및 전보, 교육훈련 등을 통해 내부에서 인재를 육성하고 배치하는 것이다. 이 방식은 특히 조직문화 정합성, 성과예측 가능성, 인재 유지 전략 측면에서 장점을 갖는다.

1) 기능목록(Skills Inventory)

기능목록은 구성원의 경력, 능력, 자격, 경험, 훈련 내역 등을 체계적으로 정리한 인재 데이터베이스로, 전략적 인재 배치 및 내부 충원의 기초자료로 활용된다. 다음 〈표 3-3〉은 기능목록에 포함될 주요 항목을 보여준다.

표 3-3 기능목록의 주요 항목

항목 구분	주요 내용
인적사항	생년월일, 주소, 가족사항, 건강상태, 학력, 군필여부, 관심분야, 지역선호 등
기능/교육훈련	자격증, 외국어능력, 전문분야, 교육이력, 세미나 이수, 시험결과 등
회사정보	입사일, 승진/전보 이력, 현재 및 과거 직무, 인사고과, 경력목표 등

기능목록은 인적자원정보시스템(HRIS)과 연동되어 실시간으로 갱신될 수 있어야 하며, AI 기반 분석도구와 결합되면 인재발굴, 후계자 개발, 고성과자 분석 등에 전략적으로 활용 가능하다.

2) 대체도(Replacement Charts)

대체도는 특정 직위의 공백이 발생할 경우를 대비하여, 후보자의 승진 가능성, 준비 정도, 보완 요소 등을 시각적으로 정리한 도표이다. 대체도는 "누가 다음 리더인가"에 대한 질문에 체계적으로 답할 수 있도록 하며, 승계계획(Succession Planning)의 일환으로도 활용된다.

예 마케팅 부서장의 은퇴에 대비하여, 현재 차장 3명을 후보군으로 설정하고 각자의 역량, 리더십 평가, 보완교육 이력 등을 반영해 1차/2차 승계 후보군을 정리

3) 마코브 모형(Markov Model)[2)]

마코브 모형은 조직 내 인력의 이동(유지, 승진, 전보, 이직 등)을 확률 행렬(Transition Matrix)로 표현하여, 향후 특정 직무 또는 계층에서의 인력 잔존율 및 이동 가능성을 예측하는 정량적 공급예측 기법이다. 예를 들어, 1년 후 5급 직원 중 80%는 동일 직무에 잔류하고, 10%는 승진, 5%는 이직, 5%는 타부서로 전환된다는 전이확률이 주어졌을 때, 향후 특정 직위에 필요한 내부 인력 규모를 수치적으로 예측할 수 있다. 마코브 모형은 직위별 인원 규모가 충분히 크고, 전이확률이 비교적 안정적일 경우 유효하게 활용된다. 최근에는 머신러닝 알고리즘과 결합하여 역량 기반 내부 이동 경로 예측에도 활용되고 있다.

2. 외부공급

외부공급은 조직 외부에서 필요한 인재를 유입하는 방식으로, 신입 채용, 경력직 채용, 계약직 및 프로젝트 인재 유치 등이 포함된다. 특히 디지털 시대에는 다양한 채용 채널과 플랫폼을 통해 인재를 선발하고 있으며, 외부공급은 다음과 같은 과정에 의해 실현된다.

1) 인재 유입 채널

- **공개채용**: 대학 연계 채용, 공고형 공개채용, 공채 프로그램 등
- **소셜 네트워크 기반 채용**: LinkedIn, 사람인, 잡코리아 등 플랫폼 활용
- **헤드헌팅**: 전문직·고급 인재의 외부 수혈

---

2) 마코브 모형(Markov Model)은 인사이동, 승진, 이직 등의 인력 상태 변화가 확률적으로 예측 가능한 이산적 상태 전이과정(discrete state transition process)임을 전제로 하여, 일정 시점에서의 인력 상태가 다음 시점에서 어떤 상태로 전이될 확률을 나타낸 전이확률행렬(transition probability matrix)을 기반으로 인력 수급을 예측하는 정량적 기법이다. 이 모형은 일정한 시간 간격마다 인력이 동일 직무에 잔류하거나 승진, 부서 전보, 퇴직 등으로 다른 상태로 이동할 확률이 일정하다는 가정을 전제로 하며, 직무군별 인원수가 충분히 클수록 적용의 타당성이 높다. 마코브 분석은 후계자 계획, 부문 간 인력 재배치, 특정 직무군의 미래 인력구성 예측 등에 활용된다.

- **사내 추천제도(Referral)**: 내부직원 네트워크를 활용한 검증된 인재 확보
- **채용 브랜드 강화**: ESG 활동, 조직문화, 복지, 교육 등을 강조한 고용 브랜드로 외부 유입 유도

2) 유의사항 및 전략

- **문화 적합성 검토**: 외부 인재의 빠른 조직 적응을 위한 온보딩 프로그램 운영 필요
- **정확한 직무분석 기반 채용**: 직무기술서(JD)를 기준으로 채용 기준과 역량 요구 수준 명확화
- **AI 기반 채용 도구의 활용**: 영상면접 분석, 자동 이력서 평가 등 디지털 기술을 통한 선발 효율화
- **다양성과 포용(DEI)**: 성별, 연령, 배경의 다양성을 고려한 공정채용 프로세스 강화

3. 종합적 시사점

인력확보계획은 단순히 '사람을 뽑는 일'이 아니라, 조직의 전략 실행을 위한 핵심 자산을 설계하고 조달하는 과정이다. 내부 육성과 외부 채용은 각각의 장단점을 가지므로, 조직은 다음과 같은 전략적 관점을 갖고 접근해야 한다. 중·장기적으로는 내부 육성 기반을 강화하여 승계가능성과 조직 충성도를 확보하고, 단기적으로는 외부 공급을 통해 기술, 혁신, 다문화 역량을 신속히 확보하는 혼합형 접근이 필요하다. 또한, 인재확보는 더 이상 인사부서만의 일이 아닌, 조직 전체의 전략적 아젠다이며, 이를 위해서는 데이터 기반 예측, 문화 정합성 검토, 리더십 파이프라인 설계, 다양성 관리가 통합적으로 이루어져야 한다.

section 05

인력수급의 조정

인력소요계획과 인력확보계획은 미래의 인력 수요와 공급을 예측하고 이를 충족시키기 위한 전략적 접근이다. 그러나 현실적으로 이러한 계획이 정확하게 일치하여 실행되는 경우는 매우 드물다. 불확실한 경영환경, 노동시장 변화, 사업 전략의 수정, 기술 혁신 등의 영향으로 인해 인력의 수요와 공급 사이에 불균형(gap)이 발생하게 된다. 이로 인해 조직은 인력 초과(surplus) 또는 인력 부족(shortage)이라는 상황에 직면하게 되며, 이러한 수급 불균형에 대한 효과적인 조정은 인적자원관리의 핵심과제가 된다.

1. 인력수급 불균형의 원인

인력수급의 불일치는 다양한 요인에 의해 발생할 수 있다.

- **수요측 요인**: 신규 프로젝트 연기, 사업 축소, 수주 감소, 전략 방향 전환 등
- **공급측 요인**: 예상보다 높은 이직률, 노동시장 내 유능한 인재 부족, 고령화와 퇴직 급증, 조직 내 승진대상자의 부재 등
- **환경 요인**: 법·제도 변화(최저임금, 근로시간 단축 등), 팬데믹과 같은 외부 충격, 산업 구조 변화 등

이러한 요인들은 예측을 벗어나는 상황을 만들며, 조직은 인력 수급의 균형을 동적(dynamic)으로 조정할 수 있는 방안을 항상 마련해 두어야 한다.

2. 인력수급 조정의 기본 원칙

인력수급 불균형 상황에 대응하기 위해, 조직은 다음과 같은 원칙을 바탕으로 조정 전략을 설계해야 한다.

– **단기적 대응과 중장기적 해결의 균형**: 즉각적인 조치를 취하되, 장기적인 조직 안정성까지 고려
– **인력 유지와 활용의 유연성 확보**: 해고보다 재배치, 유휴인력 교육, 탄력근무제 등의 대안 활용
– **조직 내 갈등 최소화 및 사기 유지**: 인력 재조정 과정에서 구성원의 이해와 참여 유도
– **전략적 유연성 확보**: 인적 슬랙(slack, 여유인력)과 핵심 인재풀을 관리하여 변화에 대비

3. 인력 과잉(surplus) 시의 대응방안

조직이 예측보다 많은 인력을 보유하게 되었을 때는, 인건비 증가와 조직 비효율이 초래될 수 있다. 이에 대한 대응책으로는 다음과 같은 방법들이 있다.

1) 단기적 조정방안

– **자연감소 활용**: 정년퇴직, 자발적 퇴사, 계약만료 등 자연스러운 인력 축소를 우선 고려
– **임시직 근무 해지 또는 감축**: 기간제, 아르바이트 인력의 축소를 통해 유연 조정
– **신규채용 중단 또는 연기**: 일정 기간 신규 인력 도입을 지연시켜 조정 여력 확보
– **무급휴직, 단축근로제 시행**: 희망자 중심으로 탄력적인 근무제 운영

2) 중장기적 조정방안

– **전환배치**: 과잉인력을 타 부서 또는 신규사업 영역으로 이동시켜 재배치
– **재교육 및 재훈련**: 조직의 미래 수요에 부합하도록 직무 전환을 위한 교육 실시
– **아웃플레이스먼트(outplacement) 프로그램**: 퇴직 예정자에게 재취업 지원을

제공

- **정리해고(최후수단)**: 구조조정이 불가피할 경우 법적 절차와 윤리적 고려를 바탕으로 최소화하여 시행

4. 인력 부족(shortage) 시의 대응방안

예상보다 인력이 부족한 경우는 업무 과중, 프로젝트 지연, 구성원의 피로도 증가로 이어질 수 있으며, 이는 곧 조직 성과의 저하로 연결된다. 이에 대한 대책은 다음과 같다.

1) 단기적 대응

- **초과근무 및 임시 인력 활용**: 단기적 수요 대응을 위한 유연근무제, 파견 인력 투입
- **계약직, 프리랜서, 외부 인력 도입**: 프로젝트 단위 외부자원 활용을 통한 역량 확보
- **퇴직자 재고용**: 경력과 조직 이해도가 높은 인력을 단기적으로 재활용

2) 중장기적 대응

- **적극적 채용 전략**: 외부 채용 강화를 위한 고용브랜드 제고, 채용 조건 유연화
- **조직 내부 승진 및 개발 강화**: 핵심인재 파이프라인 구축 및 직무 기반 경력개발제도 운영
- **이직 방지 대책**: 보상체계 개선, 복리후생 강화, 유연근무제 확대 등을 통해 이직률 억제

5. 종합적 시사점

오늘날 인력수급의 조정은 단순히 정원 조절에 그치지 않고, 조직의

전략적 민첩성과 지속가능성 확보를 위한 핵심 활동으로 간주된다. 특히 AI 기반 인력수요예측, 실시간 인사정보 분석, 시나리오 기반 계획 수립 등의 도구를 통해, 조직은 정적인 계획에서 벗어나 동적인 인력운용 체계를 구축해 나가고 있다.

또한, ESG 경영 관점에서 인력 구조조정은 사회적 책임과 기업 평판에 영향을 미치므로, 단순 해고보다는 전환과 재배치 중심의 지속가능한 수급 조정 전략이 요구된다. 결론적으로, 인력수급의 조정은 일회성 대응이 아니라 지속적인 모니터링과 예측, 조직 전체의 전략과 연계된 통합 관리 프로세스가 되어야 하며, 이를 통해 조직은 유연성과 회복탄력성을 동시에 확보할 수 있을 것이다.

CHAPTER

04

인적자원의 환경

section 01 기업환경의 개념

1. 기업환경의 의의

기업환경(business environment)이란 '기업의 내부 및 외부에 존재하며, 기업활동 전반에 직접적 또는 간접적으로 영향을 미치는 모든 요인들의 총합'을 의미한다. 이러한 환경은 기업이 자율적으로 선택할 수 없는 외부 조건일 수도 있으며, 때로는 기업 내부의 문화, 구조, 역량 등의 형태로 내재화되어 기업의 전략 및 운영에 지대한 영향을 미친다. 전통적으로는 경제적 조건, 법률 및 제도, 시장 경쟁 구조, 공급자 및 소비자 행태 등 외생적 변수에 초점을 맞추어 설명하였으나, 오늘날의 기업환경은 디지털 전환, ESG(환경·사회·지배구조), 기후 위기, 다양성(DEI), 글로벌 공급망 재편, 지정학적 리스크 등 초연결된 다차원적·복합적 환경으로 진화하고 있다. 이로 인해 기업은 과거와 달리 환경변화에 선제적으로 적응하고, 예측 가능성을 높이기 위한 전략적 민첩성(strategic agility)을 요구받고 있다. 특히 인적자원관리(HRM) 분야에서는 기업환경의 변화가 직접적으로 인재 확보, 유지, 개발, 활용에 영향을 미치며, 그 중요성은 날로 증대되고 있다. 이에 따라 다음과 같은 요소들이 현대 인적자원관리에서 환경 요소로서 중요하게 인식되고 있다.

1) 기업의 사회적 책임 및 공공성의 부상

산업화 시대에는 기업의 목적이 자본 투자에 대한 수익 창출에 국한되었으나, 오늘날 기업은 사회 구성원으로서의 역할과 책임이 강조되는 '공공적 조직'으로 간주된다. 유엔의 지속가능발전목표(SDGs), 국내의 ESG 공시 의무화, 청년고용 확대 정책 등은 기업으로 하여금 사회적 가치 창출에 대한 책임을 부과하고 있으며, 이는 고용전략, 보상체계, 기업문화에도 직·간접적으로 영향을 미치고 있다. 예컨대 대기업들은 자사의 '인권 실사(human rights due diligence)' 체계를 강화하고 있으며, 정규직 전환 확대, 경력단절 여성의 재취업 지원, 장애인 채용 확대와 같은 정책을 도입하고 있다. 이러한 공공성은 인사담당자에게 윤리적 감수성과 제도 설계 능력을 요구한다.

2) 이해관계자 자본주의의 확산과 협치형 거버넌스

주주중심주의에서 벗어나 고객, 종업원, 지역사회, 협력사 등 다양한 이해관계자(stakeholders)를 고려하는 '이해관계자 자본주의'가 전 세계적으로 확산되고 있다. 이러한 전환은 기업 지배구조의 민주화를 요구하며, 기업 운영에서 투명성, 공정성, 참여성의 원칙을 실현하는 방향으로 변화하고 있다. HRM의 영역에서는 '참여와 소통', '공정한 성과평가', '내부고발 보호', '심리적 안전성 확보' 등의 이슈가 중요한 경영과제로 부상하고 있으며, 이를 실현하기 위한 참여형 인사제도 설계와 조직문화 혁신이 요구된다.

3) 디지털 전환(Digital Transformation)의 가속화

4차 산업혁명 이후 디지털 기술의 급속한 발전은 기업환경을 급격히 변화시키고 있다. 특히 코로나19 팬데믹은 디지털 전환의 속도를 가속화시키는 전환점이 되었다. HR 영역에서는 다음과 같은 변화가 나타나고 있다.

- **채용**: AI 기반 채용 시스템, 알고리즘 평가, 온라인 면접의 일상화
- **교육**: 메타버스, 가상현실(VR) 기반 몰입형 학습의 도입

- **평가와 보상**: 성과지표의 디지털화, 실시간 피드백 시스템 확대
- **근무형태**: 원격근무와 하이브리드 워크 확대에 따른 직무 재설계

HRM은 이러한 기술의 도입뿐 아니라, 디지털 격차와 노동의 인간화(humanization of work) 간의 균형을 조율해야 하며, 기술과 인간의 조화로운 공존을 위한 전략 수립이 필수적이다.

4) 기술융합과 신산업의 부상

산업 간 경계가 허물어지고, 다양한 기술의 융합이 새로운 산업 구조를 만들어내고 있다. 자율주행차, 스마트헬스케어, 그린에너지, 탄소중립 기술 등은 새로운 직무역량과 전문성을 요구하며, HRM은 이러한 변화에 적응하기 위한 인재 육성 체계를 마련해야 한다. 직무기술서의 주기적 개정, 경력개발 경로의 다변화, 융합형 인재에 대한 선호 확대는 기존의 직무중심 인사관리 체계에 대한 근본적인 재검토를 요구한다.

5) 글로벌 공급망 재편과 지역화 전략의 병행

팬데믹과 전쟁, 기술 패권 경쟁은 글로벌 공급망의 불안정을 심화시켰으며, 이에 따른 지역별 맞춤형 HR 전략(Localization of HRM)이 필수가 되었다. 예를 들어, 한 글로벌 기업이 동남아시아에서 공장을 신설할 경우, 현지 노동법, 문화, 인사관행 등을 정확히 이해하고 반영하지 않으면 갈등과 성과저하로 이어질 수 있다. 또한 글로벌 조직은 다양성과 형평성, 국제 HR 전략의 통일성과 현지화 간의 균형을 전략적으로 조율해야 하며, HR은 단순 운영 기능을 넘어 글로벌 전략 파트너로 역할이 확장되고 있다.

6) 다양성과 포용성(Diversity & Inclusion)의 조직적 실현

다문화, 다세대, 다직능 인력으로 구성된 현대 조직은 구성원의 배경, 신념, 언어, 가치관이 상이하다. 이에 따라 HR은 갈등 예방을 위한 문화 감수성 교육, 소통채널 설계, 다양한 연령과 배경을 포용하는 리더십 개발이 핵심

전략으로 부상하고 있다. 특히 MZ세대는 '존중과 수용', '자기표현의 자유', '평등한 기회'를 중시하며, 이는 HR의 제도 설계와 조직문화 형성에서 매우 중요한 고려 요소가 된다. 미국 기업들의 경우, 성소수자(LGBTQ+) 인력 보호 정책과 관련된 가이드라인을 별도로 운영하며, 다양성 리포트를 외부에 공시하기도 한다.

7) 환경 위기와 지속가능한 기업경영

기후변화는 전 지구적 위기로서, 기업은 탄소중립, 에너지 절감, 친환경 설계 등의 경영전략을 채택하지 않으면 생존 자체가 위협받는다. ESG 중 '환경(Environment)' 요소는 이제 인사관리와도 긴밀히 연결되고 있다.

- **그린오피스 운영**: 재택근무 확대, 출퇴근 절감 등 탄소감축 기여
- **환경 리더십 교육**: 기후 위기 대응 역량 개발
- **직무재설계**: 친환경 R&D 인력 확보 및 재교육 프로그램 운영

인사부서는 이제 친환경 가치 내재화를 위한 교육훈련, 친환경 리더 육성, 환경 친화적 조직문화 조성을 주요 전략으로 추진해야 한다.

2. 기업환경의 특성

1) 환경의 상호관련성(Interrelatedness)

기업환경의 상호관련성(interrelatedness)은 다양한 외부 요인들이 상호 의존적이며, 하나의 변화가 직·간접적으로 다른 여러 요인에 영향을 미친다는 특성을 의미한다. 과거에는 각 환경 요소들을 상대적으로 독립적으로 분석하는 경향이 있었으나, 오늘날의 경영환경에서는 한 요인의 변화가 연쇄적으로 타 분야의 요인에 영향을 주는 시스템적 사고(systemic thinking)가 요구된다. 예를 들어, 인공지능(AI) 기술의 도입은 단순히 생산 효율을 높이는 기술적 진보에 그치지 않는다. 이 기술은 인적자원관리 전반에 걸쳐 다음과 같은 영향을 파급적으로 미친다.

채용 분야에서는 AI기반 이력서 필터링, 온라인 적성검사, 면접 챗봇의 활용으로 인해 선발 기준과 방식이 변화한다. 직무 재설계 측면에서는 자동화로 인해 단순 반복 업무가 사라지며 고차원적 문제해결 능력을 요구하는 직무가 증가한다. 교육 훈련 부문에서는 디지털 리터러시와 기술 적응 교육이 인재 육성의 핵심이 되며, 평가와 보상 체계 또한 업무 내용과 과정이 정량화되고, 데이터 기반의 실적 중심으로 재편된다. 이러한 변화는 조직문화와 리더십 방식에도 영향을 미쳐, 수직적 통제 방식보다는 유연성과 창의성을 강조하는 수평적 협업문화가 강조된다. 이처럼 기술이라는 단일 요인은 채용, 직무, 교육, 평가, 문화 등 다양한 인사영역과 경영 시스템 전반에 동시다발적인 영향을 주며, 이는 상호관련성의 대표적인 사례라 할 수 있다.

※ 시사점: HRM은 특정 요인의 변화에 국한된 대응이 아닌, 전사적 연계성과 통합성을 고려한 전략적 관점을 가져야 하며, 제도 간 정렬(alignment)을 중시해야 한다.

2) 환경의 복잡성(Complexity)

복잡성(complexity)은 기업이 직면한 환경 요인의 수가 많고, 그 성격이 상이하며, 그들 간 상호작용이 다층적이라는 점에서 발생한다. 복잡성은 단순히 변수의 양적인 증가뿐만 아니라, 그 변수 간의 질적 다양성과 불일치에서 비롯된다. 현대 기업은 다음과 같은 다층적 복잡성을 경험하고 있다. 글로벌 시장 진출로 인해 기업은 각국의 법령, 노동시장, 소비자 문화, 기술 인프라 등을 동시에 고려해야 하며, ESG 경영의 부상은 기존 재무성과 중심의 평가 체계에서 벗어나, 환경성과, 사회적 책임, 거버넌스 투명성 등을 종합적으로 고려하는 복합적 의사결정을 요구한다. 세대 간 가치 충돌도 복잡성의 요인이다. 예를 들어, X세대는 안정성과 조직충성도를 중시하는 반면, MZ세대는 자율성과 일의 의미, 성장 기회를 중시한다. 이에 따라 동일 조직 내에서도 가치 기준과 업무방식에 대한 기대가 분화되고 있다.

이러한 환경에서 HRM은 단순한 제도 운영을 넘어, 이질적 요소 간 조화와 균형을 설계하는 전략적 조정자 역할을 수행해야 한다. 예를 들어, 동일한 교육제도가 모든 세대에게 효과적이지 않으므로, 개별화된 학습경로 설계, 맞춤형 복지체계 등의 세분화 전략이 요구된다.

※ 시사점: 복잡한 환경에서는 조직의 민첩성과 학습능력이 성패를 좌우한다. HRM은 변화 감지 능력과 다변수 조정 역량을 갖춘 '복합설계자(complex architect)'로 진화해야 한다.

3) 환경의 휘발성(Volatility)

휘발성(volatility)은 환경의 변화 속도가 빠르고, 변화의 방향이나 정도가 예측 불가능하며, 그 영향이 단기간에 강력하게 나타나는 특성을 의미한다. 휘발성이 높은 환경에서는 과거의 정보와 경험이 현재와 미래에 적용되기 어려우며, 변화에 즉각적으로 반응할 수 있는 민첩성이 핵심 역량이 된다. 대표적인 사례로는 생성형 AI(ChatGPT, Gemini 등)의 등장을 들 수 있다. 해당 기술은 불과 1~2년 사이에 전 세계 교육, 법률, 연구개발, 마케팅, 고객응대 등 다양한 직무영역을 급속히 변화시켰다. 이에 따라 기존의 직무기술서(Job Description), 역량모델, 보상기준 등이 무력화되고, 새로운 기준으로 재설계되는 일이 벌어지고 있다.

또 다른 예는 팬데믹이다. 2020년 이후 수많은 기업들이 재택근무 전환, 원격 협업 시스템 도입, 조직문화 재구성 등과 같은 구조적 전환을 단기간 내에 단행해야 했다. 이러한 극단적 휘발성 상황에서 준비되지 않은 조직은 생산성과 조직몰입에서 큰 타격을 받았다.

※ 시사점: HRM은 장기 전략 수립뿐 아니라, '단기 대응역량'과 '시뮬레이션 기반 전환계획(Transition Planning)'을 병행해야 하며, 급변 상황에서도 직원의 심리적 안정과 조직의 유연성을 확보하는 체계적 시스템이 요구된다.

4) 환경의 불확실성(Uncertainty)

불확실성(uncertainty)은 기업이 환경 요인의 발생 가능성이나 영향을 정확히 예측할 수 없는 상황을 의미한다. 즉, 필요한 정보가 부족하거나 신뢰성이 낮으며, 미래에 발생할 사건의 결과나 확률을 알기 어려운 상태이다. 불확실성은 다양한 원천에서 발생한다.

- **정치적 리스크**: 특정 국가의 정권 변화, 제재조치, 외교 갈등 등은 기업의 국제 사업 운영에 예측 불가능한 영향을 미친다.
- **경제 및 통화정책**: 환율 변동, 금리 인상, 인플레이션, 금융위기 등은 투자계획과 인건비 구조에 영향을 미친다.
- **기술 변화**: 특정 기술이 예기치 않게 산업 표준으로 떠오르거나, 반대로 금세 사장되는 경우가 있어 기술 인재 확보 전략에도 불확실성이 존재한다.
- **사회 · 문화적 요인**: 가치관의 급속한 변화, 이슈 중심의 사회운동(예: 미투운동, 기후정의운동)은 조직문화와 HR 정책에도 영향을 준다.

이와 같은 불확실성 하에서는 인사관리 또한 '유연한 조직 설계'와 '예측 불가능성에 대한 적응성'을 중심으로 설계되어야 한다. 예컨대, 유연근무제, 탄력적 직무 이동, 다기능 인력의 확보는 불확실성 대응 전략의 일환이 될 수 있다. 또한 직원과의 신뢰 기반 커뮤니케이션, 공정한 정보 공유, 일관된 리더십은 구성원의 심리적 안정성을 확보하는 핵심 요소이다.

※ 시사점: HRM은 조직 내부의 신뢰와 협력, 심리적 안전을 확보함으로써 불확실성을 '내부 안정성'으로 전환시켜야 하며, 동시에 외부 변화에 대비한 복수 시나리오 기반 인사계획을 병행해야 한다.

section 02 인적자원관리환경의 유형

기업환경은 조직이 생존하고 성장하는 데 영향을 미치는 내외부의 다양한 요인으로 구성되며, 그 분류는 조직경계의 위치, 영향 범위, 그리고 환경의 성격 등에 따라 다양하게 이루어진다. 우선, 조직경계(organizational boundary)를 기준으로 기업환경은 크게 내적 환경(internal environment)과 외적 환경(external environment)으로 구분된다.

내적 환경은 조직 내부에서 발생하는 요소들을 의미하며, 대표적으로 조직의 목표(goal), 자원(resource), 조직구조(structure)와 같은 인적 및 물적 요인이 포함된다. 이러한 내적 환경은 경영자가 직접 통제하거나 조정할 수 있는 범위 내에 있으며, 전략 수립과 실행에 있어 핵심 기반이 된다. 반면에 외적 환경은 조직 외부에 존재하면서 기업 활동에 기회(opportunity), 위협(threat), 제약(constraint)을 가하는 다양한 인적·비인적 요인을 포함한다. 이들은 기업의 통제를 벗어난 영역이지만, 전략 수립과 의사결정에서 반드시 고려되어야 하는 중요한 변수이다.

한편, 환경이 미치는 영향의 범위(scope of impact)에 따라 기업환경은 다시 세 가지로 분류된다.: 내적 환경, 과업환경, 일반적 환경이다. 내적 환경(internal environment)은 조직 내부의 운영 기반을 이루는 요소들로, 종업원(employee), 주주(shareholder), 생산기술(technology), 조직구조(structure), 기업문화(corporate culture) 등이 포함된다. 이들은 인적자원관리의 방향과 운영 방식에 직접적인 영향을 미치며, 조직의 내부 역량(capability) 형성을 위한 핵심 자원으로 작용한다. 과업환경(task environment)은 기업이 외부 이해관계자와 맺는 일상적이고 직접적인 교류 관계에서 형성되며, 대표적으로 고객(customer), 경쟁자(competitor), 공급자(supplier), 노동시장(labor market) 등이 포함된다. 이러한 요소들은 조직의 성과와 효율성에 직접적인 영향을 미치기 때문에, 기업은 과업환경의 변화에 빠르고 능동적으로 대응해야 한다. 예컨대 고객 수요

그림 4-1 내적 · 과업적 · 일반적 환경의 상호관계

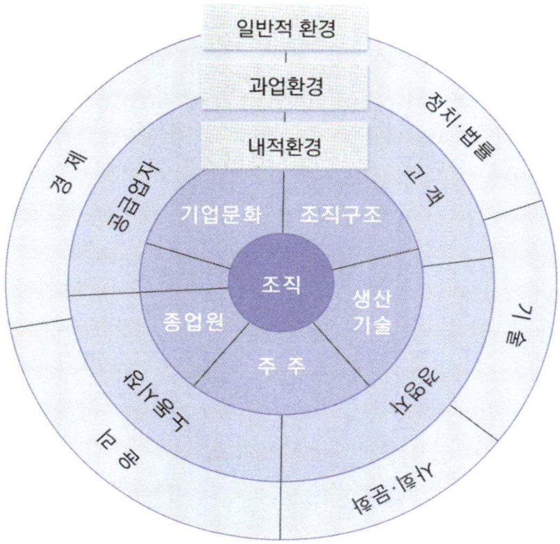

변화나 경쟁기업의 채용전략 변화는 인적자원 계획, 채용 및 보상체계에 즉각적인 영향을 줄 수 있다. 일반적 환경(general environment)은 보다 거시적이고 장기적인 관점에서 모든 산업과 조직에 영향을 미치는 외부환경으로, 기업이 직접 통제하기 어려운 요소들이다. 대표적으로 경제(economy), 정치(politics), 법률(legal system), 기술(technology), 사회 · 문화(socio－culture), 윤리(ethics) 등의 요인이 포함된다. 이 환경은 인적자원관리의 정책 방향을 장기적으로 규정하며, 지속가능한 조직 전략을 수립하는 데 있어 필수적인 분석 영역이다.

이와 같은 내적, 과업적, 일반적 환경은 기업이 지속적으로 감지하고 분석해야 하는 핵심 요소이며, 이들의 상호작용과 영향 관계는 〈그림 4－1〉을 통해 시각적으로 이해할 수 있다. 이 그림은 조직을 중심에 두고, 내적 환경 → 과업환경 → 일반적 환경으로 퍼져나가는 환경의 층위 구조를 설명하는 모형이다.

1. 일반적 인적자원관리환경

일반적 환경(general environment)이란 특정 산업이나 조직을 넘어, 사회 전체의 기업과 조직 활동에 광범위하고 공통적으로 영향을 미치는 거시적 외부 환경 요인을 의미한다. 이러한 환경은 일반적으로 경제, 정치, 법률, 기술, 사회·문화, 윤리 등 다양한 차원에서 구성되며, 그 변화는 조직의 경영 전략 및 인적자원관리 시스템 전반에 간접적이고 장기적인 방식으로 작용한다. 기업의 입장에서 일반적 환경은 구체적 이해관계자나 직접적 원인과 결과를 명확히 식별하기 어려운 경우가 많으며, 변화의 예측 가능성도 낮다. 따라서 기업은 이를 능동적으로 통제하거나 단기적으로 개입하기 어렵지만, 변화 방향을 면밀히 분석하고 선제적으로 대응함으로써 위기를 기회로 전환하거나, 경쟁 우위를 확보할 수 있다.

1) 경제적 환경(Economic Environment)

경제적 환경은 인적자원관리에 가장 기초적이면서도 광범위한 영향을 미치는 환경요소로서, 기업이 속한 국가의 거시경제 상황과 금융 · 재정 여건, 그리고 세계경제의 흐름에 따라 기업의 인적자원관리 활동은 크게 영향을 받는다. 이는 단순히 고용규모에 영향을 미치는 것을 넘어서, 채용전략, 임금정책, 복리후생제도, 교육훈련, 조직운영방식 전반에 영향을 주는 핵심적 요인이다. 오늘날의 경제는 고도로 글로벌화되어 있으며, 이는 국가 간 경제 동조화 현상을 촉진시키고 있다. 예를 들어 미국의 금리 인상이나 증시 하락은 한국을 포함한 아시아, 유럽의 자본시장에도 실시간으로 영향을 미치며, 이는 외환시장과 실물경제에도 파급된다. 이러한 세계 경제의 연결성은 개별 기업의 예측 불확실성을 증가시키며, 이에 대응한 유연하고 전략적인 인적자원관리 체계의 필요성을 더욱 부각시키고 있다. 경제적 환경의 주요 요인은 다음과 같이 구분하여 살펴볼 수 있다.

(1) 현재 및 미래의 경제상황

가장 핵심적인 경제 변수로는 인플레이션(inflation), 디플레이션(deflation), 그리고 스태그플레이션(stagflation) 등이 있다. 이들 지표는 고용, 임금, 조직의 확장 여부를 결정짓는 중대한 기준이 된다.

- 인플레이션이 지속되면, 실질임금의 하락을 유도하고 소비자의 구매력이 저하되며, 이로 인해 기업의 매출이 감소하게 되고, 고용축소와 구조조정이 일어난다.
- 디플레이션은 경기침체로 인해 수요가 줄어들고, 생산활동이 위축되며, 신규 채용이 중단되거나 감원조치가 단행된다.
- 스태그플레이션은 경기불황 속에서 물가는 상승하는 복합적 현상으로, 기업은 임금인상을 억제하려 하고, 노사 간 갈등 가능성도 높아진다.

예컨대, 2008년 글로벌 금융위기 당시 많은 글로벌 기업들이 구조조정을 통해 인건비를 감축했고, 비정규직의 해고가 급증했다. 이러한 경제 흐름은 인사정책의 전환과 재조정을 요구하게 된다.

(2) 재정정책 및 금융정책의 변화

국가의 재정정책(조세, 지출)과 금융정책(통화공급, 금리조정) 역시 인적자원관리에 영향을 미친다. 예를 들어, 통화 긴축으로 인한 금리 인상은 기업의 자금조달비용을 높여 신규 고용을 억제하며, 세금 인상은 복리후생 예산의 삭감으로 이어질 수 있다. 1997년 IMF 외환위기 당시, 급격한 금리 상승과 환율 폭등은 많은 기업의 도산을 초래했고, 이로 인해 대규모 구조조정이 단행되었다. 또한 2008년 발생한 KIKO 사태(환변동 보험 손실)는 중소기업의 대외거래 불안정성을 극대화시키며 일시적인 대량 해고를 유발한 사례로 볼 수 있다. 기업 입장에서는 이러한 경제 정책 변화에 대응하여, 인력 유연화, 고용형태 다양화(정규직–비정규직, 외주화), 고정비 축소 전략을 수립하게 된다.

(3) 핵심 경제지표의 영향 - 물가, 금리, 주가

- 물가상승률이 높으면 현재소비가 늘고 저축이 줄어들며, 기업은 노동비용 상승을 우려해 인건비 구조를 재조정한다.
- 금리는 기업의 미래 수익에 대한 현재가치를 조정하는 기준이다. 고금리는 인재 확보를 위한 투자 여력을 약화시키며, 반면 저금리는 인력 채용과 복리후생 확대의 기회로 작용할 수 있다.
- 주가는 기업가치와 경영 성과에 대한 외부의 평가를 반영하며, 임원 및 핵심인재의 성과보상 제도(예: 스톡옵션)에 직접적 영향을 미친다.

기업은 이들 경제지표의 변화에 민감하게 반응해야 하며, 이를 감안한 탄력적인 인건비 운영 전략, 인센티브 제도 설계, 보상 및 채용 시기 조정 등을 통해 경쟁력을 유지해야 한다.

(4) 시장의 구조적 특성 - 경쟁구조에 따른 인사전략

경제환경 중에서도 시장구조의 유형은 기업 인사정책의 구조를 결정 짓는다. 일반적으로 독점시장에서는 비교적 안정적 고용이 가능하지만, 혁신 동기나 인재유치 경쟁이 약할 수 있다. 반면 완전경쟁시장에서는 인재 확보 경쟁이 치열하며, 인건비 상승 요인이 된다. 과점시장은 이 둘의 중간 형태로 보상·복지·채용 전략에서 전략적 차별화가 중요해진다.

(5) 글로벌 경제활동 및 외부변수

세계화가 가속화되면서, 원자재 가격 변동, 교역량 변화, 수출입 환경의 변화는 직접적으로 기업의 비용구조와 고용 전략에 영향을 준다. 예를 들어, 러시아–우크라이나 전쟁과 같은 지정학적 리스크는 에너지 가격을 상승 시키고, 이는 제조업 중심 기업의 고용 및 근무조건에 영향을 준다.

요컨대, 경제적 환경은 단지 외생변수로서의 의미를 넘어서, 기업의 생존 전략이자 인적자원관리의 전략적 설계 기준으로 작용한다. 인사담당자는 이러한 경제변수를 면밀히 분석하고, 단기적 대응 전략과 장기적 구조개편을 함께 고려한 포괄적 인적자원관리체계를 수립해야 할 것이다.

2) 사회·문화적 환경(Socio-Cultural Environment)

사회·문화적 환경은 기업이 속한 사회의 가치관, 규범, 전통, 행동양식, 인구구조, 가족 형태, 교육 수준, 성역할 인식, 다문화 수용성 등과 같이 비교적 장기적이고 구조적인 특성을 지닌 요소들로 구성된다. 이러한 사회적·문화적 요소는 구성원의 사고방식과 행동에 지속적으로 영향을 미치며, 기업의 조직문화, 리더십 스타일, 직무 설계, 인사관리 방식 전반에 지대한 영향을 준다. 특히 현대사회에서 사회문화적 환경은 급격히 변화하고 있으며, 그 변화의 방향은 인적자원관리 시스템 전반의 유연성과 포용성을 요구하고 있다. 이 항목에서는 대표적으로 인적자원관리에 중대한 영향을 미치는 사회문화적 변화 요인들, 즉 고령화 및 저출산, 여성 경제활동 참여의 확대, 다문화사회로의 전환, 세대 간 가치관 차이를 중심으로 서술하고자 한다.

(1) 고령화 및 저출산의 가속화

우리 사회는 빠르게 초고령 사회로 진입하고 있으며, 동시에 저출산 문제도 심화되고 있다. 통계청에 따르면 2025년 기준 우리나라의 65세 이상 고령인구 비중은 20.3%[1]를 넘었으며, 반면, 2025년 3월 기준의 합계출산율은 0.77명으로, 전년 동월 대비 0.04명 상승한 수치로[2] 세계 최저 수준을 기록하고 있다.

이러한 인구구조의 변화는 노동력 공급의 불균형, 생산가능인구의 감소, 노동시장 고령화, 그리고 청년 인력 확보의 어려움으로 직결된다. 그 결과 기업은 인적자원의 조달 측면에서 전통적인 방식으로는 지속가능한 운영이 어려워지며, 고령 인력의 활용과 다세대 인력구성에 따른 세대 맞춤형

1) 2025년 KOSIS 주요 인구지표(성비, 인구성장률, 인구구조, 부양비 등) / 전국 자료 인용.
2) 통계청 2025년 3월 인구동향 자료 인용.

인사전략이 요구된다.

예를 들어, 고령 근로자에 대한 정년 연장제도, 직무 재설계, 경력 전환 교육 등의 제도 마련이 중요해졌으며, 젊은 세대의 이직률을 낮추기 위한 근무 유연화와 심리적 만족 요인 강화 역시 병행되어야 한다.

(2) 여성 경제활동의 확대

과거에 비해 여성의 고등교육 이수율과 전문직 진출은 비약적으로 증가하였지만, 여전히 여성의 고용률은 OECD 평균에 미치지 못하고 있으며, 경력단절, 임금격차, 유리천장(glass ceiling) 등의 문제가 지속되고 있다. 2022년 기준 한국의 여성 고용률은 약 58%로 OECD 평균인 64%에 비해 낮은 수준이며, 특히 경력단절 여성의 재취업률은 여전히 40%를 넘지 못하고 있다. 이에 따라 기업은 여성 인재의 유입뿐만 아니라 경력 유지와 승진 경로 보장, 육아 지원제도, 성평등한 평가 및 보상 시스템을 갖추는 것이 점점 더 중요한 과제가 되고 있다. 또한, 인재 경쟁이 심화되는 시대에 여성인력을 조직 내 핵심 인재로 육성하기 위한 멘토링 프로그램, 여성 리더십 개발, 가족친화경영 인증제도 도입 등이 전략적으로 요구된다.

(3) 다문화 사회로의 전환

국내 체류 외국인 수는 2023년 기준 약 220만 명에 이르며, 이는 전체 인구의 4%를 넘는 수치이다. 이는 단순히 이민자의 증가를 의미하는 것이 아니라, 다문화적 가치와 노동력의 다양성이 기업 내부로 유입되고 있음을 시사한다. 다문화사회로의 전환은 문화적 다양성 관리, 외국인 근로자 수용체계 정비, 언어장벽 해소, 문화충돌 예방 등 기업 내 인적자원관리 전반에 새로운 과제를 제시한다. 특히 글로벌 기업뿐만 아니라 중소 제조업에서도 외국인 노동력 의존도가 높아지는 만큼, 인사담당자는 포용적 조직문화(inclusive culture) 조성과 다문화 감수성 교육, 언어 통역 및 생활지원 시스템 구축 등을 실질적으로 고민해야 한다. 또한, 다양성과 포용(Diversity & Inclusion)을 중시하는 글로벌 스탠다드에 따라, 다문화 인재를 적극적으로 활용하는 것이 곧 브랜드 가치 제고와 ESG 경영의 일부로 인식되고 있다.

(4) 세대 간 가치관 및 직업관의 차이

오늘날 조직은 최소 3~4세대가 함께 근무하는 구조로 구성되어 있으며, 세대 간 사고방식과 직무에 대한 기대, 일과 삶의 균형에 대한 관점이 매우 상이하다.

예를 들어, MZ세대(1980년대 후반~2000년대 초반 출생)는 개인 중심, 워라밸 중시, 의미 있는 일의 추구, 신속한 피드백과 투명한 커뮤니케이션을 선호한다.

반면, X세대 및 베이비붐 세대는 안정성, 조직 충성도, 장기적 경력계획 등을 중시하며, 직무에 대한 태도도 보다 전통적인 경향을 보인다. 이러한 세대 간 차이는 성과평가 기준, 리더십 스타일, 동기부여 방식에서 갈등을 유발할 수 있으며, 조직은 이를 세대 맞춤형 인사제도로 통합하고 조율할 수 있는 전략이 필요하다. 예컨대 유연한 근무시간제, 직무중심 평가체계, 세대 간 멘토링 프로그램 등이 효과적인 대응 방안으로 제시되고 있다.

※ 시사점: 사회·문화적 환경은 인적자원관리가 단순히 조직 내부의 기능적 활동이 아니라, 사회구조와 문화적 흐름의 반영이며, 조직과 사회 간 상호작용의 결과임을 보여준다. 사회문화적 요인들은 느리지만 구조적인 변화를 일으키기 때문에, 조직은 이를 조기에 인식하고 중장기적 인사 전략과 인적자원계획에 반영할 필요가 있다. 결국 사회문화적 환경에 유연하고 선제적으로 대응할 수 있는 인사관리 체계를 갖춘 조직만이 지속가능한 성과와 인재 확보 경쟁력을 유지할 수 있을 것이다.

세대별 인적자원의 특성

386세대

1960년대 후반~70년대 초반 출생으로, 80년대 대학생활, 90년대 사회진출을 경험한 세대로 구성된다. 민주화 운동과 산업화를 동시에 경험하며 성장했고, 근면과 충성,

위계질서 존중, 공공의 가치에 대한 민감함이 특징이다. 기업 내에서는 현재 중간 관리자 또는 고위 간부층을 형성하고 있으며, 조직 안정성과 명확한 리더십 체계를 중시한다. 다만 디지털 기술에는 익숙하지 않기 때문에 세대 간 소통이나 변화 수용에는 상대적 어려움이 있을 수 있다. 인사관리 측면에서 이 세대는 조직의 제도적 틀을 유지하면서도 점진적 변화의 중재자 역할을 수행한다.

X세대

1970년대 초반~1980년대 초반 출생자로, 산업화 말기와 정보화 초기 사이에서 성장한 세대다. 조직에 대한 충성심은 있지만, 이전 세대와 달리 개인성과, 보상, 경력개발을 중시한다. 디지털과 아날로그 환경 모두에 익숙하고, 위계와 자율의 경계를 조화롭게 수용할 수 있는 유연성을 지닌다. 현재 조직에서는 관리자로 진입한 과도기 세대이며, 세대 간 커뮤니케이션과 조직문화 전환에서 중심적 역할을 담당한다. 성과지향적이고 균형 잡힌 리더십을 요구한다.

IMF세대

1980년대 초중반~1990년대 초반 사이에 청년기를 보낸 세대로, 외환위기 직후의 취업난, 구조조정, 비정규직 확산을 직접 겪었다. 이들은 안정성과 생존을 중시하는 동시에, 조직에 대한 이중적 태도(겉은 순응, 속은 독립)를 취하기도 한다. 자기개발을 통해 경력을 스스로 통제하려는 욕구가 강하며, 비정형적 경력경로와 이직에 익숙한 세대다. 인사관리 전략 측면에서는 경력 전환 지원, 중장년 재설계, 심리적 안전 확보가 필요하다.

88만원 세대

1980년대 후반~1990년대 초반 출생으로, 저임금 비정규직과 고용불안 속에 청년기를 보낸 세대다. 사회적 구조에 대한 불신이 강하고, 일보다 자기존중과 감정적 안정을 중시하며, 조직에 깊이 몰입하지 않는 경향을 보인다. 그러나 자기표현과 창의성이 뛰어나며, 의미 있는 일에 몰입할 수 있는 역량도 있다. HR 관점에서는 감정노동 완화, 자율성 보장, 평등 기반 평가체계 설계가 중요하다.

Y세대 / 밀레니얼 세대

1981년~1996년 출생 세대로, 디지털 문명을 수용하며 성장한 디지털 이주민 세대다. 조직보다는 개인의 가치, 경험, 워라밸, 성취감을 중시하며, 불합리한 권위나 조직 내 정치성에 강한 반감을 보인다. 이들은 즉각적인 피드백, 명확한 경력경로, 공정한 보상을 원하며, 리더십보다는 코칭과 협업 기반의 수평적 관계를 선호한다. 따라서 인사전략은 공정성 중심 제도와 빠른 성장 보상 시스템을 갖추는 것이 핵심이다.

Z세대

1997년~2010년 출생 세대로, 태어날 때부터 디지털 환경에 노출된 진정한 디지털 네이티브 세대다. 실시간 정보 공유, 소셜 미디어 활용, 빠른 의사결정에 익숙하며, 조직보다 개인의 정체성과 가치 실현에 더 관심이 많다. 이들은 ESG, 다양성, 공정성 등 사회적 가치에 민감하게 반응하며, 일의 의미 · 속도 · 유연성 등을 중시한다. 따라서 기업은 조직의 사회적 책임을 투명하게 설명하고, 유연근무 · 이동형 커리어 제도 등을 강화해야 한다.

MZ세대

밀레니얼(Y세대)과 Z세대를 포괄한 통합 용어로, 현재 조직의 핵심 실무층을 형성하고 있다. 이들은 브랜드·가치·문화적 정체성을 중시하며, 개인화된 피드백과 실시간 성과 인정에 익숙하다. MZ세대는 기술 친화적이며, 조직과 개인이 수평적으로 협력하는 구조를 선호한다. 이들을 위한 인사전략은 자기주도적 성장 기회 제공, 유연한 조직문화, 빠른 경력 사다리 설계가 핵심이다.

WINE 세대

주로 40대 이상의 전문직 중심 중장년 여성층으로, 독립성과 자기결정권이 강하고, 조직에 대한 기대보다 개인 경력의 가치와 만족도를 중시한다. 기업에서는 이들을 파트타이머, 프로젝트 전문가, 교육 멘토 등으로 유연하게 활용할 수 있으며, 유연근무제, 성평등 문화, 고경력 여성 보상체계 도입이 중요하다.

YOLO 세대

특정 연령이 아닌 삶의 태도를 반영하는 유형으로, "한 번뿐인 인생, 지금을 즐기자"는 철학을 지닌 세대다. 소비 · 일 · 여가 등 모든 면에서 즉시성, 감정 중심, 자기취향을 우선시하며, 일의 의미보다 삶의 질에 집중한다. 기업은 이들에게 직무 재량 확대, 선택형 복지, 프로젝트 기반 일 경험을 제공하고, 감정노동을 줄일 수 있는 제도를 갖추어야 한다.

알파 세대

2010년 이후 출생한 차세대 인력으로, 아직 노동시장에는 진입하지 않았지만, 미래 인사전략 수립에 있어 중요한 기준이 된다. 이들은 메타버스, AI, XR, 가상현실 환경에서 성장했으며, 학습과 소통, 놀이 모두에서 디지털 중심의 사고를 보인다. 향후 이들을 위한 인사정책은 몰입형 디지털 피드백 시스템, 하이브리드 업무환경, 초개인화 경력개발 시스템으로 구성될 것이다.

3) 정치적 환경(Political Environment)

정치적 환경은 기업의 인적자원관리 활동에 외부적으로 영향을 미치는 일반환경 요소 가운데 가장 구조적이며 제도적인 성격을 지닌 요인으로, 정부의 정책 방향, 정당 체제, 법률 제정 절차, 공공정책, 행정 조직의 성격, 권력 집중의 정도 등 국가의 정치적 구조 전반을 포괄하는 개념이다. 정치적 환경은 사회의 규범적 질서와 지배구조를 형성하며, 기업이 처한 외부 조건과 제약, 그리고 기회의 기반이 되기 때문에 인적자원관리 전략의 전제조건이 된다. 기업은 그 활동의 특성상 국가와 정치 권력으로부터 완전히 독립될 수 없으며, 기업 활동은 정부의 다양한 정치적 결정, 즉 법률 제정, 행정규제, 재정 정책, 고용정책, 산업정책, 복지정책 등과 밀접하게 연계되어 있다. 특히 현대 사회에서는 정부가 기업 활동을 지원하는 촉진자(promoter)의 역할과 동시에, 공정한 경쟁과 근로자의 권익 보호를 위한 규제자(regulator)의 역할을 병행함에 따라, 정치적 환경은 이중적인 성격을 띠게 된다. 정치적 환경은 기업의 인적자원관리에 다음과 같은 방식으로 영향을 미친다.

첫째, 고용 및 노동시장에 대한 정책적 개입을 통해 기업의 채용과 인사운영 구조에 직접적인 영향을 미친다. 예를 들어, 정부가 실업률을 낮추기 위한 청년 고용장려 정책을 시행하거나, 고령화에 대응하기 위해 정년 연장을 유도할 경우, 기업은 이에 맞춰 신규 채용 계획이나 보상 구조를 조정해야 한다.

둘째, 근로자 보호와 사회적 형평성 확보를 위한 입법 활동이 기업의 인사제도 운영에 규범적 기준을 제공한다. 예컨대 최저임금 인상, 근로시간 단축, 육아휴직제 확대 등의 정책은 기업의 인건비 구조, 업무조직 방식, 복리후생체계 등에 중대한 영향을 미친다.

셋째, 사회적 책임과 ESG 경영에 대한 정치적 요구는 기업이 단순한 이윤 추구를 넘어서 사회적 가치 창출에 적극적으로 참여할 것을 요구하며, 이는 기업의 채용 철학, 조직문화, 다양성과 포용성 관리(Diversity & Inclusion), 윤리 경영과도 연결된다.

사례 1. 정부의 청년고용 정책과 중소기업 인사전략의 변화

고용노동부는 2020년대 들어 청년층의 실업률 해소와 중소기업 인력난 해소를 위해 '청년내일채움공제', '청년일자리도약장려금' 등 다양한 정책을 시행하였다. 이와 같은 정책은 중소기업이 단기적 비용 부담을 줄이면서 우수 청년 인력을 유치할 수 있는 기회를 제공하였으며, 이에 따라 인사담당자들은 정책 참여를 전제로 한 보상체계 설계, 유지방안 마련 등 전략적 대응이 요구되었다.

사례 2. 주 52 시간제의 전면 도입과 근로시간 유연화 제도의 확대

정치적 환경 변화의 대표적 사례로, 2018년부터 시행된 '주 52시간 근무제'는 근로자의 삶의 질 향상과 과로사 방지를 위해 도입되었으며, 이는 기업의 근로시간 관리체계, 인력운영 방식, 성과측정 기준 전반에 구조적인 영향을 미쳤다. 특히 생산직 중심의 중견기업이나 IT 산업과 같은 업무 집중도가 높은 업종에서는 선택근로제, 탄력근로제, 시차출퇴근제 등 다양한 유연근무제를 도입하는 계기가 되었으며, 동시에 HRM의 전략적 역량이 더욱 중요해지는 전환점을 마련했다.

사례 3. 정치권의 ESG 정책 강화와 인재경영의 방향 전환

최근 정치권은 ESG(환경 · 사회 · 지배구조) 정책을 주요 경제의제 중 하나로 채택하고 있으며, 이에 따라 공공기관과 대기업은 물론 중소기업까지 ESG 정보공개, 노동권 보호, 사회적 약자 고용 등의 의무를 강화하고 있다. 이러한 흐름 속에서 SK그룹은 '사회적 가치 경영'을 표방하며, 사회적 가치 실현을 위한 HR 제도를 도입하고, 평가와 보상에 ESG 실적을 반영하고 있다. 이는 정치적 환경 변화가 기업의 인사제도 설계와 전략적 방향 설정에까지 영향을 미치고 있다는 대표적 사례다.

정치적 환경은 이처럼 제도적 틀을 넘어, 인사관리의 핵심 가치와 철학에도 영향을 준다. 정치적으로 안정된 국가는 노동시장 제도의 예측 가능성이 높고, 법적 규제의 일관성이 확보되어 기업이 중장기 인사전략을 수립하기에 유리하다. 반면, 정치적 불안정성이 큰 환경에서는 고용규제의 갑작스러운 변경, 공공정책의 일관성 결여, 노사정 관계의 불안정 등으로 인해 기업의 인사관리 전략이 리스크에 노출되기 쉽다.

특히 공공기관, 지방자치단체, 준정부기관 등의 경우 정치적 환경 변화에 따른 정책 기조 변경이 곧바로 조직의 인력운영 방식에 영향을 미친다. 예를 들어, 새 정부 출범 후 공공부문에서 정규직 전환 정책이 강화되거나 축소되는 것은 직접적으로 인사운영 체계를 바꾸는 요인이 된다. 요약하자면, 정치적 환경은 기업 인사관리에 외생적이지만 결정적인 변수로 작용하며, 단기 정책 변화뿐 아니라 중장기 사회적 흐름까지 포함한 거시적 시각에서 지속적으로 관찰하고 대응해야 할 영역이다. 특히 전략적 인사관리를 수행하고자 하는 조직은 정치 환경 변화의 방향성, 제도 변화의 파급효과, 그리고 이해관계자(정부, 노조, 지역사회 등)와의 협력 구조를 함께 고려하여, 보다 탄력적이고 선제적인 인사 전략을 수립할 필요가 있다.

4) 법률적 환경(Legal Environment)

법률적 환경은 기업이 인적자원관리 활동을 수행하는 데 있어 준수해야 할 법률, 규정, 행정지침 등 제도적 요인 전반을 의미하며, 이는 경영 활동의 모든 단계에 영향을 미친다. 특히 고용계약, 근로조건, 보상체계, 노동조합과의 관계, 복지제도, 산업안전, 고용의 평등성과 다양성 등 인적자원관리의 핵심 분야들은 대부분 법적 규제에 의해 형성되고 운영된다. 현대사회에서 법률은 단지 기업 활동에 대한 제한 요인이 아니라, 인적자원의 보호와 기업의 지속가능경영 실현을 위한 사회적 기준이자 윤리적 책임의 기반으로 작용하고 있다. 법률적 환경은 크게 세 가지 범주로 구분할 수 있다.

첫째, 개별 근로관계법은 기업과 개별 근로자 간의 고용관계에 직접 적용되는 법률로, 근로계약 체결, 임금 및 근로시간, 휴가, 출산 및 육아휴직, 산업재해 보상 등 실질적인 고용조건을 규율한다. 예를 들어 「근로기준법」은 우리나라 노동법의 근간을 이루며, 근로자의 기본권 보호와 사용자의 책임을 규정함으로써 인사관리의 기본 틀을 제공한다.

둘째, 집단적 근로관계법은 노동조합 조직, 단체교섭, 쟁의행위 등 집단적 권리에 관련된 법률로 구성되며, 대표적으로 「노동조합 및 노동관계조정법」, 「노사협의회법」, 「공무원직장협의회 설립·운영에 관한 법」 등이 있다. 이는 기업이 노동조합과의 관계를 어떻게 설정하고, 교섭을 통해 어떤 방식으로 협력과 갈등을 조율할 것인가에 대한 전략적 지침을 제공한다.

셋째, 고용촉진 및 다양성 관련 법률은 특정 계층(청년, 고령자, 여성, 장애인 등)의 고용을 촉진하고, 노동시장 내 형평성을 확보하기 위해 제정된 법률군이다. 「고령자고용촉진법」은 고령자 고용에 대한 세제 지원과 장려금을 규정하고 있으며, 「장애인고용촉진 및 직업재활법」은 일정 규모 이상의 기업에 장애인 고용 의무를 부과하고 있다. 「남녀고용평등법」은 채용, 승진, 교육, 임금 등에서 성차별을 금지하고, 성희롱 예방과 피해자 보호를 위한 조치를 규정한다.

이와 같은 법률들은 단순히 인사관리의 실무를 규제하는 데 그치지 않고, 조직의 윤리성과 사회적 책임의 수준을 결정짓는 기준으로 작용한다. 특히 ESG 경영이 확산됨에 따라, 인권경영, 다양성과 포용, 공정한 노동 관행을 위한 법률의 중요성은 점점 더 커지고 있다.

사례

예를 들어, CJ대한통운은 택배 노동자들의 근로환경 개선을 위해, 사회적 요구와 법률 변화(예: 택배노동자 과로방지 대책)에 따라 표준계약서를 마련하고, 휴식시간 보장, 작업량 조절, 산재보험 가입 의무화를 실행하였다. 이러한 조치는 법률 환경 변화에 대한 기업의 적극적 대응 사례이자, 인적자원관리의 법적 책임과 윤리적 가치를 동시에 실현한 예로 평가된다. 또한, 최근 '근로시간 유연화'와 관련된 법률 개정 논의는 기업의 인사정책에 실질적인 파급효과를 미치고 있다. 주 4.5일제 시범 도입, 선택근로시간제의 확대 적용, 초과근로시간 누적 허용 등의 제도는 법적 규제의 변화에 따라 근무체계와 평가방식,

복리후생체계 등 인사관리 전반의 구조조정을 요구하고 있다.

결국 법률적 환경은 단순히 규칙의 집합이 아니라, 기업이 인적자원을 어떻게 대우하고 관리해야 하는지에 대한 사회적 합의의 결과물이다. 따라서 기업은 법률을 수동적으로 준수하는 수준을 넘어서, 이를 선제적으로 해석하고 인사전략에 창의적으로 반영할 수 있는 능력을 갖추는 것이 중요하다.

5) 기술적 환경(Technological Environment)

기술적 환경은 기업 외부에서 발생하는 기술의 발전과 혁신이 기업의 인적자원관리 활동에 미치는 영향을 의미하며, 현대 인사관리에서 가장 역동적이고 변화 속도가 빠른 환경 요인 중 하나이다. 기술은 채용, 교육, 근태 관리, 성과평가, 보상, 커뮤니케이션 등 HRM의 모든 영역에서 기존 방식의 효율성을 대체하거나 보완하는 것을 넘어서, 완전히 새로운 운영 패러다임을 창출하고 있다.

오늘날 인사관리 환경은 '디지털 전환(Digital Transformation)'이라는 거대한 변화 속에 놓여 있다. 이 변화는 단순한 시스템의 전산화나 자동화를 의미하는 것이 아니라, 조직문화, 업무 프로세스, 가치 창출 방식, 인재 육성 전략의 전면적인 재구조화를 요구한다. 이러한 변화의 핵심에는 AI, 빅데이터, 클라우드 컴퓨팅, 메타버스, 블록체인과 같은 첨단 기술이 있다.

예를 들어, AI 기반의 채용 시스템은 서류 전형 단계에서 수천 명의 지원자 데이터를 분석해 지원자의 문항 간 일관성, 핵심 역량 키워드, 직무 적합성 점수를 자동으로 산출함으로써 인사담당자의 부담을 줄이고, 보다 공정하고 객관적인 선발이 가능하게 한다. 또한, 빅데이터 분석은 성과평가, 이직 예측, 교육 효과 분석 등에 활용되어, 사람의 직관에 의존하던 HR의 의사결정을 데이터 기반의 정량적 분석 체계로 전환시켜주고 있다. 기술환경은 다음과 같은 세 가지 특성을 가진다.

첫째, 기술은 사회변화를 유발하는 핵심 독립변수로, 그 자체로 새로운 산업과 직무를 창출하거나 기존 산업 구조를 해체한다.

둘째, 기술 변화는 특정 부문에 국한되지 않고 사회 전반에 광범위하게 영향을 미친다. 특히 자동화 및 인공지능 기술은 반복적이고 정형화된 업무를 대체하고 있으며, 이는 직무의 재설계와 고용구조의 변화로 이어진다.

셋째, 기술은 자기강화성(self-reinforcing)을 지니고 있어, 하나의 기술이 또 다른 기술발전을 촉진한다. 예컨대, 원격근무의 확산은 클라우드 기반 협업 도구, 온라인 성과관리 시스템, 보안 기술의 동시 발전을 수반한다.

사례

SK는 인공지능을 활용해 직원의 성과, 커뮤니케이션 이력, 학습 데이터를 분석하여 '이직 가능성 예측 모델'을 구축하였다. 이를 바탕으로 인재의 이탈을 사전 예측하고, 경력 개발 프로그램과 내부 이동 기회를 제공함으로써 이직률을 낮추는 데 성공하였다. 이는 기술이 인사전략 수립에 어떻게 활용될 수 있는지를 잘 보여주는 사례이다. 또한, 글로벌 기업 PwC는 직원 교육에 '가상현실(VR)' 기술을 도입하여, 고객 응대, 리더십 상황 대처, 윤리적 판단 훈련 등 기존 이론 중심 교육이 갖는 한계를 극복하고 있다. 이러한 몰입형 학습 콘텐츠는 직원들의 학습 참여도와 실무 적용성을 크게 향상시켰다. 결과적으로 기술적 환경은 인사관리 방식 자체를 혁신적으로 변화시키며, 인적자원관리 담당자는 기술의 수용과 적응, 그리고 전략적 활용에 대한 역량을 지속적으로 강화해야 한다. 앞으로의 HRM은 '사람 중심의 기술 활용'이라는 패러다임을 기반으로, 인공지능과 인간의 상호보완적 관계 속에서 조직의 가치를 극대화하는 방향으로 나아갈 것이다.

6) 국제적 환경(International Environment)

국제적 환경은 기업이 자국을 넘어 해외에서 활동하거나, 다국적 인재와 교류하며 글로벌 사업을 전개할 때 마주하게 되는 정치적, 경제적, 사회문화적, 법률적 요인 전반을 의미한다. 글로벌화가 심화되고 세계 경제의 상호의존도가 높아짐에 따라, 국제적 환경은 국내 기업에게도 더 이상 선택의 문제가 아닌 경쟁력 확보를 위한 필수 전략영역이 되었다. 인적자원관리 측면에서 국제적 환경은 특히 다음과 같은 과제를 동반한다.

첫째, 각국의 노동법, 세법, 노동조합제도, 사회보장제도 등 제도적 차이에 대한 철저한 이해와 대응이 필요하다. 동일한 본사 정책을 해외 현지 법규에 그대로 적용할 수 없으며, 법적 컴플라이언스(compliance) 확보는 글로벌 인사전략의 기본 조건이다.

둘째, 문화적 다양성은 글로벌 인사관리의 가장 큰 변수 중 하나다. 조직 내 다국적 인력이 공존할 경우, 언어 장벽, 가치관의 차이, 종교 및 사회적 관습에 대한 민감성 등 다양한 이슈에 대한 이해와 관리가 필요하다.

셋째, 해외 인재의 선발과 배치, 보상, 경력관리는 현지의 노동시장 조건 및 인재풀 특성과 연계되어 설계되어야 한다.

사례

삼성전자는 미국, 유럽, 동남아 등 여러 국가에 걸쳐 법인을 운영하면서, 각국의 법률과 문화적 특성에 맞춰 인사제도를 설계하였다. 예를 들어, 인도 법인에서는 현지 종교행사 일정에 따른 유급휴가 제공, 사내 기도실 설치, 여성근로자를 위한 안전 귀가 제도 등을 도입하였다. 이는 글로벌 기업이 현지 문화를 존중하면서도 일관된 기업 가치를 유지하기 위한 전략적 HRM의 일환이다. 또한 현대자동차는 해외주재원 제도 개선을 통해, 파견 근무자의 생활환경 지원뿐 아니라, 귀국 후 커리어 개발 계획과 승진 체계에 대한 로드맵을 명확히 제공하고 있다. 이는 국제적 인사전략이 단지 해외 근무에 국한되지 않고, 인재의 글로벌 순환과 조직 내 경력개발까지 포함하는 종합 전략임을 보여준다. 국제적 환경은 앞으로도 더욱 복잡하고 예측 불가능한 양상을 띠게 될 것이다. 지정학적 갈등, 무역 규제, 팬데믹, 글로벌 노동 이동성, 탄소국경세 등의 이슈는 기업이 어떤 방식으로 인재를 확보하고 유지하며 배치할 것인지에 대한 새로운 전략 수립을 요구하고 있다. 이에 따라 인사 관리자는 다문화 감수성과 글로벌 경영 마인드를 기반으로, 국제 환경의 변화에 선제적으로 대응하는 전략적 사고가 요구된다.

2. 과업환경(Task Environment)

과업환경(task environment)은 기업의 외부 환경 중에서도 기업의 경영활동에 직접적이고 실질적인 영향을 미치는 근접 환경을 의미한다. 일반적인 외부환경(general environment)이 기업을 포함한 사회 전체에 간접적이고 광범위한 영향을 미치는 데 반해, 과업환경은 개별 기업이 활동하는 과정에서 구체적인 상호작용을 하게 되는 이해관계자(stakeholders) 집단으로 구성되며, 기업 역시 이들에 대해 능동적으로 영향을 미치고자 한다는 점에서 쌍방향적 특징을 지닌다.

과업환경은 기업이 당면하는 현실적인 시장 상황과 제도적 관계를 반영하는 환경으로서, 기업의 전략수립과 인사관리 활동에 있어 핵심적인 영향을 미치는 영역이다. 과업환경의 주요 구성요소로는 정부(government), 주주(shareholders), 소비자(consumers), 노동조합(labor unions), 지역사회(community), 경쟁기업(competitor enterprises), 공급자(suppliers), 언론(media) 등이 있다. 이들 각각은 기업의 존속과 성장에 필수적인 자원, 제도, 정당성 등을 제공하거나 제한하며, 따라서 기업은 이들과의 관계를 전략적으로 관리하고 조율해야 한다.

1) 정부(Government)

정부는 기업의 과업환경 중에서 가장 강력한 규범적·제도적 영향력을 행사하는 핵심 행위자이다. 기업이 시장에서 활동하는 전 과정에 걸쳐 정부는 정책 수립과 법률 제정, 각종 규제와 지원을 통해 기업의 행동을 형성하고 유도하며, 기업의 전략적 결정에 실질적인 영향을 미친다. 특히 인적자원관리(Human Resource Management: HRM)의 관점에서 정부는 법적 준수의 기준을 설정하고, 고용, 복지, 노동시간, 근로조건, 안전보건 등 인사 관련 제도 운영의 근간을 규정한다.

정부는 일반적으로 공공의 이익, 경제 안정, 사회적 형평성을 추구하는 집단으로서, 그 활동은 규제적 역할과 지원적 역할로 이원화된다. 규제적 측면에서는 근로기준법, 고용보험법, 산업안전보건법, 남녀고용평등법 등의 입법을 통해 기업이 법적으로 준수해야 할 최소한의 기준을 설정한다. 이러한 법적 기준은 기업의 인사정책 설계에 구속력을 가지며, 이를 위반할 경우 행정적·형사적 제재가 가해진다. 반면, 지원적 측면에서는 청년고용장려금, 고령자고용촉진지원금, 고용유지지원금, 직업능력개발훈련비 등 다양한 정책 도구를 통해 기업의 고용창출을 유도하고, 인재개발을 지원한다.

정부는 단순한 외부 환경이 아니라, 기업 내부 시스템을 변화시키는 구조적 설계자다. 예컨대 정부가 비정규직 사용 규제를 강화하면 기업은 고용형태를 정규직 중심으로 재편해야 하며, 노동시간 단축 정책은 기업의 근무제도 개편, 유연근무제 도입, 인력 충원 등 광범위한 HRM 재설계를 요구한다. 또한 정부는 사회적 가치 실현의 조정자로서 역할이 강화되고 있다. ESG(환경, 사회, 지배구조) 경영이 글로벌 기업의 보편적 흐름으로 자리 잡으면서, 정부는 공공조달, 세제 혜택, 인증제도를 활용해 기업의 사회적 책임 이행을 제도적으로 유도하고 있다. 예컨대, '가족친화기업 인증제도', '청년친화강소기업 인증', '근로자이사제도', '장애인 의무고용제도' 등은 단순한 시혜적 지원이 아니라, 기업이 사회적 책임을 제도적으로 이행해야 할 실천 기준이 되고 있다.

사례

2022년부터 전면 시행된 「중대재해처벌법」은 기업의 최고 경영자(CEO) 또는 경영책임자가 산업재해 및 안전사고에 대해 직접 형사책임을 지도록 한 강력한 제도이다. 이 법 시행 이후 다수의 기업이 산업안전관리자를 신설하거나 외부 전문가를 영입하여 조직 내 안전보건체계를 전면 재구성하였다. 또한 관리자급 대상의 안전 리더십 교육, 협력업체와의 안전계약, 작업 매뉴얼 개정 등의 조치를 통해 기업은 '안전 중심의 조직문화'를 구축하고 있다. 이는 정부의 입법이 기업의 조직구조와 인사전략 전반에 구조적 개편을 요구하는 전형적 사례라 할 수 있다.

HRM 시사점

정부의 정책과 제도는 기업 인사관리 활동의 구조와 방향을 결정짓는 '외생적 설계 변수'이다. 인사담당자는 법률을 단순히 준수하는 수준을 넘어, 정부정책의 변화를 지속적으로 모니터링하고, 정책에 선제적으로 대응할 수 있는 전략적 역량을 보유해야 한다. 또한 고용창출, 교육훈련, 복지, 다양성, 안전 등의 영역에서 정부 정책과 조화를 이루는 인사관리 체계를 구축함으로써, 조직의 대외 평판을 강화하고, 정부지원과 세제혜택 등 전략적 자원을 확보할 수 있다.

2) 주주(Shareholders)

주주는 기업의 자본을 제공하는 동시에 기업의 장기적 생존과 성장에 대한 기대를 갖는 이해관계자이며, 오늘날에는 단순한 투자자 역할을 넘어서 기업의 전략 방향, 지배구조, 윤리경영, 지속가능성 등에 실질적인 영향력을 행사하는 적극적 행위자로 진화하고 있다. 현대 기업의 지배구조는 '소유와 경영의 분리'를 전제로 하는 주식회사 형태가 보편화되었으며, 이는 주주가 직접 경영에 관여하지 않더라도 이사회와 주주총회라는 제도적 장치를 통해 기업 경영진을 통제하고, 경영 성과에 대한 감시를 수행할 수 있도록 한다. 특히 대규모 기관투자자, 행동주의 주주, 연기금 등의 등장으로 인해, 주주는 더 이상 수동적인 이익분배 대상이 아니라, 경영진의 보상체계, 인사제도의 투명성, 다양성과 윤리 기준 등 인사정책 전반에 적극적인 의견을 개진하는 집단이 되었다.

주주는 HRM에 대해 다음과 같은 영향력을 행사한다.

첫째, 경영진에 대한 보상 및 성과 평가에 직접 개입한다. 주주들은 임원의 연봉, 보너스, 스톡옵션 지급 기준, 퇴직금 지급 기준 등에 대해 투명성과 정당성을 요구하며, 과도한 보상이나 내부자 거래와 같은 윤리적 문제에 대해서는 이사회 의결 거부나 소송도 불사한다.

둘째, ESG 기반의 인사정책을 요구한다. 기관투자자들은 기업의 사회적 책임 이행 수준, 다양성과 포용의 확보, 노동자 처우 개선 등 비재무적 요소를 평가하며, 투자 유지를 조건으로 인사제도 개편을 요구하기도 한다.

셋째, 경영권 분쟁이나 위기상황에서 인재 전략에도 개입할 수 있다. 경영진 교체 요구, 승계구조 문제제기, 핵심인력 퇴사 방지 등에서 주주의 목소리는 인사정책의 재편성과 직접적으로 연결된다.

사례

미국의 행동주의 펀드 '엘리엇 매니지먼트'는 삼성물산과 제일모직의 합병 과정에서 '경영권 강화를 위한 주주가치 훼손'이라는 논리로 합병 반대를 주도하였다. 이 사례는 주주가 단순히 수익을 기대하는 수동적 투자자가 아니라, 경영전략 및 인사정책에 구조적 영향을 미치는 주체임을 보여준다. 국내에서도 국민연금공단이 일부 기업의 이사 선임안에 대해 반대표를 행사하면서, 여성 이사 확대, 이사회 독립성 강화 등 인사제도 변화를 유도한 바 있다.

HRM 시사점

주주의 기대는 단순한 재무성과를 넘어서, 공정한 보상체계, 윤리적 인사운영, 다양성과 포용성 확보, 지속 가능한 고용환경 구축으로 확장되고 있다. 인사관리자는 주주의 요구를 전략적으로 해석하고, 이에 맞는 제도 설계를 통해 기업의 신뢰성과 대외 경쟁력을 강화해야 한다. 또한, 임원 성과보상, 승계계획, 리더십 개발 등에서 투명성과 타당성을 확보함으로써 주주의 기대와 조직의 방향성을 조화시킬 수 있어야 한다.

3) 소비자(Consumers)

소비자는 기업의 제품이나 서비스를 구매하고 평가하는 외부 이해관계자일 뿐만 아니라, 현대 경영환경에서는 기업의 경영방식과 조직 내부 시스템에도 영향을 미치는 사회적 감시자이자 시장의 규범 형성자이다. 과거 산업사회 초기에는 소비자는 단순한 수요자로 간주되었으나, 현대에 들어서면서 소비자는 정보 접근성과 영향력이 대폭 확대되었으며, 이제는 기업의 윤리성,

고용형태, 근로조건, 다양성 정책, ESG 경영 이행 수준까지 평가하는 능동적 행위자로 자리매김하였다. 특히 '소비자주의(Consumerism)'는 단순한 고객 만족을 넘어, 소비자의 권익 보호, 기업의 불공정 행위 감시, 공정무역과 노동권 보장 등 윤리적 기준을 바탕으로 한 행동을 요구하는 사회운동으로 발전하였다. 소비자들은 자신이 소비하는 제품이 어디서, 어떤 방식으로, 어떤 사람에 의해 생산되었는지를 궁금해하고, 이 과정에서 근로자의 권익, 노동환경, 다양성 보장 여부까지 관심을 갖는다.

이와 함께 '라이프스타일(lifestyle)'의 변화는 소비자의 선택 기준을 다변화시키고 있다. 과거에는 가격, 품질, 브랜드가 핵심 요소였다면, 현재는 기업의 사회적 태도, 노동자 대우, 환경에 대한 책임감 등이 주요 기준으로 작용한다. 특히 MZ세대 소비자는 브랜드의 사회적 가치와 노동자의 행복지수까지 고려한 소비를 추구하며, 이는 기업의 고용구조, 조직문화, HR 전략 전반에 대한 새로운 도전을 야기한다.

사례

애플은 2010년대 중반 중국 내 하청업체인 폭스콘 공장에서의 근로자 자살 사태 이후, '공급망 인권 보고서(Supplier Responsibility Report)'를 발간하고, 협력업체에 대해 노동시간, 보건안전, 아동노동 금지 등 인사관리 기준을 강화하였다. 이 같은 소비자의 도덕적 감시 역할은 본사뿐 아니라 공급망 전반의 HR 시스템 개편을 유도하게 되었다.

HRM 시사점

소비자의 변화는 기업의 HRM에 다음과 같은 시사점을 제공한다.

- 근로자의 권익 보호는 소비자의 선택 기준이 된다.
- 다양성과 포용은 브랜드 이미지의 핵심 요소로 작용한다.
- 직원 경험(Employee Experience)은 곧 고객 경험(Customer Experience)과 연결된다.

따라서 인사관리자는 조직 내부의 근로조건 개선, 다양성 존중, 윤리적 노동 관행 확립 등을 통해 외부 소비자의 신뢰를 얻고, 장기적으로는 브랜드 충성도와 기업 경쟁력을 높이는 전략을 수행해야 한다.

4) 노동조합(Labor Unions)

노동조합은 기업의 과업환경 중에서도 인적자원관리 활동에 가장 직접적으로 영향을 미치는 핵심 이해관계자 중 하나이다. 근로자들의 권익을 보호하고, 고용조건 개선, 임금 협상, 복지증진을 위한 집단적 교섭기구로서 노동조합은 사용자와 대등한 협상 주체로 기능하며, 이는 조직 내부의 인사 정책과 노사관계 시스템 전반에 지대한 영향을 끼친다. 노동조합의 영향력은 단순히 임금수준의 결정에 국한되지 않는다. 노동조합은 채용과 해고, 근무시간, 직무배치, 평가와 승진, 징계 및 교육훈련 제도에 이르기까지 HRM 전반에 걸친 사항에 대해 협의권 혹은 결정권을 요구한다. 이로 인해 기업은 인사제도 설계 시 노동조합의 요구와 사회적 여론을 동시에 고려하는 이중적 고려체계를 갖추게 되며, 이는 인사운영의 유연성을 제한하기도 하지만, 동시에 제도의 정당성과 수용성을 확보하는 긍정적 효과도 낳는다. 또한 현대 노동조합은 단체교섭과 파업 외에도 경영참여, 사회운동, 정책제안, 국제적 연대 등 다각적인 활동을 펼치고 있다. 특히 비정규직, 플랫폼 노동자, 이주노동자 등의 고용형태가 확산됨에 따라 노동조합의 활동영역은 고용의 보호와 제도개선 요구로까지 확장되고 있다.

사례

현대자동차 노동조합은 전통적으로 강한 교섭력을 가진 조직으로, 단체협약을 통해 사내 복지제도, 임금체계, 근로시간 단축 등 다양한 인사 정책을 주도적으로 이끌어 왔다. 최근에는 청년고용 확대와 비정규직의 정규직 전환 요구를 함께 제기하며, 기업의 채용정책과 직무설계 방식에도 구조적 영향을 주고 있다.

HRM 시사점

노동조합의 존재는 조직 내 갈등의 원천이자 조정의 동반자이다. 인사관리자는 노동조합과의 신뢰 기반 관계를 구축하고, 협상과정에서 정보의 투명성과 상호 존중의 태도를 유지해야 한다. 또한 제도 설계 시 노동조합의 제안사항을 사전에 반영하거나, 상생형 노사관계를 위한 공동 프로그램(예: 노사공동연수, 갈등조정모델, 공동 평가지표 등)을 통해 조직 내 합의를 제도화하는 것이 중요하다.

5) 지역사회(Community)

지역사회는 기업이 실질적으로 입지한 물리적 공간의 주민, 기관, 조직을 포함하는 사회적 환경이며, 오늘날 기업의 사회적 책임(CSR)과 지속가능경영(SDGs) 실천의 주요 대상이다. 기업은 생산, 판매, 물류, 사무 등 다양한 활동을 통해 지역사회에 고용과 소득을 제공하는 동시에, 환경오염, 교통문제, 문화파괴 등의 부정적 영향을 미치기도 하므로 양자 간의 관계는 상호의존성과 긴장성을 동시에 내포한다. 지역사회는 조직화된 NGO, 시민단체, 지역언론, 주민단체 등의 형태로 기업 활동에 직접적으로 개입하며, 특히 환경문제, 고용문제, 지역개발 갈등 등에서 기업의 정책변화를 요구할 수 있다. 최근에는 지역사회와의 갈등을 사전에 방지하고, 상생모델을 구축하기 위한 지역기반 협의체, 주민 공청회, 지역사회 공헌지수(CSV) 개발 등이 활발히 이루어지고 있다.

사례

삼성전자는 경기도 평택 반도체 공장 건설과정에서 지역주민과의 갈등을 사전에 차단하기 위해 지역사회 협의회를 구성하고, 고용 우선채용, 지역 농산물 구매, 환경모니터링 활동 등을 통해 지역사회와의 신뢰관계를 구축하였다. 이 과정에서 인사부서는 신규 채용 시 지역출신 비율을 확대하고, 지역 대학과의 산학협력을 통해 인재육성 프로그램을 운영하였다.

HRM 시사점

지역사회는 기업의 '비공식적 인사환경'을 구성한다. 지역주민의 정서와 가치관, 교육 수준, 지역 내 노동공급의 질과 양은 인사전략의 입안에 영향을 준다. 특히 다문화 지역, 고령화 지역, 청년 이탈 지역 등은 맞춤형 HRM 전략을 요구하며, 채용, 교육, 복지에서 지역 맞춤형 설계가 필요하다. 또한 지역사회 봉사활동, 현장실습 프로그램, 협동조합 설립 등의 CSR 활동을 통해 기업의 사회적 평판을 강화하고, 지역사회로부터의 인재 유입 가능성을 확대할 수 있다.

6) 경쟁기업(Competitor Enterprises)

경쟁기업은 동일 시장 또는 유사 시장에서 활동하며, 제품이나 서비스를 통해 고객을 유치하고자 하는 기업으로서, 인적자원관리 측면에서 가장 현실적이고 직접적인 비교 기준을 제공하는 외부 환경이다. 경쟁기업은 제품 개발, 마케팅, 기술혁신뿐 아니라 채용, 임금, 복지, 직무설계, 노사관계 등 HRM의 거의 모든 영역에서 벤치마킹과 차별화의 대상이 된다. 특히 인재 확보 경쟁이 치열한 산업(예: IT, 바이오, 금융)에서는 경쟁기업의 채용조건, 교육기회, 유연근무제, 조직문화 등이 직·간접적으로 자사 인재유지율, 이직률, 조직 몰입도에 영향을 미친다. 경쟁기업의 HR 트렌드를 무시하거나 인식하지 못할 경우, 우수 인재 유출, 내부 불만 증가, 조직의 경쟁력 약화로 이어질 수 있다. 또한 경쟁기업은 고용브랜드(employer branding)의 차원에서도 영향을 준다. 구직자는 동일 업종 내 여러 기업을 비교하기 때문에, 복리후생, 승진체계, 근무환경, 조직문화 등 HR 요소가 외부 시장에서 기업 이미지 형성의 핵심 요소가 된다.

사례

카카오와 네이버는 대한민국 IT 업계의 대표적인 경쟁관계에 있다. 양사는 개발자, 디자이너, 데이터 분석가 등 고급 인재를 확보하기 위해 연봉 인상,

스톡옵션 제공, 원격근무제, 복지포인트 제도 등의 인사정책을 도입해 왔다. 이는 경쟁사보다 우위에 서기 위한 전략이자, 우수 인재를 유치하고 유지하기 위한 핵심 HRM 수단으로 기능하였다.

HRM 시사점

경쟁기업은 자사의 HRM 전략 수립에 있어 '기준'이자 '도전'의 대상이다. 인사담당자는 경쟁사의 임금, 복지, 인재육성, 직무혁신 수준을 정기적으로 분석하고, 자사의 현실에 맞는 차별화 전략을 개발해야 한다. 또한 HRM에서도 경쟁우위를 확보하기 위한 전략적 포지셔닝, 예를 들어 "가치중심 보상제도", "조직문화 기반 리더십 개발", "데이터 기반 이직예측시스템" 등을 통해 경쟁사와의 차별성을 부각시킬 필요가 있다. 결국 경쟁기업은 단순한 시장 경쟁의 상대방이 아니라, HRM의 혁신과 차별화를 자극하는 창의적 긴장 요소로 기능한다.

CHAPTER

05

직무이론

section 01 직무분석

1. 직무분석의 개념과 용도

현대의 기업 조직은 목표 달성을 위하여 수많은 활동을 수행하며, 이러한 활동은 다양한 종류의 일들로 구성되어 있다. 이 일들은 각각 서로 다른 특성과 난이도를 가지며, 구성원에 의해 실행된다. 조직은 구성원들에게 적절한 일을 배분함으로써 생산성과 효율성을 극대화해야 하며, 이를 위해서는 먼저 조직 내부에 존재하는 직무들을 정확하게 이해할 필요가 있다. 이러한 이해는 다음과 같은 질문들로부터 출발한다. 우리 조직에는 어떤 종류의 일들이 존재하는가? 각 업무들은 어떤 특성과 책임, 지식, 능력을 요구하는가? 그 일에 적합한 사람은 누구이며, 한 사람이 감당할 수 있는 일의 양은 어느 정도인가? 이처럼 직무에 대한 명확한 분석과 이해는 인사관리의 시작점이 된다.

이러한 문제를 해결하기 위한 도구가 바로 직무분석이다. 직무분석(job analysis)은 종업원들이 수행하고 있는 일의 내용과 특성을 체계적으로 파악하여, 직무와 관련된 다양한 정보를 수집하는 과정이다. 이 과정은 단순한 업무 내용의 나열이 아니라, 그 일의 구조와 의미, 수행 요건 등을 명확히 규명하여 조직 내 인적자원관리 전반에 걸쳐 활용될 수 있는 기초 자료를 제공한다. 특히 직무분석은 직무를 둘러싼 지식, 능력, 책임, 근무환경 등 제반 요소들을 포괄적으로 기술함으로써 인재의 채용, 배치, 평가, 교육, 보상 등 모든 HRM의 전략적 의사결정을 가능하게 한다. 직무는 개인의 삶과도 밀접한 관련을 맺고 있다. 직무는 단순히 생계유지를 위한 수단에 그치지 않고, 개인의 삶의 기준과 방향, 사회적 신분, 거주지 선택, 자아실현 등에 중대한 영향을 미친다. 또한 조직의 입장에서는 직무가 목표 달성을 위한 실행 단위로 작용하므로, 직무의 구조와 본질은 기업의 전략과도 직결된다. 그러므로 직무에 대한 이해는 개인의 삶과 조직의 성과를 모두 좌우하는 핵심 요소라 할 수 있다. 그러나 직무와 관련된 용어들은 일상적으로 혼용되거나 모호하게 사용되는 경우가 많다. 이를 보다 명확히 하기 위해, 직무와 관련된 기본 개념을 정리하면 다음 〈표 5-1〉과 같다.

표 5-1 직무관련용어

용어	개념
요소(elements)	관련된 동작, 움직임, 정신적인 과정을 따로 분리시켜 분석하지 않고 작업이 나누어질 수 있는 기본적인 단위
과업(task)	요소들로 구성된 일의 한 부분. 특정한 목표를 위해 수행되는 작업활동을 의미
책임(responsibility)	주어진 과업과 임무를 수행할 작업자의 의무
직위(position)	작업자의 일을 구성하는 과업과 책임의 집합. 기업에는 종업원의 수와 같은 직위가 존재
직무(job)	과업내용이 유사한 직위들로 구성된 집합. 직무분석에서 하나의 단위로 묶어 그 내용을 분석할 수 있는 직위들의 일반적 개념
직종(occupation)	모든 조직체에 공통적으로 적용되는 직무의 일반적 분류
직군(occupational group)	유사한 직종들의 집합(사무직, 기술직, 관리직)

자료: 이학종, 『전략적 인적자원관리』, 세경사, 2000, p.287 수정.

직무분석의 사상적 기초는 테일러(F. W. Taylor)의 과학적 관리법에서 비롯되었다. 테일러는 동작연구(motion study)를 통해 작업을 구성하는 일련의 동작들을 분석하고, 불필요한 동작을 제거함으로써 생산성을 높일 수 있다고 주장하였다. 이러한 분석 기법은 이후 조직을 보다 체계적이고 효율적으로 운영하기 위한 직무분석 개념의 근간이 되었다. 그러나 직무분석과 동작연구는 본질적으로 다른 개념이며, 활용 목적과 적용 방식에 있어 중요한 차이점을 가진다. 직무분석은 직무의 성격과 요건을 기술하는 데 중점을 두며, 이를 인사관리 전반에 활용하는 반면, 동작연구는 작업 자체의 개선과 표준화에 집중한다. 이 두 개념의 차이는 다음 〈표 5-2〉에 정리되어 있다.

표 5-2 직무분석과 동작연구의 주요한 차이점

내 용	직무분석	동작연구
목적	기술적(descriptive)	직무의 변화와 개선
범위	넓음, 의무, 책임, 감독 등	좁음, 직무의 변화와 개선
상세성 정도	덜 상세함	매우 상세함
조직	인사부서에 의해 수행	산업공학자들에 의해 수행
사용기법	관찰, 면접, 질문법 등	관찰, 촬영, stopwatch법 등
결과의 용도	인적자원계획, 교육훈련, 임금관리 등	작업방법 개선과 표준화

자료: Edwin B. Flippo, Principles of Personnel Management, 4th ed., Tokyo: McGraw-Hill Kogakusha, 1976, p. 111.

2. 직무분석의 활용성

직무분석은 인적자원관리의 출발점이자, 다양한 인사관리 활동의 기초 정보를 제공하는 핵심 도구이다. 조직은 다양한 직무와 인력을 통해 목표를 실현하는데, 직무에 대한 이해 없이는 효과적인 인사정책을 수립할 수 없다. 따라서 직무분석은 조직관리와 인적자원관리 전반에 걸쳐 필수적인 기반 자료로 기능한다.

직무분석을 통해 얻어진 정보는 단순한 직무기술서 작성을 넘어서, 인적자원관리의 모든 기능(즉, 계획 수립부터 교육훈련, 성과관리, 보상 및 유지에 이르기까지)을 효율적으로 수행하는 데 활용된다. 다시 말해, 직무분석은 단일 기능에 국한되지 않고, 모든 HRM 활동의 순환 구조 전체를 지원하는 기반 시스템으로 작동한다. 직무분석의 대표적인 활용 영역은 다음과 같다.

- **인적자원계획**: 현재 및 미래의 인력 수요를 예측하고, 직무구성에 따른 인원 배치를 합리화하기 위한 기반자료로 활용된다.

그림 5-1 직무분석의 용도

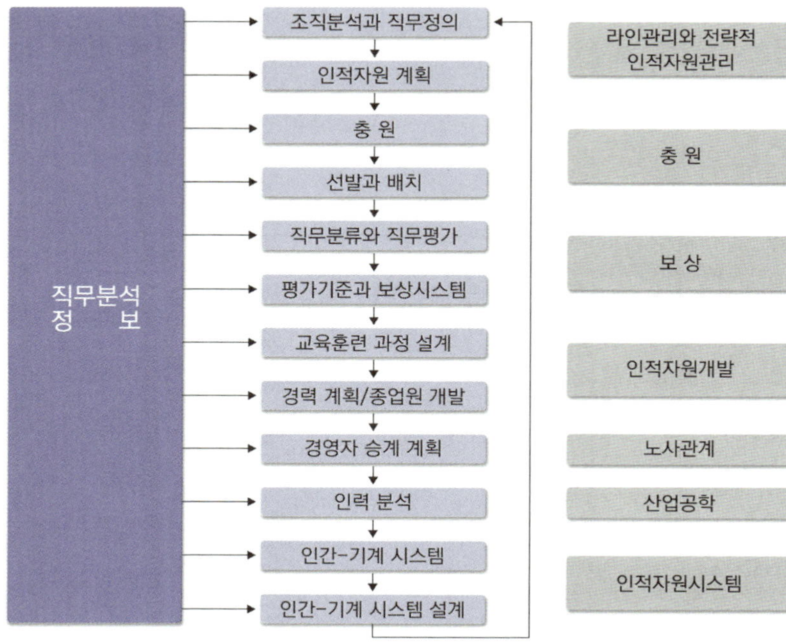

- **모집 및 선발**: 특정 직무에 적합한 지원자를 찾기 위한 기준 마련에 기여하며, 직무요건에 맞는 선발도구의 개발과 활용을 가능하게 한다.
- **성과평가(인사고과)**: 직무별 기대성과와 핵심역량이 명확해짐에 따라, 공정하고 신뢰성 있는 평가 기준을 제공한다.
- **보상 및 유지**: 직무의 상대적 가치와 책임 수준에 따라 공정한 보상 체계를 구축하며, 구성원의 이직 방지와 직무만족 제고에 기여한다.
- **교육훈련 및 개발**: 직무수행에 필요한 지식과 기술이 구체화됨에 따라, 직무 중심의 맞춤형 교육과 경력개발계획을 수립할 수 있다.
- **노사관계 및 산업공학**: 직무 내 책임과 권한의 범위가 명확히 설정됨으로써, 조직 내 갈등 예방 및 직무 재설계에도 유용하다.
- **인적자원정보시스템(HRIS)**: 직무 단위별 데이터를 체계적으로 관리하고, 디지털화된 인사관리 정보 시스템을 정교하게 설계할 수 있는 기반이

된다.

이와 같은 직무분석의 활용성을 도식화한 것이 〈그림 5-1〉이다. 이 그림은 인적자원관리 전 영역에 걸쳐 직무분석이 어떻게 유기적으로 활용되고 있는지를 순환 구조로 잘 보여준다.

3. 직무분석의 범위와 절차

1) 직무분석의 범위

직무분석은 단순히 업무의 내용을 파악하는 수준을 넘어, 해당 직무가 조직 내에서 수행하는 기능, 요구되는 역량, 환경적 조건 등 다양한 요소를 포괄적으로 조사·분석하는 과정이다. 따라서 직무분석이 다루는 범위는 매우 넓으며, 직무 자체뿐만 아니라 직무 수행을 둘러싼 환경과 조건, 그리고 직무자가 갖추어야 할 요건까지 포함된다. 직무분석의 구체적인 범위는 다음 〈표 5-3〉과 같이 정리할 수 있다. 이 표는 직무의 구조와 성격을 다면적으로 파악하기 위한 세부 영역을 제시하고 있으며, 이를 통해 조직은 보다 정교하고 실효성 있는 인적자원관리 전략을 수립할 수 있다.

표 5-3 직무분석의 범위

항목	내 용
직무의 범위 (직무의 내용)	① 개요(어떤 일을 하고 있는가?) ② 작업 또는 작업순서(시간, 형태)와 방법(작업의 요점) ③ 각 작업의 표준적인 시간, 1주일에 차지하는 시간비율 또는 그 난이도
직무수행의 책임 (직무의 목적)	① 기본직능(그 일을 하는 목적) ② 소관범위 및 규모 ③ 직책 또는 목표 ④ 목표 달성을 위한 조작 또는 일 ⑤ 직무 수행 기준(질적, 양적, 시간, 방법) ⑥ 직책 완수 실패 시 손실 정도 ⑦ 사용권한 ⑧ 타직무와의 관계(감독, 협동 등)
직무의 정신적 작업강도	① 전체적 특색 ② 지적 과정의 특색 ③ 신경·감각 과정의 특색 ④ 심적 특질의 영향력
직무의 신체적 작업강도	① 기본 자세 및 동작 ② 주로 사용하는 신체 부위 ③ 물품의 크기, 무게, 속도 및 시간
작업환경 조건	① 전반적 특성 ② 작업 공간의 물리적 배치 ③ 온도, 습도, 조명, 소음, 청결도 등 ④ 기계·전기·화학적 위험성 ⑤ 직업병과의 관련성

항목	내 용
직무수행에 필요한 자격요건	① 적정 연령, 성별 ② 경험, 지식, 숙련도 ③ 신체적 요건(체격, 체력 등) ④ 정신적 요건(지능, 인격 등) ⑤ 피해야 할 특이 신체조건 또는 위험 노출 정도
숙련과정	① 작업 구조 변화 ② 시간적 변화 ③ 신체 동작의 구조 변화 ④ 심리적 과정의 변화
주해	① 관련 설비, 장비, 자재 ② 용어 정의 ③ 기타 참고사항

자료: 최종태, 『현대인사관리론(전정판)』, 박영사, 2000, p.126.

2) 직무분석의 절차

직무분석은 단순한 정보 수집이 아니라, 체계적인 분석 단계를 통해 실질적이고 유용한 자료로 전환되어야 한다. 일반적으로 직무분석은 예비분석 → 본 분석 → 정리 및 문서화의 순서를 통해 진행된다. 이 절차를 정리하면 다음 〈그림 5－2〉와 같다.

이 과정을 보다 구체적으로 설명하면 다음과 같다.

그림 5-2 직무분석의 절차

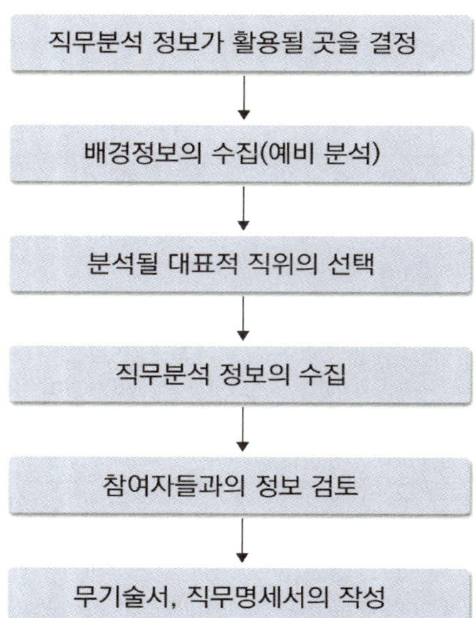

① **직무분석의 목적 설정:** 직무분석이 활용될 분야(예: 채용 기준 설정, 성과평가 기준 마련 등)를 명확히 정의한다.

② **예비분석 단계:** 개별 직무에 대한 전반적인 정보를 수집하는 단계로, 처리 절차, 조직도, 제도 등을 파악하며, 주관 부서를 정하거나 분석 전담 인력을 배정하고, 타 부서와의 협력체계를 구축한다.

③ **본 분석 단계:** 분석 대상 직위를 선정한 후, 면담, 관찰, 설문, 작업일지 등 다양한 방법으로 직무 관련 정보를 수집한다.

④ **정보 검토 및 분석 단계:** 수집된 정보를 직무담당자 및 감독자들과 함께 검토하고, 직무의 본질과 요건을 명확히 정리한다.

⑤ **문서화 단계:** 검토된 분석 정보를 바탕으로 직무기술서(job description) 및 직무명세서(job specification)를 작성하여, 조직의 HRM 시스템 내에서 실질적으로 활용될 수 있도록 정리한다.

이러한 절차를 통해 직무분석은 단순한 현장 조사에서 끝나는 것이 아니라, 조직 내에서 실질적 의사결정의 기준 자료로 기능하는 형태로 전환되어야 한다. 특히 직무기술서와 직무명세서는 인재 채용, 교육훈련 설계, 경력개발계획 수립 등 실무적 HR 기능 수행에 있어 핵심적인 자료로 사용된다.

4. 직무분석의 방법

직무분석은 조직 내 다양한 직무의 내용과 특성을 파악하고, 이를 체계적으로 분류하여 인사관리 활동의 기초자료로 삼기 위한 핵심적인 인적자원관리 도구이다. 이를 통해 조직은 인재 채용, 교육훈련, 성과평가, 보상 및 경력개발 등의 의사결정을 보다 과학적이고 객관적으로 수행할 수 있다. 그러나 직무분석은 단순히 일의 내용만을 수집하는 것이 아니라, 해당 직무를 누가 어떻게 분석하며 어떤 방법을 사용하는가에 따라 분석 결과의 정확성과 실용성이 크게 달라진다. 직무분석의 실행 주체는 일반적으로 인사부서 담당자이지만, 때로는 직무담당자(incumbent), 직속 상사(관리자), 또는 외부 컨설턴트가 수행하기도 한다. 이들은 직무의 성격, 정보의 용도, 분석의 목적에 따라 가장 적절한 방법을 선택해야 한다. 직무분석에서 가장 많이 활용되는 일반적인 방법은 다음과 같다.

1) 일반적인 직무분석의 방법

(1) 면접법(Interview Method)

면접법은 직무분석에서 가장 오래되고 일반적으로 널리 사용되는 방법 중 하나이다. 이는 직무담당자, 관리자 또는 관련 종사자와의 면담을 통해 직무에 대한 구체적인 내용을 파악하는 방법이다. 보통 구조화된 질문지 또는 반구조화된 질문지를 활용하여 인터뷰가 진행되며, 필요에 따라 비구조화 방식의 자유로운 대화 형식이 병행되기도 한다.

면접법의 강점은 문서나 표준작업지시서 등 공식적인 자료로는 파악할 수 없는 비공식적 활동, 업무 간 상호작용, 상황적 제약 요인 등 직무의 숨은 특성을 발견할 수 있다는 점이다. 예컨대, 팀워크를 요하는 협업환경, 고객과의 비공식 커뮤니케이션, 특정 장비의 사용 우선순위 등은 인터뷰를 통해 보다 생생하게 도출될 수 있다. 그러나 반대로 직무담당자가 자신의 업무를 과장하거나 축소할 가능성이 있으며, 분석자의 질문 방식이나 사전지식이 부족할 경우 정보 수집의 왜곡이나 편향이 발생할 수 있다. 따라서 면접자는 직무에 대한 사전 이해와 중립적인 태도, 고도의 커뮤니케이션 기술이 요구된다. 또한 직무가 고도로 구조화된 경우에는 비교적 짧은 시간에 핵심 정보를 얻을 수 있으나, 비구조적이고 복잡한 직무의 경우 장시간에 걸친 심층 면담이 필요하며, 정보의 정제와 해석에도 많은 노력이 요구된다.

(2) 설문지법(Questionnaire Method)

설문지법은 사전에 구성된 질문지를 이용하여 직무담당자가 스스로 응답하도록 하는 방법으로, 조직 내 여러 직무를 동시에 분석하거나, 인력 규모가 큰 조직에서 광범위하게 직무정보를 수집할 때 매우 유용하게 사용된다. 설문지는 문항의 구조화 정도에 따라 다양한 형태로 설계될 수 있다. 예를 들어, 체크리스트 형식의 폐쇄형 문항, 자유기술형 서술 문항, 리커트 척도 기반의 직무 빈도 및 중요도 평가 문항 등으로 구성되며, 이 모든 문항은 직무의 특성, 수행 활동, 환경 요건, 필요 역량 등을 종합적으로 측정하기 위한 도구로 활용된다.

이 방법의 장점은 시간과 비용을 절감할 수 있으며, 면접자 없이도 자율적으로 정보 수집이 가능하다는 점이다. 특히 복수의 직무를 동시에 비교하거나 통계적 분석을 통해 직무유사도나 난이도 차이를 분석하는 데 매우 효과적이다. 그러나 설문지의 구성에 따라 정보의 정확성이 크게 좌우되며, 직무담당자가 문항의 의미를 오해하거나 충분한 정보를 제공하지 않을 경우 분석 결과의 타당성에 문제가 발생할 수 있다. 따라서 설문지는 명확한 문항 설계와 사전 파일럿 테스트가 필수적으로 요구된다.

(3) 관찰법(Observation Method)

관찰법은 직무분석자가 현장에서 직무를 수행하는 장면을 직접 관찰하면서 정보를 수집하는 방법이다. 이는 특히 반복적이고 표준화된 육체노동 중심의 직무, 즉 생산라인 작업자, 청소직, 운전직 등에서 효과적으로 활용된다. 분석자는 관찰을 통해 직무의 수행순서, 시간 소요, 사용 장비, 작업 자세, 환경 조건 등을 직접 기록하며, 이를 통해 문서화되지 않은 실제 작업 방식과 문제점까지 파악할 수 있다. 또한 관찰법은 직무담당자의 주관적 해석을 배제하고, 보다 객관적인 시각에서 직무를 이해할 수 있는 장점이 있다.

그러나 관찰법은 지적 활동, 분석적 사고, 문제해결 등 정신적 요소를 포함하는 직무에는 적합하지 않다. 또한 관찰자가 현장에 존재함으로 인해 직무담당자가 일상적인 작업과 다르게 행동할 가능성(호손 효과)이 있으며, 분석자의 직무 이해 수준에 따라 관찰 내용의 해석이 달라질 수 있다. 종종 면접법과 병행하여 사용되며, 관찰된 내용을 바탕으로 직무담당자와 추가 면담을 통해 보완정보를 수집하는 것이 바람직하다.

(4) 업무일지법(Work Diary or Log Method)

업무일지법은 직무담당자가 일정 기간 동안 자신이 수행한 모든 작업활동과 그에 소요된 시간, 발생한 문제나 특이사항을 직접 기록하는 방식이다. 이 방법은 직무의 일상성과 반복성을 파악하는 데 효과적이며, 직무담당자 본인의 관점에서 직무의 전체 흐름을 정리할 수 있다는 점에서 가치가 높다.

특히 시간대별 업무 분포, 특정 업무의 집중도, 일과 중 발생하는 비정형 작업 등은 일지기록을 통해 보다 정확하게 파악될 수 있다. 그러나 기록자의 성실성, 인식수준, 작성 습관 등에 따라 자료의 신뢰도에 큰 차이가 발생할 수 있다. 또한 일지기록은 비교적 장기간의 분석기간이 필요하며, 자료 분석에도 많은 시간이 소요된다.

(5) DACUM법(DACUM Method: Developing A Curriculum)

DACUM은 전통적인 직무분석 방법과는 접근방식이 다르며, 특히 교육훈련 설계와 밀접하게 연계된 직무분석 방법이다. DACUM은 직무 수행에서 필요한 과업(Task)과 의무(Duty)를 전문가 집단이 직접 도출하고, 이를 교육내용으로 전환하는 데 목적이 있다.

DACUM의 핵심은 '그 일을 가장 잘 아는 전문가들이 직접 직무를 정의한다'는 데 있으며, 일반적으로 9명 내외의 산업현장 전문가들이 참여하여 1~2일 동안 워크숍 형태로 직무내용을 도출한다. 이 과정에서 퍼실리테이터(facilitator)는 직무를 과업과 의무로 구조화하고, 각 항목을 DACUM Wall에 시각적으로 배치하여 직무의 구조를 명확히 한다. DACUM은 교육훈련기관에서 실무 중심의 교과과정을 설계할 때 매우 유용하며, 특히 다음과 같은 효과가 있다.

- 현장의 실제 업무를 기반으로 하기 때문에 교육의 실무적용성이 매우 높다.

- 교육에서 중복되거나 불필요한 내용을 제거하고, 반드시 필요한 핵심 역량 중심의 교육과정을 설계할 수 있다.
- 분석 결과가 즉시 교육훈련과정 개발로 연결될 수 있는 장점이 있다.

이 방법은 특히 기능인력 양성, 산업체 맞춤형 직업교육, 정부의 NCS 기반 훈련과정 개발 등에서 폭넓게 활용되고 있다.

종합 정리

직무분석 방법은 그 목적과 대상, 조직 여건에 따라 다양하게 선택되어야 하며, 한 가지 방법만을 사용하는 것보다 복수의 방법을 병행하여 활용하는 것이 보다 정확하고 신뢰도 높은 결과를 도출할 수 있다.

- 면접법은 심층적이고 질적 정보 수집에 적합하다.
- 설문지법은 대규모 분석에 적합하며 통계 분석이 용이하다.
- 관찰법은 작업의 실제성과 환경 분석에 강점을 지닌다.
- 업무일지법은 일상적 직무 흐름과 시간 분석에 유용하다.
- DACUM법은 교육과 직무를 연결하는 데 효과적이며, 산업현장 중심의 훈련과정 개발에 매우 적합하다.

이처럼 직무분석의 방법은 단순한 정보수집 도구가 아닌, 조직의 전략적 인적자원관리의 토대를 구축하는 정책적 수단이자 과학적 분석도구로 기능해야 한다.

2) 최근의 직무분석의 방법

최근의 직무분석 방법은 조직의 전략적 목표와 인적자원관리의 정합성을 확보하기 위해 더욱 정교하고 실증적인 방향으로 발전하고 있다. 초기의 직무분석은 단순히 과업(task)이나 직무내용을 나열하고 이를 기술하는 수준에 머물렀지만, 오늘날에는 직무를 수행하는 데 필요한 역량, 행동 기준, 성과 수준까지 종합적으로 분석하는 전략적 수단으로 자리 잡고 있다. 과거 테일러(F. W. Taylor)의 동작분석은 작업시간을 단축하고 생산성을 높이기 위한 방법으로 출발했지만, 산업이 고도화되고 직무가 복잡해지면서 직무분석은 그 방법과 목적에서 큰 진화를 거듭해 왔다. 특히 2000년대 이후에는 디지털 기술의 확산, 비정형 노동 증가, 성과중심 조직문화의 대두로 인해 행동 기반 분석, 데이터 기반 직무정보 수집, 보상 및 경력개발 연계형 직무분석이 중요한 흐름으로 자리잡고 있다. 오늘날 활용되는 대표적인 직무분석 기법들은 〈표 5-4〉와 같다.

표 5-4 직무분석의 기법

기법명	대상 종업원 집단	자료수집 방식	분석결과	분석내용 요약
과업 재고분석	모든 집단	설문지	과업 등급	과업의 중요도, 수행시간 등 속성별 등급화
중요 사건법	모든 집단	면접	행동 서술	직무성과의 고·중·저 성과 행동 사건 기술
직위분석설문지 (PAQ)	모든 집단	설문지 (194항목)	직무요소별 등급화	표준화된 항목을 6개 척도로 평가, 컴퓨터 분석
기능적 직무분석(FJA)	모든 집단	집단면접/ 설문지	자료·사람·사물 관련 등급화	과업진술서 작성 후 빈도·중요도 등급 부여
방법·분석 (동작분석)	제조업	관찰	작업시간 도출	다양한 작업 과업의 표준시간을 체계적으로 산출
지도안 지향 직무분석	모든 집단	면접	요구 능력 (KSA 등)	지식, 기술, 능력, 기타 특성을 종합적으로 분석
관리직위 기술 설문지(MPDQ)	관리직	설문지 (197항목)	관리 책임의 구조화	관리자 책임 항목을 체크리스트로 점검
해이계획 (HayPlan)	관리직	면접	직무 영향력 점수화	목표·차원·속성·범위·의무 등의 요인 분석

자료 : Luis R. Gomez−Mejia, David B. Balkin, and Robert L. Cardy, *Managing Human Resources*, Upper Saddle River : Prentice−Hall, 2001, p. 67.

(1) 과업재고분석(Task Inventory Analysis)

과업재고분석은 직무분석 기법 중에서 가장 체계적이고 정량적인 접근 방식을 취하는 기법으로, 특정 직무를 구성하는 다양한 '과업(task)'을 목록화한 후, 해당 과업들에 대해 일련의 기준에 따라 수치적으로 평가하는 방식이다. 이러한 기준에는 과업의 중요도, 수행 빈도, 소요 시간, 수행 난이도, 학습 용이성 등이 포함되며, 이들의 조합을 통해 직무의 구성요소를 세밀하게 분석할 수 있다. 이 때문에 과업재고분석은 '과업목록법(Task List Method)'이라고도 불린다.

이 기법은 일반적으로 설문지를 기반으로 하며, 직무담당자, 감독자, 직무분석자 등 다양한 이해당사자들의 의견을 반영하여 객관성과 실용성을 동시에 확보할 수 있다. 특히 조직 내 다수의 유사직무에 대한 비교를 가능하게 하고, 직무 간 차별성과 유사성을 시각적으로 도출해내는 데 유리하다. 설문 문항은 조직이 원하는 수준으로 맞춤 구성할 수 있으며, 이를 통해 특정 직무에 대한 분석뿐 아니라 조직 전체의 직무구조를 통합적으로 재정비하는 데도 활용할 수 있다.

과업재고분석은 직무기술서(Job Description)와 직무명세서(Job Specification) 작성의 기초자료로 활용될 뿐만 아니라, 교육훈련체계 수립, 직무등급화(Job Grading), 직무급 설계, 경력개발 경로 설계 등 HRM의 전반에 걸쳐 응용된다. 특히 작업표준화를 기반으로 운영되는 공공기관이나 제조기업에서 주로 채택되고 있으며, 공공부문에서는 '표준직무모델' 수립의 핵심 기법으로 사용되고 있다.

최근에는 온라인 설문 플랫폼과 빅데이터 기반 분석 시스템이 과업재고분석에 결합되면서, 분석의 정밀성과 속도가 더욱 향상되었으며, 직무의 변화 주기를 반영한 실시간 직무관리 체계로까지 발전하고 있다. 또한 기업의 전략 변화나 외부 환경 변화에 따라 신속하게 직무구성의 핵심과업을 식별하고 조정할 수 있는 민첩한 분석도구로서의 위상도 강화되고 있다.

(2) 중요사건법(Critical Incident Technique: CIT)

중요사건법은 직무를 수행하는 과정에서 발생한 구체적이고 실제적인 행동 사례들 중, 직무성과에 결정적인 영향을 미친 사건들(critical incidents)을 체계적으로 수집하고 분석하여 직무의 본질적 요건을 도출하는 방법이다. 이 기법은 전통적인 직무분석이 직무의 '기능' 중심이었다면, 중요사건법은 직무의 '행동'에 주목하며, 특히 성과와 직결되는 구체적인 행동패턴을 규명하는 데 강점을 지닌다. 일반적으로 분석 과정은 4단계로 구성된다. 첫째, 직무의 성과 차원을 도출한다. 이는 해당 직무에서 성과를 나타내는 주요 분야(예: 고객응대, 업무처리 정확도 등)를 의미한다. 둘째, 직무담당자와 감독자를 대상으로 면접 또는 워크숍을 통해 각 차원에서 실제로 발생한 고성과 및 저성과 행동 사건을 수집한다. 셋째, 이 사건들을 정리하고 행동 요소별로 분류하여 체계화한다. 넷째, 수집된 사건의 유효성을 검증하여 직무공통성과 일반성을 확보한다.

중요사건법은 교육훈련, 인사고과, 채용면접 등 실질적인 HR 제도에 직접적으로 연계되기 때문에 실무 현장에서 매우 유용하게 활용된다. 특히 '행동기반 인터뷰(Behavioral Event Interview: BEI)'나 '역량평가모델(Competency Modeling)' 구축에 있어서 중요한 기초자료가 된다. 이 기법은 개인의 행동이 조직성과에 어떠한 영향을 미치는지를 보여주는 실증적 사례를 제공하기 때문에, 직무성과 중심의 인사관리체계를 구축하는 데 핵심적인 도구로 작용한다. 최근에는 수집된 사건 데이터를 기반으로 AI 기반 행동 예측모델 개발, 조직 내 고성과자의 행동패턴 분석, 리더십 유형별 행동모델링 등 다양한 형태로 활용이 확장되고 있으며, 조직문화와 직무성과 간의 관계를 이해하는 분석 도구로서도 주목받고 있다.

(3) 직위분석설문지법(Position Analysis Questionnaire: PAQ)

직위분석설문지법(PAQ)은 표준화된 설문지를 활용하여 직무를 분석하는 가장 대표적인 정량적 직무분석 기법 중 하나이다. 미국에서 개발된 이 기법은 총 194개의 문항으로 구성되어 있으며, 각 문항은 직무의 활동을 6가지 주요 영역으로 구분하여 평가하도록 설계되어 있다. 이 6가지 영역은 ① 정보의 투입(Information Input), ② 정신적 과정(Mental Process), ③ 작업 산출(Work Output), ④ 인간관계(Relationships with Other People), ⑤ 직무상황(Job Context), ⑥ 기타 직무특성(Other Job Characteristics)으로 구성된다.

PAQ는 설문에 응답하는 방식이 매우 체계적이며, 각 항목은 빈도, 중요도, 시간, 응용 가능성 등의 다양한 척도를 기반으로 평가된다. 이 설문지는 고도로 구조화되어 있어 특정 직무에 대한 분석 결과를 다른 직무와 비교하거나, 산업·직무 유형 간 직무유사성을 평가하는 데에도 적합하다. 분석결과는 주로 통계분석을 통해 수치화되며, 컴퓨터 프로그램을 통해 자동 분석이 가능하다는 점에서 대규모 조직의 직무평가에 매우 효과적이다. 이 기법은 직무 간 유사도 비교, 직무등급화(Job Classification), 직무급(Pay Grade) 설정, 인력계획, 훈련 필요도 평가, 성과관리 기준 설정 등 다양한 인사관리 분야에 활용되며, 특히 구조화된 데이터를 요구하는 공공기관이나 대규모 기업에서 선호된다.

최근에는 디지털화된 PAQ 시스템이 등장하면서, 설문응답과 동시에 실시간 분석과 시각화가 가능해졌고, AI 기반 HR Analytics와의 연계가 확대되고 있다. 또한 글로벌 기업의 경우, 다양한 국가와 문화권의 직무들을 통합

표 5-5 직위분석 설문지(PAQ)의 요소와 내용

주요 요소	내용 설명
정보의 투입(35개 항목)	직무수행에 필요한 정보를 어디서, 어떻게 획득하는가에 관한 항목. 예: 보고서, 데이터베이스, 지시사항 등
정신적 과정(14개 항목)	의사결정, 추론, 계획, 문제 해결 등 인지활동에 관한 항목. 예: 계산, 판단, 분석 등의 정신작용
작업 산출(49개 항목)	실제 산출되는 물리적 행위 및 사용 도구에 관한 항목. 예: 손, 도구, 장비 사용 여부
다른 사람과의 관계 (36개 항목)	고객, 상사, 동료 등과의 상호작용을 포함한 대인관계 요구 항목. 예: 지시, 협상, 팀워크 등
작업 환경 및 직무 상황 (19개 항목)	작업 장소의 물리적·사회적 환경, 위험 요소, 업무 강도 등에 관한 항목
기타 직무 특성 (41개 항목)	기타 직무 관련 요소들로, 책임 수준, 복잡성, 자율성, 직무 지속 시간, 보고체계 등을 포함

관리하기 위한 직무 프레임워크 구축에서도 PAQ는 여전히 표준적인 분석 도구로 간주되고 있다.

(4) 기능적 직무분석(Functional Job Analysis: FJA)

기능적 직무분석(Functional Job Analysis, 이하 FJA)은 미국 노동부에서 개발한 직무분석 기법으로, 직무를 수행하는 데 있어서 '자료(Data)', '사람(People)', '사물(Things)'과의 상호작용 수준을 기준으로 직무를 구조화하고 기술하는 방식이다. 이 기법은 직무가 단지 어떤 과업으로 구성되어 있는지를 밝히는 데 그치지 않고, 그 과업이 어떤 기능을 중심으로 이루어지며, 어떠한 자원과 연결되어 수행되는가에 초점을 맞춘다.

FJA는 모든 직무가 일정한 방식으로 자료, 사람, 사물이라는 세 가지 범주의 자원과 관계를 맺는다는 전제에서 출발한다. 예를 들어, 어떤 직무는 정보를 정리하고 계산하는 데 주력할 수 있으며(자료 중심), 다른 직무는 사람들과의 협상이나 교육, 설득 등을 요구할 수 있고(사람 중심), 또 다른 직무는 기계 조작이나 설비의 운전, 재료의 공급처럼 물리적 요소와의 접촉을 중심으로 이루어질 수 있다(사물 중심). 기능적 직무분석은 이처럼 각 직무의 기능적 속성을 정해진 척도에 따라 정량화하고, 이를 통해 조직 내 여러 직무들을 일관된 틀 안에서 비교하고 분류할 수 있도록 돕는다.

분석 과정에서 직무는 자료, 사람, 사물 각각에 대해 정해진 코드 또는 수치를 부여받게 되며, 이는 직무가 요구하는 행동의 종류와 복잡성, 처리 수준을 의미한다. 예를 들어, 자료에 대한 '3'번 코드는 '정리(coding)'의 수준을 의미하고, 사람에 대한 '2'번 코드는 '지시(directing)', 사물에 대한 '1'번 코드는 '조준(setting up)'을 뜻한다. 이러한 수치화 작업은 직무를 비교 가능한 단위로 전환시키며, 이는 직무평가, 인력배치, 훈련 설계, 자동화 판단 등 다양한 인사관리 활동의 기초자료로 활용된다.

FJA는 다른 직무분석 기법에 비해 상대적으로 구조가 단순하고 분석 단위가 명확하다는 장점을 지닌다. 따라서 중소규모 조직이나 직무 간 구분이 모호한 상황에서도 비교적 쉽게 적용될 수 있으며, 특히 직무의 기능적 속성을 중심으로 조직 내 직무군을 재정의하고, 직무간 등급 구조를 체계화하는 데 유용하게 활용된다. 또한 기능적 분석이라는 접근 방식은, 직무를 중심으로 조직 내 업무흐름을 설계하거나 직무 간 유사성을 판단하여 직무순환(Job Rotation)이나 직무확대(Job Enlargement)와 같은 조직설계 전략에도 연계가 가능하다. 현대적 관점에서 기능적 직무분석은 디지털 전환, 자동화, RPA (Robotic Process Automation), 인공지능(AI) 기술의 도입과 같은 경영환경 변화에 따라 그 중요성이 더욱 강조되고 있다. 특히 직무가 자료를 다루는 성격이 강한 경우에는 AI로의 대체 가능성이 높고, 사물과의 물리적 상호작용이 많은 직무는 기계화나 자동화 설계 시 우선 대상이 될 수 있다. 이러한 판단은 기능적 직무분석 결과에 기초하여 전략적으로 접근될 수 있으며, 스마트워크 시스템 도입, 직무구조 재설계, 직무 기반 교육훈련 설계와 같은 조직 혁신 작업에서도 유용하게 쓰이고 있다.

또한, 국가직무능력표준(NCS)과 같은 제도와의 연계 측면에서도 FJA는 그 효용성을 발휘한다. 직무를 기능 중심으로 나누고, 이를 토대로 학습 모듈이나 훈련 과정을 설계하는 과정에서 FJA의 분석 틀이 일관된 기준을 제공함으로써, 현장직무의 요구를 교육체계에 효율적으로 반영할 수 있도록 지원한다. 이는 직업교육과 실무현장 간의 미스매치를 줄이고, 실질적 역량 향상에 기여한다는 측면에서 큰 장점이라 할 수 있다.

결론적으로 기능적 직무분석은 직무에 대한 실질적인 이해와 더불어 조직 전반의 기능적 흐름을 파악하고 정비하는 데 효과적인 도구이며, 특히 변화가 빠르고 기술집약적인 환경 속에서 조직의 전략적 인사관리와 유기적으로 결합되어야 할 핵심 분석 프레임워크로 자리 잡고 있다.

(5) 방법분석(Method Study)

방법분석, 또는 동작분석은 작업자의 신체적 활동을 체계적으로 관찰하고 분석하여, 작업 수행 방식의 비효율성을 제거하고 보다 합리적이고 표준화된 작업 절차를 도출하는 데 목적을 두는 직무분석 기법이다. 이 방법은 프레드릭 테일러(F. W. Taylor)의 과학적 관리법에 기초하여 20세기 초반부터 제조업 현장에서 널리 활용되어 왔으며, 오늘날까지도 생산성 향상을 위한 핵심 분석 도구로 여겨지고 있다. 방법분석은 주로 관찰과 시간측정을 통해 이루어진다. 먼저 분석자는 작업 현장을 직접 관찰하면서 작업자의 일련의 동작들을 기록하고, 이 동작들을 '기본 작업 단위'로 세분화한다. 이어서 각 동작 단위에 소요되는 시간을 측정하고, 이를 기반으로 작업절차의 문제점을 진단한다. 예를 들어, 반복적인 이동이나 과도한 대기시간, 불필요한 손동작 등은 비효율적인 작업요소로 간주되어 제거의 대상이 된다. 이 과정을 통해 가장 효율적인 작업흐름과 동작순서를 도출하고, 이를 표준작업으로 제시하는 것이 방법분석의 핵심이다.

이 기법은 주로 제조업, 조립라인, 물류, 건설현장 등 물리적 작업이 많은 산업에서 적용되며, 작업자 피로도 감소, 안전사고 예방, 작업표준화 및 공정 간 균형 확보 등 다방면에서 효과를 발휘한다. 또한 작업자의 능률을 높이고 직무 훈련 기준을 제시함으로써 교육훈련의 객관성과 실효성을 확보하는 데도 기여한다. 최근에는 정보기술의 발전에 힘입어 전통적인 방법분석 기법이 디지털화되고 있다. 웨어러블 센서와 영상기록장치를 활용한 자동화된 동작 추적, 인공지능 기반의 작업효율 시뮬레이션, 그리고 디지털 트윈 기술과 연계한 공정설계 등이 대표적인 사례이다. 이러한 도구들은 단순히 시간을 재고 동작을 분석하는 수준을 넘어, 데이터 기반의 정밀한 작업개선 및 예측이 가능한 수준으로 진화하고 있다. 결과적으로 방법분석은 전통적 직무분석 기법 중 가장 물리적이고 실증적인 방식이지만, 디지털 전환 시대에는 스마트팩토리 구현의 핵심 기술로 재조명되고 있으며, 노동생산성과 품질 향상을 동시에 추구하는 기업들에 있어 반드시 숙지하고 적용해야 할 분석도구로 자리잡고 있다.

(6) 지도안 지향 직무분석(Training-Oriented Job Analysis)

지도안 지향 직무분석은 직무를 수행하기 위해 요구되는 지식(Knowledge),

기술(Skill), 태도(Attitude) 등의 역량요소를 체계적으로 도출하고, 이를 기반으로 교육훈련 프로그램 또는 직무수행 지침서(지도안)를 개발하기 위한 목적에서 활용되는 직무분석 기법이다. 일반적인 직무분석이 직무 그 자체의 구조와 과업을 규명하는 데 초점을 둔다면, 지도안 지향 직무분석은 직무수행에 필요한 인재역량을 명시적으로 정의하고, 이들이 효과적으로 학습될 수 있도록 하는 데 목적이 있다.

이 기법은 보통 실제 직무 수행자의 인터뷰나 관찰을 통해 해당 직무에 필요한 KSA 요소를 식별하고, 이 요소들을 수행의 난이도, 학습 가능성, 수행 빈도 등 다양한 기준에 따라 분류하여 교육훈련 설계 자료로 전환한다. 분석 과정에서는 해당 직무를 맡은 종사자가 일상적으로 마주하는 문제 상황, 해결 과정, 협업 방식, 필수 장비나 도구의 숙련 수준 등이 상세하게 조사된다. 이후 분석된 내용을 바탕으로, 구체적인 교육 목표, 학습 내용, 평가 방식 등을 포함하는 훈련교안이 작성된다. 이 직무분석 방식은 특히 직업훈련 기관, 산업체 내 교육부서, 공공기관의 재직자 교육 과정에서 널리 활용되고 있으며, 국가직무능력표준(NCS) 개발에도 중요한 기초자료로 사용된다. 또한 OJT (On-the-job training), 신입사원 훈련과정, 중간관리자 역량개발 과정 등 다양한 교육 프로그램의 현장적합성과 효과성을 높이는 데 기여하고 있다.

최근에는 학습관리시스템(LMS), AI 기반 맞춤형 교육 플랫폼과 결합되어, 개인의 직무역량 수준에 따른 맞춤형 교육 설계, 훈련 전·후 효과 분석, 직무역량 포트폴리오 구축 등으로 확장되고 있다. 이러한 흐름은 HRD(Human Resource Development) 관점에서 조직의 전략과 연계된 인재육성체계 구축에 필수적인 기반으로 기능하며, 특히 변화가 빠른 산업 분야(예: ICT, 에너지, 바이오 등)에서는 실무적 전환을 위한 유연한 교육설계 방식으로도 주목받고 있다. 지도안 지향 직무분석은 단순히 직무 내용을 파악하는 것을 넘어, 그 직무를 효과적으로 수행할 수 있는 '사람'을 육성하는 관점에서 직무를 해석하고 구성하는 전략적 도구라고 할 수 있다. 특히 직무기반 학습(Job-Based Learning) 또는 직무맞춤형 역량개발(Competency-based Development)이 중요한 이슈로 대두되고 있는 현대 인적자원개발 환경에서, 이 기법의 중요성은 더욱 부각되고 있다.

(7) 관리직위 기술설문지 (Management Position Description Questionnaire: MPDQ)

관리자 직무는 일반적인 기능직이나 사무직 직무와는 달리, 구조화되지 않은 상황 속에서 판단과 의사결정을 요구하며, 다수의 이해관계자들과의 상호작용, 전략적 문제해결, 자원 배분, 조직 조정 등 복합적이고 비정형적인 기능을 포함하고 있다. 따라서 관리자의 직무를 정확하게 분석하기 위해서는 관리자에게 요구되는 행동, 책임, 기술, 대인관계 역량 등 다차원적인 요인들을 정교하게 반영할 수 있는 분석 도구가 필요하다. 이러한 필요성에 따라 개발된 관리직위 기술설문지(MPDQ)는 관리직무만을 위한 특화된 설문 기반의 직무분석 기법으로, 관리자 고유의 업무특성과 책임영역을 구조화된 방식으로 파악할 수 있도록 설계되어 있다. 이 설문지는 총 197개의 문항으로 구성되어 있으며, 각각의 항목은 관리자의 의사결정 유형, 조직 내 역할, 자원관리 수준, 대내외 커뮤니케이션 기능, 문제해결 방식 등을 평가하는 내용으로 구성되어 있다.

MPDQ는 주로 중간관리자 및 고위 관리자의 직무를 분석하는 데 활용되며, 직무기술서 작성뿐 아니라 경력개발 계획(Career Development Plan: CDP), 리더십 진단, 성과관리, 승계계획(Succession Planning) 등 관리자 중심의 인사제도 구축에 필요한 기초자료로서 활용된다. 특히 관리직무는 조직의 전략 및 문화, 산업 환경에 따라 그 성격이 달라지기 때문에, MPDQ는 이러한 차이를 반영할 수 있는 구조적 유연성을 가지고 있으며, 다양한 산업군과 조직 유형에 적용이 가능하다. 관리자는 직무 수행에 있어 명시적인 과업 외에도 상황판단력, 변화관리, 구성원 동기부여, 대외 네트워크 조성 등의 역할을 수행하므로, 이 기법은 단순히 '무엇을 하는가'가 아니라 '어떻게, 어떤 맥락에서, 누구를 통해 실행하는가'를 밝히는 데 초점을 맞춘다. 따라서 MPDQ를 통해 도출된 정보는 관리자에게 요구되는 역량을 규명하고, 이들을 교육훈련과 성과보상 시스템에 정합적으로 연계하는 데 유용하다.

최근에는 MPDQ를 디지털 설문시스템으로 구현하거나, HR 애널리틱스와 연계하여 관리자 집단의 행동 특성, 리더십 스타일, 성과연계 요인을 통계적으로 분석하는 방식으로 활용이 확장되고 있다. 특히 관리자 직무의 복잡도(complexity), 모호성(ambiguity), 상호의존성(interdependency)을 수치화하여 평가하는 시도는, 현대 조직에서 고성과 리더를 선별하고 육성하는 데 매우 실효성 있는 도구로 기능하고 있다. 결국, 관리직위 기술설문지는 관리자 직무의 '보이지 않는 영역'을 드러내어 구조화하고, 이 데이터를 바탕으로 리더십 모델을 정립하며, 조직 내 리더를 전략적으로 육성하고 평가할 수 있는 고차원의 직무분석 기법이라 할 수 있다. 변화와 혁신이 빠르게 일어나는 시대일수록, 관리자 직무의 정확한 분석은 조직 성과의 핵심 변수로 작용하며, MPDQ는 이를 위한 필수적 분석 수단으로 자리매김하고 있다.

(8) 해이계획(Hay Plan)

해이계획(Hay Plan)은 직무의 상대적 가치를 평가하여 보상체계를 설계하는 데 활용되는 직무평가 기법으로, 전 세계적으로 가장 널리 채택된 구조화된 점수화 기반 평가방식 중 하나이다. 이 기법은 1950년대에 미국의 Hay Associates 컨설팅 그룹에 의해 개발되었으며, 특히 경영관리직, 전문직, 사무직 등 조직의 중핵 직무군을 대상으로 직무급(pay-for-job) 체계를 설계할 때 활용된다. 해이계획의 핵심은 '직무 그 자체가 조직에 기여하는 상대적 가치'를 측정하는 데 있다. 이를 위해 이 기법은 세 가지 보편적 평가요소(universal factors)를 중심으로 직무를 분석하고, 각 요소에 점수를 부여하여 직무를 수치적으로 평가한다. 세 가지 평가요소는 다음과 같다.

- **노하우(Know-how)**: 직무를 수행하기 위해 요구되는 전문지식, 기능, 문제해결 능력, 대인관계 기술 등 복합적인 기술적 요건
- **문제해결능력(Problem Solving)**: 직무 수행 시 요구되는 독립적인 판단력과

분석능력, 그리고 창의적 문제 해결 정도
- 책임(Accountability): 직무 결과가 조직의 성과나 대외 평판 등에 미치는 영향력, 자원 통제 범위, 업무 자율성 등

각 요소는 다시 세부 기준과 등급 수준으로 세분화되며, 이 점수들을 합산하면 직무가치의 총점이 산출된다. 이 총점은 조직 내 모든 직무를 동일한 평가틀 하에서 비교할 수 있게 하며, 이를 기반으로 직무 등급(Job Grade)을 설정하거나 보상 차등 기준을 설계할 수 있다. 해이계획은 특히 조직 내 내부 형평성과 외부 경쟁력을 동시에 확보할 수 있다는 점에서 강력한 장점을 가진다. 동일한 직군 내 직무의 위계질서를 명확히 하고, 이를 근거로 직무급, 성과급, 승진 체계를 설계함으로써 인사운영의 합리성과 투명성을 제고할 수 있다. 이 기법은 Fortune 500 기업의 70% 이상이 도입하고 있을 만큼 국제적 활용도가 높으며, 국내에서도 공공기관 및 대기업, 금융권을 중심으로 광범위하게 채택되고 있다.

오늘날 해이계획은 단순한 직무평가 도구를 넘어, 성과기반 보상 시스템(Pay for Performance), 핵심인재 보상전략(Key Talent Strategy), 조직 구조개편 시 직무위계 정비 등과 긴밀하게 연계되고 있다. 또한 최근에는 ESG 기반의 평가지표와 결합하여, 직무가 환경·사회·지배구조 측면에서 미치는 책임의 수준까지 포함하여 직무가치를 재구성하려는 시도도 나타나고 있다. 결론적으로, 해이계획은 직무분석과 보상설계를 하나의 통합된 시스템으로 연결시키며, 조직이 '직무 그 자체의 가치'를 중심으로 인사제도를 정비하도록 이끄는 전략적 직무관리 기법이라 할 수 있다. 조직의 규모나 산업에 관계없이, 직무 중심의 인사관리체계를 정립하고자 하는 모든 조직에 있어 가장 보편적이고 신뢰성 있는 도구로 자리잡고 있다.

5. 직무기술서와 직무명세서

직무분석을 통해 수집된 정보는 조직 내에서 인적자원을 효과적으로

관리하기 위한 기초자료로 활용되며, 그 대표적인 산출물이 직무기술서(Job Description)와 직무명세서(Job Specification)이다. 직무기술서는 해당 직무에서 수행되는 업무의 내용과 절차, 책임, 작업환경 등을 기술하는 문서이며, 직무명세서는 그러한 직무를 수행하는 데 적합한 인적 요건 — 즉, 지식, 기능, 능력, 성격적 특성 등을 기술하는 문서이다. 이 두 문서는 인력의 채용, 배치, 교육훈련, 평가, 보상, 경력개발 등 조직의 주요 인사관리 활동에 직접적으로 활용된다.

1) 직무기술서(Job Description)

직무기술서(Job Description)는 직무분석을 통해 도출된 정보를 바탕으로 특정 직무가 수행해야 할 업무의 내용, 절차, 책임, 작업환경 등의 요소를 체계적으로 문서화한 자료이다. 이는 조직 내에서 각각의 직무가 수행하는 기능과 역할을 명확히 규정하여, 종업원이 자신의 업무영역과 책임을 명확히 인지할 수 있도록 도와주는 역할을 한다. 직무기술서는 주로 인력 채용, 배치, 교육훈련, 성과평가, 보상관리 등 인사관리의 다양한 분야에서 핵심 기초 자료로 활용되며, 조직 내 직무 간의 역할 충돌을 방지하고, 명확한 업무분장을 통해 운영 효율성을 증진시키는 기능을 한다. 특히 직무기술서는 동일한 직무를 수행하는 직원 간 일관된 기준을 제공하고, 상위 직무와 하위 직무 간의 연결관계를 명확히 하여 조직의 계층적 업무구조를 정립하는 데 기여한다.

직무기술서의 주요 구성 요소는 다음과 같다. 첫째, 직무명과 직무번호, 소속 부서 또는 사업장 등 기본 정보가 포함된다. 둘째, 직무의 개요 및 목적, 즉 해당 직무가 조직 내에서 수행하는 기능과 존재 이유를 간결하게 서술한다. 셋째, 주요 직무내용 및 과업(task)이 기술되는데, 이는 직무 수행자가 일상적으로 담당하는 과업의 항목, 절차, 빈도, 중요도 등을 중심으로 구체적으로 기술된다. 넷째, 책임 범위, 즉 해당 직무가 영향을 미치는 대상(예: 고객, 부서, 조직 성과 등)과 그에 따른 책임 수준을 명시하며, 다섯째, 사용 도구 및 설비, 작업 환경, 물리적 조건, 작업 시간, 위험요소 등 작업조건에 대한 설명이 포함된다. 실무적으로 직무기술서는 관리자와 실무자 모두에게 중요한 참고자료이다. 관리자는 이를 통해 업무지시의 기준을 설정하고 인력배치를 효율적으로 조정할 수 있으며, 실무자는 자신의 직무수행 기대치를 파악하고 업무의 우선순위를 판단하는 데 활용할 수 있다. 또한 직무기술서는 직무성과관리 체계(PMS) 구축, 직무급 제도 설계, 직무 재설계(Job Redesign)의 기반 자료로도 사용된다.

현대 조직에서는 직무기술서를 단순한 설명서가 아닌, 전략적 인사관리 도구로 간주한다. 특히 직무 기반 조직 구조(Job-based Structure)가 강조되는 오늘날, 직무기술서는 직무 간 비교와 보상의 공정성 확보, 성과책임 구조 설계, 역량개발 연계 교육훈련 체계 구축 등에서 핵심적 기능을 수행한다. 따라서 직무기술서는 조직의 운영 철학과 인사전략이 반영되어야 하며, 정기적인 업데이트와 현장 기반의 피드백 반영을 통해 실효성을 유지해야 한다.

2) 직무명세서(Job Specification)

직무명세서(Job Specification)는 직무기술서를 기반으로 하여, 해당 직무를 성공적으로 수행하기 위해 직무담당자가 반드시 갖추어야 할 지식(Knowledge), 기능(Skill), 능력(Ability), 그리고 기타 개인적 특성(Other characteristics)을 구조적으로 기술한 문서이다. 일반적으로 KSAOs라고 줄여서 표현되는 이 네 가지 요소는 현대 인사관리에서 채용, 교육, 승진, 평가, 경력개발 등 인사결정의 핵심 기준으로 활용되고 있다.

직무명세서는 직무 그 자체가 아니라, '직무에 적합한 사람은 어떤 특성을 가져야 하는가'에 중점을 둔다. 즉, 직무기술서가 '일(job)'에 관한 설명서라면, 직무명세서는 '사람(person)'에 관한 기준서로 기능한다. 이 문서는 조직이 직무에 적합한 인재를 어떻게 선발하고 평가할 것인가에 대한 명확한 기준을 제공함으로써, 인재관리의 일관성과 합리성을 확보하는 역할을 한다.

직무 수행에 필요한 최소한의 교육배경을 규정한다(예: 대졸 이상, 경영학 또는 회계학 전공 등). 둘째, 전문지식 및 기술, 즉 해당 직무와 관련된 이론적 지식, 실무 경험, 기능적 역량(예: 회계 처리 능력, 데이터 분석 능력, 법률지식 등)을 명시한다. 셋째, 자격증 및 면허 요건으로, 법적 또는 기술적 전문성을 요구하는 경우 그 소지 여부가 필수 조건이 된다(예: 변호사 자격, 전기기사 자격 등). 넷째, 경력 요건은 해당 직무 또는 유사직무 수행 경험의 유무와 그 기간(예: 3년 이상 실무경력 필요 등)을 규정하며, 다섯째, 기타 특성 및 성격 요건에는 인내심, 창의력, 커뮤니케이션 능력, 협업 성향, 책임감 등의 개인적 성향과 태도 요건이 포함된다. 직무명세서는 특히 채용 단계에서 핵심적 도구로 활용된다. 명확한 직무요건이 제시됨으로써, 채용공고를 효과적으로 구성할 수 있고, 지원자의 서류심사, 면접 평가, 인재선발 과정에서 일관된 기준을 유지할 수 있다. 또한, 채용 이후에도 직무역량기반 교육훈련 설계, 직무적합성 진단, 역량개발 로드맵 수립 등 다양한 HRD 활동에 활용될 수 있다.

최근에는 직무명세서가 단지 고정된 문서로 존재하는 것이 아니라, 역량기반 인사제도(Competency-based HRM)와 연계되어 동적으로 활용되는 경향이 증가하고 있다. 예를 들어, 기업 내에서 특정 직무에 필요한 역량 모델을 구축하고, 이를 기반으로 교육훈련과 평가가 이루어지며, 직무명세서는 그 핵심 참조 자료로 기능한다. 또한 디지털 기술을 활용한 온라인 채용시스템, AI 기반 인재분석 도구와 결합하여 실시간으로 인재 적합도를 진단하고, 직무와 인재 간 매칭 효율을 높이는 데도 기여하고 있다. 결과적으로 직무명세서는 직무 수행에 요구되는 인적요건을 명확히 정의함으로써 조직이 필요로 하는 인재를 객관적이고 일관된 기준에 따라 선발하고 육성할 수 있도록 돕는 전략적 인재 관리 도구이며, 조직의 경쟁력 확보를 위한 가장 기초적인 기반이라 할 수 있다.

표 5-6 직무기술서의 예

1. 직무명		2. 직무번호	
3. 직　군		4. 직　종	
5. 직등급		6. 근무사업장	
7. 직무개요			
8. 직무내용			
9. 자격요건			

교육경험	학교교육			
	기타교육			
	실무경험			
	자격면허			
학습지식				
실무지식				
10. 작업조건				
노력책임	신체적 노력			
	정신적 노력			
	감독책임			
	물적책임			
기타	작업환경			
	위 험 도			
	직 업 병			
특기사항				

자료 : 김식현, 『인사관리론』, 1999, pp. 93-94 수정.

section 02 직무설계

1. 직무설계의 본질

직무설계(Job Design)란, 조직이 설정한 목표를 보다 효율적으로 달성하기 위해 직무 수행에 필요한 작업의 내용, 구조, 순서, 방식을 체계적으로 설계하는 활동을 말한다. 이는 단순히 일을 나누는 것이 아니라, 직무 수행자에게 의미 있는 동기를 부여하고 만족감을 제공함으로써 개인과 조직 모두의 성과를 극대화하려는 전략적 접근이라고 할 수 있다. 고전적인 정의에 따르면, 데이비스(L. E. Davis)는 직무설계를 "기술적·조직적 요건과 작업을 수행하는 인간적 요건을 조화시킬 수 있도록 직무의 내용이나 작업 방법을 결정하는 과정"이라고 설명하였다. 이 정의는 직무설계가 단지 기술적 효율성만을 추구하는 것이 아니라, 인간 중심의 작업 환경 조성까지도 포함해야 한다는 점을 강조한다.

직무설계의 핵심은 '사람과 일의 관계를 어떻게 최적화할 것인가'에 있다. 이는 곧 근로자의 개인적 특성(동기, 능력, 가치 등)과 직무의 특성(과업 구조, 자율성, 피드백 등), 직무 환경(조직문화, 리더십, 보상제도 등) 간의 상호작용 함수로서의 직무효과성을 의미한다. 즉, 사람과 직무가 어떻게 상호작용하며, 이로 인해 어떤 결과(성과, 몰입, 만족 등)가 나타나는지를 고려하여 직무를 설계해야 하는 것이다. 이러한 직무설계는 다음과 같은 다섯 가지 접근 방법을 통해 실현될 수 있다.

1) 개인을 변화시키는 접근

선발, 배치, 훈련 등의 과정을 통해 근로자의 능력이나 특성을 변화시켜 직무에 더 적합하도록 조정하는 방식이다. 예를 들어, 단순 반복 작업이 포함된 직무라도 훈련을 통해 작업자의 집중력과 효율을 끌어올릴 수 있다.

2) 관리자를 통한 변화 유도

유능한 관리자를 선발하고 훈련시킴으로써, 리더십을 통해 부하 직원의 직무동기나 행동을 변화시키는 방식이다. 특히, 조직 차원의 동기부여와 성과지향적 분위기를 형성하는 데 효과적이다.

3) 직무환경의 변화

물리적 환경(작업 공간, 장비, 조명 등)이나 조직 환경(문화, 관계, 팀 구조 등)을 조정하여, 직무에 대한 몰입과 집중을 높이는 접근이다.

4) 보상체계의 변화

직무수행 결과에 대한 적절한 보상체계를 설계하여, 직원들이 일에 대한 내적 동기와 외적 보상을 동시에 추구할 수 있도록 설계한다.

5) 직무 자체의 변화

직무의 범위, 깊이, 자율성, 피드백 구조 등을 변화시켜 직무의 질을 향상시키는 방식이다. 이는 오늘날 가장 대표적인 직무설계 방식이며, '직무풍요화(job enrichment)', '직무확대(job enlargement)'와 같은 개념으로도 설명된다.

직무설계의 최종적인 목적은, 조직의 생산성과 효율성을 제고하는 동시에, 직원들의 만족감과 자기실현을 지원하는 데 있다. 즉, 조직적 목표(효율성, 성과, 경쟁력)와 개인적 목표(만족, 몰입, 성장)를 이중으로 달성하고자 하는 것이 직무설계의 본질이다.

직무설계는 직무분석(job analysis)을 기반으로 한다. 직무분석을 통해 '무엇을 해야 하는가'가 정의되면, 직무설계는 그 일을 '어떻게 구성하고 배치할 것인가'를 결정한다. 이 과정에서 작업연구(time and motion study), 공정계획(process planning), 과업구조화(task structuring) 등의 도구가 활용되며, 이는 주로 업무의 조직 유효성 제고에 초점을 둔다. 그러나 직무설계자는 단순한 효율성만을 고려해서는 안 되며, 근로자의 동기 유발과 직무몰입을 유도할 수 있는 인간 중심적 설계를 병행해야 한다. 이는 곧 직무설계의 또 다른 목표인 '노동생활의 질'(Quality of Working Life: QWL) 향상과 직결된다. 현대 조직에서는 단순한 생산성 이상의 가치, 즉 사람 중심의 지속가능한 직무환경 설계가 더욱 중요한 기준이 되고 있다.

2. 직무설계의 발전유형

직무설계는 조직 내에서 구성원들이 수행해야 할 업무를 어떻게 구성하고 배치할 것인가에 대한 전략적 결정이며, 이는 조직의 성과는 물론 구성원의 동기부여와 직무만족에 지대한 영향을 미친다. 직무설계의 역사적 발전은 대체로 산업사회의 흐름과 맞물려 있으며, 전통적 생산성 중심 접근에서부터 인간 중심 접근으로 진화해 왔다. 이러한 변화는 노동의 본질에 대한 이해가 깊어지면서 직무를 구성하는 방식 또한 점차 다양하고 정교해졌음을 의미한다. 이 절에서는 직무설계의 발전유형 중 전통적 방식과 과도기적 방식의 내용을 중심으로 살펴본다.

1) 전통적인 직무설계방법: 직무전문화

직무전문화(Job Specialization)는 직무설계의 가장 초기이자 전통적인 형태로서, 산업혁명 시기 대량생산 체계에 적합한 조직 구조를 수립하기 위한 목적에서 출발하였다. 이 방식은 개인이 수행해야 할 직무를 가능한 한 세분화하고 단순화하여, 반복적인 작업을 통해 숙련도를 높이고 궁극적으로 생산성을 극대화하려는 전략이다.

직무전문화의 이론적 뿌리는 18세기 고전경제학자 아담 스미스(Adam Smith)의 『국부론(The Wealth of Nations, 1776)』에 나타난 분업(Division of Labor) 개념에서 찾을 수 있다. 스미스는 핀(pin) 제조 공정을 사례로 들어, 한 명의 노동자가 전체 생산 공정을 수행할 때보다 여러 명이 각기 다른 공정만을 전문적으로 담당할 경우, 훨씬 더 높은 생산량을 달성할 수 있음을 강조하였다. 이러한 분업의 원리는 이후 조직이론과 작업 설계의 기초로서 널리 수용되었으며, 조직 내 직무의 분할과 정형화된 구조의 필요성을 부각시켰다. 이러한 고전적 사고를 조직설계에 본격적으로 도입한 인물이 프레더릭 윈슬로 테일러(F. W. Taylor)이다. 그는 20세기 초 '과학적 관리법(Scientific Management)'을 창안하며, 직무설계에 있어 효율성과 표준화의 중요성을 역설하였다. 테일러는 인간의 노동을 측정 가능한 단위로 세분화하고, 각 과업에 대한 '최적의 작업방법'을 정립하여 조직 내 자원의 낭비를 최소화하고자 했다. 그의 연구는 일명 '시간 및 동작 연구(time and motion study)'를 통해, 각 작업에 드는 시간과 동작을 분석하고 가장 효율적인 수행방식을 표준화함으로써 작업자 간의 편차를 제거하고 생산성을 향상시키는 데 초점을 맞추었다. 직무전문화의 핵심 원리는 다음과 같다.

첫째, 직무의 세분화(Task Fragmentation)이다. 이는 하나의 직무를 가능한 한 단순하고 반복 가능한 소단위로 분할하여 각각의 작업자에게 특정 과업만을 반복적으로 수행하도록 하는 방식이다. 예를 들어, 자동차 조립 공장에서 한 노동자는 문만 조립하고, 다른 노동자는 볼트만 조이는 식으로 직무를 분산시킨다.

둘째, 표준화(Standardization)이다. 모든 직무 절차를 일관되게 규격화함으로써, 동일한 품질의 제품을 대량 생산할 수 있는 기반을 마련한다.

셋째, 훈련의 용이성(Ease of Training)이다. 단순화된 직무는 미숙련 노동자도 짧은 교육만으로 투입이 가능하므로, 인건비 절감과 빠른 인력 배치가 가능하다.

넷째, 측정과 통제의 강화이다. 직무가 정형화됨에 따라 관리자는 작업자의 성과를 쉽게 평가하고 통제할 수 있게 된다.

이러한 방식은 조직의 입장에서는 분명한 장점을 제공하였다. 첫째, 작업의 단순화는 작업자의 숙련도를 빠르게 향상시켜 생산 효율을 증가시켰다. 둘째, 단일한 과업을 반복 수행하는 시스템은 시간당 산출량을 극대화할 수 있어 조직의 수익성 향상에 기여하였다. 셋째, 전문 기술이나 고숙련 인력을 필요로 하지 않아 인건비를 절감할 수 있었다. 넷째, 대체 인력의 투입이 용이하여 인력 운영의 유연성을 확보할 수 있었다.

그러나 직무전문화는 장기적으로 여러 가지 심각한 한계와 부작용을 동반하였다. 첫째, 지나친 분업과 반복적인 작업은 노동자의 권태감과 피로를 가중시켰으며, 이는 곧 직무불만족과 높은 이직률로 이어졌다. 둘째, 일의 의미와 목적을 인식하기 어려운 구조는 구성원의 동기부여를 약화시키고 자율성을 저해하였다. 셋째, 직무 수행에 있어 창의성과 문제해결 능력을 발휘할 수 있는 여지가 제한되었으며, 이는 조직 전반의 혁신 역량을 저해하는 요소로 작용하였다.

또한, 직무전문화는 인간을 기계의 부속품처럼 다루는 비인간적인 측면을 지니고 있었고, 인간의 심리적 욕구나 자아실현의 필요를 무시하는 구조였다. 실제로 테일러주의의 영향 아래 있었던 기업 현장에서는 노동자들의 심리적 소외, 직무 스트레스, 직장 내 무기력 증후군 등의 문제가 빈번하게 발생하였으며, 이는 이후 직무설계 이론의 방향을 인간 중심 접근으로 전환시키는 결정적 계기가 되었다. 요컨대, 직무전문화는 근대 산업사회의 효율성과 생산성을 극대화하는 데 기여한 핵심 개념이었으며, 오늘날에도 대량생산 시스템이나 단순 반복 작업이 요구되는 산업 현장에서 여전히 적용되고 있다. 그러나 정보화 시대, 창의성과 자율성이 중시되는 현대 조직환경에서는 구성원의 심리적 만족, 자율성, 성장 욕구를 고려한 새로운 직무설계 방식의 필요성이 제기되고 있으며, 직무전문화는 그러한 발전적 흐름의 출발점으로서 역사적 의의를 지닌다.

2) 과도기적인 직무설계방법: 직무순환과 직무확대

전통적 직무설계 방식인 직무전문화는 분업과 표준화를 통해 산업 현장의 생산성을 비약적으로 향상시키는 데 기여하였다. 그러나 시간이 흐름에 따라 과도하게 세분화된 직무는 노동자의 권태감, 탈인간화, 직무몰입 저하 등 심각한 부작용을 초래하였다. 특히 제1차 세계대전 이후 산업 구조가 복잡해지고, 노동자들의 교육 수준이 향상되며, 인간 중심 경영에 대한 관심이 높아지자 노동자의 심리적 만족과 동기부여를 고려한 직무설계 방식의 필요성이 부각되었다. 이러한 배경 속에서 등장한 것이 바로 직무순환(job rotation)과 직무확대(job enlargement)이다. 이 두 가지 방식은 전통적인 직무전문화에 대한 대안으로 제시된 과도기적 직무설계 전략으로서, 단순한 효율성 중심의 사고를 넘어 구성원의 심리적 욕구와 인간적 성장 가능성을 고려한 초기 시도라 할 수 있다.

① 직무순환(Job Rotation)

직무순환은 한 명의 근로자가 일정 기간 동안 동일한 직무를 수행한 후, 유사하거나 관련된 다른 직무로 교체되어 순환적으로 여러 직무를 경험하는 방식을 말한다. 즉, 직무 그 자체의 구조나 내용은 변하지 않지만, 근로자와 직무 간의 관계를 일정 주기로 바꾸어줌으로써 작업의 변화와 새로움을 제공하고자 하는 전략이다. 직무순환의 가장 기본적인 목적은 직무 반복에 따른 권태감, 피로감, 단조로움 등의 부정적 요소를 완화하고, 구성원에게 심리적 자극과 다양한 업무 경험을 제공하는 데 있다. 특히 생산현장이나 반복적인 사무작업 환경에서 직무순환은 구성원의 집중력을 유지하고, 직무 수행에 대한 신선함을 제공함으로써 단기적인 직무몰입을 유도할 수 있다.

직무순환은 또한 조직 차원에서도 여러 가지 전략적 이점을 제공한다. 첫째, 다기능 인재를 양성하여 특정 인력에 대한 과도한 의존도를 줄이고 업무 대체성을 높이는 효과를 기대할 수 있다. 둘째, 근로자가 다양한 업무를 경험함으로써 조직 전체에 대한 이해와 시스템 사고(system thinking)를 갖게 되고, 이는 장기적으로 리더십 개발과 경력 개발에도 긍정적 영향을 미친다. 셋째, 한 직무에만 익숙한 '고착된 숙련자'보다는 다양한 직무에 적응 가능한 유연한 인재가 조직의 변화에 더 효과적으로 대응할 수 있다. 그러나 직무순환에는 분명한 한계도 존재한다. 첫째, 다양한 직무를 경험하는 과정에서 숙련의 누적이 지체될 가능성이 있다. 즉, 어느 하나의 분야에서 전문성을 축적하기 어렵고, 오히려 전반적으로 얕은 기술만을 익히는 결과를 낳을 수 있다. 둘째, 순환의 대상 직무 간 난이도나 성격이 상이할 경우, 구성원에게 혼란과 불만을 초래할 수 있다. 셋째, 인사 및 교육 관리 측면에서 계획적이고 체계적인 시스템 운영이 요구되며, 이에 따른 추가적인 관리비용이 발생할 수 있다.

② 직무확대(Job Enlargement)

직무확대는 기존의 단순 반복적인 작업을 하나의 패턴으로 유지하던 직무구조에서 벗어나, 근로자에게 중심과업 외에도 보조적이거나 관련된 다양한 과업을 함께 부여하여 직무의 범위를 수평적으로 확장하는 방식이다. 직무확대는 직무 그 자체의 난이도나 책임의 수준을 변화시키지 않고, 수행하는 과업의 수와 다양성을 증가시킨다는 점에서 차별화된다. 이 전략은 직무전문화가 지나치게 강조되었던 시기, 노동자들이 단일한 과업만을 반복적으로 수행하게 되면서 발생한 직무 단절감, 소외감, 비생산적 피로에 대한 해법으로 제시되었다. 특히 노동자 스스로가 수행하는 작업의 의미와 완성도를 느끼지 못하는 상황에서, 직무확대를 통해 관련 과업을 통합적으로 수행하도록 함으로써 과업 전체에 대한 맥락적 이해와 참여감을 유도할 수 있다.

직무확대의 이점은 다음과 같다. 첫째, 종업원이 수행하는 직무의 다양성이 증가함으로써 심리적 자극과 만족감이 향상될 수 있다. 둘째, 여러 관련 과업을 연속적으로 수행함에 따라 작업에 대한 통제감, 책임감, 일의 의미성이 증대될 수 있다. 셋째, 보다 완성도 있는 결과물을 도출하게 됨으로써 자기 효능감과 동기부여 수준이 증가할 수 있다. 예를 들어, 조립 라인에서 단순히 부품 하나를 조립하는 업무만 수행하던 작업자에게, 그 부품의 검사나 포장까지 함께 담당하도록 직무가 확대된다면, 해당 작업자는 보다 넓은 작업 범위와 결과에 대한 책임감을 느끼게 된다. 이는 곧 직무에 대한 몰입과 성과의 질적 향상을 유도하는 요소로 작용할 수 있다. 하지만 직무확대 역시 몇 가지 유의해야 할 점이 있다. 첫째, 단순히 과업의 수만 늘린다고 해서 근본적인 직무만족이나 동기부여가 향상되지는 않는다. 오히려 업무량 증가에 따른 피로감과 부정적 정서가 초래될 수 있다. 둘째, 직무의 확대가 자율성과 의미성을 동반하지 않을 경우, 종업원은 단순히 '일이 늘어난 것'으로 받아들이고 불만을 느낄 수 있다. 따라서 직무확대는 반드시 적절한 직무 설계, 훈련, 보상과의 연계가 병행되어야 한다.

종합적 시사점

직무순환과 직무확대는 전통적 직무설계가 안고 있던 비인간적이고 기계적인 측면을 보완하기 위한 초기 시도였다는 점에서 큰 의의가 있다. 두 방식 모두 구성원에게 보다 다양한 경험을 제공하고, 직무에 대한 몰입을 유도하며, 조직 유연성을 높인다는 점에서 긍정적으로 평가된다. 그러나 이 방식들이 궁극적인 심리적 만족이나 동기부여를 장기적으로 유지하기에는 다소 한계가 있다는 점도 명확하다. 이에 따라 이후 등장한 직무풍요화(job enrichment)는 직무의 질적 수준을 향상시키고, 직무수행에 있어 책임감, 자율성, 피드백 등 내적 동기를 유발할 수 있는 요소를 통합한 보다 정교한 설계 방식으로 발전하게 되었다.

직무순환과 직무확대는 인간 중심 직무설계로의 전환을 이끄는 과도기적 다리 역할을 수행한 전략으로, 오늘날에도 다양한 산업 현장에서 훈련, 유연근무제, 경력개발 경로 설계 등의 실천적 수단으로 활용되고 있다. 다만, 효과적인 실행을 위해서는 구성원의 능력 수준, 직무 간 유사성, 조직의 전략적 목적, 관리자 역량 등을 충분히 고려하여 설계되어야 할 것이다.

3) 현대적인 직무설계방법: 직무충실과 직무특성이론

전통적인 직무전문화와 과도기적인 직무순환·직무확대는 직무를 단순화하거나 과업의 범위를 늘려 효율성을 도모하고자 하는 시도였다. 그러나 이러한 방식들은 노동자들의 심리적 만족과 조직몰입을 장기적으로 유지하기에는 한계가 있었다. 특히 현대 산업사회의 복잡성과 노동자들의 기대수준이 고도화됨에 따라 직무설계 방식도 점차 “심리적 동기, 자율성, 성장욕구”를 고려하는 현대적 접근으로 진화하게 되었다. 이와 같은 현대적 직무설계의 대표적 방식으로는 직무충실화(job enrichment)와 직무특성이론(job characteristics theory)이 있다.

① 직무충실에 의한 직무설계(Job Enrichment)

직무충실화(job enrichment)는 기존의 직무설계 방식이 지나치게 과업을 단순화하고 분업화함으로써 구성원의 권태감과 소외감을 유발했다는 반성에서 출발한다. 이는 허즈버그(F. Herzberg)의 이요인이론(Two-Factor Theory)을 이론적 배경으로 한다. 허즈버그는 직무만족을 유발하는 요인과 직무 불만족을 유발하는 요인이 서로 다른 차원에 존재한다고 주장하였다. 다시 말해 급여, 근로조건, 직장정책 등과 같은 '위생요인'이 개선되더라도 불만은 줄어들 수는 있으나 만족이 증가하는 것은 아니며, 진정한 직무만족은 성취감, 인정, 책임, 일 자체의 의미 등 '동기요인'에서 비롯된다고 보았다.

직무충실화는 바로 이 동기요인을 직무 설계 속에 적극 반영함으로써 구성원이 자신의 업무에서 의미와 성장을 경험할 수 있도록 설계하는 방식이다. 다시 말해, 단순히 과업의 양을 늘리는 직무확대(job enlargement)와는 달리, 직무충실화는 과업의 질적인 향상에 초점을 두며, 구성원이 자신의 직무에 대해 계획하고, 실행하며, 피드백을 받고, 스스로 평가할 수 있는 자율성과 책임을 갖도록 한다. 직무충실화가 지향하는 핵심은 다음과 같다.

첫째, 구성원에게 도전적이고 복합적인 과업을 부여함으로써 그들이 지적인 자극과 학습 기회를 경험할 수 있도록 한다.

둘째, 작업 수행의 방식이나 순서에 있어 재량권과 자율성을 부여하여, 구성원이 스스로 주도하는 업무 경험을 제공한다.

셋째, 직무로부터 직접 피드백을 받을 수 있는 구조를 마련하여, 작업 결과에 대한 인식을 강화하고, 스스로의 성과에 대한 성찰을 가능하게 한다.

넷째, 과업의 전체 흐름 중 일부분이 아닌, 전과정 또는 일련의 작업 단위를 수행할 수 있도록 직무를 설계함으로써 구성원이 완결성과 정체성을 느낄 수 있도록 한다.

예를 들어, 전통적인 방식에서 단순 조립만 하던 작업자가 직무충실화의 적용을 통해, 제품 조립 외에 품질 검사와 작업 개선 제안 활동까지 포함하는 일련의 과업을 수행하게 된다면, 그는 단순한 '부속적 인력'이 아닌 하나의 결과물에 실질적으로 기여하는 주체로서의 자각을 얻게 된다. 이는 곧 구성원의 자기효능감 향상, 내재적 동기 유발, 직무만족 증가로 이어진다. 직무충실화는 특히 지식기반 산업, 전문직, 창의성이 요구되는 직무군에서 효과적으로 작용하며, 점차 반복적이고 기계적인 직무에서도 적용 범위를 넓히고 있다. 그러나 이 방식이 성공하기 위해서는 구성원이 일정 수준 이상의 역량과 자율성 수용 태도, 그리고 조직의 신뢰문화와 관리자의 지원 시스템이 전제되어야 한다. 권한을 위임했지만 그에 대한 지원이 없거나, 책임은 부여하되 실패에 대한 수용 여지가 없다면, 직무충실화는 오히려 구성원에게 부담과 스트레스를 줄 수 있다. 따라서 직무충실화는 단순한 직무내용 변경의 차원이 아닌, 직무설계에 대한 철학적 전환이 요구되며, 조직 내 가치관, 리더십 스타일, 보상 체계 등과 유기적으로 연계되어야 성공적인 설계와 실행이 가능하다.

② 직무특성이론에 의한 직무설계(Job Characteristics Theory)

직무특성이론은 직무충실화가 던진 문제의식을 보다 구조적이고 계량적으로 정립한 이론으로, J. R. 헥크만(Hackman)과 G. R. 올드햄(Oldham)에 의해 1976년 정립되었다. 이들은 "어떤 직무가 구성원에게 동기를 부여하는가?", "그 동기는 어떤 심리적 경험을 통해 발생하며, 어떤 결과로 이어지는가?"에 대한 체계적인 모형을 제시하였다. 직무특성이론은 직무를 단순히 물리적, 기술적 기능의 집합으로 보지 않고, 구성원이 심리적으로 어떻게 인식하느냐에 따라 직무의 질과 효과가 달라진다는 점을 강조한다.

이 이론은 직무가 특정한 핵심 특성(core characteristics)을 포함하고 있을 때, 구성원이 세 가지 중요한 심리 상태(psychological states)를 경험하게 되며, 이는 궁극적으로 높은 직무만족, 동기부여, 직무성과, 낮은 이직률 등 긍정적인 결과로 이어진다고 본다.

헥크만과 올드햄이 제시한 다섯 가지 핵심 직무특성은 다음과 같다.

- **기능다양성**(Skill Variety): 직무수행에 다양한 기술과 능력이 요구되는 정도. 기능다양성이 높을수록 작업자는 자신의 능력을 충분히 발휘하며 심리적 풍요로움을 경험한다.
- **과업정체성**(Task Identity): 직무가 전체 과업 중에서 어느 정도의 일관된 단위를 이루고 있는가에 관한 특성. 시작부터 끝까지 작업을 수행하는 경험은 구성원에게 완성감과 직무의 의미를 부여한다.
- **과업중요성**(Task Significance): 직무가 조직 내 또는 외부 사회에 얼마나 큰 영향을 미치는가에 대한 정도. 타인에게 의미 있는 결과를 제공한다고 느끼는 것은 일의 가치와 책임감을 심화시킨다.
- **자율성**(Autonomy): 작업자가 일의 수행 방식과 순서를 스스로 결정할 수 있는 자유도. 자율성은 구성원이 작업 결과에 대한 심리적 책임감을 느끼게 만든다.
- **피드백**(Feedback): 직무 수행의 결과에 대해 작업자가 얼마나 명확하고 직접적인 정보를 받을 수 있는지를 의미한다. 효과적인 피드백은 학습과 자기조절을 유도하고, 동기부여를 지속시킨다.

이러한 다섯 가지 직무특성은 세 가지 심리 상태(즉 작업의 의미성, 결과에 대한 책임감, 결과에 대한 인식)에 영향을 주며, 이는 다시 내재적 동기부여, 직무만족, 직무성과 향상으로 이어진다. 헥크만과 올드햄은 이러한 관계를 계량화하여 직무의 동기 유발 잠재력(MPS, Motivating Potential Score)이라는 개념을 제안하였다. MPS는 다음과 같은 식으로 계산된다.

$$MPS = \frac{\text{기능다양성} + \text{과업정체성} + \text{과업중요성}}{3} \times \text{자율성} \times \text{피드백}$$

이 식은 자율성과 피드백이 직무의 동기 유발력에서 가중치 역할을 한다는 점을 보여준다. 따라서 아무리 과업이 다양하고 의미가 있더라도, 자율성과 피드백 수준이 낮으면 직무는 낮은 동기 유발 잠재력을 가질 수밖에 없다. 직무특성이론의 주요한 실천적 시사점은 다음과 같다.

표 5-7 직무설계 접근방법별 특징 비교표

접근방법	이론적 배경	핵심 특징	직무 변화 수준	종업원 반응 및 효과
직무 전문화	과학적 관리법 (F. Taylor)	분업, 표준화, 반복을 통해 생산성 극대화, 효율 중심의 설계	매우 낮음	숙련도 및 생산성은 증가하지만, 권태감, 소외감, 자율성 부족 등 심리적 만족은 낮음
직무 교대	종업원 반응 중심	유사한 수준의 직무 간 정기적 교대, 단조로움 해소 목적	거의 없음	작업의 신선도 제공, 단기적 권태 해소 가능. 그러나 실질적 직무 내용 변화는 없음
직무 확대	수평적 확장 개념	직무의 범위를 넓혀 다양한 과업 수행, 직무의 양적 확대	낮음 (수평적 확대)	반복 작업에서 벗어나지만 도전성 부족 시 동기 유발은 제한적
직무 충실	허즈버그의 2요인 이론	도전, 자율성, 책임 부여를 통해 직무의 질적 향상, 내재적 동기 유발 중심	중간 이상 (수직적 확대)	직무에 의미 부여, 자기효능감 향상, 고성과자에게 특히 효과적
직무특성 이론	Hackman & Oldham 이론	직무의 5가지 특성을 진단하여 재설계, 개인차 고려, 동기유발잠재력(MPS) 중시	고도화된 맞춤형 설계	구성원의 성장욕구에 따라 반응 상이, 자기주도적 몰입 유도, 지속적 직무만족 가능

첫째, 직무를 재설계하고자 할 때 단순히 '일을 더 주거나, 바꾸는 것'이 아닌, 직무의 심리적 특성을 면밀히 진단하고 분석하는 과정이 필요하다.

둘째, 구성원 개개인의 성장욕구 수준(Growth Need Strength)을 고려해야 하며, 모든 사람이 직무충실화에 동일하게 반응하는 것이 아님을 유의해야 한다.

셋째, 직무특성이론은 직무분석, 경력개발, 보상제도 설계, 교육훈련 전략 등 다양한 HR 제도와 연계 가능하며, 오늘날 HRM의 핵심 이론 중 하나로 자리잡고 있다.

종합하면, 직무충실화는 직무의 질적 향상을 통한 자아실현 기회를 제공하는 전략이며, 직무특성이론은 그 구조와 작동 메커니즘을 체계적으로 설명하는 이론 틀이라고 할 수 있다. 이 두 접근은 조직 구성원 개개인을 심리적으로 존중하고 동기화하는 방향으로 직무설계를 전환시킨 현대 인사관리의 핵심 이정표라 할 수 있다.

section 03 직무평가

1. 직무평가의 의의

직무평가(job evaluation)란 조직 내에서 수행되는 다양한 직무들을 대상 으로 하여, 직무기술서(job description)와 직무명세서(job specification)의 내용을 기반으로 각 직무의 중요도, 복잡성, 난이도, 책임 수준, 위험성 등 핵심 요소들을 비교·분석하여 직무 간 상대적 가치를 체계적으로 결정하는 절차를 말한다. 직무평가의 핵심 목적은 동일한 가치의 직무에 대해 공정하고 일관된 보상이 이뤄질 수 있도록 직무 기준에 근거한 임금체계의 기초자료를 제공하는 것이다. 이는 내부 형평성(internal equity)을 확보하고, 조직 내 임금 불만이나 갈등을 예방하며, 성과 중심의 공정한 인사제도를 운영하는 데 중요한 역할을 한다.

또한, 직무평가는 단순히 보상관리의 도구를 넘어서 인적자원관리 전반의 기초 정보로 활용된다. 예를 들어, 신규 채용 시 직무요구능력과 후보자의 역량을 비교하거나, 조직개편 시 직무 재설계를 위한 분석 기초로 사용되며, 교육훈련의 필요성과 방향을 설정하는 기준이 되기도 한다. 나아가 노동조합과의 임금 교섭 시 합리적인 협상의 근거자료로 활용되며, 직무이동, 승진, 경력개발 등 다양한 HR 프로세스의 객관성과 일관성을 높이는 데 기여한다. 오늘날 디지털 기술의 확산과 직무 간 경계의 모호화, 하이브리드 업무 환경의 확장 등으로 인해 정적인 직무평가를 넘어 유연하고 주기적인 재평가의 필요성도 커지고 있다. 따라서 조직은 직무평가를 단발성 작업이 아니라 동적 인력운영을 위한 전략적 관리 도구로 재인식할 필요가 있다.

2. 직무평가의 목적

직무평가의 궁극적인 목적은 조직 내 다양한 직무 간의 상대적인 가치를 체계적으로 파악함으로써, 공정하고 일관된 인사·보상 체계를 수립하기 위한 객관적인 기준을 마련하는 데 있다. 기업에서 종업원에게 지급되는 임금은 원칙적으로 조직에 대한 기여도에 따라 결정되며, 이 기여도는 대체로 종업원이 수행하는 직무의 성격과 수준, 중요도 등을 평가하여 산출된다. 이에 따라 직무평가는 인적자원관리 전반의 핵심 기반으로 기능하게 된다.

첫째, 직무의 상대적 가치와 유용성을 합리적으로 결정하기 위한 객관적 자료를 제공한다. 이는 조직 내 직무 간 위계질서와 직무 구조를 명확히 설정하고, 동일 가치 노동에 대한 동일 보상 원칙을 실현하는 데 기여한다.

둘째, 노사 간 신뢰와 협력을 구축할 수 있는 공정한 임금의 기준 자료로 활용된다. 직무평가는 직무 자체의 특성과 요구 요건에 근거한 평가이기 때문에, 임금 결정의 합리성을 뒷받침할 수 있으며, 노사 간의 임금협상 시 공통된 이해의 기반을 제공함으로써 갈등을 예방하고 협력적인 노사관계를 유도할 수 있다.

셋째, 직계제도(직급, 직책, 직무 분류 등)의 체계화와 직무급제도의 정립에 필요한 기초자료로 기능한다. 직무평가는 조직 내 인사 체계와 승진 구조를 보다 논리적이고 정합성 있게 설계하도록 도와주며, 직무 중심의 보상 철학을 구현할 수 있도록 한다.

넷째, 외부 노동시장에서 우수 인재를 유치할 수 있는 경쟁력 있는 임금체계를 설계하는 데 기여한다. 직무평가는 시장 임금 수준과 조직 내부 직무 가치를 연계시켜 임금 수준의 적정성을 확보하며, 이를 통해 조직은 인재 확보 및 유지 측면에서 전략적 우위를 점할 수 있다.

다섯째, 단체교섭 및 인사제도 개편 시 중요한 실증적 기준으로 활용된다. 직무평가 자료는 단체협상 시 객관적인 데이터로 작용하며, 임금 인상, 직무 재설계, 조직 구조 개편 등의 이슈에서 구성원의 이해와 수용성을 높이는 데 유리한 논리적 기반이 된다.

결과적으로 직무평가는 단순한 평가 절차를 넘어, 조직의 전략, 공정성, 경쟁력, 내부 통합성을 실현하는 핵심 인사관리 도구로서의 기능을 수행한다. 특히 급변하는 경영 환경 속에서 유연하고 투명한 HR 체계가 요구되는 오늘날, 직무평가는 전략적 인적자원관리의 기초적 수단으로 더욱 중요성이 부각되고 있다.

3. 직무평가의 요소

직무평가의 핵심은 조직 내 다양한 직무 간 상대적 가치를 합리적으로 비교하고, 이에 따라 보상이나 인사정책의 기준을 설정하는 데 있다. 이러한 상대적 가치는 곧 해당 직무가 조직의 경영 성과에 어느 정도 기여하고 있는지를 의미하며, 이는 직무의 공헌도(contribution)에 따라 평가된다. 직무의 공헌도를 판단하기 위한 평가요소는 다양하다. 대표적으로 책임의 수준, 직무의 난이도와 복잡성, 중요성, 수행 중 수반되는 위험성 등이 일반적으로 고려되지만, 직무의 성격이 다원적이고 산업마다 특성이 상이하므로, 모든 직무에 일률적으로 적용 가능한 보편적 평가요소를 설정하는 것은 현실적으로 어렵다. 따라서 각 조직은 자체의 업무 특성, 산업 구조, 조직 전략에 부합하는 평가요소를 선별하여 적용할 필요가 있다. 이와 관련하여 오티스와 루카트(J.L. Otis & R.H. Leukart)는 직무평가 요소 선정 시 고려해야 할 네 가지 원칙을 다음과 같이 제시하였다.

1) 비교 가능성

평가요소는 직무 간의 존재 정도나 수준에 차이가 발생할 수 있어야 하며, 그 차이를 비교할 수 있어야 한다. 즉, 모든 직무에 공통으로 존재하지만 직무별로 강도나 중요도의 차이가 있어야 유의미한 평가가 가능하다.

2) 일반성과 중요성

선택된 평가요소는 조직 내 대부분의 직무에 보편적으로 적용될 수 있는 요소이면서, 직무 성과에 실질적으로 영향을 미치는 중요 요소여야 한다.

3) 비중복성

평가요소는 서로 중복되지 않도록 명확히 구분되어야 하며, 하나의 직무 특성을 이중으로 평가하지 않도록 주의해야 한다.

4) 적용 가능성과 수용성

평가요소는 조직 내 대다수 직무에 적용 가능해야 하며, 노사 양측 모두가 공정하고 납득 가능한 기준이라고 인정할 수 있어야 한다. 이는 직무평가 결과에 대한 내부 정당성 확보를 위해 중요하다.

최근의 주요 직무평가 요소 사례

미국 O*NET 직무평가 기준(미국 노동부 산하)

O*NET(Occupational Information Network)은 미국 노동부가 운영하는 공공 직무정보 시스템으로, 직무별 역량 기준과 평가 항목을 매우 체계적으로 제시하고 있으며, 세계적으로 HRM 벤치마킹의 기준이 된다.

O*NET 주요 평가요소	내용 요약
지식(Knowledge)	직무 수행에 필요한 이론적·기술적 지식 (예: 법률, 컴퓨터, 경영, 생산기술 등)
기술(Skills)	실무 능력(예: 분석력, 설득력, 장비 조작 능력 등)
능력(Abilities)	인지력, 신체력, 시각·언어 처리 등 타고난 개인 특성
업무활동 (Work Activities)	일상적으로 수행하는 직무 활동 (계획수립, 데이터 분석 등)
작업상황 (Work Context)	물리적 환경, 대인접촉 빈도, 위험 요소 등

O*NET 주요 평가요소	내용 요약
근무가치 (Work Values)	자율성, 성취감, 대인 관계, 보상 기대 등 직무 선택 요인

시사점: O*NET 기준은 데이터 기반 HR 시스템 구축, 디지털 직무평가 도구 설계, 채용 및 승진 평가 기준 수립에 활용된다.

한국 NCS 기반 직무평가 요소(고용노동부·한국고용정보원)

국가직무능력표준(NCS)는 직무수행에 필요한 지식, 기술, 태도 등을 체계화한 기준이며, 공공기관 및 민간기업에서 채용, 배치, 교육훈련, 평가 기준으로 폭넓게 적용되고 있다.

NCS 평가영역	하위 요소
직무역량	업무 수행에 필요한 실무 기술, 운영 능력, 도구 사용 역량
문제해결능력	비판적 사고, 대안 제시, 분석력
의사소통능력	문서 작성, 발표, 경청, 설득력
조직이해 및 대인관계	협업능력, 리더십, 조직 구조 이해도
자기개발능력	직무 관련 학습 지속성, 변화 적응력

시사점: 최근 공공기관·대기업의 역량기반 평가(BEI, CBP)에 이 기준이 반영되며, 직무 중심 보상체계에서도 활용도 증가.

글로벌 컨설팅 기업 Hay Group(現 Korn Ferry)의 직무평가 요소

세계적인 HR 컨설팅사인 Hay Group은 'Hay 직무평가 시스템'을 통해 직무평가 요소를 다음 세 가지 핵심 영역으로 제시한다. 이 모델은 특히 보상 설계(직무급/성과급)와 조직구조 설계에 널리 활용된다.

핵심 요소	하위 구성
Know-How	지식, 기능, 문제 해결, 대인관계, 관리능력 등
Problem Solving	과업의 복잡성, 독창성, 자율성, 분석능력
Accountability	책임의 범위, 영향력, 결과에 대한 책임 수준

시사점: Hay 평가 요소는 직무의 수준(Level)에 따라 세분화되어, 직책–보상 정합성 평가에 활용되며, 직무등급제 도입 조직에서 많이 사용된다.

최근 직무평가 요소 정리 요약

구분	핵심 평가 요소	활용 목적	출처
역량 기반	지식, 기술, 태도	채용, 교육, 경력개발	O*NET, NCS
정성 요소	책임성, 창의성, 자율성, 대인관계	보상, 리더 육성	Hay Group, Mercer
환경 요소	물리적·심리적 작업조건, 위험도	건강관리, 안전관리	국제노동기준(ILO), 산업안전보건기준

현대적 시사점

– 보상체계에서 직무 중심의 '직무급제' 확산에 따라 직무평가 요소의 정교화가 중요해짐.

– AI 및 데이터 기반 HR 분석 시대에 맞춰, 정성·정량 요소의 통합이 필요.

– ESG·DEI 관점이 HR에 접목되면서, 직무의 사회적 가치나 포용성 등 새로운 평가 항목에 대한 논의도 활발.

4. 직무평가의 방법

직무평가의 방법은 크게 비양적 평가방법(non–quantitative method)과 양적 평가방법(quantitative method)으로 구분된다. 비양적 평가방법은 직무의 난이도나 중요도에 대한 포괄적이고 정성적인 판단을 바탕으로 직무 간의 상대적 가치를 평가하는 방식이다. 이는 수치화된 점수 대신, 직무 전체에 대한 종합적 비교를 통해 상대적 서열이나 등급을 부여하는 접근으로, 서열법과 분류법이 대표적인 유형이다.

반면, 양적 평가방법은 직무를 구체적인 평가 요소로 분해하고 계량화된 기준에 따라 분석·평가하는 방식이다. 이 방법은 객관성과 정밀도를 높일 수 있으며, 점수법과 요소비교법이 대표적으로 활용된다. 양적 방법은 직무분석에 기초하여 직무별 점수를 산정하거나 요소별 비교를 통해 직무의 가치를 수치화함으로써 보다 체계적이고 일관된 직무평가 결과를 도출할 수 있다.

1) 비양적 평가방법

(1) 서열법(Ranking Method)

서열법은 조직 내 다양한 직무들의 상대적인 가치를 비교하여, 그 중요도나 난이도 등에 따라 직무 간 서열(순위)을 정하는 방식이다. 이 방법은 가장 단순한 형태의 직무평가 기법으로, 직무 수가 많지 않거나 구조가 단순한 조직에서 손쉽게 적용할 수 있는 장점이 있다.

평가자는 조직 내 직무들을 포괄적으로 검토하고, 직무의 전반적인 기여도, 난이도, 책임성 등을 기준으로 비교적 주관적인 판단을 통해 1위부터 마지막까지 순위를 매긴다. 이 과정에서 직무기술서나 담당자 면담 등의 정보가 활용될 수 있지만, 서열 자체는 정량적 수치보다는 정성적 비교에 의해 결정된다.

서열법의 장점은 적용이 쉽고 빠르며, 별도의 복잡한 평가 기준 없이 직무 간 우선순위를 도출할 수 있다는 점이다. 특히 직무 수가 적고 유사성이 큰 경우에는 매우 효과적인 방식이다. 하지만 단점도 명확하다. 직무 간 구체적인 차이점을 수치화하지 않기 때문에 결과의 신뢰성이 떨어질 수 있으며, 유사한 직무 명칭을 가진 경우 내용에 대한 깊은 이해 없이 평가가 이루어질 수 있어 혼선을 초래하기 쉽다. 또한 평가자의 개인적 인식이나 편향이 평가 결과에 크게 작용할 수 있는 구조적 한계가 있다. 따라서 서열법은 소규모 기업이나 인사 시스템이 단순한 조직에서 기초적인 직무가치 판단을 위한 수단으로는 유용하지만, 직무 수가 많거나 체계적 임금 설계가 필요한 대규모 조직에서는 한계가 크다.

(2) 분류법(Classification Method)

분류법은 조직 내 직무들을 사전에 설정된 등급 체계(Grade)에 따라 분류하고, 각 직무를 해당 등급에 배정하는 방식의 직무평가 방법이다. 이 방법은 직무의 난이도, 복잡성, 책임 수준 등을 기준으로 몇 개의 등급을 정해 놓고, 각 등급에 해당하는 직무 속성을 명확히 기술한 뒤, 직무기술서에 근거하여 각 직무를 적절한 등급에 포함시킨다. 직무 등급은 일반적으로 직무의 복잡도, 요구 숙련도, 책임의 정도, 의사결정 수준 등을 종합적으로 고려하여 설정되며, 같은 등급에 속한 직무는 동일한 가치와 유사한 보상 수준을 갖는 것으로 간주한다.

이 방법의 장점은 절차가 비교적 간단하고 종업원들이 이해하기 쉬우며, 직무 자체가 상세하게 분석되지 않은 경우에도 직관적인 분류가 가능하다는 점이다. 특히 공공부문, 행정기관, 학교 등에서 사무직·행정직에 많이 활용되고 있으며, 직무등급제 기반 임금체계나 공무원 보수체계의 기본 구조로 사용된다. 반면, 단점도 존재한다. 첫째, 직무를 세부적으로 분석하지 않기 때문에 분류 정확성이 떨어질 수 있고, 둘째, 분류 기준이 모호할 경우 동일 직무가 복수 등급에 해당될 수 있는 혼선이 생길 수 있다. 또한, 등급 간 상대적 가치 차이를 명확히 수치로 표현하지 못하고, 직무 수가 많아지면 정확한 분류 작업이 어렵고 부담이 증가하는 문제도 있다.

표 5-8 직무 분류법에 의한 직무 등급 예시

등급	직무 내용
1급	사환 또는 이와 유사한 단순 보조 업무
2급	간단한 작업, 정해진 규칙에 따른 업무, 엄격한 감독 하의 일상적 정규 업무
2급-1	경험 불필요, 단순 사무 또는 간단한 기기 조작 업무
2급-2	약간의 경험이 필요한 단순 사무
2급-3	외부 훈련이 필요한 기기 조작 업무(예: 타자기, 회계기 등)
3급	일정 수준의 사무 능력이 요구되는 규칙적 업무
3급-1	사무 재능 필요, 책임은 낮은 수준
3급-2	일정한 훈련이 필요한 기기 조작 업무

등급	직무 내용
3급-3	3급-1의 업무 중 약간의 책임을 동반하는 업무
4급	특정 분야에 대한 깊은 지식이 필요한 업무
4급-1	완전하고도 전문적인 지식 요함
4급-2	4급-1의 업무 중 감독·책임을 수반하는 업무
5급	경영 방침 이해, 전례 없는 사안 대응, 오랜 경험 요하는 관리 업무
5급-1	회사 내 경험이 특히 필요한 업무
5급-2	보다 전문적이며 어려운 업무(회사 경험 불필요)
5급-3	5급-1의 감독·책임 부여 업무
5급-4	5급-2 업무 중 회사 경험 필요 또는 감독 검열이 요구되는 업무
6급	고도의 전문성·기밀성 요구, 경영자 성격의 업무
6급-1	전문성과 비밀성이 요구되는 고급 업무
6급-2	준경영자 수준의 판단·관리 책임이 있는 업무

시사점: 분류법은 단계별로 정해진 직무 등급을 활용해 인사체계와 임금체계를 단순화할 수 있는 유용한 방법이지만, 직무 간 미세한 가치 차이의 반영에는 한계가 있으므로, 대규모 조직에서는 양적 평가법과의 병행이 권장된다.

2) 양적 평가방법(Quantitative Methods)

양적 평가방법은 직무를 구성하는 요소들을 세분화하고, 각 요소별로 일정한 평가 기준과 척도를 적용하여 직무의 가치를 수치적으로 산정하는 방식이다. 이는 평가 결과가 정량화되어 임금체계, 승진관리, 인력배치 등 다양한 인사관리 활동과 직접적으로 연결될 수 있다는 점에서 매우 유용하다. 대표적인 양적 평가방법으로는 점수법과 요소비교법이 있다.

(1) 점수법(Point Rating Method)

점수법은 M. R. Lott에 의해 1925년에 고안된 가장 대표적이고 널리 활용되는 양적 직무평가 기법이다. 이 방법은 직무를 구성하는 여러 평가 요소들을 사전에 정의하고, 각 요소에 대해 조직 내 중요도에 따라 비중을 설정한 후, 각 등급별 점수를 배분하여 총합으로 직무의 상대적 가치를 결정하는 체계적인 방식이다. 점수법의 절차 및 구성은 일반적으로 다음과 같은 절차를 거쳐 실시된다.

① **직무의 분류**: 평가 대상 직무들을 유사한 특성에 따라 분류한다. 예를 들어, 생산직, 기술직, 사무직, 관리직 등으로 구분하여 그룹화하는 작업이 선행된다.

② **평가 요소의 선정**: 모든 직무에 공통적으로 존재하면서 직무 성과에 본질적인 영향을 미치는 요소들을 선정한다. 일반적으로 선정되는 요소는 '숙련(Skill)', '책임(Responsibility)', '노력(Effort)', '작업 조건(Working Conditions)' 등이 있다.

③ **요소 정의**: 선정된 요소들은 누구나 같은 의미로 해석할 수 있도록 명확하게 정의되어야 하며, 이는 평가의 일관성과 객관성을 확보하기 위한 핵심 단계이다. 예컨대 '숙련'은 단순히 경험의 유무를 넘어 교육 수준, 판단력, 정확성, 창의성 등을 모두 포함하여 정의되어야 한다.

④ **등급 설정**: 각 요소마다 수행 난이도나 수준에 따라 구간별로 등급을 설정한다. 예를 들어 '교육 수준' 요소는 초등학교 졸업 이하에서 박사 학위 이상까지 여러 등급으로 나눌 수 있다.

⑤ **비중(weight)의 설정**: 각 요소가 조직의 목표 달성에 기여하는 중요도에 따라 비중을 설정한다. 예컨대 제조업체에서는 '신체적 노력'보다 '숙련도'나 '책임감'이 더 큰 비중을 가질 수 있다. 전국 산업협의회 조사에 따르면 일반적인 평균 비중은 숙련도 50%, 책임도 25%, 노력도 15%, 작업조건 10%로 나타난 바 있다.

⑥ **점수 부여 및 총점 산정**: 각 평가 요소의 등급에 따라 점수를 할당한 뒤, 요소별 점수를 비중에 따라 조정하고 최종 총점을 합산하여 직무의 평가 점수를 산출한다. 이 점수는 임금 등급 결정의 기초자료로 활용된다.

▣ 장점

– **신뢰성과 타당성이 높다**: 평가 체계가 체계적으로 정립되어 있고 수치화되어 있기 때문에 평가 결과에 대한 조직 내 수용도가 높다.

- **직무 간 비교가 용이하다**: 다양한 직무를 동일한 기준으로 정량 비교할 수 있으며, 공정한 보상 체계를 설계할 수 있다.
- **노사 간 이해 기반 형성에 유리**: 평가 항목이 구체적이므로 임금 협상 과정에서 논리적인 설명이 가능하다.

▣ 단점

- **평가자 훈련과 전문성 필요**: 요소 설정, 점수 배정, 등급 판정 등 각 단계에서 전문적인 지식과 숙련이 요구된다.
- **비용과 시간 소요**: 모든 직무를 동일한 기준에 따라 세밀하게 평가해야 하므로 인력과 시간이 많이 필요하다.
- **주관 개입 가능성**: 점수 배정 시 평가자의 주관이 개입될 수 있으며, 특히 비중 설정은 조직 상황에 따라 논란이 발생할 수 있다.

표 5-9 직무평가 요소

평가 요소	세부 항목
숙련(Skill)	교육수준, 지식의 깊이, 경험 연한, 판단력, 정밀도, 기계 숙련도 등
책임(Responsibility)	인적·물적 자원에 대한 책임, 감독·지도 책임, 안전 책임, 품질 책임 등
노력(Effort)	정신적·육체적 노력, 집중력 요구 수준, 작업 피로도, 단조로움 등
작업조건 (Working Conditions)	물리적 작업환경, 위험도, 소음·진동, 불쾌감, 기후 등

(2) 요소비교법(Factor Comparison Method)

요소비교법은 1926년 E. J. Benge에 의해 고안된 직무평가 방법으로, 점수법에서 나타나는 주관성과 정량화의 한계를 보완하기 위해 개발된 임금 중심의 정량적 직무평가 방식이다. 이 방법은 직무 간의 가치를 비교함에 있어 조직 내에서 이미 임금이 확립된 기준 직무(benchmark jobs)를 활용하여, 각 기준 직무에 실제로 지급되는 임금을 평가 요소별로 배분한 다음, 이 기준을 바탕으로 다른 직무를 비교·평가함으로써 직무의 상대적 가치를 금액 단위로 산출하는 방식이다. 요소비교법의 핵심적인 특징은 직무 평가 결과가 바로 임금 결정과 직결된다는 점이다. 이는 곧 직무의 상대적 중요도를 수치화하는 데 있어 점수 대신 임금의 배분이라는 실질적이고 구체적인 기준을 사용한다는 것을 의미한다. 따라서 직무 평가와 보상 체계가 논리적으로 긴밀히 연결되어 있으며, 실제 인사관리 실무에서 임금의 공정성과 합리성을 확보하는 데 매우 효과적인 접근으로 간주된다. 요소비교법은 다음과 같은 일련의 체계적인 절차를 통해 수행된다.

① **평가 요소의 선정**: 직무의 가치를 비교·판단하기 위한 평가 요소를 먼저 선정한다. 일반적으로 널리 사용되는 요소는 ① 지적 요건(Intellectual Requirements), ② 숙련도(Skill), ③ 신체적 요건(Physical Requirements), ④ 책임(Responsibility), ⑤ 작업 조건(Working Conditions) 등이다. 이 요소들은 다양한 직무에 공통적으로 존재하며, 직무 수행의 핵심적인 측면을 반영하는 기준이 된다.

② **기준 직무의 선정**: 다음으로 조직 내에서 내용이 명확하고, 상대적으로 안정된 임금이 지급되고 있으며, 평가 대상 직무들과 비교 가능한 기준 직무들을 선정한다. 이 기준 직무들은 조직 내 직무 수준의 하위, 중간, 상위 단계에 고르게 분포되도록 구성되며, 일반적으로 4~6개의 기준 직무가 선택된다. 이 기준 직무는 이후 모든 직무의 평가 기준이 되므로 신중한 선정이 필요하다.

③ **기준 직무의 요소별 서열 결정**: 선정된 기준 직무에 대하여, 각 평가 요소별로 상대적인 서열을 매긴다. 예를 들어 〈표 5-10〉에서 '지적 요건'이라는 요소에 대해 A 직무가 가장 높고, B 직무가 가장 낮다면, A는 ④, B는 ① 등으로 서열을 기입하게 된다. 이 작업은 모든 평가 요소에 대해 반복되며, 이를 통해 기준 직무 요소별 서열표를 작성할 수 있다.

④ **기준 직무의 임금 분배**: 각 기준 직무에 지급되고 있는 현재 임금을 평가

요소별로 나누어 배분한다. 이때 임금은 각 요소가 차지하는 상대적 중요도나 기여도에 따라 배분된다. 예를 들어 〈표 5-11〉에서 A 직무의 총 임금이 150,000원이라면, 그 중 '숙련' 요소에 35,000원, '책임' 요소에 25,000원, '작업조건'에 32,500원 등으로 구체적인 금액을 배분한다. 이 작업은 모든 기준 직무에 대해 이루어지며, 이를 통해 기준 직무 금액 배분표가 완성된다.

⑤ **요소별 임금표 작성**: 앞서 구성한 기준 직무 금액 배분표를 바탕으로, 각 평가 요소별로 임금 수준을 정리한 요소별 임금표를 작성한다. 이는 다른 일반 직무들을 평가할 때 참조 기준으로 사용되며, 각 일반 직무의 요소별 수준을 비교하여 금액을 할당하고, 이를 합산함으로써 해당 직무의 총 임금 가치를 산정한다. 이 과정은 직무의 가치가 단순 점수가 아닌, 실제 금액 단위로 표현되기 때문에 임금체계 설계와 바로 연계된다.

표 5-10 기준직무 서열표(직무별 요소 서열)

기준 직무명	지적 요건	숙련	신체적 요건	책임	작업 조건
A(기본 사무직)	②	①	①	②	②
B(생산 보조직)	①	②	③	④	①
C(중간 관리자)	④	③	②	①	④
D(현장 감독직)	③	④	④	③	③

※숫자가 클수록 해당 요소에서 높은 난이도 또는 수준을 의미한다.

표 5-11 기준직무 금액 배분표(각 기준 직무에 대한 실제 임금의 요소별 배분)

기준 직무명	총 임금(원)	지적 요건	숙련	신체적 요건	책임	작업 조건
A	150,000	22,500	35,000	35,000	25,000	32,500
B	140,000	25,000	30,000	27,500	22,500	35,000
C	127,500	20,000	22,500	32,500	27,500	25,000
D	125,000	22,500	20,000	25,000	25,000	32,500

※기준 직무의 실제 임금을 기준으로 각 요소별 금액이 분배됨

표 5-12 요소별 임금표(모든 기준 직무의 요소별 금액 수준을 통합하여 정리)

금액(원)	지적 요건	숙련	신체적 요건	책임	작업 조건
35,000	A	A	B		
32,500		C		A	
30,000	B				
27,500		B	C	C	
25,000	B		A	C	A
22,500	A	C		B	
20,000	C				

이 표는 평가자가 일반 직무를 평가할 때 기준으로 사용된다. 예를 들어, 일반 직무 X의 '숙련' 수준이 B 직무와 동일하다면, 숙련 항목에 30,000원을 배정하는 방식이다.

〈표 5-12〉 활용 예시

표는 평가자가 일반 직무를 평가할 때 다음과 같은 방식으로 사용된다.
직무 X는 다음과 같은 수준을 가진다고 판단되었을 때,
지적 요건: C → 20,000원, 숙련: B → 30,000원,
신체적 요건: A → 25,000원
책임: C → 25,000원,
작업조건: A → 25,000원, → 총 직무 가치 = 125,000원

▣ 요소비교법의 장점

요소비교법은 여러 가지 실질적인 장점을 가지고 있으며, 특히 직무평가 결과를 보상체계에 직접 연결하고자 하는 조직에서 그 활용도가 높다.

- **임금체계와의 직접적 연계**: 직무평가 결과가 점수나 서열이 아닌 금액 단위로 산정되기 때문에, 평가 결과를 바로 임금체계에 적용할 수 있다. 이는 보상 설계의 투명성과 납득성을 높여준다.
- **기준 직무 기반 평가의 객관성**: 기준 직무가 명확하게 설정되어 있으면, 해당 기준을 바탕으로 다른 직무와의 비교가 논리적이고 체계적으로 수행될 수 있다. 기준이 안정적일 경우 이후 평가의 일관성도 유지

되며, 추가 직무 평가 시 효율성도 향상된다.

- **요소별 비교로 인한 세밀한 분석 가능**: 각 직무를 단일 기준이 아닌, 다차원적 요소별로 분해하여 비교하므로, 직무의 복잡성, 책임 수준, 환경 요인 등을 더 세밀하게 반영할 수 있다.

▣ 요소비교법의 단점

그럼에도 불구하고 요소비교법은 몇 가지 한계와 위험 요소를 내포하고 있다.

- **기준 직무 선정의 어려움**: 기준 직무는 전체 평가의 핵심 기준이 되기 때문에 선정의 정확성과 정당성이 매우 중요하다. 그러나 기준 직무의 선정이 잘못되면 전체 평가 결과의 왜곡 가능성이 커진다.
- **복잡한 평가 구조와 낮은 이해도**: 임금을 요소별로 나누어 배분하고 비교하는 구조는 일반 종업원이나 비전문가가 이해하기 어렵고, 수용성이 낮을 수 있다. 따라서 충분한 설명과 투명한 절차 공유가 필요하다.
- **현행 임금의 영향을 받을 수 있음**: 기준 직무에 할당되는 임금이 현실적으로 왜곡되어 있거나, 외부 시장 가치와 괴리되어 있는 경우, 이러한 왜곡이 직무평가에 그대로 반영될 수 있다는 구조적 위험이 존재한다.
- **요소별 임금 배분 시 주관 개입 위험**: 각 요소별로 금액을 배분하는 과정에서 평가자의 개인적인 판단이나 조직 내 권력관계 등이 영향을 미칠 수 있는 여지가 있으며, 이는 평가의 공정성을 저해할 수 있다.

요소비교법은 직무 평가 결과가 보상체계로 자연스럽게 연결되며, 비교적 정교한 분석이 가능한 방법으로, 특히 보상관리 중심의 인사전략을 지향하는 조직에 적합하다. 그러나 적용을 위해서는 정확한 기준 직무의 설정, 신중한 요소 구성, 충분한 사전 교육과 조직 내 수용성 확보가 전제되어야 한다. 최근에는 요소비교법이 전통적인 제조업 중심 조직뿐 아니라, 공공기관, 글로벌 기업, IT조직 등에서도 역량 기반 보상체계 설계의 기초 도구로 점차 활용되는 추세이며, 디지털 분석 툴과 연계하여 평가 신뢰성을 높이는 사례도 늘고 있다.

CHAPTER

06

고용관리(모집과 선발)

section 01 고용관리의 이해

1. 고용관리의 의의

고용관리(employment management)란 조직이 필요로 하는 인적자원을 적시에 확보하고, 적합한 직무에 배치하며, 그 인력의 조직 내 이동과 성장, 이탈까지 전 과정을 체계적으로 관리하는 활동을 의미한다. 이는 단순히 사람을 채용하는 것을 넘어서, 인적자원의 조달과 유지, 활용, 이직 관리에 이르는 포괄적인 관리 기능을 수행하는 전략적 행위이다. 고용관리의 본질은 조직의 성과 향상과 경쟁력 확보를 위해 '적합한 사람을 적시에 적소에 배치'함으로써 인적자원의 효율성과 효과성을 극대화하는 데 있다. 근본적으로 고용은 사용자(기업)와 피고용자(근로자) 사이의 노동 제공 및 보상 수령을 전제로 한 계약관계를 의미한다. 이 계약관계는 단기적 고용뿐만 아니라 장기적 관점에서의 인재 육성과 유지, 조직문화 형성 등 광범위한 영향을 미친다. 특히 오늘날과 같은 지식 기반 사회에서는 인적자원이 자본이나 설비보다 더 중요한 경쟁우위의 원천으로 간주되고 있기 때문에, 고용관리의 전략적 중요성은 그 어느 때보다도 높아지고 있다.

고용관리는 전통적으로는 모집과 선발을 중심으로 정의되어 왔으나,

최근에는 직무 배치, 직무 이동, 승진, 퇴직 등 고용의 전 생애주기를 포괄하는 개념으로 확장되고 있다. 이는 현대 조직이 빠르게 변화하는 경영환경 속에서 유연하게 대응하기 위해 인적자원의 확보와 운용을 더욱 정교하고 체계적으로 관리할 필요성이 증가했기 때문이다. 고용관리의 대상이 되는 활동은 다음과 같은 일련의 흐름으로 설명할 수 있다. 먼저, 조직은 인력계획(human resource planning)에 따라 현재와 미래의 인적자원 수요를 예측하고, 이에 기반하여 모집(recruitment)을 통해 외부 또는 내부의 지원자를 확보한다. 확보된 인력은 선발(selection) 과정을 거쳐 조직의 기준에 적합한 사람으로 추려지고, 그들은 각자의 역량과 성향에 맞춰 배치(placement)된다. 이후 인력은 조직 내 필요와 개인의 성장에 따라 이동(transfer)하거나 승진(promotion)하는 경로를 통해 경력을 개발하고 조직 내 기여도를 높여간다. 마지막으로는 이직(turnover)을 통해 조직을 떠나는 이들을 관리하며, 퇴직에 따른 조직 내 공백과 지식 손실을 최소화하는 후속 조치가 수행된다.

이러한 고용관리의 각 단계는 서로 독립적으로 운영되기보다는 상호 연결되어 하나의 연속된 흐름을 형성하며, 조직의 전략 및 외부 환경 변화에 따라 유기적으로 조정되어야 한다. 예컨대, 잘못된 선발은 잘못된 배치를 유발하고, 이는 성과 저하나 조기 퇴직으로 이어질 수 있다. 반대로, 고용관리가 성공적으로 이루어질 경우, 조직은 우수 인재를 효과적으로 확보하고 유지할 수 있으며, 인력의 생산성을 극대화함으로써 조직 전체의 경쟁력을 강화할 수 있다. 현대 경영환경에서 고용관리의 의의는 다음과 같은 몇 가지 측면에서 강조될 수 있다.

첫째, 조직의 전략적 목표 달성에 기여한다. 기업은 성과를 창출하기 위해 단순히 인력을 충원하는 것이 아니라, 기업의 비전과 전략을 실현할 수 있는 핵심역량을 보유한 인재를 확보하고 적소에 배치해야 한다. 고용관리는 바로 이러한 인재 선별 및 배치를 통해 조직 전략을 실행 가능하게 만든다.

둘째, 인적자원의 품질과 효율성을 동시에 확보한다. 잘못된 인재의 채용은 교육훈련 비용, 낮은 성과, 이직률 증가 등 막대한 기회비용을 발생

그림 6-1 고용관리의 목표 : 정확한 의사결정의 극대화

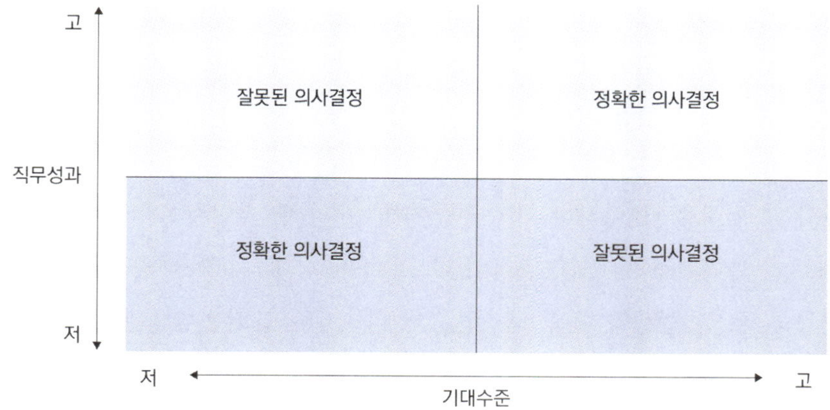

시키는 반면, 적절한 인재의 고용은 조직의 생산성을 높이고 유지 비용을 줄이는 긍정적 결과를 가져온다. 따라서 고용관리는 조직 자원의 효율적 배분과도 밀접한 관련이 있다.

셋째, 조직의 유연성과 대응력을 높인다. 급변하는 경영환경, 예측 불가능한 위기 상황 속에서, 조직은 신속하게 인력을 조정할 수 있어야 한다. 고용관리를 통해 인력 구조를 유연하게 설계하고, 필요 시 배치 전환이나 인력 조정을 효과적으로 수행할 수 있다.

넷째, 조직 구성원의 동기부여와 직무 만족도 향상에 기여한다. 적절한 배치와 공정한 승진기회는 조직 구성원들에게 성장 가능성과 안정성을 제공하며, 이는 조직 몰입도와 직무 성과로 이어진다. 이는 결과적으로 조직문화의 질적 향상과 이직률 감소라는 결과로 연결된다.

끝으로, 고용관리는 단순한 행정관리의 차원을 넘어, 조직이 사람을 통해 경쟁우위를 창출하고 유지할 수 있도록 하는 전략적 기능을 수행한다. 특히 슬림화, 수평화, 유연화라는 조직구조 변화가 일반화된 현대 기업에서는, 다기능을 갖춘 유연한 인재 확보가 중요하며, 이러한 인재를 효율적으로 조달하고 관리하는 것이 바로 고용관리의 핵심 과제이다.

1) 고용형태의 다양화

현대 기업의 고용관리에서 가장 큰 변화 중 하나는 고용형태의 다양화이다. 고용형태의 다양화란 조직이 인력을 고용할 때, 기존의 전통적인 정규직 고용방식 외에 다양한 형태의 계약 및 근로 조건을 활용하여 인력을 유연하게 활용하는 경향을 의미한다. 이는 조직의 전략적 유연성과 비용 효율성을 추구하는 과정에서 나타난 변화로, 특히 1990년대 이후 세계적인 노동시장 유연화의 흐름 속에서 더욱 강조되고 있다. 기존의 고용형태는 주로 정규직 고용(정규고용)을 중심으로 구성되어 왔다. 정규고용은 고용기간의 제한이 없으며, 근로자에게 안정적인 임금, 복리후생, 승진 기회, 퇴직금 등 포괄적인 근로조건과 권익을 보장해주는 특징이 있다. 한국 사회에서도 오랫동안 정규직 중심의 종신고용 관행이 지배적이었으며, 이는 연공서열에 기반한 인사관리 시스템과 긴밀하게 연계되어 발전해 왔다.

그러나 최근에는 기업 환경의 불확실성이 커지고, 기술 변화가 급속히 이루어지며, 인건비 부담과 조직 경직성이 문제로 부상하면서, 다양한 고용형태의 활용이 기업 경쟁력 제고의 수단으로 대두되고 있다. 특히 외부 노동력의 유연한 활용, 비핵심업무의 외주화, 조직의 슬림화 및 유연화 등을 통해 인건비를 절감하고, 환경 변화에 탄력적으로 대응하려는 기업의 전략이 고용형태의 변화를 촉진시키고 있다. 이러한 흐름 속에서 등장한 비정규고용(non-regular employment)은 정규직과는 달리 고용기간이 제한적이며, 임금과 복리후생의 수준도 상대적으로 낮은 특징을 가진다. 여기에는 파트타임 근로자, 계약직, 임시직, 촉탁직, 일용직, 파견근로자, 플랫폼노동자 등 다양한 형태가 포함된다.

- 파트타임 고용(part-time employment)은 주당 근무시간이 정규직보다 짧은 형태로, 유통업, 서비스업 등에서 자주 활용된다.
- 계약직(contract-based employment)은 일정 기간 동안만 고용이 보장되는 형태이며, 프로젝트성 업무나 특정 사업기간에 집중 활용된다.

- 파견근로(temporary agency work)는 제3의 파견업체를 통해 인력을 공급받아 사용하는 방식으로, 사용사업주는 직접 고용관계를 갖지 않는다.
- 촉탁직은 정년퇴직자 등에게 일정 기간 계약을 맺고 업무를 맡기는 방식이며, 경력과 전문성을 활용하기 위한 수단으로 쓰인다.
- 최근에는 플랫폼 기반 고용(Platform Work)이나 프리랜서 계약, 재택 근무형 계약형태 등 디지털 전환과 함께 새로운 고용형태들도 확산되고 있다.

고용형태의 다양화는 다음과 같은 조직적 의미를 갖는다. 첫째, 노동비용의 유연한 조절이 가능하다. 기업은 경기 변동이나 일시적 수요 증가에 따라 계약직이나 파견직을 활용해 비용 효율성을 확보할 수 있다. 둘째, 핵심인재와 비핵심인재의 전략적 구분이 가능해져, 핵심업무는 정규직 중심으로, 비핵심업무는 외부인력으로 분리하여 운영함으로써 조직의 효율성과 전문성을 높일 수 있다. 셋째, 고용형태에 따라 성과중심의 보상과 성과관리 시스템 도입이 보다 용이해진다. 이는 연공중심이 아닌 능력중심의 인사제도를 구축하는 데 도움이 된다. 그러나 고용형태의 다양화는 동시에 몇 가지 중요한 과제와 윤리적 쟁점도 동반한다. 대표적으로는 고용불안정, 차별 문제, 직무몰입의 저하, 조직문화의 이질화 등의 문제가 있다. 특히 동일한 업무를 수행하면서도 고용형태가 다르다는 이유로 보상과 복지에서 차별이 존재한다면, 조직 내 공정성 인식과 직무 만족도가 낮아질 수 있으며, 이는 결국 조직성과에도 부정적 영향을 미친다.

따라서 고용형태의 다양화를 추구하는 기업은 단순히 비용 절감에만 초점을 둘 것이 아니라, 형평성과 유인구조를 고려한 고용관리 전략을 수립해야 하며, 정규직과 비정규직 간 적절한 역할구분, 역량개발의 기회 제공, 공정한 평가와 보상체계 구축이 병행되어야 한다. 요컨대, 고용형태의 다양화는 불가피한 현실이자 조직의 유연성과 생존력을 확보하기 위한 중요한 수단이다. 그러나 이러한 변화가 인적자원관리 시스템 전반의 재설계를 필요로 한다는 점에서, 인사관리자는 변화된 고용형태에 부합하는 새로운 관리방식과 문화를 조성해야 할 과제를 안고 있다.

2) 고용관리를 위한 고려사항

고용관리는 단순히 인력을 채용하고 유지하는 차원을 넘어, 조직 내부와 외부의 다양한 환경 요인에 의해 복합적으로 영향을 받는 전략적 관리활동이다. 고용관리를 효과적으로 수행하기 위해서는 환경에 대한 면밀한 분석과 함께 여러 전략적 고려사항을 균형 있게 반영해야 한다.

(1) 고용에 영향을 미치는 외부 및 내부 환경요인

첫째, 외부환경으로는 기술 환경, 노동시장 환경, 사회문화적 환경, 정치·법률적 환경 등이 고용관리 실천에 큰 영향을 미친다. 기술의 발전은 기존 직무를 대체하거나 신기술 기반의 신규 직무를 창출하며, 고용의 양과 질 모두에 변화를 초래한다. 노동시장 환경은 특정 직무에 대한 인재의 수급 불균형, 고령화와 청년층 미취업 문제 등 구조적 과제와 맞물려 고용전략의 유연성을 요구한다. 사회문화적 환경은 종업원들의 일에 대한 가치관과 생활양식에 영향을 주며, 이는 궁극적으로 고용유형과 관리방식에 반영된다. 정치·법률적 환경은 근로기준법, 고용형태 다양화에 대한 규제, 노동조합의 활동 등과 밀접하게 연결되며, 고용조건의 설계에 제약 또는 유인을 제공한다.

둘째, 내부환경으로는 기업의 전략, 조직구조, 인적자원 활용에 대한 경영자의 철학 등이 있다. 기업의 성장단계, 조직의 수명주기, 경쟁전략(예: 비용우위 전략, 차별화 전략 등)에 따라 요구되는 인력의 능력과 고용기간이 달라질 수밖에 없다. 조직 내에서 경영자가 추구하는 인사철학(예: 평등주의, 성과주의, 역량주의 등)은 고용관리 방침 전반에 영향을 미친다. 이와 같은 환경을 바탕으로 고용관리자는 조직의 현실과 미래를 고려한 합리적인 고용정책을 설계해야 한다.

(2) 효과적인 고용관리를 위한 실천적 고려사항

첫째, 고용 외의 대안 검토가 필요하다. 조직의 인력수요가 단기적인가, 지속적인가에 따라 고용 자체를 반드시 실행할 것인지 여부를 판단해야 한다. 예컨대 단기 업무 증가에 대응하여 인력을 신규 고용하기보다는, 초과근로, 외주화, 파견근로 활용 등을 통해 대안을 모색할 수 있다. 이는 예산을 절감하고, 불필요한 해고 리스크를 줄이는 전략이다.

둘째, 고용구조의 탄력성을 유지해야 한다. 핵심 업무에는 정규직 인력을 배치하되, 보조적이거나 유동적인 업무에는 임시직, 계약직, 파견직 등을 활용하는 방식으로 조직의 인적자원 구조를 유연하게 구성하는 것이 바람직하다. 이렇게 하면 고정비 부담을 줄이고, 외부환경 변화에 기민하게 대응할 수 있다.

셋째, 고용관리는 기업의 전략과 정합성을 가져야 한다. 기업이 추구하는 전략이 고부가가치 창출 중심이라면, 장기근속 가능하고 역량이 높은 인재의 정규직 고용이 중요하고, 비용절감이 핵심 전략이라면 외주화, 계약직 중심의 유연한 인력운영이 필요하다. 전략과 고용방식 간의 일관성이 고용성과를 좌우한다.

넷째, 보편타당한 고용시스템을 구축해야 한다. 공정하고 체계적인 고용기준을 마련하여 채용, 평가, 승진 등 고용 전 과정에서 객관성과 투명성을 확보해야 한다. 이는 조직의 신뢰를 높이고, 우수 인재의 유입과 조직 몰입도를 동시에 높이는 효과를 기대할 수 있다.

다섯째, 고용관리활동은 비용 효율성을 중심으로 구성되어야 한다. 잘못된 고용으로 인해 발생하는 이직률 상승, 재교육비용 증가, 조직 갈등 비용 등을 최소화하기 위한 사전적 예방활동이 강조되어야 하며, 이는 고용 자체를 보다 전략적으로 관리해야 한다는 점을 의미한다.

(3) 고용형태에 따른 인력 활용전략

업무의 전략적 중요성과 개인의 능력 수준에 따라 적절한 고용형태를 선택하여야 한다. 이에 대한 기준은 다음 표와 같이 구체화될 수 있다.

표 6-1 다양한 고용형태 활용의 예

업무	능력 수준	전략적 업무	주변적 업무
풍부한 경험과 기술	고숙련 인재 (전문성, 조직경험)	정사원	정사원, 촉탁직
사회공통의 능력	기본 수준의 직무수행 가능 능력	파견사원, 계약사원	임시직, 계약사원, 파견사원

자료: 服部 治, 谷內篤博 編, 『人的資源管理要論』, 晃洋書房, 2000, p. 55 재구성.

이 표는 인재의 능력 수준과 수행 업무의 전략적 중요도에 따라 고용형태를 전략적으로 선택할 수 있도록 안내해주며, 조직의 인력운영의 유연성을 확보하는 데 기여한다.

(4) 법률적·윤리적 기준의 준수

마지막으로, 고용관리의 모든 과정은 법률적 정당성과 윤리적 타당성을 갖추어야 한다. 성차별, 연령차별, 출신지 차별 등 불합리한 고용차별을 방지해야 하며, 근로기준법, 고용상 차별금지법, 파견법 등 국내외 법령을 철저히 준수해야 한다. 또한 공정하지 못한 채용이나 부당한 해고는 조직의 명성과 신뢰를 실추시키고, 장기적으로는 우수 인재의 이탈과 채용 비용의 증가로 이어진다는 점에서 철저한 대비가 필요하다.

3) 고용과 관련한 법률

(1) 헌법 제32조와 국가의 고용정책 책무

현대 사회에서 고용은 단순한 생계유지의 수단을 넘어 국민의 삶의 질과 존엄을 좌우하는 핵심적인 요소이다. 이에 따라 대한민국 헌법 제32조 제1항은

"모든 국민은 근로의 권리를 가진다"고 선언하며, 국가는 사회적·경제적 방법으로 근로자의 고용 증진과 적정임금의 보장을 위해 노력해야 함을 명시하고 있다. 이 조항은 헌법상 사회권의 하나로서, 고용을 개인의 권리 차원에서 보장할 뿐 아니라, 국가에게 적극적 고용정책의 수립·집행 의무를 부여한다는 점에서 중요하다. 국가는 이 헌법적 명령을 실현하기 위해 고용정책기본법, 고용보험법, 고령자고용촉진법, 장애인고용촉진법, 남녀고용평등법 등 다양한 실정법을 제정하고 제도를 운용해오고 있다. 이는 단순한 실업자 구제를 넘어서, 직업능력 개발, 고용 다양성 실현, 고용형태의 공정성 확보 등 현대적인 고용 과제를 반영한 통합적 정책 체계를 형성하고 있다.

(2) 고용정책기본법과 공공 고용서비스 체계

1993년에 제정된 고용정책기본법은 국가 고용정책의 기본 방향을 정하고, 중앙정부 및 지방자치단체, 고용노동부 산하 기관들의 역할과 책임을 규정한 법이다. 이 법은 고용정책이 단순한 경제정책의 일부가 아니라, 복지정책·인적자원정책·지역균형발전정책과 연계되어야 함을 명확히 한다. 특히 이 법은 직업안정기관을 통해 구직자에게 고용정보를 제공하고, 직업훈련 및 능력개발 프로그램을 연계하도록 함으로써 구직자의 자율적 진로 설계와 노동시장 진입을 적극적으로 지원한다. 이는 국가가 개인의 '직업 선택의 자유'를 실질적으로 보장하기 위한 인프라 구축이라 할 수 있다. 인사관리자 입장에서는, 이러한 공공 고용서비스를 활용한 인재 채용, 직무교육 연계, 청년·중장년 고용 활성화 전략을 수립하는 것이 중요해진다.

(3) 고용보험법과 고용촉진장려금 제도

고용보험법은 실업급여를 핵심으로 하는 전통적 실업보상제도에서 출발하였으나, 오늘날에는 실업예방-재취업지원-경력단절 극복-취약계층 채용 촉진까지 포괄하는 종합 고용보장제도로 발전하였다. 본 법은 고용보험기금을 활용하여 다음과 같은 형태의 고용촉진장려금 제도를 운영하고 있다.

- **고령자 고용촉진장려금**: 일정 연령 이상의 고령자를 채용하는 기업에 인센티브 제공
- **장기실업자 채용 장려금**: 구직등록 후 일정 기간 이상 실업 상태인 자를 채용한 기업에 지원
- **경력단절여성 재고용 장려금**: 임신·출산·육아 등의 사유로 퇴직한 여성을 재고용할 경우 지급
- 청년·장애인·여성가장 등에 대한 우대장려금

이러한 제도는 사회적 약자에게 실질적인 고용기회를 부여함과 동시에, 기업에게는 인건비 절감과 사회적 책임 이행이라는 두 가지 이점을 제공한다. HRM 실무에서는 이러한 장려금 제도를 인사 전략과 연계하여, 채용 계획 수립 시 사회적 고용지원 제도의 적극적 활용이 요구된다.

(4) 남녀고용평등법과 성차별 금지, 모성보호

남녀고용평등법은 고용 전반에 걸쳐 성차별을 금지하고, 여성 근로자의 직업능력 개발과 경력 유지를 지원하는 법률로 1987년에 제정되었다. 헌법 제11조의 평등권을 구체화한 실정법으로, 기업의 인사관리 전반에 깊이 관여하는 법률이다. 주요 내용은 다음과 같다.

- 모집·채용 시 성별에 따른 차별 금지
- 임금·승진·배치·교육·정년·해고 등에서의 성차별 금지
- 혼인·임신·출산을 이유로 한 불이익 금지
- 육아휴직 허용, 직장보육시설 설치 의무
- 직장 내 성희롱 예방교육 및 고충처리 기구 설치

이는 기업에게 단지 법적 준수 차원이 아니라, 성평등 기반의 인사제도 설계와 조직문화 개선을 요구하는 기준이 되고 있으며, 최근 ESG 경영의 평가 요소로서도 중요한 항목으로 부각되고 있다.

(5) 고령자고용촉진법과 정년 연장 노력 의무

고령자고용촉진법은 55세 이상 고령자의 경제활동 참여를 보장하기 위해 제정된 법으로, 기업에게 고령자의 고용 확대를 위한 '노력 의무'를 부과한다. 특히 일정 규모 이상의 사업주는 기준 고용률 이상의 고령자를 채용하기 위해 적극적으로 노력해야 하며, 정년을 60세 이상으로 유지하고 정년 후 재고용도 장려하도록 권고된다.

이외에도 고용노동부는 고령자의 직업능력 향상을 위해 직업훈련 지원, 직무개편 컨설팅, 재취업 알선 등 다양한 프로그램을 운영 중이다. 이는 고령화 사회로 진입한 우리 사회에서 기업이 장년·고령 인력의 경험을 활용하고, 생산가능인구 부족 문제에 대응하기 위한 전략적 접근이 필요함을 시사한다.

(6) 장애인고용촉진법과 포용적 일자리 환경

장애인고용촉진법은 포괄적 고용 평등을 실현하기 위한 핵심 법률로, 일정 규모 이상의 사업장(50인 이상)에 대해 의무고용률 2%를 적용한다. 이를 이행하지 않을 경우에는 고용부담금을 납부해야 하며, 반대로 초과 이행 시에는 장려금을 받을 수 있다. 더불어 다음과 같은 고용 지원 제도들이 병행된다.

- 작업환경 개선비 무상 지원
- 작업보조기기·이동장비 등 설치 지원
- 수화통역사·작업지도원 비용 지원
- 재택근무 형태의 고용 지원

장애인 고용은 법적 의무이면서도, 현대 조직에게는 포용성과 다양성을 강화하는 인사관리 전략의 한 축으로 간주된다. 특히 글로벌 기업이나 공공기관 등에서는 장애인 고용률이 ESG 성과지표나 내부 감사 기준으로 사용되기도 한다.

(7) 비정규직 보호법: 기간제·파견근로자 법적 보호

2007년 개정된 비정규직 보호 관련 법률은 기간제 및 단시간근로자 보호법과 파견근로자 보호법으로 구성된다. 이들 법률은 고용 형태에 따른 차별을 방지하고, 장기 근무 시 정규직으로 전환되도록 유도하는 내용을 포함하고 있다.

➢ **기간제 근로자 보호**

– 동일 직무 수행 시 정규직과의 임금·조건 차별 금지

– 2년 초과 사용 시 무기계약직으로 간주

– 차별적 처우에 대해 노동위원회 시정 신청 가능

➢ **파견근로자 보호**

– 파견 2년 초과 시 사용사업주에게 직접 고용 의무 부과

– 무허가·불법 파견 적발 시 고용 전환 의무

– 위반 시 과태료 3,000만 원 부과 가능

이 법은 고용 유연화와 고용 안정화 사이의 균형을 맞추려는 제도적 노력으로, 기업에게는 합법적 인력 활용, 리스크 관리, 공정한 보상체계 구축을 동시에 요구한다.

시사점

이상과 같이 고용 관련 법률은 단순한 보호 장치가 아니라, 인적자원관리 전략과 직결된 핵심 제도로 기능하고 있다. 기업의 인사관리자는 다음과 같은 능력을 갖춰야 한다.

– 고용 관련 법령의 체계적 이해와 정책 반영

– 사회적 고용책임(청년, 여성, 고령자, 장애인 고용 등)의 전략적 수용

– 정부지원제도 활용을 통한 인건비 절감과 조직 다양성 강화

– ESG 기반의 공정한 인사제도 설계

현대 조직에게 고용 법제는 단지 의무가 아니라, 지속가능한 성장과 사회적 신뢰 확보를 위한 전략적 수단임을 명확히 인식해야 할 것이다.

표 6-2 고용과 관련한 주요 법률 연도순 정리

연도	법률명	주요 내용 및 의의
1987	남녀고용평등법 (현: 남녀고용평등과 일·가정 양립 지원에 관한 법률)	- 고용상 성차별 금지 - 임신·출산·육아 보호 - 직장 내 성희롱 예방 의무 - 여성고용 평등 실현
1990	장애인고용촉진 및 직업재활법	- 일정 규모 이상 사업장에 장애인 의무고용 - 고용장려금 및 부담금 제도 - 재택근무·편의시설 등 고용환경 개선 지원
1991	고령자고용촉진법	- 55세 이상 고령자 고용 유도 - 정년연장 노력 의무 - 재고용 및 훈련지원 제도 - 고령자 우선채용 권장
1993	고용정책기본법	- 고용정책 전반의 기본 방향 설정 - 직업안정기관 운영, 직업정보 제공 - 직업능력개발 훈련 연계
1993	고용보험법	- 실업급여 지급 - 고용안정 및 직업능력개발사업 운영 - 고용촉진장려금 및 사회적 고용 유도제도 포함
2007	기간제 및 단시간근로자 보호법 파견근로자 보호법(개정)	- 2년 초과 기간제 → 정규직 전환 - 동일가치노동 동일임금 원칙 - 불법 파견 시 직접고용 의무화 - 비정규직 차별 시정제도 마련

※ 법률의 주요 개정 흐름

– 2007년 비정규직 보호 2법(기간제법·파견법)의 시행은 고용형태의 다양화에 따른 법적 정비의 대표적 사례임.

– 2014년 이후: 남녀고용평등법의 '일·가정 양립 지원법'으로 명칭 변경 및 내용 확장.

– 2020년대: 장애인 고용률 상향 조정, 고령자 정년 연장 권고 강화, ESG 평가 요소로 고용 다양성이 반영됨.

2. 고용계획과 요원관리

1) 고용계획의 수립

현대 조직에서 인적자원은 단순한 노동력이 아니라, 전략적 성과의 핵심 원천이며, 지속가능한 경쟁우위를 창출하는 동력이 된다. 따라서 조직이 필요로 하는 인력을 예측하고, 계획적으로 확보하며, 적재적소에 배치하는 과정은 단순히 채용 활동에 그치지 않는다. 이는 조직의 전략과 연계된 중·장기적 인력 수급체계의 핵심 축을 형성하며, 특히 고용계획(employment planning)은 인적자원관리의 출발점이자, 조직 전체의 기능을 선도하는 방향타 역할을 한다. 고용계획은 조직이 장래의 경영환경 변화, 사업 확장 또는 축소, 기술 변화, 인력 이탈 가능성 등을 고려하여, 특정 시점에서 요구되는 인력의 '양(quantity)'과 '질(quality)'을 예측하고, 이에 따른 공급계획 및 대응전략을 수립하는 일련의 과정이다. 이는 곧 조직의 생존과 성장을 위한 인적 자원의 선제적 확보 전략이며, 전략적 인적자원계획(Strategic HR Planning)의 핵심 모듈로 간주된다.

고용계획의 수립 과정은 M. J. Jucius 교수가 제시한 여섯 단계 모델에 따라 설명될 수 있으며, 이는 오늘날 기업의 인력 수급 관리에 있어서도 여전히 중요한 기준 틀로 활용되고 있다.

(1) 판매량의 예측

고용계획의 전 단계는 조직의 핵심 목표인 생산과 판매활동으로부터 출발한다. 즉 조직이 얼마만큼의 제품이나 서비스를 생산할 것인지를 결정하기 위해서는, 그에 앞서 예상되는 시장 수요에 대한 정확한 예측이 필요하다. 판매량 예측은 과거의 판매실적, 시장 성장률, 경쟁사 동향, 계절성 요인, 경기 사이클, 프로모션 계획 등 다양한 요소를 반영하여 이루어진다. 보통은 3개월 이내는 주 단위, 다음 3개월은 월 단위, 6개월~1년 단위는 분기별로 계획을 수립하며, 예측 범위가 멀수록 불확실성을 줄이기 위한 보정계수가 적용된다.

이와 같은 판매량 예측은 단순한 생산계획 수립을 넘어 인력 수요 추계의 선행 지표 역할을 하며, 인사부서는 이를 통해 향후 고용과 훈련, 배치전환, 인건비 예산 등의 기초자료를 도출할 수 있다.

(2) 전반적 생산계획의 설정

판매량 예측을 바탕으로 조직 전체의 총체적 생산계획(master production schedule)이 수립된다. 이 계획에는 제품별, 기간별 생산량 외에도, 생산설비의 가동률, 자재 소요계획, 설계 변경, 기술 적용 수준, 제품 수명주기 등 다양한 변수가 고려된다. 특히 생산계획은 단순히 "얼마를 만들 것인가"에 머무르지 않고, "어떤 방식으로, 어떤 인력을 활용하여, 어떤 비용으로 생산할 것인가"라는 전략적 의사결정이 수반된다.

이 단계는 고용계획과의 직접적 연결점으로, 생산량의 증감은 곧 인력의 증감으로 이어지기 때문이다. 따라서 인사담당자는 생산관리 부서와의 긴밀한 협조를 통해, 생산계획 수립 초기부터 인력 수요와 고용방식(정규직, 계약직, 외주 등)을 사전에 논의해야 하며, 이를 통해 생산성과 인건비의 균형을 확보하는 것이 바람직하다.

(3) 부문별 생산계획의 수립

전사적 생산계획이 수립되면 이를 부문 또는 사업단위별로 분할하여 세부적인 실행계획으로 전환한다. 이 단계에서는 부서 단위, 생산라인 단위, 심지어는 직무 단위까지 세분화된 계획이 수립되며, 이는 현장작업자뿐만 아니라 기술직, 품질관리직, 물류직 등 간접 부문 인력 수요에도 영향을 준다. 부문별 생산계획은 보다 단기적이고 실천 중심이며, 이 계획에 따라 각 부서의 직무별 작업량, 작업시간, 작업방식이 결정된다. 결국 이 모든 정보가 직무설계(Job Design), 직무분석(Job Analysis), 직무기술서(Job Description) 등의 형태로 정교하게 문서화되어, 인사관리 전반에 연계된다.

(4) 소요노동의 환산

부문별 생산계획이 확정되면, 이에 따라 각 부서에서 필요로 하는 노동력을 정량화해야 한다. 이는 제품 단위당 투입되는 평균 작업시간(단위당 인시: 人時)을 기준으로, 총 생산계획에 따라 총 인력 수요를 산출하는 작업이다. 예를 들어, 제품 1개 생산에 프레스공이 0.01시간, 보조공이 0.008시간이 소요된다면, 해당 주간 생산계획이 2만 개일 경우, 총 인력 수요는 각 직종별로 계산될 수 있다. 또한 이러한 정보는 동시에 직종별 노무비(임금 총액) 산출로 연결되어, 인건비 예산의 정확성과 비용 통제를 가능하게 한다.

이 과정은 조직이 직종별, 직무별로 얼마나 정밀한 인력 운영 기준을 가지고 있는지를 판단하게 하며, 특히 ERP 시스템이나 HRIS(Human Resource Information System)을 통해 자동화할 경우, 고용계획의 실시간 분석 및 시뮬레이션도 가능하다.

(5) 보유노동의 추정

인력 수요가 산출되었으면, 이제 조직이 현재 보유하고 있는 인력을 분석해야 한다. 이는 단순한 인원 수 파악이 아니라, 다음과 같은 복합적인 변수를 고려해야 한다.

- 부서별 · 직종별 현원
- 이직 예정자 수(정년, 자발적 퇴사, 이직률 통계 등)
- 휴직자(출산휴가, 병가, 육아휴직 등)
- 승진 및 배치전환 예정자
- 신규 입사 예정자
- 결근율 및 평균근속기간

이와 같은 요소를 주 단위, 월 단위로 정밀하게 분석하면, 장래 특정 시점의 실질적인 가용인력을 예측할 수 있다. 예를 들어, 생산부서에 현재 100명이 있으나, 1개월 이내 정년 2명, 휴직 1명, 퇴사 3명이 발생할 것으로 예측된다면, 가용인력은 94명이 되며, 이에 따라 필요한 신규채용 인원도 산출할 수 있다.

(6) 인력조정계획의 수립

마지막으로, 앞 단계에서 도출된 직종별·부문별 인력의 과부족 상황에 따라 조정계획을 수립해야 한다. 이 조정은 조직의 유연성을 확보하고, 불필요한 인건비 상승이나 생산성 저하를 방지하기 위한 조치이다. 주요 조정 수단은 다음과 같다.

- **배치전환**(job transfer): 부서 간 인력 재배치를 통해 잉여 인력 해소
- **승진**(promotion): 상위 직무로 이동하여 고급인력의 활용도 제고
- **휴가 활용**: 계절적 과잉인력 발생 시 유급휴가 등으로 조정
- **휴직 및 해고**: 구조조정 또는 인력 감축의 일환으로 시행
- **신규채용 및 외부충원**: 내부 인력으로 충당이 불가능한 경우 외부에서 충원

이러한 계획은 조직의 고용안정성 유지와 동시에 노동시장에 대한 책임 있는 대응으로도 이어진다. 특히 최근에는 유연근무제, 시간선택제, 계약직·파견직 활용 등을 통해 고용의 유연성과 탄력성을 동시에 확보하려는 시도가 늘고 있다.

※ 종합적 시사점

고용계획은 단순히 인력을 예측하는 기술적 활동이 아니다. 이는 조직의 미래전략을 실현하기 위한 인적 기반을 설계하는 전략적 과정이다. 오늘날처럼 인구 고령화, 기술혁신, 디지털 전환, ESG 경영 등이 중요한 환경 요인이 되는 시기에는, 고용계획의 정밀성과 유연성이 기업 경쟁력의 핵심 요소로 부상하고 있다. 따라서 인사관리자는 다음과 같은 관점에서 고용계획을 재정의할 필요가 있다.

고용계획은 경영계획·생산계획·재무계획과 동시에 수립되어야 하며, 정량적 예측뿐 아니라 질적 수요(핵심역량, 디지털 역량 등)의 분석이 필요하고, 인력의 확보뿐 아니라 재교육, 배치, 유연근무, 내부이동까지 포함한 종합적 전략으로 구성되어야 한다. 결론적으로, 고용계획은 인사부서의 전통적 기능이 아니라, 조직의 미래를 주도하는 전략적 핵심 기능으로 인식되어야 하며, 이를 위해 인사담당자는 경영 전반에 대한 통찰력과 데이터를 기반으로 한 분석 능력을 지속적으로 강화해야 한다.

2) 고용기준의 설정

조직이 인적자원을 확보하고 관리함에 있어 가장 기초가 되는 작업은 바로 고용기준(employment standards)의 설정이다. 고용기준이란 기업이 특정 직무에 적합한 인력을 채용하고 배치하기 위해 설정하는 자격요건, 역량 요건, 업무량 산정 기준, 인원 수 등의 종합적 기준을 의미한다. 이는 단지 채용 시점에만 영향을 미치는 것이 아니라, 향후 교육훈련, 배치, 성과평가, 보상, 경력개발, 조직구조 조정 등에 이르기까지 인적자원관리의 모든 영역에서 일관성과 정합성을 유지하게 하는 기준점으로 기능한다. 고용기준의 설정은 전략적 인적자원관리(SHRM)에서 가장 기본이 되는 작업이며, 특히 최근과 같이 고용형태가 다변화되고, 직무 기반 경영이 강조되는 시대에는 고용기준의 체계적 정비가 조직경쟁력 확보의 전제가 된다. 고용기준은 크게 두 가지로 구성된다. 첫째는 직무를 수행할 수 있는 사람에 대한 질적 기준이며, 둘째는 해당 직무를 수행하기 위한 인력의 양적 기준이다. 이 두 요소는 직무분석과 요원계획을 통해 도출되며, 그 과정은 다음과 같이 설명될 수 있다.

(1) 직무내용의 명확화

고용기준을 설정하기 위한 첫 번째 단계는 직무의 내용, 범위, 책임, 필요 역량을 명확히 정의하는 일, 즉 직무의 명확화이다. 왜냐하면 어떤 사람이, 어떤 자격으로, 어떤 정도의 숙련도와 책임감을 가지고, 어떤 과업을 수행해야 하는지가 정해지지 않으면, 그 직무에 적합한 인력을 판단하거나 선발하는 것이 불가능하기 때문이다. 이는 조직이 '사람에 맞춰 일자리를 만드는 것'이 아니라, '일에 맞춰 사람을 채용하는 방식'을 채택하는 직무 중심 인사관리(job-based HRM)의 핵심 전제이기도 하다.

직무내용의 명확화는 직무분석(job analysis) 과정을 통해 수행되며, 이를 통해 직무기술서(Job Description)와 직무명세서(Job Specification)가 작성된다. 직무기술서는 직무의 목적, 주요 기능, 직무 간의 관계, 보고체계 등을 기술하고, 직무명세서는 해당 직무 수행에 필요한 지식, 기술, 능력(Knowledge, Skill, Ability: KSA), 자격, 경험 등을 포함한다. 이러한 문서는 인사제도 전반의 기초 자료로 활용되며, 특히 다음과 같은 장점이 있다.

- 채용 시 필요한 인재의 기준을 명확히 함
- 공정하고 차별 없는 인사 결정의 기준이 됨
- 교육훈련과 경력개발의 방향을 설정하는 기준이 됨
- 성과평가 및 보상 체계의 공정성 확보

현대 기업에서는 이러한 직무정보를 HRIS(Human Resource Information System)에 등록하여, 각 직무의 요건과 인원구성을 실시간으로 관리하고, AI 기반 채용솔루션이나 내부 인재매칭 프로그램과 연계하기도 한다.

(2) 요원계획과 요원 산정

직무 내용이 명확히 정의되었다면, 이제는 그 직무를 수행하는 데 필요한 인원의 수를 결정해야 한다. 이것이 바로 요원계획(manpower planning)이며, 고용기준 중 양적 기준을 설정하는 핵심 과정이다. 이는 조직 운영의 효율성과 생산성을 보장하기 위한 필수 절차이며, 동시에 인건비 통제, 정원관리, 직무배치 계획 수립 등과 직접적으로 연결된다. 요원 산정의 핵심은 '업무량(노동량)'을 정량화하고, 이를 근로자 1인의 노동가능 시간으로 나누어 필요한 인원수를 도출하는 것이다. 그러나 이 과정은 단순하지 않다. 업무의 성격에 따라 정형적·비정형적, 반복적·비반복적, 측정 가능·측정 불가능한 과업이 혼재되어 있기 때문이다. 따라서 요원 산정은 직접부문(생산 등)과 간접부문(관리·기획 등)으로 나누어 다른 방식으로 접근해야 한다.

① 직접부문: 생산직 중심의 정량적 산정

제조업과 같이 생산량이 비교적 명확하게 수치화되는 부문에서는, 단위 작업당 소요시간을 기준으로 필요한 인력을 비교적 정확하게 산정할 수 있다. 이때 대표적으로 사용되는 방법은 다음과 같다.

- **미세동작연구법**(Micro-motion study): 영화촬영으로 작업자의 동작을 기록하고, 분석을 통해 각 동작의 소요시간을 측정하는 고정밀 방식. 정확하지만 비용과 시간이 많이 들고 일반화되기 어려움.
- **스톱워치법**(stopwatch method): 유능한 관찰자가 실제 작업 장면을 관찰하면서 작업 단계를 계시하고 측정하는 방식. 실무에서 가장 널리 사용되며, 결과는 다음과 같은 구성으로 산출됨.

※ 표준시간 = 정상소요시간 + 여유시간

- 정상소요시간은 관찰된 평균 작업시간에 숙련도 계수를 곱한 값
- 여유시간은 피로, 지체, 휴식 등을 반영한 보정치

이러한 표준시간을 바탕으로 월간 총 생산계획량 × 단위당 표준시간을 계산하여 총 노동시간을 산출하고, 이를 근로자 1인당 가용근무시간으로 나누면 요원 수가 산출된다. 예를 들어, 월 생산량이 10,000개이고, 제품당 0.05시간이 소요되며, 한 명의 근로자가 월 160시간을 근무할 수 있다면,

- 총 노동시간 = 10,000개 × 0.05시간 = 500시간
- 필요 인원 = 500시간 / 160시간 = 약 3.125명 → 4명 배치

이 방식은 정밀하고 합리적인 방식으로, 특히 ERP 기반 생산관리 시스템과 연동하여 실시간 요원 산정이 가능하다.

② 간접부문: 비정형적 과업 중심의 추정적 산정

사무, 기획, 연구, 관리 등의 부문은 직무가 정형화되지 않고, 결과도

수치화하기 어려운 경우가 많다. 예를 들어 보고서 작성, 회의, 정책 수립, 기획, 고객상담 등은 판단의 기준, 사건의 복잡성, 시간 소요 등이 작업마다 다르기 때문에 표준시간을 산출하기가 어렵다. 이를 비정형적 업무(non-routine work)라고 한다. 이러한 경우에는 다음과 같은 간접적 또는 추정 기반의 요원 산정 방법이 사용된다.

- **유사 기업과의 비교**: 업종, 규모가 유사한 다른 기업의 직종별 인력 구성과 비교하여 적정 인력 판단
- **연도별 인원 구성 추이 분석**: 조직 내부의 인력 증감 흐름을 분석하여 현재 인력의 과부족을 판단
- **1인당 업무량 산출**: 동일 직무 수행자들의 실제 업무량을 측정하고, 평균치를 기준으로 적정인원 도출

이 외에도, 부문 간 비율기준(예: 생산직 100명당 사무직 10명 기준 등)을 활용하거나, 전사 인원 대비 비율로 정한 정원 기준 등을 사용할 수 있다.

③ 거시적 vs 미시적 산정 방법

고용기준을 설정할 때는 인원을 계산하는 방식에 따라 거시적(macroscopic) 방법과 미시적(microscopic) 방법으로 나뉜다.

표 6-3 거시적(macroscopic) 방법과 미시적(microscopic) 방법

구분	거시적 방법	미시적 방법
정의	전체 인력 규모를 기준으로 산정	직무 단위로 인력을 산정한 후 총합
사용부서	주로 인사부서, 경영기획부서	생산부서, 실무 현장 부서
대표방법	판매고 기준, 생산량 기준, 총공수 기준	표준시간 기반, 직무계획 기반
장점	빠르고 전체 그림을 조망 가능	정확하고 구체적인 분석 가능
단점	개별 직무 수준의 정밀성 부족	전제조건 설정이 어렵고 복잡함

실무적으로는 거시적 방법으로 먼저 부문별 정원 상한선을 설정하고, 이후 미시적 방법으로 직무별·직종별 인력 계획을 수립하는 이중적 방식이 가장 효과적이다.

(3) 요원 산정의 방법

요원 산정은 기본적으로 업무량(또는 생산량)과 단위 시간당 노동력 소요량을 기준으로 하여 총 노동시간을 계산하고, 이를 근로자 1인당 가용 시간으로 나누는 방식으로 수행된다. 이에 따라 필요 인원 수 = 총 노동시간 ÷ 1인당 가용 노동시간이라는 기본공식이 도출된다.

① 기본 수식

표준시간 기반 요원 산정 공식

$$\text{필요 인원 수} = \frac{\text{단위당 표준시간} \times \text{총생산(업무) 단위 수}}{\text{1인당 월간 가용 근로시간}}$$

② 각 요소 설명

- **단위당 표준시간**(Standard Time per Unit): 하나의 작업 또는 생산 단위(예 : 제품 1개)를 수행하는 데 필요한 시간(분 또는 시간 단위) → 측정 방식 : 스톱워치법, 시간연구법, 미세동작연구 등
- **총 생산(업무) 단위 수**: 한 달 또는 특정 기간 동안 수행할 예정인 총 작업량(예: 10,000개 생산계획)
- **1인당 월간 가용 근로시간**(Available Working Hours): 근로자 1명이 해당 기간 동안 실제 근무 가능한 시간
  → **공식**: 1인당 가용시간 = 월 근로일 수 × 일 근무시간 − 결근 및 휴가 시간

③ 예시

- 단위당 표준시간: 0.05시간
- 총 생산량: 10,000개
- 1인당 가용근무시간: 160시간 (예 : 20일 × 8시간)

$$필요\ 인원\ 수 = \frac{0.05 \times 10,000}{160} = \frac{150}{160} = 3.125$$

➡ 실제 배치인원: 4명

④ 여유율을 반영한 수식(현장 적용형)

현실적으로는 기계정비, 피로, 작업중단, 휴식 등 여유시간을 고려해야 하므로 다음과 같이 여유율을 포함한다.

– 여유율 포함 요원 산정 공식

$$필요\ 인원\ 수 = \frac{표준작업시간 \times (1 + 여유율) \times 업무량}{1인당\ 가용시간}$$

여유율(Relaxation Allowance): 5~20% 범위에서 설정

예 여유율 15% → (1 + 0.15) = 1.15

⑤ 간접부문 요원 산정 보조 수식(비정형 직무 기준)

– 간접부문 요원 수(비례법 기반)

간접부문 요원 수 = 직접부문 요원 수 × 적정 비율

예 직접부문 100명, 간접부문 적정 비율 20%

→ 간접부문 요원 수 = 100 × 0.2 = 20명

⑥ 생산성 기준 보정식

직무별 또는 부문별로 1인당 생산성 지표를 도입하여 인력 적정성을 판단할 수 있다.

– 생산성 기준 요원 수 공식

$$필요\ 인원\ 수 = \frac{목표\ 업무량\ 또는\ 처리량}{1인당\ 실제\ 평균\ 업무량}$$

예 목표 고객 상담 수 1,200건, 상담원 1인당 하루 평균 20건 처리

→ 필요 인원 수 = 1,200 ÷ 20 = 60명

요약: 수식 비교 정리

분류	수식 형태	적용 분야
표준시간법	필요 인원 = 총 표준시간 ÷ 1인당 가용시간	생산직, 반복작업
여유율 반영	필요 인원 = 표준시간 × (1+여유율) × 업무량 ÷ 가용시간	제조·현장직
비례법	간접직 = 직접직 × 비율	사무직·기획직
생산성 기준	인원 = 목표량 ÷ 1인당 처리량	콜센터, 행정직

※ 종합적 시사점

고용기준의 설정은 전략적 인적자원관리의 핵심 축이며, 그 출발점은 명확한 직무정의, 정량적 업무량 산정, 정성적 인재요건 도출에 있다. 특히 오늘날과 같이 디지털 전환과 유연근무가 확산되고, 고용환경이 빠르게 변화하는 시대에는 고용기준 또한 변화하는 사업환경에 맞게 유연하게 재정립되어야 한다. 또한 인공지능, 자동화, 플랫폼 노동 등 새로운 노동형태의 등장으로 인해, 고용기준도 이제는 단순히 과거 경험에 기반한 직관이 아닌 데이터 기반 분석과 시스템 기반 예측 모델을 활용한 과학적 접근이 필요하다. 이에 따라 인사관리자는 고용기준을 설정할 때, 기술 변화, 조직문화, 외부 노동시장 변화 등을 종합적으로 고려하여, 시대 흐름에 맞는 고용정책을 수립할 수 있어야 한다.

section 02 모집

1. 모집활동의 의의

모집활동은 기업이 장래에 조직구성원이 될 수 있는 잠재적 근로자들과 처음으로 접촉하는 과정이며, 고용관리의 첫 출발점이라고 할 수 있다. 이는 단순히 사람을 채우는 절차가 아니라, 조직이 필요로 하는 인적 자원을 전략적으로 확보하는 시작점이라는 점에서 매우 중요한 의미를 지닌다. 계획적으로 잘 관리된 모집활동은 기업에 적합한 자격과 능력을 갖춘 인재들이 지원하게끔 유도하며, 이는 궁극적으로 조직의 전반적인 성과와 직결된다. 반대로 모집이 체계적으로 이루어지지 않으면, 유능한 인재를 유치하지 못하거나, 직무에 부적합한 인물이 유입될 위험성이 커진다.

모집은 단순한 홍보 이상의 기능을 갖는다. 먼저 자격을 갖춘 개인에게 고용기회를 제공함으로써 공정한 채용의 기회를 보장하고, 기업에 대한 긍정적인 인상을 심어주는 역할을 수행한다. 나아가 지원자는 모집 정보를 통해 자신의 자격요건과 관심을 기업이 제시하는 조건과 비교함으로써 합리적인 판단을 내릴 수 있게 된다. 이러한 점에서 모집은 정보 교환과 조직 이미지 제고, 공정한 채용기회의 제공이라는 다중적 기능을 수행한다고 볼 수 있다. 모집활동은 일반적으로 '장래에 종업원으로 선발될 수 있는 후보자 집단을 조직으로 유인하는 과정'으로 정의된다. 이는 인력수급계획에서 도출된 필요 인력의 수, 종류, 시기, 그리고 지역 등의 정보를 바탕으로, 가장 효과적인 방법을 통해 조직 내·외부로부터 적합한 인재를 유치하는 전략적 활동이다. 따라서 모집활동은 단발적이고 형식적인 절차가 아니라, 조직의 미래와 직결되는 중요한 인적자원 확보 전략으로 접근해야 한다. 이러한 모집활동을 실시할 때에는 몇 가지 사항을 고려해야 한다.

첫째, 모집은 인력계획에 기반하여 이루어져야 하며, 조직의 경영계획과 연계된 정원 산정이 선행되어야 한다. 이때 정원 산정은 판매량, 재고 수준, 생산 계획, 기업의 규모, 설비 능력과 같은 내부 요인뿐 아니라, 경기 전망이나 노동력 수급 전망 같은 외부 요인도 함께 반영되어야 한다.

둘째, 모집에 앞서 선발기준을 명확히 설정해야 한다. 선발기준은 직무에 필요한 자격요건을 중심으로 정해지며, 이는 철저한 직무분석을 통해 도출되어야 한다. 명확한 기준이 없으면 공정성과 일관성이 훼손될 뿐 아니라, 기업이 필요로 하는 핵심 역량을 갖춘 인재를 확보하기 어렵게 된다.

셋째, 고용 시기의 문제도 신중하게 판단해야 한다. 신규 졸업자를 대상으로 매년 정기적인 채용을 실시할 것인지, 아니면 필요할 때마다 수시 채용을 할 것인지를 결정해야 한다. 이는 모집 시기의 예측 가능성과 효율성, 인재 확보의 용이성 등과 관련이 있으며, 조직의 인사 전략 및 사업 계획에 따라 달라질 수 있다.

마지막으로, 모집방침을 수립할 때에는 모집활동이 실제로 합리적으로 운영되고 있는지를 검토해야 한다. 모집방침의 핵심은 적절한 선발비율을 설정하고, 기업이 기대하는 자질과 능력을 갖춘 인재들이 적극적으로 응모할 수 있도록 모집의 원천을 전략적으로 선택하는 데 있다. 예를 들어, 1명을 채용하기 위해 몇 명의 지원자를 모집할 것인가에 대한 기준을 사전에 설정하고, 이에 따라 내부 또는 외부 모집, 온라인 플랫폼, 채용박람회 등 다양한 채널을 선택해야 한다. 또한 모집 정보가 응모자에게 시의적절하게 전달되도록 모집의 매체와 시기를 결정해야 하며, 이를 통해 보다 높은 지원율을 확보할 수 있어야 한다. 이러한 일련의 과정은 단순히 인재를 모으는 절차가 아니라, 조직의 미래 인재를 발굴하고 유인하는 전략적 활동으로서의 모집의 본질을 보여준다.

2. 모집 원천

모집 원천(recruitment sources)은 조직이 필요로 하는 인력을 모집하는 데 있어 지원자들이 어떠한 경로를 통해 모집 과정에 유입되는지를 나타내는 공급경로를 의미한다. 다시 말해, 조직이 인적자원을 확보하기 위해 활용하는 후보자 집단의 출처로서, 모집의 효율성과 인재의 적합성에 중대한 영향을 미치는 요소다. 모집 원천은 크게 내부 모집원(internal sources)과 외부 모집원(external sources)으로 구분된다. 각 모집원은 고유한 장단점을 지니고 있으며, 조직의 성장단계, 인력수요의 시급성, 인사 정책 등의 상황에 따라 적절하게 선택되어야 한다.

1) 내부 모집원

내부 모집은 현재 조직 내에 소속되어 있는 구성원을 대상으로 충원하는 방식이다. 예를 들어, 기능 목록(skill inventory), 인력 배치표(personnel placement chart), 사내 공고(open bidding), 사내 벤처 등을 활용할 수 있다. 이러한 내부 모집 방식의 주요 장점은 다음과 같다.

첫째, 조직 내부의 구성원은 이미 조직문화를 이해하고 있어 적응 시간이 짧고, 업무의 연속성을 유지할 수 있다.

둘째, 구성원에게 경력 개발과 승진 기회를 제공함으로써 동기부여와 장기 근속 유인이 강화된다.

셋째, 외부 채용에 비해 충원 과정이 신속하고 비용이 절감되며, 검증된 인재를 기반으로 한 채용이 가능하다.

그러나 단점도 존재한다. 성장기에 접어든 조직에서는 내부에 자격을 갖춘 인재가 항상 부족할 수 있으며, 내부 인력 충원은 연쇄적인 인사 이동을 유발하여 조직 운영에 혼란을 초래할 수 있다. 또한 내부 정치나 관료주의 등으로 인해 인사의 공정성이 훼손되거나, 고용평등 관련 법규를 충족하지 못할 가능성도 존재한다.

2) 외부 모집원

외부 모집은 조직 외부의 잠재 지원자를 대상으로 모집활동을 펼치는 방식이다. 전통적으로는 신문, 잡지, 방송 등의 광고 매체를 활용하거나, 직업 소개소, 교육훈련기관, 채용박람회 등을 통해 진행되었다. 최근에는 자사 홈페이지나 취업 전문 사이트, 소셜미디어, 인재파견회사 및 헤드헌터 등을 활용한 온라인 중심의 모집 방식이 일반화되고 있다. 외부 모집의 가장 큰 장점은 조직 외부의 다양한 경험과 전문성을 가진 인재를 유입할 수 있다는 점이다. 급격한 조직 성장기에는 외부의 신선한 관점과 새로운 기술, 아이디어를 도입할 수 있는 기회를 제공하며, 특히 경영 환경이 급변하거나 조직 혁신이 필요한 시기에는 외부 인재의 유입이 전략적으로 매우 효과적이다.

하지만 외부 모집 역시 단점이 있다. 신입 인재의 조직 적응에 시간이 소요되며, 선발 결과가 입사 후 성과로 직결되지 않을 수 있다. 또한 모집 및 선발 과정에서의 시간적, 재정적 비용이 크며, 기존 구성원들의 사기 저하나 조직 일체감의 약화를 초래할 위험도 있다.

3) 모집 원천의 선택 기준

실제 인사관리 실무에서는 인력 수급에 문제가 발생할 경우, 일반적으로 내부 인력 자원을 우선적으로 고려하고, 적합한 인재가 없는 경우에 한해 외부에서 충원하는 방식이 널리 활용된다. 이는 내부 승진 및 경력 개발의 기회를 제공하면서도, 외부 인재의 신선한 역량을 전략적으로 활용할 수 있도록 하는 균형 있는 접근 방식이다. 조직이 선택할 수 있는 모집원천은 매우 다양하다. 내부 모집원으로는 조직이 축적한 인적자원 데이터베이스를 활용하거나, 사내 공모제를 통해 자발적 참여를 유도할 수 있다. 이는 구성원이 희망하는 직무에 자율적으로 지원함으로써 중장기적인 조직 성과 향상에 기여할 수 있는 긍정적인 효과를 낳는다.

한편 외부 모집원으로는 전통적인 광고 외에도, 현직 종업원의 추천을 통한 연고모집(referral), 각종 교육기관이나 취업 지원기관과의 협력, 채용박람회, 인재파견회사, 헤드헌터, 자매결연 고등학교와의 인력연계 등이 있다. 특히 최근에는 인터넷 기반의 모집 방식이 급속도로 확산되고 있다. 이는 조직이 필요로 하는 인재를 수시로 유연하게 모집할 수 있도록 하며, 신속하고 폭넓은 정보 전달이 가능하다는 점에서 새로운 모집 채널로 주목받고 있다. 결과적으로 모집원천의 선택은 단순한 채널의 문제가 아니라, 조직의 전략, 조직문화, 인재상, 현재의 경영 환경 등과 유기적으로 연결되어야 한다. 내부와 외부 모집이 지닌 장단점을 이해하고, 조직의 특성과 상황에 맞춰 혼합적이고 탄력적인 인재 확보 전략을 수립하는 것이 효과적인 인적자원관리를 위한 핵심 요소라 할 수 있다.

표 6-4 모집원천별 장단점 비교표

구 분	장 점	단 점
내부 모집	- 검증된 인재 채용 가능 - 조직문화 적응 용이 - 충원 속도 빠르고 비용 절감 - 구성원의 동기부여 및 장기 근속 유인 - 직무 만족도와 성과 향상	- 성장기 유자격자 부족 - 연쇄적 인사이동으로 인한 혼란 - 내부 정치 및 관료화 가능성 - 고용평등법 기준 충족 미흡 가능성
외부 모집	- 새로운 아이디어 및 기술 유입 - 급성장기 인력 수요 충족 - 외부 전문가 또는 경력자 확보 - 전환기 조직변화에 효과적(CXO급 포함)	- 적응 시간 소요 - 모집 및 선발 비용 부담 - 선발 예측과 성과 불일치 가능성 - 내부 구성원의 사기 저하 가능성

표 6-5 모집원천의 구체적 유형

대분류	모집원	내 용
사내 모집원	① 기능목록	구성원의 보유 기술, 자격정보 등을 DB로 관리하고 활용
	② 인력배치표	직무별 배치 현황을 파악하여 적합 인재 재배치 또는 발굴
	③ 공개모집	희망 직무에 구성원이 직접 지원, 경력개발 유도
	④ 사내벤처	신규 사업기회를 기반으로 구성원 주도 벤처 운영
사외 모집원	① 모집광고	신문, 잡지, 방송, 온라인 매체 등 대중을 대상으로 공고
	② 직업소개소	민간 또는 공공기관을 통한 구직자 알선
	③ 연고모집	종업원의 추천 등 개인 네트워크 활용
	④ 교육훈련기관	대학, 고교, 직업학교 등과 협력하여 예비 인력 확보
	⑤ 채용박람회, 설명회	구직자 대상 오프라인/온라인 이벤트
	⑥ 자사 홈페이지, 취업 사이트	자체 채용 사이트 또는 잡포털 통한 모집
	⑦ 인재파견회사	전문 인력 파견업체를 통한 계약/단기 인력 확보
	⑧ 헤드헌터	고급 경력직 대상 전문 채용대행사 활용 (온라인, 오프라인 모두 포함)
	⑨ 자매결연	실업계 고교 등과 연계하여 장기적 인력 연계 체계 구축

section 03 선발

1. 선발의 의의

선발(selection)은 조직이 모집활동을 통해 확보한 다수의 지원자 중에서 조직의 전략적 목표와 직무의 특성에 가장 부합하는 인재를 식별하고 결정하는 과정을 말한다. 이는 단순한 행정적 채용 절차를 넘어, 조직의 성과와 경쟁력을 좌우하는 핵심 인적자원관리 기능으로 간주된다. 현대 기업 환경에서는 빠르게 변화하는 시장 요구와 기술의 발전에 적응할 수 있는 유연하고 창의적인 인재의 확보가 더욱 중요해지고 있다. 따라서 선발은 단지 현재 직무에 적합한

그림 6-2 선발절차

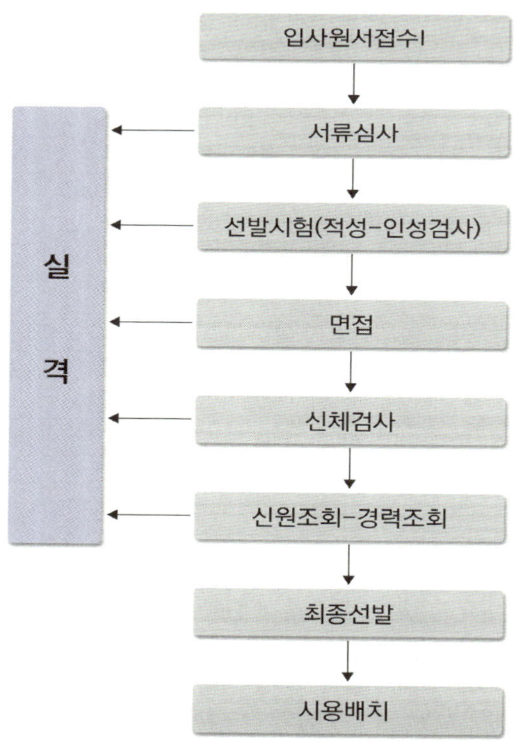

인재를 찾는 데 그치지 않고, 장기적으로 조직의 성장과 변화에 기여할 수 있는 잠재력과 확장성을 가진 인재를 선별하는 과정으로 진화하고 있다. 우수 인재의 선발 여부는 조직의 성패를 결정짓는 중요한 분기점이 된다. 부적절한 인재의 채용은 업무 성과의 저하뿐 아니라 조직문화의 붕괴, 구성원 간 갈등, 높은 이직률과 같은 심각한 부작용으로 이어질 수 있다. 이에 따라 선발 과정은 객관성과 공정성을 기반으로 하여 체계적으로 설계되고 운영되어야 하며, 직무 분석을 기반으로 한 자격요건과 선발기준이 명확히 수립되어야 한다.

조직이 우수한 인재를 확보하기 위해서는 모집된 지원자들을 대상으로 체계적인 절차에 따라 적합성을 평가하는 선발 단계를 거쳐야 한다. 이 과정은 지원자의 자격, 역량, 조직적합성 등을 다면적으로 판단하여 최종적으로 채용 여부를 결정하는 일련의 평가 활동으로 구성된다. 아래는 현대 기업에서 일반적으로 이루어지는 선발 단계별 주요 내용이다.

1) 서류심사

서류심사는 선발 과정의 출발점으로, 지원자가 제출한 이력서, 자기소개서, 경력기술서, 추천서, 졸업증명서 등 다양한 자료를 기반으로 지원자의 기초 정보와 직무적합성 여부를 검토하는 단계이다. 조직은 사전에 설정된 기준에 따라 보유한 자격 및 경력, 관련 경험, 교육 수준 및 전공, 자기소개서의 성실성과 논리성 등을 중심으로 평가한다. 최근에는 AI 기반의 서류 자동 분석 시스템을 활용하여 키워드, 문장 구조, 지원자의 핵심 역량을 분석하고, 과거 축적된 서류평가 데이터를 기반으로 항목별 가중치를 부여한 스코어링 방식도 활용되고 있다. 다만, 성별, 연령, 출신지역, 혼인여부 등 차별금지 요소를 포함한 기준은 관련 법률(예: 채용절차의 공정화에 관한 법률)에 저촉될 수 있으므로, 평가 기준의 법적 타당성과 공정성 확보에 유의해야 한다.

2) 선발시험

선발시험은 지원자의 직무 수행 가능성을 보다 구체적으로 파악하기 위한 역량 중심의 평가 도구이다. 기존에는 직무 관련 지식시험이 일반적이었으나, 최근에는 직무에 필요한 문제해결력, 수리능력, 언어능력, 논리적 사고력, 인성 특성 등을 측정하는 적성검사, 인성검사, 인지능력 검사가 보다 널리 활용되고 있다. 비용과 시간 등의 이유로 시험을 생략하거나 온라인 비대면 형식으로 대체하는 경우도 많아지고 있으며, 상황판단테스트(Situational Judgment Test: SJT) 등도 직무 적합성과 조직문화 적응력을 평가하는 수단으로 확산되고 있다.

3) 면접(Interview)

면접은 선발 과정에서 가장 핵심적인 단계 중 하나로, 지원자의 인성, 태도, 커뮤니케이션 능력, 조직 적응력, 직무 이해도 등을 확인하는 과정이다. 면접은 단순한 대화 이상의 구조화된 평가로 발전하고 있으며, 최근에는 다음과 같은 다양한 형태가 활용된다.

- **구조화 면접**(Structured Interview): 사전에 정해진 질문지를 기반으로 모든 지원자에게 동일한 질문을 제시하여 평가의 일관성과 공정성을 확보한다.
- **역량기반 면접**(CBI): 과거 경험을 기반으로 역량을 평가하며, "~했던 상황에서 어떻게 행동했는가?"를 중심으로 질문이 이루어진다.
- **상황면접**(Situational Interview): 가상의 상황을 제시하고 지원자의 대응 전략을 평가한다.
- **화상면접/AI면접**: 원격지 지원자를 대상으로 하며, 비언어적 표현까지 분석 가능한 인공지능 기반 면접 솔루션도 증가하고 있다.

단순히 입사동기, 희망연봉 등 통상적인 질문에 머무르기보다는, 통찰력, 창의성, 논리적 사고력, 상황 대처능력 등을 평가할 수 있는 심층적 질문 설계가 중요하다.

4) 신체검사

신체검사는 지원자가 해당 직무를 수행함에 있어 건강상 문제가 없는지를 확인하기 위한 절차이다. 산업안전보건법 제43조에 따르면, 사업주는 근로자 채용 시 반드시 건강진단을 시행해야 하며, 이 비용은 원칙적으로 회사 부담으로 처리되어야 한다. 신체검사는 단순히 결격사유를 가리기 위한 절차에 그치지 않고, 직무 특성과 연계된 건강 상태를 고려한 배치관리의 기반이 되기도 한다. 단, 장애인 차별 금지 등 법적 기준에 위배되지 않도록 주의가 필요하다.

5) 신원 · 경력 조사

지원자가 제출한 이력서, 자기소개서 등의 정보를 검증하기 위한 신원 및 경력조회는 선발의 신뢰성을 높이는 중요한 절차이다. 지원자의 학력, 자격, 경력사항은 물론, 필요 시 전 직장에 대한 레퍼런스 체크(reference check)를 통해 지원자의 업무태도나 조직 적응력을 파악하기도 한다. 또한 범죄 이력, 금융거래 내역, 공공기관 등록 여부 등도 확인할 수 있으며, 이는 기업의 대외적 리스크를 사전에 차단하는 데 기여한다. 기업 규모에 관계없이 이 절차는 반드시 행해져야 하며, 최근에는 외부 전문기관에 위탁하여 신속 · 정확하게 진행하는 경우도 많다.

6) 불합격자에 대한 관리

현대의 인사관리에서는 선발되지 않은 지원자에 대해서도 일정한 사후관리 절차를 통해 기업 이미지를 보호하고, 미래의 지원 가능성을 열어두는 것이 중요해지고 있다. 많은 기업들이 불합격자에게 정중한 안내 메일, 문자, 또는 전화 통보를 통해 감사의 뜻을 전달하며, 일부 기업은 불합격 사유를 간략히 설명하거나 피드백을 제공하기도 한다. 이러한 사후조치는 채용 브랜딩 강화, 지원자 경험 개선(candidate experience), 고객 및 소비자로서의 유대 유지 등의 효과를 기대할 수 있다.

선발의 각 단계는 단편적인 절차가 아니라, 우수한 인재를 식별하고, 조직에 적합한 인재를 공정하고 전략적으로 유치하기 위한 복합적인 과정이다. 각 단계별 도구와 기준은 직무와 조직문화에 따라 유연하게 설계되어야 하며, 무엇보다도 공정성, 객관성, 법적 타당성이 확보된 절차로 운영되어야 한다.

2. 선발도구와 관련된 고려사항

조직이 인재를 채용함에 있어 사용하는 선발도구(selection tools)는 단순한 평가 수단을 넘어, 조직의 미래성과를 결정짓는 중요한 전략적 자산이다. 채용 과정의 공정성과 과학성을 확보하고, 우수한 인재를 조직에 유입시키기 위해서는, 선발도구가 특정 지원자에 대해 얼마나 정확하게 평가하고 예측할 수 있는가를 검토해야 한다. 이를 판단하는 대표적인 기준이 바로 신뢰성(reliability)과 타당성(validity)이다. 신뢰성과 타당성은 선발도구의 질적 수준을 평가하는 핵심 개념으로, 선발 과정의 정당성, 객관성, 예측력 확보를 위한 필수 요건이다. 아래에서는 이 두 개념의 정의, 세부 유형, 그리고 실무적 시사점에 대해 상세히 고찰한다.

1) 선발도구의 신뢰성(Reliability)

신뢰성이란 동일한 평가 조건하에서 동일한 측정대상에 대해 일관된 결과를 산출하는 정도를 의미한다. 즉, 동일한 지원자에게 동일한 선발도구를 반복 적용했을 때 결과가 얼마나 안정적으로 유지되는가를 나타낸다. 이는 선발도구가 우연한 오차(random error)로부터 얼마나 자유로운지를 반영하는 지표이며, 측정값의 일관성과 반복 가능성에 관한 문제이다. 선발과정에서 신뢰성이 낮은 도구는 평가 결과에 불확실성과 변동성을 야기하고, 결과적으로 선발 판단의 오류로 이어질 가능성을 높인다. 따라서 모든 선발도구는 일정 수준 이상의 신뢰성을 확보해야 한다. 신뢰성은 보통 다음과 같은 세 가지 방법을 통해 측정된다.

(1) 시험-재시험 방법(Test-Retest Method)

가장 전통적이고 널리 사용되는 방법으로, 동일한 대상자에게 동일한 시험을 일정 기간 간격을 두고 두 번 실시한 후, 두 시험 간의 점수 상관관계를 분석하는 방식이다. 이때 첫 번째 시험이 두 번째 시험에 영향을 주지 않도록 환경과 조건을 동일하게 유지하는 것이 필수다. 만약 두 번의 시험 점수 간 상관계수가 높게 나타난다면, 해당 선발도구는 시간에 따라 결과가 변하지 않는 높은 신뢰성을 갖는다고 볼 수 있다.

(2) 대체형식 방법(Alternate Form Method)

한 사람에게 내용은 유사하되 형식이 다른 두 가지 형태의 시험을 각각 실시한 후, 그 결과 간의 상관관계를 비교하는 방식이다. 예를 들어, A형과 B형 시험지를 만들어 같은 내용을 다르게 구성하여 시험한 뒤 결과를 비교한다. 이때 두 형태는 난이도, 평균 점수, 문항 수, 주제 범위 등에서 동등해야 한다. 이 방법은 시험 문제 유출 방지나 다양한 시험 형태 운용 시 유용하게 사용될 수 있다.

(3) 양분법(Split-Halves Method)

하나의 시험지를 두 부분(예: 전·후반부 또는 홀수·짝수 항목)으로 나누어 각 절반에서 얻은 점수 간의 상관관계를 분석하는 방식이다. 이를 통해 한 번의 시험만으로 신뢰도를 간접적으로 측정할 수 있는 장점이 있으며, 시간과 비용 측면에서 효율적인 방법으로 간주된다. 하지만 양분 방식에 따라 신뢰도 측정 결과가 달라질 수 있으므로, 항목 구성이 통계적으로 적절히 배치되어야 한다.

선발도구의 신뢰성은 특히 대규모 채용에서 예측 오류를 줄이는 데 중요하며, 평가결과의 일관성과 신뢰성을 확보함으로써 선발 과정 전반에 대한 내·외부 신뢰도를 높일 수 있다.

2) 선발도구의 타당성(Validity)

타당성이란 선발도구가 실제로 측정하고자 하는 속성 혹은 개념을 정확히 측정하고 있는가에 대한 문제이다. 예를 들어, 직무성과를 예측하기 위해 고안된 시험이 실제로 지원자의 직무수행능력을 효과적으로 검정하고 있다면, 그 시험은 타당하다고 볼 수 있다. 선발도구의 타당성은 그 자체가 채용의 목적을 달성할 수 있는지를 평가하는 핵심 요소이며, 적합한 인재의 선발 가능성, 조직성과 향상, 선발 오류 감소와 직결된다. 타당성은 크게 세 가지 유형으로 분류된다.

(1) 기준 관련 타당성(Criterion-Related Validity)

기준 관련 타당성은 선발도구가 실제 직무성과나 행동결과와 얼마나 밀접한 상관관계를 갖고 있는지를 평가하는 방식으로, 선발도구의 예측력을 가장 객관적으로 입증할 수 있는 방법으로 간주된다. 이 개념은 선발도구가 지원자의 점수(예측치)를 통해 향후 직무성과나 조직 내 성과지표(기준치)를 어느 정도까지 정확하게 예측할 수 있는지를 수치로 나타내는 데 초점을 둔다. 기준 관련 타당성을 측정하기 위해서는 선발도구의 점수와 실제 직무성과 간의 상관계수(correlation coefficient)를 계산한다. 예를 들어, 입사 시험에서 높은 점수를 받은 사람이 실제로 입사 후에도 높은 직무성과를 보인다면, 해당 시험은 기준 관련 타당성이 높다고 평가할 수 있다. 이 타당성은 실무 현장에서 선발도구의 효과성과 실용성을 판단하는 가장 설득력 있는 근거로 활용되기 때문에 매우 중요하다. 기준 관련 타당성은 다시 동시타당성(concurrent validity)과 예측타당성(predictive validity)으로 구분된다.

- 동시타당성은 현재 재직 중인 종업원을 대상으로 선발시험을 실시하고, 이들의 시험 성적과 현재의 직무성과를 비교하여 두 변수 간의 관계를 분석하는 방식이다. 이 방법은 현직자의 성과 데이터를 이미 보유하고 있다는 점에서 신속하고 경제적이며, 새로운 채용을 하지 않고도 쉽게

시행할 수 있다는 장점이 있다. 그러나 이 방식은 현직자 표본이 모집단 전체를 대표하지 못할 가능성이 있으며, 이미 훈련되고 적응된 인력이 대상이기 때문에 초기 직무 수행을 예측하는 데는 한계가 있을 수 있다.

- 예측타당성은 채용 시점에서 선발시험을 실시하고, 이후 일정 기간이 지난 뒤 입사자의 실제 직무성과를 평가하여 그 점수와 시험 결과 간의 상관관계를 분석하는 방식이다. 이 방식은 선발도구의 실질적 예측력을 검증하는 데 가장 적합하며, 결과의 해석 가능성과 신뢰도가 높다. 하지만 이 방법은 충분한 표본 규모(보통 200명 이상) 확보, 성과 데이터 축적을 위한 시간 경과, 점수 추적의 조직적 관리 등 상당한 자원과 시간이 요구되는 단점도 있다.

실무적으로는 기준 관련 타당성이 입증된 선발도구를 활용하는 것이 인적자원관리의 과학화에 기여하며, 데이터 기반의 합리적 인재 채용을 가능하게 한다. 따라서 많은 선진 기업들은 선발도구 도입 시 사전에 자체 파일럿 테스트나 외부 검증을 통해 기준 관련 타당성을 확인하는 절차를 필수적으로 포함한다.

(2) 내용 타당성(Content Validity)

내용 타당성은 선발도구가 직무에서 실제로 요구되는 지식, 기능, 태도 등을 얼마나 충실히 반영하고 있는지를 평가하는 방식이다. 다시 말해, 선발 시험이나 평가도구가 측정하고자 하는 대상의 '내용적 범위'를 충분히 포괄하고 있는지를 판단하는 것이다. 내용 타당성은 주로 직무분석(job analysis)을 기반으로 산출된 핵심 직무요소(Knowledge, Skills, Abilities: KSAs)를 평가 항목에 얼마나 반영하였는가에 따라 조작기능을 시연하는 실기시험을 활용했다면, 이는 내용 타당성이 매우 높은 선발도구라 할 수 있다.

이 타당성은 통계적 지표(상관계수 등)를 사용하여 측정하지 않으며, 전문가의 논리적이고 주관적인 판단에 기초하여 이루어진다. 때문에 선발도구를 개발할 때에는 직무 전문가, 인사담당자, 교육담당자 등이 협업하여 시험 문항이 실제 직무의 수행요건을 얼마나 잘 반영하고 있는지를 면밀히 검토해야 한다. 또한 문항별로 직무 관련성 근거를 문서화하고, 정기적으로 직무 변화에 따라 문항을 조정하는 작업도 중요하다. 내용 타당성은 특히 다음과 같은 경우에 강점을 가진다.

- 선발 인원이 적고 기준 관련 타당성 확보가 어려운 소규모 조직
- 실기 위주 직무(예: 운전, 조리, 기계조작, 타자 등)
- 직무 성과의 결과보다 수행 과정 자체를 더 중시하는 직무
- 짧은 기간 내 선발도구 개발이 필요한 경우

다만, 지능, 적성, 성격 등 추상적인 속성을 측정하는 경우에는 내용 타당성만으로는 한계가 있으며, 이 경우는 구성 타당성이나 기준 관련 타당성 등 보완적 검토가 요구된다.

(3) 구성 타당성(Construct Validity)

구성 타당성은 가장 이론적이고 심화된 형태의 타당성 개념으로, 선발도구가 측정하고자 하는 심리적 속성이나 이론적 구성요소를 실제로 얼마나 잘 측정하고 있는지를 평가하는 방식이다. 예컨대 '리더십 역량'이라는 추상적 속성을 측정하기 위한 도구가 실제로 리더십과 관련된 행동 특성이나 심리적 특질을 반영하고 있는가를 확인하는 것이 바로 구성 타당성의 핵심이다.

이 타당성은 시험이나 평가도구가 특정한 '개념'을 명확히 정의하고, 이를 측정할 수 있는 항목들로 구성되어 있는지를 점검한다. 예를 들어, '창의성'을 측정한다고 했을 때, 해당 시험이 단순한 언어 능력만을 측정한다면 창의성과는 관련이 없을 수 있다. 따라서 이론적 정의와 실제 측정 항목 간의 일치성이 핵심적인 판단 기준이 된다. 구성 타당성을 검증하기 위해서는 주로 요인분석(Factor Analysis), 상관분석, 회귀분석 등의 다변량 통계기법이 사용된다. 즉, 선발도구가 측정하고자 하는 여러 요인이 이론적으로 설명한 요인 구조와 실제 응답 결과에서 도출된 요인 구조 간에 얼마나 일치하는지를 분석하는 것이다. 구성 타당성은 다음과 같은 경우 특히 중요하다.

– 성격검사, 인성검사, 조직적합성 검사 등 정량화가 어려운 심리 특성 측정
– 행동적 역량(competency) 기반 선발모형 적용 시
– 잠재력, 가치관, 사고방식 등 눈에 보이지 않는 추상적 개념 측정

이러한 이유로, 구성 타당성은 연구자나 선발도구 개발자들이 장기적이고 체계적으로 검증해야 하는 요소이며, 특히 외부 심리검사 도구를 도입할 때는 해당 도구의 구성 타당성이 검증된 문헌이나 신뢰할 수 있는 연구결과를 반드시 참고해야 한다.

요약 및 시사점

타당성 유형	정의 및 초점	적용 사례 및 특징
기준 관련 타당성	시험 결과와 직무성과 간의 상관관계 평가	객관적 통계분석 가능, 예측 정확성 중시
내용 타당성	시험 항목이 직무에서 필요한 요소를 얼마나 포함하는가	직무분석 기반 설계, 실무 시험에 적합
구성 타당성	추상적 개념을 얼마나 이론적으로 충실히 측정하는가	심리검사, 인성검사 등에서 필수적

3. 선발 방법

조직이 직무에 적합하고 장기적으로 성과를 낼 수 있는 인재를 선발하기 위해서는 체계적이고 타당한 선발 절차가 필요하다. 특히 모집단계에서 유입된 다수의 지원자 가운데, 조직이 요구하는 자질과 직무역량을 갖춘 인재를 구별해내기 위해서는 다양한 선발 방법과 평가 도구가 활용된다. 선발 방법이란, 조직이 설정한 채용 기준에 따라 지원자를 평가하고 선별하기 위한 수단과 절차를 말하며, 이는 곧 조직의 인적 자원 경쟁력 확보와 직결되는 전략적 활동이다. 선발 방법은 크게 시험, 적성검사, 면접 등으로 구분되며, 각 방법은 평가 목적과 적용 대상, 측정하고자 하는 속성에 따라 다르게 구성된다. 최근에는 인공지능(AI), 화상 인터뷰, 빅데이터 기반 분석 등 디지털 기반 선발도구가 확산되면서, 전통적인 선발 방법도 진화하고 있다. 이 절에서는 대표적인 선발

방법별로 그 개념, 특성, 활용 방식 및 주의사항을 통합적으로 고찰한다.

1) 시험(Test)

시험은 지원자의 직무수행과 관련된 지식, 기술, 사고력, 문제 해결력, 논리적 추론력 등 인지적 능력을 체계적으로 측정하고 평가하기 위한 대표적인 선발 수단이다. 일반적으로 시험은 필기 형식으로 실시되며, 객관식이나 주관식 문제를 통해 직무와 관련된 이론적 지식이나 판단능력을 파악하는 데 초점을 둔다. 시험은 다양한 지원자 집단을 동일한 기준으로 평가할 수 있는 표준화된 선발 도구로서, 선발 과정의 공정성과 객관성 확보에 기여한다는 점에서 인사관리상 매우 중요한 기능을 수행한다. 특히 대규모 공개채용에서 시험은 선발단계의 효율성을 높이고, 지원자의 기초적 업무능력을 필터링하는 데 유용하게 활용된다.

그러나 시험은 그 특성상 실제 직무에서 요구되는 대인관계 능력, 창의성, 협업능력, 태도와 인성 등 비인지적 역량을 충분히 측정하지 못하는 한계가 있다. 또한 시험 결과는 수험자의 시험 전략, 환경, 컨디션 등에 영향을 받을 수 있어 평가의 완전한 타당성을 확보하기 어렵다는 비판도 존재한다. 그럼에도 불구하고 시험은 선발과정의 신뢰성과 예측력을 높이는 핵심 도구로 평가되며, 그 유효성을 확보하기 위해서는 다음과 같은 요건이 충족되어야 한다. 첫째, 시험 문항은 직무분석 결과를 토대로 구성되어야 하며, 실제 직무수행에서 요구되는 핵심역량과 밀접하게 연계되어야 한다. 둘째, 문항의 난이도와 변별력, 신뢰도, 타당도가 과학적으로 검증되어야 하며, 셋째, 시험 결과는 지원자 간 비교 가능성을 확보할 수 있는 객관적 기준에 의해 해석되어야 한다.

최근에는 전통적인 필기시험에서 벗어나 온라인 기반의 인공지능 활용 시험(예: AI 모의평가), 상황판단검사(SJT), 작업기억 측정 등 다양한 디지털 기반 시험 방식이 등장하고 있으며, 기업은 이를 통해 보다 직무밀착형 평가모델을 개발하고 있다. 이러한 변화는 시험이 단순한 '지식 테스트'에서 나아가 정교한 역량평가 도구로 진화하고 있음을 보여준다. 결론적으로, 시험은 선발의 객관성과 정당성을 담보할 수 있는 핵심 장치로서, 직무의 특성과 조직의 인재상에 부합하는 방식으로 설계·운영되어야 하며, 다른 선발 도구들과 종합적으로 활용함으로써 선발 결과의 타당성과 예측력을 극대화할 수 있다.

2) 적성검사(Aptitude Test)

적성검사는 지원자가 특정 직무나 작업에 대해 어느 정도의 적응 능력, 잠재적 성취 가능성, 직무 적합성을 갖추고 있는지를 사전에 예측하기 위한 평가 도구로서, 선발의 정밀도와 직무 적응 예측력을 높이는 데 중요한 역할을 수행한다. 이는 일반적으로 특정 직무수행에 요구되는 인지적 또는 심리적 특성, 신체적 능력, 작업스타일 등에 대한 측정으로 구성되며, 특히 잠재 역량의 평가에 초점을 둔다는 점에서 시험과 구분된다. 적성검사는 개인이 가지고 있는 소질과 능력이 직무 요구 조건에 어느 정도 부합하는지를 측정함으로써, 직무 적합한 인재를 사전에 선별하고, 입사 후 직무 스트레스, 적응 실패, 이직률 증가 등의 위험을 감소시키는 효과를 가진다. 특히 산업 현장에서 직무의 전문화 및 자동화가 심화됨에 따라, 구성원에게 요구되는 능력도 다양해지고 있으며, 이에 따라 언어적 능력, 수리적 추론력, 공간지각력, 기계 조작능력, 대인민감성, 기억력, 논리성, 반응속도 등 세분화된 영역별 적성검사 도구가 개발되어 활용되고 있다.

적성검사는 일반적으로 다음의 세 가지 유형으로 나눌 수 있다. 첫째, 인지 능력 적성검사로서, 언어력, 수리력, 추론능력 등을 측정한다. 둘째, 기술적·기계적 적성검사로서, 도면 해석, 장비 조작, 공간 판단 등 물리적 작업 적성을 평가한다. 셋째, 심리적 특성 적성검사로서, 주의 집중력, 반응속도, 감정 조절 능력 등을 평가한다. 기업은 해당 직무가 요구하는 핵심 역량에 따라 이들 검사 중 일부 또는 전부를 선택하여 사용한다.

적성검사의 장점은 지원자의 직무 수행 가능성을 미리 확인하고, 교육 훈련의 효율성 예측, 채용 후 적응력 향상 등의 기대효과를 제공한다는 점이다. 반면, 검사 문항의 구성 방식이나 결과 해석에 있어서 문화적 편향, 학습효과,

검사 불안 등의 외부 변수가 작용할 수 있으며, 측정 결과가 반드시 실제 직무 성과로 연결된다는 보장이 없다는 점에서 신중한 활용이 요구된다. 이에 따라 적성검사는 단독 활용보다는 면접, 시험, 인성검사 등 다른 선발 도구와 함께 통합적으로 운영하는 것이 바람직하다. 또한 검사 도구는 표준화된 규격과 신뢰성·타당성 검증을 거친 모델을 채택해야 하며, 검사 결과는 단편적인 수치 이상의 종합적 판단 기준으로 해석되어야 한다.

결론적으로, 적성검사는 인재의 '현재'보다 '미래 가능성'을 탐색하는 전략적 선발 도구로서, 기업의 인재 선발이 단기 성과 중심에서 장기적 인재 육성 중심으로 전환되는 흐름에 부합하는 유효한 방법이라 할 수 있다. 이는 선발의 전략성을 높이고, 조직의 인적자원 경쟁력을 강화하는 데 기여할 수 있는 중요한 수단이 된다.

3) 면접(Interview)

(1) 면접의 의의

면접은 인사관리에서 가장 오랜 전통을 지닌 선발기법이자, 오늘날에도 여전히 가장 널리 활용되는 인재 평가 도구이다. 면접은 서류전형, 필기시험, 적성검사 등과 함께 종합적인 평가 도구의 하나로 활용되며, 특히 지원자의 인격적 특성, 대인관계 능력, 표현력, 가치관, 조직적합성 등 정성적 평가에 탁월한 수단으로 간주된다. 면접은 기본적으로 면접관과 지원자 간의 대화 과정을 통해 다양한 정보를 수집하는 의사소통 행위이다. 이 과정에서 면접관은 단순히 질문에 대한 응답만을 듣는 것이 아니라, 지원자의 말투, 표정, 자세, 어휘 사용, 침착함, 논리적 구성 등 비언어적 요소까지 종합적으로 관찰하게 된다. 이는 다른 선발 도구로는 파악하기 어려운 정성적 특성과 인간적 잠재력을 파악하는 데 유리한 점으로 작용한다.

또한 면접은 단순한 평가 수단을 넘어, 조직과 지원자 간의 상호 적합성(fit)의 확인 과정이기도 하다. 지원자는 면접을 통해 조직의 분위기, 문화, 면접자의 태도 등을 관찰하며 자신의 직무 기대와 조직이 일치하는지 판단하게 되며, 조직 또한 지원자의 특성과 조직문화의 정합성을 평가할 수 있다. 따라서 면접은 쌍방향성(interactive communication)의 성격을 띤다는 점에서 시험이나 검사와는 뚜렷한 차이를 가진다. 현대 기업에서는 면접의 중요성을 인식하여 구조화된 질문 구성, 행동기반 질문 도입, 평가자 교육 등을 통해 면접의 신뢰성과 타당성을 높이기 위한 다양한 제도적 장치를 마련하고 있다. 이는 단순한 호감이나 직관에 의존한 비과학적인 면접의 한계를 극복하고, 면접 결과가 실제 직무성과와 얼마나 높은 상관관계를 가지는지를 확보하려는 노력의 일환이다.

(2) 면접의 유형

면접은 수행 방식과 평가 목적에 따라 다양한 형태로 구분된다. 다음은 일반적으로 활용되는 대표적인 면접의 유형이다.

① 계획적 면접(Structured/Behavioral Interview)

계획적 면접은 사전에 직무분석을 통해 도출된 직무수행요건을 기준으로 면접 질문 항목과 평가기준을 미리 구조화하여 설계하는 방식이다. 이 면접은 통상 "당신이 과거 어떤 상황에서 어떻게 행동했는가?"라는 질문을 기반으로 하여, 행동사례면접(Behavioral Event Interview: BEI)방식으로 구성된다. 예컨대 "과거 팀 내 갈등이 발생했을 때 어떻게 대처했는가?"라는 질문을 통해 실제 경험을 기술하도록 요구하며, 과거의 행동은 미래 행동을 예측할 수 있는 가장 유력한 지표라는 이론에 기반한다. 이 방식은 질문의 일관성과 평가의 객관성을 유지하는 데 효과적이며, 인지적 편향을 줄이고 평가 간 신뢰도를 높이기 위한 대표적인 방법으로 널리 채택된다.

② 비구조적 면접(Unstructured Interview)

비구조적 면접은 사전 질문 없이 면접자의 재량에 따라 자유롭게 질문이 이루어지는 면접 방식이다. 이 방식은 면접자의 대화 유도 능력과 즉흥적 대응 능력에 따라 면접의 질이 좌우되며, 응시자도 자신을 보다 편안하게 표현할 수 있는 장점이 있다. 특히 고위관리자, 창의적 직무, 창업자와 같은 유연성과 개별성이 중요한 직무에서는 유용하게 활용되기도 한다. 그러나 면접관의 주관성과 편견에 취약하며, 동일 기준에 의한 비교가 어려워 선발 타당성 확보에는 불리한 측면이 있다.

③ 패널 면접(Panel Interview)

패널 면접은 복수의 면접관이 한 명의 지원자를 상대로 면접을 실시하는 방식으로, 위원회 면접(committee interview)이라고도 불린다. 보통 인사담당자, 해당 부서장, 직무 관련 전문가 등이 패널로 참여하며, 면접관 간의 다양한 관점이 반영되어 평가의 객관성을 제고할 수 있다. 고위직 채용이나 전문직 선발에서 많이 사용되며, 면접자 간 평가 편차를 줄이고 집단 판단의 합리성을 확보하는 데 효과적이다.

④ 집단 면접(Group Interview)

집단 면접은 여러 명의 지원자를 한 번에 모아 일정한 주제나 과제를 주고, 자유롭게 토론하거나 문제를 해결하는 과정을 관찰하는 방식이다. 이 면접은 일반적인 문답형 면접으로는 파악하기 어려운 집단 내에서의 리더십, 팀워크, 설득력, 협상능력, 경청 태도, 대인관계 능력 등을 실시간으로 관찰할 수 있다는 장점이 있다. 특히 신입사원 채용이나 다수의 인력을 단시간에 선발해야 하는 경우에 효과적으로 활용된다.

⑤ 스트레스 면접(Stress Interview)

지원자가 극도의 긴장이나 압박 상황에서도 어떻게 반응하고 대처하는지를 평가하기 위한 면접 유형이다. 이 방식은 지원자에게 일부러 무례한 질문, 갑작스러운 침묵, 고의적인 반복 질문 등을 제시하며 정서적 안정성, 스트레스 저항성, 감정조절 능력 등을 테스트한다. 금융, 응급관리, 상담 등 고강도 감정노동 직무에서 사용되며, 윤리적 문제와 면접자의 역량 부족 시에는 부작용이 클 수 있으므로 신중하게 활용되어야 한다.

(3) 면접의 실시 과정과 유의사항

면접을 효과적으로 실시하기 위해서는 사전 준비, 면접 진행, 사후 평가까지 일련의 프로세스를 체계적으로 운영해야 하며, 다음과 같은 요소들을 고려해야 한다. 사전 준비 단계에서는 직무명세서 분석, 면접 질문 구성, 면접관 교육, 평가 기준 설정, 응시자에 대한 기본 정보 분석이 포함된다. 면접 진행 단계에서는 면접관의 질문 능력, 응답 유도력, 비언어적 피드백 관찰력, 면접시간 관리 능력이 중요하며, 응시자가 편안하게 자기 역량을 드러낼 수 있도록 심리적 안정감 있는 분위기 조성이 핵심이다. 사후 평가 단계에서는 즉각적인 면접 평가 기록, 면접관 간 의견 공유, 종합평가 점수 산출, 피드백 메모 작성 등이 이루어지며, 필요 시 보완면접이나 후속평가로 이어질 수 있다.

면접의 평가 도구로는 〈표 6-6〉과 같은 정량화된 평정표를 활용하여, 평가 기준을 명확히 하고 비교가능성을 높일 수 있다. 이는 '용모', '성격', '표현력', '대인관계' 등 다양한 항목을 기준으로 5점 척도로 평가하며, 결과는 서열이나 등급으로 환산되어 최종 선발 결정에 반영된다.

(4) 현대 조직에서의 면접의 진화

최근 기업들은 디지털 기술을 접목한 새로운 형태의 면접방식을 도입하고 있다. 대표적으로 AI 면접, 영상면접, 게임 기반 평가(Game-based assessment) 등이 있으며, 이는 물리적 거리나 시간의 제약 없이 면접을 가능하게 하고, 동시에 비언어적 패턴(표정, 시선, 언어 속도 등)까지 분석할 수 있다는 장점을 가진다. 그러나 AI 면접의 알고리즘 편향, 사생활 침해 우려, 문화적 차이로 인한 왜곡 가능성 등 다양한 윤리적 문제도 제기되고 있어, 조직은 기술의 효율성과 인권적 정당성 사이의 균형을 지속적으로 고민해야 한다.

(5) 결론

면접은 단순히 '누가 더 뛰어난가'를 판단하기 위한 절차가 아니다.

오늘날의 면접은 '누가 우리 조직에 더 잘 맞는가', '누가 변화하는 업무환경 속에서도 성장할 가능성이 높은가'를 종합적으로 탐색하는 인재 발굴 과정으로 자리 잡았다. 따라서 인사관리자는 면접을 과학적으로 설계하고, 면접관의 훈련을 강화하며, 공정하고 투명한 평가 시스템을 정착시킴으로써, 조직이 필요로 하는 우수 인재를 확보할 수 있는 전략적 채널로 발전시켜야 한다.

표 6-6 **집단면접의 면접평정표**

성　　명 : ______________________

좌석번호 : ______________________

요소 평정 항목	A	B	C	D	E
문제의식 및 판단력	□	□	□	□	□
설득력	□	□	□	□	□
적극성	□	□	□	□	□
표현력	□	□	□	□	□
능동적 경청 태도	□	□	□	□	□

※ **종합평정**(최종 등급)

□ A : 우수한 자질을 갖추고 있어 꼭 확보하고 싶다.

□ B : 대체로 양호한 편이며 합격시켜도 좋다.

□ C : 판단하기는 어려우나 무난한 듯하다.

□ D : 판단하기에 좀 미흡한 편이다.

□ E : 모든 면에서 떨어지며 합격시키기 곤란하다.

기타 의견 :

표 6-7 개별면접의 면접표

성　　명 : ______________________
수험번호 : ______________________

항목	1 아주 불량	2 불량	3 보통	4 양호	5 우수
용모	□	□	□	□	□
체격	□	□	□	□	□
성격(인성)	□	□	□	□	□
인간관계	□	□	□	□	□
태도	□	□	□	□	□
노사관	□	□	□	□	□
직업관	□	□	□	□	□
정서	□	□	□	□	□
전반적인 평가	□	□	□	□	□
비고란 :					
면접담당자 : ○ ○ ○					

CHAPTER

07

인력활용과 이동관리

section 01 인사이동

1. 인사이동의 성격

1) 인사이동의 의의

인사이동(change of jobs 또는 personnel transfer)은 조직 내에서 종업원이 배치된 특정 직무에서 새로운 직무로, 혹은 새로운 부서나 지역으로 이동하게 되는 일련의 인사관리 절차를 의미한다. 일반적으로 기업에 고용된 종업원이 특정한 업무나 직무에 배치된 이후, 조직 내부의 운영 여건의 변화, 개인의 능력 향상 또는 직무요건의 변화 등의 사유로 인해 직무, 직급, 근무지, 부서 등에 변동이 생기는 것을 말한다. 인사이동은 크게 수평적 이동과 수직적 이동으로 나눌 수 있다. 수평적 이동은 직무의 중요도나 직급은 유사하되, 업무 내용이나 부서가 달라지는 전직(transfer)이나 배치전환(reassignment)을 포함한다. 반면, 수직적 이동은 직급의 상승 또는 하강을 수반하는 승진(promotion)이나 강등(demotion)을 의미한다.

이러한 인사이동은 기업 내부의 인사관리를 정태적으로 바라보는 배치관리와는 달리, 조직과 구성원의 변화와 발전을 반영하는 동태적인 관리 방식이라 할 수 있다. 다시 말해, 인사이동은 시간이 흐르면서 변하는 조직의 구조나 인력의 특성에 따라 직무와 사람의 관계를 지속적으로 조정하고 최적화하는 관리 행위이다. 한편, 인사이동에는 전근(근무지 변경), 전직(업무 변경), 파견 또는 출장, 타기업으로의 전출입 등의 형태가 포함된다. 전직은 동일한 사업장 내에서 직무가 바뀌는 경우이며, 전근은 근무지 자체가 바뀌는 경우로서 통근거리나 생활환경이 달라질 수 있어 근로자 입장에서 실질적인 영향이 크다. 출장이나 파견은 일반적으로 단기간을 전제로 하나, 그 기간이 길어질 경우 실질적으로는 전근에 준하는 처우가 필요하다. 이러한 인사이동은 원칙적으로 사용자의 권한에 해당하지만, 『근로기준법 제30조』는 "사용자는 정당한 이유 없이 근로자를 전직, 전보하여서는 아니 된다"고 규정하고 있다. 이는 경영자의 인사권이 자의적으로 행사될 경우 근로자의 생계와 권익에 중대한 영향을 줄 수 있음을 고려한 제도적 장치이며, 인사이동이 근로자에게 불리하게 작용하지 않도록 하기 위함이다.

2) 인사이동의 필요성

기업조직은 고정된 구조를 갖고 있지 않다. 시장환경의 변화, 기술의 발전, 경쟁 양상의 변화 등 외부적 요인뿐 아니라, 내부적으로도 조직의 전략, 경영목표, 인력구성, 조직문화 등의 변화가 수시로 발생하기 때문이다. 이러한 유동적인 상황에서 기업이 지속가능한 경영성과를 창출하고 경쟁력을 유지하기 위해서는 조직의 핵심 자원인 인적자원을 정적인 방식이 아닌, 동태적이고 전략적인 방식으로 관리할 필요가 있다. 이때 중요한 인사관리 수단이 바로 인사이동이다. 인사이동이 필요한 이유는 다양하지만, 특히 인력과 직무 간 부적합 상황의 해소가 핵심이다. 처음 종업원을 채용하여 특정 직무에 배치했을 때, 아무리 채용 과정이 정밀하게 이루어졌다고 하더라도 현실에서의 직무 수행과 적성 간에는 차이가 발생할 수 있다. 이 경우, 인력이 가지고 있는 자질이나 능력에 비해 직무가 과도하게 어렵거나 반대로 지나치게 단순할 경우, 성과 저하뿐 아니라 종업원의 직무만족 저하, 이직 의향 증가 등 부정적인 결과를 초래할 수 있다.

또한, 초기 배치가 적절했다 하더라도 시간이 지나면서 개인의 역량이 향상되거나 반대로 업무 부담 등으로 인해 역량이 저하되는 경우, 기존 직무는 더 이상 그에게 적합하지 않게 될 수 있다. 특히 교육훈련, 경험 축적, 자격취득 등을 통해 직무 수행능력이 향상된 인재는 더 도전적인 직무나 높은 책임을 요하는 직위로 이동시키는 것이 조직 전체의 효율성을 높이는 데 기여한다. 반대로, 건강상의 이유나 생활상의 제약 등으로 인해 기존 직무를 유지하기 어려운 경우에는 부담이 적은 직무로의 이동이 필요하다. 뿐만 아니라, 기업 자체의 구조적 변화로 인한 인사이동의 필요성도 매우 크다. 예를 들어, 신규 사업의 도입, 조직의 구조조정, 부서 통폐합, 인수합병(M&A) 등의 조직 개편 상황에서는 인력 재배치가 불가피하다. 이때 인사이동은 중복 인력의 조정, 직무 중복의 해소, 직무공백 보완 등의 문제를 해결하는 데 효과적으로 작용한다.

요컨대 인사이동은 단순히 인력을 한 직무에서 다른 직무로 옮기는 관리행위가 아니라, 조직 내 자원의 효율적 활용, 변화에 대한 조직의 적응력 확보, 구성원 역량의 최적화 등을 위한 전략적 인사관리의 핵심 수단이라 할 수 있다. 인사이동을 통해 조직은 인력과 직무 사이의 '부적합 상태'를 조기에 인지하고, 신속하게 적합한 방향으로 조정함으로써 조직 내·외부의 환경 변화에 탄력적으로 대응할 수 있는 유연한 인사시스템을 구축할 수 있다.

3) 인사이동의 목적

인사이동은 단순히 조직의 필요에 따라 인력을 물리적으로 이동시키는 것을 넘어서, 기업의 인사관리 전략을 구체화하고 실현하기 위한 목적 지향적 행위이다. 즉, 인사이동은 종업원 개개인의 성장과 조직 전체의 효율성을 동시에 달성하기 위한 복합적인 목적을 내포하고 있으며, 그 목적은 다음과 같이 다양하고 상호 보완적인 측면을 갖는다.

첫째, '적재적소주의(適材適所)'의 실현이다. 이는 인사관리의 가장 핵심적인 원칙 중 하나로, 개인의 능력과 직무의 요건이 가장 잘 부합되는 위치에 인력을 배치함으로써 조직 전체의 생산성과 개인의 직무만족을 동시에 극대화하고자 하는 것이다. 채용과 배치가 아무리 정밀하게 이루어졌다 하더라도 시간이 지나면서 그 적합성이 변하거나, 처음부터 적합성이 확보되지 못한 경우가 발생할 수 있다. 이때 인사이동을 통해 구성원 개개인이 자신의 능력을 최대로 발휘할 수 있는 직무나 부서로 재배치되는 것이 중요하다.

둘째, 종합적 인재육성을 통한 조직역량 강화이다. 현대의 인재는 단일 기능에 국한되지 않고 다양한 직무를 수행할 수 있는 복합역량을 요구받고 있다. 특히 관리자나 리더로 성장하기 위해서는 특정 업무에 대한 숙련도뿐 아니라, 조직 전체를 이해하고 다양한 상황에 대응할 수 있는 경험이 필수적이다. 인사이동은 구성원에게 다양한 직무경험을 제공하고, 이를 통해 다기능화된 인재로 성장할 수 있도록 한다. 이러한 인재는 조직 변화에 유연하게 대응하며, 경영환경 변화 속에서도 중심축 역할을 수행할 수 있다.

셋째, 조직 활력의 제고 및 사기진작이다. 구성원이 동일 직무에 장기간 종사하게 되면 직무에 대한 권태감, 성과 정체, 동기 저하 등의 현상이 나타날 수 있다. 더 나아가 관리자와 부하 간의 갈등, 동료 간의 관계 악화 등 조직 내 인간관계의 문제가 발생할 가능성도 높다. 이럴 경우, 인사이동을 통해 업무 내용과 조직 환경을 변화시켜 구성원의 직무 몰입도와 조직 만족도를 향상시킬 수 있다. 이는 단순한 정서적 환기 차원을 넘어서 조직 전체의 성과에 긍정적인 영향을 미치는 중요한 조치가 된다.

넷째, 공정하고 합리적인 보상의 실현이다. 인사이동, 특히 승진이나 승격과 같은 수직적 이동은 조직 구성원들에게 '성과와 보상이 연결되어 있다'는 신호를 주는 중요한 수단이다. 직무 수행능력이 향상된 구성원이 보다 높은 직책이나 책임을 갖는 직무로 이동함으로써, 노력과 역량에 대한 공정한 평가가 이루어졌음을 보여주게 된다. 이는 구성원들의 동기를 유발하고 조직에 대한 신뢰를 제고하는 데 매우 효과적이다.

다섯째, 업무 부하의 불균형 해소 및 인력 운영의 합리화이다. 조직 내 특정 부서나 업무에 인력이 과도하게 집중되거나 반대로 인력이 부족한 경우,

인사이동을 통해 인력 분포를 균형 있게 조정함으로써 업무의 효율성과 협업의 생산성을 높일 수 있다. 이를 통해 불필요한 초과근무나 업무 스트레스 등의 문제를 사전에 예방하고, 조직 전체의 인력 활용도를 제고할 수 있다.

마지막으로, 조직 개편이나 경영전략 변화에 대한 유연한 대응력 확보이다. 기업이 성장하면서 신규 사업을 추진하거나 기존 사업을 구조조정하는 경우, 이에 따른 직무의 신설, 통폐합, 정원 조정 등의 변화가 불가피하다. 이때 인사이동은 새로운 조직 구조에 적합한 인력 배치를 가능케 하며, 조직 변화가 혼란 없이 안착되도록 한다. 이는 조직이 변화에 능동적으로 대응할 수 있도록 돕는 매우 중요한 기능이다.

이처럼 인사이동은 단지 조직의 필요에 의해 종업원을 물리적으로 이동시키는 것이 아니라, 조직의 전략적 목표 달성, 인력의 역량 강화, 조직문화 개선, 인적자원의 효율적 활용 등을 종합적으로 실현하기 위한 핵심적 도구로 이해되어야 한다.

2. 인사이동의 방침과 준수사항

1) 인사이동의 방침

인사이동의 방침(Transfer Policy)은 조직 내 인사이동을 체계적이고 건전하게 실행하기 위한 기본적 원칙과 방향을 의미한다. 이는 인사이동을 무원칙의 임의적인 방식이 아닌, 기업의 전반적인 인사관리 전략과 정합성을 이루는 체계적인 기준과 절차로 수립하는 것을 전제로 한다. 따라서 인사이동 방침은 단순히 이동을 위한 규칙이 아니라, 고용의 안정성과 조직의 효율성, 구성원의 발전 가능성을 종합적으로 고려한 인사관리 철학이 담겨 있어야 한다. 이동방침은 채용, 배치, 승진, 교육훈련 등 다른 인사관리 영역과 유기적으로 연결되어야 하며, 특히 직무분석(Job Analysis)을 바탕으로 하여 직무 간 유사성, 이동 가능성, 적합한 경로 등을 사전에 구조화할 필요가 있다. 예컨대, 직무분석이 정교하게 이루어져 있어야 직무 간 기능적 유사성 여부를 판단할 수 있으며, 고용배치의 기준과 원칙이 분명해야 과도한 인사이동의 발생을 사전에 방지할 수 있다. 아울러 승진이나 배치전환이 이루어질 때 필요한 역량이나 자격 요건을 갖추도록 하기 위해, 종업원과 감독자를 대상으로 한 사전 훈련과 역량 개발 프로그램도 함께 설계되어야 한다. 건전한 이동방침을 수립하기 위해 고려해야 할 사항은 다음과 같다.

첫째, 이동이 이루어져야 할 상황과 전제를 명확히 규정해야 한다. 부서 간 직무 유사성이 어느 정도인지, 조직 간 이동 가능성은 있는지, 그리고 수평적 이동인지 수직적 이동인지 등을 기준에 따라 구분하고, 이에 적합한 이동 형태를 구체적으로 설정할 필요가 있다.

둘째, 이동의 신청과 승인 권한에 대한 기준이 정립되어야 한다. 인사 이동은 라인 조직에서 일선 감독자가 독자적으로 판단할 수 있는 영역인지, 혹은 인사부나 상위 관리자에게 보고 및 승인을 받아야 하는 절차인지에 대한 권한과 책임의 분배가 명확해야 한다. 이는 조직의 투명성과 책임성 확보를 위한 핵심 요소이다.

셋째, 이동 후 수행할 직무에 대한 준비 사항을 고려해야 한다. 이동 대상자가 새롭게 맡게 될 직무에 대한 사전 정보와 명확한 직무기술서(Job Description)를 제공해야 하며, 필요 시 재교육이나 일정 기간의 시험근무(Probation Period)를 운영할 수 있도록 제도화해야 한다.

넷째, 이동의 범위와 관련된 기준이 필요하다. 이동이 부서 내에서 이루어지는 것인지, 또는 부문 간, 공장 간, 지역 간 이동까지 포함하는 것인지에 따라 정책은 달라져야 하며, 새로운 직장에서의 선임권(Seniority) 인정 여부와 같은 세부적 기준도 명확히 설정해야 한다.

다섯째, 이동 결정 기준의 공정성이 중요하다. 예를 들어, 동일 직위에 복수의 종업원이 이동을 희망할 경우 단순히 선임 여부만을 기준으로 할 것인지, 아니면 숙련도 · 능력 · 성과 · 생활환경(예: 부양가족 여부, 주거지 거리 등) 등의 종합적 요소를 판단 기준으로 삼을 것인지를 명확히 해야 한다.

여섯째, 임금과 보상체계의 연계도 중요하다. 이동 이후 적용할 임률을 기존 직무 기준으로 유지할 것인지, 아니면 신규 배치 기준으로 조정할 것인지 등은 조직 내 보상의 공정성과도 직결되므로, 명확한 원칙을 정립해야 한다.

이러한 이동방침은 다른 인사정책과 마찬가지로 기업의 산업적 특성과 조직문화, 전략적 지향점에 따라 달리 설정되어야 하며, 타 기업의 사례나 업계 관행을 무비판적으로 도입하는 것은 위험할 수 있다. 따라서 인사관리자는 다양한 사례를 조사·분석하고, 자사 고유의 환경과 전략에 맞는 맞춤형 이동정책을 수립하는 것이 바람직하다. 아울러, 이러한 방침은 최고경영층의 지원과 명확한 커뮤니케이션하에 실천력을 갖출 수 있도록 해야 한다.

2) 인사이동의 준수사항

인사이동은 실행 시점과 목적에 따라 크게 정기이동과 임시이동으로 구분된다. 정기이동은 보통 매년 또는 반기 단위로 전체 조직을 대상으로 계획된 일정에 따라 시행되는 전사적 이동이며, 조직의 장기 전략에 따라 수행된다. 반면 임시이동은 특정 부서의 긴급한 인력수요, 돌발적인 조직 재편, 또는 개별 인력의 사정 등으로 인해 필요 시점에 수시로 이루어지는 유연한 이동이다. 두 형태는 상호보완적 관계에 있으며, 기업의 인사전략 및 이동정책과 연계하여 통합적으로 운영되어야 한다. 인사이동이 효과적으로 이루어지기 위해서는 다음과 같은 사항을 준수해야 한다.

첫째, 승진경로와 자격요건을 명확히 할 것이다. 인사이동은 단순한 부서 변경을 넘어 조직적 지위나 직무 수준의 변화와 연결되는 경우가 많다. 특히 장기고용과 내부 승진 중심의 인사제도를 가진 조직에서는 종업원들이 인사이동을 '승진의 통로'로 인식하는 경우가 많기 때문에, 승진경로를 제도적으로 열어두고, 그 요건과 기준을 투명하게 공지하는 것이 필요하다. 또한, 성과나 근무태도에 대한 평가는 신뢰성 있고 공정한 방식으로 운영되어야 한다.

둘째, 연공주의와 능력주의의 조화가 중요하다. 우리나라는 전통적으로 연공서열 중심의 인사관행이 강한 나라다. 그러나 현대적 인사관리는 능력과 성과를 중심으로 인재를 발탁하는 것을 강조한다. 따라서 인사이동의 결정 시,

지나치게 연공만을 중시하거나 능력만을 기준으로 삼기보다는, 양자 간의 균형점을 찾는 방식이 필요하다. 연공은 경력과 조직에 대한 충성심의 지표가 될 수 있으며, 능력은 미래 성장가능성과 성과 창출의 지표가 되기 때문이다.

셋째, 직무 숙련도의 확보를 고려해야 한다. 인사이동은 조직의 유연성을 확보하고 구성원 간 시너지를 창출할 수 있는 효과적인 수단이지만, 지나치게 빈번하거나 무계획적으로 이루어질 경우 오히려 직무 전문성의 약화, 기회주의적 직무태도, 성과 저하 등의 부작용을 초래할 수 있다. 따라서 이동 빈도와 이동 시점은 숙련도 유지와 경력개발의 조화를 고려하여 조정해야 한다.

넷째, 사내 승진과 외부 영입의 균형이 필요하다. 내부 인력의 성장과 사기진작을 위해 승진이나 중간관리자급 이동은 가급적 사내에서 우선 선발하는 것이 좋다. 그러나 조직이 외부 변화에 빠르게 대응하고 새로운 역량을 확보하기 위해서는 외부 인재의 영입도 병행되어야 하며, 지나치게 폐쇄적인 내부충원은 오히려 인사정체와 폐쇄적 조직문화를 고착시킬 위험이 있다.

다섯째, 인사이동의 과정에서 동기부여 요소를 충분히 고려해야 한다. 기업은 단순한 집합체가 아닌 사람 중심의 조직체이며, 구성원 간의 수평적·수직적 관계 속에서 상호작용하며 움직인다. 아무리 능력 있는 인재라 하더라도 인사이동으로 인해 집단 간의 조화가 깨지고 팀워크가 손상된다면, 이는 오히려 조직 전체의 성과 저하를 초래할 수 있다. 그러므로 인사이동은 개인의 역량뿐 아니라 조직 차원의 동기, 성과, 관계 등 총체적인 측면을 고려하여 이루어져야 하며, 종업원 스스로가 성장의 기회를 얻었다고 인식할 수 있도록 제도 설계와 커뮤니케이션이 병행되어야 한다.

3. 인사이동의 원칙

인사이동은 단순한 인력 배치 변경이 아니라, 조직이 보유한 인적자원을 전략적으로 활용하여 조직의 효율성과 구성원의 잠재력을 극대화하는 중요한 인사관리 활동이다. 따라서 인사이동이 임의적이고 주관적으로 이루어지게 되면 구성원의 사기 저하, 조직 내 불신, 인재 유출 등의 부작용이 나타날 수 있다. 이에 따라 인사이동은 일정한 원칙과 기준에 기반하여 공정하고 체계적으로 시행되어야 하며, 이러한 기준은 조직의 목적 달성과 구성원의 성장, 조직문화 형성에 직결된다. 일반적으로 인사이동의 기본 원칙은 네 가지로 구분할 수 있으며, 이는 승진, 전보, 배치전환 등 다른 인사관리 활동에도 공통적으로 적용되는 보편적 기준이다.

1) 적재적소(適材適所)의 원칙

'적재적소의 원칙'은 인사관리의 가장 근본적인 철학으로, 종업원 개인의 능력, 성격, 적성, 경험, 가치관 등의 요소가 특정 직무와 최대한 적합하게 연결될 수 있도록 배치하는 것을 의미한다. 이는 단지 사람을 빈자리에 채우는 것이 아니라, 사람과 직무 간의 최적의 매칭(optimal matching)을 추구함으로써 조직의 생산성을 높이고, 개인의 만족도와 몰입도를 제고하려는 인사관리의 핵심 지향점이다.

조직은 구성원 각자가 자신의 능력을 최대한 발휘할 수 있는 환경을 제공할 때 비로소 전체적인 시너지를 발휘할 수 있다. 만일 능력이나 적성을 고려하지 않은 채 무작위적 또는 행정편의적인 기준에 따라 인사이동이 이루어질 경우, 종업원은 자신이 맡은 직무에서 부적응을 경험하거나 좌절감을 느끼게 되고, 이는 곧 업무 성과의 저하, 직무스트레스 증가, 이직률 상승 등 조직 전체에 부정적인 영향을 미치게 된다.

그러나 현실적으로 완벽한 적재적소를 실현하기란 어려운 일이므로, 조직은 상대적 적합성, 유연한 배치 전략, 경력 개발 가능성 등을 함께 고려하여 '폭넓은 의미의 적재적소'를 구현할 필요가 있다. 또한 적응력과 성장 가능성을 고려한 배치 역시 유의미하며, 이러한 유연성은 빠르게 변화하는 조직환경에서 인사관리의 실효성을 높이는 중요한 요소로 작용한다.

2) 실력주의의 원칙

실력주의 원칙은 인사이동이 특정인의 연령이나 경력, 상급자의 주관적 평가에 의해 결정되는 것이 아니라, 구성원이 실제로 발휘한 능력과 성과, 그리고 향후의 발전 가능성을 중심으로 이루어져야 한다는 원칙이다. 실력은 고정된 자질이 아니라, 환경과 교육, 경험을 통해 개발되고 평가되는 유동적 자원이기 때문에, 조직은 종업원의 실력을 다각도로 파악하고, 이를 이동의 판단 기준으로 삼아야 한다. 실력의 구성 요소는 다양하다. 전통적으로는 지식, 기술, 태도가 중심이 되었으나, 최근에는 의욕, 성격, 신념, 문제해결 능력, 학습능력, 조직적응력 등의 정성적 요소까지 포함하여 실력을 종합적으로 평가하고자 하는 노력이 활발히 이루어지고 있다. 이에 따라 실력은 단순히 현재 보유한 기술의 수준이 아니라, 그것을 실제 업무에 적용하여 성과를 창출할 수 있는 실천력과 미래를 위한 발전 가능성까지 포괄하는 개념으로 이해되어야 한다.

또한 실력주의 원칙은 인사이동이 구성원에게 공정성과 납득 가능성을 제공하는 장치가 되어야 함을 강조한다. 객관적 기준 없이 이동이 결정된다면 구성원들은 조직을 불공정한 공간으로 인식하게 되고, 이는 조직몰입과 심리적 계약 위반(perceived breach of psychological contract)으로 이어질 수 있다. 따라서 공정한 평가체계와 피드백 문화, 그리고 평가 결과에 기반한 이동 결정은 실력주의를 실현하기 위한 필수 조건이다.

3) 인재육성주의의 원칙

인사이동은 구성원의 역량을 '소모'하는 수단이 아니라, 육성하고 성장시키는 계기로 활용되어야 한다. 이는 인사관리의 장기적 관점에서 매우 중요한 원칙이며, 조직이 단기적인 성과보다는 구성원의 지속적인 역량 개발과 자기주도적인 성장에 관심을 갖고 있다는 것을 의미한다. 인재육성주의 원칙은 조직이 구성원에게 새로운 직무를 부여함으로써 도전의 기회를 제공하고,

실무경험을 통해 다기능 인재로 성장할 수 있도록 유도하는 것을 핵심으로 한다. 예컨대 일정 기간마다 다양한 부서로 순환 배치하거나, 중장기 경력개발계획에 따라 체계적으로 이동시키는 것은 구성원에게 조직 전체에 대한 이해도를 높이고, 전략적 사고를 배양할 수 있는 기반이 된다.

특히 최근에는 자기개발(Self-development)과 경력자기관리(Career self-management)가 강조되면서, 인사이동은 상사의 권한 행사가 아닌, 구성원과 조직이 함께 설계하는 '공동 성장의 여정'으로 인식되고 있다. 이를 위해 조직은 자기신고제도, 멘토링 제도, CDP(Career Development Program) 등의 제도를 통해 종업원이 자신의 경력 경로를 설계하고, 이에 맞는 인사이동을 경험할 수 있도록 해야 한다. 인사이동이 인재육성의 기회로 기능하기 위해서는 이동 전·후의 업무 내용, 역량 요건, 기대 성과 등에 대한 충분한 안내와 평가 체계가 마련되어야 하며, 이동 이후 구성원의 성장을 지원할 수 있는 교육훈련이나 코칭 시스템이 병행되어야 한다.

4) 균형주의의 원칙

조직은 독립된 개인의 집합이 아니라, 상호 의존적 관계로 구성된 유기적인 시스템이다. 따라서 인사이동은 단지 한 개인의 적합성과 실력만으로 결정되는 것이 아니라, 조직 전체의 조화와 균형을 고려하는 방향으로 운영되어야 한다. 조직에서의 인사이동은 구성원 간의 기회 균등과 공정성 인식을 높이는 동시에, 부서 간, 지역 간, 직급 간 인력 구성의 불균형을 조정하고, 조직 전체의 통합성과 화합을 강화하는 역할을 수행한다. 특히 특정 부서에만 우수 인력이 집중되거나, 특정 성별·연령층에만 이동 기회가 몰릴 경우, 이는 조직 내 불균형과 차별 인식으로 이어질 수 있으며, 조직 구성원 간의 신뢰 관계에도 악영향을 미칠 수 있다.

균형주의 원칙은 인사이동이 조직 내 다양성과 공정성을 유지하는 데 기여하도록 유도한다. 예컨대, 동일 직무에 대해 여러 구성원이 이동을 희망하는 경우, 이동 결정의 기준은 객관성과 공정성을 갖추어야 하며, 이를 위해

이동 심사 기준의 명확화, 이동 공모제의 도입, 이동 대상자 간의 경력 비교 등을 제도화할 수 있다.

더불어 인사이동은 조직 내 세대 간, 부서 간, 기능 간 다양성을 증진시키는 기회가 되어야 하며, 이를 통해 조직은 고립된 집단이 아닌 '하나의 통합된 유기체'로 성장할 수 있게 된다.

section 02 배치전환

1. 배치전환의 성격

1) 배치전환의 의의

현대 조직에서의 인사관리는 단순한 인력 유지 차원을 넘어, 인재를 전략적으로 활용하고 조직의 성과를 극대화하기 위한 지속적인 조정 과정을 포함한다. 이 가운데 핵심적인 조정 방식 중 하나가 바로 배치전환(placement transfer)이다. 배치전환이란 종업원이 기존 직무에서 유사한 수준의 다른 직무로 옮겨가는 수평적인 인사이동을 의미한다. 이는 직무 내용, 직급, 보상수준, 책임 범위 등에서 큰 차이가 없는 범위 내에서 이루어지는 이동이며, 승진(promotion)이나 강등(demotion)과 같은 수직적 이동과는 그 성격이 본질적으로 다르다. 다시 말해, 승진은 종업원의 능력 향상이나 업적을 바탕으로 상위 직무로 이동하는 것을 의미하며, 이 과정에서는 지위, 권한, 책임이 함께 상승하게 된다. 반면, 배치전환은 이러한 승격의 개념과는 무관하게, 동일한 직급 수준 내에서 업무의 종류나 부서, 근무지 등을 조정하는 것을 말하며, 조직 내부에서의 유연한 인력운용과 기능적 대응을 위한 장치로 활용된다.

또한 배치전환은 이직(separation)과도 구별된다. 이직은 해당 직무 또는 조직으로부터의 영구적 이탈을 의미하는 반면, 배치전환은 현재 소속 조직 내에서의 내부 이동으로, 해당 인력을 계속 활용하되 보다 효율적이거나 적합한 위치에 재배치하는 것을 전제로 한다. 이러한 배치전환은 조직이 변화하는 외부 환경에 유연하게 대응하고, 동시에 구성원의 역량을 효율적으로 활용하기 위한 전략적 도구로서 점점 더 중요하게 인식되고 있다.

2) 배치전환의 목적

배치전환은 단순한 인력 교체가 아니라, 조직의 목적 달성과 개인 역량 개발, 조직 내 갈등 해소, 건강과 삶의 질 향상, 경영자 육성 등 다양한 목적을 달성하기 위해 계획적으로 실행되어야 한다. 배치전환의 목적은 다음과 같이 조직적(생산적 목적)과 개인적 목적으로 구분할 수 있다.

(1) 조직적(생산적) 목적

① 직무요건의 변화에 대한 대응

조직의 업무 내용은 고정되어 있지 않으며, 외부 환경의 변화, 기술의 진보, 사업 전략의 조정 등에 따라 직무 요건이 지속적으로 변화한다. 이에 따라 기존 직무에 적합했던 인력이 새로운 직무요건을 더 이상 충족하지 못할 수 있으며, 반대로 특정 인력이 새롭게 변화된 직무에 보다 적합한 역량을 보유하고 있는 경우도 있다. 이러한 변화에 능동적으로 대응하기 위해 배치전환은 조직의 핵심적인 대응 수단으로 활용된다.

② 다기능 인력 양성과 직무 유연성 확보

오늘날과 같은 불확실성과 복잡성이 증가하는 환경에서는, 하나의 기능에만 특화된 인재보다는 다양한 직무에 대응할 수 있는 범용적 역량을 갖춘 인재가 조직에 더 큰 가치를 제공한다. 배치전환은 종업원이 여러 부서나 직무를 경험할 수 있는 기회를 제공하여 다기능 인력(multi-skilled workers)으로 육성하는 데 기여하며, 이는 조직 차원에서도 직무 유연성을 높이고 인력 운용의 탄력성을 확보하는 기반이 된다.

(2) 개인적 목적

① 부적절한 배치의 시정

최초의 인사배치가 구성원의 적성이나 능력, 직무요건과 잘 맞지 않을 경우, 지속적인 직무 불만과 성과 저하, 심지어 이직으로 이어질 수 있다. 이러한 부적합 상태를 해소하기 위해 배치전환은 매우 유용한 조정 수단으로 활용된다. 이를 통해 종업원이 보다 잘 맞는 직무로 이동하여 자기 역량을 발휘하고 직무 만족도를 높일 수 있다.

② 직무 단조로움의 해소

장기간 동일한 직무를 수행하다 보면 종업원은 업무에 대한 흥미를 잃고 동기 저하와 권태를 경험할 수 있다. 이러한 단조로움은 개인의 성과뿐 아니라 조직의 생산성에도 부정적인 영향을 미치게 된다. 배치전환은 이러한 상황을 예방하고 새로운 자극과 도전의 기회를 제공함으로써 종업원의 직무 열의와 몰입을 유지하는 데 도움이 된다.

③ 대인관계 갈등의 해소

현장에서 발생하는 종업원 간 갈등은 직무성과뿐 아니라 조직문화 전반에 부정적인 영향을 미칠 수 있다. 팀워크가 중요한 조직 환경에서 이러한 갈등이 장기화될 경우 조직 전체의 분위기가 침체될 수 있으며, 감정적 피로감과 조직 이탈률이 증가할 수 있다. 이때 배치전환은 구성원 간 마찰을 완화하거나 해소하는 인적 조정 수단으로 활용될 수 있으며, 새로운 직무 환경에서의 관계 형성을 통해 조직 내 유연성을 회복할 수 있다.

④ 연령과 건강 상태에 대한 고려

종업원의 연령 증가나 건강상의 이유로 인해 기존 직무를 계속 수행하는 것이 어려운 경우가 있다. 특히 육체적으로 고강도 노동을 요구하는 직무에서는 고령 종업원에게 과도한 부담이 될 수 있다. 배치전환은 이와 같은 상황을 고려하여, 종업원의 신체적 능력에 적합한 직무로의 전환을 가능하게 하며, 근로의 지속성을 보장하는 데 기여한다.

⑤ 전반관리자(Generalist)로의 육성

장래에 조직의 중간 관리자 또는 고위 관리자 후보군으로 성장할 인재는 단일 분야의 전문성뿐 아니라 조직 전체에 대한 포괄적 이해와 다양한 경험이 요구된다. 배치전환은 종업원에게 여러 부서를 경험할 기회를 제공하고, 다양한 조직 문화와 경영 프로세스를 체득할 수 있도록 하여, 장기적으로는 전략적 사고를 갖춘 통합형 관리자로 성장할 수 있는 기반을 마련한다.

이처럼 배치전환은 조직의 유연한 인력 운용과 전략적 인사관리 실행에 있어 매우 유용한 수단이며, 종업원 개인의 성장, 동기부여, 직무만족, 건강한 조직문화 형성 등 다양한 측면에서 긍정적인 효과를 가져올 수 있다. 그러나 이러한 효과를 실현하기 위해서는 임의적·일방적인 이동이 아닌, 체계적인 기준과 공정한 절차에 기반한 실행이 전제되어야 하며, 이를 위해 조직은 공식화된 배치전환 방침과 실행 기준을 마련하고, 경영전략과 인사전략의 일관성 하에 이를 실행해나가야 한다.

2. 배치전환의 유형

배치전환은 조직이 인력을 효율적으로 활용하고 구성원의 직무만족을 제고하기 위한 전략적 수단으로 활용된다. 특히 배치전환의 유형을 명확히 이해하는 것은 조직 차원에서는 적절한 인사전략 수립에, 구성원 개인에게는 자신의 경력개발과 직무적응에 실질적인 도움이 된다. 일반적으로 배치전환은 종업원이 이동하는 범위에 따라 분류하거나, 배치전환이 이루어지는 목적에 따라 유형화할 수 있다. 다음에서는 각 분류 기준에 따른 배치전환의 세부 유형을 살펴본다.

1) 이동범위에 따른 배치전환 유형

이 유형은 조직 내에서 인력이 이동하는 조직 단위의 크기나 경계를 기준으로 분류한 것으로, 조직 구조의 수평적 확장성, 지역적 분산성, 사업 부문의 다양성에 따라 형태가 달라진다.

① 과간 배치전환(Intersection Transfers)

과간 배치전환은 동일 부서 내의 세부 조직인 '과' 단위 사이에서 이루어지는 이동으로, 업무 내용이나 직무 성격이 유사한 경우가 많다. 예컨대, 생산부 내의 조립과와 검사과 사이의 전환처럼 기능상 밀접한 관계에 있는 직무 간 이동이 주로 해당된다. 이러한 유형은 직무 간 융통성을 높이고, 일시적 인력 수급의 불균형을 조정하는 데 효과적이다. 또, 종업원의 기술확장을 촉진하고, 팀 간 협업 문화를 제고하는 계기로도 활용될 수 있다.

② 부문간 배치전환(Interdepartment Transfers)

부문간 배치전환은 하나의 부서(부)에서 다른 부서로 종업원이 이동하는 유형으로, 이동 범위가 과간 전환보다 상대적으로 크고, 직무 성격도 달라질 가능성이 높다. 예를 들어, 생산부에서 품질관리부로의 이동은 업무의 성격뿐 아니라 업무의 목적과 전문성이 변화하게 되는 대표적인 사례이다. 이 경우에는 사전 교육이나 인수인계 절차가 보다 체계적으로 이루어져야 하며, 종업원에게도 새로운 직무환경에 대한 적응능력이 요구된다.

③ 공장간 배치전환(Interplant Transfers)

공장간 배치전환은 기업이 다수의 생산거점을 운영하는 경우, 공장 간 인력 전환을 통해 생산자원의 효율성을 극대화하고자 할 때 이루어진다. 이 유형은 지역 간 근무지 변화가 수반되므로, 종업원의 생활환경 변화, 가족 문제, 통근 가능성 등도 함께 고려되어야 한다. 공장 간의 업무 성격이 유사하거나 동일한 경우에 주로 이루어지며, 갑작스러운 생산량 증감, 신제품 출시 대응, 기술지원 목적 등으로 활용된다.

④ 회사 전체 차원의 배치전환(Over-all Firm Transfers)

이 유형은 기업 전체의 자원 최적화를 위해 관리직이나 핵심 인력을 회사 전체 조직 구조를 넘나드는 수준으로 배치하는 경우에 해당한다. 예컨대, 본사와 해외지사 간의 인력 교류, R&D부서에서 전략기획부서로의 이동 등이 이에 포함된다. 특히 관리직이나 고위직에서 이러한 이동이 활발하며, 글로벌 기업이나 다각화된 기업 구조에서 전사적 인력 재배치 및 인재육성 전략의 일환으로 자주 활용된다.

2) 이동 목적에 따른 배치전환 유형

배치전환은 단지 물리적인 조직 간 이동이 아니라, 조직과 개인의 필요에 따라 목적을 지닌 조정 행위이다. 그 목적에 따라 다양한 형태로 실현되며, 각각의 유형은 조직 운영상 실질적인 효과와 인사관리상 시사점을 가진다.

(1) 생산상황 대응형 배치전환(Production Transfers)

이 유형은 특정 부문에서 노동 수요가 줄어들거나 과잉인 상황에서, 노동력이 부족한 다른 부문으로 종업원을 전환시켜 조직 전반의 인력자원을 효율적으로 활용하고, 고용조정 없이 인력 불균형을 해소하려는 목적으로 이루어진다. 예를 들어, 기존 제품의 생산라인에서 수요 감소로 인력이 잉여된 경우, 신제품 생산라인이나 급성장 부서로 인력을 이동시켜 생산 안정성을 유지한다. 이는 해고 없이 내부 재배치를 통해 고용 안정성과 생산 유연성을 동시에 확보할 수 있는 방법이다.

(2) 인원대체 목적의 배치전환(Replacement Transfers)

이동 대상이 되는 종업원은 그대로 고용 상태를 유지하되, 인력구성 조정이나 조업 단축 등의 여건에 따라 일부 인력을 다른 부서로 이동시키는 유형이다. 특히 선임권이 있는 근속연수 높은 종업원을 보호하고, 일시적인 해고를 회피하는 사회적 목적도 함께 담겨 있다. 경기불황이나 생산 축소 등 외부 환경 변화에 유연하게 대응하기 위한 조직의 방어적 대응책으로서 중요한 의미를 가진다.

(3) 만능공 양성을 위한 배치전환(Versatility Transfers)

이 유형은 종업원의 다기능 역량 개발과 직무 유연성 확보를 목적으로 이루어지는 배치전환이다. 계획적인 직무 순환(job rotation)의 형태로 운영되며, 장기적으로는 조직 내 다기능 인재(Multi-skilled workers) 육성과 관리자 후보군 발굴의 효과를 기대할 수 있다. 종업원 입장에서도 다양한 직무를 경험함으로써 경력개발과 자아실현 욕구를 충족시킬 수 있는 기회가 된다.

(4) 교대근무 조정을 위한 배치전환(Shift Transfers)

하루 중 여러 교대조(예: 주간·야간, A조·B조)가 운영되는 생산조직에서 교대 근무자 간의 이동을 통해 인력 균형을 조정하는 유형이다. 주로 생산성 향상, 근로자의 건강 및 생활 리듬 고려, 불가피한 인력공백 대응 등의 이유로 시행되며, 교대 간 인력 편중 또는 편의를 조절하기 위해 활용된다. 이때는 근로자의 생체리듬과 사회적 요구를 고려한 세심한 배려가 요구된다.

(5) 구제적 목적의 배치전환(Remedial Transfers)

가장 개인 중심적인 성격을 가진 배치전환 유형으로, 다음과 같은 사유로 인해 현재 직무에 계속 종사하기 어려운 종업원을 다른 직무로 이동시키는 형태이다.

- 최초의 배치가 적성에 맞지 않아 부적응 상태를 보이는 경우
- 상사나 동료와의 관계에서 갈등이 지속되는 경우
- 고령 또는 건강상 이유로 기존 직무 수행이 부담스러운 경우
- 반복적이고 단조로운 업무에 싫증을 느껴 동기 저하가 심각한 경우

이러한 상황에서 구제적 배치전환은 종업원의 직무 적응력 회복과 조직 잔류 가능성을 높이기 위한 인사적 조치이며, 종업원에 대한 심리적 배려와

조직 차원의 관계 유지 노력이라는 측면에서도 중요하다.

3. 배치전환의 방법

배치전환은 인적자원관리에서 핵심적인 실천 영역 중 하나로, 조직 내 인력의 효율적 운영과 종업원의 역량 개발, 직무 적합성 제고, 조직 유연성 증대에 기여한다. 특히 현대 조직은 급변하는 환경 속에서 지속 가능한 경쟁력을 확보하기 위해, 조직구성원의 배치를 정기적 또는 전략적으로 재조정함으로써 인사관리의 역동성을 유지할 필요성이 커지고 있다. 여기에서는 배치전환의 기본 방침과 적정 실행 방안, 부적합자에 대한 조치까지 포함한 총체적인 관점에서 체계적으로 설명하고자 한다.

1) 배치전환의 방침

배치전환은 일반적으로 고용의 안정, 인력의 효율적 운영, 종업원의 잠재 역량 개발, 조직 내 갈등 예방 및 생산성 향상 등의 다양한 목적 하에 이루어진다. 그러나 무분별하거나 비체계적인 배치전환은 오히려 조직 내 혼란을 야기하거나 종업원의 직무불안과 업무 비효율을 초래할 수 있다. 따라서 배치전환은 반드시 합리적인 방침에 근거하여 계획적이고 신중하게 시행되어야 한다. 배치전환 방침은 크게 다음과 같은 사항을 고려하여 수립되어야 한다.

(1) 배치전환의 형태 결정

조직은 상황에 따라 수평적 전환(동일 직급 내 유사 직무로의 이동), 수직적 전환(승진 또는 강등을 수반하는 이동), 기능적 전환(부서 간 기능 이동), 지리적 전환(지사나 지역 간 이동) 등의 다양한 유형 중에서 어떤 형태의 전환이 조직과 종업원에게 바람직한지를 사전에 결정해야 한다.

(2) 배치전환의 책임주체 설정

배치전환은 누가 주도하고 책임질 것인가가 명확해야 한다. 일반적으로 일선 감독자나 직속 상사가 제안권을 가지되, 인사부서가 검토 및 승인권을 보유하는 구조가 이상적이다. 이와 같은 역할 구분은 배치전환의 객관성과 형평성을 담보하는 기제로 작용한다.

(3) 교육훈련 및 전환요건

배치된 인력이 새로운 직무에 신속히 적응할 수 있도록 직무분석을 기반으로 한 교육훈련이 선행되어야 한다. 이때 훈련 소요 시간과 내용, 훈련 중 임금지급 기준 등이 명확히 설정되어야 하며, 이를 통해 종업원의 혼란을 방지하고 전환 효과를 극대화할 수 있다.

(4) 적용 영역과 대우 조건

배치전환은 본사, 공장, 영업지점, 해외지사 등 조직의 다양한 영역에서 이루어질 수 있으며, 이 경우 종업원의 대우조건이 어떻게 변화할 것인지에 대한 명확한 방침이 필요하다. 일반적으로는 이전 직무의 조건을 최대한 유지하되, 경우에 따라 유인책(예: 지역수당, 전환보상 등)도 함께 고려해야 한다.

(5) 배치전환의 우선순위 기준

동일 직무에 대해 복수의 지원자가 있을 경우, 조직은 근속연수, 직무 관련 능력, 전환 희망 사유, 과거 성과 등의 기준을 근거로 우선순위를 정하여 공정하고 투명하게 전환을 실행하여야 한다.

(6) 임금률의 적용 기준

전환된 직무가 기존 직무보다 난이도가 높거나 낮은 경우, 또는 책임 수준이 다를 경우, 이에 따라 임금수준을 조정해야 한다. 이때 임금 조정의 기준

시점(전환일, 수습기간 후 등)과 적용 범위를 명확히 하여 종업원의 불만을 최소화해야 한다.

2) 적정배치전환의 방법

조직 내 인적자원의 효율적 운용은 단순히 인력을 채용하는 것에 그치지 않고, 조직의 전략과 직무 특성에 따라 구성원을 '적재적소(適材適所)'에 배치하는 과정까지 포함한다. 이러한 배치전환은 인사관리에서 매우 중요한 기능이며, 특히 변화가 빠른 현대 경영환경에서는 조직의 유연성과 대응력을 높이는 전략적 수단으로 간주된다.

적정배치전환은 직무와 사람의 특성을 사전에 면밀히 분석하고, 이를 종합적으로 고려하여 가장 적합한 사람을 가장 적합한 위치에 배치하는 것을 의미한다. 이는 단순한 인력 이동이 아니라 조직 성과와 개인의 직무 만족도를 동시에 극대화하기 위한 핵심적인 경영관리 활동이다.

(1) 직무와 사람의 요건 분석

적정한 배치를 위하여 가장 먼저 수행되어야 할 단계는 직무와 사람의 요건을 체계적으로 설정하는 것이다. 직무의 요건이란 해당 직무를 성공적으로 수행하는 데 필수적인 신체적·정신적 자질과 환경적 조건들을 포함한다. 이를 구체적으로 분류하면 다음과 같다.

① **직무가 요구하는 능력 수준**: 이는 종업원이 해당 직무를 효과적으로 수행하기 위해 필요한 기술적 능력, 판단력, 창의력, 문제 해결 능력 등을 포함한다.

② **직무가 요구하는 인격 특성**: 신중함, 협동성, 책임감, 도덕성 등과 같이 직무수행에 영향을 미치는 성격적 특성을 말한다.

③ **직무의 수행 환경**: 예컨대 고온다습한 공장, 야외 작업, 혹은 고도로 통제된 사무실 환경 등 물리적·사회적 여건이 포함된다.

④ **직무의 조직상 지위**: 해당 직무가 조직 내 어떤 지위를 차지하고 있는지,

리더십이 요구되는지, 보고체계가 복잡한지 등 계층적 위치와 관련된 요건이다.

직무 요건이 설정되면, 이에 대응하여 해당 직무를 수행할 인력의 요건, 즉 사람의 요건도 함께 설정되어야 한다. 이는 직무요건과의 적합성을 기반으로 인력을 배치하기 위한 전제조건이 된다. 사람의 요건은 다음과 같은 항목으로 분석될 수 있다.

① **신체적 특성**: 건강 상태, 근력, 체력, 감각기관의 기능, 신체 크기 및 신체적 한계 등

② **정신적 특성**: 인지 능력, 학습 능력, 성격 유형, 감정 통제력, 대인관계 능력 등

③ **배경 요인**: 교육 수준, 전직 경험, 직무 관련 자격증 및 훈련 이력, 경제적·가정적 환경 등

기셀리(E. E. Ghiselli)와 브라운(C. W. Brown)은 사람의 요건을 세 가지로 분류하여 설명하였다. 이들에 따르면, 적정한 배치를 위해 다음과 같은 조건이 충족되어야 한다고 한다.

① 신체적 특성 - 건강, 인내력, 체격 등

② 정신적 특성 - 감각의 정확성, 지능, 성격적 특성

③ 배경 요건 - 일반 교육, 직업 경력, 직무 관련 훈련 등

이러한 분석은 조직 내 인재의 역량을 체계적으로 파악하고, 직무와의 적합도를 진단하는 기준이 된다. 특히 직무분석과 직무평가 자료, 역량모델링 결과, 심리검사 및 인사고과 등 다양한 인사정보가 통합적으로 활용되어야 한다.

(2) 부적합자의 발생과 조치

아무리 치밀한 배치전환을 시행하더라도, 조직은 현실적인 제약과 예측 불가능한 변수로 인해 부적합자(misfit employee)의 발생을 완전히 방지할 수

없다. 부적합자란, 새로 배치된 직무에서 기대되는 성과를 내지 못하거나, 조직 내 불균형을 초래하는 종업원을 말한다.

① 부적합자의 원인 및 징후

부적합자의 발생 원인은 다양하게 구분될 수 있다.

- **개인적 요인**: 건강 이상, 스트레스 내성 부족, 생활습관 등
- **가정적 요인**: 가족 간 갈등, 경제적 압박, 양육 문제 등
- **직장 내 요인**: 직무 자체의 과부하, 부적절한 노동조건, 직장 내 인간관계 갈등, 조직문화와의 부조화, 배치 전 교육 부족, 임금 및 대우의 불일치 등

이러한 원인이 누적되면 다음과 같은 징후가 나타난다.

- 작업 수행량 및 질의 현저한 저하
- 동료와의 협업 회피, 협동심 저하
- 상사에 대한 불신, 조직에 대한 냉소
- 자존감 하락, 자기비하 및 감정기복
- 잦은 결근, 병가, 짜증·우울·신경쇠약 등 정신적 증상

부적합자의 징후는 종종 업무상 실수나 소극적 태도로 나타나며, 조직 전체 분위기에도 부정적 영향을 미칠 수 있다. 따라서 이들에 대한 조치를 단순한 개인 문제로 보지 말고, 인사관리 전반의 피드백 신호로 해석해야 한다.

② 부적합자에 대한 조치

부적합자에게는 다음과 같은 대응 전략이 적용될 수 있다.

(a) 재교육 및 재훈련

직무 부적합의 원인이 역량 부족이나 인식 미비인 경우, 교육훈련을 통해 업무 이해도를 높이고 기술을 강화시킬 수 있다. 이를 위해서는 구체적인 훈련계획 수립, 코칭, 멘토링 등 맞춤형 개입이 요구된다.

(b) 생활지도 및 심리상담

문제의 근원이 직무 외적 영역에 있을 경우, 심리적 안정과 생활 리듬의 회복이 우선이다. 이때 전문상담가, 직무상담 전문가 등의 지원이 활용될 수 있으며, 종업원의 자존감 회복과 조직 내 유대감 형성이 병행되어야 한다.

(c) 직무환경의 개선

작업 조건이 개인의 특성과 맞지 않는 경우, 조명, 온도, 소음, 휴게시간, 장비 사용의 편의성 등 물리적 환경의 조정이 필요하다. 특히 신체적 제약이 있는 근로자에 대한 배려는 조직의 사회적 책임 측면에서도 중요한 이슈다.

(d) 휴직 또는 해고

모든 대안적 조치를 취했음에도 불구하고 직무에 적응하지 못하고 조직에 부정적 영향을 미치는 경우, 마지막 수단으로서 휴직 권고나 해고 절차를 검토해야 한다. 단, 해고는 반드시 사전 경고, 상담, 교육의 기회를 부여한 후 법적 요건을 충족해야 하며, 조직의 명예와 구성원의 심리적 안정성을 함께 고려한 조치여야 한다.

이러한 부적합자 조치는 일회성 개입에 그쳐서는 안 된다. 해고를 제외한 모든 조치는 이후에도 계속적인 사후 관리와 심리적 지지를 병행해야 하며, 조직과 개인 모두의 지속 가능한 성장을 도모하는 방향으로 운영되어야 한다. 배치전환은 단순한 인력의 재배치가 아니라, 조직 내 구성원이 역량을 최대한 발휘할 수 있는 환경을 조성하고, 조직의 전략적 목표 달성에 기여할 수 있도록 하는 인적자원관리의 핵심 기능이다. 특히 적정배치전환은 '사람'과 '일'의 정합성을 과학적, 체계적으로 분석하는 과정이며, 배치 이후에도 발생할 수 있는 부적합자에 대한 예방과 사후조치 전략까지 포함되어야 한다.

인사관리자는 배치전환의 전 과정을 단기적 인력운영의 관점이 아닌, 조직 역량 구축과 종업원의 성장이라는 장기적 시야에서 바라보아야 하며, 이를 통해 조직 구성원 모두가 자신의 잠재력을 실현할 수 있는 건강한 직무

생태계를 구축할 수 있도록 노력해야 할 것이다.

section 03 승진관리

1. 승진의 의의

1) 승진의 개념과 정의

승진(promotion)이란 조직 내에서 종업원이 보다 높은 직위, 더 많은 권한과 책임, 그리고 향상된 보상을 수반하는 직무로 수직적으로 이동하는 인사이동의 과정을 말한다. 즉, 이는 동일 조직 내에서 상위 계층으로의 공식적이고 제도화된 이동을 의미하며, 종전의 직무보다 높은 수준의 기술, 리더십, 의사결정 능력 등을 요구받는 상향적 이동이다. 일반적으로 승진은 직무의 권한과 책임뿐 아니라, 지위(status)와 보상(reward)의 상승을 동반한다. 승진은 단순히 보상의 개념을 넘어서 조직 내에서의 지위 상승, 조직 기여에 대한 인정, 자기효능감 향상, 장기적인 경력개발 경로의 진입이라는 다층적인 효과를 지니며, 조직과 개인 모두에게 전략적 중요성을 갖는다. 조직의 입장에서는 승진을 통해 내부 인재를 효율적으로 배분하고, 장기적인 리더십 파이프라인을 구축하는 수단이 되며, 개인의 입장에서는 승진을 통해 자신의 성과와 잠재력이 공식적으로 인정받는 기회가 된다.

(1) 배치전환과의 차이점

앞서 설명한 '배치전환'이 유사한 성격의 직무로의 수평적 이동이라면, '승진'은 상위 직무로의 수직적 이동이라는 점에서 본질적인 차이를 가진다. 배치전환은 조직의 탄력적 운영이나 종업원 적응력 확보에 중점을 두는 반면, 승진은 역량 강화와 리더십 발휘의 기회를 제공하는 성격이 강하다.

(2) 승진의 효과: 외적·내적 차원에서의 고찰

승진은 종업원에게 다양한 외적 효과와 내적 효과를 가져다준다. 외적 효과로는 지위 상승, 권한 확대, 보상 증가 등이 있으며, 내적 효과로는 자아실현 욕구의 충족, 자긍심 고양, 직무몰입도 향상 등이 포함된다. 이로 인해 종업원은 보다 고도의 성과를 위해 노력하고, 장기적으로는 조직과의 관계를 강화하며 지속적인 경력개발의 방향성을 확보하게 된다.

2) 승격(Upgrading) 또는 승급의 개념

(1) 승격의 정의와 특성

승격(또는 승급)은 승진과 유사한 개념으로, 동일한 조직 단위 내에서 기능적으로 더 높은 수준의 직무로 이동하는 경우를 말한다. 이는 직위의 계층 자체는 크게 변화하지 않지만, 수행하는 직무의 난이도나 책임이 상승하는 소폭의 상향 이동이라는 특징을 가진다. 예를 들어, 생산부서의 3급 기계공이 2급 기계공으로 등급이 올라가는 경우가 이에 해당된다. 승격은 공식적인 지위변화보다는 기능 수준의 향상이나 기술 숙련도에 대한 인정을 중심으로 이루어지며, 일반적으로는 직무 등급 내에서의 이동으로 간주된다. 따라서 승격은 승진보다는 상대적으로 좁은 범위의 인사이동이나 보상조정에 해당되지만, 종업원의 성과에 대한 긍정적 피드백과 동기부여 수단으로써 중요한 의미를 가진다.

(2) 승진과 승격의 공통점과 차이점

승진과 승격은 모두 인사관리상 내부 인재를 활용하는 '내부 충원(internal recruitment)'의 일환이며, 조직의 자원 효율성과 일관성을 제고하는 수단이다. 그러나 두 개념은 그 적용 범위와 효과 면에서 차이를 가진다.

표 7-1 승진과 승격의 차이

구분	승진(Promotion)	승격/승급(Upgrading)
이동 방향	수직적 이동	직무 내 기능 향상
직무 수준 변화	명확한 지위 상승	동일 조직 내 기능 수준 상승
권한 및 책임	확대됨	일부 확장될 수 있음
임금 효과	크게 상승 가능	제한적 보상 조정
심리적 효과	성취감, 위신 상승	기술 숙련도 인정
사용 목적	리더십 확보, 경력단계 확립	기술 직무 유지, 성과 보상

3) 승진의 전략적 인사관리적 의의

(1) 승진의 조직 차원의 기능

승진은 조직의 안정성과 지속가능한 성장 전략의 일환으로 운영되어야 한다. 외부에서 인재를 채용하기보다 내부 인재를 양성하고 승진시키는 것은 조직 문화와 철학의 연속성을 유지하며, 조직 구성원에게 장기적인 소속감과 심리적 안정감을 제공할 수 있다. 또한 승진은 조직 내 리더십 개발의 핵심 수단으로서, 차세대 경영자 또는 관리자 후보군을 내부에서 육성하는 데 효과적인 수단이다.

(2) 종업원 관점에서의 자기개발과 동기유발

승진은 종업원에게 자기 효능감의 증대, 사회적 인정, 장기적 경력 발전의 통로가 되며, 조직 내에서 자아를 실현할 수 있는 결정적 기회로 작용한다. 특히 적절한 승진 시스템은 종업원에게 보다 높은 성과를 내도록 동기부여하며, 자신이 조직에서 가치 있는 존재임을 느끼게 한다.

(3) 조직의 성과주의 실현 수단

오늘날 많은 조직이 성과주의 기반의 인사관리체계를 도입하고 있으며, 승진제도 역시 공정하고 투명한 성과 평가체계와 연동되어 운영되고 있다. 이를 통해 조직은 성과 중심의 문화(performance culture)를 강화하고, 객관성과 신뢰성을 확보할 수 있다. MBO, BSC, KPI 등의 도구가 승진관리 시스템에 통합되며, 종업원의 직무성과와 태도, 조직 기여도에 대한 평가를 통해 승진 대상자를 합리적으로 선정하는 체계를 마련하고 있다.

결론적으로 승진은 인사관리의 단순한 운영 기능을 넘어서, 조직 전체의 전략적 인재 확보와 내부 문화 안정, 종업원의 경력 성취를 통합적으로 실현하는 핵심 인사정책의 하나이다. 적절히 설계된 승진제도는 종업원에게 도전의식을 부여하고, 조직에는 장기적 리더십 기반을 구축할 수 있는 여건을 조성한다. 따라서 인사관리자는 승진제도를 단순한 보상의 문제가 아닌, 조직의 미래 비전과 인재 전략이 결합된 시스템으로 설계하고 운영해야 한다.

2. 승진의 방침

조직이 승진제도를 공정하고 체계적으로 운영하기 위해서는 먼저 승진에 대한 기본 철학과 정책 방향, 즉 승진방침(promotion policy)을 명확히 수립해야 한다. 승진방침은 단순한 절차나 규정의 문제가 아니라, 기업이 추구하는 인사관리 이념, 조직문화, 인적자원운용 철학이 반영되는 기준점이다. 따라서 승진방침은 조직의 인사철학과 밀접하게 연계되며, 전반적인 인사제도 운영에 결정적인 영향을 미친다. 일반적으로 승진방침은 다음 두 가지 축을 중심으로 구성된다.

1) 연공주의와 능력주의 방침

(1) 연공주의(Seniority-based Promotion)의 의의

연공주의는 조직 구성원의 근속연수 또는 입사 순서를 승진의 주요 기준으로 삼는 전통적인 승진방침이다. 이는 오랜 시간 동안 우리나라를 포함한 동양 사회에서 조직 구성의 기본 원리로 자리잡아 왔으며, 조직 내 온정주의적 문화, 가족주의적 경영 관행, 유교적 위계질서 등의 문화적 배경과 맞닿아 있다. 연공주의는 기본적으로 시간이 지남에 따라 종업원의 직무능력과 조직적응력이 축적된다는 전제에서 출발한다. 즉, 일정한 재직기간을 거친 구성원은 자동적으로 더 높은 직위로 이동할 자격이 있다는 것이다. 이 제도는 다음과 같은 이유에서 장점이 있었다.

첫째, 입사 후 일정 기간이 경과되기 전까지는 각 개인의 능력 차이를 객관적으로 판단하기 어렵기 때문에, 근속기간이라는 명확한 기준은 비교적 공정하고 납득 가능한 판단 기준으로 작용해 왔다.

둘째, 경력이나 재직기간은 외부 간섭이 어려운 비교적 객관적인 지표로써 내부 구성원들의 수용도를 높일 수 있다.

셋째, 장기근속이 조직 내 경험과 직무숙련도의 축적으로 이어진다는 사고가 보편화되어 있었기 때문에, 이러한 제도는 조직 내 질서를 유지하는 기능도 수행했다. 하지만 오늘날과 같이 기술 변화가 빠르고, 업무의 복잡성과 전문성이 증가하는 환경에서는 연공주의가 오히려 역동적인 인재 운용을 저해하거나, 성과 기반 조직문화 정착을 방해하는 요인으로 지적되기도 한다. 특히 젊고 유능한 인재의 조직 이탈이나 고성과자에 대한 불합리한 대우 문제는 연공 중심의 승진제도에서 흔히 나타나는 부작용이다.

(2) 능력주의(Merit-based Promotion)의 의의

능력주의는 종업원의 직무수행능력(ability), 성과(performance), 업적(achievement) 등을 기반으로 승진의 자격과 기회를 부여하는 제도이다. 이는 특히 경쟁이 치열한 현대 기업환경에서 점점 더 중요한 기준으로 자리잡고 있다. 능력주의적 승진제도는 다음과 같은 점에서 조직에 유익하다.

- 종업원의 개별 역량을 최대한 발휘할 수 있도록 유도하며, 성과 중심의 조직 문화를 정착시킨다.
- 고성과자에게 합리적이고 정당한 보상을 제공함으로써 동기부여를 강화하고, 우수 인재의 유입 및 유지(retention)에 유리하다.
- 기술혁신과 변화에 유연하게 대응하며, 조직 경쟁력을 제고할 수 있다.

능력주의에 따라 승진 여부를 판단하기 위해서는 객관적인 평가자료가 반드시 필요하다. 이는 주로 다음과 같은 요소로 구성된다.

- 성과평정 결과(performance appraisal)
- 전력기록(근태, 교육이수, 직무변경 이력 등)
- 직무 관련 시험이나 자격증
- 상사의 평가 및 다면평가 결과

이처럼 능력주의는 구성원의 직무성과와 업적을 객관적으로 측정하고, 이를 기반으로 공정한 승진 기회를 제공하고자 하는 제도로, 성과 중심 경영과 밀접하게 연결되어 있다.

(3) 연공주의와 능력주의의 비교

두 방침은 각각 장단점을 지니며, 조직의 문화, 업종 특성, 구성원의 연령 구조 등에 따라 선택 또는 조합이 달라질 수 있다. 아래는 양자의 비교를 〈표 7-2〉 형식으로 재정리한 것이다.

표 7-2 연공주의와 능력주의의 비교

항목	연공주의	능력주의
기준의 합리성	비교적 비합리적(형식적 기준)	합리적, 성과 중심 기준
사회문화적 기반	유교사상, 집단주의, 가족주의	기독교사상, 개인주의, 능력서열주의
적용계층	주로 하위직층, 단순노무직	주로 상위직층, 전문직
적용 방식	근속연수 중심 평가	직무수행능력 및 성과 중심 평가
승진 기준	학력, 나이, 경력 등 속인적 기준	업적, 역량, 직무기여도 등 속직무적 기준
장점	안정성, 예측가능성, 질서 유지	경쟁 촉진, 성과 반영, 인재 육성 유리
단점	성과 미반영, 고연령자 우대	불안정성, 평가 기준 논란

(4) 연공주의와 능력주의의 조화 방안 및 전제조건

현대의 인사관리에서는 연공주의 또는 능력주의 중 하나만을 절대적으로 채택하는 것이 아니라, 양자의 장점을 조화시켜 이원적·혼합형 승진체계를 구축하는 것이 일반적이다. 이를 위해 다음과 같은 전제조건이 갖추어져야 한다.

첫째, 직무 및 인력에 대한 정확한 분석과 직무기술서(JD), 인재요건서(JS)의 확보가 필요하다.

둘째, 사전적이고 체계적인 승진계획이 수립되어야 하며, 종업원이 납득할 수 있도록 공표되어야 한다.

셋째, 객관적이고 신뢰성 있는 인사평가 시스템(예: 성과평가, 역량평가 등)이 마련되어야 하며, 이는 제도의 정당성을 확보하는 핵심 수단이다.

넷째, 평가항목과 기준의 구성 및 가중치에 대하여 노동조합 또는 종업원의 의견을 반영한 협의 시스템이 필요하다.

다섯째, 능력주의 운영에 따른 결과에 대해 정서적 수용과 공정성 인식을 높이기 위한 후속관리(예: 피드백, 고충처리 등)가 병행되어야 한다.

이러한 조건들이 충족될 때, 조직은 속인적 요소에 기초한 연공주의와, 속직무적 요소에 기반한 능력주의의 균형 있는 적용을 통해, 공정하고 전략적인 승진관리를 실현할 수 있다.

2) 기타 승진방침

연공주의와 능력주의 외에도, 조직이 승진방침을 설계할 때 함께 고려해야 할 실무적 원칙들이 있다. 이는 승진 제도의 공정성과 예측 가능성을 높이고, 조직의 전략적 인재 운용과 종업원의 성장 욕구를 동시에 충족시키기 위한 구체적 조치들이다.

첫째, 높은 직책 또는 고임금 직무에 대해서는 외부 충원보다 내부 승진을 원칙으로 하여 내부 인재 육성의 방향성을 분명히 해야 한다.

둘째, 감독자는 유능한 부하 직원에게 승진 기회를 제공해야 하며, 자기 부서의 인재를 '손실'로 보지 말고 조직 전체 관점에서 육성해야 한다는 책임의식을 가져야 한다.

셋째, 각 직무에 대해 명확한 승진경로(career path)를 설정하고 이를 구성원에게 공개함으로써, 구성원이 필요한 능력과 경험을 사전에 준비할 수 있도록 한다.

넷째, 승진 공석에 대해 공식적으로 사전 공지하고, 일정 기간 동안 구성원들이 응모할 수 있도록 하여 기회의 평등을 보장한다.

다섯째, 승진을 위한 사전훈련 및 예비교육제도(on-the-job training, night school, 특수재교육 등)를 마련하여, 승진 후보자의 준비도를 높이는 동시에 조직의 인재 양성 기반을 확보한다.

여섯째, 승진은 단독 부서나 개인의 판단이 아닌 라인조직과 인사부서가 협의하여 결정하도록 하며, 이러한 협력적 절차를 통해 승진의 공정성과 일관성을 확보한다.

결론적으로 승진방침은 조직의 인사철학을 반영하는 핵심적 기준으로서, 구성원에게는 성장과 보상에 대한 예측 가능성을, 조직에는 성과 중심의 인재 운용 체계를 제공하는 역할을 한다. 특히 연공주의와 능력주의는 이분법적 선택의 대상이 아니라, 조직 상황과 인재 특성에 따라 전략적으로 혼합·운영되어야 할 기준이다. 이를 위해 조직은 승진방침의 전제조건을 충실히 마련하고, 실무적 운영원칙을 체계화함으로써, 공정하고 지속 가능한 인사관리체계를 구축해 나가야 할 것이다.

3. 승진제도의 유형

승진제도는 조직 내 종업원을 상위의 직위나 직무로 이동시키는 방식과 기준에 따라 여러 유형으로 구분된다. 이러한 유형들은 조직이 지향하는 인사관리 철학과 운영의 실천 방식을 반영하며, 직무 중심의 능력주의, 사람 중심의 연공주의, 그리고 이 양자를 절충한 자격주의라는 세 가지 기본 틀을 바탕으로 다양한 형태로 구체화된다. 대표적인 승진제도의 유형으로는 직계승진제도, 연공승진제도, 자격승진제도, 대용승진제도, 조직변화승진제도가 있으며, 각각의 제도는 운영 방식과 적용 전제조건, 장단점에서 차이를 보인다.

1) 직계승진제도

직계승진제도(line promotion system)는 직무 중심의 능력주의에 입각한 제도로, 직무에 대한 체계적인 분석과 평가, 그리고 직무급 기준이 마련된 상태에서, 그 직무에 적합한 자를 선발하여 승진시키는 방식이다. 이 제도는 특히 직위관리체계가 명확히 구축된 기업에서 효과적으로 운영되며, 객관적인 직무 위계질서에 따라 승진이 이루어지는 특징이 있다. 직계승진제도의 효과적인 실현을 위해 필요한 전제조건은 다음과 같다.

첫째, 조직 내 직위관리체계가 정비되어 있어야 하며, 각 직무의 책임, 권한, 수행 기준 등이 체계적으로 정의되어야 한다.

둘째, 조직 내 인력의 능력 분포가 직무계열의 위계와 유사하게 구성되어야 한다. 즉, 직위와 인적 자원의 역량 사이에 구조적 일치가 필요하다.

셋째, 조직의 생산방식, 기업규모, 조직기구 등 경영환경이 안정적이어야 하며, 급격한 변화가 없을 경우에 적합하다.

직계승진제도는 직무별 요구 역량과 직무 가치에 따라 적합한 인재를 선별하여 배치하는 방식이기 때문에 공정하고 합리적인 승진관리 체계로 인식될 수 있으며, 종업원의 직무능력 향상 동기를 유발하는 긍정적 효과를 가진다. 하지만 직무 위계 구조의 경직성으로 인해 유연성이 떨어질 수 있고, 변화에 빠르게 대응하기 어려울 수 있다는 한계도 있다. 따라서 이 제도는 다른 승진제도와 병행하여 운용되는 경우가 많다.

2) 연공승진제도

연공승진제도(seniority-based promotion system)는 종업원의 근속연수,

학력, 연령, 경력 등 속인적 요인을 중심으로 승진을 결정하는 방식이다. 이는 전통적으로 온정주의적 성격이 강한 동양 사회에서 널리 활용되어 온 방식으로, 구성원의 장기근속 유도와 조직에 대한 충성심을 확보하는 데 기여해 왔다. 연공승진제도는 다음과 같은 두 가지 논리에 기초하여 운영된다.

첫째, 조직 내 상위직으로의 승진은 단순한 업무수행 능력 외에 조직 내 인간관계, 조직문화에 대한 이해, 경험 축적 등 다양한 요소가 요구되며, 이를 가장 잘 충족할 수 있는 인물은 일정 기간 이상 재직한 종업원이라는 인식이다. 즉, 집단의 리더로서의 적합성을 연공이 보장한다는 것이다.

둘째, 기업의 조직운영은 일반적으로 부서 단위로 구성되어 있고, 부문 간 조정과 협력이 중요한 요소이므로, 기업 내 사정을 가장 잘 이해하고 경험이 풍부한 인물이 상위직에 적합하다는 판단이다.

연공승진제도는 종업원 간 경쟁을 완화하고 조직 질서를 안정화시키며, 예측 가능한 인사관리를 가능하게 한다는 장점이 있다. 그러나 반면에 성과와 무관한 승진, 고연령자 중심의 구조 고착화, 유능한 젊은 인재의 사기 저하 및 이직 유발 등의 문제점을 초래할 수 있다. 따라서 최근에는 능력주의와 병행하는 형태로 수정·보완되어 운영되고 있다.

3) 자격승진제도

자격승진제도(qualification-based promotion system)는 연공주의의 안정성과 능력주의의 합리성을 절충한 형태의 승진제도로, 일정 자격요건을 갖춘 종업원에게 승진 기회를 부여하는 방식이다. 이 제도는 단순히 종업원의 현재 직무 성과나 직위에만 의존하지 않고, 개인이 보유한 잠재능력, 자격, 역량, 성장 가능성 등을 평가하여 장기적으로 조직에 기여할 수 있는 인재를 선별하고자 한다는 점에서, 중장기적 인재개발 전략과 긴밀하게 연결되는 제도라 할 수 있다. 자격승진제도는 크게 두 가지 방식으로 나뉜다. 하나는 신분자격승진, 다른 하나는 능력자격승진이며, 이 두 방식 모두 각기 다른 장점과 목적을 지닌다. 또한 자격승진과 밀접한 개념으로 역직승진과 전문직승진이 존재하며,

이들 역시 자격에 기반한 체계적 승진 방식으로 분류된다.

(1) 신분자격승진

신분자격승진은 사람 중심의 연공주의에 기초한 제도로, 종업원의 근속연수, 학력, 연령 등 형식적이고 속인적인 요건을 중심으로 승진 여부를 판단하는 방식이다. 즉, 현재 수행 중인 직무의 내용이나 성과보다는 개인이 갖춘 형식적 자격을 기준으로 승진이 이루어진다. 이러한 방식은 동양 사회, 특히 한국·일본 등에서 전통적으로 널리 운영되어 왔으며, 온정주의적 조직 문화와 사회적 정서, 장유서열 의식과 잘 어울리는 제도로 간주되어 왔다. 조직 구성원 간의 불필요한 경쟁을 완화하고, 일정한 경로를 통해 예측 가능한 승진 체계를 제공함으로써 조직의 안정성과 장기근속을 유도하는 데 효과적이었다.

그러나 오늘날과 같이 성과 중심의 경영환경에서는 그 비합리성과 비효율성이 점차 부각되고 있으며, 개인의 잠재능력이나 직무성과가 반영되지 않는 승진 방식에 대해 구성원들이 불만을 가질 수 있다. 이에 따라 현대 기업들은 신분자격승진을 독립적으로 운영하기보다는, 능력주의 요소를 보완적으로 도입하거나 제한적인 영역에서만 부분적으로 활용하는 추세이다.

(2) 능력자격승진

능력자격승진은 자격승진제도의 중심이 되는 유형으로, 종업원이 보유한 지식, 기능, 태도, 자격, 성과 잠재력 등 능력 전반을 종합적으로 평가하여 승진 여부를 결정하는 방식이다. 이 방식은 현재 수행 중인 직무의 직무요건과 직접 연결되지 않더라도, 개인이 조직에 기여할 가능성과 장기적 성장 가능성을 판단 기준으로 삼는다. 능력자격승진의 핵심은, 직무와 인력 간의 수직적 일치를 전제로 하지 않고, 조직 내 흩어져 있는 잠재능력을 발굴·격려하는 데 목적이 있다는 점이다. 이를 통해 조직은 단기적 성과에 의존하지 않고, 장기적으로 인재의 성장을 유도하고, 인적자원의 고도화를 실현할 수 있다. 이 제도는 특히 다음과 같은 조직 운영상의 이점을 갖는다.

첫째, 자기개발 의욕을 고취시켜 종업원의 학습 동기를 강화하고,

둘째, 직무계층 구조가 한정적일 경우에도 인력 배분의 유연성을 확보할 수 있으며,

셋째, 공정하고 투명한 능력 평가제도가 전제된다면 조직 구성원 간 신뢰와 몰입도를 높이는 데 효과적이다.

단, 능력자격승진의 성공적인 운영을 위해서는 평가의 객관성, 일관성, 수용성이 확보되어야 하며, 평가 기준의 정당성 확보와 구성원과의 신뢰 기반이 필요하다.

(3) 역직승진

역직승진은 조직 내에서 라인조직 상의 위계 직위 체계를 기준으로 이루어지는 승진 형태이다. 주임, 계장, 차장, 과장, 부장, 이사 등과 같은 공식적인 관리직 계열의 직위 간 이동을 의미하며, 조직 내 리더십 수행을 위한 권한과 책임의 수직적 확대가 포함된다. 이 제도는 주로 연 1~2회의 정기적 인사에서 실행되지만, 경우에 따라 성과 기반의 수시 승진 또는 시한부 승진 방식으로도 운용된다. 역직승진은 관리 능력과 리더십 역량 중심의 평가 기준이 적용되며, 관리자로서 요구되는 소양과 경험의 유무가 중요한 판단 요소로 작용한다.

(4) 전문직승진제도

전문직승진제도는 일반 관리계열과는 별도로, 연구직, 기술직, 전문직 등의 인력에 대해 독립된 승진경로를 설정하여 운영하는 방식이다. 이 제도는 주로 기술집약적 산업, 대형 연구기관, 고도 전문성을 요구하는 기업 등에서 사용되며, 일반 관리자와의 비교가 아닌 전문성과 기여도에 따라 평가된다. 이는 전문직 종사자의 승진 욕구와 자아실현 욕구를 충족시킴으로써, 이직 방지와 장기 근속을 유도하는 데 효과적이다. 또한 직능별 경력관리와 보상 체계의 이원화 전략과도 밀접하게 연결된다.

4) 대용승진제도

대용승진제도(surrogate promotion system)는 일반적으로 준승진(quasi-promotion) 또는 건승진(dry promotion)이라 불리며, 실질적인 직무 책임이나 권한 변화 없이 형식적으로만 승진이 이루어지는 제도이다. 이 제도는 특히 승진 적체(bottleneck) 문제가 발생하는 조직에서 자주 활용되며, 상위 직위의 결원이 없어 실질적인 승진이 불가능한 상황에서 구성원의 사기 저하를 방지하고 이탈을 예방하기 위한 수단으로 도입된다. 대용승진은 직위의 공식적 변경 없이 직위명칭, 직급 등 외형적인 요소만 변경되며, 조직 내 신분, 처우, 대외적인 직함 활용 등에 있어 간접적인 보상이 뒤따르는 경우가 많다. 예를 들어, '과장급' 직무를 수행하던 인력에게 '수석'이라는 직함을 부여하거나, 특정한 자격을 수여하는 방식이 해당된다. 이 제도의 장점은 다음과 같다.

첫째, 실질 승진이 어려운 상황에서 조직 내 공정성 인식과 구성원의 승진 기대 심리를 일정 부분 충족시킬 수 있다.

둘째, 조직의 정체 상태에서도 구성원의 성장 욕구를 일정 수준 유지할 수 있으며,

셋째, 직무 배치나 조직 개편 없이도 임금이나 복리후생 등 처우 개선을 유도할 수 있는 간접적 승진 수단이 된다.

하지만 대용승진이 장기적으로 반복될 경우, 구성원 입장에서는 실질적 권한과 책임이 주어지지 않는 데 대한 불만이 누적될 수 있으며, 조직 내 신뢰와 리더십의 권위 저하로 이어질 위험성도 존재한다. 따라서 대용승진은 일시적이고 보완적인 제도로 활용되어야 하며, 중장기적으로는 실질적 승진과 경력 경로의 확보를 위한 제도 정비가 병행되어야 한다.

5) 조직변화승진제도

조직변화승진제도(organization change promotion system)는 기존의 조직 구조와 직위 체계 내에서 승진 기회가 부족하거나 승진이 정체된 상황을 해결

하기 위해, 조직구조 자체를 조정·변경하여 새로운 직위 또는 승진 트랙을 신설하는 제도이다. 이는 단순한 인사제도 변화가 아닌, 조직도 자체를 재편성하거나 직무계층을 세분화·확대하여 승진 여건을 창출하는 적극적인 인사 전략이다. 이 제도는 다음과 같은 배경에서 도입된다.

첫째, 승진 대상자가 많음에도 불구하고 상위 직위가 한정되어 있는 경우,

둘째, 특정 부서나 분야에서 중간 관리자급 인력이 부족한 경우,

셋째, 우수 인재의 유출이 우려되거나 조직 내 사기가 저하되는 상황에서 조직 차원의 전략적 승진 여건 마련이 필요할 때이다.

조직변화승진은 예를 들어 '과장-차장-부장'으로 구성된 관리계층에 '수석과장', '부책임자', '팀장'과 같은 새로운 직책을 신설하거나, 부서를 세분화하여 승진 직위를 새롭게 마련하는 방식으로 운영된다. 이 제도의 장점은 다음과 같다.

첫째, 구성원의 이직 방지와 조직 몰입도 제고에 효과적이며,

둘째, 중간관리자층의 리더십 개발과 관리역량 강화를 유도할 수 있다.

셋째, 조직의 정체성을 유지하면서도 승진 체계의 유연성과 확장성을 동시에 확보할 수 있다.

단, 조직변화승진이 남용되거나 인위적으로 과도하게 적용될 경우, 조직의 직무 체계가 복잡해지고 직위의 위계가 모호해지는 문제가 발생할 수 있으므로, 반드시 조직 전체의 운영 효율성과 구조적 일관성을 유지하는 범위 내에서 신중히 설계되어야 한다.

4. 승진제도의 합리적 운영

승진제도는 인사관리에서 단순히 상위 직무로의 이동을 의미하는 것이 아니라, 조직의 전략적 인재개발 시스템이자 종업원 동기유발의 핵심 수단으로 기능한다. 따라서 승진제도가 공정하고 체계적으로 운영될 때 조직은 인적

자원을 효율적으로 활용할 수 있으며, 종업원도 자신의 성장 가능성과 조직 기여에 대해 긍정적인 신호를 받게 되어 근로의욕이 향상되고 이직률은 감소하게 된다. 이러한 승진제도의 합리적 운영을 위해서는 다음과 같은 요소들이 충분히 고려되어야 한다.

1) 승진계획의 수립과 경로의 설정

(1) 승진제도의 수립

승진제도의 수립은 단순한 규정의 정립을 넘어, 조직 내에서 승진이 어떻게 운영될 것인지에 대한 정책적 방향과 실무적 절차를 명문화하는 과정이다. 이는 곧 승진계획(promotion planning)으로 구체화되며, 다음과 같은 사항들이 고려되어야 한다.

첫째, 승진계획은 조직의 승진방침과 연계하여 모든 직위 또는 승진 가능 직군에 대해 적용 가능하도록 포괄적으로 설계되어야 한다. 단일 직무군이나 특정 부서에만 국한된 승진기준은 불공정 인식과 내부 갈등을 유발할 수 있다.

둘째, 승진제도 또는 계획을 신설하거나 변경할 경우, 종업원 및 그 대표단체(노동조합 등)의 의견을 수렴하는 절차를 마련해야 한다. 이는 제도의 신뢰성과 수용도를 높이기 위한 필수조건이며, 조직문화와 조화로운 승진 운영에 도움이 된다.

셋째, 승진계획은 기타 인사계획(인력계획, 채용계획, 교육훈련계획 등)과 유기적으로 연계되어야 한다. 승진이란 인사계획의 일환으로서, 장기적 인력 배치와 조직구조 변화에 연동되어야 하기 때문이다.

넷째, 모든 종업원이 승진제도의 내용을 이해하고 활용할 수 있도록, 승진 절차와 기준은 명확하게 공개되어야 하며, 정보 접근이 가능해야 한다. 비공식적인 운영은 조직 내 신뢰를 저해하는 요인이 된다.

다섯째, 승진계획은 모든 종업원에게 공평하고 일관되게 적용되어야 하며, 특정 부서나 개인에게만 유리하게 설계되어 있어서는 안 된다. 평등성과 공정성은 승진제도의 근간이다.

(2) 승진경로의 설정

승진경로는 종업원이 어떤 직무를 통해 성장하고, 어느 방향으로 승진이 이루어지는지를 명확히 보여주는 경로도이다. 이는 단순한 직무 간 이동 흐름이 아니라, 조직이 의도하는 경력개발 경로(career path)를 제시함으로써 종업원이 자신의 성장계획을 수립하는 데 중요한 기준이 된다. 승진경로를 설정하기 위해서는 다음과 같은 절차가 필요하다.

첫째, 직무분석(job analysis)을 통해 각 직무 간 유사성, 연속성, 상하위 관계를 파악해야 하며,

둘째, 직위분류를 바탕으로 조직 내 직무의 계층적 구조와 책임의 흐름을 정리해야 한다.

셋째, 각 직무별로 요구되는 자격요건(지식, 기술, 태도, 경험 등)을 명확히 하여야 한다.

넷째, 기존 승진자의 경력 데이터를 바탕으로 실제적 승진경로와 속도를 분석하고, 이를 토대로 경로도와 기준을 정립하는 작업이 필요하다.

만약 조직에 정형화된 직위분류나 직무분석 체계가 부재한 경우에는, 기존 종업원의 승진 흐름을 분석하여 실질적인 경로를 도출하는 역방향적 접근도 유용하다. 이러한 승진경로 설정은 종업원 개개인의 경력관리와 자기개발을 지원하는 기반이 되며, 조직의 승진투명성 확보와 장기적 인재육성 전략 실현에도 기여한다.

2) 승진방식의 결정

승진방식은 승진경로에 따라 직선방식(linear method)과 다각방식(multiple method)으로 구분된다. 각각의 방식은 인재육성 전략, 직무특성, 조직규모 및 문화에 따라 선택되어야 하며, 다음과 같은 특징을 지닌다.

(1) 직선방식

직선방식은 동일한 직무계열 내에서 하위 직위에서 상위 직위로 수직적으로 이동하는 방식이다. 예컨대, 경리분야에서는 경리사원 → 경리대리 → 경리과장 → 경리부장으로 이어지는 직선적 이동이 이에 해당된다. 이 방식은 특히 전문성을 요하는 분야에서 적합하며, 현재의 기능 숙련도와 기술적 능력을 기준으로 승진이 결정된다.

이 방식의 장점은 전문 인력의 육성과 기능적 연속성 확보에 유리하다는 점이다. 반면, 직무 순환 기회가 부족하고, 조직 전체를 보는 시야가 협소해질 수 있다는 단점이 있으며, 상위직으로의 이동에 대한 융통성이 떨어진다는 비판도 있다.

(2) 다각방식

다각방식은 라인과 스태프, 또는 서로 다른 직무계열 간의 순환 경험을 거쳐 상위 직위로 이동하는 방식이며, 일종의 직무순환방식(job rotation)으로 볼 수 있다. 예컨대, 생산직 사원이 일정 기간 구매, 인사, 마케팅 부서를 순환 경험한 후, 종합관리자로 승진하는 경우가 이에 해당한다. 이 방식은 다음과 같은 장점을 갖는다.

- 폭넓은 조직 경험을 통해 전사적 관점의 관리자 육성 가능
- 직무적성 발견 및 조직 내 이동성 강화
- 직무정체자의 재배치 및 동기부여 가능

반면 단점으로는 지식의 깊이가 부족할 수 있고, 잦은 이동으로 인해 성과 축적이 어려우며, 인간관계 구축에 시간 소요가 크다는 문제가 있다. 따라서 이 방식은 경영자 후보군 육성이나 핵심 인재 프로그램 등에 적절히 활용되어야 하며, 사전 교육과 정기 평가를 병행하는 시스템이 필요하다.

3) 승진의 집행과 사후관리

승진제도의 실질적인 효과는 단지 승진 대상자를 선정하여 상위 직위에 배치하는 것에서 끝나는 것이 아니라, 승진이 집행되는 방식과 그 이후의 조직 내 반응과 관리 과정에 따라 궁극적인 성과가 달라지게 된다. 승진은 조직 내에서 개인의 위상을 변화시키는 중요한 사건이기 때문에, 승진의 집행이 공정하고 정교하게 수행되어야 하며, 승진 이후의 사후관리 역시 체계적으로 이루어져야 한다. 이러한 일련의 과정은 조직 내 신뢰를 구축하고, 승진자의 적응 및 성장을 도모하며, 승진에서 제외된 종업원들에 대한 배려와 조직 통합을 유지하기 위한 핵심 관리 영역이다.

(1) 승진의 집행

승진의 집행은 인사제도의 형식적 절차와 실질적 의미가 결합되는 지점이다. 종업원이 특정한 기준에 따라 승진 대상자로 선정되었다면, 조직은 공식적인 절차를 통해 승진 발령을 내리고 해당 직무로 이동시켜야 하며, 이 과정에서 라인 경영자와 인사부서의 협업이 필수적이다. 먼저, 승진을 실제로 집행할 권한과 책임은 일반적으로 라인 경영자(line manager)에게 부여된다. 라인 경영자는 실무 현장에서 종업원의 성과, 업무 태도, 리더십 역량 등을 지속적으로 관찰하고 평가한 입장이기 때문에, 승진 적격성을 판단할 수 있는 유효한 정보를 가장 많이 가지고 있다. 반면, 인사부서는 승진에 필요한 절차, 법적 기준, 평가 기준, 공정성 유지 등의 역할을 담당하며, 전문적 조언과 함께 행정적 절차를 주관한다. 승진이 집행될 때는 보통 다음과 같은 단계로 이루어진다.

최종 승진 대상자 선정

라인 경영자와 인사부서의 협의에 따라, 미리 설정된 승진기준(성과, 근속기간, 리더십, 자격요건 등)에 기반하여 후보자를 평가하고, 다양한 평가요소에 대한 상대적 비중을 종합적으로 고려하여 최종 승진 대상자를 선정한다. 이때 평가 항목과 결과의 투명성이 확보되지 않으면, 승진 자체에 대한 불신이 조직 내에 퍼질 수 있으므로 공정성과 기준의 일관성 확보가 중요하다.

승진 발령 및 공식 통보

승진 대상자가 최종 확정되면, 해당 종업자에게 정식 인사 발령서를 통해 승진 사실을 통보하고, 새로운 직위 및 업무를 부여한다. 이와 함께 승진 발표는 전체 조직에 공지되며, 해당 종업자의 공로를 인정하는 방식으로 승진의 상징성과 동기유발 효과를 높일 수 있다.

직무 인계 및 교육

승진자에게는 새로운 직무 수행을 위한 사전 브리핑과 교육, 또는 멘토링이 병행되어야 하며, 기존 직무에 대해서는 인수인계 절차를 명확히 하여 업무의 연속성을 유지해야 한다. 이는 새로운 직무에서의 성공적 적응을 도모하기 위한 준비 과정이다.

이처럼 승진의 집행은 조직 내에서 정당하고 납득 가능한 절차를 통해 수행되어야 하며, 종업원들에게 승진제도의 공정성에 대한 신뢰감을 제공해야 한다. 만약 승진이 정치적 요소나 상사 개인의 호불호에 의해 좌우된다는 인식이 퍼질 경우, 조직 전체의 사기 저하와 함께 장기적으로 우수 인력의 이탈이라는 부정적 결과를 초래할 수 있다.

(2) 승진의 사후관리

승진이 공식적으로 집행된 이후에도 종업원의 조직 내 적응, 심리적 반응, 팀 내 관계 변화 등을 지속적으로 관리할 필요가 있다. 승진은 곧 새로운 책임과 리더십 역할을 수반하므로, 승진자가 해당 역할에 성공적으로 안착할 수 있도록 조직 차원의 사후 지원 및 피드백 체계가 필요하다. 또한 승진에서 탈락한 구성원들에 대한 심리적 배려와 동기 회복 전략도 함께 마련되어야 한다. 승진 사후관리의 구체적 내용은 다음과 같다.

승진자의 의사 최종 확인

일부 종업원은 승진에 따른 업무 강도 증가, 책임 부담, 또는 지역 전보 등의 사유로 승진을 거부하거나 유보할 수 있다. 이 경우 조직은 사전에 충분히 설명과 상담을 진행해야 하며, 승진을 수용할 의사 여부를 명확히 확인하고, 불가피한 경우에는 다음 후보자를 고려하는 유연성이 필요하다.

승진자의 기존 직무에서의 이탈 보장

종종 라인 상사나 부서장이 업무 공백을 이유로 승진자를 잡아두려는 경향이 있는데, 이는 승진자의 이직무 정착에 장애가 되고 조직 전반의 인사 흐름을 왜곡시킬 수 있다. 따라서 인사부서는 후임 인력 배치 계획을 사전에 마련하여 원활한 전환을 유도해야 한다.

승진 이후 정착 확인을 위한 면담 및 코칭

일정 시점 이후, 승진자의 직무 적응 상황을 점검하고, 리더십 발휘 여부, 팀과의 조화, 심리적 부담 등에 대한 피드백을 수렴하는 면담이 권장된다. 이 과정에서 멘토 지정 또는 추가 역량개발 교육이 필요할 수도 있으며, 조직의 지속적인 성장 리더 육성 시스템으로 연계할 수 있다.

승진 탈락자에 대한 배려와 재도전 기회 부여

승진 경쟁에서 탈락한 종업원은 자기 효능감 하락, 조직에 대한 불신, 사기 저하 등 부정적 정서에 빠질 가능성이 크다. 따라서 인사부서는 탈락자에게 탈락 사유에 대한 명확한 설명과 향후 개선 방향을 안내하고, 필요시 교육이나 경력개발 기회를 제공함으로써 이들의 동기를 회복시킬 필요가 있다. 더불어, 승진제도에 대한 공정성과 수용도를 높이기 위해 탈락자 관리방안을 제도화하는 것도 중요하다.

결론적으로 승진의 집행과 사후관리는 단순한 인사행정 절차가 아니라, 조직 구성원의 성과 인정, 역할 전환, 팀 내 역학구도 변화 등 복합적인 변화를 유도하는 민감한 관리 과정이다. 따라서 인사담당자는 승진 대상자의 자격과 직무적합성만 평가하는 데 그치지 않고, 승진 이후의 정착과 조직의 조화, 승진 탈락자에 대한 심리적 케어까지 포함한 전방위적인 인사관리 시스템을 설계하고 실행해야 한다. 승진은 개인에게는 인정과 보상의 기회이고, 조직에게는 리더를 새롭게 배치하는 경영의 전략적 수단이다. 그 집행과 사후관리가 정교하고 공정하게 이뤄질 때, 승진은 조직을 강화하는 긍정적 제도로 기능하게 된다.

section 04 이직

1. 이직의 의의

이직(離職, Separation)은 인적자원관리의 마지막 단계로, 조직에 채용된 종업원이 일정한 기간을 근무한 후 조직을 떠나게 되는 현상을 의미한다. 인사관리는 외부에서 인재를 영입하는 채용에서 시작하여 배치·이동, 교육훈련, 평가, 보상 등 일련의 과정으로 이어지며, 마지막으로 이직관리를 통해 하나의 순환구조를 완성하게 된다. 따라서 이직은 조직 내 인력 흐름을 종결짓는 동시에 새로운 인력 충원의 시작점이 되며, 인사관리의 성패를 가늠할 수 있는 중요한 지점이다. 이직은 넓은 의미로는 인력이 산업 간, 지역 간, 직종 간, 또는 동일 조직 내에서 이동하는 모든 현상을 포함하지만, 좁은 의미로는 종업원이 현재의 조직을 완전히 떠나 외부로 이탈하는 것을 뜻한다. 이 경우 고용계약이 해지되고 고용관계가 종료되므로, 조직에 미치는 영향은 매우 직접적이고 실질적이다.

이직은 조직과 개인 모두에게 긍정적인 측면과 부정적인 측면을 동시에 지닌다. 먼저 조직의 관점에서 보면, 일정 수준의 이직은 조직 분위기의 신진대사를 촉진하고, 변화에 유연하게 대응할 수 있는 기회를 제공한다. 업무 부적응자나 생산성이 낮은 인력이 자발적으로 이탈함으로써 인건비 절감과 조직 효율성 제고라는 긍정적 효과도 기대할 수 있다. 반면, 핵심인력이나 우수인재의 유출은 조직의 경쟁력 약화, 팀워크 저해, 후속 인력양성 부담 등의 부정적 결과를 초래할 수 있다. 개인의 관점에서도 이직은 새로운 성장 기회를 모색하거나 보다 나은 근무환경, 보상체계를 갖춘 직장으로 이동하는 등 자기개발과 경력설계의 전략적 수단이 될 수 있다. 특히 최근에는 조직보다 직무·역할 중심의 경력관이 일반화되면서, 이직은 경력 관리의 일환으로 자연스럽게 받아들여지는 분위기가 조성되고 있다. 그러나 이직 과정에서 발생할 수 있는 심리적 불안, 실업의 위험, 새로운 환경 적응에 따른 스트레스 등은 이직이 개인에게 주는 부담이기도 하다.

이와 같은 이직 현상은 다양한 원인에 의해 유발된다. 인적자원관리 분야의 권위자인 피고즈와 마이어즈(P. Pigors & C.A. Myers)는 종업원이 조직을 떠나는 구체적인 사유로 다음과 같은 여섯 가지를 제시하고 있다.

① **보다 나은 직무의 추구**: 현재보다 더 높은 보상이나 발전 가능성, 직무 만족도를 기대할 수 있는 외부 기회를 발견했을 때 발생하는 자발적 이직이다. 이는 개인의 경력 성장이나 성취욕과 직결된다.

② **통근 조건, 작업 환경, 교대 근무 등의 불만족**: 출퇴근 시간이 길거나 교통이 불편한 경우, 공정이 위험하거나 열악한 근무환경, 불규칙한 교대근무로 인한 삶의 질 저하 등이 이직을 유발하는 주요한 요인이 된다.

③ **인간관계의 갈등(동료, 상사, 부하 간 관계 문제)**: 조직 내 갈등이나 불화, 상사와의 부적절한 의사소통, 소외감 등은 정서적 스트레스를 야기하며, 심할 경우 조직으로부터의 심리적 이탈을 유도한다.

④ **성취감의 결여**: 자신의 역량이 발휘되지 않거나, 과업이 지나치게 단순하고 반복적이어서 개인적인 성장이나 성과에 대한 인식이 부족할 때 이직을 고려하게 된다.

⑤ **개인적 사정(결혼, 출산, 자녀 양육, 배우자 전근 등)**: 특히 여성근로자의 경우 결혼이나 출산, 육아로 인해 이직을 결정하는 사례가 많다. 또한 가족 구성원의 건강 문제나 고향 귀향, 배우자의 직장 이동 등도 주요한 이직 사유가 된다.

⑥ **학업 재개 또는 이직 외의 개인적 목표 추구**: 학위 취득, 자격증 공부, 창업 등과 같은 개인적인 성장 계획을 실현하기 위한 목적에서의 이직 역시 빈번하게 발생한다.

이처럼 이직의 원인은 개인의 직무 만족도, 조직문화, 근무환경, 인간관계, 보상체계, 개인의 삶의 단계 등 복합적인 요소들이 상호작용한 결과로 나타나며, 기업은 이를 단순히 '유출'로 인식하기보다는 인사관리의 성과지표 및 조직진단의 신호로 해석하고 적극적으로 대응할 필요가 있다. 결론적으로, 이직은 단순히 '떠나는 일'이 아니라 조직의 건강성과 유연성, 인사제도의 타당성을 반영하는 중요한 인사관리 과제이다. 따라서 조직은 이직 원인을 체계적으로 분석하고, 불필요하거나 유해한 이직은 예방하며, 불가피한 이직은 전략적으로 수용할 수 있는 이직관리체계의 정립이 요구된다. 나아가 이직자를 조직의 외부 이해관계자이자 향후 재고용 가능성도 있는 인재 풀로 인식함으로써, 지속가능한 인적 네트워크 관리를 도모해야 할 것이다.

2. 이직의 유형

이직은 발생 원인이나 경위에 따라 다양한 유형으로 분류되며, 각 유형은 인사관리상의 대응 방식과 조직의 전략적 고려사항에도 큰 영향을 미친다. 일반적으로 이직은 자발성 여부, 회피 가능성, 법적·조직적 절차에 따라 구분되며, 각 유형은 조직의 인적자원관리 정책과 밀접하게 연관되어 있다.

1) 이직의 분류 기준에 따른 유형

이직은 가장 먼저 자발성의 여부에 따라 자발적 이직(voluntary separation)과

비자발적 이직(involuntary separation)으로 구분된다. 자발적 이직은 종업원의 자유의지에 따라 조직을 떠나는 경우를 말하며, 일반적으로는 '사직(Resignation)'이라는 용어로 표현된다. 이러한 이직은 보통 종업원이 현 직장에 불만을 갖고 있거나, 보다 나은 근무조건, 보상체계, 경력개발 가능성이 있는 타 회사로의 이직 기회를 포착하여 일어나는 경우가 많다. 또한 가족 돌봄, 결혼, 출산, 질병, 학업 등의 개인 사정으로 인한 사직도 여기에 포함된다. 이 경우 조직은 일정한 예고기간을 통해 업무의 인수인계 및 후속 채용 계획을 수립할 수 있으나, 핵심인력의 돌발적 이직은 조직운영에 큰 혼선을 초래할 수 있어 인재 유지 전략이 중요하다.

반면, 비자발적 이직은 종업원의 의사와는 무관하게 조직의 일방적 결정에 따라 고용관계가 종료되는 경우를 말한다. 대표적인 예로는 해고(discharge)가 있으며, 이는 징계성 조치 또는 경영상 필요에 의해 이루어질 수 있다. 종종 인력조정 또는 구조조정의 일환으로 명예퇴직을 권유하거나, 일시해고나 직무 종료에 따른 고용 중단 등이 여기에 포함된다. 또한 정년퇴직과 같이 법령이나 단체협약에 따라 일정 연령에 도달하면 고용관계가 자동 종료되는 경우도 비자발적 이직으로 간주된다. 한편, 퇴직(retirement)은 자발성과 비자발성 양측에 모두 걸쳐 있는 형태로, 종업원이 일정 연령에 도달하거나 일정 근속 기간을 마친 후 고용관계가 종료되는 경우를 말한다. 종업원이 스스로 퇴직을 요청하는 경우 자발적 퇴직에 해당되며, 반면 정년이나 계약기간 만료로 인해 더 이상 근무가 불가능해진 경우는 비자발적 퇴직으로 분류된다.

이직 유형을 〈표 7－3〉과 같이 정리할 수 있다.

이와 더불어 이직은 회피 가능성(avoidability)에 따라 회피가능 이직(avoidable separation)과 회피불가능 이직(unavoidable separation)으로 나눌 수 있다. 전자는 종업원이 회사를 떠나지 않도록 경영자의 정책이나 조치에 따라 방지할 수 있는 이직이며, 후자는 질병, 사고, 사망 등 개인의 불가항력적인 사유로 인해 예방이 어려운 이직을 의미한다. 회피가능 이직의 비율이 높을수록 기업은 조직 내 만족도나 유인체계에 문제가 있는 것으로 판단할 수 있으며, 이 경우 이직률 분석과 이직 사유 조사를 통해 정책 개선이 요구된다.

표 7-3 이직의 유형

대분류	유형	내 용
자발적 이직	전직	더 나은 조건의 회사로 이동하기 위한 이직
	사직	결혼, 출산, 질병, 가족 문제, 학업 등 개인 사정에 따른 자발적 조직 이탈
비자발적 이직	영구해고	근무태도 불량, 성과 부족 등 징계사유에 따른 일방적 고용 종료
	고용조정	구조조정, 인력감축 등 경영상 필요에 의한 명예퇴직 또는 일시해고
	정년퇴직	정년 도달에 따른 고용관계 자동 종료

2) 해고(Discharge)

해고란 종업원의 의사와 무관하게 경영자의 일방적인 결정으로 근로계약이 종료되는 것을 말하며, 비자발적 이직의 대표적 유형이다. 해고는 종업원에게 있어 생계와 직결된 중대한 조치이므로 가장 심각한 형태의 인사행위로 간주된다. 해고는 종종 다음과 같은 사유에 의해 발생한다.

- **징계 해고**: 근무 태만, 복무규정 위반, 직무상 부정행위 등 중대한 귀책사유가 있을 때
- **능력 부족**: 반복되는 실수, 낮은 업무성과, 직무수행 능력의 현저한 결함이 있을 때
- **경영상 해고**: 경영 악화, 사업 부문 정리, 조직 축소 등 구조조정 목적으로
- **기타 사정 해고**: 장기 질병, 부적응, 조직 불화 등 조직 유지 곤란 사유가 있을 때

해고는 단기적으로 조직 내 규율을 확립하고 인력구성의 적정화를 도모하는 수단이 될 수 있다. 그러나 잦은 해고는 조직문화의 불안정, 인재유치의 어려움, 조직에 대한 신뢰 저하, 사내 사기 하락 등을 야기할 수 있으므로 극도로 자제되어야 한다. 또한 해고의 과정에서 법적 분쟁이 발생할 가능성도 존재하기 때문에, 명확한 근거와 객관적인 평가자료, 징계 이력 등 정당한 해고 사유에 대한 입증 자료가 충분히 확보되어야 한다. 해고 전 사전 경고 및 개선기회 부여는 인사관리의 기본적인 절차로 반드시 지켜져야 한다.

3) 퇴직(Retirement)

퇴직은 고용관계가 종료되는 한 형태로, 일반적으로 종업원이 일정한 기간 근무한 후 기업을 떠나는 것을 의미한다. 퇴직은 발생 원인에 따라 다음과 같이 구분된다.

- **당연퇴직**(Mandatory Retirement): 정년 도달, 계약기간 만료, 휴직 기간 종료, 사망 등 법률이나 계약에 따라 자동으로 고용관계가 종료되는 경우
- **의원퇴직**(Voluntary Retirement): 종업원이 자발적인 사유로 퇴직서를 제출하고 조직을 떠나는 경우. 대표적으로 개인적 사정, 전직, 학업, 창업 등이 있다.

의원퇴직은 조직이 통제할 수 없는 자발적 이직의 한 형태로서, 핵심 인력의 이탈이 조직운영에 미치는 영향이 크기 때문에 적극적인 예방 및 관리가 필요하다. 반면, 당연퇴직의 경우 예측이 가능하므로 정년관리 제도, 퇴직자 교육, 퇴직 후 전직지원 등의 제도적 준비가 병행되어야 한다. 최근에는 조기퇴직, 희망퇴직, 명예퇴직 등 다양한 형태의 자발적 퇴직 방식이 도입되고 있으며, 이는 경영환경 변화에 따른 인력 유연화 전략의 일환으로도 활용된다. 그러나 이 역시 조직문화, 잔류 직원의 사기, 사회적 책임 등 다양한 요소를 고려한 신중한 설계가 요구된다.

3. 이직에 대한 대응

이직은 인적자원의 순환을 의미하지만, 그 발생 원인과 형태에 따라 조직에 미치는 영향은 매우 다양하다. 특히 자발적 이직은 인재 유출과 조직문화 붕괴의 신호가 될 수 있으며, 비자발적 이직은 기업 이미지, 노사관계, 인력 운영계획에 심각한 부담을 줄 수 있다. 따라서 기업은 이직에 수동적으로 반응하는 것이 아니라 예방적이며 전략적인 대응체계를 갖추어야 하며, 이직의

유형에 따라 맞춤형 대응 방안을 수립하는 것이 바람직하다.

1) 자발적 이직에 대한 대응

자발적 이직은 종업원이 자발적인 의사에 따라 조직을 떠나는 것으로, 조직 내부의 유인구조나 근무환경에 대한 불만, 혹은 외부 환경의 유혹에 의해 결정되는 경우가 많다. 따라서 자발적 이직은 단순히 개인의 선택으로 간주해서는 안 되며, 조직 내 관리시스템이나 인사정책의 실패, 동기부여 전략의 미흡, 커뮤니케이션 부재 등 내재된 구조적 문제의 결과로 해석될 수 있다. 이에 따라 조직은 자발적 이직이 일어났을 경우 이를 단순한 사건이 아니라 경고 신호로 인식하고, 조직 전반의 상태를 점검하고 개선하는 기회로 삼아야 한다. 특히 종업원의 이직사유를 체계적으로 파악하고, 이를 통해 이직의 유형과 원인을 분석하여 향후 대응전략에 반영하는 노력이 필수적이다.

이직사유를 확인하는 대표적인 방법으로는 퇴직면담(exit interview)과 퇴직 후 설문조사가 있다. 퇴직면담은 종업원이 퇴직을 결정하기 직전 또는 직후에 담당 인사담당자 혹은 조직심리 전문가가 직접 면담을 진행함으로써 이직의 직접적 동기, 조직 내 갈등, 직무 스트레스 요인 등을 구체적으로 파악할 수 있는 수단이다. 다만 면담자의 신뢰성과 퇴직자의 심리 상태에 따라 응답의 진실성이 영향을 받을 수 있기 때문에, 익명성과 비심판적 접근이 중요하다. 한편, 퇴직 후 일정 기간이 지난 시점에서 실시되는 이직 후 설문조사(post-exit survey)는 퇴직자가 심리적으로 안정된 상태에서 자신의 진심을 드러낼 가능성이 높기 때문에 보다 객관적이고 분석적인 데이터를 확보할 수 있다는 장점이 있다. 특히 이직이 많거나 다양한 직군에서 발생하는 경우에는 표준화된 설문을 통해 통계적으로 조직 내 이직요인을 분석할 수 있어 전략 수립에 큰 도움이 된다. 이러한 정보를 기반으로 조직은 보상체계 개선, 직무 재설계, 리더십 개발, 교육훈련 강화, 조직문화 혁신 등의 맞춤형 개선 활동을 전개해야 하며, 우수 인재의 이탈을 최소화하기 위한 핵심인재 유지 전략(retention strategy)을 병행할 필요가 있다.

2) 비자발적 이직에 대한 대응

비자발적 이직은 종업원이 자신의 의사와는 무관하게 조직의 판단에 의해 고용관계가 종료되는 경우로, 해고, 정리해고, 명예퇴직, 정년퇴직 등이 이에 해당된다. 이 중 해고는 가장 엄격한 인사조치이며, 종업원에게 극심한 심리적 충격과 생계 불안을 유발할 수 있는 만큼 조직은 해고의 정당성과 공정성을 확보하고, 이를 위한 제도적 절차와 투명한 커뮤니케이션 구조를 갖추는 것이 중요하다. 기업은 조직의 질서를 유지하고 비효율적인 인력을 정비하는 차원에서 부득이 해고를 단행할 수 있지만, 징계 해고가 발생하기 전에 교육, 상담, 경고 등의 사전조치를 통해 해당 종업원이 개선의 기회를 가질 수 있도록 해야 한다. 또한 해고가 불가피할 경우, 객관적 성과지표, 명확한 규정, 인사위원회 검토 절차를 거쳐 종업원이 수긍할 수 있는 최소한의 정당성을 확보해야 하며, 법적 분쟁을 예방하기 위한 문서화된 근거자료의 보관도 필요하다.

한편, 고용조정에 따른 이직(명예퇴직, 희망퇴직, 구조조정 등)은 조직 전체의 비용구조 개선이나 전략적 변화에 따른 인력 재구성이라는 측면에서 자주 활용된다. 그러나 이 또한 잔류인력의 사기 저하, 충원 비용 발생, 조직문화 붕괴, 외부 이미지 악화 등 다양한 부작용을 유발할 수 있다. 그러므로 고용조정에 앞서 다음과 같은 대체 방안을 면밀히 검토하는 것이 바람직하다.

- **노동시간 단축**: 임시적인 근무시간 축소를 통해 일자리 수를 유지
- **신규채용 동결**: 자연 퇴사 인원을 충원하지 않음으로써 비용 절감
- **배치전환**: 유휴 인력을 필요한 부서로 재배치하여 해고 없이 인력 활용
- **직무재설계 및 공유제도(job sharing)**: 하나의 직무를 둘 이상의 인력이 분담
- **교육훈련 강화**: 재배치를 위한 역량 확보와 생산성 제고 목적

또한 고용조정의 불가피성을 설명하고 퇴직자에 대한 구직 알선, 전직 지원, 심리상담 프로그램 등을 병행하는 사회적 책임경영(Socially Responsible HRM)의 실행이 요구된다.

3) 정년퇴직 및 경력전환에 대한 대응

정년퇴직은 예측 가능한 이직 형태이지만, 고령화 사회와 생산가능인구 감소라는 시대적 흐름 속에서 더 이상 단순히 고용 종료의 개념으로만 다루어서는 안 된다. 정년퇴직자는 조직 내에서 오랜 기간 근무한 경력과 기술, 조직에 대한 이해도가 높은 인력으로서, 단절이 아닌 새로운 방식의 고용 연계 관리 전략이 필요하다. 기업은 정년퇴직에 앞서 사전 적응 프로그램(pre－retirement program)을 운영하여 퇴직 이후의 생활설계, 건강관리, 재무설계, 사회참여 방안 등에 대해 종업원이 충분히 준비할 수 있도록 지원할 수 있다. 또한 기존의 업무 경험을 살려 파트타임 직무, 컨설팅, 멘토링, 프로젝트 단위 재고용 등의 방식으로 고령 인력을 유연하게 활용하는 방안도 고려해볼 수 있다.

특히 최근에는 아웃플레이스먼트(outplacement) 프로그램을 통해 정년 퇴직자뿐만 아니라 희망퇴직자에게도 경력개발, 전직 지원, 창업 컨설팅, 재교육 등의 서비스를 제공함으로써 조직과 종업원이 모두 윈－윈(win－win)할 수 있는 구조를 만들어 나가는 것이 중요하다. 이는 기업의 사회적 책임 수행에도 부합하며, 조직 이미지 제고에도 긍정적 기여를 하게 된다.

4. 이직률의 관리와 활용방안

이직률(turnover rate)은 일정 기간 내 조직을 떠난 종업원의 수를 기준으로 전체 종업원 대비 비율을 산정한 수치로, 조직의 인사관리 상황을 보여주는 중요한 지표 중 하나이다. 이직률의 측정은 단순한 통계 수치를 넘어 조직문화, 근로환경, 경영성과, 인재유지 전략 등 인적자원관리의 전반적인 품질을 반영한다는 점에서 매우 중요하다.

1) 이직률의 산정 방법

이직률은 다음과 같은 수식을 통해 산정된다.

$$\text{이직률} = \left[\frac{\text{일정 기간 내 이직자 수}}{\text{평균 재직자 수}}\right] \times 100$$

여기서 "이직자 수"에는 자발적 이직(사직, 전직 등)과 비자발적 이직(해고, 정년 등)을 모두 포함할 수 있으며, 조직의 성격에 따라 자발적 이직률만을 별도로 관리하는 경우도 있다. 또한 산업별, 업종별 표준 이직률과 비교하여 자사의 경쟁력을 진단하는 자료로 활용된다.

2) 이직률의 관리 목적

① **조직의 인력안정성 확보**: 높은 이직률은 조직 내 불안정성을 의미하며, 이는 잦은 인력보충, 업무 공백, 팀워크 저하로 이어질 수 있다. 이를 사전에 파악하고 안정성을 유지하기 위한 조치가 필요하다.

② **채용 및 교육비용의 최소화**: 종업원의 잦은 이직은 신규 채용과 재교육에 많은 비용을 수반하게 된다.

③ **조직문화와 리더십 진단**: 이직률이 특정 부서나 직무군에서 집중될 경우, 조직 내 문제(리더십, 부적절한 업무분장, 보상체계 문제 등)를 시사할 수 있다.

④ **성과관리와의 연계**: 이직률과 조직성과 간 상관관계를 분석함으로써, 전략적 HRM의 관점에서 인적 자원의 운영 효율성을 극대화할 수 있다.

3) 이직률의 활용방안

- **조기경보 시스템(EWS) 구축**: 이직률의 변화 추세를 실시간으로 모니터링하고, 특정 지표가 일정 수치를 넘었을 경우 인사부서가 개입할 수 있도록 한다.
- **퇴직자 분석**: 퇴직 시점, 사유, 근속연수, 직무군별 퇴직률 등의 데이터를 분석하여 문제 요인을 식별하고 대응 전략을 수립한다.
- **이직예방을 위한 조직개선**: 높은 이직률을 유발하는 보상 불만, 근무환경

문제, 경력개발 기회의 부재 등을 파악해 조직 운영 전반의 개선으로 연결한다.

- **HRD 연계 강화**: 높은 이직률이 예상되는 직무나 부서에 대해 사전적으로 경력경로를 제시하고, 교육훈련 프로그램을 제공함으로써 이직 가능성을 줄인다.
- **성과관리 시스템과의 통합**: 이직률을 KPI의 일부로 반영하여 부서 또는 팀 단위의 조직성과 평가에 활용한다.

5. 이직관리와 조직성과와의 연계

이직관리는 단순한 사후적 인사행정이 아니라, 조직의 지속가능성과 경쟁력에 직접적인 영향을 미치는 전략적 인사관리 요소이다. 특히 최근의 조직은 '인재 유출'을 단순한 HR 이슈가 아닌 전사적 리스크 관리 차원에서 접근하고 있다.

1) 인적자본의 유실과 조직성과 저하

우수 인재의 이직은 단순한 인력손실이 아니라, 해당 인재가 보유한 암묵지, 관계자산, 문제해결력 등을 함께 잃게 되는 것이다. 이는 조직의 생산성 저하, 고객만족도 하락, 내부 혁신역량 저하 등 다양한 성과 측면에 부정적인 영향을 준다.

2) 이직 관리의 전략적 접근

이직관리는 조직성과를 향상시키기 위한 다음과 같은 전략적 요소들과 연계되어야 한다.

- **핵심인재 식별 및 유지전략**: 조직성과에 크게 기여하는 소수의 인재를 조기에 식별하고, 맞춤형 보상, 경력관리, 워라밸 지원, 성장기회 부여 등을 통해 유지하는 전략이 필요하다.
- **조직 몰입 향상**: 이직률은 종업원의 조직몰입 수준과 정비례하는 경우가

많다. 따라서 정서적 몰입, 가치적 공유, 구성원 간 신뢰 수준을 제고하는 리더십 전략과 조직문화 개선이 병행되어야 한다.

– **직무 만족도와 성과의 정합성 제고**: 구성원 개개인의 직무만족도가 유지될 수 있도록 정기적인 피드백, 업무 재설계, 성과 인정과 보상의 일치성 확보 등이 필요하다.

3) 이직관리의 통합성과지표(KPI) 연계

이직관리는 조직 성과지표 중에서도 인적자원 측정항목(HR Metrics)으로서 다음과 같이 활용될 수 있다.

– 평균 근속연수
– 신입사원 1년 내 이직률
– 직군별 이직률
– 핵심인력 이직률
– 퇴직자 대상 만족도 조사 결과
– 이직자 대비 신규 채용비용

이와 같은 지표들을 종합적으로 분석함으로써, 단순한 인사관리 차원을 넘어서 조직성과와의 정합성을 유지하고, 더 나아가 조직의 지속가능한 성장 전략의 일부로 기능하도록 해야 한다.

CHAPTER

08

근로조건과 고용환경 변화

section 01 근로조건의 의의

근로조건은 종종 근무조건이라는 용어와 혼용되어 사용되며, 이는 근로자가 고용계약 체결 시 고려하는 제반 조건들을 포괄하는 개념이다. 근로는 단순한 노동력의 제공이 아니라, 그 대가로 제공되는 다양한 보상 및 근무환경과 교환되는 상호 계약적 행위이다. 이러한 고용 관계는 일반적으로 근로자와 사용자가 체결하는 '근로계약' 혹은 '고용계약'의 형태로 형성된다. 고전적 시민법 체계에서는 이러한 계약이 양 당사자의 자유로운 의사에 기반한 합의에 의해 이루어진다고 보았으나, 현실적으로는 자본과 고용 권한을 가진 사용자 측의 교섭력 우위로 인해 근로자가 불리한 조건을 수용하게 되는 구조적 한계를 내포하고 있다.

이러한 불균형을 해소하고 근로자의 기본적 삶의 질을 보장하기 위해, 우리나라는 「근로기준법」을 중심으로 고용계약에 대한 공적 규제를 가하고 있다. 해당 법률은 "근로조건은 인간으로서의 존엄과 가치를 보장받으며 생활할 수 있는 수준이어야 한다"고 선언하고 있으며, 법에서 정한 최저기준에 미달하는 근로조건은 무효로 간주되며, 그 부분은 법정 기준에 따라 자동으로 대체된다. 이는 사용자가 일방적으로 근로조건을 설정하거나 강요하는 것을 방지하고, 근로자의 생존과 복지를 공적으로 보장하려는 국가의 개입을 정당화하는 기반이 된다. 또한, 4차 산업혁명, 디지털 전환, 팬데믹 이후의 일·가정 양립 인식 확대 등 노동환경이 급변하는 시대적 흐름 속에서 근로조건에 대한 정의와 기준 역시 새로운 해석과 확장이 요구되고 있다. 단순히 '근무시간'이나 '임금'의 수준을 넘어, 근로자가 안전하고 지속가능한 방식으로 삶과 일을 조화시킬 수 있도록 지원하는 포괄적 환경으로 재정의되고 있는 것이다. 이에 따라 근로조건은 다음과 같은 다섯 가지 주요 영역으로 구분하여 접근할 수 있다.

1. 근로의 양

근로의 양은 주로 '노동시간'과 관련되며, 이는 시업(始業)과 종업(終業)의 시간, 휴게시간, 주휴일, 연차휴가 등을 포함한다. 전통적으로는 일정한 근로시간하에서의 생산성과 효율성에 중점을 두었으나, 최근에는 주52시간제, 유연근무제, 재택근무제도 등 다양한 근로시간 유연화 정책이 도입되고 있으며, 이는 개인의 워라밸(Work-Life Balance)과 조직의 지속가능경영을 동시에 추구하는 전략적 근로조건으로 인식되고 있다. 특히 고성과 조직일수록 근로시간보다는 성과 중심의 자율적 근무체계를 도입하는 사례가 증가하고 있다.

2. 근로의 질

근로의 질은 단순히 직무의 유형만이 아니라 직무 수행의 난이도, 복잡성, 책임 수준 등 정성적 요소들을 포함한다. 이는 직무분석과 직무평가를 통해 정량화되며, 직무급제도나 역량기반 임금체계의 기반이 되기도 한다. 현대 인적자원관리에서는 '업무 몰입', '심리적 소진', '직무 스트레스' 등과 같은 정성지표를 함께 고려하며, 단순한 직무분장에서 벗어나 근로자의 직무경험을 향상시키는 '직무충실화(job enrichment)' 전략이 강조되고 있다. 특히 AI 및 자동화 확산에 따라 인간 중심의 창의적·복합적 직무 설계가 요구되고 있으며,

이는 근로의 질을 좌우하는 핵심 요소로 작용한다.

3. 근로제공에 대한 보수

임금은 근로자가 고용계약 체결 시 가장 우선적으로 고려하는 핵심 요소이다. 임금은 기본급뿐 아니라 성과급, 상여금, 각종 수당, 퇴직금, 복지포인트, 급식지원, 근무복 지급 등 다양한 형태로 구성된다. 최근에는 임금체계의 합리성과 공정성이 강조되면서 직무급, 성과급, 스톡옵션 등 다양한 성과기반 보상 제도가 확대되고 있으며, 동일가치노동 동일임금 원칙도 점차 법제화되고 있다. 또한, 고용안정성과 장기근속 유인을 위해 퇴직연금제도, 선택적 복지제도 등이 통합적으로 설계되는 추세다. 나아가 ESG 경영에 따라 기업의 임금정책이 사회적 책임성과도 연결되고 있다.

4. 근로의 유지·보전에 관한 시설

근로자가 건강하고 지속적으로 근로를 제공할 수 있도록 보장하는 직장 내외의 물리적·제도적 조건들을 포함한다. 작업장 안전, 산업보건, 위생, 소음 및 온도 관리, 근골격계 질환 예방 등과 같은 '작업환경'뿐 아니라, 사내 어린이집, 심리상담센터, 헬스케어 프로그램, 유연근무를 통한 육아·간병 지원 등 '복리후생제도'도 이에 속한다. 현대 기업들은 단순한 복지제도를 넘어, ESG 기반의 '건강경영(Health Management)' 또는 '행복경영'의 일환으로 근로자 삶의 질 향상과 조직 몰입도를 높이는 전략을 취하고 있다.

5. 직장의 질서규율에 관한 사항

기업의 조직문화와 인사관리 체계의 일환으로, 근로자가 직장 내에서 지켜야 할 규범과 행위 기준을 의미한다. 이는 인사규정, 취업규칙, 복무규정,

징계규정, 근태관리지침, 성희롱 예방 규정 등 다양한 형태로 구체화된다. 이러한 규율은 조직 내 질서 유지뿐 아니라 근로자의 권리 보호와 분쟁 예방의 기능을 한다. 특히 최근에는 조직 내 인권경영 강화, 괴롭힘 금지, 직장 내 감정노동자 보호법 등과 같이 '포용적이고 심리적으로 안전한 일터(Psychological Safety)' 조성을 위한 규범이 중시되고 있으며, 이는 단순한 규율 차원을 넘어 조직의 신뢰 기반 형성과 직결된다. 이처럼 근로조건은 단순히 물리적·재무적 요소에 국한되지 않으며, 근로자의 존엄성과 삶의 질을 실질적으로 보장하기 위한 다차원적 제도와 환경의 집합체이다. 따라서 경영자는 이러한 근로조건을 전략적으로 관리하고 개선함으로써 조직의 성과뿐 아니라 지속가능경영의 핵심 요소로 삼아야 한다.

section 02 취업규칙

1. 취업규칙의 의의

오늘날 기업은 다수의 근로자를 지속적으로 고용하고 이들을 조직 내 일정한 규범과 절차에 따라 효율적으로 배치하고 관리함으로써 경영의 목적을 실현한다. 이러한 조직 운영은 단순히 인력을 채용하는 것에 그치지 않고, 근로자 간의 질서를 유지하고, 조직 내 행위 기준을 명확히 하며, 인사 운영의 일관성과 공정성을 확보하는 과정을 수반한다. 이러한 복잡한 관리 요구를 충족하기 위해 기업은 직무와 부서의 기구 체계를 명확히 하고, 복무규율, 징계 및 포상제도, 근로조건 등 다양한 요소를 통일된 기준 아래 설정할 필요가 있다. 이러한 목적을 실현하는 대표적인 수단이 바로 취업규칙(rule of employment)이다.

취업규칙이란 기업이 사용자로서 일방적으로 제정하여 모든 근로자에게 공통적으로 적용하는 규범으로, 복무규율뿐만 아니라 임금, 근로시간, 휴가,

안전보건, 퇴직 등 근로조건 전반에 대한 내용을 포함한다. 이는 법률상 '규범적 효력'을 가지며, 근로계약에서 정한 사항이 이 규칙에 미달할 경우, 취업규칙이 우선 적용된다. 다시 말해, 취업규칙은 단순한 조직 내 내부지침이 아니라, 준법규적 성격을 가진 집단적 근로조건 규범으로 기능하며, 기업 내 근로자와 사용자의 권리·의무를 실질적으로 규율하는 법적 기준이 된다. 취업규칙이라는 용어는 표준화된 명칭이지만, 실무에서는 이를 '복무규정', '인사규정', '사내 규정집' 등 다양한 이름으로 부르기도 하며, 일부 기업에서는 임금규정, 안전보건규정, 복지규정 등으로 항목별 분화하여 별도 규칙으로 운영하기도 한다. 그러나 명칭에 관계없이 그 내용이 근로조건이나 복무규율을 포함한다면 모두 근로기준법상 '취업규칙'으로 간주된다.

우리나라 근로기준법은 상시 10인 이상의 근로자를 사용하는 사업장에 대해 취업규칙의 작성 및 고용노동부장관에 대한 신고를 의무화하고 있다. 이는 근로자의 권리를 보호하고, 근로계약을 넘어선 조직 차원의 근로환경을 표준화함으로써 공정한 노사관계를 유지하기 위한 제도적 장치이다. 이때 '사용자'란 실질적으로 취업규칙을 작성·운영할 권한과 책임을 지닌 대표자 또는 사업주를 의미한다. 취업규칙의 작성 기준은 사업장 단위를 기준으로 하며, 동일한 사업주가 복수의 사업장을 운영하더라도 근로자 수 기준(총 10인 이상)에 따라 통합 또는 분리 작성이 가능하다. 직무 성격에 따라 사무직과 생산직 등으로 구분하여 별도 규정을 둘 수도 있고, 본사와 지사, 국내외 사업장을 아우르는 단일 규칙으로 통합하는 경우도 있다. 이러한 취업규칙은 조직 내에서 다음과 같은 주요한 기능과 역할을 수행한다.

첫째, 취업규칙은 조직 내부의 질서유지 및 통제기능을 수행하며, 근로자가 지켜야 할 행동기준을 명확히 함으로써 조직의 일관성과 생산성을 유지한다. 취업규칙은 곧 근로계약의 일부로 간주되어, 근로자는 그에 따라 정해진 직무를 성실히 수행할 법적 의무를 가지며, 사용자는 해당 기준에 따라 관리와 감독을 수행하게 된다.

둘째, 취업규칙은 사용자에게 있어 인사관리 및 노무관리의 표준 지침서 역할을 한다. 예를 들어, 승진, 징계, 보상, 연차 처리 등 민감한 인사 이슈에 대해 명확한 기준을 제공함으로써 사용자로 하여금 자의적 판단이 아닌 객관적 절차와 규정에 기반한 운영을 가능하게 한다. 이는 결과적으로 근로자의 권리를 보호하고 기업 내 신뢰 기반의 조직문화를 조성하는 데 크게 기여한다.

셋째, 단체협약의 체결률이 낮은 중소기업에 있어서는 취업규칙이 실질적인 단체협약의 기능을 대체하게 된다. 노동조합이 없거나 교섭력이 낮은 사업장에서는 취업규칙이 근로기준법을 보완하여, 법에서 명시하지 않은 다양한 실무적 사항을 명문화하는 중요한 수단이 된다. 즉, 기업의 경영철학과 조직문화가 체계적으로 반영된 자율적 근로기준이 되는 것이다.

현대의 인사노무 환경은 유연근무제 도입, 재택근무, 디지털 기술의 활용, 인권·윤리·다양성 존중 등 새로운 흐름에 직면해 있다. 이에 따라 취업규칙 역시 정기적 개정과 업데이트가 요구되며, 단지 법적 의무를 넘어서서 기업의 전략적 인적자원관리 수단으로 활용되어야 한다. 조직 구성원의 다양성과 사회적 요구를 반영한 취업규칙은 단지 규율의 도구가 아니라, 조직문화의 지침서이자 인사제도의 헌법으로서 지속가능한 기업경영의 기반이 될 수 있다.

2. 취업규칙의 내용

취업규칙은 기업이 근로자와의 고용관계를 체계적으로 관리하기 위해 마련한 인사·노무 관리의 기본 문서로서, 근로자의 권리와 의무, 복무 규율, 보상 조건 등을 명시한다. 본래 취업규칙은 사용자의 인사관리 방침을 중심으로 제정되는 것이므로, 법령에서 정한 범위 내에서 자유롭게 구성할 수 있다. 다만, 근로기준법 제93조에서는 일정한 사항을 반드시 포함시켜야 하는 법정 기재사항을 규정하고 있으며, 이는 사용자 자의의 규칙 제정을 방지하고, 근로자의 권익을 보장하기 위한 최소한의 장치로 기능한다.

1) 취업규칙의 필수 기재사항

근로기준법에 따라 상시 10인 이상의 근로자를 사용하는 사용자는 다음의 사항을 포함한 취업규칙을 작성하고 고용노동부에 신고해야 하며, 이를 변경하는 경우에도 같은 절차를 거쳐야 한다.

(1) 근로시간 및 교대제 운영

업무의 시작과 종료 시각, 일일 근로시간, 휴게시간, 주간 근무일수, 휴일, 연차휴가, 공휴일 처리방식 및 교대근무의 체계(2교대/3교대 등)에 관한 내용을 명시한다. 이는 근로자의 근무 강도, 워라밸, 법정 근로시간 준수 여부와 직결된다.

(2) 임금의 결정 및 지급 방식

기본급, 고정수당, 연장 · 야간 · 휴일근로수당 등의 결정기준과 계산방법, 임금 산정기간, 지급시기(예: 매월 25일), 지급형태(현금/계좌이체), 성과급 또는 인센티브 기준, 승급 방식 등을 구체화한다.

(3) 가족수당의 지급 기준

배우자·자녀의 유무와 숫자에 따른 가족수당의 지급 대상, 지급액, 조건 등을 명시한다. 이는 복리후생과 인사비용에 영향을 미치며 조직의 가족친화적 문화와도 연계된다.

(4) 퇴직 및 퇴직금 관련 규정

자발적 퇴직, 정년퇴직, 징계해고 등 다양한 퇴직 유형에 따른 처리절차와 퇴직금 지급 기준(근속연수 기준, 중간정산 요건 등)을 명확히 한다.

(5) 근로자퇴직급여 보장법 관련 사항

퇴직급여제도의 유형(확정급여형, 확정기여형, 중도정산 등), 상여금 지급기준, 최저임금 보장 여부 및 관련 법령 준수 여부를 포함한다.

(6) 작업용품 및 식비 등의 근로자 부담 항목

작업복, 장비, 식비, 통근비 등의 기업 내 편의·안전 관련 항목에 대해 회사 제공 또는 근로자 부담 여부와 부담 기준을 구체화한다.

(7) 교육훈련 및 직업능력 개발 제도

사내·외 교육, 법정의무교육(산업안전보건, 성희롱 예방 등), 승진/보직 연계 교육 및 비용부담 주체에 대한 규정이 포함된다.

(8) 모성보호 및 일·가정 양립 제도

산전후휴가, 육아휴직, 배우자출산휴가, 육아기 근로시간 단축 등 가족 친화 제도를 반영하여 모성 보호와 일가정 양립을 실현할 수 있도록 지원한다.

(9) 산업안전 및 보건

산업재해 예방을 위한 안전관리방안, 보호구 지급기준, 위험물 취급 지침, 감정노동자 보호조치, 여성근로자 야간작업 제한 등 안전보건 법령 준수 사항을 포함한다.

(10) 업무상 및 업무 외 재해부조(災害扶助)

재해 시 회사의 보상 기준, 휴직 처리, 치료비 지원 및 복귀 프로그램 등 재해근로자 보호 및 재활 제도를 명시한다.

(11) 표창 및 징계 제도

우수근로자에 대한 표창 기준과 절차, 경고·감봉·정직·해고 등 징계 유형 및 그 사유와 절차를 명시하며, 징계 위법 방지를 위한 적법절차 준수 방안도 포함되어야 한다.

(12) 기타 사업장 전체 근로자에게 적용될 사항

복무규정, 문서관리 기준, 회사정보보안, 비밀유지, 성희롱 예방 등 실무상 빈번하게 발생하는 기타 규율사항을 포함한다.

2) 취업규칙 작성과 변경의 원칙과 절차

취업규칙은 원칙적으로 사용자가 작성하고 변경할 권한을 갖는다. 그러나 이는 일방적 권한 행사의 위험이 존재하므로 근로자의 권익 보호를 위해 일정한 절차가 법적으로 요구된다.

근로자의 의견청취 또는 동의 요건

사업장에 과반수 노동조합이 있는 경우, 해당 노동조합의 의견을, 노동조합이 없을 경우에는 근로자 과반수의 의견을 들어야 한다. 단, 근로자에게 불리하게 변경되는 경우에는 반드시 근로자 과반수의 서면 동의가 있어야 한다.

고용노동부 신고 의무

작성 또는 변경된 취업규칙은 고용노동부장관에게 서면 의견서와 함께 신고해야 하며, 법령이나 단체협약 위반 시 시정명령이 내려질 수 있다.

징계 관련 제한 규정

감봉은 1회 평균임금 ½, 총 감액은 해당 임금지급기의 1/10을 초과할 수 없다. 이는 과도한 경제적 불이익을 방지하기 위한 보호장치이다.

효력 발생 요건

취업규칙은 사업장 내에 게시 또는 비치하여 근로자가 열람 가능한 상태가 되었을 때 효력이 발생한다. 불이익변경의 경우에는 주지와 별도로 집단적 동의가 있어야 효력이 생긴다.

3) 법령 및 단체협약과의 관계

취업규칙은 근로기준법을 포함한 법령 또는 해당 사업장에 적용되는 단체협약과 상충될 수 없으며, 그 중 어느 기준이 더 유리한지를 기준으로 적용된다. 법령에 반하거나 단체협약을 위배하는 취업규칙은 효력이 없으며, 고용노동부장관은 시정 및 변경 명령을 통해 이를 바로잡을 수 있다. 또한, 취업규칙보다 낮은 수준의 근로조건이 포함된 근로계약은 그 부분에 한하여 무효로 간주되며, 이 경우 취업규칙상의 기준이 자동 적용된다. 이는 사용자로부터 발생할 수 있는 권리 침해를 예방하는 법적 안전장치이다.

이처럼 취업규칙은 기업의 인사제도를 법적으로 구속력 있게 운영하기 위한 핵심 규범이며, 근로자의 권리를 제도적으로 보호하는 도구로서 중요한 역할을 한다. 사용자는 이를 단지 법적 의무사항으로 인식하는 것이 아니라, 노사 간 신뢰 형성 및 조직문화 정립의 기반으로 삼고, 시대 흐름과 조직 변화에 맞춰 정기적으로 점검·개정해야 할 필요가 있다.

[별지 1]

무기계약근로자용 표준근로계약서

○○주식회사(이하 "갑"이라 함)과 ○○○(이하 "을"이라 함)은 다음과 같이 근로계약을 체결하고 이를 성실히 이행할 것을 약정한다.

1. 근로계약기간 : 　년 　월 　일부터 기한의 정함이 없는 근로계약을 체결한 것으로 한다.

2. 근무장소 및 업무내용
   - 근무장소(부서) :
   - 업무 내용 :
   - 갑은 필요하다고 인정할 경우에는 을의 의견을 들어 근무장소 또는 업무를 변경할 수 있다.
3. 근로시간 및 휴게
   - 근로시간 : 09시 00분부터 18시 00분까지
     (휴게시간 : 12시 00분부터 13시 00분까지)
   - 갑은 필요한 경우에는 을과 합의하여 1주 12시간을 한도로 근로시간을 연장할 수 있다.
4. 근로일 및 휴일
   - 근로일: 매주 월요일부터 금요일까지로 한다. 다만 토요일(무급 휴무일)과 휴일은 근로일에서 제외한다.
   - 휴일: 주휴일은 매주 (일)요일로 하고, 「근로자의 날 제정에 관한 법률」에 따른 근로자의 날(5월 1일)은 유급휴일로 한다.
5. 휴가
   - 연차 유급휴가 및 생리휴가는 「근로기준법」에서 정하는 바에 따른다.
6. 임금
   - 임금은 기본급, 법정수당(연장근로수당, 야간근로수당, 휴일근로수당 등) 등으로 구성하며, 그 구체적인 내역은 취업규칙에 따른다.
   - 임금은 매월 00일(초일부터 말일까지 산정) 을에게 직접 지급(현금 또는 을 명의의 예금계좌) 한다.
7. 이 계약서에서 정하지 아니한 사항은 「근로기준법」 등 노동관계법령, 취업규칙에서 정하는 바에 따른다.

200 . . .

(갑) 주 소 : (전화:)
회사명:
대표자: (서명 또는 인)
(을) 주 소: (전화:)
주민등록번호:
성 명: (서명 또는 인)

section 03 근로시간의 관리

1. 근로시간의 의의

근로시간이란 근로자가 사용자와 체결한 근로계약에 따라 노동력을 제공하는 시간 중, 사용자의 지휘·감독 아래에서 이루어지는 모든 시간을 의미한다. 이는 단순히 노동의 물리적 행위가 이루어지는 시간만을 가리키는 것이 아니라, 근로자가 사용자로부터 실질적 지휘와 명령을 받으며 종속적으로 처분되는 시간 전반을 포괄하는 개념이다.

즉, 근로시간이란 근로자가 직·간접적으로 사용자의 통제를 받으며 노동력을 제공할 준비를 하거나 대기하는 시간, 교육을 받는 시간, 실제로 업무를 수행하는 시간 등 사용자의 통제 범위 내에 있는 '모든 시간'을 포함한다. 이는 현대적 노동법 이론에서의 '노동력 제공의 종속성'이라는 기준을 근거로 하며, 단지 육체적인 작업만이 아니라 근로자가 자율적이지 못한 상태에서 업무에 배정된 시간 전체가 근로시간으로 간주된다.

1) 근로시간과 휴식

(1) 실제 근로에 부수된 작업 및 활동

현대 산업현장에서 근로자들은 주어진 업무 외에도 사전 준비나 사후 정리에 상당한 시간을 투입하는 경우가 많다. 이러한 부수작업이 사용자의 지시에 따라 이루어지고, 단체협약이나 취업규칙 등에서 의무화되어 있다면, 그 시간은 근로시간으로 간주된다. 예를 들어 제조업 현장에서 기계 점검, 청소, 보호장비 착용 등의 사전 작업은 사용자의 직접 명령 없이도 업무 수행에 필수적인 절차로 간주되며, 해당 시간도 당연히 근로시간으로 인정된다.

(2) 대기시간

근로자가 작업 시간 중에 실제로 업무를 수행하지 않더라도, 사업장의 통제 하에서 대기하거나 긴급 호출에 대비하는 시간이라면 이는 근로시간에 해당한다. 예를 들어 보건의료기관에서 당직 근무 중 대기하는 의사나, 차량 운전 대기 중인 택시기사의 대기시간 등이 이에 해당한다. 대기시간이 자유롭게 활용될 수 없는 구조라면 이는 휴게시간이 아닌 실질적인 노동시간으로 평가된다. 법원은 이러한 대기시간을 '사용자의 지휘·감독 아래 놓인 시간'으로 해석하고 있으며, 실무에서는 반드시 임금 산정에 포함시켜야 한다.

(3) 교육시간

교육이나 훈련이 근로자의 자유로운 선택이 아닌, 사용자의 지시에 따라 강제되거나 사실상 거부할 수 없는 경우, 이 시간은 근로시간으로 간주된다. 특히 직무수행을 위한 필수적 교육이나 신입사원 오리엔테이션, 안전보건교육 등은 소정근로시간 외라도 근로시간으로 평가된다. 반면, 개인적인 사유(예: 운전면허 취득, 자격증 준비 등)에 의해 자발적으로 참여한 교육은 근로시간으로 인정되지 않는다. 근로자에게 사실상 강제된 교육 여부는 교육의 목적, 장소, 시간, 강제성, 결석에 따른 불이익 여부 등을 종합적으로 고려하여 판단해야 한다.

2) 법정기준 근로시간

근로기준법은 국가가 보장하는 최저 근로조건으로서의 기준 근로시간을 명시하고 있다. 제50조에 따르면, 근로시간은 1일 8시간, 1주 40시간을 초과할 수 없으며, 이는 사용자가 일방적으로 변경하거나 초과시키는 것을 제한하기 위한 강행규정이다. '1일'은 원칙적으로 자정(0시)부터 당일 24시까지를 의미하며, '1주'는 특정 요일을 기준으로 하지 않고, 어느 날을 기준으로 하든 연속된 7일을 뜻한다. 따라서 근로기준법에서 정한 '1주 40시간'은 매주 월요일에서 일요일까지로 한정되지 않으며, 노사 간 합의 또는 취업규칙에 따라 유연하게 해석될 수 있다.

개정근로기준법이 유예되는 일부 중소기업 또는 특수 업종의 경우에는 한시적으로 1주 44시간까지 허용되며, 이는 법적 근거에 따른 예외적 조치이다. 또한 주 5일제를 시행하고 있는 사업장에서는 법률상 1일의 유급휴일(통상 일요일)을 제외한 나머지 1일(통상 토요일)은 무급휴무일로 해석되며, 이는 명시적 노사합의가 없는 한 자동으로 유급휴일이 되지 않는다. 한편, 연소 근로자(만 15세 이상 18세 미만)의 경우에는 특별한 보호가 필요하므로, 근로시간이 1일 7시간, 1주 40시간을 초과할 수 없다(제69조). 또한 산업안전보건법은 잠함, 잠수 등 고기압 환경에서의 유해·위험작업에 종사하는 근로자의 경우 1일 6시간, 1주 34시간을 초과하는 근로를 금지하고 있다. 소정근로시간이 법정기준을 초과하도록 설정된 경우, 초과된 부분은 법적으로 무효이며, 이 초과 시간에 대하여는 연장근로로 간주하여 통상임금의 50% 이상의 할증임금을 지급해야 한다.

3) 연장근로

연장근로란 「근로기준법」 제50조 및 제67조에서 규정된 기준 근로시간을 초과하는 근로를 의미하며, 일반적으로 '시간외근로'라고 표현되기도 한다. 법은 사용자가 연장근로를 지시할 수 있는 범위와 그에 대한 보상 체계를 명확히 규정하고 있다.

① 근로기준법상 연장근로는 1주 12시간 이내로 제한되며(제53조), 이는 근로자의 과로를 방지하고 건강권을 보장하기 위한 핵심 제도이다.

② 개정법에 따라 한시적으로 주 16시간까지 연장근로가 허용되는 사업장도 있으며, 이 경우 최초 4시간은 통상임금의 25%를 가산하고, 이후에는 기존처럼 50% 이상의 할증률이 적용된다.

③ 연장근로는 원칙적으로 사용자와 근로자 간의 사전 서면 합의가 필요하며, 합의 없는 연장근로는 불법이다. 사용자는 보상으로 금전

외에도 보상휴가제(제57조)를 도입하여 임금을 대신할 수 있다.

④ 연소근로자는 1일 1시간, 1주 6시간 이내에서만 연장근로가 허용되며, 산후 1년 이내의 여성근로자의 경우에도 연장근로는 1일 2시간, 1주 6시간, 연간 150시간 이내로 제한된다(제71조).

⑤ 인가연장근로란 자연재해, 급격한 주문 증가 등 특별한 사정이 발생한 경우, 고용노동부장관의 인가와 근로자의 동의를 얻어 1주 12시간을 초과한 연장근로를 허용하는 제도이다(제53조 제3항). 인가 신청은 사전에 이루어져야 하지만, 긴급한 경우에는 사후 승인도 가능하다. 이 경우 고용노동부장관은 해당 시간에 대해 별도의 휴게 또는 대체 휴일을 부여하도록 명할 수 있다(제53조 제4항).

⑥ 법내 연장근로는 소정근로시간이 법정기준(1일 8시간, 1주 40시간)보다 짧게 정해진 경우, 법정 범위 내에서 초과하여 근무하는 것을 말하며, 이 경우에는 가산임금 지급 의무가 없다.

4) 야간 · 휴일근로

① 야간근로란 오후 10시부터 익일 오전 6시 사이의 근로를 의미하며, 이 역시 통상임금의 50% 이상의 할증임금을 지급해야 한다. 이는 생체리듬 교란, 수면 부족, 안전사고 위험 등의 문제를 반영한 보호조치이다.

② 휴일근로란 주휴일 또는 취업규칙상 지정된 휴일에 근로하는 것을 의미하며, 야간근로와 동일하게 법정 가산임금 지급 대상이다. 특히 휴일에 연장근로가 중복될 경우, 이중 가산(100% 이상)이 적용된다.

③ 18세 미만의 연소근로자 및 임산부는 원칙적으로 야간 및 휴일근로가 금지되며, 다만 동의나 청구가 있는 경우에는 예외적으로 허용된다. 일반 여성 근로자는 본인의 서면 동의만 있으면 가능하다.

④ 사용자는 야간 및 휴일근로에 대해서도 보상휴가를 제공할 수 있으며, 이는 임금 지급에 갈음하는 유연한 보상 방식으로써 고용환경 변화에

따라 점차 확대 적용되고 있다.

2. 근로시간관리의 역사

근로시간에 대한 제도적 관리와 법적 규제는 산업혁명 이후 본격화된 노동운동과 노동자 보호의 필요성에서 출발하였다. 근로시간의 단축은 단순히 노동자의 복지 증진 차원을 넘어, 산업사회 전반의 구조 변화와 생산성 향상, 기술혁신의 흐름 속에서 경제·사회적으로도 지속적인 진화를 거듭해 왔다.

1) 19세기: 근로시간 규제의 태동

19세기 초 영국은 세계 최초로 산업혁명을 경험한 국가로, 공장법(Factories Act)의 제정을 통해 아동과 여성의 근로시간 제한에 관한 초기 법제를 도입하였다. 특히 1833년 공장법은 아동노동의 시간을 규제한 최초의 법률로 간주된다. 이후 점차 성인 노동자에게까지 근로시간을 제한하는 방향으로 확대되었으며, 1847년에는 10시간 노동법(Ten Hours Act)이 제정되어 10시간 노동이 공식화되었다. 이는 단순한 제도화가 아니라, 노동자들의 집단적 요구와 사회적 관심이 제도화된 것으로서, 근로시간 규제의 시작점이자 노동법의 근간이 마련된 역사적 전환점이었다.

2) 20세기 초: 국제적 기준의 등장과 ILO 창설

제1차 세계대전 이후, 각국은 노동자에 대한 인간적 존중의 원칙을 반영하여 근로조건 개선에 나서기 시작했다. 이러한 흐름 속에서 국제노동기구(International Labour Organization: ILO)가 1919년에 창설되었고, 같은 해 11월 제1회 국제노동회의에서는 "1일 8시간, 주 48시간제"를 규범화한 공업에 있어서의 근로시간에 관한 협약(Convention No.1)이 채택되었다. 이 협약은 근로시간의 상한을 최초로 국제적 차원에서 규정한 것이며, 이후 각국의 노동법제도 정비에 막대한 영향을 미쳤다. 이는 단지 권고 수준에 그치지 않고, ILO 회원국들이 이를 비준·실행하도록 유도하여 "근로시간 단축은 인류

공통의 과제"라는 인식을 확산시킨 역사적 사건이었다. 특히 이 협약은 8시간 노동제 실현을 강력히 요구하는 세계 각국의 노동운동에 정당성을 부여하며, 전 지구적 노동조건 개선의 시발점으로 기능하였다.

3) 소련의 7시간제 도입과 자본주의권에의 자극

1928년, 당시 사회주의 국가였던 소련은 1일 7시간 근로제도를 실험적으로 도입하며, 노동조건의 진보를 통한 체제 우월성을 과시하고자 했다. 이는 자본주의 국가들에게도 일정한 자극을 주었으며, 특히 서유럽 국가들을 중심으로 근로시간 단축에 대한 사회적 요구가 확산되는 계기가 되었다. 자본주의 진영 역시 체제경쟁 속에서 노동자들의 삶의 질 개선에 대한 제도적 응답을 모색하기 시작한 것이다.

4) 1935년 ILO의 40시간 노동조약과 제2차 세계대전 이후의 변화

1935년 ILO는 「주 40시간 노동에 관한 협약(Convention No.47)」을 채택함으로써, 다시 한 번 국제사회에 근로시간 단축의 방향성을 명확히 제시하였다. 이 조약은 산업사회의 구조적 변화, 특히 기계화와 대량생산 체계의 정착 속에서 "더 적은 시간의 노동으로 동일한 생산성을 유지할 수 있다"는 인식을 반영한 것이다. 제2차 세계대전 이후에는 세계 각국이 전후 복구와 경제 재건을 추진하는 가운데, 노동자의 권익 보호와 생활 안정을 위한 다양한 사회복지 제도가 확대되었으며, 그 일환으로 근로시간 단축이 여러 나라에서 가시적으로 추진되었다. 동시에 개발도상국들에서도 노동보호 입법의 도입이 확산되며, 노동기본권의 글로벌 확산이라는 흐름이 강화되었다.

5) 1950~60년대: 기술혁신과 오토메이션의 확산, 근로시간 단축의 촉진

1950년대 후반부터는 오토메이션(Automation)을 중심으로 한 기술혁신의 가속화, 그리고 미국식 과학적 인사관리 기법의 도입이 전 세계 산업현장에 영향을 미치기 시작했다. 생산성과 효율성이 향상됨에 따라 노동력 절약이 가능해졌고, 대량 해고 문제와 함께 근로시간을 줄여 일자리를 나누자는 사회적 요구가 확산되었다. 이러한 배경하에서 ILO는 1962년 제116호 권고안을 채택하여, 근로시간의 단계적 단축과 노동자의 여가권 보장을 각국에 권고하였다. 이 권고는 근로시간 단축이 단지 노동자의 복지 향상을 위한 조치가 아니라, 고용창출과 사회안정의 수단이 될 수 있음을 분명히 하였다.

6) 1960년대 이후: 주 40시간제와 주 5일제의 일반화

영국을 포함한 서유럽 국가들에서는 1960년을 전후로 근로시간 단축이 빠르게 추진되었으며, 특히 1967년 무렵에는 산업의 절반 이상에서 주 40시간제가 법제화되었다. 동시에 주휴 2일제(토·일 주휴제도)가 민간 기업에서 확산되기 시작하면서, 근로시간과 여가의 균형이 근로자의 삶의 질을 판단하는 중요한 척도로 부상하게 되었다. 이러한 변화는 노동시간 단축이 단지 사회운동의 결과가 아니라, 산업 구조와 노동시장 재편이라는 경제적 기반 위에서 실현된 구조적 변화임을 보여주는 것이다.

시사점

근로시간 관리의 역사는 단순한 제도의 변천사를 넘어, 인간 중심의 노동관 확산, 기술혁신과 사회정책의 상호작용, 국제노동기준의 제정과 국가정책의 연계성이라는 측면에서 다면적인 의미를 지닌다. 오늘날 주 4일제나 탄력적 근로시간제, 재택근무의 제도화 등 새로운 노동시간 논의 또한 이와 같은 역사적 맥락 위에서 이해되어야 할 것이다.

3. 변형근로시간의 형태

현대 산업사회의 급격한 변화는 근로시간 제도의 유연화를 필연적으로 요구하게 되었다. 특히 정보통신기술의 발전과 컴퓨터의 보급, 인터넷과 모바일 기기의 확산은 일의 장소와 시간을 고정된 틀에서 벗어나게 만들었으며, 이에 따라 기존의 정형화된 고정 근로시간제는 다양한 산업과 직무의 특성을 충분히 수용하기 어렵게 되었다. 이러한 현실 속에서 도입된 것이 바로 '변형근로시간제'이다.

변형근로시간제는 일정한 법적 조건과 노사 간 합의를 전제로 하여 근로시간을 일정 기간 동안 탄력적으로 조정하거나 간주하여 운영할 수 있도록 허용하는 제도이다. 이는 기업에게는 인력 활용의 효율성을, 근로자에게는 일과 삶의 균형을 동시에 추구할 수 있는 제도로 기능한다. 대표적인 제도로는 탄력적 근로시간제, 선택적 근로시간제, 간주근로시간제가 있다.

1) 탄력적 근로시간제

탄력적 근로시간제는 일정 단위기간 내에 주당 평균 근로시간이 법정 기준인 40시간을 초과하지 않는 범위 내에서, 특정 일 또는 특정 주에 8시간 또는 40시간을 초과하는 근로를 허용하는 제도이다. 이 경우 초과된 근로시간은 연장근로로 보지 않으며, 가산수당 지급 의무도 발생하지 않는다. 탄력적 근로시간제는 다음과 같이 구분된다. 먼저, 2주 이내 단위기간의 경우, 평균 주 근로시간이 40시간을 넘지 않는 조건에서 특정 주에 48시간까지, 특정일에는 8시간을 넘겨 근무할 수 있다. 이 경우 사용자는 단체협약 또는 취업규칙 등을 통해 탄력적 운영이 가능하며, 근로자 대표와의 별도 서면 합의는 필요하지 않다.

반면, 3개월 이내 단위기간의 탄력적 근로시간제는 사용자와 근로자 대표 간의 서면합의를 전제로 하며, 다음 사항을 반드시 포함해야 한다. 즉, 적용 대상 근로자의 범위, 단위기간의 시작일과 종료일, 근로일과 근로일별 근로시간, 서면합의의 유효기간 등이 명확히 규정되어야 하며, 특정 주의 근로시간은 52시간, 특정일의 근로시간은 12시간을 초과할 수 없다. 이러한 제도는 특히 제조업이나 건설업과 같이 생산량·계절 수요의 변동이 큰 산업 분야에서 근로시간을 집중 또는 분산 배치하는 데 유용하게 활용된다. 다만, 노동자의 건강권 보호와 장시간 노동으로 인한 과로 방지를 위해 주 단위 최대 근로시간과 일 단위 한계를 법적으로 설정하고 있으며, 이는 제도의 남용을 방지하기 위한 최소한의 안전장치로 기능한다. 한편, 개정법의 적용이 유예된 중소기업 등은 다소 완화된 기준을 적용받는다. 예컨대, 2주 단위 탄력적 근로시간제의 경우 주 44시간까지 허용되며, 3개월 단위는 1개월 단위로 단축되고 특정 주 근로시간은 56시간까지 허용된다.

2) 선택적 근로시간제

선택적 근로시간제는 일정한 정산기간 내에 근로자가 자율적으로 일일 근로시간의 시작과 종료 시각을 결정하는 제도이다. 이 제도는 일정 기간 내 총 근로시간만 정해져 있을 뿐, 개별 근무일의 근로시간은 근로자의 자율적 결정에 따라 운용되는 것이 특징이다. 따라서 일별로 근로시간이 유동적으로 변동될 수 있으며, 개인의 근무 스타일과 생활 패턴에 맞는 고도의 시간 자율성이 보장된다. 예컨대 연구개발, 디자인, IT 프로그래밍, 콘텐츠 기획 등의 직무처럼, 성과 중심으로 평가되며 근무시간의 유연성이 중요한 업무에 적합하다. 선택적 근로시간제를 도입하기 위해서는 사용자와 근로자대표 간에 정산기간(1개월 이내), 총 근로시간, 의무근로시간대 및 자율근로시간대의 설정, 표준근로시간 등에 대한 서면합의가 선행되어야 한다. 이 합의에 따라 정산기간 내 근로시간의 총량이 1주 평균 40시간을 초과하지 않는다면, 특정일에 10시간, 특정 주에 48시간을 일하더라도 법 위반이 아니다.

이 제도는 근로자의 자율성과 책임을 전제로 하지만, 동시에 업무성과에 대한 명확한 평가기준 및 근태관리 체계의 구축이 반드시 수반되어야 한다. 그렇지 않을 경우, 근로시간 초과 여부 판단이 어려워지고, 초과노동에 대한 임금 분쟁으로 이어질 수 있기 때문이다. 개정법 유예 대상 사업장은 선택적 근로시간제를 주 44시간 한도 내에서 정산할 수 있도록 되어 있으며, 유예 기간 내에는 상대적으로 완화된 기준으로 제도를 운영할 수 있다.

3) 간주근로시간제

간주근로시간제는 근로시간의 실제 측정이 곤란한 경우, 일정한 기준에 따라 일정 시간을 근로한 것으로 간주하는 제도이다. 대표적인 예로 출장, 외근, 재량업무 등 사용자의 직접적인 지휘·감독을 받지 않는 업무환경에서 적용된다. 간주근로시간제는 다시 두 가지 유형으로 나뉜다.

첫째, 사업장 밖 간주근로시간제는 근로자가 외근이나 출장 등으로 인해 근로시간 산정이 어려운 경우, 소정근로시간(예: 1일 8시간)을 근로한 것으로 간주하는 방식이다. 다만, 해당 업무의 성질상 통상적으로 소정시간을 초과하는 것이 일반적이라면, 그 업무에 통상 소요되는 시간을 기준으로 간주하게 된다.

둘째, 재량근로시간제는 업무수행 방식 및 시간배분이 근로자의 재량에 따라 결정되는 경우에 적용된다. 연구개발, 신상품 기획, 디자인 설계 등 고도의 전문성과 창의성이 요구되는 직무에 해당하며, 이 경우 사용자는 근로자대표와의 서면합의를 통해 일정한 근로시간을 일률적으로 간주하여 적용할 수 있다.

이러한 간주근로시간제는 일정한 유연성을 확보함으로써 근로자에게는 자율성과 책임감을 부여하고, 사용자에게는 근태 관리의 효율성을 높일 수 있는 제도적 장치로 기능한다. 다만, 실제로 근로자가 간주시간 이상으로 과도하게 일했음에도 불구하고 적정한 보상을 받지 못하는 경우가 발생할 수 있으므로, 제도의 설계 및 운영에 있어 투명성과 실효성 확보가 매우 중요하다. 한편, 간주근로시간제의 적용 여부와 범위는 근로자대표와의 서면합의를 필수 요건으로 하며, 이에 포함된 시간은 통상의 근로시간과 동일하게 연장근로, 야간근로, 휴일근로에 대한 법적 규정이 동일하게 적용된다.

시사점

변형근로시간제는 전통적인 근로시간제도의 한계를 보완하고, 다양한 산업과 직무에 대응할 수 있는 유연하고 탄력적인 인적자원관리 수단이다. 특히 오늘날과 같은 디지털 기반의 업무환경, 비정형적 고용구조, 원격근무·하이브리드 근무 확산 속에서 그 실효성이 더욱 높아지고 있다. 하지만 이러한 제도의 활용은 근로자 권익 침해 또는 임금 회피 수단으로 전락할 가능성도 내포하고 있으므로, 법적 요건의 철저한 준수와 노사 간의 투명한 협의, 그리고 정기적인 제도 운영 점검이 병행되어야 한다.

궁극적으로 변형근로시간제는 단순한 제도가 아니라, 노동의 질, 기업의 유연성, 근로자의 삶의 질을 조화롭게 실현하기 위한 미래형 근로시간 설계 모델로 인식되어야 한다.

section 04 휴게·휴일·휴가

1. 휴게

근로계약의 이행 과정에서 근로자는 신체적 에너지의 소모와 정신적 긴장에 지속적으로 노출되며, 일정 시간 이상 연속하여 노동을 수행할 경우 신체적 피로와 정신적 탈진이 누적된다. 이러한 상태는 작업의 효율성과 집중도를 저하시킬 뿐 아니라, 재해 발생의 위험을 증가시키는 주요 원인이 되기도 한다. 따라서 휴게는 단순한 권리 이상의 개념으로, 인간의 생리적·심리적 특성을 고려한 법적 보호 장치이자, 노동생산성과 직결된 핵심 제도로 이해되어야 한다.

1) 휴게의 개념과 기능

휴게란 근로자가 일정 시간 노동을 제공한 뒤 일정 시간 동안 노동 제공 의무에서 벗어나 육체적·정신적 재충전을 할 수 있도록 보장된 시간을 의미한다. 이는 단순히 쉬는 시간을 넘어, 근로자의 건강권 보호, 작업 능률 유지, 직무스트레스 감소, 산업재해 예방 등 다양한 목적을 내포하고 있다. 이러한 관점에서 휴게는 단지 개인의 권리가 아니라, 사용자의 법적·윤리적 책임이 수반되는 제도로 간주된다. 근로자가 일정 시간 이상 작업을 수행할 경우, 사용자는 근로자에게 적절한 시간 동안 노동에서 벗어날 기회를 제공해야 하며, 이는 단체협약이나 취업규칙, 근로계약 등에 명시되어 있지 않더라도 「근로기준법」에 따라 보장받는 기본권이다.

2) 휴게시간의 법적 기준

「근로기준법」 제54조는 휴게시간의 최소 기준을 명시하고 있다. 이에 따르면 근로시간이 4시간을 초과할 경우 30분 이상, 8시간을 초과할 경우에는 1시간 이상의 휴게시간을 근로시간 도중에 반드시 부여해야 한다. 중요한 점은 이 시간은 근로시간 도중에 부여되어야 하며, 근로가 끝난 이후에 일괄적으로 지급하거나 임의의 시간에 부여하는 방식은 위법 소지가 있다는 점이다. 또한, 이 휴게시간은 근로자가 자유롭게 활용할 수 있는 시간이어야 한다. 즉, 휴게시간 동안에는 근로자가 작업장에서 벗어나거나, 통신 수단에서 자유롭게 분리될 수 있어야 하며, 사용자의 지시나 통제에서 벗어나 있어야 한다. 만약 사용자가 휴게시간 중에도 작업장의 이탈을 제한하거나, 호출 대기를 요구하거나, 사무실 내에서 대기하도록 하는 등의 간섭이 있는 경우, 그 시간은 사실상 사용자의 지휘·감독하에 놓인 시간으로서 실질적인 근로시간으로 평가될 수 있다.

3) 휴게시간과 대기시간의 구별

종종 현장에서는 '휴게시간'과 '대기시간'을 혼동하는 경우가 많다. 그러나 법적 해석상 이 둘은 명확히 구별된다. 휴게시간은 사용자의 지휘·감독이 완전히 배제된 상태에서 근로자가 자신의 판단과 선택에 따라 사용할 수 있는 자유로운 시간이므로, 법적으로는 근로시간에서 제외되며, 이에 대한 임금 지급

의무도 없다. 반면, 대기시간은 근로자가 작업의 연속성이나 긴급 상황에 대비하여 일정한 장소에서 대기하거나 호출에 즉시 응해야 하는 상태에 있는 경우를 의미한다. 이 경우 근로자는 실질적으로 사용자의 지휘·감독 아래 놓여 있다고 볼 수 있으며, 이 시간은 근로시간에 포함되며 통상임금 지급 대상이 된다. 예를 들어, 운전기사가 차량 점검 후 대기실에서 대기하고 있으나, 언제든 호출에 따라 즉시 운행을 시작해야 하는 상황이라면 해당 대기시간은 실질적인 근로시간으로 간주된다. 반대로, 식사나 외출이 자유롭게 허용되고 업무 지시나 호출이 없는 상태라면 이는 진정한 의미의 휴게시간으로 평가된다.

4) 휴게시간의 활용과 임금 관계

휴게시간은 법적으로 근로시간에서 제외되며, 이에 따라 임금 지급의무 또한 발생하지 않는다. 예컨대, 9시부터 18시까지 8시간 근로계약을 맺은 근로자가 그 중 1시간을 점심시간으로 부여받았다면, 실근로시간은 7시간이며, 임금도 이에 따라 계산된다. 다만, 일부 사업장에서는 편의상 휴게시간에도 임금을 지급하는 경우가 있으며, 이는 노사 합의나 취업규칙에 의해 자율적으로 운영될 수 있다. 그러나 법적으로는 해당 시간에 대해 임금 지급 의무는 없으므로, 사용자가 일방적으로 이를 삭감하더라도 법 위반은 아니다. 또한, 휴게시간을 식사시간으로 사용하는 것은 법적으로 전혀 문제가 되지 않으며, 식사를 포함하여 독서, 휴식, 개인 용무 등 근로자가 자유롭게 활용할 수 있다. 핵심은 해당 시간이 업무와 분리된 자유로운 시간으로 보장되는가의 여부이다.

결론적으로 휴게는 단순히 업무 중 '잠깐 쉬는 시간'이 아니라, 근로자의 생명권과 건강권, 그리고 작업의 안전성을 확보하기 위한 중요한 제도적 장치이다. 산업현장에서 휴게시간이 제대로 보장되지 않을 경우, 이는 단순한 불편을 넘어서 중대한 인권 침해로 연결될 수 있으며, 결과적으로 기업의 법적 책임 및 사회적 평판에까지 영향을 미치게 된다. 따라서 인사관리자와 사용자는 휴게시간의 개념과 법적 기준을 명확히 이해하고, 이를 현장에 충실히 반영하는 것이 필수적이며, 특히 교대제 운영, 서비스업 근무, 외근 중심 직무 등 휴게시간의 부여가 복잡한 직종에 대해서는 별도의 휴게규정 마련과 운영 점검이 필요하다.

2. 휴일

휴일은 계속적인 근로관계 하에서 법령, 단체협약, 취업규칙 또는 근로계약에서 정하는 바에 따라 근로자가 근로를 제공할 의무를 부담하지 않는 날을 말한다. 즉, 휴일은 법적으로 또는 약정에 의해 처음부터 근로의무 자체가 발생하지 않는 날이라는 점에서, 사용자의 지휘·감독으로부터 완전히 이탈되는 시간이라는 특징을 가진다. 이러한 점에서 휴일은 본래의 근무일이 아님에도 불구하고 근로가 면제되는 '휴가'와는 구별되며, 일정한 사정에 따라 작업이 일시 중단되는 '휴업일'과도 그 법적 성격이 다르다.

1) 휴일과 휴가의 구별

휴일과 휴가는 모두 근로자가 업무에서 벗어날 수 있도록 보장된 제도이나, 그 법적 성질은 명확히 구분된다. 휴가는 본래 근무일임에도 불구하고 근로자가 근로를 제공하지 않아도 되는 날인 반면, 휴일은 애초에 근로의무가 발생하지 않는 날이다. 따라서 휴가 중인 근로자에게는 휴가일이라 하더라도 사용자의 일정한 권한이 존재할 수 있으나, 휴일에는 사용자로부터의 지휘·감독이 원천적으로 배제된다. 또한, 휴업일은 통상적인 근무일이지만 사업장의 사정에 따라 사용자의 일방적 결정으로 작업이 중단된 날을 의미하므로, 이 역시 휴일과는 법적 취지가 다르다. 휴업일에는 일정한 요건하에 휴업수당 지급의무가 발생할 수 있으나, 휴일에는 근로 자체가 예정되어 있지 않기 때문에 원칙적으로 이러한 의무는 존재하지 않는다.

2) 휴일의 유형: 법정휴일과 약정휴일

휴일은 그 발생 근거에 따라 법정휴일과 약정휴일로 구분된다.

(1) 법정휴일

법정휴일이란 관련 법령에 따라 사용자에게 강행적으로 부여가 요구되는 휴일을 말한다. 대표적으로 다음과 같은 두 가지가 있다.

주휴일(근로기준법 제55조 제1항)

사용자는 근로자에게 1주일 동안 평균 1회 이상의 유급휴일을 부여해야 한다. 이 유급휴일을 받을 수 있는 자격은 엄격하게 제한되어 있으며, 1주간의 소정 근로일수를 개근한 근로자에게만 부여된다. 예컨대 주5일 근무제를 운영하는 사업장에서 근로자가 월~금요일을 결근 없이 근무하였다면, 일요일은 유급 주휴일로 보장받는다. 주휴일은 반드시 일요일일 필요는 없으며, 사업장의 특성과 운영방식에 따라 다른 요일로 지정할 수도 있다. 또한 근로자의 사전 동의가 있을 경우, 이미 지정된 주휴일을 다른 날로 대체하는 것도 가능하다.

여기서의 1일은 반드시 달력상의 0시~24시를 의미하지 않으며, 계속된 24시간을 확보하는 방식으로도 유효하다. 이는 주야간 교대제 또는 야간조 근무와 같이 시간대가 유동적인 경우에도 주휴일 보장이 가능하도록 하기 위한 합리적 해석이다.

근로자의 날(근로자의 날 제정에 관한 법률 제1조)

매년 5월 1일은 근로자의 날로 지정되어 있으며, 이는 법정 유급휴일로 간주된다. 이 날은 모든 근로자에게 근로 없이 유급으로 보장되는 날이며, 근로계약이나 취업규칙에 규정이 없더라도 당연히 적용된다. 사용자는 이 날 근로자를 출근시키는 경우, 휴일근로로 간주하여 가산수당을 지급해야 한다.

(2) 약정휴일

약정휴일이란 단체협약, 취업규칙, 근로계약 등 노사 간 자율적 약정을 통해 부여되는 휴일이다. 이는 법률상 반드시 부여해야 할 의무는 없으나, 일단 규정되면 사용자는 이를 성실히 이행해야 한다. 약정휴일은 일반적으로 설날,

추석, 창립기념일, 크리스마스, 대통령 선거일, 지방선거일 등의 특정 기념일이나 공휴일 등이 포함될 수 있으며, 최근에는 가족의 날, 리프레시 휴일 등의 새로운 형태도 등장하고 있다. 또한, 약정휴일을 유급 또는 무급으로 할 것인가는 노사 간 합의 사항이며, 명확한 합의가 없을 경우에는 해석상 유급으로 보지 않는 것이 일반적이다.

3) 휴일근로와 그 법적 제한

휴일은 원칙적으로 근로의무가 없는 날이므로, 사용자는 근로자의 명시적인 사전 동의 없이 일방적으로 휴일근로를 강제할 수 없다. 휴일근로는 근로자 개인의 사적 생활을 침해할 수 있는 행위이므로, 이는 강행법규에 따라 엄격히 규제된다. 따라서 사용자가 휴일에 근로를 명할 경우에는 반드시 근로자의 자발적 동의를 얻어야 하며, 이 동의는 일반적인 '출근 지시'와 같은 묵시적 지시로는 인정되지 않는다. 또한, 휴일근로에 대해서는 통상임금의 50% 이상을 가산하여 지급해야 하며, 이는 법정휴일과 약정휴일, 유급휴일과 무급휴일을 불문하고 동일하게 적용된다. 즉, 모든 휴일근로는 일률적으로 가산수당 지급의무가 발생한다는 점에서 주의가 필요하다.

이는 「근로기준법」 제56조에 따른 할증임금 규정으로, 사용자와 근로자 간 별도의 계약이나 관행이 있더라도 이를 면제하거나 감경할 수 없다. 만일 휴일에 연장근로가 이루어진다면, 이중 또는 삼중의 가산수당이 적용될 수 있다는 점도 실무상 유의해야 한다.

4) 인사관리상 시사점

휴일 제도는 근로자의 피로 회복과 삶의 균형, 가족생활의 영위 등 인간다운 노동생활의 전제 조건이다. 따라서 인사관리자는 단순히 '법정 휴일'만을 고려할 것이 아니라, 조직문화와 산업 특성을 반영하여 적절한 약정휴일 운영 방안도 함께 설계해야 한다. 예컨대 서비스업이나 관광업과 같이 주말이 근무일이 되는 업종에서는 주중에 휴일을 부여하고, 휴일근로에 대한 보상체계를 명확히 정비해야 하며, 교대제 운영이 많은 제조업 현장에서는 주휴일의 이동·대체 방식에 대한 실무 기준을 마련해야 한다. 또한 휴일의 운영에 있어 임의적인 휴일 변경이나 폐지는 근로조건의 불이익 변경에 해당할 수 있으며, 이는 근로자 동의 없이 일방적으로 시행될 수 없다는 점에서 실무상 법적 분쟁의 소지가 있으므로, 정기적 점검과 제도적 정비가 중요하다.

결론적으로 휴일은 단순히 노동에서 벗어나는 날이 아니라, 노동력의 재생산을 위한 필수적 조건이자, 근로자의 삶의 질을 지탱하는 기본권적 제도이다. 법적 휴일과 약정휴일 모두가 노동법적 보호의 대상이 되며, 이를 둘러싼 휴일근로에 대해서는 법령에 따른 명확한 보상 원칙이 적용된다. 기업은 효율적 인사관리와 법적 리스크 방지를 위해 휴일 운영의 기준을 명확히 설정하고, 이를 근로자와의 충분한 소통을 통해 안정적으로 운영할 필요가 있다. 특히 유연근무제, 주 4일제 도입 등 새로운 근로형태가 확산되는 현 시점에서, 휴일제도는 더욱 전략적인 인사관리 항목으로 자리매김하고 있다.

3. 휴가

휴가란 근로자가 본래 근무하기로 정해진 날에 일정한 요건을 충족하거나 합의된 사유에 따라 근로의무가 면제되는 제도를 말한다. 이는 사용자의 지휘·감독하에서 벗어나 근로자가 일정한 기간 동안 자유로운 시간을 누릴 수 있도록 보장된 법적 권리이며, 근로자의 신체적·정신적 회복과 여가생활을 통한 삶의 질 향상을 목적으로 한다.

특히 휴가는 단순히 일에서 벗어나는 시간이 아니라, 장기적인 고용관계 유지, 조직 몰입도 향상, 근로자의 재충전을 가능하게 하는 핵심적인 인사관리 제도로 기능하며, 이를 제대로 설계하고 운영하는 것이 현대적 인적자원관리의 주요 과제 중 하나이다.

1) 휴가의 분류

휴가는 그 발생 근거에 따라 법정휴가와 약정휴가로 구분된다.

(1) 법정휴가

법정휴가는 「근로기준법」 등 관계 법령에 의거하여 사용자가 반드시 부여해야 하는 휴가로, 국가가 정한 최소한의 근로조건이다. 대표적인 법정 휴가에는 다음과 같이 있다.

- **연차유급휴가**: 일정 기간 근속한 근로자에게 유급으로 부여되는 휴가로서, 근로자의 출근율과 근속연수에 따라 휴가일수가 결정된다.
- **산전 · 산후휴가**: 여성 근로자가 임신과 출산에 따라 청구할 수 있는 유급휴가로서, 산전 45일, 산후 45일의 휴가가 보장된다.
- **생리휴가**: 여성 근로자가 생리로 인해 근무가 곤란한 경우 청구할 수 있는 월 1일의 무급 휴가이다. 단, 과거에는 유급으로 운영되었으나 개정법에 따라 무급화되었다.
- **(구)월차휴가**: 근로자가 매월 개근할 경우 1일의 유급휴가를 부여하던 제도로, 현재는 폐지되었으나 일부 개정법 적용 유예 사업장에서는 여전히 유효하다.

(2) 약정휴가

약정휴가는 법령이 아닌, 단체협약·취업규칙·근로계약 등 노사 간의 합의에 의해 자율적으로 부여되는 휴가이다. 법적 의무는 없지만, 일단 규정되면 근로조건으로서 법적 구속력을 가지며, 사용자는 이를 임의로 변경하거나 철회할 수 없다. 대표적인 약정휴가로는 경조사 휴가, 창립기념일 휴가, 리프레시 휴가, 장기근속 포상휴가 등이 있으며, 약정된 휴가의 유·무급 여부는 노사 간 자율에 맡겨진다. 한편, 개정 「근로기준법」에 따라 폐지된 월차휴가와 유급 생리휴가도 사업장별로 약정에 의해 유지되는 경우에는 약정휴가로 간주된다.

2) 연차유급휴가의 법적 구조

연차유급휴가는 법정휴가 중 핵심적인 제도로, 근로자의 재충전과 여가생활, 건강한 노동력의 재생산을 위한 중요한 수단이다. 「근로기준법」 제60조는 연차휴가를 명시적으로 규정하며, 그 부여 기준과 절차, 소멸 조건에 대해 강행규정을 두고 있다.

(1) 발생 요건 및 일수

- 1년간 80% 이상 출근한 근로자는 15일의 유급휴가를 받을 권리를 갖는다.
- 1년 미만 근속 근로자의 경우에는 매월 개근 시 1일의 유급휴가가 발생하며, 이 휴가는 1년차 이후 연차 15일에 산입된다.
- 3년 이상 계속근로한 근로자는 15일에 더해, 1년을 초과하는 매 2년마다 1일씩 가산된다. 단, 총 연차일수는 최대 25일을 초과할 수 없다.

이러한 연차일수 산정 시, 산전·산후휴가 기간 및 업무상 재해로 인한 휴업 기간은 출근율 판단에서 '출근한 것으로 간주'하여, 근로자에게 불이익이 발생하지 않도록 하고 있다.

(2) 휴가의 사용 원칙

근로자는 연차휴가를 청구할 권리를 가지며, 사용자는 원칙적으로 근로자가 청구한 시기에 휴가를 부여해야 한다. 다만, 해당 시기의 휴가 부여가 사업 운영에 중대한 지장을 초래하는 경우, 사용자는 그 시기를 변경할 수 있다(제60조 제5항).

휴가 기간 중에는 통상임금 또는 평균임금이 지급되며, 휴가 사용 자체가 임금 손실로 이어지지 않도록 법적으로 보호된다.

(3) 미사용 연차의 소멸과 사용촉진제도

연차휴가는 부여일로부터 1년간 행사하지 않으면 소멸되며, 이는 권리의 불행사로 인한 자동 소멸로 이해된다. 다만, 사용자의 귀책사유로 근로자가 휴가를 사용하지 못한 경우에는 소멸되지 않고, 미사용 연차에 대해 금전보상이 필요하다. 개정 「근로기준법」은 사용자의 연차휴가 사용 촉진을 제도화하여, 일정 절차를 충실히 이행한 경우에는 사용자의 귀책사유가 없는 것으로 간주하고, 미사용 연차에 대해 금전보상 의무를 면제하고 있다. 이는 사용자의 관리 책임과 근로자의 권리행사 책임을 동시에 명확히 하려는 입법적 조치이다. 연차사용촉진제도의 적용 절차는 다음과 같다.

- 연차휴가 종료 3개월 전까지, 사용자는 근로자에게 미사용 휴가일수를 서면으로 고지한다.
- 고지 후 10일 이내, 근로자에게 사용시기를 정해 서면 통보하도록 촉구한다.
- 근로자가 사용시기를 통보하지 않은 경우, 사용자는 연차 종료 2개월 전까지 사용시기를 지정하여 서면 통보할 수 있으며, 이 경우 휴가를 사용하지 않더라도 보상 의무가 없다.

3) 월차휴가와 생리휴가

월차휴가는 과거 「근로기준법」 제57조에 따라 매월 개근한 근로자에게 1일의 유급휴가를 부여하던 제도로, 현재는 법정휴가에서 삭제되었다. 그러나 개정법 유예 사업장에서는 여전히 유효하며, 그 외 사업장은 약정휴가로 운영할 수 있다. 생리휴가는 여성 근로자가 생리로 인해 근무가 어려운 경우 청구할 수 있는 월 1일의 휴가이다. 과거에는 유급으로 인정되었으나, 현재는 무급 휴가로 변경되었다. 단, 노사 간 합의에 따라 유급으로 운영될 경우 약정휴가로 인정된다.

결론적으로 휴가는 근로자 개인의 삶의 질 향상과 노동력의 건강한 유지·

회복을 위한 제도적 수단이며, 사용자의 비용으로만 해석될 수 없는 조직 전략적 자원이다. 특히 연차유급휴가는 국가가 보장하는 근로조건으로서, 사용자는 이를 적극적으로 이행하고, 체계적인 관리체계를 통해 근로자의 권리보장과 법적 리스크를 동시에 통제할 수 있어야 한다. 인사관리자는 단순한 휴가 부여에 그치지 않고, 휴가 사용률 관리, 연차촉진 절차 운영, 약정휴가 확대 등 조직의 문화와 법적 요구를 아우르는 통합적인 휴가 운영 전략을 수립할 필요가 있다. 이는 법적 준수의 문제를 넘어, 근로자 존중과 조직 신뢰의 핵심 요소이기도 하다.

section 05 정년제

1. 정년제의 의의

정년제란 사용자가 취업규칙, 단체협약 또는 근로계약서에 명시된 기준에 따라 근로자가 일정 연령에 도달하면 별도의 의사표시 없이도 근로계약이 자동 종료되는 제도를 말한다. 이는 조직이 고령 근로자의 노동력 저하를 예방하고, 인력구조의 재편과 세대 간 일자리 순환을 도모하기 위해 운영하는 인사관리 수단의 하나이다. 정년제의 근본적 배경은 인간의 생체적, 정신적, 육체적 기능이 고령화로 인해 점진적으로 약화된다는 전제에서 출발하며, 이러한 기능 저하가 조직의 생산성과 안전성에 영향을 줄 수 있다는 판단 하에 제도화되었다. 즉, 고용계약에 있어 '연령'이라는 명시적 조건에 따라 계약 종료 시점을 사전에 정해두는 것이다.

외국의 경우, 정년제를 법적으로 명문화하지 않거나 폐지한 사례도 많다. 특히 미국은 「고령근로자차별금지법(ADEA)」을 통해 나이를 이유로 한 고용 종료를 원칙적으로 금지하며, 유럽 국가들도 법정 정년보다는 연금 수급

시기를 중심으로 고용이 자연스럽게 종료되는 구조를 채택하고 있다. 반면, 우리나라에서는 「고용상 연령차별금지 및 고령자고용촉진에 관한 법률」 제19조에 따라 2016년부터 정년을 만 60세 이상으로 의무화하고 있으며, 향후 고령사회 진입을 고려한 점진적 유연화도 논의되고 있다. 일반적으로 고용관계가 종료되면 근로자는 조직을 떠나게 되는데, 이를 '퇴직'이라고 한다. 퇴직은 다음과 같은 네 가지 방식으로 분류할 수 있다.

1) 사용자의 의사표시에 의한 퇴직

이는 대표적으로 해고에 해당하며, 사용자가 근로계약을 일방적으로 종료시키는 경우이다. 다만 해고는 정당한 사유와 절차를 요구하며, 부당한 해고일 경우 법적 분쟁의 대상이 된다.

2) 근로자의 의사표시에 의한 퇴직

자발적 사직 또는 의원면직이 여기에 해당하며, 근로자가 스스로의 판단에 따라 조직을 떠나는 경우이다.

3) 당사자 간 합의에 의한 퇴직

사용자와 근로자가 상호 협의를 통해 계약을 해지하는 형태로, 희망퇴직이나 명예퇴직이 이에 해당한다.

4) 당사자의 의사와 무관한 자동 종료

일정 사유가 발생함으로써 계약이 자동 종료되는 경우로서, 근로계약 기간 만료, 근로자의 사망, 취업규칙에서 정한 사유(예: 정년 도달 등)에 의한 종료가 이에 해당한다.

정년 퇴직은 이 중 ④번 유형에 해당한다. 즉, 사용자의 별도 의사표시나 근로자의 사직 의사 없이도 계약 체결 당시 정한 연령 조건이 충족되면, 그 자체로 법적 효력이 발생하여 근로계약이 종료된다. 이처럼 정년제는 일정 연령을 하나의 법률상 자동 해제 조건(condition subsequent)으로 삼아 노동계약의 종료 시점을 사전에 확정해두는 구조이다. 정년제는 결국 사용자가 피고용자의 연령 증가에 따라 발생할 수 있는 노동능력 저하를 고려하여 일정 기준 시점에서 무차별적으로 적용되는 강제 퇴직제도라 할 수 있다. 이 제도는 일률적 기준에 의해 운영되기에, 능력 중심 인사관리와의 충돌 또는 연령차별 이슈와도 연결되며, 인권 보호와 고용 안정성 확보라는 현대 인사관리의 가치와 균형을 맞추는 것이 중요하다.

최근에는 정년 이후에도 일정 기간 재고용을 보장하거나, 업무 재설계를 통해 고령 인력의 조직 내 활용도를 높이려는 시도가 활발히 이루어지고 있다. 이러한 관점에서 정년제는 단순한 근로계약 종료 제도에 그치지 않고, 조직의 세대 간 연계, 지속 가능 경영, 그리고 인사 전략의 전환점으로 기능하고 있다.

2. 정년제의 필요성

정년제는 단순히 근로자의 고용 종료 시점을 설정하는 제도를 넘어서, 사회 전체의 고용질서 유지와 기업 인사관리의 효율성 확보라는 두 가지 차원에서 필수적인 제도적 장치로 작용한다. 그 필요성은 크게 사회적 필요성과 기업적 필요성이라는 두 범주로 구분하여 설명할 수 있다.

1) 사회적 필요성

첫째, 청년 실업 문제의 완화를 위한 세대 간 고용 순환 메커니즘의 구축이라는 측면에서 정년제는 중요한 사회적 기능을 수행한다. 우리 사회는 매년 일정 수의 신규 노동 인구가 교육기관을 졸업하고 노동시장에 진입하고자 하나, 이들을 흡수할 만한 충분한 일자리가 창출되지 않고 있는 실정이다. 이러한 상황에서 고령 근로자의 장기 고용이 지속될 경우, 청년층의 고용 기회는 더욱 축소될 수밖에 없으며, 이는 세대 간 고용 단절 및 사회적 긴장 요소로 작용할 수 있다. 정년제는 이러한 세대 간 일자리 순환을 제도적으로 보장하는 수단이다.

둘째, 기술 변화에 대한 적응력 격차의 완화가 요구되기 때문이다. 4차 산업혁명과 디지털 전환의 급속한 진전은 산업 구조의 변화뿐만 아니라 직무 내용의 근본적인 재편을 유도하고 있다. 이 과정에서 인공지능, 자동화 기술, 디지털 플랫폼 등 새로운 기술에 대한 습득과 활용은 필수적이지만, 고령 근로자는 이러한 변화에 대한 적응에 상대적으로 어려움을 겪을 가능성이 높다. 따라서 정년제는 기술 변화에 유연하게 대응할 수 있는 젊은 세대의 고용을 촉진함과 동시에 산업 전체의 경쟁력 강화를 위한 전제 조건이 된다.

셋째, 기업의 사회적 책임 이행 수단으로서의 기능이다. 고령 근로자가 일정 연령에 도달했을 때 무계획적이고 불확실한 고용 종료가 이루어진다면, 이는 개인의 생계와 삶의 질에 심각한 영향을 미칠 수 있다. 따라서 기업은 정년제라는 제도적 장치를 통해 근로자의 퇴직 시점을 명확히 하여, 이에 맞춘 퇴직 준비, 퇴직금 제도, 사회보험 연계 등의 시스템을 마련할 수 있다. 이는 단지 기업 내부의 문제가 아니라, 사회 전체 차원에서 노동력 재생산과 고령자 복지 확보를 위한 사회적 계약(social contract)의 실현과도 맞닿아 있다.

2) 기업의 필요성

첫째, 연공서열 중심의 인사제도에 따른 인건비 부담 해소가 그 이유이다. 국내 기업 다수는 여전히 근속연수에 따라 임금이 자동적으로 상승하는 연공서열형 임금구조를 채택하고 있다. 이로 인해 고령 근로자에게 상대적으로 높은 급여가 지급되지만, 실제 업무성과나 생산성과의 불균형 문제가 발생할 수 있다. 이러한 상황에서 정년제는 조직의 인건비 구조를 장기적으로 안정화하고, 경영 합리화를 실현할 수 있는 제도적 수단으로 활용된다.

둘째, 퇴직금 제도와 인사 혁신을 촉진하는 장치로서 정년제가 기능한다. 특히 일부 기업에서는 선택적 정년제도 또는 명예퇴직제도를 운영하여, 일정 연령에 이른 근로자가 자발적으로 퇴직할 경우, 일반적인 퇴직금 외에 추가적 인센티브를 제공하는 방식으로 활용하고 있다. 예를 들어, 근속 20년 이상의 근로자가 본인의 의사에 따라 정년 전에 퇴직할 경우, 퇴직금 기본액의 100%를 보상하는 제도를 운영함으로써, 인력구조의 자연스러운 순환과 고용 유연성을 동시에 달성하고 있다.

셋째, 고령 근로자의 신체적 · 정신적 취업 부적합성에 대한 실무적 고려가 필요하다. 일반적으로 인간은 고령에 접어들면서 신체적 활동 능력뿐만 아니라 지적 판단력, 업무 집중력, 새로운 기술 습득 능력 등에서도 점차 한계를 느끼게 된다. 이러한 능력 저하는 본인의 직무 수행 만족도 저하와 조직의 성과 저하로 이어질 수 있으며, 때로는 근로자 본인이 스스로 은퇴를 희망하게 되는 경우도 많다. 따라서 정년제는 이러한 고령화에 따른 자연스러운 노동 이탈 현상을 제도적으로 수용하고 조율하는 기능을 가진다.

3. 정년제의 종류와 유형

정년제는 조직의 인사관리 전략 및 사회적·법적 환경에 따라 다양하게 구분되며, 그 분류 방식에 따라 제도의 적용 방식과 목적, 운영의 유연성이 크게 달라진다. 다음은 정년제의 대표적인 세 가지 분류 방법에 따른 유형들이다.

1) 정년제의 종류

(1) 첫 번째 분류 기준 : 정년 도달 시 고용 형태에 따른 분류

① 통상정년(通常定年)

통상정년은 일정한 연령에 도달했을 때 퇴직 연금의 수급 개시가 가능해지는 시점과 맞물려 퇴직을 고려할 수 있도록 하는 제도이다. 그러나 이 경우 퇴직은 강제 사항이 아니며, 근로자는 자신의 의사에 따라 고용을 계속 유지하거나 퇴직 여부를 결정할 수 있다. 즉, 조직 차원에서는 퇴직을 권고할 수는 있으나 의무화된 종료는 아니다.

② 강제정년(强制定年)

강제정년은 기업 또는 조직이 사전에 정한 일정 연령에 도달한 근로자에게 퇴직을 강제하는 형태의 제도이다. 다만 이 경우에도 사용자의 판단이나 노동자의 의사에 따라 고용 연장 또는 재고용이 이루어질 수 있으므로, 강제성과 유연성이 혼합된 형태로 운영된다. 많은 기업이 이 방식을 채택하고 있으며, 이를 통해 일정 수준의 인력 교체와 비용 통제가 가능해진다.

③ 자동정년(自動定年)

자동정년은 근로자가 정해진 연령에 도달하면 별도의 협의나 의사표시 없이 근로계약이 자동 종료되는 제도이다. 이 경우 고용 연장이나 재고용의 여지는 없으며, 가장 엄격한 형태의 정년제 운영방식으로 평가된다. 고용의 안정성보다는 조직의 인력 순환과 예측 가능성을 중시하는 제도적 운영이다.

(2) 두 번째 분류 기준: 정년의 기준에 따른 제도 유형

① 연령정년제(年齡定年制)

가장 보편적인 형태로, 근로자가 일정한 연령(예: 만 60세, 62세, 65세 등)에 도달하면 근로계약을 종료시키는 제도이다. 한국 사회에서 흔히 사용되는 정년제가 이에 해당하며, 대부분의 법령과 단체협약 등에서 기준 연령이 명시되어 있다.

② 근속정년제(勤續定年制)

공직이나 특정 조직에 입직한 후 일정한 근속 기간(예: 20년, 30년 등)이 지나면 퇴직하도록 규정하는 제도이다. 근속 기간 중심의 제도이므로 실제 퇴직 연령은 입직 연령에 따라 달라진다. 주로 군인, 경찰 등 공직 분야에서 적용되며, 조직 내 인사 순환과 승진 적체 해소를 위한 수단으로 활용된다.

③ 계급정년제(階級定年制)

공직자나 특정 직종에서 일정 계급에 도달하지 못하거나, 특정 계급에 일정 기간 이상 머물 경우 자동적으로 퇴직하는 제도이다. 이는 승진 여부를 기준으로 고용 유지 여부를 판단하기 때문에, 일정 기간 내 승진하지 못하면 조직을 떠나야 하는 규정이다. 경찰관, 군인 등 계급 조직에 주로 적용되며, 고위직의 비대화 방지와 승진 적체 해소를 위한 장치로 기능한다.

※ 우리나라 적용 예시

군인: 연령정년제, 근속정년제, 계급정년제 모두 적용

경찰관: 연령정년제와 계급정년제를 병행 적용

(3) 세 번째 분류 기준
: 기업에서 실무적으로 사용하는 적용 방식별 분류

① 일률정년제(一律定年制)

모든 근로자에게 동일한 정년 연령을 적용하는 제도이다. 예컨대 조직 내 모든 정규직 근로자에게 만 60세를 정년으로 설정하는 경우가 이에 해당한다. 관리가 비교적 간편하고, 내부적 형평성을 유지하기 쉬운 방식이지만, 직무 특성이나 개인별 역량 차이를 반영하기 어렵다는 한계가 있다.

② 성별정년제(性別定年制)

남성과 여성 근로자에게 서로 다른 정년 연령을 설정하는 제도로, 과거 일부 국가에서는 여성이 남성보다 조기 퇴직하도록 규정되기도 했다. 그러나 현대에는 성차별 논란과 평등권 침해의 문제가 지적되며, 대부분의 국가에서 폐지 또는 금지되고 있다. 우리나라 역시 「남녀고용평등법」에 따라 성별에 따른 차별적 정년제도는 원칙적으로 허용되지 않는다.

③ 직종별정년제(職種別定年制)

직무의 특성이나 노동 강도, 전문성 수준 등을 고려하여 직종 또는 부서 단위별로 상이한 정년을 설정하는 제도이다. 예를 들어, 단순 반복 작업이나 고강도 육체노동 직무는 55세, 전문직이나 연구직은 65세 등으로 구분하여 운영하는 방식이다. 업무 특성을 고려한 유연한 고용 전략으로 평가된다.

④ 직제별정년제(職制別定年制)

근로자의 직급 또는 직위에 따라 정년 연령을 차등 적용하는 방식이다. 일반직은 만 60세, 임원직은 만 65세 등으로 구분할 수 있으며, 특히 관리자급 인력을 좀 더 오래 유지하고자 하는 경우에 활용된다. 다만 형평성 문제나 연공서열 구조와의 충돌 가능성도 존재한다.

※ 우리나라의 현실 적용

우리나라에서는 위의 네 가지 방식이 혼합적으로 적용되고 있으며, 특히 공무원법을 통해 공직 사회에서의 기본 정년 기준이 명시되어 있으며, 민간 영역에서도 이를 준용하는 경향이 있다.

2) 정년제의 유형

(1) 자유정년제

자유정년제는 일정 연령 및 근속 요건을 충족한 근로자가 개인적인 사유로 정년 이전에 퇴직하더라도, 정년퇴직자와 동일한 수준의 퇴직금을 지급받을 수 있도록 보장하는 제도다. 이는 기존 정년제에서 중도 퇴직자에게 불리한 퇴직금 산정 기준을 적용하던 것과 달리, 자발적 조기 퇴직을 유도하여 고령화 인력 구조를 개선하려는 전략으로 활용된다.

주요 이점

① 연공급 임금 구조하에서 임금 총액이 과도하게 상승하는 현상을 완화할 수 있다.

② 중고령 인력의 조기 퇴직을 통해 인사 순환과 중견 사원의 승진 기회를 확보할 수 있다.

③ 조직의 고령화로 인한 경직성을 완화하고, 역동성과 유연성을 제고할 수 있다.
④ 개인이 자발적으로 퇴직 시점을 설계할 수 있어 인생 2막을 준비하기에 유리하다.
⑤ 고령 근로자의 직무 적합성이 낮은 상황에서 인적자원의 효율적 재배치를 가능하게 한다.
⑥ 경영환경 악화 시, 고용조정 수단으로서 활용되며, 인력 감축에 따른 충격을 완화한다.

(2) 선택정년제(능력 선별형)

선택정년제는 일정 연령에 도달한 종업자에게 퇴직 또는 재고용 등 다양한 경로를 선택할 수 있는 기회를 제공하는 제도다. 개인은 자신의 역량, 건강, 경력 계획 등을 고려하여 퇴직 여부를 자율적으로 선택하며, 재고용되는 경우에는 전문직, 스태프, 계약직 등으로 전환될 수 있다.

주요 이점

① 인재의 역량 및 업무 적합도에 따라 정년 이후의 활용 여부를 유연하게 결정할 수 있다.
② 인사 적체를 해소하고, 중간 관리자층의 활력을 높일 수 있다.
③ 리더십 인재는 관리직으로, 기술 역량 중심 인재는 전문직으로 유도할 수 있다.
④ 종업자 스스로 자신의 능력을 점검하고 자기 개발을 촉진하게 된다.
⑤ 퇴직 여부를 선택함으로써 50대 이후의 삶을 자율적으로 설계할 수 있다.

(3) 관리직 정년제

관리직 정년제는 조직 내 관리자급 인력에 대해 일반 직원과는 구분되는 별도의 정년 기준을 적용하는 제도다. 일부 기업은 관리자 정년을 더 이르게 설정하여 리더십의 세대교체를 유도하고, 정년 후에는 스태프나 자문 역할로의 재배치를 병행하기도 한다.

주요 이점

① 관리직 인사의 순환을 촉진하고 조직의 리더십을 지속적으로 쇄신할 수 있다.

② 무사안일주의를 방지하고 관리자에게 자기 개발의 책임감을 부여할 수 있다.

③ 성과 중심의 실력주의 문화를 정착시키는 기반이 된다.

④ 우수한 중견 인재의 등용을 촉진하며, 조직 전체의 생산성과 책임성을 강화한다.

(4) 자격정년제

자격정년제는 직급과는 별도로 설정된 내부 자격 체계에 따라 각 자격별 정년을 다르게 설정하는 제도이다. 이사, 상무, 고문 등의 자격을 도입하고, 각 자격에 따라 정년 연령을 차등화한다. 이는 인사제도와 연계된 실력 중심의 고용 구조를 촉진한다.

주요 이점

① 고성과자에게 자격을 부여함으로써 장기 고용을 유도하고 경험을 활용할 수 있다.

② 일반 정년제보다 전략 인재의 조기 이탈을 방지할 수 있다.

③ 직급·자격과 정년이 연계되어 성과 기반의 인사제도와 통합 운용이 가능하다.

④ 고자격자 중심의 재직 구조로 인해 조직의 인건비 부담도 일정 부분 절감할 수 있다.

(5) 직종별 정년제

직종별 정년제는 직무의 특성, 노동 강도, 위험도 등을 반영하여 직종별로 상이한 정년 연령을 설정하는 방식이다. 예를 들어, 생산직은 55세, 사무직은 58세, 관리직은 60세 등으로 차등 적용된다.

주요 이점

① 직무별 신체적·정신적 적응 가능 연령을 반영하여 효율적 인력 운영이 가능하다.

② 직무 특성에 따라 정년을 설정함으로써 과도한 인건비 부담을 줄일 수 있다.

③ 일부 직종에 한해 정년을 연장함으로써 조직의 평균 연령 상승을 억제할 수 있다.

(6) 기타 정년제

① 65세 정년제

법령, 단체협약 또는 취업규칙에 따라 만 65세까지의 고용을 보장하는 제도이다.

- 중고령 근로자에게 생활 안정감을 제공하고 은퇴 설계를 지원한다.
- 고숙련 인재를 장기적으로 유지할 수 있어 생산성 손실을 줄일 수 있다.

② 무정년제

정년을 별도로 두지 않고 근로자가 퇴직을 자율적으로 결정하는 제도이다.

- 고령 근로자에게 심리적 안정과 귀속감을 부여한다.
- 건강과 역량이 유지되는 한 계속 고용이 가능하여 가족적인 기업문화를 촉진한다.
- 정년 연장 논쟁 없이 유연한 고용 조정이 가능하다.

③ 재고용제

정년 도달 후 일단 퇴직한 근로자를 계약직 또는 위탁직 형태로 다시 채용하는 제도이다.

- 조직의 필요 인력에 따라 유연하게 고용을 유지할 수 있다.
- 퇴직금 지급 후의 탄력적 인건비 운용이 가능하다.
- 고령자의 역량을 효과적으로 활용할 수 있는 현실적인 방식이다.

4. 정년제의 문제점과 개선방안

1) 정년제의 문제점

정년제는 오랫동안 기업과 조직에서 인사관리의 한 축으로 기능해 왔지만, 고령화 사회 진입, 평생직업 시대 도래, 노동시장 다변화 등으로 인해 다음과 같은 문제점들이 지적되고 있다.

(1) 연령 중심의 고용 종료 기준

정년제는 연령을 기준으로 일괄적인 고용 종료를 전제하므로, 실제 업무 능력이나 직무성과와 무관하게 근로계약이 종료되는 문제가 발생한다. 이는 능력주의 인사철학과 배치되며, 우수한 고령 인재의 조기 퇴직으로 인한 경험 손실 및 지식 단절을 초래한다.

(2) 노동시장 고령화와의 충돌

평균 기대수명이 80세를 넘는 현 시점에서, 60세 전후에 정년을 설정하는 것은 고령 근로자의 경제적 불안정과 생애설계 왜곡을 초래할 수 있다. 국민연금 수급 개시 연령과의 시차 문제(60세 정년 vs 65세 수급)로 인해 소득 공백 기간이 발생하며, 이는 고령빈곤과 사회복지 지출 증가로 이어진다.

(3) 기업의 인사 경직성 유발

정년제가 일률적으로 적용될 경우, 능력과 역할 중심의 인사관리 시스템 도입에 제약이 발생한다. 특히 일부 산업에서는 50대 중반 이후에도 핵심 인재로 기능할 수 있는 고숙련·전문 인력의 퇴출이 오히려 생산성 저하로 이어질 수 있다.

(4) 고용 연장 요구에 따른 노사갈등

정년 연장 또는 재고용을 둘러싼 노사 간 협상 갈등도 정년제 운영의 주요 문제로 지적된다. 고용 연장 시 임금 수준, 업무 재배치, 계약형태 등에 대한 합의가 원활하지 않을 경우, 노사 간 불신과 분쟁이 증폭된다.

(5) 다양한 직종·직무 특성 반영 부족

일률적인 정년 기준은 직무의 성격, 신체적 요구도, 업무 강도 등을 고려하지 못해 직무별 정년의 유연한 설정이 어렵다. 생산직과 연구직, 단순 노동과 전문기술직 간에 정년이 동일하다는 것은 합리성과 효율성 측면에서 한계가 있다.

2) 정년제의 개선방안

현대적 정년제는 단순한 연령 제한이 아닌, 능력 기반·유연성 중심의 인사 전략으로 전환되어야 한다. 이를 위해 다음과 같은 개선방안이 제시될 수 있다.

(1) 정년제와 성과평가의 연계

정년 도달 시점에 획일적인 퇴직이 아니라, 정기적 직무능력 평가를 바탕으로 재고용 여부를 결정하는 체계가 필요하다. 능력이 검증된 고령 근로자에게는 계약직, 전문직 등 다양한 형태의 고용 유지 모델을 제공할 수 있다.

(2) 직무 중심 정년제 도입

직무별 특성과 노동 강도를 고려한 직무별 정년 설정 제도를 도입함으로써, 직무 적합성과 조직 성과를 동시에 확보할 수 있다. 예를 들어, 고강도 육체노동 중심의 생산직은 낮은 정년, 고숙련 중심의 기술직은 높은 정년 기준을 적용하는 방식이다.

(3) 정년 연장과 임금체계의 통합 개편

정년 연장에 따라 임금피크제, 직무급제 등을 연계하여 기업의 인건비 부담을 줄이는 제도적 정비가 필요하다. 정년을 연장하되, 일정 연령 이후 임금이 조정되는 임금 구조는 지속 가능한 고용 유지의 핵심 조건이다.

(4) 재고용제도의 법제화와 고도화

정년 퇴직 이후 재고용을 활성화하기 위해, 퇴직 후 일정 기간 동안 재고용을 보장하는 법제화 또는 가이드라인 수립이 필요하다. 재고용 인력의 직무 내용, 근로조건, 계약기간에 대한 표준화를 통해 혼선을 줄이고, 활용성을 높일 수 있다.

(5) 생애설계 및 전환지원 프로그램 병행

정년 전후의 근로자에게 은퇴 준비 교육, 직업 전환 훈련, 생애설계 컨설팅 등 종합적 전환 프로그램을 제공함으로써 조직 내 연착륙 또는 외부 재취업을 지원할 필요가 있다. 이는 고령화 사회에서 고용 안정성을 높이는 동시에 사회적 비용을 줄이는 방안이기도 하다.

CHAPTER

09

교육훈련관리

section 01 교육훈련의 이해

1. 교육훈련의 의의

오늘날의 조직환경은 과거와 비교할 수 없을 정도로 복잡하고 빠르게 변화하고 있다. 디지털 기술의 진보, 글로벌 시장의 경쟁 심화, 고령화 사회의 도래, 그리고 ESG와 같은 새로운 경영 패러다임은 조직이 내부의 인적 역량을 지속적으로 개발하지 않고서는 생존과 성장 모두를 장담할 수 없게 만들었다. 이러한 배경 속에서 교육훈련은 단순한 기능 습득의 차원을 넘어, 조직 전략과 직결된 핵심 관리 활동으로 부상하고 있다.

기업은 유능한 인재를 선발한 이후에도, 이들이 현재와 미래의 직무를 성공적으로 수행할 수 있도록 지속적인 학습과 역량개발의 기회를 제공해야 한다. 이는 단순히 구성원의 직무수행 능력을 향상시키는 것뿐만 아니라, 조직 전체의 학습능력을 강화하고 혁신역량을 내재화하는 데에도 결정적인 역할을 한다. 교육훈련(education and training)은 일반적으로 교육(education), 훈련(training), 그리고 개발(development)로 구분하여 설명된다.

교육은 일반적으로 종업원의 지식, 가치, 태도와 같은 포괄적인 자질을 향상시키는 것을 목적으로 하며, 장기적인 관점에서 개인의 역량을 확대하고 조직의 변화에 능동적으로 대응할 수 있는 기반을 제공한다. 이는 단순한 업무수행을 넘어 사고력, 문제해결력, 의사결정 능력 등 고차원적인 인지능력을 중시하는 경향이 강하다. 예를 들어, 신입사원의 조직 이해도 향상, 중간관리자의 리더십 함양, 경영진의 전략적 사고 교육 등이 이에 해당한다. 훈련은 보다 실무적이고 단기적인 성격을 가진다. 이는 종업원이 특정 직무를 효과적으로 수행하기 위해 요구되는 기술, 절차, 작업방법 등을 습득하는 과정으로, 생산현장이나 서비스 접점 등에서 즉각적으로 성과에 영향을 미치는 활동이다. 예컨대, 생산직 사원의 기계 조작법 교육, 고객상담 직원의 커뮤니케이션 스킬 트레이닝 등이 여기에 포함된다.

개발은 교육과 훈련의 통합된 개념으로, 특히 미래의 직무 요건이나 전략적 역할 수행을 위한 종업원의 잠재력 개발에 중점을 둔다. 개발은 단순히 지식과 기술의 전달을 넘어, 리더십, 조직관리, 변화관리 등의 고차원 역량을 체계적으로 육성하는 활동으로 확장되며, 조직의 지속가능한 성장을 위한 핵심 전략으로 작용한다. 이러한 세 가지 개념을 체계적으로 비교하면 다음 〈표 9-1〉과 같이 정리할 수 있다.

표 9-1 훈련과 교육의 차이

구분	교 육	훈 련	개 발
대상	작업자, 관리자	작업자	관리자
초점	현재와 미래 직무	현재 직무	현재와 미래 직무
범위	개인	개인	작업집단 혹은 조직
내용	기술 또는 개념	기술적·기계적 작업	이론적·개념적 사고
이유	일반적 지식 목적	특정 직무 관련 목적	일반적 지식 및 미래지향 목적
기간	단기 또는 장기	단기	장기

자료: 최종태, 『현대인사관리론』, 전정판, 박영사, 2000, p.402; Luis R. Gomez-Mejia et al., Managing Human Resources, Prentice-Hall, 2001, p.260 수정.

기업이 교육훈련을 실시하는 목적은 명확하다. 그것은 단기적으로는 종업원의 직무 역량을 향상시켜 생산성과 품질을 제고하고, 장기적으로는 인적자원을 핵심 경쟁력으로 전환함으로써 기업의 지속가능한 성장을 실현하기 위함이다. 교육훈련은 조직 수준과 개인 수준 모두에서 중요한 효과를 발휘한다.

먼저, 기업 차원에서는 체계적인 인재육성을 통해 기술과 지식이 조직 내부에 지속적으로 축적되며, 기술진부화의 위험을 감소시키고, 조직 확대 및 변화에 유연하게 대응할 수 있는 인력 기반을 마련할 수 있다. 또한 다양한 직무의 종업원이 함께 교육훈련을 받게 되면, 상호 간의 이해와 협력의 기회가 확대되어 조직 내 커뮤니케이션이 활발해지고, 부서 간 연계와 통합이 강화되는 긍정적 효과도 기대할 수 있다.

한편, 개인 차원에서는 자기개발을 통해 성장의 기회를 부여받게 되며, 개인의 역량이 향상됨에 따라 업무 자신감과 성취감이 증가하고, 이는 결과적으로 조직에 대한 몰입도와 직무만족도를 높이며, 이직률 감소와 같은 긍정적인 결과로 이어진다. 이러한 1차적 반응은 장기적으로 기업성과를 향상시키는 2차적 결과로 이어지며, 기업이 교육훈련에 지속적으로 투자해야 하는 명확한 근거가 된다.

표 9-2 교육훈련의 기대효과

구분	내 용	1차적 반응	2차적 결과
기업차원	인재육성	기술축적, 조직역량 확대	성과 향상
	커뮤니케이션 향상	조직 협력 증대	협업문화 정착, 조직몰입도 향상
개인차원	자기개발	동기유발	직무만족, 자긍심, 몰입도 강화

자료: 최종태, 『현대인사관리론』, 박영사, 2000, p.376 수정.

과거에는 교육훈련을 시간과 비용이 소요되는 '비용 항목'으로 인식하는 경향이 강했다. 그러나 최근의 기업들은 교육훈련을 단순한 기능 전달이 아닌 조직의 전략을 실현하는 수단이자, 경쟁우위를 창출하는 핵심 활동으로 재정의하고 있다. 특히 디지털 전환, ESG 경영, 인공지능과 빅데이터의 활용 등과 같은 4차 산업혁명 시대의 변화는 인적자원의 역량 수준을 근본적으로 재정의할 것을 요구하고 있다. 이제 종업원은 정해진 업무만을 수행하는 존재가 아니라, 데이터를 해석하고, 문제를 해결하며, 조직에 가치를 창출하는 주체로서의 역할을 기대받고 있다.

이러한 맥락에서 교육훈련은 단순히 '가르치는 일'이 아니라, 조직이 추구하는 비전과 전략을 공유하고, 구성원이 스스로 문제를 해결할 수 있는 학습능력을 키우며, 조직 전체가 학습하는 공동체(Learning Organization)로 발전할 수 있도록 지원하는 기반이 되어야 한다. 따라서 기업은 교육훈련을 단순한 HR 기능의 일부가 아니라, 경영전략, 성과관리, 경력개발, 조직개발과 통합된 핵심적 시스템으로 설계하고 운영해야 하며, 이를 위해 교육훈련에 대한 투자와 평가, 효과성 분석 체계를 함께 구축해야 할 것이다.

그동안 우리나라의 기업들은 교육훈련이 시간과 비용면에서 낭비라고 생각하여 이를 소홀히 다루는 경우가 많았다. 그러나 이제는 교육훈련 프로그램이 인적자원개발의 측면에서 매우 유용한 가치를 지니고 있는 것으로 보아 투자의 개념으로 인식해야 한다. 선진국의 경우 이미 오래전부터 종업원의 전문적 능력과 기술이 직무의 경험과 교육훈련에 의해 축적되었다.

〈그림 9-1〉은 조직의 인적자원개발(Human Resource Development: HRD)은 단순한 교육 차원을 넘어, 개인과 조직의 성장을 동시에 추구하는 통합적 개념으로 접근해야 한다. 아래의 도식은 이러한 인적자원개발의 주요 구성 요소와 상호작용을 시각화한 것이다.

도식의 중심에는 '교육훈련 및 능력개발'이라는 핵심 개념이 위치하며, 이는 크게 '개인'과 '조직'이라는 두 축을 중심으로 전개된다. 인적자원개발의

그림 9-1 교육훈련 · 능력개발의 체계

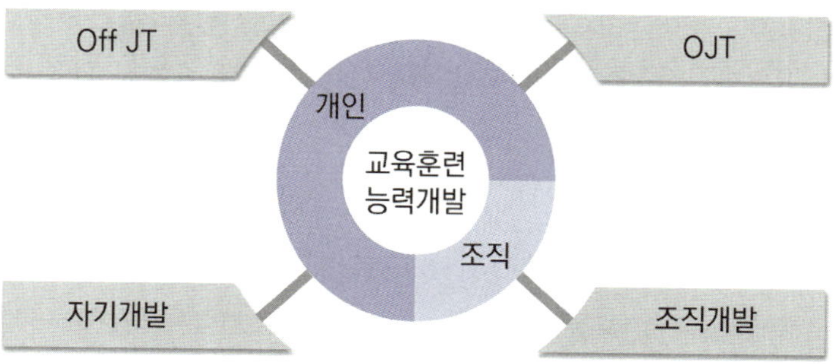

궁극적 목적은 개인의 잠재력을 극대화함과 동시에 조직의 지속가능한 성장을 지원하는 데 있다. 이를 위해 다양한 교육 및 개발 활동이 아래와 같이 수행된다.

Off-JT(Off-the-Job Training: 직무 외 교육훈련)

Off-JT는 직무 현장을 벗어나 이루어지는 교육활동으로, 강의, 세미나, 워크숍, 외부 위탁교육 등이 포함된다. 이는 실무와 분리된 공간에서 체계적으로 지식과 기술을 습득하게 하며, 개인의 전문성 향상 및 이론적 기반 구축에 중점을 둔다. 특히 경력개발, 자격 취득, 승진대비 교육 등에 활용된다.

OJT(On-the-Job Training: 직무 내 교육훈련)

OJT는 직무 수행 중에 이루어지는 교육으로, 상사의 멘토링, 동료의 코칭, 실습 및 직무 순환(Job Rotation) 등의 방식이 포함된다. 이는 현장 중심의 학습을 통해 직무능력을 실질적으로 향상시키며, 조직 내에서의 실천적 지식 전수를 가능하게 한다. 조직 입장에서는 신속한 업무 적응과 성과 향상을 도모할 수 있는 방식이다.

자기개발(Self-Development)

자기개발은 구성원 개인이 자발적으로 수행하는 능력개발 활동을 의미한다. 예를 들어 독서, 온라인 강의 수강, 자격시험 준비, 외부 연수 참여 등이 이에 해당한다. 자기개발은 자율적 동기부여와 경력 자기관리(Self-Directed Career Management)의 기반이 되며, 장기적으로는 조직의 인재풀 형성에 기여한다.

조직개발(Organizational Development)

조직개발은 조직 전체의 역량 향상과 구조적 발전을 위한 계획적 개입을 의미한다. 예컨대 조직문화 개선, 리더십 프로그램, 변화관리 워크숍, 팀 빌딩 활동 등이 포함된다. 이는 조직 차원의 전략적 목표 달성과 환경 적응력 향상을 위한 핵심 활동이며, HRD의 조직 차원 접근을 대표하는 영역이다.

이처럼 교육훈련 및 능력개발은 개인-조직의 관점과 Off-JT/OJT, 자기개발/조직개발의 네 가지 요소를 통합적으로 고려해야 한다. 각 요소는 독립적으로 작용하기보다는 상호 보완적으로 기능하며, 궁극적으로는 조직의 성과와 개인의 경력 성장을 동시에 실현하는 데 기여한다. 따라서 HRD 담당자는 이와 같은 구조적 연계를 고려하여 교육훈련 시스템을 설계하고 운영해야 할 필요가 있다.

국외 기업 사례: IBM의 AI 기반 맞춤형 교육훈련 시스템

3글로벌 IT 기업 IBM은 전통적인 집합형 교육에서 벗어나, 인공지능(AI)을 기반으로 한 맞춤형 학습 시스템을 도입하여 전사적 교육훈련 체계를 혁신하였다. IBM은 신입사원 및 재직자에게 동일한 교육 콘텐츠를 일괄 제공하는 방식의 한계를 인식하고, 개인의 직무, 역량 수준, 커리어 경로에 따라 AI가 자동 추천하는 교육 콘텐츠를 제공하는 학습 플랫폼을 구축하였다. 이 플랫폼은 학습자의 직무, 과거 이력, 수행 프로젝트, 관심 기술 등을 분석하여 맞춤형 학습 로드맵을 제시하고, 각 단계에서 수행해야 할 실습 과제와 피드백도 제공한다. 특히 IBM은 'Your Learning'이라는 사내 학습 시스템을 통해 전 세계 직원이 동일한 플랫폼에서 실시간으로 학습할 수 있도록 하였으며, AI 챗봇을 활용해 개별 질문에 대한 실시간 응답도 가능하도록 구성하였다. 이러한 AI 기반 교육훈련 시스템 도입의 결과, IBM은 신입사원의 온보딩 소요 기간을 약 30% 단축시키고, 학습자 주도의 몰입형 교육 경험을 제공함으로써 1년 내 이직률을 크게 줄이는 성과를 얻었다. 또한 재직자들은 개인 맞춤형 교육 경로를 통해 기술역량을 빠르게 업데이트하며, 변화하는 시장과 기술 환경에 보다 능동적으로 대응할 수 있게 되었다. 이 사례는 기술 기반 교육훈련 체계가 어떻게 교육 효율성과 조직 적응력을 동시에 향상시킬 수 있는지를 잘 보여주는 대표적 사례로, AI와 HRD의 융합이 앞으로의 인적자원개발 방향에 있어 중요한 전략이 될 수 있음을 시사한다.

국내 기업 사례 : 삼성전자의 글로벌 리더십 개발 프로그램(GLDP)

삼성전자는 전 세계 사업장에 분포한 핵심 인재들을 대상으로 하는 Global Leadership Development Program(GLDP)을 통해 글로벌 경쟁력을 갖춘 차세대 리더를 체계적으로 육성하고 있다. 이 프로그램은 단순한 리더십 교육을 넘어, 기업가정신, 전략적 사고, 조직 간 협업 능력, 글로벌 커뮤니케이션 역량 등을 통합적으로 개발하는 고도화된 인재개발 시스템이다.

GLDP는 크게 네 가지 단계(진단 → 학습 → 실행 → 평가)로 구성되며, 참가자는 먼저 다면평가와 역량진단을 통해 자신의 강점과 보완점을 파악한 후, 맞춤형 교육 과정에 참여한다. 주요 교육내용은 경영 시뮬레이션, 실전 프로젝트 수행, 글로벌 비즈니스 사례 분석 등으로 구성되며, 대부분의 교육은 영어로 진행된다. 또한 참가자들은 해외 사업장에서의 단기 파견 근무나 글로벌 프로젝트 참여를 통해 실제 현장을 경험하며 리더십을 검증받는다.

GLDP의 가장 큰 특징은 교육훈련이 단절된 활동이 아니라, 실제 업무와 밀접하게 연계된 실습 기반의 개발 체계라는 점이다. 예컨대, 교육 후 일정 기간 동안 실제 사업부서에서 새로운 전략을 기획하고 성과를 도출하는 과제를 수행해야 하며, 이를 통해 교육 효과를 실질적으로 조직성과와 연계시킨다. 이러한 프로그램을 통해 삼성전자는 전 세계 법인의 핵심 인재풀을 확보하고, 기업문화의 통합과 글로벌 경영 일관성 유지라는 전략적 목표를 실현하고 있다.

GLDP는 국내에서 가장 대표적인 글로벌 리더 육성 프로그램으로, 교육훈련과 조직 전략이 유기적으로 연결될 때 어떤 성과를 창출할 수 있는지를 보여주는 우수 사례이다.

2. 교육훈련의 목적

조직에서의 교육훈련은 단순히 종업원의 직무 수행 능력을 향상시키는 차원을 넘어, 종업원 개인의 성장과 조직의 생산성 증진을 동시에 도모하는 핵심적인 인적자원개발 활동이다. 교육훈련의 근본적인 목적은 종업원의 지식(Knowledge), 기능(Skill), 태도(Attitude)를 체계적으로 개발하여, 조직 전체의 경쟁력을 제고하고, 종업원들이 자신의 직무에 대해 만족을 느끼며 조직에 몰입할 수 있도록 지원하는 데 있다. 구체적인 목적은 다음과 같이 정리된다.

첫째, 직무 목표의 효과적인 달성과 직무 환경에 대한 적응력 향상

종업원이 자신의 직무 목표를 효과적으로 달성하기 위해서는 해당 직무에 요구되는 지식과 기능을 충분히 습득해야 하며, 이는 체계적인 교육훈련을 통해 가능하다. 또한 현대의 직무 환경은 기술의 발전, 조직의 구조적 변화, 외부 고객의 요구 변화 등 다양한 외부 요인에 의해 지속적으로 변화하고 있다. 이러한 변화에 능동적으로 대처하고 적응하기 위해서는 종업원이 반복적이고 체계적인 학습과 훈련을 통해 환경 변화에 유연하게 대응할 수 있는 능력을 갖추어야 한다. 이러한 점에서 교육훈련은 단순한 기능 습득을 넘어서 직장 적응력(workplace adaptability)을 배양하는 수단으로 기능한다. 이와 같은 적응의 과정을 보다 구체적으로 설명한 것이 〈그림 9-2〉 학습을 매개로 한 직장 적응의 모델이다. 이 도식은 개인이 학습을 통해 직무 환경에 적응하고, 궁극적으로 조직에 효과적으로 기여하는 과정을 시각적으로 나타낸 것이다.

둘째, 인사계획(승진, 배치 등)의 원활한 수행

조직의 인사관리 활동, 특히 승진, 배치전환, 경력개발 등은 종업원의 역량 수준을 정확히 파악하고 그에 따라 적합한 인재를 적소에 배치하는 것을 전제로 한다. 이러한 인사계획을 효율적으로 수행하기 위해서는 종업원들이 일정 수준 이상의 직무 역량을 갖추고 있어야 하며, 이는 조직 차원의 전략적 교육훈련을 통해 가능하다. 예컨대 차기 관리자 후보군 육성을 위한 리더십 교육, 다기능 인력을 위한 직무 순환 훈련 등은 조직 내 인사유연성을 확보하는 데 필수적인 역할을 한다.

셋째, 기술혁신과 인력구성 변화(중 · 고령층 증가)에 따른 능력 진부화 대응

기술환경의 급속한 변화는 기존의 직무수행 방식이나 기술을 빠르게 진부화시키며, 이에 따라 종업원들이 지속적으로 최신 기술과 업무 트렌드를 습득하지 않으면 직무능력이 퇴화할 수 있다. 특히 고령화 사회로 접어들며 중·고령층 인력의 비중이 증가하고 있는 현실에서, 이들이 변화된 환경에 적응할 수 있도록 지원하는 교육훈련의 중요성이 더욱 강조되고 있다. 따라서 조직은 구성원의 생애 주기에 맞는 직무 재교육과 전환 훈련 프로그램을 통해 역량을 지속적으로 강화해야 하며, 이는 고용 안정과 조직의 지속 가능성 확보에도 중요한 역할을 한다.

그림 9-2 학습을 매개로 한 직장적응의 모델

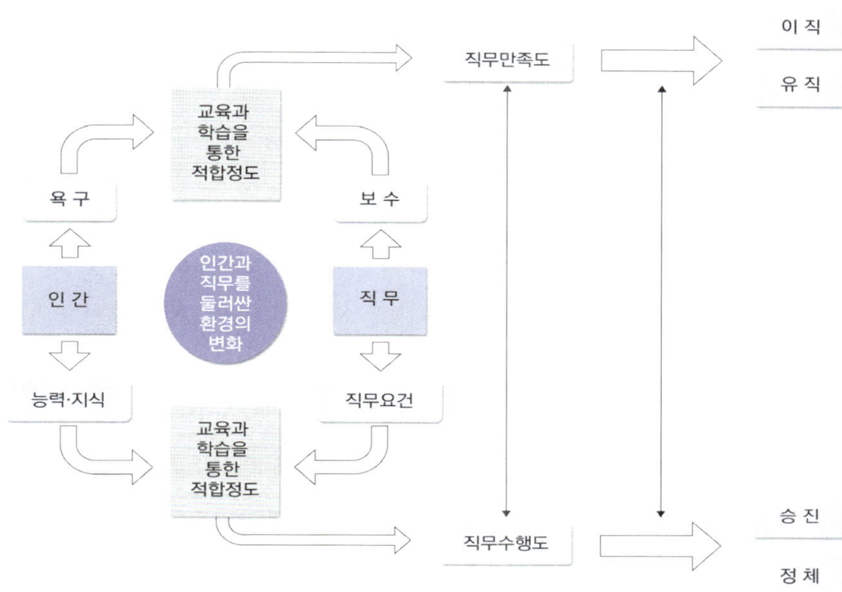

3. 교육훈련과 학습의 원리

교육훈련은 단순한 지식 전달을 넘어서, 개인이 직무에서 요구되는 역량을 실제로 발휘할 수 있도록 돕는 능력 개발의 핵심 수단이다. 이러한 교육훈련은 학습과정과 밀접하게 연계되어 있으며, 효과적인 교육훈련 프로그램을 설계하고 실행하기 위해서는 인간의 학습 메커니즘에 대한 충분한 이해가 전제되어야 한다.

1) 학습과정에 대한 명확한 이해

교육훈련의 효과성을 극대화하기 위해서는 학습자가 어떠한 과정을 통해 지식과 기술을 습득하는지에 대한 체계적인 이해가 필요하다. 특히 고정된 과업 또는 정형화된 직무를 학습할 경우, 일반적으로 다음과 같은 3단계의 학습과정을 거치게 된다.

(1) 명시적 지식의 습득 단계(Acquisition of Declarative Knowledge)

이 단계는 학습의 초기 국면으로, 학습자는 과업 수행에 필요한 개념, 사실, 절차 등에 대한 명시적(선언적) 지식을 획득하게 된다. 이는 주로 이론 교육, 설명, 시청각 자료, 설명서 등을 통해 이루어지며, 학습자는 많은 시행착오를 겪으면서 지식을 자기화하게 된다.

예 신입사원이 업무 매뉴얼을 학습하거나, 안전교육을 받는 단계

(2) 지식의 총합 단계(Knowledge Compilation)

이 단계에서는 초기의 단편적인 정보들이 하나의 유기적인 체계로 통합되고 조직화된다. 과업의 여러 요소들이 상호 연결되며, 지식이 행동 패턴으로 전환되기 시작한다. 이 과정에서는 반복훈련과 피드백이 중요하며, 학습자는 보다 능숙하고 빠르게 과업을 수행하게 된다.

예 생산직 근로자가 작업 공정의 흐름을 숙지하고, 단계별로 자동화된 동작을 익히는 과정

(3) 절차적 지식의 습득 단계(Proceduralization)

마지막 단계에서는 학습자가 if-then 규칙과 같은 절차적 규칙을 내면화하고, 자동적이고 무의식적인 과업 수행 능력을 갖추게 된다. 이는 마치 자동차 운전자가 기어 변속이나 브레이크 조작을 의식하지 않고도 수행하는 것과 같은 수준의 숙련도를 의미한다. 학습자는 실질적인 직무 수행 시 인지적 부하 없이 고도의 효율성을 발휘할 수 있게 된다.

예 고객응대 업무에서 학습된 응답 스크립트를 자연스럽게 구사하는 콜센터 직원

이러한 학습과정의 이해는 교육훈련 프로그램의 설계와 운영에 중요한 시사점을 제공한다. 특히 다음과 같은 원리를 고려해야 한다.

– **시행착오와 실습의 기회 제공**: 학습자는 실패와 오류를 통해 학습하므로,

안전한 학습 환경에서 충분한 실습과 피드백을 경험하도록 해야 한다.

- **단계적 훈련 설계**: 교육훈련은 명시적 지식 → 통합적 연습 → 자동화된 수행의 흐름에 따라 점진적이고 계열화된 방식으로 구성되어야 한다.
- **개별차 고려**: 학습자는 개인에 따라 속도, 이해력, 인지방식이 다르므로, 다양한 교수법과 지원방안이 요구된다.
- **직무와의 연계성**: 학습한 내용이 실제 직무수행에 적용될 수 있도록 현장 기반 학습(training transfer) 요소를 강화해야 한다.

2) 학습원칙의 적용

효과적인 교육훈련을 설계하고 실행하기 위해서는 학습자의 행동 특성과 학습 메커니즘에 대한 원리를 충분히 고려해야 한다. 교육심리학 및 인적자원개발 이론에서는 다양한 학습 원칙들이 제시되어 왔으며, 이들 원칙은 교육훈련의 목표 설정에서부터 실행, 평가에 이르기까지 실질적인 지침을 제공한다. 다음은 교육훈련 시 반영해야 할 주요 학습 원칙들이다.

(1) 목표 설정(Goal Setting)

학습자는 학습의 목표가 분명히 제시될 때, 그 목표를 향해 더 높은 동기와 집중력을 보이는 경향이 있다. 교육자는 교육과정의 목적과 기대 성과를 명확하게 전달함으로써 학습자에게 자기주도적 태도를 유도하고, 학습내용에 대한 흥미와 이해도를 높일 수 있다. 이는 목표설정 이론(goal-setting theory)에서도 강조되는 핵심 원리이다.

(2) 의미 있는 학습(Meaningful Learning)

단순한 암기식 학습은 장기적인 정착 효과가 낮다. 학습자는 새로운 정보를 기존의 지식 구조와 연결지을 수 있을 때 보다 효과적인 이해와 기억이 가능해진다. 이를 위해 교육내용은 학습자의 경험, 배경지식, 맥락과 연계되어야 하며, 가능한 한 실생활과의 관련성을 강조하는 맥락 중심적 교육이 바람직하다.

(3) 모델링(Modeling)

"백문이 불여일견"이라는 말처럼, 학습자는 단순한 설명보다 모범적인 행동을 관찰함으로써 더 큰 학습 효과를 얻게 된다. 이러한 모델링은 행동이론에서 관찰학습(observational learning)으로 설명되며, 시연(demonstration), 비디오자료, 사진, 실물 예시 등을 통해 실현될 수 있다. 특히 새로운 행동양식이나 기술을 학습할 때 효과적인 방법이다.

(4) 개인차(Individual Differences)

모든 학습자는 인지능력, 흥미, 성향, 학습속도 등에서 서로 다른 특성을 지닌다. 따라서 교육훈련은 획일적인 방식보다는, 가능한 한 개인화된 접근을 통해 다양한 학습자의 요구를 반영할 수 있어야 한다. 예를 들어, 보조자료 제공, 다양한 학습채널(시각, 청각, 체험) 활용, 개별 피드백 제공 등을 통해 개인차를 존중할 수 있다.

(5) 적극적인 실습과 반복(Practice and Repetition)

학습자의 지식과 기술을 실제 행동으로 이전(transfer)시키기 위해서는 단순 이론 학습보다는 실습 기반의 반복훈련이 필수적이다. 꾸준한 연습은 학습된 행동을 자동화된 수행으로 전환시키며, 이는 특히 기술훈련, 업무 절차 교육에서 핵심적인 요소이다. 반복은 또한 기억의 장기화 및 숙련도 향상에도 기여한다.

(6) 전반적 학습 VS. 부분적 학습(Whole vs. Part Learning)

일부 복잡한 직무는 전체 과업을 한 번에 학습하기보다는 부분(part) 단위로 나누어 학습하는 방식이 효과적일 수 있다. 예컨대 기계 조작, 고객 응대, 소프트웨어 사용 등의 경우, 세부 기술이나 절차를 단계적으로 학습하는 편이 더 나은 결과를 낳는다. 반면, 전체 맥락이 중요한 과업이라면 전반적 학습이 적합할 수 있다. 교육설계자는 직무 특성에 맞는 방식을 선택해야 한다.

(7) 집중학습 vs. 배분학습(Massed vs. Distributed Practice)

학습시간을 어떻게 배분할 것인가는 학습성과에 중요한 영향을 미친다. 연구에 따르면 동일한 학습시간이라 하더라도, 이를 짧은 시간 간격으로 여러 번 나누어 진행하는 배분학습(distributed practice) 방식이 더 높은 이해도와 장기 기억에 효과적이다. 반면, 한 번에 긴 시간 동안 학습하는 집중학습(massed practice)은 단기 성과에는 유리하지만 장기 유지력은 낮다. 따라서 교육훈련 담당자는 교육내용의 난이도와 학습자의 특성에 따라 적절한 학습방식을 설계해야 한다.

(8) 피드백과 강화(Feedback and Reinforcement)

피드백은 학습자가 자신의 행동이나 성과에 대한 정보를 수용하고 조정할 수 있도록 돕는 중요한 자극이다. 피드백은 즉시적일수록 효과가 높으며, 긍정적 피드백은 학습 동기를 유도하고, 부정적 피드백은 개선의 방향을 제시할 수 있다. 또한 성과에 대한 보상(강화, reinforcement)은 행동주의 학습 이론에 기반하여 바람직한 행동의 반복을 유도하는 핵심 메커니즘이다.

표 9-3 학습원칙

원칙	핵심 내용
목표설정	명확한 목표 제시는 학습자의 동기와 집중력을 증가시킴
의미 있는 학습	기존 지식과 연계된 학습은 장기기억과 이해도를 향상시킴
모델링	시청각 자료, 시범 등을 통한 관찰학습이 효과적임
개인차	학습자의 특성과 스타일을 반영한 개별화 접근 필요
실습과 반복	반복된 수행은 자동화와 숙련도를 향상시킴
전반적 vs. 부분적 학습	직무 특성에 따라 전체 또는 세부단위 학습방식 선택
집중 vs. 배분학습	반복적 배분학습은 장기 기억과 이해에 유리함
피드백과 강화	즉각적 피드백과 보상은 학습 동기 및 행동 개선을 유도함

3) 교육훈련 전이의 활성화

교육훈련의 효과는 단순히 교육장에서 학습한 내용을 잘 이해하고 기억하는 데서 그치는 것이 아니라, 그것이 실제 직무에 얼마나 성공적으로 적용(transfer)되는가에 달려 있다. 이를 '교육훈련의 전이(transfer of training)'라고 하며, 이는 교육훈련의 효율성과 투자 대비 효과(ROI)를 평가하는 핵심 지표가 된다. 교육훈련의 전이란, 학습자가 교육과정에서 습득한 지식, 기술, 태도(Knowledge, Skills, Attitudes: KSA)가 직무수행에 직접적으로 활용되어 행동의 변화와 조직성과 향상으로 이어지는 과정을 의미한다. 그러나 많은 교육훈련 프로그램들이 이론 중심 또는 단기 성과에 집중되다 보니, 실제 전이가 충분히 이루어지지 못하는 경우가 많다. 따라서 조직은 교육훈련의 성과가 현장에 효과적으로 전이될 수 있도록 다음과 같은 방안을 종합적으로 고려해야 한다.

(1) 학습 환경과 실제 작업 환경의 유사성 확보

훈련 내용이 실제 직무에 적용되기 위해서는 학습 상황이 현업과 유사하게 구성되어야 한다. 즉, 훈련 장소, 장비, 업무 절차, 과업 내용 등이 현장과 유사할수록 학습자는 보다 현실감 있게 몰입할 수 있으며, 상황 기반 학습(situated learning)을 통해 훈련 내용을 자연스럽게 직무에 이식할 수 있다.

예 콜센터 직원 교육 시 실제 상담 시스템 인터페이스를 그대로 재현한 시뮬레이션 훈련 제공

(2) 실제 직무 관련 사례와 자료 활용

학습자가 교육내용과 직무의 연관성을 인식할 수 있도록 실제 직무 사례와 데이터를 기반으로 한 교육자료를 사용하는 것이 중요하다. 이를 통해 학습자는 교육과 자신의 일 사이의 연결고리를 명확히 이해하고, 이를 실무에 적용할 구체적인 아이디어를 도출할 수 있다.

예 영업사원 교육에서 실제 고객 사례, 계약서, CRM 시스템 화면 등을

활용한 학습

(3) 기초 원리의 명확한 이해 유도

단순한 절차나 스킬이 아니라, 그 행동이 왜 필요한가에 대한 근본 원리와 개념을 주지시키는 것이 장기적 전이에 더 효과적이다. 원리에 대한 깊은 이해는 새로운 상황에 직면했을 때 융통성 있게 지식을 응용하게 하며, 단순 모방이 아닌 '적극적 전이'를 유도한다.

예 '고객 클레임 대응' 훈련에서 단순 응대문구 암기가 아닌 '고객 심리 이해' 원리를 중심으로 설명

(4) 반복과 시간의 확보

학습내용이 실제로 습관화되고 숙련되기 위해서는 반복적인 연습과 충분한 학습 시간이 필수적이다. 짧고 강도 높은 집중 교육보다, 간격을 두고 반복되는 훈련이 전이 효과에는 더 긍정적이다.

예 1회성 워크숍보다는 주간 또는 월간 단위의 분산된 실습교육 설계

(5) 현업 적용 기회 제공

교육 종료 후, 학습한 내용을 직무에 직접 적용해볼 수 있는 기회를 제공해야 한다. 실무 적용이 지연되면 학습효과는 급격히 감소하며, 학습자는 교육내용을 쉽게 잊게 된다.

예 교육 후 한 주간 '적용 과제'를 부여하고, 직속 상사의 피드백을 연계하는 방식

(6) 조직 내 상사 및 동료의 지원

학습자가 현업에서 교육 내용을 실천하려 할 때, 직장 내 분위기와 지원 체계가 이를 뒷받침하지 못하면 전이는 실패할 수 있다. 따라서 교육훈련 전이 활성화를 위해서는 직속 상사, 팀원, 조직문화의 지지와 협력이 필요하다.

예 상사가 교육 후 업무 미팅에서 "이번 교육에서 무엇을 배웠나?", "어떻게 적용할 계획인가?"를 질문하는 문화

(7) 팀 기반의 동시 교육 프로그램

개인이 아닌 동일 조직의 여러 구성원이 함께 교육을 받는 경우, 학습 내용이 팀 내에서 공동의 언어와 기준으로 공유되며, 상호 자극과 협업을 통해 전이 효과가 촉진된다. 이러한 방식은 조직 내 변화의 확산 및 실행력을 제고하는 데 효과적이다.

예 프로젝트 팀 전체가 함께 '애자일 방식' 교육을 수강하고 업무 프로세스에 적용

표 9-4 교육훈련 전이 활성화를 위한 전략 요약

전이 촉진 방안	설명
실제 작업 환경 유사화	장비, 절차, 과업 유사하게 설계하여 몰입도 및 전이 가능성 제고
직무 관련 자료 및 사례 활용	실무 적용성 강조 및 학습-직무 연결고리 명확화
기초 원리 중심의 이해	개념적 틀을 제공하여 다양한 상황에 적용 가능한 유연한 학습 구조 구축
반복과 시간 확보	분산학습 및 실습 기회를 통해 장기기억과 행동 습관화 유도
현업 적용 기회 제공	교육 직후 실무 적용 기회를 제공하고 피드백 및 결과 공유
상사 및 동료의 지원	조직 내 지지문화 조성 및 상사의 코칭과 피드백을 통해 실행 유도
팀 기반 동시교육	학습내용의 조직 내 확산 및 협업 기반 실행력 강화

4. 교육훈련관리의 과정

교육훈련관리란 〈그림 9-3〉에 정리한 바와 같이 조직의 전략적 목표 달성을 위하여 체계적이고 일관된 방식으로 교육훈련의 전 과정을 설계, 실행,

그림 9-3 교육훈련의 과정

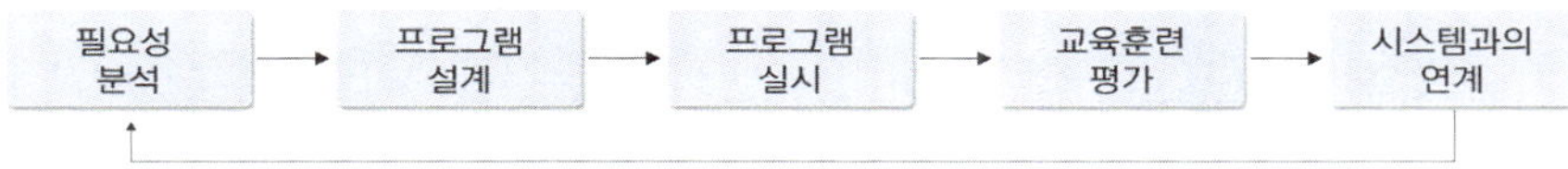

평가, 통합하는 관리 활동을 의미한다. 교육훈련관리의 과정은 단순히 프로그램을 설계하고 운영하는 것을 넘어, 그것이 조직성과 및 인사관리 시스템과 어떻게 연계되는가에 따라 그 효과가 달라진다. 교육훈련의 관리는 일반적으로 다음과 같은 5단계의 순환과정으로 구성된다.

(1) 교육훈련 필요성 분석(Needs Analysis)

가장 첫 번째 단계는 교육훈련의 필요성을 진단하는 것이다. 이는 조직의 외부 환경 변화(기술 변화, 법제도 변화, 산업 트렌드) 및 내부 환경 요인(조직 전략, 생산성 저하, 구성원 역량 부족) 등을 종합적으로 고려하여 교육이 필요한 영역과 그 목적을 명확히 규명하는 작업이다. 교육훈련의 필요성 분석은 일반적으로 다음의 세 가지 차원에서 이루어진다.

- **조직 분석**(Organizational Analysis): 조직 목표와 전략에 비추어 교육이 필요한 이유를 검토
- **과업 분석**(Task Analysis): 직무 수행에 필요한 지식, 기술, 태도를 도출
- **개인 분석**(Person Analysis): 구성원 개인별 교육 필요 수준을 평가

이 단계는 향후 모든 교육훈련 활동의 방향성을 결정하는 핵심적 기초 단계로, 정확성과 객관성이 매우 중요하다.

(2) 교육훈련 프로그램 설계(Program Design)

교육의 목적과 방향이 설정되면, 다음 단계는 실제로 어떠한 내용을 누구에게 어떻게 전달할 것인가를 결정하는 교육훈련 프로그램의 설계이다. 이 과정은 다음과 같은 요소들을 포함한다.

- **교육 대상자 선정**: 교육이 필요한 집단과 개인의 특성 파악
- **교육 목표 설정**: SMART 원칙에 따른 구체적이고 측정 가능한 목표 설정
- **교육 내용 구성**: 직무 관련성과 전이 가능성을 고려한 콘텐츠 개발
- **교육 방법 결정**: 강의, 워크숍, OJT, 시뮬레이션, 이러닝 등 방법의 적합성 판단
- **교육 시기 및 장소 설정**: 운영상 효율성과 학습 집중도를 고려한 일정 설계

이 단계는 교육성과의 품질을 좌우하는 설계적 중추 단계로, 전략적 인사관리와의 연계성이 반영되어야 한다.

(3) 프로그램 실행(Implementation)

설계된 프로그램은 실제로 교육현장에서 운영되어야 한다. 이 단계는 계획의 실행 단계로서, 교육의 실행력과 조직 운영 능력이 요구된다. 주요 실행 요소는 다음과 같다.

- **교육 일정의 운영**: 참가자의 직무 스케줄과 충돌하지 않도록 조정
- **강사 및 전담 인력 확보**: 내부 또는 외부 전문가 선정
- **교육 장소 및 기자재 준비**: 학습환경 조성과 운영 안정성 확보
- **참여자 관리**: 출결, 참여율, 활동 추적 등을 통한 운영 품질 유지

프로그램 실행 단계는 현장 밀착형 조정과 문제 해결 능력이 필요한 단계이며, 피교육자의 몰입과 만족도에 직접적인 영향을 미친다.

(4) 교육훈련 평가(Evaluation)

교육훈련이 완료된 후에는 그 효과를 다각도로 검토하고, 향후 개선점을 도출하는 평가 단계가 수행된다. 교육훈련의 평가는 단순한 만족도 조사에 그치지 않고, 다층적 성과 평가 모델을 활용하여 실제 조직에 미친 영향까지 측정해야 한다. 일반적으로는 커크패트릭(Kirkpatrick)의 4단계 평가모델이 널리

활용된다.

- **반응 평가**: 참가자의 만족도
- **학습 평가**: 지식 및 기술 습득 정도
- **행동 평가**: 현업에서의 실제 적용 여부
- **성과 평가**: 조직성과에 미친 영향

이러한 평가결과는 다음 교육 기획의 피드백 자료로 활용되어, 교육의 품질을 지속적으로 향상시키는 선순환 구조를 만든다.

(5) HRM 시스템과의 연계 통합(Integration with HR Systems)

마지막 단계는 교육훈련 결과를 조직의 인적자원관리 전반(HRM system)과 어떻게 통합할 것인가를 결정하는 것이다. 교육훈련이 인사고과, 승진관리, 보상, 직무순환, 경력개발과 유기적으로 연계되어야만 전략적 인적자원개발(Strategic HRD)이 실현된다.

- **인사고과와의 연계**: 교육성과를 성과 평가 지표에 반영
- **보상제도와의 연계**: 교육이수자에 대한 인센티브 제공
- **직무순환과의 연계**: 교육 이후 신규 직무 기회 제공
- **경력개발과의 연계**: 경력경로상의 학습 포인트 제시

이 단계는 단순한 교육운영을 넘어, 교육을 통한 조직 역량 강화와 전략 실행을 위한 완성 단계라 할 수 있다.

section 02 교육훈련의 필요성 분석

교육훈련은 조직의 인적자원을 전략적으로 개발하고, 지속가능한 경쟁력을 확보하는 데 핵심적인 도구이다. 그러나 교육훈련이 효과를 발휘하기 위해서는 무엇보다 먼저 교육훈련을 실시해야 할 실질적 필요성이 존재하는가를

그림 9-4 교육훈련의 필요성분석

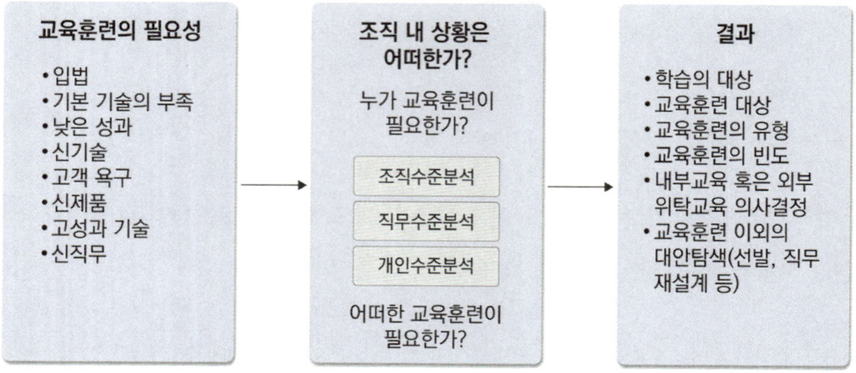

분석하고 확인하는 절차가 선행되어야 한다. 〈그림 9-4〉는 이러한 교육훈련의 필요성 분석은 교육계획 수립의 기초자료일 뿐 아니라, 교육의 전략적 정당성 및 예산 확보의 타당성을 설명하는 핵심 논거로 작용한다. 정확한 필요성 분석을 위해서는 기업의 외부 환경과 내부 환경에 대한 종합적인 분석이 수행되어야 한다. 예컨대, 법령의 개정, 기술 변화, 시장 내 경쟁구도의 변화, 신제품 및 신기술 도입, 조직의 경영성과 악화, 신규 직무의 창출 등은 모두 교육훈련의 필요성을 유발할 수 있는 중요한 외생변수들이다. 이러한 변화에 효과적으로 대응하기 위해 조직은 조직 전체 수준, 직무 수준, 그리고 개인 수준에서 교육훈련의 필요성을 체계적으로 진단해야 한다. 이는 단순한 훈련 수요 파악을 넘어서, 교육훈련을 조직 전략과 연결시키고 인적자원관리 전반에 통합하기 위한 필수적인 단계이다.

1. 조직수준의 필요성 분석

조직수준의 교육훈련 필요성 분석은, 조직 전체의 전략적 방향, 경영목표, 문화적 가치, 구조적 문제 등 거시적 요인에 기반하여 어떤 영역에 교육이 필요하며, 그 교육이 조직의 성과 향상에 어떤 영향을 미칠 수 있는지를 진단하는 과정이다. 먼저, 조직이 추구하는 전략이나 비전에 부합하는 인재를 확보하거나 양성하는 것이 필요한 경우 교육훈련은 전략적 투자로서 기능할 수 있다. 예를 들어, 조직이 ESG 경영을 강화하려 한다면 전사적인 지속가능성 교육이 요구될 수 있으며, 디지털 트랜스포메이션을 추진하는 조직은 데이터 분석, AI 이해 등 관련 역량 교육이 필요하다.

또한, 교육훈련은 조직문화의 강화 또는 전환 수단으로도 활용된다. 갈등이 잦거나 부서 간 협력이 부족한 경우 조직 내 공통 가치와 커뮤니케이션 역량을 정립하는 교육이 조직 차원에서 필요하게 된다. 이와 함께, 성과가 저조한 사업부서나 기능부서가 존재하는 경우 해당 부서의 전략적 중요도와 조직 전체에 미칠 파급효과를 고려해 우선적으로 교육이 배정되어야 한다. 〈표 9-4〉에서 제시된 바와 같이, 조직수준의 주요 진단 질문은 다음과 같다.

- 조직 전략 및 미래 계획에 부합하는 교육훈련이 무엇인가?
- 기업문화에 긍정적인 영향을 미칠 수 있는 교육요소는 무엇인가?
- 각 조직단위의 실제 성과 수준은 목표 대비 어느 정도이며, 교육훈련이 그 격차 해소에 기여할 수 있는가?
- 교육훈련을 실행할 수 있는 자원(예산, 시간, 인력)은 충분한가?
- 교육훈련에 대해 최고경영자, 상사, 동료는 얼마나 지지하고 있는가?
- 교육훈련이 특정 부서에 국한되지 않고, 조직 전반에 긍정적인 전염효과를 낳을 수 있는가?

이와 같이 조직수준의 분석은 교육훈련을 단순한 기능 향상이 아닌 조직 차원의 변화관리 수단으로 접근하는 전략적 분석이다.

2. 직무수준의 필요성 분석

직무수준의 필요성 분석은 조직 내 특정 직무의 업무수행 요건과 실제 직무수행자의 역량 간의 차이를 파악하는 것을 목표로 한다. 이를 통해 어떤 직무에서 어떤 교육이 필요한지, 그리고 그 교육을 어떻게 설계할 것인지에 대한 실무적 기초를 마련할 수 있다. 오늘날 많은 직무들은 빠르게 변화하고 있다. 새로운 소프트웨어나 장비의 도입, 자동화 시스템의 적용, 고객 응대 방식의 변화 등은 기존 직무수행 방식의 재조정을 요구하고 있다. 이에 따라 직무별 교육훈련은 기술적 변화에 대한 적응력 향상, 업무 표준화, 서비스 품질 제고 등을 목적으로 실시된다. 직무수준에서 고려해야 할 주요 질문은 다음과 같다.

- 해당 직무는 어떤 지식, 기능, 태도(KSA)를 요구하는가?
- 직무의 난이도와 복잡성 수준은 어느 정도인가?
- 직무수행 과정에서 필요한 절차나 장비의 조작법은 현장에서 자연스럽게 습득 가능한가, 아니면 구조적인 교육훈련이 필요한가?
- 직무 특성상 가장 효과적인 교육 방식은 무엇인가? (예: 집합교육, OJT, 시뮬레이션 등)
- 직무의 성격상 반복 학습과 실습이 필요한가?

이러한 분석은 직무 중심 인사관리(Job-Based HRM), 직무급 설계, 직무 경로 설정, 그리고 업무혁신과도 밀접하게 연계된다. 특히 직무 수행에 필수적인 역량 개발을 목적으로 한 직무별 역량모델링과 결합될 경우, 직무수준의 교육훈련은 더욱 체계화되고 전략화될 수 있다.

3. 개인수준의 필요성 분석

개인수준의 교육훈련 필요성 분석은 조직 구성원 개개인의 성과, 역량, 동기, 학습 준비도 등을 고려하여, 교육이 누구에게 필요한지를 판단하는 단계이다. 이는 교육훈련의 효과성과 자원 투입의 효율성을 높이기 위한 가장 미시적이고 실천적인 분석 수준이라 할 수 있다. 개인의 성과가 낮다고 해서 무조건 교육훈련의 대상이 되는 것은 아니다. 그 원인이 지식과 기술의 부족 때문인지, 아니면 동기부여의 결여, 조직의 구조적 문제, 직무설계의 부적합성 때문인지를 구분하는 것이 우선되어야 한다. 또한, 개인이 실제로 교육훈련을 수용할 준비가 되어 있는지, 학습된 내용을 실제 업무에 전이시킬 수 있는 환경적·심리적 조건이 갖추어졌는지도 중요하다. 개인수준에서 고려해야 할 주요 분석 항목은 다음과 같다.

- 어떤 구성원의 성과가 저조하며, 그 성과가 조직 전체에 어떤 영향을 미치는가?
- 저성과의 원인은 직무적합성, 조직지원 부족, 동기결여, 혹은 역량 부족 중 어느 것인가?
- 해당 개인은 교육훈련을 수용할 의지와 준비가 되어 있는가?
- 상사 및 동료의 피드백이나 조직의 지원은 충분히 제공되고 있는가?

특히, 개인 수준의 분석은 교육훈련이 단기 성과 향상을 넘어서, 경력개발, 직무배치, 승진관리와 같은 인사관리와 긴밀히 연결되도록 해야 한다. 이를

표 9-5 교육훈련의 필요성 분석

수준	주요 이슈
조직 수준	- 조직 전략을 고려했을 때 어떤 교육훈련이 필요한가? - 기업문화를 고려했을 때 어떤 교육훈련이 필요한가? - 교육훈련이 조직의 미래 계획 및 목표와 부합하는가? - 조직은 교육훈련을 실시할 충분한 자원을 갖추고 있는가? - 조직 각 단위의 목표 및 기대 수준 대비 실제 성과 수준은 어떠한가? - 가장 먼저 교육훈련을 받아야 할 조직단위는 어디인가? - 특정 단위에 대한 교육훈련이 조직 전체에 미칠 영향은 무엇인가? - 최고경영자의 교육훈련에 대한 지원 수준은 어떠한가? - 교육훈련에 대해 상사 및 동료의 지지 수준은 어느 정도인가?
직무 수준	- 직무의 난이도와 복잡도는 어느 정도인가? - 직무수행에는 어떤 지식, 기능, 정보, 장비, 자재가 필요한가? - 직무를 수행하는 정확한 절차는 무엇인가? - 위 내용은 현장에서 습득 가능한가? 또는 별도의 교육훈련이 필요한가? - 이러한 직무 특성에 가장 효과적인 교육훈련 방법은 무엇인가?
개인 수준	- 어떤 구성원의 성과가 저조한가? - 그 개인의 성과 저조가 조직 전체 성과에 어떤 영향을 미치는가? - 직무설계상의 문제로 인해 성과가 저조한 것은 아닌가? - 동기부여 부족이 성과 저하의 원인인가? - 상사나 동료의 지원 부족이 원인인가? - 기타 조직 내·외적 상황 요인이 성과에 영향을 미쳤는가? - 해당 개인은 교육훈련을 수용할 자세가 준비되어 있는가? - 교육훈련을 수용할 인지적 능력과 역량은 갖추고 있는가?

출처: 김식현, 『인사관리론』, 무역경영사, 1999, p.292 수정

통해 조직은 단순히 '훈련을 시켰다'는 형식적 평가에서 벗어나, '누가 어떻게 성장했는가'라는 질적 변화에 주목하는 전략적 인사관리가 가능해진다.

section 03 교육훈련프로그램의 설계와 실시

교육훈련의 효과는 단순히 프로그램을 운영한다고 해서 자동적으로 달성되는 것이 아니다. 교육훈련의 필요성 분석 이후, 실질적인 성과로 연결되기 위해서는 정확한 목표 설정과 체계적인 설계, 그리고 피교육자의 수용도에 대한 철저한 사전 분석이 필수적이다. 특히 성인 학습의 특성을 반영한 설계는 프로그램의 실효성을 좌우하는 핵심 요소라 할 수 있다. 따라서 교육훈련의 설계 단계에서는 무엇을, 누구에게, 어떤 방식으로, 어떤 환경에서, 어떤 기준에 따라 평가할 것인가에 대해 명확하게 계획되어야 하며, 이후 실시 단계에서는 이를 조직적이고 효율적으로 실행할 수 있는 기반이 갖추어져야 한다.

1. 교육훈련 목표의 설정

교육훈련 프로그램 설계의 출발점은 명확하고 측정 가능한 교육훈련 목표의 설정이다. 이는 앞서 교육훈련의 필요성 분석을 통해 도출된 교육의 대상과 내용에 기초하여 구체화된다. 교육훈련 목표는 단순한 방향 제시를 넘어서, 교육이 끝난 후 학습자에게 기대되는 행동 변화 또는 성과를 명시하는 행위목표(behavioral objectives)로 수립되어야 한다. 이러한 목표는 훈련이 완료된 후 평가 시 기준으로 활용되며, 동시에 훈련 참여자에게는 학습의 명확한 기대치를 제시함으로써 학습 동기를 자극하고 집중력을 높이는 데 기여한다.

예를 들어, "보고서 작성 역량 강화"라는 일반적인 목표보다는 "참여자는 교육 수료 후 10분 내에 A양식의 업무보고서를 표준 작성 절차에 따라 작성할 수 있다"는 식의 구체적인 목표 설정이 바람직하다. 이러한 목표는 SMART 원칙(구체적, 측정 가능, 달성 가능, 관련성, 시간 기반)에 따라 설정되어야 한다. 따라서 교육훈련 설계 시, 모든 콘텐츠는 이 목표와의 정합성을 기준으로 구조화되어야 하며, 훈련 방식과 평가 지표 역시 목표 달성에 초점을 맞추어 구성되어야 한다.

2. 교육훈련 수용도 확인

교육훈련 프로그램의 설계는 단순히 프로그램 구조를 만드는 작업이 아니라, 교육 대상자인 피교육자가 실제로 그 내용을 수용하고 실행할 수 있는 상태에 있는지를 확인하는 과정과 함께 이루어져야 한다. 이를 교육훈련 수용도(readiness for training)의 진단이라고 한다. 교육훈련 수용도는 크게 두 가지 측면에서 분석된다. 첫째는 개인적 측면으로서, 피교육자가 교육 내용에 대해 관심을 가지고 능동적으로 학습할 준비가 되어 있는지, 즉 교육을 통해 실제 역량을 개발하고 이를 직무에 적용할 내재적 동기와 기본 역량을 갖추고 있는지를 분석하는 것이다. 둘째는 작업환경적 측면으로서, 학습자가 교육훈련을 받은 후 이를 실제 직무에 전이할 수 있도록 지원하는 조직 환경과 사회적 지지 체계가 얼마나 마련되어 있는지를 확인하는 것이다. 이와 관련된

표 9-6 교육훈련 수용도 확인 항목

항목	내 용
자신감(Self-efficacy)	학습자가 자신이 교육훈련의 과제를 성공적으로 수행할 수 있다고 믿는가에 대한 자기 인식 수준
교육훈련의 이점 인식	교육을 통해 얻게 될 이익, 보상, 직무수행 향상 등에 대한 학습자의 이해 수준
교육훈련 필요성 및 경력목표 인식	교육이 본인의 경력 개발 및 목표 달성에 어떻게 기여하는지를 이해하고 있는가
작업환경 특성	① 상황 제약 요인: 과중한 업무, 시간 부족, 자원 미비 등 ② 사회적지지: 상사나 동료의 관심, 피드백, 격려 등
기본적 기능 (Basic Skills)	① 인지능력: 정보처리 및 문제해결 능력 ② 독해능력: 교육자료를 이해하고 해석할 수 있는 능력

출처: Raymond Noe et al., 2000, pp. 220-224, 수정

구체적인 항목들을 요약한 것이 〈표 9-6〉이다.

교육훈련 수용도 분석은 교육 설계의 출발점이자, 교육의 실효성을 보장하기 위한 선제적 위험관리 도구라 할 수 있다. 학습자가 교육훈련을 통해 무엇을 얻을 수 있는지를 스스로 인식하지 못하거나, 기본적 이해 능력이 부족하다면 아무리 우수한 콘텐츠도 성과로 연결되기 어렵다. 따라서 조직은 교육훈련 프로그램을 설계함에 있어, 피교육자의 인지적 준비성, 동기 수준, 환경적 제약 조건 등을 고려하여 설계 초기 단계부터 이를 반영해야 한다.

3. 교육훈련방법의 선택

효과적인 교육훈련 프로그램을 설계하고 실행하기 위해서는, 설정된 교육목표와 피교육자의 수용 수준, 그리고 조직의 자원 상황 등을 종합적으로 고려하여 가장 적합한 교육훈련 방법을 선택해야 한다. 훈련 방법은 교육의 내용 전달 방식, 참여자의 학습 방식, 훈련 환경 등에 따라 다양하게 구분될 수 있으며, 각 방법은 그 효과성과 전이 가능성에 있어서 장단점을 지닌다. 교육훈련 방법은 단지 형식의 선택에 그치지 않고, 학습자의 행동 변화와 직무 수행 능력 향상이라는 최종 목표에 도달할 수 있는 수단으로 기능해야 한다. 따라서 교육담당자는 다양한 교육방법을 비교·분석하고, 훈련의 목적, 대상자 특성, 예산, 시간, 장비 등 복합적인 요소를 고려한 교육방법의 전략적 활용이 필요하다.

1) 교육훈련방법의 분류

교육훈련방법은 여러 기준에 따라 분류될 수 있으며, 〈표 9-7〉은 교육 목적과 교육 상황에 따라 실제 기업 현장에서 활용할 수 있는 다양한 방법을 체계적으로 정리한 것이다. 분류 기준은 크게 교육 대상, 교육 장소, 교육 내용, 그리고 교육 방법 자체로 구성된다.

표 9-7 교육훈련방법의 분류

구분 1	구분 2	항목(구분 3)	항목(구분 4)
대상	신입자	① 오리엔테이션	
		② 기초훈련	
		③ 실무훈련	
	기존 직원	① 현장종업원	
		② 감독자	
		③ 관리자	
		④ 경영자	
장소	조직 내 훈련	① 직장 내 훈련(OJT)	
		② 직장 외 훈련	
	조직 외 훈련		
교육내용		① 기능교육	
		② 노동교육	
		③ 교양교육	
	개별 교육	소극적 참여	① 강의실 강의
			② 원격학습
			③ 음성-영상학습
			① OJT
			② 자율학습
			③ 도제제도
			④ 시뮬레이션
			⑤ 경영게임과 사례분석
			⑥ 행위모델
			⑦ 인터렉티브 비디오
			⑧ Web 기반학습
	집단 교육	① 모험학습	
		② 팀훈련	
		③ 행위학습	
		④ 조직개발(OD)	
		⑤ 기타	회의, 세미나, 워크샵...

출처: 최종태, 『현대인사관리』(2000), Raymond Noe et al., Gomez－Mejia et al. 참고, 재구성

2) 대상별 교육훈련 방법

(1) 신입자 교육의 단계적 구성

교육훈련 방법은 교육 대상의 특성과 숙련도 수준에 따라 구분하여

설계되어야 한다. 특히 신입사원의 경우, 조직과 직무에 대한 지식과 경험이 전무한 상태이므로, 체계적인 단계별 교육훈련이 필요하다. 신입사원 대상의 교육훈련은 일반적으로 다음 세 단계로 구성된다.

① 오리엔테이션(Orientation)

오리엔테이션은 신입자가 조직에 입사한 직후 조직에 대한 전반적인 이해와 적응을 돕기 위해 제공되는 초기 교육훈련이다. 이 교육에서는 기업의 역사, 철학, 조직 구조, 행동 규범, 복리후생 제도 등 조직생활의 기본이 되는 내용을 중심으로 설명하고, 회사생활의 전반적인 틀과 문화에 대한 이해를 형성한다. 또한, 사무실, 생산현장, 부서 등을 직접 안내하여 공간적·심리적 낯섦을 해소하고 빠르게 조직에 융화될 수 있도록 돕는다.

② 기초훈련(Basic Training)

기초훈련은 조직의 기본 방침과 운영 시스템, 직무와 관련된 기초 지식과 공통 업무 프로세스를 중심으로 제공되는 교육이다. 교육 내용에는 조직의 비전과 전략, 부서 기능, 업무 절차, 복무규정, 성과평가 체계 등이 포함되며, 대부분 집합교육의 형태로 강의, 토의, 사례연구, 견학 등을 통해 이루어진다. 이 단계는 신입사원이 조직 내 공통 언어를 습득하고, 타 부서와의 연결 구조를 이해할 수 있는 기반이 된다.

③ 실무훈련(On-the-Job Training: OJT)

기초훈련 이후에는 담당 직무에 실질적으로 배치되기 위한 직무중심 교육이 이루어진다. 실무훈련은 대부분 직장 내 훈련(OJT)의 형태로 상사 또는 숙련된 선임자의 지도를 받아 현장에서 수행되며, 교육 대상자는 직무의 구체적인 기술, 장비 사용법, 문제해결 방식 등을 습득하게 된다. 이 과정은 교육 내용이 실제 업무에 즉시 연결되는 학습 전이 효과가 크기 때문에 신입자 교육의 핵심 단계로 간주된다.

교육방법 선택 시 고려사항 요약

– **교육목표의 성격**: 지식 전달인가, 기술 숙련인가, 태도 변화인가?

- **교육대상자의 수준과 특성**: 신입인가, 관리자급인가? 실습이 필요한가?
- **예산 및 자원 제약**: 외부 위탁이 가능한가, 자체 훈련이 유리한가?
- **직무 특성과 일치성**: 현장 중심 교육이 필요한가, 집합교육이 효과적인가?

(2) 기존직원 교육훈련

기존 직원에 대한 교육훈련은 조직 내 다양한 직급과 역할을 수행하고 있는 구성원들이 자신의 직무를 보다 효과적으로 수행하고, 변화하는 환경에 능동적으로 대응할 수 있도록 지원하는 데 목적이 있다. 특히 기존 직원은 조직 내 일정 수준 이상의 지식과 경험을 갖추고 있으므로, 단순한 정보 전달이 아니라 문제 해결력 향상, 조직관리 능력 제고, 리더십 강화 등 보다 고차원적인 역량 개발을 중심으로 교육이 설계되어야 한다. 교육훈련 대상자는 〈그림 9-5〉와 같이 조직 내 계층에 따라 크게 다음 네 가지로 구분된다.

① 현장종업원

② 감독자(주임, 반장 등)

③ 관리자(과장, 부장 등 중간관리층)

④ 경영자(임원급 이상)

그림 9-5 계층별 교육훈련의 내용

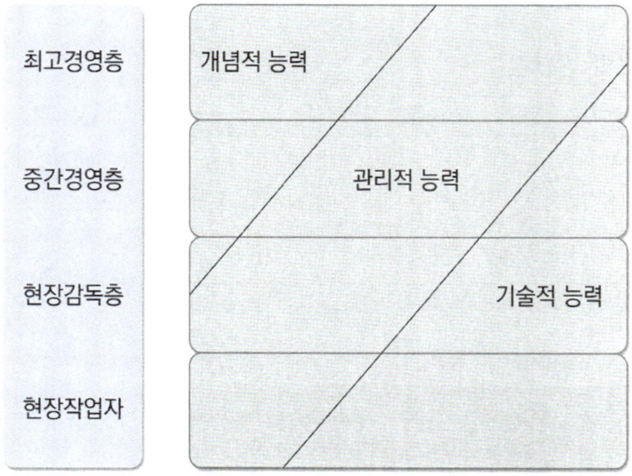

각 계층은 맡고 있는 직무의 성격과 기대되는 역할이 다르기 때문에, 교육의 목적, 내용, 방법 또한 계층별로 차별화되어야 한다. 일반적으로 계층이 높아질수록 전략적 사고, 조직관리, 대외 커뮤니케이션, 변화관리 등의 교육 비중이 증가하며, 반면 하위 계층일수록 기술 훈련, 안전 교육, 생산성 향상 교육 등에 집중된다.

3) 장소에 의한 분류

조직의 교육훈련은 장소에 따라 직장 내에서 이루어지는 조직 내 교육훈련과 외부기관에서 실시하는 조직 외 교육훈련으로 구분할 수 있다. 이는 단순한 공간의 차이를 넘어서 교육의 방식, 참여자 경험, 교육 콘텐츠의 전문성, 실효성에 중대한 영향을 미친다.

(1) 조직 내 교육훈련

① 직장 내 훈련(On-the-Job Training: OJT)

직장 내 훈련은 현업의 수행 과정 속에서 이루어지는 가장 실천적이며 직무 밀착형 교육훈련 방법이다. 일반적으로 상급자가 부하 종업원에게 직접 실무를 지도하거나, 경험을 공유하면서 학습을 유도하는 방식으로 진행된다. 특히 디지털 기술과 자동화의 확산으로 인해, OJT는 단순한 '모방 학습'을

표 9-8 OJT의 장단점

장 점	단 점
① 실제 업무와 밀접하게 연계되어 있어 즉각적인 성과 학습이 가능하다.	① 우수한 실무자가 반드시 우수한 교육자는 아니다. 교육역량의 편차가 존재한다.
② 직장 외 교육보다 교육 준비와 실행이용이하고, 일상 업무와 병행할 수 있다.	② 상사가 과업과 교육을 병행할 경우, 양자 모두에 집중하지 못할 수 있다.
③ 학습자의 역량 및 학습 속도에 따라 맞춤형 교육이 가능하다.	③ 조직 내 체계적인 커리큘럼 없이 비정형적으로 진행될 경우 효과가 저하될 수 있다.
④ 교육비용이 낮고, 기존 인력을 활용하여 예산 효율성이 높다.	④ 통일된 내용과 난이도를 보장하기 어려워 조직 전반의 일관된 역량 개발이 힘들다.
⑤ 상사·동료와의 관계 강화를 통해 조직 문화 및 협업 태도를 함양할 수 있다.	⑤ 고도의 전문성이나 최신 기술 교육에는 한계가 있다.

넘어서 '디지털 트윈 기반 시뮬레이션', '모바일 학습 도구', '현장 피드백 시스템' 등과 연계되어 진화하고 있다. 많은 기업들이 신입사원 교육이나 직무 전환 시 OJT를 적극 활용하고 있으며, 이는 종업원이 새 직무에 빠르게 적응하고 실무 역량을 개발하는 데 효과적이다.

② 직장 외 훈련(Off-the-Job Training: Off-JT)

직장 외 훈련은 업무 현장을 벗어나 교육 전용 장소에서 이루어지는 훈련으로, 강의, 워크숍, 시뮬레이션, 집단토론, 케이스스터디, 온라인 콘텐츠 등의 다양한 형태를 포함한다. 전문 강사의 체계적인 지도와 학습자의 몰입 환경 조성을 통해 고도의 이론적 이해와 통합적 사고 역량을 개발할 수 있는 점이 특징이다. 특히 최근에는 LMS(Learning Management System), MOOC (Massive Open Online Course), 메타버스 기반 훈련 등 다양한 디지털 플랫폼을 활용한 Off-JT가 활발히 운영되고 있으며, 코로나19 이후 비대면 교육 콘텐츠에 대한 수요와 품질도 급격히 향상되었다. Off-JT는 대규모 교육을 통일된 기준과 내용으로 동시에 실시할 수 있다는 장점이 있으며, 다음과 같은 특성이 있다.

- 조직 전반의 가치, 전략, 핵심역량 등에 대한 공동 이해를 도모할 수 있다.
- 외부 자극과 네트워킹을 통해 학습자 간 시너지를 창출할 수 있다.
- 최신 트렌드 및 전문 지식을 효율적으로 반영할 수 있다.

다만, 일상업무에서 벗어나야 하기 때문에 교육 시간 확보의 어려움, 실무 연계성 부족, 교육비용의 부담 등의 문제도 존재하며, 특히 중소규모 조직에서는 활용에 제약이 따르기도 한다.

(2) 조직 외 교육훈련

조직 외 교육훈련은 기업 외부의 전문기관이나 대학, 대학원 등의 교육기관에 위탁하여 이루어지는 장기적이고 고도화된 훈련을 말한다. 주로 관리자, 핵심 인재, 고성과자, 기술 전문가 등을 대상으로 하며, 다음과 같은 목적에 적합하다.

- 최신 기술이나 산업동향, 전문 분야의 지식 습득
- 리더십, 전략기획 등 조직 내에서 제공하기 어려운 심화 교육
- 장기 경력개발 계획(Career Development Plan: CDP)의 일환으로 활용

최근에는 '산학협력형 교육', '외부 인증교육(Certification Program)', '글로벌 MBA 및 Executive Program' 등이 활성화되고 있으며, 디지털 시대의 인재에게 필요한 고차원적 통합 역량 함양을 목표로 한다. 특히 디지털 전환, ESG, 데이터 분석 등 신기술·신가치 중심의 외부 교육 수요가 증가함에 따라, 조직들은 이를 전략적 투자로 인식하고 있으며, 일부 선진 기업은 자체 교육을 줄이고 외부 파트너십 중심으로 재편하는 경향도 나타난다.

이와 같이 장소에 따른 교육훈련의 구분은 단순한 공간의 차원을 넘어, 교육 목적, 참여자 특성, 조직의 전략 방향, 자원 활용 방식 등과 밀접하게 연계되어야 하며, 조직은 OJT, Off-JT, 외부위탁 교육을 유기적으로 결합한 혼합형(Blended) 전략을 통해 최적의 교육성과를 도출할 수 있다.

4) 교육내용에 따른 분류

조직이 종업원을 대상으로 수행하는 교육훈련은 그 내용의 목적과 초점에 따라 다양한 유형으로 분류될 수 있다. 이는 교육훈련의 기획 및 운영 시 가장 기본적인 분류 기준이며, 교육 대상자의 직무수행능력, 조직 이해도, 정서적 역량 등을 통합적으로 고려하는 방향으로 발전해 왔다.

(1) 직무교육(Job Training)

직무교육은 종업원의 직무 수행능력 향상을 목표로 하여, 해당 직무에서 요구되는 기능, 기술, 지식, 태도를 체계적으로 습득하게 하는 교육이다. 이는 기업 내에서 가장 보편적으로 시행되며, 생산성 향상과 직무 적응력 증진을 위한 핵심적 수단으로 작용한다. 최근에는 직무분석과 연계된 역량 기반

교육(Competency-Based Education: CBE), 디지털 전환 대응 직무 재설계 교육(Reskilling) 등의 방식으로 확장되고 있다.

(2) 노동교육(Labor Education)

노동교육은 종업원이 노동권, 근로기준법, 노동조합의 기능, 산업민주주의 등에 대한 이해를 높이고, 건전한 노사관계를 정립할 수 있도록 돕는 교육이다. 주로 노동조합과 협력하여 기획·운영되며, 산업평화와 조직 내 협력적 관계 구축에 기여한다. 최근에는 ESG 노동, 사회적 대화능력, 조직 내 갈등관리 역량 등을 주제로 한 교육도 포함되는 추세이다.

(3) 교양교육(Liberal Education)

교양교육은 직무수행의 직접적인 기술이나 기능보다는, 개인의 정서적 안정, 조직 시민행동, 창의력, 사회적 책임감 등을 증진시키기 위한 교육으로, 조직문화 강화와 인적자원의 전인적 개발에 중점을 둔다. 특히 현대 조직에서는 심리적 안전감(Psychological Safety), 디지털 리터러시, 윤리적 사고 등의 주제도 교양교육의 범주에 포함된다.

5) 교육방법에 따른 분류

교육훈련의 방법은 학습자 중심성, 상호작용 정도, 기술 활용도 등에 따라 다양한 방식으로 구분된다. 현대 기업은 전통적인 강의 방식에서 벗어나, 참여형 학습, 경험기반 학습, 디지털 학습플랫폼 등을 결합한 혼합형 교육 전략을 활용하고 있다. 주요 교육방법은 다음과 같다.

(1) 강의실 강의(Lecture)

가장 전통적인 방법으로, 교사 중심의 일방향 교육이다. 주로 대규모 집체 교육에 활용되며, 동일한 내용을 동시에 여러 피교육자에게 전달할 수 있는 장점이 있다. 이론교육, 법률교육, 정책교육 등에서 여전히 효과적인 방식으로 활용된다.

(2) 원격학습(Distance Learning)

CD-ROM, 인터넷 콘텐츠 등을 활용하여 시간과 공간의 제약 없이 개인별 학습이 가능한 방식이다. 과거에는 오프라인 기반의 원격매체를 사용하였으나, 현재는 클라우드 기반 LMS, 모바일 학습 앱을 중심으로 학습자 주도의 학습 환경이 강화되고 있다.

(3) 음성-영상학습(Audio-Visual Learning)

OHP, 슬라이드, 동영상, 다큐멘터리 등 시청각 자료를 활용하여 이루어지는 교육으로, 시각적·청각적 자극을 통해 교육효과를 높일 수 있다. 커뮤니케이션 스킬, 고객 응대, 이미지 메이킹 교육에 주로 활용된다.

(4) 자율학습(Self-directed Learning)

피교육자가 학습과정의 목표, 내용, 방법 등을 스스로 설계하고 주도적으로 수행하는 방식으로, 최근의 성인학습이론(Andragogy)과도 밀접하게 연계된다. 특히 신입직원이나 고성과자에게 자기주도적 역량 강화 측면에서 효과적이다.

(5) 도제제도(Apprenticeship Program)

실제 현장훈련(OJT)과 강의실 이론교육을 병행하는 교육훈련 방식으로, 기술계열 직무(예: 전기, 용접, 목공, 기계정비)에서 활용된다. 주로 유럽과 북미에서는 국가인증형 직업교육훈련 프로그램의 핵심 방식으로 운영되며, 산학협력형 훈련의 대표모델이기도 하다.

(6) 시뮬레이션(Simulation Training)

현실과 유사한 가상상황에서 의사결정과 행동결과를 실시간으로 피드백

받으며 학습하는 방식이다. 항공, 군사, 병원, 금융 등 고위험 산업이나 복잡한 시스템 환경에서 널리 활용되며, AR/VR 기술을 활용한 몰입형 시뮬레이션으로 진화하고 있다.

(7) 경영게임과 사례분석(Business Game & Case Study)

사례분석은 실제 상황에서의 문제를 구조화하여 참가자가 분석-토론-대안 제시의 과정을 통해 경영 감각을 훈련하는 방식이다. 경영게임은 특정 시나리오 내에서 전략적 의사결정과 팀워크를 통해 결과를 도출하는 훈련 방식으로, 몰입감과 참여도가 매우 높다.

(8) 행위모델(Behavior Modeling)

대인관계, 코칭, 리더십 등의 영역에서 이상적인 행동모델을 제시하고, 학습자가 유사한 상황에서 이를 직접 연습하며 행동을 수정하는 방식이다. 피드백을 통한 행동 변화 중심의 학습에 효과적이다.

(9) 인터랙티브 비디오(Interactive Video Training)

비디오 콘텐츠에 사용자의 입력(예: 선택, 질문응답)을 결합하여 쌍방향성을 높인 교육방법이다. 컴퓨터 기반 시뮬레이션, 상황판단 훈련 등에 사용되며, 최근에는 AI 튜터와의 상호작용형 학습으로 발전하고 있다.

(10) 웹기반 교육(Web-Based Training)

인터넷 또는 인트라넷을 기반으로 하는 교육으로, 다양한 디지털 콘텐츠를 실시간 또는 비동기 방식으로 제공한다. 비용효율성, 접근성, 분석 가능성 등의 장점으로 인해 현재 기업 교육의 주류 방법으로 자리잡고 있다.

(11) 모험학습(Adventure Learning)

야외활동, 생존게임, 고공코스 등의 체험형 활동을 통해 리더십, 팀워크,

문제해결능력을 훈련하는 프로그램이다. 감정적 몰입을 통한 자기인식과 집단 간 신뢰 형성에 탁월한 효과가 있다.

(12) 팀훈련(Team Training)

공동 목표 달성을 위한 팀 구성원 간의 역할 분담, 협업, 정보 공유를 훈련하는 방식이다. 프로젝트 중심 조직, 매트릭스 조직, 애자일 팀 등에서 성과 향상을 위해 필수적인 교육으로 간주된다.

(13) 액션학습(Action Learning)

현실의 복잡한 문제를 해결하는 실제 프로젝트를 중심으로, 학습자들이 팀을 이루어 실질적인 해결안을 도출하고 실행하는 과정에서 학습이 이루어지는 방식이다. 학습과 성과를 동시에 도모할 수 있다는 점에서 리더십 개발과 조직 변화 촉진에 효과적이다.

(14) 기타 방법

워크숍, 세미나, 심포지엄, 포럼 등은 전문지식 공유, 집단토론, 정책 제안 등을 위한 전통적이면서도 여전히 유용한 교육훈련 방식이다. 최근에는 이러한 활동도 하이브리드 방식(온·오프라인 통합)으로 운영되며 다양성을 더하고 있다.

6) 국제화에 따른 교육

21세기 글로벌 시대에 접어들면서 한국기업의 국제화는 그 폭과 깊이에서 괄목할 만한 진전을 이루어왔다. 해외 투자 및 진출 기업 수의 증가, 수출입 규모의 확대, 다국적 기업과의 협력관계 심화 등은 기업 인적자원관리의 관점을 근본적으로 전환시켰다. 즉, 글로벌 인재 육성과 전략적 해외 인력 운영체계의 구축은 조직 성과의 핵심 요소로 인식되고 있으며, 이에 따라 교육훈련 역시 국제화된 조직환경에 적응할 수 있는 방향으로 진화하고 있다. 국제화에 따른 교육은 크게 다음과 같이 ① 해외파견자(Expatriate)를 위한 교육과 ② 현지 채용인력(Local Staff)을 위한 교육으로 구분된다.

(1) 해외파견자의 교육

해외 파견인력은 다양한 이문화적 요인, 제도적 차이, 언어 · 법률 · 정치 · 경제 환경의 불일치에 직면하게 되므로, 이들의 성공적인 해외 정착과 업무 수행을 위해 사전 · 현지 · 귀국 후 교육까지 포함한 종합적인 교육훈련 체계가 필수적이다. 이러한 교육은 단순한 어학 및 문화 적응훈련을 넘어, 국제경영 환경에 대한 체계적 이해, 글로벌 조직관리 능력, 지역별 시장전략 수립능력, 국제 인사 · 재무 · 생산관리 역량 강화 등을 목표로 한다. 〈표 9-9〉는 관리영역별로 구체화한 것으로, 다음과 같은 분야에서 심화 교육이 필요하다.

표 9-9 국제경영인에게 요구되는 교육내용

구분	주요 교육 내용
일반관리	문화차이에 대한 이해, 지리적 분산조직 운영, 장거리 출장 적응, 현지 정치·경제·법제 이해
회계 및 재무	현지 회계기준 이해, 국제감사, 환율변동, 자산보호, 수출금융, 본국송환 절차
세무	이중과세 방지, 본국/현지 세법 이해, 세무계획 수립
마케팅	현지 유통구조, 관세장벽, 마케팅 현지화 전략, 이전가격 정책
인사관리	다국적 인력관리, 현지 직원 교육, 보상정책 차이, 노사관계법 이해
생산관리	공장 운영 표준화, 국제 분업 시스템, 합작투자 협상 능력

(2) 현지채용인의 교육

글로벌 경영환경에서 현지채용인력(Local Employee)은 단순한 보조인력이 아닌, 현지 시장의 특성을 이해하고 조직의 지속가능한 성장을 주도할 수 있는 핵심 전략자산으로 간주된다. 특히 신흥국이나 기술 도입 초기단계의 국가들에서는 관리능력과 기술능력을 갖춘 인재가 부족하기 때문에, 본사 차원에서 체계적인 교육훈련을 제공하여 현지의 인적역량을 육성하는 것이 필수적이다. 현지채용인에 대한 교육은 단기적인 생산성 향상을 넘어서, 중장기적으로 본사의 경영철학과 시스템을 공유할 수 있는 지역 리더를 양성하고, 본사와의 전략적 연계성을 강화하는 데 중점을 둔다.

① 현지 인재 육성의 전략적 목적

- **경영진 발굴과 리더십 양성**: 현지 인력 중 유망한 인재를 선발하여 본사 수준의 관리 역량을 개발함으로써 향후 현지 지사의 중간관리자 및 최고관리자로 육성
- **본사와의 이해 및 협력 증진**: 본사의 가치, 비전, 제품 전략, 품질 기준, 서비스 프로세스 등에 대한 심층적 교육을 통해 조직문화의 통합과 업무협업의 효율화 실현
- **의사소통 능력 강화**: 글로벌 커뮤니케이션의 공통 언어와 문화적 맥락을 이해시킴으로써 문화 간 갈등을 완화하고 조직 내 신뢰를 증진
- **현지 책임성 및 주인의식 고취**: 지역에 대한 이해와 주도권을 바탕으로 자발적 동기부여 및 문제해결역량 향상 유도

② 교육 프로그램의 주요 내용 및 구성 방향

현지채용인을 위한 교육은 다음과 같이 단계적이고 체계적인 학습과정으로 설계될 수 있다.

또한 디지털 전환이 가속화되는 오늘날에는, LMS 기반 온라인 모듈, 이문화 게임 및 시뮬레이션 학습, 현지어-본사어 이중언어 콘텐츠, 비대면

표 9-10 교육 프로그램의 주요 내용

단계	교육목표	주요 교육내용
입문교육	본사의 조직문화 및 업무 기본 이해	기업 비전·미션, 글로벌 전략, 제품·서비스 구조, 품질기준, 업무윤리
직무교육	직무수행에 필요한 기능과 절차 습득	부서별 매뉴얼, ERP 시스템 사용법, 고객응대·생산관리 프로세스
본사 연수	본사-지사 간 상호이해 증진	본사 근무 체험(3~6개월), 본사 주요 사업부 순환 근무, 본사 관리자 멘토링
리더십 교육	중간관리자 또는 관리자 후보 양성	갈등관리, 조직관리, 피드백 스킬, 전략적 사고 훈련, 글로벌 리더십 프로그램
문화적응 및 소통 교육	본사 문화에 대한 정서적 공감대 형성	한국 문화, 본사 조직행동 특성, 다문화 커뮤니케이션, 이문화 적응 전략

코칭/피드백 세션 등도 적극 활용되고 있다.

③ 교육의 효과성과 기대 성과

현지채용인을 위한 교육은 다음과 같은 효과를 창출할 수 있다.

- 본사의 글로벌 표준에 부합하는 운영체계 확립
- 현지 인력의 역량 향상 및 조직 내 몰입도 증가
- 이직률 감소 및 장기 근속 유도
- 본사-지사 간 커뮤니케이션 오류 감소 및 업무 효율성 향상
- 현지 시장 특성을 반영한 자율적 의사결정력 배양

이처럼 현지채용인에 대한 교육은 단순한 기능 훈련의 수준을 넘어서, 조직문화의 내재화, 글로벌 전략 수행의 확장, 지역 거점의 자율적 성장 기반 마련이라는 전략적 목적을 수반한다. 따라서 본사는 일회성 교육을 지양하고, 지속가능한 교육 시스템 구축 및 모니터링 체계 운영을 통해 현지 인재 육성을 장기적으로 추진해야 한다.

(3) 국제경영인을 위한 교육프로그램 구성 예시

국내 대기업은 글로벌 인재 확보와 장기적인 리더십 파이프라인 확보를 위해 다음과 같은 체계적인 국제인재 양성 프로그램을 운용하고 있다. 〈표 9-11〉은 S기업의 사례를 요약한 것이다.

이러한 프로그램은 글로벌 조직 운영에 필요한 핵심역량을 조직 내부에서

표 9-11 S기업의 국제경영인 양성프로그램의 예

구분	주요 프로그램 내용
외국어 능력 향상	사내 외국어 강좌, 어학 생활관, TOEIC, 현지어 집중과정 등
해외연수·유학	신입사원 해외연수, 지역전문가 양성, 국제경영자 MBA, 전문직능 연수 등
이문화 적응 교육	주재원 사전·사후 이문화 교육, 가족 동반 적응 훈련
주재원 양성제도	부임 전/중/후 보수교육, 직능교육, 귀임자 대상 지역연구소 운영 등
현지사원 연수	본사 순환근무(6개월), 본사 집체연수, 전문기관 직능교육
국제화 관련 강좌	해외 마케팅, 글로벌 M&A, 국제정세 해설, 글로벌 리더십 등

축적하고, 문화적 통합과 전략적 적응능력을 동시에 갖춘 국제경영인을 육성하기 위한 핵심 장치로 기능한다.

(4) 현대적 시사점

최근에는 단순한 '해외 업무 수행 능력'에서 나아가, 지속가능성과 ESG, 디지털 전환, 초국가적 팀워크(virtual global team) 등과 관련한 글로벌 인재 역량이 새롭게 요구되고 있다. 따라서 국제화에 따른 교육은 다음과 같은 방향으로 확장되어야 한다.

- **디지털 기반 글로벌 협업 능력**: 비대면 상황에서도 원활한 다국적 커뮤니케이션 및 협업 역량
- **글로컬(glocal) 리더십**: 글로벌 전략을 현지 현실에 맞춰 조정하고 실행할 수 있는 리더십
- **윤리 및 규범 감수성**: 다양한 법·윤리 기준과 문화 간 충돌을 이해하고 조정할 수 있는 판단력
- **현지 커뮤니티 및 이해관계자 대응 능력**: 사회적 책임을 수행하는 국제경영자 육성

7) e-Learning

e-Learning은 정보통신기술(Information and Communication Technology: ICT)의 발달과 함께 등장한 새로운 형태의 교육훈련 방법으로, 인터넷, 인트라넷, 웹 기반 플랫폼 등을 활용하여 시간과 장소의 제약 없이 학습이 가능한 비대면 교육방식을 의미한다. 특히 기업 현장에서는 "필요한 내용을, 필요한 시점에, 필요한 장소에서 학습할 수 있도록 하는 적시형(just-in-time) 학습"으로 정의되며, 이는 학습의 효율성과 유연성을 극대화할 수 있는 장점으로 주목받고 있다.

e-Learning은 기존의 전통적 교육훈련 방식과 비교하여 학습자 중심의 자율적·개별화 학습환경을 제공하고, 상시적 학습(Anytime Learning)이 가능하다는

점에서 오늘날 기업의 인적자원개발(Human Resource Development: HRD) 전략에서 핵심적인 위치를 차지하게 되었다.

(1) e-Learning의 특징과 도입 배경

e-Learning이 주목받는 이유는 다음과 같은 교육적·조직적 기능을 충족시키기 때문이다.

- 기업 구성원들이 조직의 전략, 방침, 업무 프로세스, 공지사항, 직무 지식 등을 실시간으로 이해하고 반응할 수 있는 정보 전달 경로를 제공
- 개별 종업원의 직무역량 및 핵심역량(core competencies) 개발을 위한 상시적이고 유연한 학습 플랫폼 제공
- 전통적 교육의 한계를 극복하고 학습자 참여도, 학습효과, 비용효율성 등을 동시에 달성

전통적 교육이 집합 강의 중심의 공급자 위주 교육방식이었다면, e-Learning은 학습자 주도, 상호작용 중심, 자기설계형 학습으로 전환되며, 경영 환경 변화에 민감하게 대응할 수 있는 조직학습 기반을 제공한다.

(2) 전통적 교육 vs. e-Learning 비교

표 9-12 전통적 교육 vs. e-Learning 비교

구분	전통적 교육	e-Learning
학습 장소	강의실 등 물리적 공간	온라인, 가상공간
학습 방식	직접 대면, 집합 교육	비대면, 온라인 콘텐츠 기반 학습
참여 중심	강사(공급자) 중심	학습자 중심
유연성	시간·공간 제약 큼	시간·장소 제약 없음
학습 범위	종업원 중심	협력사, 고객까지 확대 가능
확장성	제한적	대규모 확산 가능
상호작용	직접 피드백	채팅, 포럼, 실시간 Q&A, 온라인 멘토 등 간접 상호작용

(3) e-Learning의 장점

〈표 9-13〉은 e-Learning이 제공하는 다섯 가지 핵심 장점을 요약한 것이다.

표 9-13 e-Learning의 장점

구분	내 용
접근용이성	누구나, 언제 어디서든, 원하는 콘텐츠에 접근 가능. 현업 병행 학습 가능
비용효과성	출장비, 교육장 대관비, 강사비 등의 절감 효과
자율·개별 학습	학습자 주도의 능동적 학습 설계 및 실행 가능
상호작용성	포럼, 온라인 멘토링, 실시간 피드백을 통한 쌍방향 커뮤니케이션 가능
내용 유연성	변화하는 업무환경에 맞춰 신속한 교육 콘텐츠 업데이트 가능

이러한 장점으로 인해 e-Learning은 종업원의 자기주도적 역량 강화, 경영전략의 전사적 확산, 조직문화 통합, 글로벌 협력체계 내 학습 공유 등 다양한 목적에 활용되고 있다.

(4) 실질적 운영형태

e-Learning은 단일 학습도구로서 활용되기보다는 다음과 같은 다양한 기능 및 도구들과의 결합 형태로 실현된다.

- **가상실험실(Virtual Labs)**: 기술·공학 계열 실습 기반 학습 모듈
- **자기주도 학습(Self-paced Learning)**: 학습자의 시간·진도 조절 가능
- **가상교실(Virtual Classrooms)**: 실시간 화상수업과 질의응답 기능
- **주문형 비디오(VOD)**: 특정 강의 또는 학습을 원하는 시점에 선택 시청
- **온라인 평가(Assessment Testing)**: 학습 이해도 및 역량 점검
- **온라인 멘토링**: 상시 피드백 및 진로·학습 지도
- **온라인 커뮤니티 및 포럼**: 협력적 학습 및 집단지성 기반 문제해결
- **학습지원 시스템(Online Support)**: LMS와 연계된 기술·콘텐츠 지원 기능

(5) 한계점 및 개선과제

e－Learning은 많은 장점을 지니고 있으나, 다음과 같은 한계점과 개선 과제도 함께 존재한다.

- **초기 구축비용**: 콘텐츠 개발, 플랫폼 구축, 시스템 안정화에 고비용 발생
- **학습동기 부여 부족**: 학습자 자발성 의존도 높음 → 몰입도 저하 가능성
- **기술적 인프라 의존성**: 통신 장애, 하드웨어 불안정성 등 기술적 제한 요소 존재
- **전문기술 교육의 한계**: 실습 중심의 고난도 기술교육은 온전히 대체 어려움
- **콘텐츠 품질 관리**: 교육자료의 수준 · 적합성 · 최신성 관리가 체계적으로 이루어지지 않을 경우 학습 효과 저하

이러한 문제 해결을 위해 최근에는 하이브리드 교육방식(Blended Learning)을 도입하여 e－Learning과 대면교육을 병행하고 있으며, 인공지능(AI), 빅데이터 분석을 활용한 맞춤형 학습 추천 시스템도 함께 개발되고 있다.

(6) 시사점

e－Learning은 단순한 비용절감형 교육도구를 넘어, 조직의 전략과 문화, 지식경영의 매개체로 기능하고 있으며, 특히 디지털 전환이 가속화되는 현대 조직에서는 성과 중심의 교육훈련 체계 구축을 위한 핵심수단으로 자리잡고 있다.

기업은 e－Learning을 통해 직무기반 교육뿐 아니라 리더십 개발, 조직문화 전파, 글로벌 인재육성, ESG 교육, DEI(Diversity, Equity, Inclusion) 학습 등 광범위한 교육 영역을 다룰 수 있으며, 이를 통해 전 구성원의 역량 제고와 조직성과 향상을 동시에 도모할 수 있다.

section 04 교육훈련 평가

1. 평가의 의의

교육훈련 평가는 조직이 수행하는 교육활동의 성과와 효과성을 측정하고, 이를 바탕으로 미래의 교육훈련 의사결정을 보다 전략적으로 수행하기 위한 핵심적인 활동이다. 즉, 교육훈련 평가란 교육활동 전반에 대해 계획적으로 정보를 수집 · 분석 · 활용하여, 교육의 가치와 영향을 판단하고, 개선 방향을 도출하는 과정을 의미한다. 교육훈련은 단순한 지식 전달을 넘어서, 조직의 전략적 목표와 구성원의 직무역량 개발을 연결시키는 중요한 수단이므로, 그 효과성을 정확하게 평가하고 이를 수치화하려는 노력이 필수적이다. 이러한 맥락에서 교육훈련 평가는 성과 중심 인적자원개발(performance－oriented HRD)의 핵심 과정으로 간주된다. 교육훈련 평가의 목적은 다음과 같이 정리할 수 있다.

1) 교육훈련 프로그램의 강점과 약점 진단

교육 프로그램이 의도한 학습목표를 효과적으로 달성하고 있는지, 또는 어떤 부분이 개선되어야 하는지를 구체적으로 확인할 수 있다. 이를 통해 프로그램의 구조적 완성도와 콘텐츠의 적합성, 강사의 역량, 운영의 효율성 등을 점검할 수 있다.

2) 학습성과와 직무적용 효과 측정

교육을 통해 습득한 지식, 기술, 태도가 현장업무에 어떻게 전이되었는가(learning transfer)를 평가함으로써, 교육과 실제 성과 간의 연계를 확인할 수 있다. 이는 교육과 직무 간 정합성 및 실질적 성과 기여도를 검토하는 중요한 지표가 된다.

3) 교육수혜자 및 비수혜자 비교 분석

누가 교육의 효과를 가장 크게 누렸으며, 누구는 상대적으로 효과를 덜 경험했는지를 분석함으로써, 교육 대상자 선정 전략의 타당성을 검토하고, 학습자 유형에 따른 맞춤형 프로그램 설계에 활용할 수 있다.

(1) 교육 참가자의 반응과 피드백 수집

교육 참가자들의 만족도, 참여도, 개선 요구 등을 체계적으로 수집하여 교육 프로그램의 품질 향상과 내부 마케팅 전략에 활용할 수 있다. 이는 향후 교육프로그램 홍보나 참여율 제고에도 기여한다.

(2) 교육투자 대비 효과성 분석(ROI 평가)

교육에 투입된 직·간접적 자원(시간, 비용, 인력) 대비 산출된 성과(생산성 향상, 이직률 감소, 품질 개선 등)를 분석함으로써, 교육의 경제적 가치와 전략적 정당성을 입증할 수 있다. 이는 경영진의 지원과 지속적 투자 유치에 중요한 설득자료가 된다.

(3) 대안적 교육훈련 프로그램 간 비교 평가

서로 다른 교육방법 또는 공급기관, 프로그램 간의 비용−편익 분석을 통해, 보다 효과적이고 효율적인 교육훈련 대안을 도출할 수 있다. 이는 교육자원 배분의 합리성을 확보하고, 최적의 교육 포트폴리오 구성을 가능하게 한다.

이와 같은 평가활동은 단순히 교육 이후의 사후조사로 그치는 것이 아니라, 교육의 기획-운영-성과관리 전 과정에 걸친 데이터 기반 의사결정 시스템으로 기능해야 한다. 특히 디지털 HRD 환경에서는 학습자의 행동, 참여 로그, 학습 전후 성과지표 등 다양한 데이터를 수집·분석할 수 있는 기반이 마련되어 있어, 교육훈련의 효과성을 보다 과학적으로 평가할 수 있는 여건이 확대되고 있다.

2. 평가방법의 설계

교육훈련의 효과성을 객관적으로 검토하고 실증적 개선방안을 도출하기 위해서는 정교한 평가방법의 설계가 필수적이다. 교육훈련 평가방법은 단순히 결과를 측정하는 활동이 아니라, 교육의 전 과정에 대한 피드백과 향후 개선 방향을 제시하는 체계적인 도구로 기능해야 하며, 다음과 같은 핵심 기준을 기반으로 설계된다.

1) 훈련 전후의 비교(사전-사후 평가법)

훈련에 참여한 피교육자의 행동이나 성과가 훈련 이전과 이후에 어떠한 변화를 보였는지를 측정하는 방식이다. 이를 통해 훈련이 개인의 지식, 태도, 기술에 실질적인 영향을 미쳤는지를 확인할 수 있다. 사전-사후 테스트, 자기평가, 행동변화 일지 등이 주요 도구로 활용된다.

2) 통제그룹 설정 비교법

동일 조건의 비훈련 그룹(Control Group)을 설정하여 훈련 참여 그룹과 비교하는 방식이다. 실험집단과 비교집단의 성과 차이를 측정함으로써, 교육훈련이 실제 성과에 미친 영향력을 보다 명확히 분석할 수 있다. 이는 실험설계 방식에 근거한 인과관계 추론에 유효하다.

3) 평가기준의 명확화

교육의 성과를 판단할 객관적 지표를 사전에 설정함으로써 평가 결과의 타당성과 신뢰성을 높일 수 있다. 예를 들어 생산직의 경우, 교육 후 생산량, 작업 속도, 불량률 감소, 안전사고율 감소 등이 평가 기준이 될 수 있다. 로쉬(Lawsch)는 교육효과를 측정하기 위한 실질적 기준으로 다음 8가지 지표를 제시하였다.

- 생산량(Productivity)
- 단위 생산 시간
- 훈련 기간
- 불량 및 파손 자재소모
- 품질 수준
- 종업원 사기
- 결근 및 이직률
- 산업재해율
- 관리자 부담 및 조직운영 효율

이러한 기준은 정량적 지표와 정성적 요소를 통합하여 다면적인 교육효과 평가체계를 설계하는 데 활용된다.

3. 평가단계

교육훈련의 평가 단계는 단순한 만족도 조사를 넘어서, 학습 효과, 행동 변화, 조직성과에 이르는 학습 전이의 전 과정을 체계적으로 측정하고 분석하는 데 목적이 있다.

1) 평가정보 수집 대상

〈표 9-14〉와 같이 교육훈련 효과를 다각도로 분석하기 위해서는 피교육자뿐 아니라 강사, 경영자 등 다양한 이해관계자로부터 피드백을 수집해야 한다. 이는 평가의 객관성, 수용성, 실행가능성을 높이는 데 기여한다.

이와 같은 정보는 교육 훈련의 전후 비교뿐 아니라 직무성과와의 연계도, 관리자 평가, 향후 교육 니즈 분석에 있어 중요한 자료로 활용된다.

표 9-14 교육훈련 평가 의견조사 대상

대상	주요 내용	시기	방법
피교육자	교육만족도, 직무적합성, 학습전이 기대감	교육 후 2~3주	설문조사(질문지법)
강사	강의진행 평가, 교육내용의 유용성, 학습자 반응	교육 직후	면접, 강사 평가서
상급자(경영자)	피교육자의 교육 후 변화, 교육목표 달성여부, 후속 교육 필요성	교육 후 2~3주	설문조사 또는 피교육자 면담 내용

2) 교육훈련 평가단계

교육훈련 평가에서 가장 널리 활용되는 모델은 커크패트릭(Kirkpatrick)의 4단계 평가모델이다. 이는 학습자 반응에서부터 조직성과에 이르기까지 교육의 효과를 단계적으로 평가할 수 있도록 설계된 체계적 방법론으로, 〈표 9-15〉에 그 개요가 제시된다.

표 9-15 교육훈련 평가의 단계

단계	초점	평가 내용	평가 방법
제1단계(반응)	학습자의 만족도 및 반응	교육 내용, 방식, 환경에 대한 주관적 평가	설문조사, 만족도 체크리스트
제2단계(학습)	학습 성취 수준	지식, 기술, 태도의 습득 여부	시험, 실기평가, 자기보고서
제3단계(행동)	직무에서의 적용 여부	실제 직무 수행상의 행동 변화	인사고과, 상사 평가, 행동관찰
제4단계(결과)	조직성과에 대한 영향	생산성 향상, 비용 절감, 품질개선 등	현장성과 지표, 경영지표 분석

이러한 단계별 평가모형은 교육훈련이 단기적 학습을 넘어서 실제 행동 변화 및 조직성과로 이어지고 있는지를 검증하는 데 매우 유용하며, 최근에는 이에 ROI(Return on Investment) 단계(제5단계)를 추가한 필립스(Phillips)의 ROI 평가모델도 활용되고 있다.

CHAPTER

10

경력개발관리

section 01 경력개발의 개념

1. 경력개발의 의의

경력개발은 조직과 구성원이 장기적 관점에서 상호이익을 도모하기 위한 계획적이고 체계적인 인사관리 제도로 정의된다. 이 개념은 1955년 미국 의회에 제출된 제2차 후버위원회의 인사행정 개선 권고안을 통해 공식적으로 제기되었으며, 비효율적인 연방정부조직의 인사운영을 개선하고, 관리 인력 과잉 및 인건비 부담의 문제를 해결하기 위한 전략으로서 구상되었다. 당시 권고안에서 제시된 경력개발제도(Career Development Program: CDP)는, 종업원 개인의 경력을 조직 내부에서 실현할 수 있도록 지원함과 동시에, 조직이 미래에 필요로 하는 인적자원을 계획적으로 확보할 수 있도록 하는 종합적 인적자원개발 프로그램으로 정의되었다. 이는 단순한 승진 중심의 관리가 아니라, 개개인의 잠재능력을 계발하고 장기적인 성장 기반을 마련하기 위한 제도로 설계된 것이다. 경력개발은 개인과 조직이 함께 성장하기 위한 전략적 수단으로, 다음과 같은 이중적 목적을 가진다.

첫째, 개인적 차원에서는 종업원에게 자신의 능력을 조직 내에서 최대한 발휘할 수 있는 기회를 제공하여, 자기효능감과 직업적 성취감을 높이고,

개인의 성장욕구와 경력비전을 실현할 수 있도록 지원하는 데 목적이 있다.

둘째, 조직적 차원에서는 조직에 활력을 불어넣고, 핵심인재를 장기적으로 육성함으로써 경쟁력 있는 내부 인재풀을 구축하고, 인재운영의 유연성과 생산성을 동시에 제고할 수 있다. 오늘날의 종업원들은 자신의 직업을 단순히 개별적이고 무관한 과업의 연속으로 보지 않고, 전체적인 생애경력(career)의 관점에서 바라보며, 승진 기회뿐 아니라 보람 있는 과업, 책임 있는 역할을 요구하는 경향이 강화되고 있다. 이에 따라 종업원들은 '근로생활의 질(Quality of Work Life: QWL)'에 대해 관심을 가지게 되었고, 조직의 적극적인 경력지원 없이는 자신의 경력을 효과적으로 관리할 수 없다는 사실을 인식하게 되었다.

이처럼, 종업원은 조직 내에서 자신의 경력을 계획적으로 발전시키기를 희망하고 있으며, 기업은 구성원의 직무수행능력과 리더십 역량을 장기적으로 계발하기 위해 경력개발을 하나의 전략적 인사운영 수단으로 채택하게 되었다. 결과적으로 경력개발은 개인과 조직 모두에게 상호이익을 제공하는 이중적 가치를 갖는 것이다. 경력개발이 효과적으로 이루어질 경우, 종업원은 조직에 대한 일체감(sense of identity)을 형성하고, 직업 생애에 있어 심리적 성공(psychological success)을 경험함으로써 자신의 잠재력을 실현할 수 있게 된다. 조직은 이러한 종업원을 동기화함으로써 직무만족을 제고하고, 장기적 생산성 향상 및 핵심인재의 조직 내 유지라는 전략적 이점을 얻게 된다.

미국의 인사관리학자 플리포(E. B. Flippo)는 경력개발이 필요한 이유를 다음 세 가지 측면에서 설명하였다.

조직의 성장과 환경변화에 따른 인적자원 개발의 필요성

조직이 끊임없이 변화하고 성장하기 위해서는 내부의 인적자원을 지속적으로 개발해야 하며, 이를 통해 인력의 사전 확보와 신속한 대응체계가 가능해진다. 경력개발은 이러한 목적에 부합하는 효과적인 인재 육성 방식이다.

종업원 이탈 방지를 위한 조직의 역할 강조

조직이 종업원의 경력에 관심을 기울이지 않을 경우, 많은 종업원들은 자신에게 발전 가능성이 없는 것으로 판단하고 직무를 이탈하거나 이직할 가능성이 높아진다. 따라서 경력개발은 이직률을 감소시키고, 조직 몰입을 유도하는 핵심 전략이 된다.

작업(work)에 대한 종업원의 기대 변화

작업은 더 이상 단순한 생계수단이 아닌, 개인의 자아실현과 가족 · 사회적 기대를 통합적으로 반영하는 영역으로 인식되고 있다. 이에 따라 경력개발은 단순한 직무이동이나 승진을 넘어서, 종업원 개인의 삶의 질과 일의 의미를 높이는 수단으로 작용해야 한다.

〈그림 10−1〉 경력개발계획(Career Development Plan: CDP)이 개인과 조직 간의 상호작용적이고 민주적인 관계 속에서 어떻게 구성되고 작동하는지를 시각적으로 설명한 구조도이다. 전체 구조 개요로 경력개발계획(CDP)은 개인(종업원)과 조직(경영자)의 기대(욕구)가 상호작용하며 작동하는 쌍방향적 구조로 제시되고 있다. 이 과정은 단방향 지시형이 아닌, 민주적이고 상호작용적인 경력관리 체계를 전제하고 있다. 개인의 측면은 구성원(종업원)은 "승진에 대한 기대(욕구)"를 가지고 있으며, 이는 경력관리의 조직적 욕구의

그림 10-1 전통적 승진관리와 현대적 승진관리의 차이

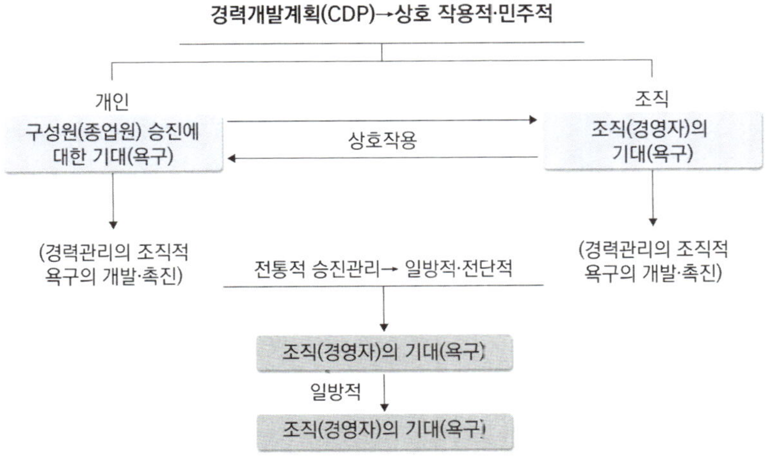

개발과 축적으로 연결된다. 즉, 종업원은 자신의 경력성장, 책임 증가, 역량 확장 등에 대한 욕구를 표현하고, 조직은 이러한 욕구를 수용하고 조직적 요구와 접목시킴으로써 경력개발을 체계화한다. 조직의 측면으로 조직(경영자)은 "조직의 목표달성을 위한 인재 육성에 대한 기대(욕구)"를 가지고 있으며, 이는 경력관리의 조직적 욕구의 개발과 축적으로 이어진다. 즉, 조직은 미래를 대비해 핵심인재를 확보·육성하려는 전략적 목적을 지니고 있고, 종업원의 경력개발을 통해 그 기대를 실현하고자 한다. 상호작용의 관계로 개인의 욕구(승진, 성장)와 조직의 욕구(성과, 인재 확보)는 경력개발계획을 매개로 상호작용한다. 이 상호작용은 전통적 승진관리 방식(일방적·직선적 구조)과는 구별되는 것으로, 보다 일반적이고 민주적인, 다면적이고 쌍방향적인 경력관리로 전환되었음을 시사한다. 하단 구조의 의미는 조직(경영자)의 기대는 "일반적 기대"와 연결되며, 이는 조직 내 인재가 어떤 방식으로 성장할 것인가에 대한 공통된 틀을 제공하는 것으로 보인다. 과거에는 조직의 기대가 일방적으로 경력을 결정지었다면, 오늘날에는 조직의 일반적 기대와 개인의 경력욕구가 조화되도록 경력개발계획이 조정·운영된다.

한국전력공사 – KEPCO 직무경력개발제도(Career Development Program, CDP)

한국전력공사(KEPCO)는 국내 최대의 에너지 공기업으로서, 조직의 안정성과 공공성을 바탕으로 지속적인 성장을 도모해 왔다. 그러나 변화하는 경영환경과 미래 에너지 산업의 패러다임 전환 속에서, 조직 내부의 인재운영 체계 역시 정적인 인력관리에서 벗어나 능동적이고 유연한 경력개발 중심의 인사관리 체계로의 전환이 요구되었다. 이에 따라 한국전력공사는 '직무 중심의 경력개발제도(CDP)'를 도입하고, 기존의 연공 중심 인사체계에서 벗어나 역량, 전문성, 직무 경험의 다양성을 기반으로 한 경력경로 설계와 운영을 본격화하고 있다. 이 제도는 공공기관의 책무성과 형평성을 유지하면서도, 개인 맞춤형 경력성장과 조직성과 연계를 동시에 달성하려는 전략적 제도 혁신으로 평가된다.

1. 제도 도입의 배경과 필요성

전통적으로 공공기관은 정년보장과 연공서열에 기반한 인사운영 방식을 채택해 왔으며, 이는 일정한 수준의 조직안정성과 구성원 만족을 제공해왔다. 그러나 최근에는 다음과 같은 구조적 문제들이 제기되었다.

- 직무 역량보다는 근속연수에 따른 승진 중심 문화
- 부서 간 인사교류 부족으로 인한 조직 내 기능 단절 현상
- 청년세대 구성원들의 자기주도 경력 설계 욕구 미충족
- 신재생에너지, 디지털 전환, 전력빅데이터 등 미래형 직무에 대한 조직 준비 부족

이러한 문제를 해결하고, 동시에 미래형 전력전문가를 육성하기 위해 한국전력은 경력개발 중심의 인사전략을 새롭게 수립하였다. 그 핵심이 바로 KEPCO 직무경력개발제도이다.

2. 제도의 주요 구성 요소

KEPCO의 경력개발제도는 크게 다음의 세 가지 축으로 구성되어 운영된다.

1) 직무전문성 인증제 도입

한국전력은 기존의 단순 보직 중심 승진 시스템에서 탈피하여, 각 직무별 전문성을 정량화 · 공인하는 체계를 구축하고 있다. 각 직무군별로 ▲필수 교육 이수 ▲현장경험 연수 ▲업무성과 평가 기준을 설정하고, 일정 수준을 충족하면 해당 분야의 '직무전문가 인증'을 부여한다. 이 제도는 직원들의 자기주도적 성장 동기를 자극하며, 향후 승진이나 보직 이동 시에도 전문성 기반의 선발 기준으로 활용되고 있다.

2) 경력경로 전환 및 직무 순환 활성화

한국전력은 본사와 지역사업소, 기술직과 행정직, 정책기획과 현장운영 등 다양한 부문 간에 '직무 간 전환 기회'를 확대하고 있다. 이를 통해 구성원들은 조직 내부에서 다양한 직무경험을 축적하고, 경력경로를 유연하게 설계할 수 있으며, 조직은 융합형 인재와 차세대 관리자 육성 기반을 확보할 수 있다.

이러한 전환은 자기신청 기반 이동제도, 경력상담 프로그램, 내부공모제도 등을 통해 제도화되었으며, 그 결과 수평적 조직문화와 상호이해 기반의 협업문화가 점진적으로 확산되고 있다.

3) CDP 연계형 교육·평가 시스템 운영

KEPCO는 경력개발계획을 실질적으로 지원하기 위해 교육 이력과 경력 이력의 연동 시스템을 운영하고 있다. 이를 통해 구성원은 자신의 장기 경력 목표에 따라 필요한 교육을 체계적으로 이수할 수 있으며, 관리자와 인사부서는 구성원의 경력목표 달성 상황을 주기적으로 모니터링하고 피드백을 제공한다. 또한 조직은 CDP 기반의 교육

로드맵을 제시하여, 승진, 보직이동, 해외파견, 전략사업 참여 등과 직접 연계된 경력 경로상 이정표를 제공하고 있다.

3. 제도 운영의 성과와 시사점

KEPCO의 직무경력개발제도는 도입 초기에는 일부 혼선과 저항이 있었으나, 다음과 같은 점진적 성과를 거두며 제도 안정화가 이루어지고 있다.

- 전문성 기반 보직 임용 비율 증가: 관리자 선발 시 직무 전문성 비중이 확대되며, 실무 중심 리더십 강화
- 직무만족도 및 조직몰입도 향상: 경력설계의 명확성과 기회의 다양성이 동기부여로 작용
- 청년직원 대상 조직 이미지 개선: 공기업의 경직된 인사문화가 아닌, 유연한 성장 기반 제공으로 긍정적 조직 인식 제고

KEPCO의 CDP는 공공성과 경력개발이라는 두 가치를 동시에 실현하고 있으며, 특히 미래형 전력산업에 적응 가능한 다역량형 인재를 체계적으로 육성하기 위한 기반을 마련하고 있다는 점에서 정책적 가치가 높다. 향후에는 AI 기반 CDP 설계 시스템 도입, 다면 평가 연동, 사외 학습 플랫폼과의 통합 운영 등으로 경력개발 제도의 정밀성과 실효성을 더욱 제고할 계획이다.

2. 경력관리의 목적과 기본체계

경력관리(Career Management)는 조직과 개인이 함께 경력목표를 설정하고, 이를 달성하기 위한 계획을 수립하며, 지속적인 경력개발 활동을 통해 조직 성과와 개인 성장을 동시에 실현하려는 전략적 인사관리의 핵심 영역이다. 특히 경력관리의 효과적인 운영을 위해서는 행동과학에 기반한 인간 중심의 인사이념을 전제로 해야 하며, 이를 실현할 수 있는 유기적 제도 통합이 필수적이다. 이러한 경력관리는 단순한 승진이나 보직 이동을 넘어, 종업원의 자기실현과 조직의 장기적 경쟁력 확보라는 이중 목적을 지닌 통합관리 체계로 기능한다.

1) 경력관리의 목적

경력관리의 핵심 목적은 크게 두 가지로 구분된다. 하나는 인재의 확보 및 배치라는 조직 중심의 목적, 다른 하나는 종업원의 자아실현과 성취동기 유발이라는 개인 중심의 목적이다. 이 두 목적은 경력관리 제도의 양 축을 형성하며, 균형 있게 통합되어야 실질적인 효과를 기대할 수 있다.

(1) 인재의 확보 및 배치

경력관리는 조직이 필요로 하는 인재를 적시에, 적소에 배치할 수 있도록 돕는 장기적 인력계획 수립 도구로서 기능한다. 특히 관리직 및 전문직 등 전략직무의 인력 수급에 대한 예측력과 대응력을 강화함으로써, 조직의 인사 리스크를 사전에 방지하고 안정적인 조직 운영을 가능하게 한다. 구체적으로는 다음과 같은 기능을 수행한다.

- 인력공백을 사전에 예측하고 승계계획을 수립함으로써 후계자 양성 체계를 구축한다.
- 고성과자의 이직 방지를 위한 동기부여 및 성장경로 제공 기능을 수행한다.
- 종업원의 직무전환 및 이동 가능성을 파악하고 적재적소 배치를 지원함으로써 조직의 민첩성과 생산성을 제고한다.

(2) 성취동기의 유발

경력관리는 종업원이 자신의 직무경로와 승진 가능성을 명확히 인식하도록 도와줌으로써 내적 동기를 유발하고, 자발적 학습과 자기계발 활동을 촉진하는 역할을 한다.

경력계획이 제공하는 구체적 목표와 이정표는 종업원에게 미래에 대한 방향성과 희망을 부여하고, 이는 다음과 같은 효과를 유도한다.

- 자기주도 학습과 성장욕구 자극을 통해 성과지향적 조직문화를 강화

한다.

- 직무에 대한 심리적 안정감과 조직 몰입을 유도한다.
- 구성원이 자신의 잠재역량을 최대한 발휘할 수 있는 환경을 조성한다.

결과적으로 경력관리는 개인의 경력 만족과 조직의 인재운영 효율성을 동시에 추구하는 쌍방향 성과관리체계로 기능한다.

2) 경력관리의 기본체계

경력관리는 조직의 철학, 문화, 사업전략에 따라 다양한 형태로 나타날 수 있으나, 그 핵심 구성요소는 일반적으로 경력목표(career goal), 경력계획(career planning), 경력개발(career development)의 세 가지로 요약된다.

(1) 경력목표(Career Goal)

경력목표란 개인이 장기적으로 도달하고자 하는 직무 수준 또는 조직 내 위치를 의미한다. 이는 단순히 승진 직위만을 의미하는 것이 아니라, 전문가로서의 성숙, 직무의 확장, 부서 간 이동 등을 포함하는 포괄적 개념이다. 명확한 경력목표는 경력설계의 기준이 되며, 교육훈련, 배치, 평가 등의 인사 활동과도 긴밀히 연계된다.

(2) 경력계획(Career Planning)

경력계획은 경력목표를 달성하기 위한 구체적인 실행 전략과 경로를 설계하는 과정이다. 이는 개인의 흥미, 능력, 조직의 기회와 자원을 고려하여 중단기적으로 어떤 직무를 수행할 것인지, 어떤 역량을 개발해야 하는지를 구조화하는 단계이다. 또한 경력계획은 자기평가(Self-assessment), 상사 피드백, 조직 내 커리어 패스 정보 탐색 등의 절차를 포함하여, 개인과 조직이 공동으로 수립하는 실천계획의 성격을 지닌다.

(3) 경력개발(Career Development)

경력개발은 설정된 경력계획을 실현하기 위한 실제 활동을 의미한다. 이는 교육훈련, 현장실습, 멘토링, 직무 순환, 경력상담, 해외파견 등 다양한 개인 및 조직 차원의 역량 개발활동을 포함한다. 경력개발은 조직이 단순히 기회를 제공하는 것을 넘어서, 피교육자의 학습성과, 성장 진단, 행동변화에 대한 평가와 피드백이 포함되어야 효과를 극대화할 수 있다.

3) 경력관리의 통합 정의

위의 세 가지 요소를 종합하면, 경력관리는 다음과 같이 정의할 수 있다. "경력관리란 개인의 경력목표를 설정하고, 이를 달성하기 위한 경력계획을 수립한 후, 조직과 개인이 공동으로 참여하여 경력개발 활동을 수행함으로써 조직의 인적자원 요구와 개인의 성장욕구를 통합적으로 충족시키는 전략적 인사관리 체계이다."

즉, 경력관리는 조직과 개인 모두의 의식적 참여와 협력적 설계가 필수적이며, 조직의 전략과 개인의 기대가 얼마나 정렬되어 있는가(Alignment)에 따라 성공 여부가 결정된다. 이는 단순한 제도나 시스템의 문제가 아니라, 조직문화, 리더십, 성과관리체계와 긴밀히 연계된 전사적 인사철학의 표현이라고 볼 수 있다.

3. 경력관리에 대한 인사부문의 역할

경력관리(Career Management)는 조직 구성원의 경력목표 달성과 조직의 인재 전략을 동시에 실현하는 핵심 인사활동이다. 이러한 경력관리의 성공적인 실행을 위해서는 조직, 개인, 인사부서 간의 유기적인 협력과 역할 분담이 전제되어야 하며, 특히 인사부서는 경력관리 체계의 중심적 추진 주체로서 그 성패를 좌우하는 역할을 수행한다. 인사부서는 조직 내 경력개발 인프라를 구축하고, 구성원들이 자신의 역량과 흥미, 조직 기회를 고려하여 현실적이고 성취 가능한 경력경로를 설계할 수 있도록 지원하는 전략적 파트너로 작동해야 한다. 이를 위해 인사부서는 크게 경력교육(career education), 경력정보 제공(career information), 경력상담(career counseling)의 세 가지 핵심 기능을 수행한다.

1) 경력교육(Career Education)

경력교육은 종업원들이 자신의 경력에 대해 체계적으로 사고하고 능동적으로 설계할 수 있도록 도와주는 교육적 개입이다. 인사부서는 다양한 교육 기법을 활용하여 구성원들이 경력개발의 중요성과 가능성을 인식하도록 지원한다. 대표적인 방식으로는 다음과 같은 프로그램이 활용된다.

- **경력개발 워크숍(Workshop)**: 종업원들이 자기 자신을 진단하고, 경력 목표를 설정하며, 자신의 직무경로를 구체화할 수 있도록 돕는 참여형 교육 프로그램이다. 이 과정을 통해 종업원들은 자신의 경력계획을 실제 조직 내 경로와 연계할 수 있는 구체적인 전략을 수립할 수 있다.
- **경력개발 세미나 및 발표회**: 조직 차원에서 경력개발에 대한 관심을 고취시키고 우수사례를 공유함으로써, 전 구성원에게 경력개발의 필요성과 가능성을 널리 알리는 장을 제공한다.
- **최고경영자의 메시지 및 인사방침 연계**: 경영진이 경력개발을 조직문화의 일부로 명확히 선언하고, 실제 조직 전략과 연계시킴으로써 종업원들이 경력설계를 단순한 개인의 문제가 아니라 조직과 함께 성장하는 기회로 인식하게 만든다.

이러한 경력교육은 단순한 정보 전달을 넘어, 조직의 인재관과 경력경로의 방향성을 공유하고, 종업원이 주도적으로 자신의 미래를 설계할 수 있도록 자극하는 기능을 수행한다.

2) 경력정보 제공(Career Information)

경력정보 제공은 종업원이 자신의 경력계획을 수립하는 데 필요한 구체적이고 실질적인 자료를 말한다. 인사부서는 종업원이 조직 내 직무 및 경력 경로에 대해 명확히 이해할 수 있도록 직무 중심 정보, 인사제도, 조직의 인재 운영방향 등을 체계적으로 제공해야 한다. 특히 다음과 같은 정보 제공이 중요하다.

- **직무기술서**(Job Description)**와 직무명세서**(Job Specification): 각 직무의 수행내용, 요구역량, 진입조건, 경력단계 등을 명확히 제시함으로써 종업원이 자신의 경력목표 설정 시 참고자료로 활용할 수 있다.
- **인적자원 수급계획**(HR Supply Plan): 향후 인력 소요 전망과 인재 확보 전략을 공개함으로써 종업원이 조직의 인력 수요와 자신의 진로를 연계시킬 수 있도록 한다.
- **직군정보**(Job Family) **제공**: 유사한 직무군을 하나의 직군으로 분류하고, 해당 직군 내의 경력경로, 직무 전환 가능성, 승진 및 전문화 경로 등을 제시함으로써 종업원이 현실적이고 유연한 경력경로를 설계할 수 있게 한다.

직군 중심의 정보 제공은 구성원이 자신의 현재 직무와 향후 경력경로의 연관성을 파악하고, 그 과정에서 필요한 학습이나 경험을 계획하는 데 있어 매우 실질적인 도움이 된다.

3) 경력상담(Career Counseling)

경력상담은 종업원이 자신의 경력목표를 설정하고 이에 적합한 경력 경로를 찾아가는 데 있어 전문적이고 개인화된 조언과 피드백을 제공하는 활동이다. 인사부서는 필요 시 전문 경력상담사를 배치하거나, 내부 HR 전문가를 통해 종업원들의 상담 수요에 대응한다. 경력상담의 주요 내용은 다음과 같다.

- **종업원의 자기이해**(Self-Assessment) **지원**: 관심분야, 적성, 가치관, 라이프스타일 등을 진단하도록 돕고, 현실적 진로결정이 가능하도록 유도
- **직무정보 제공**: 상담자가 직무전문가로서 해당 직무의 특징, 진입경로,

성과기대 등을 설명함으로써 직무에 대한 이해도를 제고

- **경력설계 지도**: 경력목표 설정, 경력계획 수립, 개발활동 제안 등 경력 설계의 전체 프로세스를 단계적으로 조율
- **적성검사, 심리검사 등의 활용**: 보다 정밀한 자기이해를 위해 다양한 진단 도구를 활용할 수 있음

무엇보다 중요한 점은, 경력상담자가 종업원의 주체적 결정을 존중하는 태도를 가져야 한다는 것이다. 일방적 조언이 아닌, 스스로 자신과 환경을 평가하고, 경력목표에 대한 책임감을 가질 수 있도록 촉진자(facilitator)의 역할을 수행해야 한다.

※ 종합적 시사점

경력관리는 단순한 인사제도가 아니라, 인적자원의 전략적 육성체계이다. 인사부서는 경력관리의 설계자이자 운영자로서, 교육적 지원, 정보적 기반, 상담적 촉진의 세 영역을 균형 있게 수행함으로써 조직과 구성원의 성장을 동시에 견인할 수 있어야 한다. 이러한 경력지원 환경이 정착될 때, 종업원은 자신의 미래를 조직 안에서 실현할 수 있다는 신뢰와 몰입을 가지게 되며, 조직은 역량 있는 인재를 내부에서 자생적으로 육성할 수 있는 지속가능한 경쟁력을 확보하게 되는 것이다.

section 02 경력개발의 기본원칙

조직의 인적자원 전략이 갈수록 정교해지고 장기적인 관점에서의 인재육성이 중시되는 가운데, 경력개발은 단순한 교육이나 훈련 차원을 넘어 전략적 인재운영의 핵심 기제로 자리 잡고 있다. 경력개발이 조직성과와 개인 성취의 동시적 실현을 위한 효과적 수단이 되기 위해서는 일정한 원칙과

철학에 근거한 체계적 접근이 필요하다. 다음은 경력개발을 실질적으로 작동하게 하는 두 가지 기본원칙이다.

1. 적재적소 배치의 원칙(The Right Person in the Right Place)

경력개발의 출발점이자 핵심은 바로 '적재적소 배치'에 있다. 이는 개인의 적성, 역량, 경험, 선호 등이 해당 직무의 요구요건과 최대한 정합성 있게 일치하도록 인재를 배치하는 것을 의미한다. 조직은 경력개발을 통해 인재를 육성하는 동시에, 그들이 최적의 환경에서 최대한의 성과를 창출할 수 있도록 직무 배치의 질을 제고해야 한다.

이를 실현하기 위해서는 두 가지 정보의 정밀한 연계가 필요하다. 첫째, 직무분석을 통해 도출된 직무 요건(Job Requirements)에 대한 체계적 정보이며, 둘째는 종업원의 특성과 경력에 대한 인사정보(HR Data)이다. 이 두 정보 간의 매칭 정도가 경력개발의 방향을 좌우한다.

특히 적재적소 배치는 단순한 능력 기준이 아니라, 개인의 동기, 흥미, 조직문화 적합도까지 포함한 정성적 기준을 함께 고려해야 한다. 최근에는 이러한 배치를 위해 심리검사, 역량평가, 데이터 기반 경력모델링 기법 등이 활용되고 있으며, 이는 경력경로 설계의 정밀도와 성공확률을 높여주는 역할을 한다. 이러한 관점에서 경력개발은 인력운영을 단기 충원 중심에서 전략적 배치 중심으로 전환시키는 매개체가 되며, 조직은 종업원의 잠재역량을 최대화할 수 있는 직무를 적시에 제시함으로써 성과와 몰입을 동시에 이끌어내는 기반을 마련할 수 있다.

2. 승진경로 확립의 원칙(Clear Promotion Path Principle)

두 번째 핵심 원칙은 명확한 승진경로의 제시이다. 조직 내에서 경력개발이 실효성을 갖기 위해서는 종업원에게 자신의 미래 성장 가능성과 구체적인 경로를 명시적으로 제공해야 한다. 이는 종업원에게 미래를 예측할 수 있는 경력설계의 지향점을 제공하며, 조직에 대한 신뢰와 헌신을 유도하는 데 중요한 역할을 한다. 승진경로의 설정은 단순히 직위의 서열을 나타내는 구조가 아니라, 각 직위 간 책임의 증대, 역량의 확장, 성과기대 수준의 상승을 명확히 나타내는 체계로 구성되어야 한다. 이를 위해 다음과 같은 체계적 기반이 요구된다.

- **직위체계의 계층화 및 직무평가 체계 구축**: 각 직무의 중요도, 난이도, 성과기여도 등을 기준으로 명확한 승진 라인과 직무수준(level)을 설정해야 한다.
- **직무이동 및 전환 경로의 체계화**: 단순한 수직적 승진 외에도, 유사 직무 간의 수평 이동, 직군 간 전환 가능성 등 다양한 경로를 포함하여 유연한 경력경로를 설계하는 것이 필요하다.
- **질적 인사계획과의 연계**: 승진경로는 조직의 중장기적 인재수요 예측과 연동되어야 하며, 이를 통해 핵심인재의 조기 발굴, 계층별 후계자 양성, 인재 리스크 대응이 가능하다.

명확한 승진경로의 확립은 종업원에게 자기개발과 노력의 방향성을 제시하고, 경력개발이 단순한 형식이 아닌 성과에 기초한 보상의 기회로 이어질 수 있다는 신뢰를 형성해준다. 동시에 조직은 전략적 인재 확보 및 유지의 핵심 장치로 승진체계를 활용할 수 있다. 정리하면 경력개발의 원칙은 단지 이론적 선언에 머물러서는 안 되며, 실제 인사제도 및 운영에 내재화되어야 한다. '적재적소 배치'는 종업원의 역량과 직무의 최적 매칭을 통해 성과와 몰입을 제고시키며, '명확한 승진경로'는 종업원이 경력의 미래를 예측 가능하게 하여 장기적 조직 몰입과 자기주도적 학습을 이끌어낸다.

따라서 경력개발의 기본원칙은 조직의 인재전략, 교육훈련계획, 보상제도, 직무설계와 긴밀히 연계되어야 하며, 종합적 인사관리 시스템 속에서 작동되어야 한다. 궁극적으로 이는 조직의 지속가능한 경쟁력을 확보하는 데 기여하며, 구성원의 경력 성취와 삶의 질(QWL)을 동시에 증진시키는 인적자원관리의 핵심기반이라 할 수 있다.

3. 후진양성의 원칙(Principle of Internal Talent Cultivation)

경력개발은 조직이 필요로 하는 인재를 외부에서 일시적으로 조달하는 방식이 아니라, 내부에서 장기적으로 육성하는 것을 기본 원칙으로 삼는다. 이른바 내부 인재풀(Internal Talent Pool)을 전략적으로 개발하고 운영함으로써, 조직의 문화와 비전에 부합하는 후계자를 양성하고, 기업의 지속가능한 경쟁력을 제고할 수 있다. 내부 양성의 핵심은 단순한 교육훈련을 넘어, 각 직급과 직무 수준에 따른 계획된 경험, 순환보직, 멘토링, 프로젝트 참여 기회 등을 통해 구성원이 자연스럽게 성장할 수 있는 환경을 조성하는 것이다. 특히, 핵심 직무 또는 리더십 직위에 대해서는 승계계획(Succession Planning)을 통해 중장기적 인재 육성 로드맵을 설정해야 하며, 이를 통해 조직은 특정 인재에 대한 의존도를 줄이고 체계적인 리스크 대응이 가능해진다.

이러한 내부 양성 전략은 종업원에게도 조직에 대한 심리적 소속감과 성장 가능성에 대한 신뢰를 제공함으로써, 이직률을 낮추고 장기근속을 유도할 수 있는 효과가 있다. 반대로 외부 인재 채용 중심의 인사 전략은 문화적 부적응, 조직 내 갈등, 적응 기간에 따른 생산성 저하 등의 문제를 야기할 수 있다. 예컨대, 내부적으로 육성된 인재는 이미 조직의 가치, 운영방식, 의사결정 구조에 익숙하므로 온보딩 비용이 줄고 신속한 성과 창출이 가능하다. 이러한 점에서 경력개발은 단순한 승진 로직을 넘어, 조직의 전략적 인재확보 메커니즘으로 자리 잡아야 하며, 내부 후진 양성은 그 중심축이 된다.

4. 경력기회개발의 원칙 (Principle of Career Opportunity Development)

경력개발의 또 하나의 핵심 원칙은 조직이 구성원에게 공정하고 다각적인 경력기회를 제공하는 것이다. 이는 단지 승진 가능성의 여부를 밝히는 차원을 넘어서, 생애단계별, 직무성향별, 기능역량별로 설계된 다양한 경력경로를

그림 10-2 경력개발과 승진

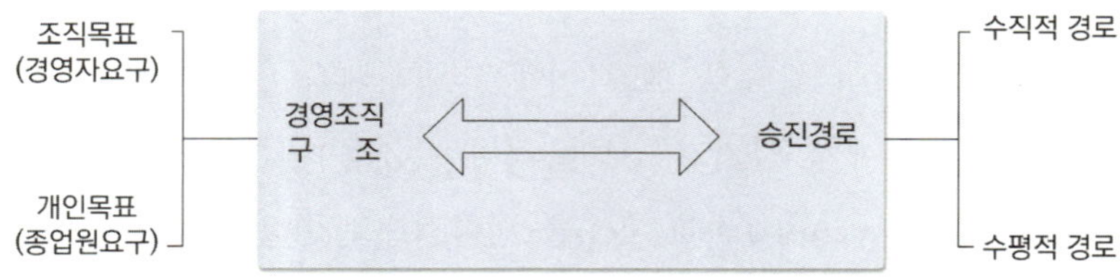

마련하고, 이를 투명하게 안내함으로써 구성원들이 경력관리를 자율적으로 수행할 수 있도록 지원하는 것을 의미한다. 특히 현대 조직에서는 계층 승진만을 중심으로 한 수직적 경력경로뿐만 아니라, 수평적 이동(horizontal mobility), 직무 전환(career transition), 프로젝트 기반 직무 순환 등 다양한 형태의 커리어 기회가 존재한다. 이에 따라 인사부서는 다음과 같은 체계를 마련할 필요가 있다.

- **직무요건 분석을 통한 경력경로 설계**: 각 직무 간 연계 가능성, 상위 직무로의 진입 조건, 필요 역량을 기준으로 다양한 경력경로를 도출하고 문서화해야 한다.
- **경력기회의 편중 방지**: 특정 부서나 직무에 경력기회가 집중되지 않도록, 전사적 관점에서 경력경로의 다양성과 균형을 확보해야 한다.
- **기회가 적은 직무에 대한 대안 제시**: 승진가능성이 낮은 직무라 하더라도, 기능향상, 역량 확장, 직무전환 기회를 통해 성장 가능성을 안내해야 한다.

또한 구성원 각자의 생애단계와 경력니즈를 반영한 경력설계가 가능하도록, 연령별·경력단계별 경력경로 매트릭스를 개발하고 주기적으로 갱신하는 것도 효과적인 방안이다. 예를 들어, 중장년층 구성원에게는 관리직 승진보다 전문직 전환, 후진양성 멘토링, 사회적 가치 프로젝트 참여 등을 통해 경력의 확장성을 제공할 수 있다. 경력기회의 개발은 종업원에게 자기개발의 기회를 명확히 제시해줄 뿐 아니라, 경력에 대한 통제감을 강화시켜 자기 주도성과 조직 충성도를 동시에 증진시킨다. 동시에 조직 입장에서도 구성원들의 이탈을 방지하고, 내재적 역량을 최대한 활용함으로써 채용 비용 절감과 인재전략의 내실화를 꾀할 수 있다.

결론적으로 '후진양성의 원칙'과 '경력기회개발의 원칙'은 경력개발이 단순한 개인의 성장 지원이 아니라, 조직의 전략적 성과와 직결되는 핵심 인사철학임을 시사한다. 특히 내부 인재를 양성하는 체계를 구축하고, 구성원 각자의 경력 특성과 욕구를 반영한 경력경로를 마련함으로써 조직은 다음과 같은 성과를 기대할 수 있다.

- 핵심인재의 이탈 방지 및 장기근속 유도
- 경영 공백 및 리스크 최소화
- 역량 기반 승진구조의 정착
- 성과 창출을 위한 직무-인재 매칭 정밀화

이러한 원칙이 효과적으로 구현되기 위해서는 인사부서의 적극적 역할, 경영진의 인식 전환, 시스템화된 HRM 인프라 구축이 반드시 병행되어야 한다.

section 03 경력개발의 제모형

경력개발은 조직의 목표와 개인의 욕구를 조화롭게 일치시켜 조직성과와 개인의 만족을 동시에 향상시키는 것을 목적으로 한다. 전통적인 경력개발은 일반적으로 수직적 승진과 조직 내 위계질서를 중심으로 구성되었으나, 최근에는 수평적 이동, 자기주도형 학습, 다양한 직무경험 등 유연한 경력 경로가 중시되고 있다. 이에 따라 경력개발은 크게 두 가지 차원, 즉 개인 스스로의 경력개발과 조직이 구성원을 대상으로 체계적으로 관리하는 경력 개발로 나뉜다. 전자는 개인차원의 경력개발, 후자는 조직차원의 경력개발로 구분된다.

1. 개인차원의 경력개발모형

개인의 경력개발은 단순히 직무 능력을 키우는 것을 넘어서 개인의 가치관, 직업관, 동기, 성격 등 내면적 요인과 깊은 연관이 있다. 이와 같은 경력개발의 내면적 동기를 설명하는 대표적인 이론이 샤인(E. H. Schein)의 '경력닻(career anchor) 모형'이다.

샤인은 개인의 경력 선택에 지속적으로 영향을 미치는 핵심 동기와 자기정체성을 '경력닻'이라 정의하며, 이는 직무를 수행하는 과정에서 형성되는 것이 아니라 시간이 지남에 따라 개인이 내면적으로 인식하게 되는 정체성의 핵심 요소라고 보았다. 경력닻은 개인이 외부의 기대나 환경 변화와 상관없이 궁극적으로 추구하는 방향성을 결정짓는 기준이 된다.

1) 경력닻 모형(Career Anchor Model)

샤인은 초기에는 5개의 경력닻을 제시하였으나 이후 연구에서는 총 8가지 경력닻으로 확대하였다. 그러나 본 절에서는 대표적인 5가지 닻을 중심으로 현대적 경력 맥락을 반영하여 설명한다.

(1) 관리적 능력(managerial competence)

이 유형은 조직 내에서 리더십을 발휘하고, 다양한 자원과 인력을 통합하여 조직성과를 이끌어내는 데서 큰 만족을 느끼는 사람들이다. 이들은 다음과 같은 핵심 역량을 갖춘다.

- **대인적 역량**: 타인을 설득하고 협업을 이끌어내는 능력
- **분석적 사고력**: 복잡한 문제를 논리적으로 진단하고 전략을 수립하는 능력
- **정서적 안정성**: 위기 상황에서도 침착하게 대처하며 책임을 감당하는 능력

이러한 경력닻을 지닌 사람들은 일반적으로 대기업의 관리직, 조직 리더,

공공부문 책임자 등으로 성장하며, '조직 내 성공'을 중요한 경력목표로 삼는다. 최근에는 이 유형의 인재들이 팀 기반 조직, 프로젝트 매니지먼트, 글로벌 리더십 환경에서 핵심 역할을 수행하고 있다.

(2) 기술적·기능적 능력(technical-functional competence)

이 닻을 가진 사람들은 특정 기술이나 전문 분야에서 자신의 역량을 발휘하고 그 영역의 최고 전문가가 되는 것을 경력의 중심 목표로 삼는다. 관리자 승진보다 '기술의 깊이'와 '전문성의 인정'을 중시하며, 기술적 자율성과 독립적인 판단 권한을 중요하게 여긴다. 이들은 연구개발(R&D), 엔지니어링, 법률, 의료, IT 등 고도의 전문성이 요구되는 분야에서 주로 활동하며, 전문가로서의 명성과 영향력, 계속적인 학습과 기술의 정진을 통해 경력 성장을 추구한다.

(3) 안전과 안정성(security and stability)

이 유형은 경력의 지속성과 예측 가능성을 가장 중요하게 여긴다. 이들은 급격한 변화보다는 안정적인 직장, 장기고용, 복지혜택, 명확한 경력경로 등을 추구하며, 조직에 대한 높은 충성도를 가진다. 최근 공공기관, 대기업, 교직, 금융기관 등에서 이러한 안정지향적 경력닻을 가진 인재가 선호되며, 특히 경제불안정이나 고용불안이 심화되는 시대에 이 유형은 더욱 확산되고 있다. 다만, 지나친 안정지향은 변화적응력 저하나 혁신 회피로 이어질 수 있으므로, 경력개발 시 조직과 개인의 유연성 확보가 병행되어야 한다.

(4) 창의성과 혁신(creativity and entrepreneurship)

새로운 아이디어나 가치를 창출하고 이를 실현하는 데서 보람을 느끼는 사람들이다. 이들은 기존의 틀에 얽매이지 않고 새로운 제품, 서비스, 시스템을 만들어내려는 경향이 강하다. 단순한 창의성뿐 아니라 실행력을 겸비한 경우가 많으며, '기업가정신'과 밀접한 관련이 있다. 이러한 경력닻을 가진 사람들은 스타트업 창업자, 콘텐츠 크리에이터, 브랜드 기획자, 혁신 부서 담당자 등에서 두각을 나타낸다. 특히 오늘날 디지털 환경에서 이들의 창의성은 신사업 발굴, 오픈이노베이션, ESG 기반 가치창출 등에서 핵심 자산으로 인식되고 있다.

(5) 자립과 독립(autonomy and independence)

조직의 규율이나 위계적 통제보다 개인의 가치와 생활방식을 우선시하며, 스스로의 시간, 업무, 삶을 통제할 수 있는 자율성을 중시한다. 이들은 타인의 기대보다는 스스로 설정한 기준과 목표에 따라 일하고자 하며, 자유로운 업무환경을 가장 중요하게 여긴다. 대표적인 직업군으로는 대학교수, 프리랜서, 작가, 독립 컨설턴트 등이 있으며, 최근 원격근무와 유연근무제가 확산되면서 이들의 경력 패턴이 보다 일반화되고 있다. 조직 내에서도 이들의 독립성을 존중하는 방식으로 구성된 '자율형 프로젝트팀'이 점점 증가하고 있다.

현대적 시사점으로 샤인의 연구는 경력관리의 출발점을 '자기이해(self-understanding)'로 설정하고 있다는 점에서 여전히 유효한 통찰을 제공한다. 오늘날의 조직은 구성원 각자가 어떤 경력닻을 중심으로 경력을 설계하고 있는지 이해함으로써 보다 적합한 배치와 성장경로를 제시할 수 있어야 한다. 개인에게는 자신의 경력닻을 탐색하고, 그에 부합하는 업무환경과 커리어패스를 선택하는 것이 경력 만족과 조직 내 몰입을 높이는 핵심 전략이다. 조직에게는 경력닻에 기반한 차별화된 인사관리 전략(예: 직무배치, 리더십 개발, 이직방지 전략 등)이 필요하다. 샤인은 "경력에서의 실패는 자신의 닻을 인식하지 못한 채 외부 기대나 타인의 기준에 따라 경로를 선택할 때 발생한다"고 강조하였다. 이는 현대 조직과 개인 모두에게 중요한 경고이며, 경력개발의 핵심적 과제로 '자기이해 기반의 경력설계'를 다시금 부각시킨다.

2) 경력성공순환모형(Career Success Cycle Model)

경력개발의 주요 이론 중 하나인 경력성공순환모형은, 개인의 직무수행과 경력형성이 순환적인 인과관계를 통해 강화된다는 점에서 주목할 필요가 있다.

이 이론은 심리학자인 르윈(K. Lewin)과 아지리스(C. Argyris)의 연구를 바탕으로, 홀(D. T. Hall)과 모건(M. Morgan)이 조직 경력관리 관점에서 체계화한 이론이다. 이들은 특히 “성공은 또 다른 성공을 낳는다”는 순환의 원리를 중심으로 경력개발이 심리적 동력에 의해 지속된다는 점을 강조하였다.

(1) 모형의 구조와 순환 메커니즘

이 모형은 개인이 자율적으로 작업목표를 설정하고, 그 목표를 달성하는 과정에서 심리적 성공(psychological success)을 경험하게 되면, 이는 곧 자부심(self-esteem)의 증대를 이끌어내고, 다시 직무몰입(job involvement)을 증가시켜 더 높은 수준의 목표를 설정하게 되는 선순환 구조로 구성된다. 이러한 경력성공의 순환 구조를 시각화한 것이 〈그림 10-3〉이다.

〈그림 10-3〉에서 보듯이, 본 모형은 다음과 같은 주요 단계로 구성되어 있다.

작업목표의 설정

개인은 직무에서 성취하고자 하는 목표를 설정하며, 이는 자신의 직무도전의욕(job challenge)에 의해 영향을 받는다. 이 목표 설정은 자율성(autonomy)을

그림 10-3 경력성공순환모형

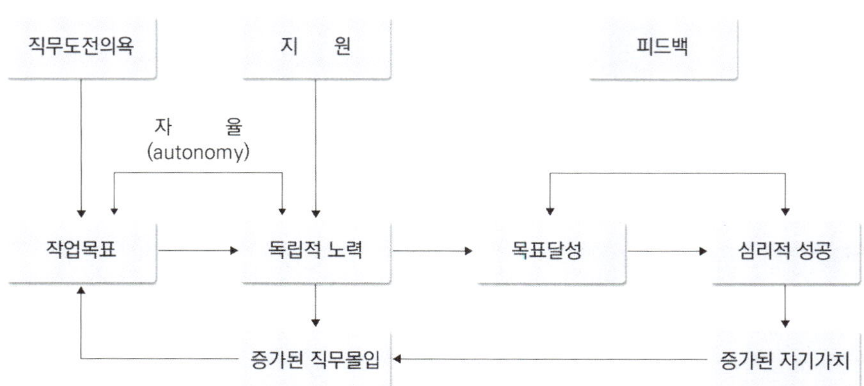

바탕으로 하며, 목표에 대한 주인의식과 내재적 동기를 유발한다.

독립적 노력과 지원

개인은 설정한 목표를 달성하기 위해 자율적이고 독립적인 노력을 기울이며, 동시에 상사나 동료로부터의 지원(support)을 받게 된다. 이러한 상호작용은 목표 달성에 있어 현실적인 기반을 제공한다.

목표달성과 심리적 성공

목표가 달성되면 개인은 강한 성취감을 경험하게 되며, 이는 심리적 성공으로 인식된다. 이 성공은 외적 보상(급여, 승진 등)뿐만 아니라 내적 보상(성취감, 자기효능감)으로 작용한다.

자부심의 증대와 자기가치 향상

심리적 성공은 자기존중감(self-esteem)과 자기효능감(self-efficacy)을 증가시킨다. 이는 개인이 스스로의 가치와 능력에 대한 긍정적 평가를 강화하는 효과를 갖는다.

직무몰입의 증가와 더 높은 목표설정

자부심이 증대되면 개인은 직무에 더 몰입하게 되며, 이로 인해 이전보다 더 도전적인 목표를 설정하게 된다. 이는 순환의 시작점으로 다시 연결되며, 경력개발의 선순환 구조를 형성하게 된다.

(2) 주요 변수: 직무도전의욕, 피드백, 지원

- **직무도전의욕**(Job Challenge): 기존보다 더 어려운 목표를 설정하고 이를 자율적으로 달성하고자 하는 심리적 의욕을 말하며, 경력성장의 촉진제가 된다.
- **피드백**(Feedback): 목표에 대한 성과수준을 확인할 수 있도록 해주는 과정으로, 외부 피드백(상사, 조직의 평가)과 내부 피드백(자기평가)을 포함한다.

– **지원**(Support): 개인이 목표를 실현하는 데 있어 상사나 동료, 조직 차원에서 받는 실질적 · 정서적 지원을 말하며, 자기효능감을 유지하는 데 중요한 역할을 한다.

(3) 이론적 가정

본 모형은 다음과 같은 세 가지 심리적 가정을 바탕으로 한다.

– 인간은 일로부터 보상과 강화(positive reinforcement)를 추구한다. 이는 급여와 같은 외적 보상뿐만 아니라 성취감과 같은 내적 보상도 포함된다.
– 보상된 행위는 반복될 가능성이 높다. 성공을 경험한 행동은 그 긍정적 경험으로 인해 다시 반복될 가능성이 커진다.
– 개인은 자부심을 높이려 하며, 자부심의 손상을 회피하려 한다. 자부심의 증대는 더 높은 목표에 대한 도전으로 이어지고, 이는 다시 성공 경험으로 귀결된다.

3) 경력단계모형(Career Stage Model)

경력단계모형(career stage model)은 개인의 경력이 단일한 궤적을 따라 일률적으로 발전하기보다는 생애주기에 따라 특정 단계별로 고유한 특징과 심리적·조직적 요구를 갖는다는 점을 체계적으로 설명하는 이론이다. 이 이론은 D. T. Hall이 심리학자 D. J. Levinson의 인생단계이론을 바탕으로 경력개발의 조직적 적용 가능성을 제시하며 발전시킨 것이다.

홀은 조직 내 종업원의 경력이 다음 〈그림 10－4〉와 같이 네 단계로 구분된다고 보았다. 각 단계는 연령, 직무경험, 역할 변화, 심리적 성숙 등을 기준으로 하며, 이에 따라 조직은 각 단계별로 다른 관리 전략과 교육훈련이 필요하다고 주장하였다.

그림 10-4 경력단계모형

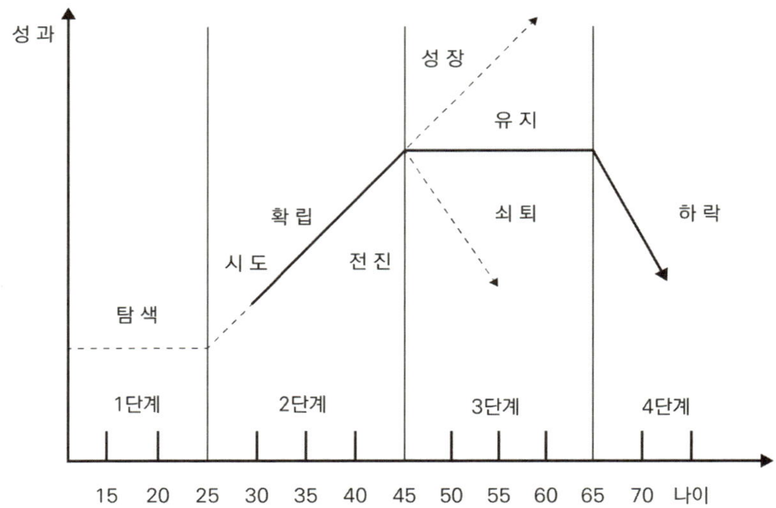

경력 욕구	주체형성 (identity)	친 교 (intimacy)	생 산 (generativity)	통 합 (integrity)

(1) 탐색단계(Exploration Stage)

탐색단계는 보통 15세부터 25세까지의 시기로, 자아개념(self-concept)의 정립과 경력지향(career orientation)의 형성을 핵심 목표로 한다. 이 시기의 후반은 '시도기(trial period)'라 불리며, 조직에 입사한 초기 1~2년 동안 다양한 직무를 경험하고 자신의 성향과 적성에 맞는 직무를 탐색하는 기간이다. 개인은 이 과정에서 처음 직무(beginning job)를 찾고, 그 직무를 기반으로 경력 형성을 계획하게 된다. 그러나 불확실성과 자기 탐색의 과정이 동반되기 때문에 이직률이 높고 심리적 갈등도 빈번하게 나타난다. 조직은 이 시기의 구성원에게 다양한 직무경험의 기회를 제공하고, 자기탐색을 촉진할 수 있도록 해야 하며, 심리적 안정감과 실험의 장을 동시에 제공하는 것이 중요하다.

(2) 확립 및 전진단계(Establishment & Advancement Stage)

25세부터 45세까지의 시기로, 특정 직무영역에 정착(settle–in)하고 자신의 역량을 개발해 조직 내 중심적 역할을 수행하게 되는 시기다. 이 시기의 종업원은 직무에 대한 몰입, 전문성 향상, 성과지향성을 보이며, 동료와의 경쟁이나 과업 실패로 인한 갈등도 빈번히 경험한다. 조직은 이 시기에 도전적 과업 부여, 역량강화훈련, 멘토링 및 정서적 지원 등을 제공하여 경력의 확장 가능성을 높여야 한다.

(3) 유지단계(Maintenance Stage)

45세에서 65세까지의 이 단계는 종종 생산시기(generativity age)라 불리며, 개인이 자신의 경력과 경험을 후속 세대에 전수하고자 하는 동기를 갖는 시기다. 그러나 동시에 경력고원(career plateau)에 도달하거나, 신체적 노화와 능력 감퇴를 느끼는 시기이기도 하여 심리적 충격과 정체성 위기를 경험할 수 있다. 이 시기의 종업원은 자신이 축적한 경험을 조직에 전달하거나 지도자 역할을 수행하며 만족을 추구하고, 직무의 질적 변화를 모색하기도 한다. 따라서 조직은 이들이 경력의 재조정을 할 수 있도록 전문교육, 역할 전환, 자문역 활용 등의 전략을 제공해야 한다.

(4) 하강단계(Decline Stage)

65세 이후의 시기로, 은퇴를 준비하거나 조직 내 역할에서 물러나는 시기이다. 개인은 자신의 경력을 통합적으로 되돌아보며, 퇴직 후 삶을 준비하고 조직 외 활동에 대한 관심을 갖게 된다. 이 시기에는 점차적으로 중심적 역할에서 조언자, 후견인, 컨설턴트 등의 주변 역할로 전환되는 것이 일반적이다. 조직은 이들의 지식과 경험을 전수할 수 있는 통로를 마련하고, 은퇴 후 경력설계나 사회적 참여를 지원함으로써 이 단계의 종업원이 조직에 대한 긍정적 인식을 유지할 수 있도록 해야 한다.

이상에서 살펴본 내용과 〈표 10-1〉과 같이, 경력단계모형(career stage model)은 전문적으로 훈련된 종업원의 경력 발달이 단일하고 일률적인 경로가 아니라, 일련의 구별되는 네 가지 단계를 통해 점진적으로 전개된다는 사실을 설명해주는 유용한 틀이다. 이 모형은 단순히 시간의 흐름에 따른 경력의 변화만을 의미하는 것이 아니라, 각 단계마다 종업원이 직장에서 경험하는 역할, 인간관계의 양상, 그리고 심리적 과제가 서로 다르다는 점을 강조한다. 예를 들어, 초기 단계에서는 개인이 조직 내에서 자신의 정체성과 적합성을 탐색하며 직무적응과 관계형성의 문제에 직면하게 되고, 중기 단계에 들어서면 경력 안정화와 성취욕구의 충족, 그리고 성과를 통한 인정이 주요 이슈로 대두된다. 후기로 갈수록 종업원은 자신의 성과를 돌아보며, 경력의 의미와 타인에 대한 기여에 관심을 가지게 되며, 마지막 단계에서는 퇴직 이후의 삶을 준비하며 경력의 마무리와 삶의 균형을 추구하게 된다. 이처럼 경력단계모형은 종업원의 경력 발달을 시간적 흐름과 심리사회적 변화라는 두 축에서 통합적으로 이해할 수 있도록 도와주며, 조직은 이를 토대로 각 단계에 있는 종업원에게 적절한 지원과 경력개발 기회를 제공함으로써 조직 유효성과 종업원 만족도를 동시에 높일 수 있는 전략을 수립할 수 있다.

표 10-1 경력단계별 훈련의 내용

경력단계	과업요구(Task Needs)	정서적 요구(Emotional Needs)
시도단계	1. 다양한 작업 경험 2. 자기탐색(Self-exploration)	1. 예비직무 선택 2. 안정감 확보
확립 및 전진단계	1. 직무도전 2. 전문성 개발 3. 창의성·혁신 강화 4. 3~5년 후의 직무 이동 준비	1. 경쟁과 실패에 대한 정서적 처리 2. 직무 갈등 처리 3. 지원과 자율성 확보
중간경력단계 (유지기)	1. 최신 기술 습득 2. 타인 지도 역량 개발 3. 새로운 직무로의 전환 4. 조직 내 안목 확대	1. 중년의 자기 정체감 재확립 2. 가족 및 공동체와의 통합 3. 경쟁심 감소와 자기 수용
말기경력단계 (하강기)	1. 은퇴 계획 수립 2. 권위에서 조언자로의 역할 변화 3. 후계자 양성 4. 조직 외 활동 시작	1. 경험의 사회적 환원에 대한 인식 2. 조직 외 활동을 통한 자기 실현

2. 조직차원의 경력개발모형

경력개발은 단순히 개인의 경력 목표 달성만을 위한 활동이 아니라, 조직이 장기적 관점에서 우수 인재를 확보하고 유지하며 전략적으로 육성하기 위한 핵심 기능 중 하나이다. 특히 빠르게 변화하는 기업 환경에서 조직은 구성원들의 잠재력을 이끌어내어 지속가능한 경쟁우위를 확보해야 하며, 이를 위해 경력개발은 보다 전략적이며 체계적인 접근을 필요로 한다. 조직차원의 경력개발은 개인이 속한 조직의 맥락과 밀접한 연관성을 갖는다. 모든 경력은 조직 내에서 실현되며, 조직은 종업원에게 경력경로에 대한 정보와 기회를 제공함으로써, 그들의 역량개발과 동기부여를 촉진할 수 있다. 따라서 경력개발은 개인의 성장욕구와 조직의 인력 수요를 어떻게 조화롭게 통합할 것인가라는 관점에서 접근되어야 한다.

이와 관련하여 알핀(John C. Alpin)과 저스터(Darlene K. Gerster)는 〈그림 10－5〉와 같이 조직차원의 경력개발을 구조화된 3단계로 제시하였다. 이 모형은 조직과 개인의 욕구를 일치시키기 위한 평가(assessment), 준비 및 개발(preparation and development), 통합(integration)의 세 단계로 구성되어 있으며, 각 단계는 서로 유기적으로 연결되어 있다.

그림 10-5 알핀과 저스터의 경력개발모형

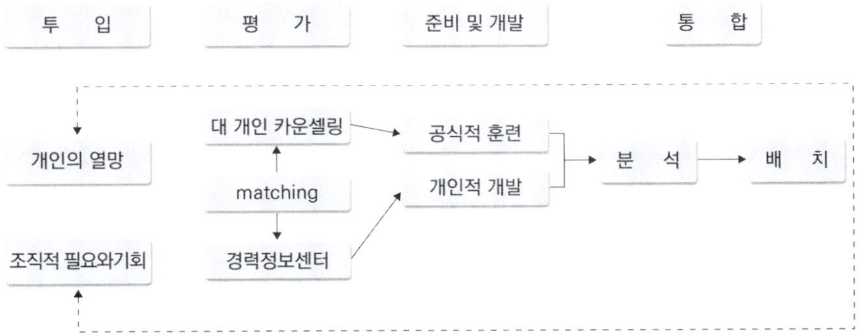

1) 평가(Assessment)

경력개발의 첫 번째 단계인 평가(Assessment)는 조직과 개인 양자의 욕구, 목표, 현재 상태에 대한 정확한 진단과 정보 수집을 중심으로 이루어진다. 이 단계는 경력개발이 단순히 개인적 성취를 위한 도구가 아닌, 조직의 전략적 목표 달성과 연계된 인적자원관리 수단이라는 점에서 매우 중요하다. 조직은 먼저, 현재와 미래의 경영전략을 실행하기 위해 어떤 역량을 갖춘 인재가 필요하며, 각 직무에서 요구되는 기술, 태도, 리더십 수준 등이 무엇인지에 대한 기준을 명확히 설정해야 한다. 이는 조직의 인재상, 직무기술서, 핵심역량모델 등에 기반하여 구체화될 수 있다.

한편, 종업원 개인 역시 자신의 경력지향성(career orientation), 가치관, 선호 직무, 직업적 동기, 핵심역량 수준 등에 대해 스스로 파악하고, 이를 조직에 전달할 수 있어야 한다. 이때 조직은 종업원이 자신의 특성과 경력목표를 명확히 인식할 수 있도록 다양한 진단 도구와 자기평가 시스템을 제공해야 한다. 평가 단계에서 자주 활용되는 방법으로는 다음과 같은 것들이 있다.

- **자기평가**(Self-assessment): 종업원이 자신의 경력목표, 기술수준, 가치관 등을 직접 기술하고 반성해보는 과정.
- **상사 평가**(Supervisor assessment): 종업원의 직무수행능력과 경력잠재력에 대해 상사가 관찰과 피드백을 제공하는 방식.
- **경력상담**(Career counseling): 전문적인 경력상담자가 종업원의 경력방향에 대해 진단하고 경로를 설계해주는 상담 프로그램.
- **경력개발센터**(Career Development Center) **운영**: 대기업이나 공공기관에서는 사내에 전담 부서를 설치해 종합적인 평가·상담·경력설계를 진행하기도 함.

그러나 현실에서는 평가 단계가 충분히 실현되지 못하고 있는 경우가 많다. 예를 들어, 상사와의 면담이 단순한 인사고과 중심으로 이루어지거나, 경력목표에 대한 질문 없이 직무수행 평가만 이루어지는 경우가 있다. 또한 일부 조직은 인사 관련 정보나 경력 기회를 극히 제한된 계층만 공유함으로써 종업원이 자신의 경력 가능성을 예측하기 어렵게 만들고 있다. 이러한 문제를 해결하기 위해서는 정규화된 경력상담 프로그램, 투명한 인사정보 공유 체계, 피드백 중심의 상호작용 문화가 조직 내에 뿌리내려야 한다. 평가 단계는 종업원의 역량을 파악하는 데 그치는 것이 아니라, 그들의 경력 욕구를 조직이 어떻게 반영하고 지원할 수 있을지를 탐색하는 전략적 출발점이 되어야 한다.

2) 준비 및 개발(Preparation and Development)

경력개발의 두 번째 단계인 준비 및 개발(Preparation and Development)은 평가를 통해 파악된 개인의 욕구와 조직의 필요를 바탕으로, 종업원이 미래의 역할과 경력경로에 적합한 역량을 갖추도록 체계적인 훈련과 개발 기회를 제공하는 과정이다. 이 단계는 경력개발의 실질적 실행 단계로, 종업원이 조직 내에서 성장하고 이동할 수 있도록 기반을 마련해주는 역할을 한다. 조직은 종업원의 현재 위치와 미래 목표 사이의 역량 격차(gap)를 분석하고, 이를 메우기 위한 교육훈련 프로그램을 설계하여 제공해야 한다. 이때 교육은 단기적 업무능력 향상을 넘어, 장기적인 경력경로에서 요구되는 기술적 역량, 대인관계 능력, 개념적 사고력 등을 포괄적으로 포함해야 한다. 개발 활동은 일반적으로 다음 세 가지 축으로 구분된다.

(1) 기술훈련(Technical Training)

특정 직무를 수행하기 위한 기능이나 지식의 습득을 목적으로 한다. 예를 들어 생산직의 경우 설비운전법, 품질관리 기술, 자동화 시스템 운용 능력 등이 포함되며, 사무직의 경우는 엑셀, 보고서 작성, 분석기법 등 업무도구 중심의 교육이 이에 해당된다.

(2) 인간관계훈련(Interpersonal Training)

커뮤니케이션 능력, 갈등관리, 감정지능, 팀워크, 감수성 훈련 등 구성원

간 상호작용과 조직 내 관계 형성을 위한 교육이다. 이 영역은 리더십 개발뿐만 아니라 신입사원의 조직적응, 부서 간 협업 증진에도 중요한 효과를 가져온다.

(3) 개념적 사고훈련(Conceptual Thinking Development)

복잡한 문제를 이해하고 해결할 수 있는 사고력을 배양하는 교육이다. 전략기획, 변화관리, 프로젝트 관리, 시뮬레이션 훈련, 경영자과정 등이 이에 해당된다. 이러한 훈련은 종업원이 단순한 작업수행자에서 나아가 조직 전체를 조망할 수 있는 전략적 인재로 성장하는 데 핵심적이다.

또한 조직은 위 훈련 외에도 직무순환제도(job rotation), 사내외 멘토링 프로그램, 자기주도적 학습 지원제도(예: 사내 MBA, 온라인 학습 플랫폼 이용) 등을 병행하여, 종업원이 능동적으로 자신의 경력을 준비하고 관리할 수 있는 환경을 조성해야 한다.

이러한 개발 과정은 단발적인 교육이 아니라, 종업원의 경력단계(career stage)와 역할 변화에 따라 연속적이고 점진적으로 설계되어야 하며, 경력개발 담당자 또는 관리자와의 긴밀한 협력 하에 진행되어야 한다.

3) 통합(Integration)

통합(Integration) 단계는 앞선 평가와 개발 과정을 통해 준비된 종업원을 조직의 실질적인 직무와 역할에 배치함으로써, 개인의 경력목표와 조직의 인력전략이 실현되는 최종적 단계이다. 이는 경력개발의 궁극적인 목적지이자, 동시에 다시 새로운 경력의 출발점이 되기도 한다. 이 단계의 핵심은 "적재적소의 원칙"에 따라 종업원을 가장 적합한 위치에 배치하는 것이다. 여기서 적합성은 단순한 직무기술의 일치만이 아니라, 종업원의 가치관, 동기, 기대, 조직문화 적응도 등을 포함한 다차원적 조화를 의미한다. 직무배치 이후에는 성과를 평가하고 피드백을 제공하며, 다음 경력 단계로의 이행을 준비할 수 있도록 지속적인 상담과 지원이 병행되어야 한다. 즉 통합 단계는 정적인 '완료'의 개념이 아니라, 경력경로(career path) 내에서 유연한 순환을 위한 기반 마련을 의미한다. 통합 단계에서 조직이 활용할 수 있는 주요 전략은 다음과 같다.

- **경력 피드백 제도 운영**: 종업원이 자신의 경력진행 상태, 역할 적합성, 발전 방향에 대해 주기적으로 피드백을 받을 수 있는 체계를 마련
- **경력 트래킹 시스템 구축**: 조직이 핵심 인재군을 파악하고, 이들의 경력 전개 과정을 데이터 기반으로 모니터링하여 적절한 시점에 승진, 배치 등을 실행
- **경력 개발회의 및 전략회의**: HR부서, 본부장, 라인매니저가 함께 참여하는 경력관리 전략회의를 정기적으로 개최하여, 조직 차원의 인재 육성 로드맵을 설계
- **경력개발계약제도(Career Development Contract)**: 종업원과 조직이 상호 간 목표와 기대를 명문화하여 공동 책임하에 경력개발을 추진하는 계약 체계

통합 단계의 궁극적인 목적은 종업원이 조직 내에서 의미 있는 역할과 경력을 누리고 있다고 체감하게 만드는 것이다. 이는 구성원의 조직몰입을 높이고 이직률을 낮추며, 조직의 인적자원 역량을 지속적으로 재생산하게 만드는 선순환을 창출한다.

section 04 경력개발의 제도와 실천 기법

경력개발 제도는 조직이 종업원의 직무수행능력과 장기적 경력목표를 지원하고 조직의 전략적 인력계획을 실현하기 위해 구축하는 제도적 장치이다. 이는 조직의 인사관리 기능 중에서도 교육훈련, 인사고과, 승진, 배치 등과 밀접하게 연결되어 있으며, 특히 구성원의 잠재력 개발과 인재육성 측면에서 중심축 역할을 한다. 경력개발 제도는 종업원의 자기개발을 장려하고 조직

내부의 인재를 효율적으로 활용하기 위한 다양한 형태로 제도화되고 있으며, 그 대표적인 유형은 다음과 같다.

1. 경력개발의 제도

(1) 자기신고제도(Self-Reporting System)

자기신고제도는 종업원이 자신의 직무, 경력목표, 전직 희망, 자격사항, 능력 활용도 등을 자발적으로 기술하여 조직에 제출하는 제도로, 경력개발의 초기 진단과 방향 설정에 핵심적인 역할을 수행한다. 이 제도는 종업원이 자신의 강점과 관심사를 명확히 표현할 수 있게 하며, 조직은 이를 통해 구성원의 개성과 역량을 정확히 파악하고 인사기록 외의 비공식적 정보를 수집할 수 있다. 자기신고서는 일반적으로 연 1회 또는 2년에 한 번 정도 작성되며, 인사부서를 통해 전사적으로 취합되고, 관리자는 이를 토대로 부하직원의 경력상담이나 직무배치 논의에 활용하게 된다. 이 과정에서 상사와 부하 간의 커뮤니케이션이 자연스럽게 촉진되며, 구성원은 조직이 자신의 욕구를 존중하고 있다는 신뢰를 형성하게 된다. 또한, 이러한 제도는 인사이동이나 교육훈련의 적합성 판단 자료로도 활용되며, 특히 자격증 취득, 희망직무, 지역 근무 선호도 등의 항목은 인력계획 수립에도 실질적인 기여를 한다.

(2) 직능자격제도(Function-Based Qualification System)

직능자격제도는 직무를 수행하는 데 필요한 능력을 기준으로 일정한 자격등급을 설정하고, 이를 기준으로 인사상 우대나 승진, 보상, 배치를 결정하는 능력 중심의 제도이다. 이 제도는 특히 연공서열 중심의 전통적인 인사시스템에서 벗어나, 성과와 능력 기반의 인사관리를 실현하기 위한 대안으로 발전해 왔다. 조직은 직능자격기준서를 마련하여 각 등급별로 요구되는 기술, 지식, 문제해결력, 의사소통능력 등의 역량을 명확히 정의하고, 이를 토대로 정기적인 직능평가를 실시한다. 종업원은 자신의 현재 능력 수준을 자각하고 상위 자격등급을 목표로 경력계획을 수립하게 되며, 조직은 자격등급에 따라 종업원을 전략적으로 배치하고 필요한 교육훈련을 차별화하여 제공할 수 있다. 이러한 제도는 특히 제조업, 기술직, 전문직 분야에서 유용하게 작동하며, 업무의 복잡성에 따라 정교한 등급 체계를 도입할 경우 인사운영의 정합성과 객관성을 동시에 확보할 수 있다. 또한, 직능자격은 직무성과와 연결되어 임금체계의 합리화를 도모하는 기준으로도 활용되며, 조직 구성원들에게 명확한 경력경로를 제시한다.

(3) 평가센터제도(Assessment Center System)

평가센터제도는 종업원의 현재 성과나 과거 실적보다는 미래의 직무수행 가능성과 경력 성장 잠재력을 체계적으로 평가하기 위한 제도이다. 이 제도는 관리직 후보군 선발, 차세대 리더 육성, 핵심인재 관리 등의 맥락에서 광범위하게 활용되며, 다양한 평가도구를 활용한 집단 평가 방식이 특징이다. 일반적으로 6~12명의 평가대상자가 합숙 형태로 2~3일간 평가센터에 참가하며, 이 과정에서 심리검사, 개인 인터뷰, 집단토의, 경영 시뮬레이션, 상황판단 과제, 프레젠테이션 과제 등을 수행한다. 평가자는 상급 관리자, 외부 전문가, 심리학자 등으로 구성되며, 각 참여자의 행동, 사고방식, 문제해결 접근, 리더십 유형 등을 종합적으로 평가한다. 평가센터제도는 비용이 많이 들고 시간도 소요되지만, 기존의 고과제도보다 객관성과 예측성이 뛰어나며, 조직이 경력개발계획을 수립하는 데 정량적·정성적 근거를 동시에 제공한다. 또한, 참가자에게는 자기이해를 증진시키고 향후 개발과제를 명확히 인식하게 해주는 효과적인 학습의 장이 된다.

(4) 기능목록제도(Skills Inventory System)

기능목록제도는 조직이 보유한 인적자원의 능력, 기술, 자격, 경력 등을 체계적으로 목록화하고, 이를 인사정보시스템과 연동하여 관리하는 제도이다. 이는 인재의 적시 적소 배치, 승진 후보자 추천, 교육훈련 계획 수립, 중장기

그림 10-6 기능목록 시스템의 처리과정

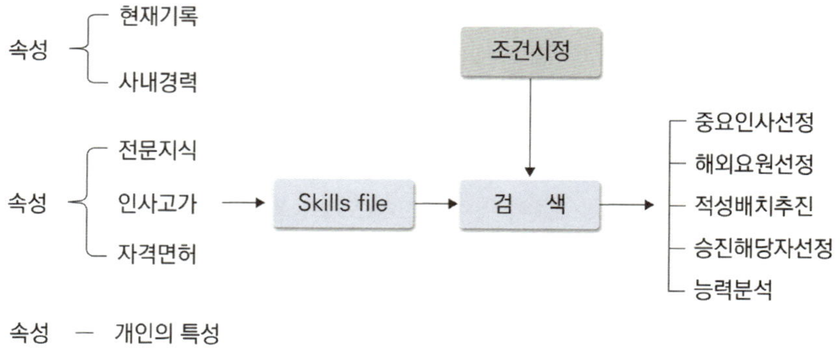

인력계획 등에서 기초 자료로 활용되며, 인적자원 관리의 전략성과 유연성을 동시에 제고한다. 기능목록에는 기본적인 인사정보 외에도 직무수행 이력, 교육 이수 내역, 자격증, 어학 능력, 프로젝트 참여 이력, 평가결과, 개인의 희망 직무와 지역 등이 포함된다. 조직은 공석이 발생했을 때 기능목록 데이터베이스에서 적격 후보를 자동 추출하여 인력 배치를 빠르고 정확하게 수행할 수 있으며, 필요시 교육훈련 대상자 선발에도 활용할 수 있다.

특히 디지털 전환 시대에 기능목록은 빅데이터 기반의 인재관리 시스템과 접목되어, 조직은 기능 보유 현황뿐 아니라 기능 간 연계 가능성, 인재의 전환 가능성까지 시뮬레이션할 수 있다. 이는 유연하고 탄력적인 경력개발을 실현하는 기반이 된다. 기능목록제도의 처리과정을 요약하여 나타내면 〈그림 10-6〉과 같다.

(5) 능력개발시스템제도(Capability Development System)

능력개발시스템제도는 경력개발의 실행 단계에서 핵심이 되는 제도로, 종업원이 자기 경력의 방향성과 조직의 인재육성 방침에 따라 필요한 능력을 개발할 수 있도록 지원하는 포괄적 시스템을 말한다. 핵심 구성 요소로는 계획적 직무순환, 직무교류, 자기주도 학습, 외부 연수, 경력별 교육과정 운영 등이 있으며, 이러한 구성은 종업원의 직무수행력 향상뿐 아니라 직무적응성,

조직몰입도, 내부이동 유연성 제고로 이어진다.

조직은 구성원에게 다양한 경력코스(예: 관리직, 전문직, 기술직, 글로벌 코스 등)를 제시하고, 각 코스에 따른 필수 직무경험, 요구 역량, 교육 이수 기준을 명시하여 경력경로를 시각화해 제공한다. 이러한 시스템은 종업원으로 하여금 조직 내에서 자율성과 예측성을 바탕으로 경력을 설계할 수 있도록 도와주며, 조직은 이를 통해 내부 승진, 인재 파이프라인 확보, 후계자 계획 수립 등과 연계할 수 있다.

(6) 경력지향적 인사고과제도(Career-Oriented Performance Appraisal)

경력지향적 인사고과제도는 단기 성과 중심의 평가에서 벗어나, 종업원의 경력경로와 성과잠재력을 고려한 평가를 통해 장기적 인재 육성과 조직성과 향상이라는 두 가지 목표를 동시에 추구하는 고과제도이다. 이는 직무수행 능력의 정량적 평가는 물론, 직무수행태도, 학습 의지, 팀워크, 리더십 가능성 등 정성적 요소를 균형 있게 고려한다.

이 제도는 경력개발 목적에 따라 세분화된 직능기준과 자격기준을 도입하며, 평가 결과는 단순한 보상 자료가 아닌 경력경로 설정, 교육훈련 연계, 승진 적합성 판단 등에 활용된다. 또한 이 제도는 조직의 인재경영 철학과 연계

그림 10-7 경력지향적 인사고과의 평가구심점

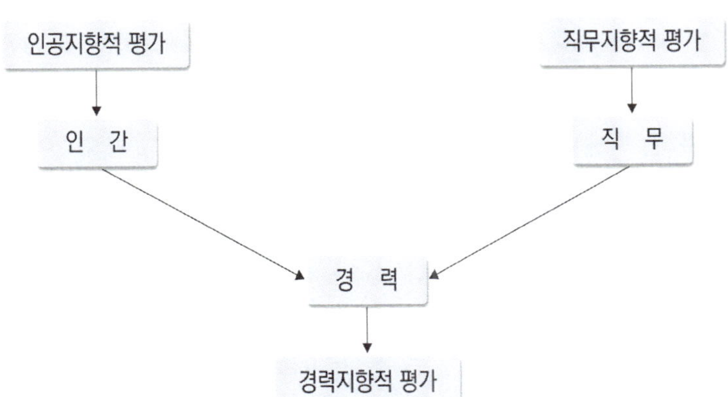

되어 조직 구성원에게 일관된 메시지를 제공함으로써 경력개발을 위한 동기 유발 효과를 높인다. 경력지향적 인사고과의 구심점을 그려보면 〈그림 10－7〉과 같다.

종합적으로 경력지향적 인사고과는 인사관리의 핵심 축인 성과관리와 인재육성을 유기적으로 통합하는 평가제도로서, 경력개발 중심의 현대적 인사관리 패러다임을 대표한다고 할 수 있다.

2. 경력개발의 실천 기법

조직은 경력개발을 위한 제도를 전사적으로 구축하고 있으나, 이러한 제도 외에도 다양한 보완적 실천 기법을 병행함으로써 구성원의 지속적인 성장과 경력경로 상의 유연한 전환을 지원하고 있다. 이러한 실천 기법은 구성원의 경력 단계, 조직의 인재 전략, 외부 환경 요인 등을 고려하여 다양한 형태로 운영되며, 다음과 같은 대표적인 기법들이 활용된다.

1) 최고경영자 프로그램(Advanced Management Program: AMP)

최고경영자 프로그램은 유망한 중간관리자를 선발하여 향후 조직의 리더로 육성하기 위한 고급 경영자 교육 프로그램이다. 일반적으로 8주 정도의 사내 교육 과정을 수료한 후, 외부 경영자연구소나 전문 기관에서 리더십, 문제해결, 동기부여, 조직행동 등의 고급 관리기법을 2주간 집중적으로 습득하게 한다. 이 프로그램의 핵심 목적은 상위관리직으로의 승진을 대비한 인재 풀을 확보하는 데 있으며, 모든 참가자가 즉시 승진 대상이 되는 것은 아님을 명확히 안내함으로써 현실적인 기대관리를 병행한다. 이는 조직이 경력개발을 전략적으로 수행함과 동시에, 인재 유지와 동기부여를 동시에 고려한 대표적 사례로 평가된다.

2) 경영자개발위원회(Management Development Committee)

경영자개발위원회는 중간 및 상위 관리자급 인재의 경력개발을 체계적으로 감독하고 조정하는 내부 조직이다. 위원회는 각 부서장과 최고경영층으로 구성되며, 매년 구성원 개개인의 강점과 약점을 분석하여 중장기 경력계획(5년 단위)을 수립한다. 이 위원회는 각 개인의 역량과 조직의 전략적 수요를 연결하는 플랫폼으로서 기능하며, 개별 경력계획은 구성원과의 협의 과정을 통해 합의됨으로써 조직 목표와 개인 목표 간 정렬(alignment)을 강화할 수 있다. 이는 전략적 인적자원관리(SHRM)의 실행적 측면에서 매우 중요한 메커니즘으로 간주된다.

3) 계획적 경력경로화(Career Pathing)

계획적 경력경로화는 주로 신입사원이나 경력 초기 단계의 인재를 대상으로 다양한 직무 경험을 제공하는 프로그램이다. 종업원은 9개월에서 12개월 간격으로 다른 부서로 순환 배치되며, 이를 통해 조직의 다양한 기능을 이해하고 자신의 적성과 역량에 적합한 경력 방향을 탐색할 수 있다. 이 기법은 직무순환(job rotation)의 개념을 내포하며, 직무 다양성 확보, 조직몰입 향상, 경력 탐색 기회의 확대라는 다층적 효과를 지닌다. 또한 향후 승진 또는 전문 직무로의 진입에 있어 중요한 기반을 마련해 준다.

4) 중간경력 쇄신 프로그램(Mid-Career Update)

중간경력 관리자의 경우, 기술 진부화(obsolescence)나 경력정체(career plateau)에 대한 심리적·직무적 부담을 경험할 수 있다. 이를 방지하기 위해 일부 대기업에서는 '중간경력 쇄신 프로그램'을 운영하여, 최신 기술과 트렌드를 재학습하는 기회를 제공한다. 해당 프로그램은 최신 마케팅, 컴퓨터 기술, 조직행동, 인간관계 역량 등에 관한 세미나 형식으로 구성되며, 참가자는 중간경력 관리자에 한정된다. 이는 경력단절이나 조기퇴사 리스크를 예방하고, 경력 후반부의 동기부여 및 역량 유지를 위한 전략적 개입이라고 할 수 있다.

5) 예비퇴직 상담 프로그램(Pre-Retirement Counseling)

일부 기업은 종업원이 퇴직을 앞두고 있는 1년 전부터 '예비퇴직 상담 프로그램'을 실시하여, 퇴직 후 삶에 대한 준비를 지원한다. 세미나 형식의 이 프로그램은 다음과 같은 주제를 다룬다. 국민연금 및 퇴직연금 제도, 건강보험과 같은 사회보장제도, 퇴직 후 여가 활용, 심리적 적응 방법, 재취업 혹은 제2의 경력 설계 등. 이는 경력의 종착점에서 발생할 수 있는 불안정성을 완화하고, 구성원의 '생애경력관리(lifetime career management)'에 대한 조직의 책임을 보여주는 프로그램으로 볼 수 있다. 특히 고령사회로 진입한 현대 사회에서는 중장년층의 인적자원 유연성 확보와 재사회화 전략으로서도 중요하게 인식된다.

결론적으로 경력개발의 실천은 단순히 프로그램을 운영하는 것에 그치지 않고, 조직문화와 리더십, 전략적 인사관리와 긴밀히 연결되어야 한다. 특히 경력개발은 구성원의 잠재력 개발과 조직의 미래역량 확보라는 이중 목적을 달성하기 위한 핵심 메커니즘이므로, 제도와 실천 기법 간의 유기적 통합이 필수적이다. 조직은 자율성과 구조성을 조화롭게 결합한 경력개발 전략을 통해 인재의 확보와 유지를 동시에 실현할 수 있어야 한다.

CHAPTER

11

인사평가와 성과관리

section 01 인사평가의 개념과 목적

1. 인사평가의 정의와 기능

조직이 인적자원을 효율적으로 관리하고 활용하기 위해서는 구성원 개개인의 직무수행 수준과 성과에 대한 체계적인 평가가 필수적이다. 이러한 평가 활동을 통칭하여 인사평가(Performance Appraisal) 또는 성과평가라고 하며, 이는 조직 내 종업원들이 일정 기간 동안 수행한 직무 활동과 그에 따른 성과, 행동 특성 등을 사전에 설정된 기준에 따라 비교·측정하고, 그 결과를 다양한 인사관리 의사결정에 반영하는 과정을 의미한다. 인사평가는 조직의 전략과 목표에 부합하는 인적 자원의 확보, 유지, 개발, 활용을 가능하게 하며, 단순한 평가를 넘어 조직 구성원의 성장과 발전을 촉진하는 동기부여의 수단이자 전략적 도구로 간주된다. 또한, 인사평가는 단일 행위가 아닌 계획 → 수행 → 피드백 → 활용으로 이어지는 순환적 활동으로 이해해야 하며, 특히 성과주의적 인사제도를 도입한 기업에서는 평가가 보상, 경력개발, 조직성과 제고의 핵심축으로 작용한다. 인사평가의 기능은 다음과 같이 구분할 수 있다.

① **성과 판단 기능**: 종업원의 직무수행 결과를 조직이 기대하는 기준과 비교하여 성과의 수준을 객관적으로 판단한다. 이는 해당 종업원이

현재 맡은 직무에 적합한지, 추가 개발이 필요한지 등을 진단하는 데 핵심적이다.

② **피드백 기능**: 평가결과를 기반으로 상사와 부하 간 피드백을 통해 개선 방향과 기대 사항을 공유하며, 커뮤니케이션 강화 및 업무 몰입도 제고에 기여한다.

③ **정보 제공 기능**: 인사이동(배치전환, 승진, 해고), 임금결정, 교육훈련 대상자 선별, 후속 경력관리 등 다양한 인사정책 결정에 필요한 객관적 근거를 제공한다.

④ **동기부여 기능**: 종업원이 공정한 평가를 통해 자신의 기여가 인정받고 있음을 확인하면 직무만족과 조직몰입이 높아지며, 더 나은 성과를 위해 자발적으로 노력하게 된다.

⑤ **전략적 기능**: 조직의 장기 전략과 목표 달성에 필요한 핵심역량과 행동지표를 평가 항목에 반영함으로써 구성원의 행동을 전략 방향과 일치시키는 역할을 한다.

2. 인사평가의 필요성과 목적

인사평가는 조직의 존속과 성장, 그리고 구성원의 발전을 위해 다음과 같은 목적을 수행한다. 특히 현대적 인사관리에서는 평가가 단순히 과거를 되짚는 도구가 아니라 미래지향적 성과관리 체계의 출발점으로 인식되고 있다.

1) 인사관리적 목적

인사평가는 조직이 운영하는 다양한 인사제도의 근간이 되는 정보를 제공한다. 구체적으로 다음과 같은 측면에서 실무적으로 활용된다.

① **보상 결정**: 인사평가는 성과에 따른 임금 결정의 기준이 된다. 이는 개인의 기여도에 기반한 공정한 보상체계를 가능하게 하며, 성과연봉제나 성과급 제도의 운영에도 직접적인 영향을 준다. 공정한 보상은 조직 구성원 간의 신뢰를 구축하고, 내부적 불만을 최소화하는

데 핵심적인 역할을 한다.

② **승진 및 배치 판단:** 평가를 통해 각 구성원의 능력과 잠재력을 객관적으로 분석할 수 있으며, 이를 기반으로 승진 대상자를 선별하거나 적재적소의 배치를 실현할 수 있다. 특히 전략적 인재풀(Talent Pool) 형성을 위한 핵심도구로 활용되며, 인재 유지(retention) 전략에도 연결된다.

③ **징계 및 경고의 근거 제공:** 성과가 기준에 미치지 못하는 구성원에 대해서는 개선을 위한 교육이나 훈련을 실시하거나, 필요 시 경고 또는 징계 등의 인사조치를 시행할 수 있다. 이러한 활용은 조직 운영의 질서를 유지하고 성과 기준에 대한 명확한 기대를 공유하는 데 기여한다.

2) 동기부여 및 성과개선 목적

인사평가는 구성원 개인의 성취욕구와 성장욕구를 자극하여, 조직 전체의 성과 향상으로 이어질 수 있는 중요한 동기부여 수단이다. 특히 현대 조직에서는 평가의 결과 자체보다 피드백 과정과 기대관리(expectation management)가 구성원의 동기 수준에 더 큰 영향을 준다는 점에서, 평가자는 단순한 점수의 전달자가 아닌 코치(mentor)와 동반자(partner)의 역할을 수행해야 한다. 공정하고 신뢰받는 평가를 통해 구성원은 자신의 기여가 조직에 의해 인지되고 있음을 인식하고, 자신의 업무방식과 성과수준을 성찰하는 계기를 갖게 된다. 특히 성과목표를 개인이 설정하고 스스로 평가받는 방식(예: 목표관리, OKR 등)을 활용할 경우, 구성원의 자율성, 책임감, 자기조절능력이 강화되며 내재적 동기(intrinsic motivation)를 자극하는 효과가 있다.

또한, 동료 및 조직과의 비교를 통해 상대적 위치를 파악하고, 발전 가능성을 인식함으로써 지속적인 성과 향상을 도모할 수 있다. 이를 통해 인사평가는 개인의 발전과 동시에 조직 내 성과주의 문화를 정착시키는 기능을 한다.

3) 교육훈련 및 승진 자료 목적

인사평가의 또 다른 중요한 목적은 조직이 구성원의 역량 개발을 체계적으로 지원할 수 있도록 정보를 제공하는 데 있다. 평가를 통해 드러난 개인의 강점과 약점은 교육훈련 프로그램의 방향 설정에 있어 매우 유용한 근거 자료가 된다. 예를 들어, 특정 부서의 중간관리자들이 목표관리 능력에서 낮은 평가를 받았다면, 이는 조직 차원에서 목표설정, 성과코칭, 피드백 커뮤니케이션 등에 관한 관리자 리더십 개발 프로그램을 운영할 필요성을 제기한다. 또한 승진 후보자 선별 시에도 단기 성과뿐 아니라 지속가능한 리더십, 협업 능력, 변화관리 역량 등을 함께 고려할 수 있게 한다.

평가 결과는 단순한 진단의 자료가 아닌, 조직의 전략과 인재육성 방향에 따라 개별 맞춤형 경력개발 계획(Individual Development Plan: IDP)으로 이어져야 한다. 이러한 평가－개발－승진의 연계는 인사관리의 통합성과 전략성을 동시에 확보하는 데 결정적이다.

3. 인사평가와 성과관리의 차이점과 연계

인사평가와 성과관리는 종종 혼용되지만, 그 개념과 목적, 운영 범위에 있어 분명한 차이가 존재한다. 인사평가는 특정 기간 동안의 직무 수행 결과를 기준으로 구성원의 성과를 판단하고 인사적 결정을 내리는 데 초점을 맞춘 반면, 성과관리(Performance Management)는 성과 창출 과정 전반을 계획하고 지원하며 피드백하는 보다 포괄적이고 전략적인 시스템이다. 성과관리는 단지 '평가'라는 결과지표에만 의존하지 않고, 다음과 같은 일련의 활동을 포함한다.

- 조직 및 부서의 목표와 개인 목표 간 정렬(alignment)
- 목표 설정 및 계획 수립(SMART 목표, KPI 설계)
- 정기적 피드백과 코칭
- 개발과제 설정 및 실행
- 평가와 보상, 경력개발과의 연결

결과적으로 인사평가는 성과관리의 한 구성요소로 자리매김하며, 양자의 연계를 통해 조직은 단기적 성과 측정을 넘어 지속가능한 성과 창출을 위한 조직문화를 정착시킬 수 있다. 특히 성과관리 체계가 잘 구축된 조직은 인사평가가 처벌이나 승진의 수단으로 오해받는 것을 방지하고, 구성원 개개인이 자신의 성장을 위한 '기회'로 평가를 인식하게 되는 환경을 조성할 수 있다.

section 02 인사평가의 기준과 방법

1. 인사평가 기준의 개념과 중요성

인사평가가 조직에서 효과적으로 작동하고 구성원들로부터 신뢰를 얻기 위해서는 명확하고 타당한 평가기준이 반드시 선행되어야 한다. 평가기준이란 조직이 직무를 수행하는 구성원들의 성과와 행동을 평가할 때 근거로 삼는 행동 지침 혹은 성과 기대 수준으로, 평가 대상이 되는 요소와 평가 방식의 방향성을 결정짓는 핵심 요소이다.

평가기준은 인사평가의 객관성과 공정성, 수용 가능성을 확보하는 데 필수적인 요소이며, 기준 설정이 부정확하거나 모호할 경우, 평가결과는 왜곡되거나 구성원들에게 불신을 초래할 수 있다. 따라서 효과적인 인사평가를 위해서는 평가 대상자의 직무 특성, 조직의 전략 방향, 직무성과에 대한 기대 등을 종합적으로 반영한 평가기준이 설정되어야 하며, 이는 조직의 규모나 산업 특성에 따라 다르게 설계될 수 있다.

2. 인사평가 기준의 유형

인사평가 기준은 평가의 초점이 어디에 있느냐에 따라 다양한 방식으로 구분할 수 있다. 일반적으로는 능력 중심, 업적 중심, 태도 중심의 세 가지 기준이 가장 널리 사용되며, 최근에는 역량 기반 평가와 행동 지표 기반 평가로 진화하고 있다.

1) 능력 중심 기준(Competency-Based Criteria)

능력 중심 기준은 구성원이 직무를 수행하는 데 필요한 지식, 기술, 태도, 행동 특성 등 직무수행 역량을 중심으로 평가하는 방식이다. 여기서 능력(competency)은 단순히 기술적인 숙련도를 넘어, 문제해결능력, 의사소통능력, 팀워크, 고객지향성, 변화대응력 등 행동 중심의 정성적 요소를 포함한다. 이러한 기준은 정량적인 성과를 측정하기 어려운 직무군(예: R&D, 기획, 고객상담 등)에 효과적이며, 조직이 중장기적으로 육성하고자 하는 핵심인재 선별 및 리더십 개발을 위한 평가에서도 유용하게 사용된다. 특히, 조직은 구성원이 지닌 고유 역량이 조직 전략과 얼마나 부합하는지를 판단함으로써 인재관리의 전략적 방향을 설정할 수 있다.

2) 업적 중심 기준(Result-Based Criteria)

업적 중심 기준은 평가 대상자가 일정 기간 동안 실제로 달성한 성과 결과물을 기준으로 평가하는 방식이다. 주로 정량화 가능한 지표(매출, 생산량, 고객 유치 건수 등)를 활용하며, 목표관리제도(MBO), 핵심성과지표(KPI), OKR 등과 연계되어 운영된다. 이 기준은 구성원의 성과를 명확하게 수치로 비교하고, 평가의 객관성과 정당성을 확보하는 데 매우 효과적이다. 특히 영업, 생산, 서비스 등 목표 달성이 뚜렷한 직무에서 선호되며, 성과에 따라 차등 보상을 연계할 때 가장 직접적인 기준이 된다. 다만, 지나치게 결과만을 강조할 경우 과정의 질적 요소나 팀워크, 윤리성 등 비계량적 기여가 소외될 수 있으므로, 업적 중심 기준은 일반적으로 다른 평가 기준과 함께 혼합형 방식으로 활용하는 것이 바람직하다.

3) 태도 중심 기준(Behavior-Based Criteria)

태도 중심 기준은 구성원의 근무태도, 직무에 대한 책임감, 시간엄수, 조직 적응력, 협업 태도, 고객 응대 자세 등 일상적인 조직행동을 평가하는 기준이다. 조직의 기초적 운영 질서와 조직문화의 유지 측면에서 매우 중요한 기준으로, 특히 신규 입사자나 조직 적응이 필요한 구성원에 대한 평가에서 자주 사용된다. 하지만 태도는 정량화가 어렵고 평가자의 주관에 크게 좌우되기 쉬운 영역이므로, 행동 예시와 평정 수준을 명확히 제시하고, 평가자 교육을 통해 편향을 최소화해야 한다. 최근에는 이러한 태도를 행동기반척도(BARS)나 역량사전(Dictionary of Competency)의 형태로 구조화하여 적용하는 사례가 늘고 있다.

3. 인사평가 방법의 유형

인사평가는 기준과 함께 어떻게 평가할 것인가에 대한 구체적 방법론이 필요하며, 이 역시 조직의 전략, 직무 특성, 평가 문화에 따라 선택적으로 활용된다. 평가 방법은 개별 적용은 물론 복수 방식의 혼합(Composite System)을 통해 보다 신뢰도 높은 평가가 가능하다.

1) 서열법(Ranking Method)

서열법은 동일 집단 내에서 종업원들을 성과에 따라 1등부터 마지막 순위까지 상대적으로 배열하는 방식이다. 상대평가의 대표적인 형태로, 비교적 간단하고 실행이 용이하지만, 피평가자의 수가 많아지면 신뢰성이 떨어지고, 절대적 기준이 없다는 점에서 논란이 될 수 있다. 또한, 팀 내 협업보다는 경쟁을 부추겨 조직 내 갈등 요인이 될 수 있다는 점에서 신중한 운용이 요구된다.

2) 평정척도법(Rating Scale Method)

평정척도법은 사전에 설정된 항목에 대해 구성원의 성과나 태도를 일정한 척도(예: 1~5점, 1~7점 등)로 평가하는 방식이다. 예를 들어 '책임감' 항목에 대해 '매우 부족하다(1점)'부터 '매우 우수하다(5점)'까지 선택하도록 한다. 이는 다양한 직무에 적용 가능하며 평가 비교가 쉽지만, 평가자의 주관이나 중심화 경향, 후광 효과 등의 오류가 자주 발생하는 단점이 있다.

3) 체크리스트법(Checklist Method)

체크리스트법은 사전에 설정된 행동 항목이 발생했는지 여부를 '예/아니오' 또는 '있음/없음'의 방식으로 표시하는 기법이다. 예를 들어, '제출기한을 엄수했는가?'라는 항목에 대해 체크하는 방식이다. 빠르고 명확한 평가가 가능하다는 장점이 있으나, 정량화나 차등화를 어렵게 하며, 직무의 복잡성과 다양성을 충분히 반영하지 못할 수 있다.

4) 행동관찰척도법(BARS)

행동관찰척도법(Behaviorally Anchored Rating Scales: BARS)은 평정척도의 한계를 극복하기 위해 각 점수 수준에 구체적인 행동 예시를 명시한 평가 방식이다. 예를 들어, '협업능력' 항목에서 1점은 "팀과의 협업을 거부하고 독단적으로 업무를 처리함", 5점은 "팀원들과 적극적으로 소통하며 협업을 주도함" 등으로 기술한다.

이 방식은 평가자의 주관을 줄이고 평가의 신뢰성과 수용성을 높일 수 있으며, 최근 공공기관이나 글로벌 기업에서도 널리 활용되고 있다.

5) 목표관리법(MBO)

목표관리법은 관리자가 부하 직원과 함께 성과 목표를 설정하고, 해당 목표의 달성 정도를 기준으로 평가하는 방식이다. 평가를 위한 목표는 구체적이고 측정 가능해야 하며, 종업원이 스스로 목표 수립에 참여함으로써 동기부여와 몰입도가 높아진다. 특히 기업의 전략적 방향과 개인 성과를 연결시키는 데 유용하지만, 목표 설정 시 기준이 불명확하거나 과도하게 이상적일 경우 형식화될 위험성도 내포하고 있다.

6) 다면평가(360도 피드백)

다면평가는 평가 대상자를 둘러싼 다양한 관계자들(상사, 동료, 부하, 내부고객 등)로부터 피드백을 수집하여 종합적으로 성과와 행동 특성을 평가하는 방식이다. 리더십, 커뮤니케이션, 조직적응력 등과 같은 정성적 평가 영역에서 특히 효과적이다. 이 방식은 평가 대상자에 대한 입체적인 인식을 가능케 하지만, 평가자가 익명성을 보장받지 못하면 왜곡된 결과를 낳을 수 있으며, 피드백을 수용하는 문화 조성이 병행되어야 성공적으로 운영된다.

4. 현대적 평가 방법의 진화와 통합

최근 인사평가는 단일 기준이나 방법에 의존하기보다, 정성적·정량적 기준의 통합, 수시 피드백 시스템의 강화, 디지털 기반 플랫폼의 활용 등으로 확장되고 있다. 예를 들어, 글로벌 IT 기업에서는 기존 연 1~2회 정기 평가 대신, 상시 피드백(continuous feedback), OKR(Objectives & Key Results), 1:1 코칭 중심 평가제도 등을 도입하여 성과 관리의 실시간성, 유연성을 확보하고 있다. 또한, 평가 결과를 단순 보상과 연계하는 것을 넘어, 조직개발, 경력개발, 학습 전략과 통합하려는 경향도 확대되고 있으며, 이는 성과관리시스템(PMS)과의 연계성을 강화하는 방향으로 진화하고 있다.

결론적으로 인사평가의 기준과 방법은 조직의 전략적 목표와 인사철학을 반영하여 설계되어야 하며, 신뢰성과 수용성을 확보하기 위한 지속적인 관리와 보완이 필요하다. 평가 기준은 직무특성과 성과의 본질을 반영하여 다면적이어야 하고, 평가 방법은 평가자의 오류를 최소화하면서도 종업원의 성과와 역량을 정밀하게 포착할 수 있도록 구성되어야 한다. 특히 오늘날의 인사평가는 평가 그 자체보다도 성과 창출 과정의 개선, 구성원의 몰입도 향상, 공정성과 투명성 확보 등 조직문화 차원의 영향력이 강조되므로, 평가제도 운영에 있어 리더십의 역할, 시스템의 설계, 교육훈련, 커뮤니케이션 등 포괄적인 관리가 요구된다.

section 03 인사평가의 과정과 절차

1. 인사평가의 중요성과 체계적 운영의 필요성

인사평가는 조직의 인사관리 시스템 중 가장 민감하고 복합적인 기능 중 하나로, 단순히 직원의 성과를 판정하는 차원을 넘어 인재 육성, 보상, 경력개발, 조직문화 형성 등 다양한 인사 정책의 기초 자료로 활용된다. 따라서 인사평가는 단편적 행위가 아니라 전략적 목적 하에 기획되고, 설계되며, 운영되는 종합적 관리과정으로 인식되어야 한다.

평가의 신뢰성과 타당성은 단지 기준과 방법의 타당성만으로 확보되지 않는다. 보다 중요한 것은 평가가 어떻게 준비되고, 어떻게 실행되며, 그 결과가 조직과 개인에게 어떤 방식으로 환류되느냐에 달려 있다. 즉, 인사평가의 유효성을 확보하기 위해서는 평가의 전 과정을 명확하게 구조화하고, 이를 실행하는 평가자와 조직이 체계적으로 대응해야 한다.

2. 인사평가의 일반적 절차

인사평가는 일반적으로 다음과 같은 단계로 구성된다.

① 평가제도 설계 및 준비 → ② 평가기준 및 목표 설정 → ③ 성과 관찰 및 정보 수집 → ④ 평가 실행 → ⑤ 피드백 및 결과 환류 → ⑥ 인사 의사결정

활용

1) 평가제도 설계 및 준비

인사평가의 출발점은 평가제도를 조직 전략과 인사 철학에 부합하는 방향으로 설계하는 것이다. 이 단계에서는 평가의 목적, 평가 시기, 평가 대상, 평가 방법, 평가자 범위, 평가결과 활용 방식 등을 종합적으로 설계한다.

예를 들어, 전략적 인사관리를 강조하는 조직이라면 단기성과보다는 장기적 리더십 역량, 조직적응력, 변화관리 능력 등에 초점을 맞춘 역량 중심 평가제도를 설계할 수 있다. 반면, 성과주의를 강조하는 조직에서는 업적 중심 평가를 강화하고 이를 보상과 직결하는 방식으로 설계할 수 있다. 또한, 이 단계에서는 평가자 교육(Evaluator Training)을 병행해야 한다. 평가자의 인식과 역량이 평정 결과의 왜곡에 큰 영향을 미치므로, 제도 도입 시 평가자에 대한 오리엔테이션, 평가기준 해석 교육, 피드백 스킬 향상 등이 필수적으로 병행되어야 한다.

2) 평가기준 및 목표 설정

이 단계에서는 무엇을 기준으로 평가할 것인가에 대한 명확한 정의와 합의가 이뤄져야 한다. 평가기준은 직무분석을 기반으로 설정하며, 평가 항목별로 기대수준, 행동지표, 성과지표(KPI)를 명시하여 구체화한다. 또한, 목표설정을 병행하는 경우에는 구성원이 평가목표 설정에 참여(participation)하도록 유도해야 한다. 이는 목표의 수용성과 몰입도를 높이며, 성과에 대한 책임감과 자율성을 동시에 증진시킨다. 대표적으로 SMART 원칙(Specific, Measurable, Achievable, Relevant, Time-bound)을 적용하여 평가 목표의 명확성과 실행가능성을 확보한다.

3) 성과 관찰 및 정보 수집

성과 관찰 단계는 실제 직무 수행 과정에서 평가자가 피평가자의 업무 수행을 지속적으로 관찰, 기록, 자료화하는 단계이다. 이 과정이 충실히 수행되지 않으면 평가 결과는 주관적 인상이나 일부 편향에 의존하게 되어 신뢰도를 확보할 수 없다. 따라서 이 단계에서는 다음과 같은 도구와 기법이 활용된다.

- 업무일지 및 행동기록지(Behavioral Log) 작성
- 성과관리 시스템(PMS) 내 수치 및 활동기록 자동화
- 중간 면담(Checkpoint Interview)을 통한 중간 점검 및 코칭
- 수시 피드백 시스템(Continuous Feedback)을 통한 역동적 정보 수집

최근에는 디지털 HR 시스템을 통해 실시간으로 과업수행 데이터를 수집하고 이를 자동화된 방식으로 기록·분석하는 경향이 확산되고 있다. 이는 평가의 객관성 제고와 평가자의 부담을 동시에 줄이는 효과를 낳고 있다.

4) 평가 실행

평가 실행은 수집된 정보를 바탕으로 평가자가 피평가자의 성과 및 행동을 사전에 정의된 기준에 따라 평정하는 단계이다. 이때 평가자는 감정적 개입이나 편향된 인상을 배제하고, 관찰된 사실과 구체적인 자료를 근거로 평가해야 한다. 실무에서는 다음과 같은 대표적 오류들이 발생할 수 있으므로 주의가 필요하다.

- **후광 효과**(Halo Effect): 한 가지 특성이 전체 평정에 영향을 미침
- **관대화·엄격화 경향**: 모든 피평가자에게 지나치게 후하거나 엄격한 점수를 줌
- **중심화 경향**: 모든 평가항목에서 평균 수준으로 평정하는 경향
- **유사성 편향**: 자신과 유사한 특성을 지닌 피평가자에게 높은 점수를 줌

이러한 오류를 방지하기 위해서는 사전 교육, 다면평가 병행, 구체적 행동지표의 활용 등이 중요하며, 평가자는 평정 기준의 해석과 적용에 있어 일관성을 유지해야 한다.

5) 피드백 및 결과 환류

평가 후에는 평가 결과를 피평가자에게 정확하고 신뢰성 있게 전달하고, 향후 개선 방향을 제시하는 피드백 과정이 반드시 포함되어야 한다. 피드백은 단순한 점수 전달이 아니라, 구성원의 자기 성찰과 학습, 동기부여를 이끄는 커뮤니케이션 행위로 이해되어야 한다. 이때 효과적인 피드백을 위해 다음 요소들이 고려되어야 한다.

- **즉시성**: 평가 직후 빠른 시점에 피드백 제공
- **구체성**: 막연한 비판이 아닌, 구체적 사례 기반의 설명
- **균형성**: 잘한 점과 부족한 점을 균형 있게 제시
- **개선 지향성**: 향후 행동 방향과 경력개발 제안을 포함

특히, 1:1 피드백 면담은 단기적인 평가결과 전달 이상의 효과를 가져오며, 구성원의 성장과 조직의 기대 간 간극을 좁히는 전략적 대화의 장으로 활용된다.

6) 인사 의사결정에의 활용

마지막 단계는 평가 결과를 조직의 다양한 인사정책 결정에 실질적으로 활용하는 것이다. 여기에는 다음과 같은 활용 영역이 포함된다.

- **보상 결정**: 성과급, 연봉 인상, 인센티브 등의 기준으로 활용
- **승진 및 배치**: 적합한 인재를 선별하거나 인재풀 구성에 반영
- **교육훈련 및 경력개발**: 교육 대상자 선별, 개인별 개발계획 수립
- **경영진 의사결정**: 인재 확보, 조직설계, 성과분석 등 전략적 결정자료

이러한 활용은 단순히 평가 데이터를 참고하는 수준을 넘어, 성과관리 시스템(PMS), 경력개발 시스템(CDP), 역량개발 시스템(EDS) 등과 통합되어 전사적 인적자원전략(HRM Strategy)의 실천 기제로 작동해야 한다.

3. 평가 프로세스의 개선을 위한 전략적 시사점

- **일관된 기준과 평가자 교육**: 공정하고 신뢰받는 평가를 위해서는 평가자의 해석 일관성을 확보할 수 있는 행동기반 평가표, 사례 기반 기준, 교육훈련 프로그램이 필수이다.
- **디지털 기반 평가시스템의 도입**: 실시간 성과 모니터링, 자동화된 평가 기록, 구성원 피드백 수렴 기능을 갖춘 PMS의 도입은 평가의 실효성을 크게 높인다.
- **성과관리와의 통합적 접근**: 평가가 성과관리의 한 부분으로 자리매김할 때, 평가 자체의 수용성과 실행력도 높아진다. 따라서 목표설정, 수시 코칭, 결과 보상까지 일관된 흐름이 확보되어야 한다.
- **조직문화와 리더십의 정렬**: 평가결과의 공정성, 수용성은 결국 조직의 리더가 어떤 방식으로 평가제도를 실행하느냐에 따라 달라진다. 리더는 평가를 통해 구성원을 통제하는 것이 아니라, 성장과 지원의 수단으로 활용해야 한다.

section 04 인사평가의 오류와 극복 방안

1. 인사평가 오류의 개념과 중요성

인사평가는 조직 구성원의 직무수행 능력, 태도, 성과 등을 기준으로 정량적·정성적으로 측정하여 평가결과를 도출하는 과정이지만, 평가자의 주관이나 인지적 한계로 인해 편향(bias), 왜곡(distortion), 오류(error)가 개입되는 경우가 빈번하다. 이러한 평가 오류는 평가의 신뢰성과 타당성을 저해할 뿐 아니라, 평가를 받는 구성원에게 불공정한 인식을 유발하고 조직 내 갈등, 동기저하, 인재이탈 등의 부작용을 초래할 수 있다. 특히 인사평가는 승진,

보상, 해고, 교육훈련, 배치전환 등의 중요한 의사결정의 근거가 되기 때문에 평가 오류는 단순한 실수 이상의 영향을 가진다. 평가제도의 근본 목적이 '공정하고 합리적인 인재관리'임을 감안할 때, 평가오류를 식별하고 체계적으로 극복하는 관리적 노력은 인사관리의 핵심 책무라고 할 수 있다.

2. 대표적인 인사평가 오류 유형

다음은 인사평가에서 흔히 발생하는 대표적 오류 유형으로, 평가자들의 인지적 편향과 조직 내 평가문화가 복합적으로 작용하여 나타난다.

1) 후광효과(Halo Effect)

- **정의**: 평가자가 피평가자의 한 가지 긍정적인 특성에 과도하게 영향을 받아, 다른 특성들도 높게 평가하는 오류를 말한다.
- **사례**: 유창한 언변과 외모가 단정한 직원에게 성과지표 달성률이나 협업능력까지 높게 평가하는 경우.
- **원인**: 인상 형성 이론에 따르면, 인간은 제한된 정보로 빠르게 판단을 내리려는 경향이 있으며, 긍정적 단서 하나가 전체 인상 형성에 영향을 미친다.
- **조직에 미치는 영향**: 후광효과는 평가의 객관성을 저해하고, 평균 이하의 실제 직무수행 능력을 가진 직원이 과대평가되어 승진이나 보상에서 부적절한 결정을 유발한다.

2) 악마효과(Horn Effect)

- **정의**: 피평가자의 하나의 부정적인 특성으로 인해 전체 평가가 부정적으로 왜곡되는 오류이다.
- **사례**: 부정확한 문서 작성으로 지적을 받은 직원이 이후 다른 업무역량(예: 대인관계 능력, 분석력 등)에서도 낮은 평가를 받는 경우.
- **원인**: 인간의 부정적 정보는 긍정적 정보보다 더 빠르고 강하게 뇌에

각인되며, 그 결과 전체 인식을 왜곡한다는 심리학 이론(부정성 편향, negativity bias)에 기초한다.

– **조직에 미치는 영향**: 역량 있는 인재의 장점이 과소평가되어 부적절한 인재운영이 초래되며, 피평가자는 평가 불신을 통해 조직에 소외감을 느끼게 된다.

3) 관대화 · 엄격화 경향(Leniency/Strictness Bias)

– **정의**: 평가자가 모든 피평가자에게 지나치게 후하거나 엄격하게 평가하는 오류이다.

– **사례**: 팀 분위기를 해치지 않기 위해 모든 구성원에게 90점 이상을 주는 관리자 / 완벽주의 성향의 상사가 소수의 우수자에게만 높은 점수를 주는 경우.

– **원인**: 평가자가 대인관계 갈등을 회피하거나, 조직 내부의 인사결과에 대한 책임을 회피하려 할 때 발생한다. 또한 평가자의 성격 특성과 리더십 스타일에 따라 영향을 받는다.

– **조직에 미치는 영향**: 평가의 변별력이 상실되어 성과주의 문화가 붕괴되고, 우수 인재에 대한 인정과 보상이 미비하여 조직 이탈로 이어질 수 있다.

4) 중심화 경향(Central Tendency Bias)

– **정의**: 평가자가 피평가자 간의 차이를 인식함에도 불구하고, 대부분을 평균 수준(중간 점수)으로 평가하는 오류이다.

– **사례**: 구성원의 역량 차이가 명확함에도 모두 '보통(3점)' 수준으로 평정하는 경우.

– **원인**: 평가에 대한 책임 회피, 평정 결과에 따른 후속조치(피드백, 갈등 발생 등)에 대한 부담감, 평가 경험 부족 등이 원인이다.

– **조직에 미치는 영향**: 인재 선별의 효과성이 감소하고, 성과에 따른 차등

보상 체계가 약화되며, 저성과자 개선 요구가 모호해진다.

5) 최근 효과(Recency Effect)

– **정의**: 평가 기간 중 가장 최근의 행동이나 성과에만 영향을 받아 평가가 이루어지는 오류이다.
– **사례**: 연중 대부분 성과가 미흡했으나 평가 직전 대형 프로젝트 성공을 이루어 전체 평가가 상향되는 경우.
– **원인**: 사람의 인지 시스템은 최근의 사건에 더 큰 주의를 기울이고, 더 쉽게 회상한다는 점에서 기인하며, 정기적인 성과 기록이 없을 경우 더욱 심화된다.
– **조직에 미치는 영향**: 평가의 시간적 대표성이 상실되고, 지속적 노력보다는 평가 시점 중심의 단기성과 지향 행태가 조직에 팽배해질 수 있다.

6) 유사성 편향(Similarity Bias)

– **정의**: 평가자가 자신과 유사한 가치관, 배경, 스타일을 지닌 피평가자에게 호의적으로 평가하는 오류이다.
– **사례**: 같은 학교 출신이나 유사한 성격의 부하직원에게 높은 점수를 주는 경우.
– **원인**: 인간은 무의식적으로 자기와 비슷한 사람에게 신뢰감과 호감을 느끼는 인지 편향(동질성 편향, affinity bias)을 갖는다.
– **조직에 미치는 영향**: 조직 내 다양성과 공정성이 저해되며, 특정 집단에 대한 구조적 편향이 형성될 수 있다.

7) 대조효과(Contrast Error)

– **정의**: 피평가자의 성과나 행동이 아닌, 직전 평가 대상자와의 비교를 통해 평가가 이루어지는 오류이다.

- **사례**: 아주 뛰어난 구성원을 평가한 직후 평범한 구성원을 낮게 평가하거나, 반대로 미흡한 직원 평가 직후 보통인 직원을 높게 평가하는 경우.
- **원인**: 평가자는 절대 기준보다 비교 기준에 익숙하며, 평가자가 기준 설정에 확신이 없을 때 인접 평가자의 영향을 받기 쉽다.
- **조직에 미치는 영향**: 평가 기준이 상대적 감각에 따라 유동적이 되어 평가 일관성과 신뢰성이 손상된다.

3. 인사평가 오류의 극복 방안

효율적인 인사평가는 정확한 정보, 신뢰할 수 있는 평가자, 잘 설계된 시스템, 조직문화적 수용성의 결합으로 가능하다. 평가 오류를 줄이기 위해 다음과 같은 다층적 접근이 필요하다.

1) 행동기반 평가도구의 도입

- **구체적인 행동지표 설정**: 추상적 항목(예: 책임감, 팀워크)에 대해 수준별 행동을 기술한 표준화 평가표(BARS)를 도입.
- **역량사전 구축**: 직무별 핵심역량 정의 및 수준별 정의를 통해 평가 기준의 명확성과 일관성을 확보.
- **직무분석과 연계**: 평가 기준이 직무기술서(Job Description)와 일치되도록 설계하여 평가의 직무타당성(content validity)을 제고.

2) 평가자 훈련 강화

- **인지 편향 교육**: 후광효과, 유사성 편향 등 심리적 오류에 대한 자각 및 통제 기술 훈련.
- **피드백 역량 교육**: 효과적인 피드백 구조(Situation-Behavior-Impact: SBI)를 훈련하여 평가 이후 구성원 개선을 유도.
- **평가 시뮬레이션 훈련**: 사례 기반 연습을 통해 평가 경험과 정교한 판단력

함양.

3) 다면평가 및 교차검토 시스템

- **360도 피드백 도입**: 상사 외에도 동료, 부하, 내부 고객 등 다양한 시각에서 평가.
- **캘리브레이션 회의(Calibration Meeting)**: 평가자 간 평가 결과 공유와 재조정을 통해 평가 일관성 확보.
- **이중 검토 체계**: 평가자 외 2차 관리자 또는 HR 부서가 평가결과를 검토하여 오류 가능성을 최소화.

4) 평가 모니터링 및 데이터 분석 활용

- **평가 분포 분석**: 평가자별 평균 점수, 표준편차, 분포 모양 등을 분석하여 관대화 · 엄격화 여부 파악.
- **이전 평가와의 일관성 확인**: 과거 평가점수 추이와 비교하여 이상치(outlier) 확인 및 피드백 제공.
- **HR Analytics**: AI 및 빅데이터 기반 평가 오류 예측 및 피드백 품질 정량화.

5) 피드백 중심 문화 정착

- **수시 피드백 체계화**: 연 1~2회 정기 평가 외에도 분기별 또는 프로젝트 종료 시 피드백을 제공.
- **코칭 중심의 리더십 개발**: 평가를 '통제'가 아닌 '성장 지원'의 관점으로 인식하도록 리더십 전환.
- **심리적 안전감 조성**: 평가 결과에 대한 구성원의 수용성을 높이기 위해 조직 내 신뢰 기반 확보.

결론적으로 인사평가의 오류는 단순한 개인의 실수가 아닌 조직 시스템과 문화 전반의 문제에서 비롯되는 경우가 많다. 따라서 오류를 방지하기 위한 노력은 평가도구의 개선뿐 아니라, 조직문화 혁신, 리더십 훈련, 디지털 기술의 활용, 성과관리 철학의 재정립 등 다면적인 변화가 수반되어야 한다. 무엇보다도 중요한 것은, 평가가 단지 '누가 좋은가'를 판단하는 과정이 아니라, '누가 어떻게 더 잘할 수 있도록 도울 것인가'에 대한 전략적 커뮤니케이션이라는 점을 인식하는 데 있다. 평가 오류를 줄이는 노력은 결과적으로 공정성과 신뢰에 기반한 고성과 인재관리 체계를 구축하는 지름길이 될 것이다.

section 05 성과관리시스템(PMS)의 이해

1. 성과관리의 정의와 구성요소

성과관리(Performance Management)는 조직이 설정한 전략적 목표를 구성원의 직무수행 활동과 정렬시키고, 성과 창출 과정 전반을 체계적으로 관리함으로써 조직성과의 극대화와 인적자원의 개발을 동시에 달성하고자 하는 통합적 관리활동이다. 이는 단순한 성과 측정을 넘어, 성과가 발생하기 전부터 형성되고 발전하며, 그 결과가 조직 내 시스템으로 환류되는 전 과정을 포괄하는 총체적 개념이다.

성과관리시스템(Performance Management System: PMS)은 이러한 성과관리를 조직 내에서 구체적으로 실행하기 위한 제도적 장치로, 다음과 같은 다섯 가지 핵심 구성요소로 이루어진다.

- 첫째, 전략과 연계된 성과목표의 수립이며,
- 둘째, 목표달성을 위한 실행과정의 관리와 성과 모니터링,
- 셋째, 정기적이고 구조화된 성과평가,
- 넷째, 성과에 대한 피드백과 학습 및 개발 연계,
- 다섯째, 평가결과의 보상 및 인사활용이다.

이러한 구성요소는 각각 독립된 기능을 수행함과 동시에 순환적으로 연계되어 작동함으로써, PMS는 단선적 평가 시스템을 넘어선 성과창출과 인재육성의 전략 메커니즘으로 작동한다.

2. 성과관리의 전략적 의의

현대의 성과관리는 단지 인사부서의 영역에 국한된 활동이 아니라, 조직 전체의 전략 실행력을 강화하고 구성원의 동기부여와 자기개발을 유도하는 경영전략의 실천도구로 간주된다. PMS는 조직의 상위 전략목표를 구체적인 실천지표로 전환하고, 이를 각 부서와 구성원의 일상 업무와 연결함으로써 목표 정렬(alignment)을 실현한다. 특히 빠르게 변화하는 경영 환경에서 조직은 단기적 성과에만 의존하는 것이 아니라, 성과창출 과정에서의 협업, 문제해결, 학습, 책임성 등 장기적 경쟁력을 구축하는 역량도 함께 관리해야 한다. 이에 따라 성과관리시스템은 단순한 점수화가 아닌, 조직의 전략과 구성원의 행위 간 일관성을 확보하고, 이를 기반으로 성과지향 조직문화를 정착시키는 전략적 기반으로 작동한다.

3. 성과계약 및 목표설정

성과관리의 출발점은 명확하고 실행가능한 목표의 설정이다. 구성원은 자신의 직무책임과 역할을 기반으로 상사와 협의하여 성과목표를 설정하고, 이 목표는 조직의 전략목표와 부서 목표를 기반으로 수직적·수평적으로 정렬되어야 한다. 이 과정에서 상사와 구성원은 성과계약(performance contract) 또는 성과계획서(performance plan)를 작성함으로써, 목표에 대한 합의와 책임성을 명확히 한다. 성과목표 설정은 단순히 수치적 목표를 할당하는 것이 아니라, 구성원의 직무수행 방식, 달성 가능성, 자원 여건 등을 고려하여 실제 실행 가능한 수준에서 협의되어야 한다. 이때 목표설정 과정의 투명성과 참여도는 추후 성과평가에 대한 수용성과 납득성에 큰 영향을 미치므로, 관리자는 구성원의 의견을 존중하며 공동의 성과창출 의지를 이끌어내야 한다.

4. KPI 설정

성과목표를 실질적으로 관리하기 위해서는 핵심성과지표(Key Performance Indicator: KPI)의 설정이 필수적이다. KPI는 목표의 구체적 달성 여부를 정량적 또는 정성적으로 측정할 수 있도록 수치화된 지표이며, 각 조직단위 또는 직무의 특성에 따라 차별적으로 설계된다. 예를 들어, 영업 부서에서는 '매출액', '신규고객 수', '수주율' 등이, 생산 부서에서는 '불량률', '납기준수율' 등이 KPI가 될 수 있다. KPI는 단지 숫자의 나열이 아니라, 성과의 본질적 가치를 반영하고 조직 전략과 정합성 있게 연계되어야 한다. 또한 KPI는 선행지표(leading indicator)와 결과지표(lagging indicator)를 함께 활용하여, 성과관리의 사전 예방적 기능과 사후 보완적 기능을 동시에 달성할 수 있도록 설계되어야 한다.

5. SMART 목표 기준

성과목표와 KPI가 효과적으로 작동하기 위해서는 설정 기준의 엄밀성이 요구되며, 이를 위해 일반적으로 SMART 원칙이 활용된다. SMART란 다음 다섯 가지 요소로 구성된다.

- Specific(구체성): 목표는 막연하지 않고 누구나 이해할 수 있도록 명확해야 한다.
- Measurable(측정가능성): 성과는 정량적 또는 정성적으로 측정이 가능해야 하며, 결과를 수치화할 수 있어야 한다.
- Achievable(달성가능성): 구성원의 자원, 역량, 환경 등을 고려할 때 실현 가능한 수준이어야 한다.

– Relevant(관련성): 조직의 전략 및 부서 목표와 실질적으로 연관되어야 한다.
– Time-bound(시간제한성): 일정한 기한 내에 달성 여부를 판단할 수 있어야 한다.

SMART 원칙에 기반한 목표설정은 성과관리의 실효성을 확보하는 기초 작업이며, 이를 통해 구성원은 자신의 역할에 대해 명확히 인식하고, 목표 달성에 대한 책임감을 자발적으로 수용할 수 있게 된다.

6. 성과의 지속적 모니터링 및 피드백

성과관리의 핵심은 단순한 '측정'이 아니라, 성과 창출 과정을 지속적으로 모니터링하고 필요한 피드백을 제공하는 데 있다. 조직은 평가 시점에만 성과를 점검하는 방식에서 벗어나, 일상적인 업무 흐름 속에서 성과 이행 여부를 정기적으로 확인하고, 중간점검 면담(mid-term review)이나 수시 피드백 시스템을 통해 구성원과 소통해야 한다.

이 과정에서 관리자의 역할은 단지 감독자가 아닌 지원자(coach)로 전환되어야 하며, 구성원의 성과 장애요인을 파악하고 실행 전략을 조정하거나 적절한 자원을 제공하는 조력자로서 기능해야 한다. 또한 최근에는 디지털 PMS 플랫폼을 활용하여, KPI 진행률, 업무성과, 피드백 내역 등을 실시간으로 시각화함으로써 구성원 스스로도 자신의 성과 수준을 자가 점검할 수 있도록 지원하고 있다. 성과의 지속적 모니터링과 피드백은 구성원에게 성과 개선의 실질적 기회를 제공하며, 평가결과에 대한 수용성과 자기발전을 위한 내적 동기를 동시에 강화하는 효과를 가진다.

7. 성과평가와 보상 및 경력개발과의 연계

성과관리의 결과는 반드시 보상 및 경력개발 등 후속 인사결정과 실질적으로 연계되어야 한다. 평가결과가 인사제도와 유기적으로 연결되지 않을 경우, 구성원은 성과관리시스템에 대한 신뢰를 잃고, 제도 자체를 형식적 절차로 인식할 가능성이 높아진다. 보상 측면에서는 평가 결과에 따라 급여 조정, 성과급, 인센티브 등의 차등 보상이 이루어져야 하며, 공정성과 예측 가능성이 확보되어야 한다. 더 나아가, 승진 대상자의 선발, 직무배치 및 경력경로 설계에도 성과관리 결과가 반영되어야 하며, 성과가 단순히 보상의 도구가 아닌, 장기적 인재 육성과 조직 경쟁력 제고의 기반으로 작동할 수 있도록 제도화되어야 한다.

경력개발 측면에서는 평가결과를 바탕으로 각 구성원의 역량 수준, 개선 필요영역, 발전 가능성을 진단하고, 이에 따라 개인개발계획(IDP)을 수립하여 교육훈련, 멘토링, 직무순환 등을 체계적으로 연계해야 한다. 이는 성과관리를 '결과 중심'에서 '발전 중심'으로 전환하는 데 있어 핵심적인 연결고리로 기능하며, 구성원이 PMS를 성장을 위한 제도적 기반으로 인식하도록 돕는다.

이상으로 성과관리시스템은 단순한 인사제도나 성과측정 도구가 아니라, 조직의 전략 실행과 구성원 성장의 선순환을 설계하고 유도하는 핵심 플랫폼임을 확인할 수 있다. 조직이 PMS를 성공적으로 운영하기 위해서는 평가 기준과 지표의 정교화뿐 아니라, 구성원의 수용성과 관리자 리더십, 조직문화적 기반이 함께 조화를 이루어야 하며, 이러한 조건이 충족될 때 비로소 성과관리시스템은 조직의 지속가능한 성과를 담보하는 제도로 기능하게 된다.

section 06 성과관리의 실행과 문화 정착

— 고성과 문화를 창출하는 실행 기반의 PMS 정착 전략 —

성과관리시스템(Performance Management System: PMS)이 조직 내에서 실질적으로 기능하고, 구성원의 행동을 변화시키며 조직성과의 향상으로 이어지기 위해서는 단지 제도를 설계하고 절차를 운영하는 것만으로는 충분하지 않다. 성과관리는 제도의 논리적 정합성뿐 아니라, 실행 주체의 역량, 구성원의 인식, 조직문화의 수용성 등 복합적인 요소들의 상호작용 속에서 그 효과가 발현되기 때문이다.

이 절에서는 성과관리의 실행단계에서 중요한 실천 요소들과 함께, 조직문화 차원에서 성과관리 시스템이 효과적으로 정착되기 위한 전략들을 다룬다. 특히 성과면담의 실제 운영방식, 성과코칭의 역할, 공정성과 신뢰성 확보, 리더십의 책무 등 조직행위적 측면을 중심으로 서술한다.

1. 성과면담(Performance Review) 운영

성과면담은 구성원과 관리자 간에 성과관리 과정을 공유하고, 피드백을 통해 학습과 발전의 방향을 제시하는 성과관리 프로세스의 핵심적 실천 기제이다. 단순히 연말 평가결과를 전달하는 면담이 아니라, 성과목표 수립, 실행 과정의 피드백, 평가결과의 해석, 개발 계획의 설정 등 전 과정을 쌍방향 커뮤니케이션의 장으로 연결하는 역할을 한다. 면담은 일반적으로 다음과 같은 구조를 갖는다.

- 첫째, 성과목표의 이행 여부와 성취 정도에 대한 분석,
- 둘째, 성과결과의 강점과 개선점에 대한 피드백,
- 셋째, 평가기준과 점수에 대한 설명과 피평가자의 수용 확인,
- 넷째, 향후 개발 방향 및 경력관리 계획 협의이다.

이러한 성과면담은 관리자에게는 코치로서의 리더십 역량을 실천하는 기회이며, 구성원에게는 자신의 성과를 객관적으로 인식하고 향후 발전을 위한 내적 동기를 정립하는 과정이 된다. 성과면담의 질이 높아질수록 성과관리 전반에 대한 구성원의 신뢰와 몰입이 높아지며, 이는 결과적으로 PMS의 수용성과 정착도에 결정적인 영향을 미친다.

2. 구성원 몰입을 위한 성과코칭

성과관리의 핵심은 구성원 스스로가 자신의 목표를 설정하고, 이를 달성하기 위한 실행 전략을 수립하며, 중간 과정에서의 피드백을 기반으로 행동을 조정해나가는 자기조절적 몰입(self-regulated engagement)을 실현하는 데 있다. 이를 가능하게 하는 실천적 장치가 바로 성과코칭이다. 성과코칭은 상사가 구성원의 성과 이행 과정을 지시하거나 감독하는 것이 아니라, 성과목표 달성을 위한 전략과 자원을 스스로 인식하고 실행하도록 지원하고 촉진하는 리더십 방식이다. 성과코칭은 일반적인 업무지시와는 달리, 다음과 같은 특성을 갖는다.

- 구성원의 상황 인식과 문제 분석을 유도한다.
- 스스로 해결방안을 도출하도록 질문 중심 대화를 전개한다.
- 성과에 대한 피드백을 제공하되, 판단보다는 성찰을 유도한다.
- 실천 가능한 행동계획 수립을 돕고 실행을 지원한다.

이와 같은 성과코칭은 특히 구성원의 자기효능감(self-efficacy), 과업 책임감, 성과몰입 수준을 증진시키며, 평가 결과에 대한 수용성을 높이고 PMS에 대한 긍정적 정서를 강화하는 데 기여한다.

3. 조직문화와 성과관리 정착 전략

성과관리는 단지 기술적 시스템이나 운영 절차로 구성되는 것이 아니라, 조직의 가치관, 리더십, 신뢰 수준 등 조직문화적 기반 위에서만 실질적으로 작동할 수 있다. 아무리 정교한 제도를 설계하더라도, 구성원이 이를 '신뢰할 수 있는 제도'로 받아들이지 못한다면 성과관리는 형식적 절차에 머무를 수밖에 없다. 따라서 성과관리 정착을 위해서는 조직문화 차원의 다음과 같은 조건이 필요하다.

- **공정성과 투명성에 대한 문화적 합의:** 성과관리 제도가 공정하게 설계되고

운영된다는 인식이 공유되어야 하며, 이를 위해 모든 기준, 절차, 결과가 명확하게 공개되어야 한다.

- **피드백 중심의 커뮤니케이션 문화**: 상하 간 단방향 지시가 아닌, 수시 피드백과 학습 중심의 대화 문화가 자리 잡아야 한다.
- **성과와 성장의 균형 문화**: 평가와 보상이 성과만을 판단하는 도구가 아니라, 구성원의 성장과 개발을 지원하는 수단으로 기능해야 한다는 인식이 정착되어야 한다.

이와 같은 문화가 형성될 때, PMS는 단순한 시스템이 아닌 조직의 성과를 견인하는 학습적 공동체적 장치로 발전할 수 있다.

4. 평가 신뢰성 확보

성과관리의 정당성은 평가 결과의 신뢰성에 의해 좌우된다. 평가의 신뢰성이 낮을 경우, 제도 전체에 대한 구성원의 수용도가 낮아지고, 보상이나 인사결정에 대한 불신이 발생하여 조직 내 성과주의 문화 정착에 치명적 장애가 된다. 평가 신뢰성을 확보하기 위해서는 다음과 같은 실천이 병행되어야 한다.

- **평가자 교육 강화**: 평가 기준의 해석, 평정척도의 활용, 피드백 제공 방식 등 평가자의 이해도를 제고하는 구조화된 교육이 반드시 필요하다.
- **행동기반 평가표(BARS)의 활용**: 주관적 해석을 줄이고, 평가 항목별 행동 예시를 명확히 기술하여 일관된 평정이 가능하도록 한다.
- **평가 분포 검토 및 검증 절차**: 각 평가자별 평정 경향 분석과 평가 결과에 대한 HR 부서의 이중 검토 체계를 구축하여 오류와 편차를 최소화해야 한다.
- **다면평가의 보조적 활용**: 특정 관리자에게 평가 권한이 집중될 경우 발생할 수 있는 편향을 줄이기 위해, 동료, 부하, 고객 평가 등을 병행할 수 있다.

평가의 신뢰성이 확보될 때, 성과관리 결과는 구성원에게 신뢰받는 의사결정 도구로 작동하며, 성과와 보상의 정당성이 확보된다.

5. 투명성과 공정성 확보 방안

성과관리제도의 신뢰는 그 운영과정이 얼마나 투명하고 공정하게 작동하느냐에 따라 결정된다. 구성원들은 평가 결과 그 자체보다는, 그 평가가 어떤 기준과 절차에 의해 산출되었는지에 더 큰 관심을 가진다. 이를 '절차적 공정성(procedural justice)'이라 하며, 이는 조직에 대한 신뢰와 성과관리 수용도를 결정짓는 핵심 요인이다. 투명성과 공정성을 확보하기 위한 방안은 다음과 같다.

- **성과기준과 평가지표의 사전 공유**: 연초에 성과목표, 평가기준, 반영 방식, 가중치 등을 명확히 안내하고, 평가의 예측가능성을 높인다.
- **중간점검 및 자기평가 병행**: 구성원이 스스로 목표달성 수준을 점검하고 자기 평가를 실시함으로써, 평가 과정에의 참여와 책임감을 높인다.
- **이의제기 절차 보장**: 평가결과에 대한 피드백 면담 후, 이의 제기를 공식화할 수 있는 경로를 확보함으로써 심리적 안전감과 수용성을 높인다.
- **성과 결과의 후속 활용 설명**: 평가결과가 어떤 방식으로 보상, 배치, 교육훈련 등에 연계되는지를 투명하게 설명함으로써 성과관리의 실질적 영향력을 구성원에게 인식시킨다.

이러한 제도적 장치는 평가의 객관성과 공정성을 실질적으로 뒷받침하는 기초가 되며, 조직 내에서 성과주의 제도의 정착 가능성을 현실화하는 전략이 된다.

6. 조직 내 성과주의 정착을 위한 리더십 역할

성과관리제도가 조직 내에서 실질적으로 정착되기 위해서는 형식적 제도 설계만으로는 부족하며, 일상적인 조직 운영에서 이를 체화하고 실현하는 리더십의 역할이 결정적이다. 관리자는 단순한 평가자나 감독자가 아니라, 성과목표의 공동 설계자이자 피드백 제공자, 역량개발의 촉진자, 경력의 조력자라는 복합적인 역할을 수행해야 한다. 특히 다음과 같은 리더십 행동이 성과관리 문화 정착에 핵심적으로 작용한다.

- **기대 명확화**: 팀원에게 무엇이 기대되는지, 어떤 기준으로 평가되는지를 분명하게 전달한다.
- **수시 피드백 제공**: 문제 발생 시 즉각적이고 구체적인 피드백을 제공하며, 이를 질책이 아닌 성장의 기회로 전환한다.
- **공정한 평가 실시**: 개인적 감정이나 편견 없이 평가기준에 따라 일관된 판단을 내리고, 결과를 근거와 함께 설명한다.
- **개발 중심 코칭 실시**: 평가 이후, 구성원의 강점과 개발 필요영역을 도출하고, 실행 가능한 개발계획을 함께 수립한다.

리더의 이러한 역할 수행은 성과관리제도를 조직문화 속에 내재화하는 데 핵심적인 매개 역할을 하며, 장기적으로는 성과 중심의 책임문화와 학습 중심의 조직문화가 동시에 자리 잡도록 촉진하는 기반이 된다.

이상으로 성과관리의 실행과 문화 정착은 단순한 평가 절차의 운영을 넘어, 조직의 전략, 리더십, 제도, 신뢰, 문화가 통합적으로 작동하는 환경을 조성해야 가능하다는 점을 강조하고자 하였다. 성과관리의 성공은 평가서가 아닌 구성원 행동의 변화와 조직 내 의미 있는 대화의 형성 여부에 달려 있으며, 이를 실현하는 궁극적 조건은 관리자의 역량과 조직문화에 있다고 할 수 있다.

section 07 국내 · 외 인사평가 및 성과관리 사례

— 제도 설계에서 실행까지, 다양한 평가문화의 실제 —

성과관리시스템(PMS)은 조직의 전략, 문화, 환경에 따라 매우 다양한 방식으로 구현되고 있다. 평가의 철학, 제도 설계, 실행 주체, 활용 방식이 각기 다르며, 이는 조직의 성격 및 산업 특성에 따라 상이한 목적과 수단으로 기능한다. 본 절에서는 국내 · 외 주요 기업과 공공부문의 인사평가 및 성과관리 운영사례를 분석하여, 성과관리시스템이 어떻게 실천되고 있는지를 살펴보고, 이를 통해 유의미한 시사점을 도출하고자 한다.

1. 국내 대기업 사례

1) 삼성그룹: 직무성과 중심의 평가체계 정립

삼성그룹은 성과주의를 가장 먼저 정착시킨 기업 중 하나로, 1990년대부터 직무 중심의 인사체계를 도입하고 평가제도를 선진화해왔다. 핵심은 성과와 역량을 분리 평가하는 이중축 구조로, 성과는 KPI 기반의 실적 중심 정량평가를, 역량은 리더십, 협업, 태도 등 정성적 요소 중심의 평가를 수행한다. 성과평가 결과는 승진, 보상, 교육훈련 대상자 선정 등 모든 인사결정의 핵심 기반으로 활용되며, 평가자 교육 및 검증 절차도 매우 체계화되어 있다. 최근에는 '성과면담 확대', '상시 피드백 활성화', '관리자 코칭역량 강화'를 통해 단기 실적 중심에서 조직의 지속 가능성과 구성원 성장 중심의 평가철학으로 점차 전환하고 있다.

2) LG그룹: MBO와 역량 기반 평가의 병행

LG그룹은 '성과는 정량으로, 인재는 정성으로'라는 평가철학 아래 MBO(Management by Objectives) 방식의 성과목표관리와 역량평가를 병행하고 있다.

성과목표는 각 계열사와 직무에 따라 KPI를 차별화하여 설계하며, 상시 피드백과 분기별 중간점검(Mid-Term Review)을 통해 목표 이행 과정 자체를 평가와 개발의 수단으로 활용한다.

특히 리더급에 대해서는 '성과리더십'에 대한 다면평가를 도입하여 하급자의 의견을 인사자료에 반영하고 있으며, 성과와 인재육성의 균형을 중시하는 인사관리철학을 강화하고 있다.

3) CJ그룹: 성과문화 내재화를 위한 피드백 기반 PMS

CJ는 'People First' 철학을 바탕으로 평가를 단지 결과 통보가 아닌, 성과를 함께 만들어가는 과정 중심의 활동으로 전환하였다. 연간 2회의 공식 평가 외에도, 팀 단위 성과리뷰, 실시간 피드백, 리더의 피플코칭 등 비형식적 소통 기반 성과관리를 강조한다. 성과 평가결과는 연봉, 승진뿐 아니라 역량개발경로(IDP) 설계와 직무배치 결정에도 밀접히 연계되며, 이를 통해 구성원 개개인의 성장과 조직성과 간 선순환 구조를 만들고자 한다.

2. 공공기관 성과평가 제도

1) 공공기관 경영평가: 정부 주도의 외부 평가 시스템

기획재정부는 매년 300여 개 공공기관을 대상으로 경영실적 평가(BSC 기반)를 실시하고 있으며, 이는 기관장의 연임 여부, 기관 성과급 지급, 예산 배정 등에 직결되는 중요한 제도이다. 평가 항목은 ▲경영전략 및 운영실적, ▲주요 사업성과, ▲사회적 가치 실현, ▲ESG 추진 등으로 구성되며, 성과목표는 연초에 제출한 '성과계획서'를 기준으로 판단된다. 이러한 시스템은 민간 기업과는 달리 외부 전문가 집단에 의한 정량·정성 혼합 평가로 운영되며, 평가결과의 공공성과 객관성을 확보하고자 다양한 검증체계를 갖추고 있다. 다만, 일부 기관에서는 실적부풀리기, 서류중심 운영, 수용성 부족 등의 한계도 지적되고 있어 운영상 신뢰성과 책임성 확보가 중요하다.

2) 공무원 성과평가제도: 다면평가와 근무성적평정의 병행

중앙 및 지방 공무원은 ‘근무성적평정제도’에 따라 평가를 받으며, 일반적으로 상급자에 의한 A~D 등급제 평정이 기본이다. 최근에는 상하 간 일방적 평가의 한계를 보완하기 위해 다면평가(하급자, 동료, 고객 등)를 일부 도입하였으며, 성과계약제(Performance Agreement: PA)를 통해 기관별 목표에 따른 직무성과 평가의 강화도 추진되고 있다. 또한 고위공무원단은 ‘성과계약 및 성과평가제’를 통해, 연말 성과평가 결과가 인센티브 지급뿐 아니라 퇴출 및 승진에도 직접적으로 반영되는 시스템으로 설계되어 있다. 이는 공공성과 책무성 확보를 위한 평가기반 관리체계의 일환으로, 최근 민간의 기법과 비교해도 진일보한 성과관리 사례로 평가된다.

3. 글로벌 기업 사례

1) Google: OKR(Objectives and Key Results) 기반의 자율적 목표관리

Google은 성과관리를 단순한 평가 제도가 아닌, 구성원 주도의 자율적 목표 설정 및 공유 시스템으로 정의한다. 이를 위해 OKR(Objectives and Key Results) 방식을 채택하고 있으며, 이는 연간 또는 분기 단위로 구성원이 도전적인 목표(Objective)를 설정하고, 그에 대한 주요 결과(Key Results)를 수치화하여 실행한다. Google의 OKR은 ‘성과급 연계’가 아닌 ‘몰입과 정렬’을 목표로 하며, 구성원 간의 투명한 공유와 피드백을 통해 자기주도성과 조직 전략의 일관성을 동시에 추구한다. 평가보다는 학습과 정렬의 수단에 가깝기 때문에, 관리자는 점수 부여보다 코칭과 방향성 조율에 집중한다.

2) GE: 9-Box 매트릭스를 활용한 인재 포트폴리오 관리

GE는 고성과자 육성과 리더십 승계계획(Succession Planning)을 위해 ‘성과(P)×잠재력(P)’의 두 축으로 구성된 9－Box 평가 매트릭스를 도입하였다.

이 매트릭스는 구성원을 9개의 유형으로 분류하며, 각 유형에 따라 교육훈련, 승진, 배치 전략을 차별적으로 수립할 수 있도록 설계되었다. 이러한 방식은 단순한 등급 평가를 넘어, 장기적 인재전략과 연계된 평가도구로서의 활용을 가능케 하였으며, 현재 다수 글로벌 기업에서 유사한 방식으로 차용되고 있다.

4. 최근 동향: AI 기반 평가 시스템과 피드백 앱 활용

기술의 발전은 성과관리 방식에도 급격한 변화를 가져오고 있다. 특히 최근에는 AI 기반 성과평가 시스템과 디지털 피드백 플랫폼이 빠르게 확산되고 있다.

- **AI 기반 평가 시스템**: 머신러닝 기반 알고리즘을 통해 구성원의 행동 패턴, 협업 이력, 프로젝트 성과 데이터를 분석하고, 이를 바탕으로 공정한 평가 결과를 산출하려는 시도가 증가하고 있다. 이는 평가 편향 최소화와 실시간 성과 피드백이라는 측면에서 주목받고 있으나, 개인정보 보호와 알고리즘 투명성 문제가 함께 제기되고 있다.
- **피드백 앱과 플랫폼**: 'BetterWorks', '15Five', 'Reflektive', 'Workday' 등과 같은 성과관리 앱은 구성원 간 상시 피드백, 자기평가, 코칭 노트, 성과기록 자동화 기능 등을 지원하며, 전통적인 연말 평가의 한계를 보완하고 있다. 특히 Z세대 구성원이 증가하면서, 모바일 기반 실시간 소통방식이 성과관리의 핵심 수단으로 부상하고 있다.

이상의 사례를 통해 성과관리는 정형화된 틀보다는, 조직의 전략과 문화, 인재 철학에 따라 유연하고 차별적으로 설계·운영될 수 있는 동적 시스템임을 확인할 수 있다. 각 조직은 자사의 특성과 성장 단계에 맞는 성과관리 제도를 정립하고, 평가가 단지 결과 통보가 아닌 변화를 이끄는 커뮤니케이션 도구이자 성장의 촉진자로 기능하도록 노력해야 한다.

CHAPTER

12

보상관리(임금과 복지후생)

section 01 보상관리의 개념과 체계

1. 보상관리의 의의와 현대적 접근

보상관리(Compensation Management)는 조직이 구성원에게 제공하는 금전적 또는 비금전적 보상의 설계와 운영을 통해, 조직성과를 제고하고 구성원의 만족도와 몰입을 극대화하려는 인적자원관리의 핵심 영역이다. 전통적으로 보상은 '급여(Pay)' 또는 '임금(Wage)' 중심의 단선적 접근에서 출발하였으나, 현대의 조직은 단순한 재정적 보상만으로 구성원을 유인하거나 유지하기 어려운 시대에 직면하고 있다. 디지털 전환, 노동 가치의 다양화, 세대 간 직업관의 차이, 노동시장 유연화 등의 변화 속에서 보상은 단순한 인건비 항목이 아니라 전략적 인사수단이자 조직의 철학을 반영하는 상징적 체계로 인식되고 있다.

현대적 보상관리란, 조직이 구성원에게 제공하는 총체적 보상(Total Rewards)의 모든 범위를 고려하여, 내부 공정성, 외부 경쟁성, 성과연계성, 유연성의 네 가지 원칙에 기초한 전략적 체계를 구축하는 것을 의미한다. 이는 단순히 급여와 복지의 배분이 아닌, 조직문화와 정체성의 체계적 표현이자, 성과창출과 인재 유지라는 조직의 전략적 목표를 달성하기 위한 핵심 경영

기능이다.

2. 보상의 개념과 구성요소

보상이란 구성원이 조직 내에서 직무를 수행하고, 역량을 발휘하며, 성과를 창출한 대가로 조직이 제공하는 일련의 금전적·비금전적 가치이다. 이때 보상은 단지 '지급(Payment)'의 의미가 아닌, 조직이 구성원에게 부여하는 심리적·사회적 의미 체계까지 포함하는 광의의 개념이다. 이를 구조화하면 아래와 같이 분류할 수 있다.

1) 직접보상과 간접보상

- 직접보상(Direct Compensation)은 구성원이 노동력 제공에 대한 직접적인 대가로 지급받는 급여로, 기본급, 수당, 초과근무수당, 인센티브 등이 포함된다. 이들은 주로 매월 정기적으로 지급되며, 근로계약과 직무에 따라 명확히 규정된다.
- 간접보상(Indirect Compensation)은 구성원의 복지를 위해 조직이 제공하는 비현금성 혜택으로, 의료보장, 연금, 주택자금, 사내식당, 자녀 학자금, 문화생활 지원 등 복지후생 전반이 포함된다. 이는 구성원의 생활안정, 조직충성도 제고, 장기근속 유도에 기여한다.

2) 금전적 보상과 비금전적 보상

- 금전적 보상(Monetary Rewards)은 직접·간접보상 모두를 포함하는 현금성 가치의 보상으로, 명확히 수치화되고 예산화할 수 있는 특성을 지닌다.
- 비금전적 보상(Non-Monetary Rewards)은 직무의 의미, 자율성, 성장 기회, 인정과 존중, 조직문화, 심리적 안정감 등으로 구성되며, 외형적으로는 보이지 않지만 구성원 동기의 핵심이 되는 요소이다.

※ 조직의 보상체계는 구성원의 기대와 조직이 추구하는 가치를 동시에 반영하는 정합성의 산물이어야 한다. 특히 MZ세대를 중심으로 금전적 보상보다 자율성, 워라밸, 성장기회를 중시하는 경향이 강해지면서, 비금전적 보상의 중요성이 점점 더 강조되고 있다.

3. 전략적 보상관리의 핵심 원칙

보상은 단순한 지불 행위를 넘어서 조직의 전략, 문화, 가치관을 전달하는 수단으로 기능하며, 다음과 같은 전략적 원칙을 기반으로 설계되어야 한다.

① 내부 공정성(Internal Equity)

동일 조직 내에서 유사한 기여를 하는 구성원 간 보상이 일관되고 공정하게 배분되어야 한다. 이를 위해 직무평가, 역량모델, 평가기준의 명확성이 필요하다.

② 외부 경쟁성(External Competitiveness)

경쟁 기업이나 산업 평균 대비 경쟁력 있는 보상을 제공함으로써, 우수 인재의 유치 및 이탈 방지 전략으로 활용해야 한다.

③ 성과 연계성(Pay for Performance)

구성원 개인의 성과, 팀의 성과, 조직 전체의 성과와 보상을 유기적으로 연결시켜 목표지향적 행동을 유도해야 한다.

④ 유연성과 차별화(Flexibility & Differentiation)

구성원의 생애주기, 직무 특성, 세대 간 기대차를 고려한 맞춤형 보상 설계를 통해 조직 전체의 만족도를 극대화할 수 있다.

※ 핵심 인재에게는 경쟁력 있는 성과급, 장기 인센티브, 직무 관련 교육을 제공하고, MZ세대에게는 유연근무, 재택근무, 성장지원 중심의 보상이 효과적일 수 있다.

4. 총보상(Total Rewards)의 관점

총보상이란 보상관리의 패러다임이 금전 중심에서 벗어나, 구성원이 조직을 통해 경험하게 되는 모든 가치의 통합으로 확장된 개념이다. WorldatWork[1)]에서 제시한 총보상 프레임워크는 아래 5가지 구성요소를 중심으로 구성된다.

총보상 요소	예시	전략적 기능
보상	급여, 수당, 인센티브	경제적 안정, 외재적 동기 유발
복지후생	의료보험, 연금, 주거지원	삶의 질 향상, 장기근속 유도
경력개발	교육훈련, 멘토링, 승진기회	성장욕구 충족, 조직몰입
인정과 피드백	포상, 감사메시지, 비금전적 인센티브	관계성 강화, 정서적 만족
일의 의미	자율성, 사회적 기여, 조직가치	내재적 동기, 자긍심 고취

이러한 총보상 관점은 단지 보상을 지급하는 것이 아니라, 구성원이 '왜 이 조직에 머물러야 하는가'를 정당화할 수 있는 다층적 근거를 제공한다.

5. 현대 보상관리의 변화와 실무적 시사점

보상관리의 실무는 다음과 같은 변화에 직면하고 있으며, 이에 대한 전략적 대응이 필요하다.

- **ESG 및 윤리경영과의 연결**: 최근 기업들은 단순한 보상 수준보다는 보상의 공정성, 다양성, 투명성을 ESG 기준에 연계하고 있으며, 특히 성별, 연령, 계약형태 간 보상격차 해소가 중요한 과제로 부상하고 있다.
- **하이브리드 근무 환경과 유연한 보상**: 원격근무, 유연근무제 도입에 따라 직무성과 중심의 보상 설계, 성과측정의 계량화, 성과지표의 명확성이

1) WorldatWork은 전 세계 인사·보상 전문가들이 가장 널리 참고하는 보상관리 관련 국제기관 중 하나로, 총보상(Total Rewards) 개념과 보상 관련 기준 및 자격 인증(Certification)을 주도하는 미국 기반의 비영리 전문기관이다.

요구된다.

- **비정형 노동자에 대한 포괄적 보상설계**: 플랫폼 노동자, 프리랜서, 계약직 인력에 대한 공정하고 지속가능한 보상모델 개발이 필요하다.
- **구성원의 주체적 선택 확대**: 선택적 복지제도, 포인트형 인센티브, 워라밸 중심의 보상설계 등 자기주도형 보상을 통해 조직의 유연성과 개인의 만족을 동시에 확보할 수 있다.

결론적으로 보상은 조직문화의 표현이자 인재전략의 실천도구이다. 결국, 보상이란 인사관리의 결과가 아니라 조직 전략의 실천 도구이며, 보상체계를 어떻게 설계하고 운영하는가는 조직의 인재상, 조직문화, 가치체계를 어떻게 정의하는가와 밀접하게 연관되어 있다. 단순한 급여 체계를 넘어서, 조직성과와 구성원 삶의 질이 상호작용할 수 있도록 보상의 구조를 설계해야 하며, 이를 통해 조직은 지속가능한 성장의 기반을 마련할 수 있다. 다음 절에서는 보상체계의 핵심 축이라 할 수 있는 임금체계의 구성과 설계 방식에 대해 구체적으로 고찰한다.

section 02 임금체계의 구성 및 설계

임금은 조직이 구성원에게 제공하는 경제적 보상의 가장 중심적인 형태로서, 보상관리의 핵심을 구성한다. 특히 임금은 조직의 인건비 구조를 형성하는 주요 요소이자, 구성원 개인의 생계와 직결된 현실적 보상이기 때문에 그 설계와 운영에 있어 체계적이고 전략적인 접근이 요구된다. 오늘날의 임금체계는 단순히 지급방식의 기술적 문제를 넘어, 조직의 가치체계, 인사철학, 성과관리 방향성, 나아가 노동시장 내 경쟁력까지 통합적으로 반영하는 중요한 전략 요소로 기능하고 있다.

1. 임금의 구조와 구성요소

임금은 기본적으로 구성원이 조직에 제공한 노동력에 대한 직접적이고 가시적인 보상이며, 일반적으로 다음과 같은 항목으로 구성된다.

① 기본급은 정기적이고 지속적으로 지급되는 임금의 핵심 축이다. 대부분의 기업에서 직무의 난이도, 근속연수, 직급에 따라 결정되며, 고정급으로 간주된다. 기본급은 생활임금의 역할을 하며, 대부분의 수당이나 퇴직금, 연차수당의 산정 기준이 되므로 임금체계에서 가장 중요한 기초 단위다.

② 제수당은 직무 수행과 관련된 특정 조건이나 책임, 위험도 등을 고려하여 기본급 외에 추가로 지급되는 금전적 보상이다. 직책수당, 가족수당, 기술수당, 위험수당, 교통수당, 식대수당 등이 이에 해당하며, 조직 내 역할과 직무환경의 다양성을 반영하는 중요한 보상 기제다.

③ 성과급은 성과 중심의 인사철학을 반영하여 개인이나 조직의 성과에 따라 차등적으로 지급되는 보상이다. 이는 고정급 위주의 체계가 가지는 비탄력성과 동기부여 부족을 보완하고, 구성원에게 명확한 목표와 보상의 연계를 제공함으로써 성과창출을 유도하는 수단으로 활용된다.

④ 기타보상 항목으로는 초과근무수당, 연장·야간·휴일근무수당, 연차수당, 명절 상여금 등 비정기적 또는 법정 기준에 따라 지급되는 항목들이 포함된다.

2. 임금체계의 대표 유형

조직이 어떠한 임금체계를 채택하느냐는 그 조직이 추구하는 인사전략, 구성원의 특성, 직무구조, 경영환경에 따라 달라진다. 대표적인 임금체계는 연공급제, 직무급제, 성과연봉제로 구분할 수 있다.

① 연공급제(Seniority-based Pay)는 근속연수나 연령 등 개인의 경력적 속성에 따라 임금이 자동적으로 상승하는 체계이다. 이는 조직에 대한 장기근속을 유도하고 관리의 일관성을 확보하는 데 효과적이나, 개인의 실질적인 기여와 무관하게 보상이 결정되기 때문에 성과 중심의 인사관리와는 부합하지 않는다는 비판을 받아왔다. 특히 고령화 시대에 접어든 현재, 연공급은 조직의 인건비 구조를 비효율적으로 만드는 원인으로 지목되고 있다.

② 직무급제(Job-based Pay)는 구성원의 속성이 아니라 수행하는 직무의 가치를 중심으로 임금을 결정하는 방식이다. 직무 분석과 직무 평가를 바탕으로 직무의 난이도, 책임 수준, 필요한 역량 등을 계량화하고, 그에 상응하는 보상 수준을 책정한다. 이는 '동일가치노동 동일임금(equal pay for work of equal value)' 원칙에 부합하며, 직무 중심의 인사관리를 가능하게 한다는 점에서 공정성과 합리성을 동시에 확보할 수 있다.

③ 성과연봉제(Performance-based Pay or Incentive Pay)는 연봉을 개인의 성과, 부서의 성과, 조직의 성과 등 다양한 기준에 따라 차등적으로 결정하는 방식이다. 이 제도는 성과주의 인사관리와 밀접하게 연계되어 있으며, 특히 고성과자에게 집중적 보상을 제공하여 동기부여를 강화하는 데 효과적이다. 다만 성과평가의 객관성과 공정성을 확보하지 못하면 오히려 조직 내 갈등을 유발할 수 있으며, 단기 성과에만 집착하게 만드는 부작용도 존재한다.

이처럼 각 임금체계는 조직이 추구하는 경영방향과 인사운영의 원칙에 따라 장단점이 분명히 존재하며, 다수의 기업에서는 이를 혼합하여 사용하는 복합형 임금체계(Hybrid Pay System)를 도입하고 있다. 예를 들어 기본급은 직무급 형태로 운영하면서 성과급은 개인성과를 반영하는 구조가 이에 해당한다.

3. 임금수준 결정 요인

임금수준의 결정은 조직의 인사전략 및 운영성과에 직접적인 영향을 미치며, 구성원의 동기유발, 직무몰입, 이직방지, 조직에 대한 신뢰 형성 등 여러 심리적·행동적 결과와도 밀접하게 연결된다. 따라서 임금수준은 단순히 '얼마를 지급할 것인가'의 문제가 아니라, 조직이 구성원과 맺는 관계의 깊이, 그리고 그 조직이 노동을 어떻게 가치 매김하고 있는가를 보여주는 상징적 체계이기도 하다. 임금수준 결정에는 내부 요인과 외부 요인, 조직의 전략적 판단 요소, 그리고 사회문화적 변수까지 복합적으로 작용하며, 이들은 서로 상호작용을 일으키며 임금의 구조와 수준을 결정짓는다.

1) 내부적 요인

(1) 직무의 가치와 난이도

임금수준 결정의 가장 기본적인 기준은 수행되는 직무 자체의 내재적 가치다. 직무가 조직의 성과에 미치는 영향력, 필요한 지식과 기술의 수준, 책임 정도, 직무 환경의 난이도 등은 직무가치평가(Job Evaluation)를 통해 계량화되고, 그에 따라 기본급 수준이 설정된다. 예컨대 R&D 부서의 고난이도 전문직이나 사업부의 수익책임을 지는 직무는 일반 사무직에 비해 높은 임금수준이 책정된다.

(2) 구성원의 역량과 성과

같은 직무를 수행하더라도, 구성원이 보유한 역량(competency), 경력, 성과는 임금에 차별적으로 반영된다. 특히 역량기반 보상체계(Competency-Based Pay)를 운영하는 조직에서는 핵심역량의 숙련 정도에 따라 동일 직무 내에서도 임금수준에 변동을 둔다. 또한 고성과자에 대한 성과급 또는 연봉 인상률 차별은 이러한 기준의 연장선상에 있다.

(3) 조직의 재무상태 및 지불능력

기업의 수익구조, 현금흐름, 자산규모, 생산성 등은 임금수준의 하한선을 설정한다. 아무리 직무의 가치가 높다 하더라도, 조직이 이를 감당할 여력이 없으면 임금은 기대수준에 미치지 못할 수 있다. 이때 생산성 대비 인건비율(Labor Cost to Productivity Ratio)을 중시하는 재무지표 기반의 임금설계가 요구된다.

(4) 조직의 보상철학과 전략

조직마다 보상에 대한 철학이 다르며, 이를 기준으로 임금수준이 조정된다. 예컨대 어떤 조직은 '평균보상 · 복지최우선'을 지향하여 외부경쟁력보다 내부만족을 중시하는 반면, 다른 조직은 '성과주의 · 경쟁우위'를 지향하며 상위 10% 인재에게 업계 최고 수준의 보상을 제공한다. 이는 조직의 생애주기(신생기-성장기-성숙기-재편기)와도 밀접한 관계가 있다.

(5) 노사관계와 단체교섭력

노동조합이 존재하고, 그 교섭력이 강할수록 임금수준은 집단교섭의 결과에 따라 달라진다. 동일 업종 내에서 노동조합의 교섭력에 따라 임금격차가 발생하는 경우가 많으며, 산업별 노동조합의 임금협약은 유사기업에 간접적 영향을 미치기도 한다. 특히 정기교섭(임금단체협상)에서 설정된 기준이 조직의 전체 인건비 구조에 상당한 영향을 준다.

2) 외부적 요인

(1) 산업별 평균임금과 시장임금 수준

외부 노동시장, 특히 유사한 직무와 산업의 임금수준은 임금결정의 핵심 기준이다. 기업은 시장임금조사(Market Wage Survey)를 통해 자사 임금이 과도하게 낮거나 높지 않은지 지속적으로 확인하며, 통상적으로 하위 25%

수준(P25), 중위수(Median), 상위 25% 수준(P75) 등을 기준으로 삼는다. 예를 들어, IT 업종의 AI 전문가 시장임금이 P75 수준에서 연 1억 원 이상인데 자사 인력이 7천만 원을 받고 있다면 이직 리스크가 매우 높은 것으로 간주되며, 이를 보완하기 위한 급여 조정이 필요하다.

(2) 지역별 경제 및 생활비 차이

같은 직무라도 지역에 따라 임금 수준이 달라진다. 서울·수도권과 지방 중소도시 간에는 주거비, 물가, 교통비, 문화시설 접근성 등의 생활비 차이가 존재하며, 이는 곧 인재 유입의 장애 또는 유인의 요소가 된다. 최근에는 지방 이전 공공기관이 수도권 수준의 인건비를 맞추지 못해 인력 확보에 어려움을 겪는 사례가 보고되고 있다.

(3) 법·제도적 요인

국가의 노동관련 법령과 정책도 임금수준 결정에 직접적인 영향을 미친다. 대표적인 법제도로는 다음과 같다.

- **최저임금제**: 국가가 정한 최저 기준선 아래로 임금을 지급할 수 없음
- **근로시간제한 및 초과수당 규정**: 연장근로 시 가산수당 지급 의무
- **동일노동 동일임금 원칙**: 성별·고용형태 간 보상 차별 금지 요구
- **공시의무 강화**: 일정 규모 이상의 기업은 평균임금 및 성별 임금격차 공시 의무

이러한 제도적 기준은 특히 비정형 고용, 플랫폼 노동 등 새로운 고용 형태에도 영향을 주며, 보상설계의 새로운 고려요소로 등장하고 있다.

(4) 경제환경 및 경기변동

거시경제의 경기변동, 물가상승률, 실업률, 통화정책 등의 경제지표는 기업의 인건비 계획에 큰 영향을 준다. 경기침체기에는 인건비 상승이 제한되거나 임금 동결이 이루어질 수 있으며, 반대로 고성장기에는 인재 확보를

위한 임금 경쟁이 심화된다.

※ 예시: 2021~2023년 동안의 고물가 국면에서는 많은 기업이 소비자물가 지수(CPI)를 반영하여 임금 인상률을 설정하였고, 일부 기업은 '물가 연동형 인상률 자동계수'를 도입하여 정기임금 조정의 투명성과 객관성을 높였다.

3) 조직 전략과 임금수준의 연계

조직의 비즈니스 전략, 인재전략, 문화전략에 따라 임금수준은 전략적으로 조정되어야 한다. 예컨대 기술 집약적 기업이나 창의성이 중요한 산업(예 : 게임, 디자인, 소프트웨어)은 성과연계 보상의 비중을 높이며, 보상 총액 중 인센티브 비율이 30% 이상인 경우도 흔하다. 반면 제조업이나 공공기관처럼 조직 안정성과 정형화된 업무 프로세스가 중요한 경우, 기본급 중심의 안정적 임금구조를 유지하는 것이 일반적이다. 최근에는 조직의 ESG 경영 방향성과도 임금수준이 연계되고 있으며, 윤리성과 포용성, 다양성을 반영한 '공정한 보상관리 체계' 수립이 국제적 기준으로 떠오르고 있다.

〈표 12-1〉은 임금의 주요 구성요소를 기능, 기준, 효과성 측면에서 구분하여 비교한 것으로, 각 항목이 조직 보상정책 내에서 어떤 기능을 수행하는지를 명확히 보여준다. 특히 기본급과 직무급은 고정임금 중심, 성과급과 제수당은

표 12-1 임금구성요소 비교표(기본급, 직무급, 성과급, 제수당의 구성방식과 특징)

구분	정의 및 기준	산정 기준	대표적 장점	유의할 점
기본급	근속 또는 직급에 따라 정기적으로 지급	근속연수, 직급, 직무등급 등	생활안정 보장, 예측 가능성	지나친 연공 중심은 역동성 저하 우려
직무급	직무의 난이도·가치에 따라 차등 지급	직무분석, 직무평가 결과	공정성 확보, 동일가치노동 동일임금 실현	직무변경 시 재산정 필요, 복잡성 증가
성과급	성과에 따라 차등 지급되는 변동임금	개인·팀·조직 성과지표	동기부여 극대화, 성과창출 유도	평가의 공정성 확보 필요
제수당	직무조건, 생활여건에 따른 보상적 부가임금	직책, 기술, 가족, 위험, 근무형태 등	유연한 보상설계 가능, 직무 다양성 반영	항목의 누증은 임금구조 왜곡 가능성

표 12-2 임금체계 유형별 비교(연공형 vs 직무형 vs 성과형)

비교 항목	연공형 제도	직무형 제도	성과형 제도
기준 요소	근속연수, 연령, 학력 등 개인 속성	직무의 가치와 난이도	개인 및 조직의 성과지표
대표적 임금	호봉급, 생활급 중심	직무급, 직능급	성과연봉제, 개인성과급
장점	장기근속 유도, 관리의 용이성	공정성 확보, 동일노동 동일임금 실현	성과창출 유도, 고성과자 유지 효과
단점	성과 미반영, 고령화에 따른 비용 증가	직무분석 및 관리 복잡, 유연성 낮음	평가의 공정성 문제, 단기성과 치중 우려
적합 조직	공공기관, 전통 제조업체	외국계 기업, 직무전문화 기업	IT기업, 창의 기반 조직, 스타트업
성과 연계성	낮음	중간	높음
조직문화 연계	위계적·안정적	합리적·분석적	도전적·성과지향적

변동성과 직무특수성 중심임을 파악할 수 있다. 〈표 12－2〉는 세 가지 대표적 임금제도의 구조와 특징을 종합 비교한 것으로, 조직이 추구하는 인사철학과 전략 방향에 따라 어떤 제도가 적합한지를 이해하는 데 유용하다. 현실에서는 이들 제도의 장점을 조합한 복합형 임금체계(Hybrid Pay System)가 주로 활용되고 있다.

결론적으로 임금수준 결정은 다층적 요인의 복합 산물이다. 단일한 기준이나 단기적 판단에 의해 결정되는 것이 아니라, 조직의 정체성과 전략, 구성원의 특성, 외부환경의 변동성 등 복합적인 요인의 상호작용에 의해 정교하게 설계되어야 한다. 따라서 조직은 정기적으로 내부 구조와 외부 시장을 동시에 진단하고, 경쟁력과 공정성을 모두 확보할 수 있는 방향으로 임금수준을 재조정하는 역동적 관리 체계를 마련해야 한다.

section 03 임금형태와 성과연계보상

1. 고정급 체계와 변동급 체계의 비교

조직이 구성원에게 제공하는 임금은 크게 고정급(Fixed Pay)과 변동급(Variable Pay)으로 구분된다. 이 두 형태는 임금의 지급기준, 지급시점, 동기유발 효과, 조직 내 신뢰감 등에 있어 본질적인 차이를 가지며, 이를 어떻게 조합하느냐에 따라 조직의 인사전략과 문화가 결정된다. 고정급 체계는 직무 또는 근속연수에 따라 정기적이고 예측 가능한 금액이 지급되는 방식이다. 이 체계는 구성원에게 안정성과 생활보장을 제공하며, 대체로 기본급과 제수당으로 구성된다. 고정급 중심의 체계는 공공기관이나 전통적 제조업 등에서 많이 활용되며, 직무의 표준화와 고용의 안정성을 중시하는 조직문화와 연계된다.

반면, 변동급 체계는 구성원의 성과나 조직 성과에 따라 임금이 달라지는 유연한 보상방식이다. 변동급은 보통 성과급, 인센티브, 보너스 형태로 지급되며, 개인 또는 팀의 목표 달성률, KPI 성취 정도 등에 연동된다. 이 체계는 성과주의 인사관리, 조직의 민첩성, 동기유발 강화 등의 장점을 가지지만, 성과 측정의 공정성이 확보되지 않으면 구성원의 신뢰를 저해하고 조직 내 갈등을 유발할 수 있다.

※ 핵심 시사점으로 고정급은 '안정', 변동급은 '성과'를 강화하는 메커니즘이다. 실제 조직에서는 두 체계를 전략적으로 조합한 혼합형 임금구조를 채택하는 경우가 많으며, 특히 핵심 인재와 경영진에 대해서는 변동급의 비중을 높이는 경향이 있다.

2. 성과연계 보상의 유형(개인, 팀, 조직 단위)

성과연계보상(Pay for Performance)은 현대 인적자원관리에서 가장 널리 사용되는 보상전략 중 하나로, 구성원의 성과와 보상의 직접적 연계를 통해 동기부여를 유도하고 조직성과를 극대화하고자 하는 제도이다. 이는 보상의 정당성에 대한 지각을 높이고, 구성원 각자의 기여와 공헌도를 명확히 평가할 수 있다는 점에서 조직 내 공정성을 강화하는 핵심적 메커니즘으로 작용한다. 성과연계보상은 성과의 집계 단위에 따라 개인성과급, 팀성과급, 조직성과급으로 구분된다. 각 유형은 적용 방식, 기대 효과, 관리상의 주의점에서 차이를 보이며, 조직의 구조, 문화, 전략적 목표에 따라 적절히 선택되거나 혼합되어 사용된다.

1) 개인성과급

개인성과급(individual incentive)은 특정 구성원의 개별적 성과에 기반하여 보상이 차등적으로 지급되는 체계를 말한다. 대표적으로 영업성과, 생산량, 비용절감, 고객만족도 등 비교적 계량화된 지표를 기준으로 인센티브가 지급된다. 이 방식은 구성원에게 '성과에 대한 확실한 보상'이라는 기대를 제공하여 즉각적이고 강력한 동기부여를 유도하는 데 효과적이다. 다만 과도한 개인성과 중심 보상은 구성원 간 협력 약화, 정보 독점, 성과 조작 등의 부작용을 초래할 수 있으며, 성과평가의 공정성과 투명성이 보장되지 않을 경우 불만, 냉소주의, 조직 신뢰 저하로 이어질 수 있다.

2) 팀성과급

팀성과급(team-based incentive)은 구성원 간의 공동의 목표 달성 여부를 기준으로 성과를 평가하고, 보상을 팀 단위로 지급하는 방식이다. 이 체계는 팀워크가 중요한 조직 환경, 협업 기반의 프로젝트 조직, 연구개발 부서 등에 적합하며, 구성원 간 공동 책임의식과 상호협력을 증진하는 효과가 있다. 그러나 팀성과급은 팀 내 일부 구성원의 기여도가 높지 않더라도 동일한 보상을 받는 '무임승차(free rider)' 문제를 유발할 수 있으며, 성과 기여의 불균형이 반복될 경우 내부 갈등과 불신으로 이어질 수 있다. 이를 보완하기 위해 팀성과 내에 개인 기여도를 일정 부분 반영하는 혼합형 구조를 운영하는 경우도 많다.

3) 조직성과급

조직성과급(organization-wide incentive)은 매출, 수익, 시장점유율, 주가, 조직 이미지 등 전체 조직의 성과 지표를 기준으로 구성원 전체에게 보상이 지급되는 방식이다. 대표적으로는 이익분배제(profit-sharing), 성과배분제(gain-sharing), 스톡옵션, PS(Performance Share) 등이 있다. 이 방식은 구성원들에게 전사적 목표 달성에 대한 공동의 책임감과 참여의식을 부여하고, '한 배를 탄 공동체'라는 조직문화 정착에 기여한다. 반면, 개인의 노력이나 팀의 성과가 조직 전체 성과에 미치는 영향이 상대적으로 작기 때문에, 기여도와 보상의 비례성에 대한 의문이 발생할 수 있으며, 조직 외부 환경의 영향(예: 경기 침체, 법제도 변화)에 따라 보상이 좌우될 경우, 동기 저하가 나타날 수 있다.

※ 적용의 핵심으로 성과 단위의 선택은 직무 특성, 평가가능성, 조직문화, 협업 구조에 따라 달라져야 하며, 현실에서는 개인성과 + 팀성과 + 조직성과의 복합 구조가 성과연계보상의 일반적인 형태로 자리잡고 있다.

3. 장기성과와 단기성과에 따른 인센티브 설계 전략

성과연계보상은 성과 발생의 시계열 구조에 따라 단기 인센티브(Short-Term Incentive, STI)와 장기 인센티브(Long-Term Incentive: LTI)로 나누어진다. 단기성과는 주로 연간 혹은 분기 단위의 성과를 대상으로 하며, 장기성과는 3년 이상에 걸친 전략적 목표 달성 또는 조직의 지속가능성 향상 지표와 연결된다.

1) 단기 인센티브(즉시성과 중심의 유인)

단기 인센티브는 연간 성과평가 결과, 목표 대비 실적, 핵심성과지표(KPI) 달성 여부에 따라 보너스 형태로 지급되는 보상체계를 말한다. 이는 단기적 집중력과 목표 달성 유도에 효과적이며, 구성원에게 '노력하면 즉시 보상이 따른다'는 심리적 확신을 제공한다. 실무적으로는 판매 실적 달성 보너스, 영업이익 목표 달성 인센티브, 생산 목표 달성 수당 등이 이에 해당하며, 월·분기·연 단위로 설계된다.

- **장점**: 빠른 행동유도, 동기 자극, 실적 중심의 문화 정착
- **한계**: 장기 전략 무시, 비윤리적 행동 유인 가능, 단기성과만을 추구

2) 장기 인센티브(지속성과·유지전략 중심의 유인)

장기 인센티브는 조직의 장기목표(예: ESG 목표, 주주가치, 장기 수익률 등) 달성과 연계하여 보상을 지급하는 방식으로, 핵심 인재의 유지, 전략적 사고 유도, 조직성과의 지속성 확보를 위한 수단이다. 스톡옵션, PS(성과주식), RSU(제한조건부 주식), 장기성과급, 리텐션 보너스 등으로 구성되며, 주로 임원 및 고성과자, 전문인력에게 집중적으로 적용된다.

- **장점**: 핵심인재 리텐션 효과, 장기목표 정렬, 전략적 책임 강화
- **한계**: 성과 인식 시차, 지급 지연으로 인한 심리적 거리감

※ 전략적 포인트: 단기성과 중심 인센티브는 현장 조직에 효과적이며, 장기성과 인센티브는 경영진·리더층에 집중하는 계층별 차별화 설계가 필요하다.

4. 성과급 지급의 심리적 효과와 역효과

성과급은 구성원에게 '기여한 만큼 정당한 보상을 받을 수 있다'는 믿음을 강화하고, 성과에 대한 책임감과 자율성을 높이는 수단으로 기능한다. 그러나 그 이면에는 성과급의 설계 방식, 지급 기준, 관리 투명성에 따라 다양한 심리적 반응과 조직문화적 영향을 동반한다.

1) 긍정적 심리 효과

기대이론(Expectancy Theory)에 따르면, 보상이 명확한 목표 달성에 따라

지급될 경우, 구성원은 성과 향상을 위한 행동을 자발적으로 선택한다. 공정성 이론(Equity Theory)은 개인이 자신의 기여와 보상 간 비율을 타인과 비교하며 심리적 만족도를 결정함을 설명하는데, 공정한 성과급 체계는 이러한 사회적 비교에서 긍정적 정서 반응을 유도한다. 심리적 차원에서 성과급은 구성원에게 인정, 자기효능감, 정체성 강화를 통한 몰입 효과를 제공한다.

2) 심리적 부작용과 조직문화상의 역효과

- **과잉보상 효과(overjustification effect)**: 원래 내재적 동기에 의해 수행되던 과업이 외재적 보상에 의존하게 되면서 오히려 흥미와 몰입이 감소하는 현상
- **보상 기대화 효과**: 일정한 보상이 반복될 경우, 보상 자체가 '당연한 것'으로 간주되어 보상의 자극력이 약화되고, 보상이 없으면 행동이 발생하지 않는 결과로 이어질 수 있다.
- **성과지표 왜곡**: 평가 기준이 명확하지 않거나 외부 환경에 크게 좌우되는 경우, 구성원은 지표를 달성하기 위한 형식적 또는 비윤리적 행동에 집중하게 될 수 있다.
- **조직 내 신뢰 붕괴**: 보상의 기준이 불투명하거나 편향적일 경우, 구성원들은 조직과 상사에 대한 신뢰를 상실하고 방어적 행동을 취하게 된다.

결론적으로, 성과급은 단지 '성과에 대한 보상'이 아닌, 구성원 심리에 작용하는 강력한 사회적 메시지이다. 따라서 설계 시에는 공정성, 투명성, 예측 가능성, 정서적 수용성을 함께 고려해야 하며, 단기적 성과만을 추구하는 도구가 되지 않도록 해야 한다.

section 04

임금형태와 성과연계보상

1. 복지후생의 개념과 현대적 재정의

복지후생(welfare and benefits)은 조직이 종업원에게 제공하는 임금 외의 간접적 보상체계를 포괄하는 개념으로, 종업원의 직무수행을 지원하고 조직에 대한 몰입과 만족을 촉진하기 위해 다양한 형태로 제공되는 조직의 제도적 노력이라 할 수 있다. 이는 단순히 경제적 보상의 부족을 보완하는 수단이 아니라, 구성원의 생활 안정과 삶의 질 향상을 통해 조직성과를 극대화하려는 전략적 활동으로 기능한다. 복지후생은 인적자원관리(HRM)의 하위 기능 중 하나로 전통적으로는 '후생복지제도' 또는 '복리후생'이라는 명칭으로 불리며, 기업이 종업원을 위한 복지 수준을 향상시키기 위해 제공하는 비임금적 보상으로 인식되어 왔다. 이러한 개념은 산업화 시기, 장시간 노동과 열악한 작업환경 속에서 종업원의 근로의욕 유지와 이직 방지를 위한 일종의 조직 차원의 "보호 정책"으로 작동하였다.

그러나 21세기 이후 글로벌 경쟁 환경, 고용의 유연화, 인적자원 중심 경영의 강화 등으로 인해 복지후생의 역할은 단순한 '보상 수단'의 수준을 넘어 인사전략, 조직문화, 사회적 책임(ESG), 지속가능경영(Sustainability)과의 연계라는 보다 확장된 개념으로 진화하고 있다. 특히, MZ세대의 등장과 일과 삶의 균형(Life－Work Balance)을 중시하는 사회적 가치관 변화는 복지후생이 조직의 인재 유치·유지 경쟁력, 브랜드 이미지, 심리적 계약의 핵심 구성 요소로 인식되도록 만들었다. 복지후생의 구성 요소는 그 내용과 기능에 따라 다음과 같은 복합적인 구성 요소를 포함한다.

- **물리적 안정**: 건강, 주거, 휴식 등 인간의 기초 욕구를 충족시키는 제도적 지원
- **정서적 지원**: 스트레스 완화, 심리상담, 가족 돌봄 등의 복지로 조직의

배려 문화를 체감하게 함

– **사회적 참여**: 사내 커뮤니티, 동호회 지원, 가족 행사 등 소속감과 연대감 강화

– **자기실현 지원**: 교육, 자기계발, 경력관리와 연결된 복지로 개인 성장의 기회를 제공

즉, 복지후생은 매슬로우의 욕구단계 이론을 현실의 조직관리 전략 속에 내재화시킨 대표적 인사제도라 할 수 있다. 또한, 현대 조직의 복지후생은 다음과 같은 특성을 지닌다.

① 전략적 접근(Strategic Alignment)

복지후생은 조직의 인재전략 및 사업전략과 일관성을 유지해야 한다. 예컨대 글로벌 시장을 지향하는 기업은 외국어 교육비를, R&D 중심 기업은 자기계발 프로그램을 강화하는 식으로 사업 방향성과 연계된 맞춤형 복지 설계가 중요하다.

② 개별화된 복지(Customization)

직원들의 생애주기, 가치관, 가족 구성, 직무 특성 등에 따라 복지 니즈가 상이하므로, 정형화된 일률적 제도보다 선택형 복지제도(복지포인트, 복지카페형 모델) 등이 더욱 선호된다. 특히 세대 간 복지 수요의 차이를 고려한 유연한 복지 설계가 강조된다.

③ 조직문화와의 통합(Cultural Integratior)

복지후생은 조직문화의 정체성과 조직의 배려 수준을 드러내는 지표다. 단순한 복지 제공보다 복지를 통해 구성원과의 심리적 거리감을 줄이고 조직 신뢰도를 제고하는 것이 더 큰 효과를 발휘한다.

④ ESG 및 지속가능경영과의 연계

기업의 복지정책은 이제 기업의 사회적 책임(Social Responsibility)을 평가

표 12-3 복지후생의 진화

시대	복지후생의 목적	주요 특징
산업화 초기	노동력 유지	기숙사 제공, 사내식당 등 기본 생존지원
대기업 성장기	이직 방지 및 충성도 강화	장기근속 포상, 자녀학자금, 건강검진 확대
정보화·지식사회	삶의 질 향상	교육지원, 휴가제도, 여가·문화 복지
MZ세대 중심 시대	자기주도적 복지 및 일과 삶의 균형	선택복지제도, 가족친화 복지, ESG 기반 복지

하는 핵심 항목으로 인식되고 있으며, ESG 평가에서도 S(Social) 지표 중 하나로 활용된다. 장기적으로는 복지의 공정성과 접근성이 기업의 평판과 브랜드 가치에 영향을 미친다.

복지후생의 진화는 〈표 12-3〉과 같은 단계로 요약할 수 있다.

이처럼 복지후생은 시대의 변화와 함께 단순한 후생제도에서 전략적 인사관리, 조직경쟁력, 사회적 책임 구현 도구로 변모해 왔다. 따라서 복지후생은 단일 부서의 운영 과제가 아니라, 조직 전체 전략과 통합적으로 설계되어야 할 핵심 기능임을 인식해야 한다.

복지후생 개념의 핵심 요약

- 복지후생은 단순 보상 수단을 넘어선 전략적 인사관리 도구이다.
- 임금 외에도 건강, 교육, 주거, 여가, 가족 등 다양한 영역의 구성원 욕구를 포괄한다.
- 복지는 조직의 문화, 철학, 철학, 사회적 책임의 구체적 표현이다.
- 선택복지, 맞춤복지, ESG 연계 등 미래지향적 복지 전략 수립이 요구된다.
- 복지의 설계와 운영은 구성원의 몰입, 신뢰, 조직시민행동(OCB)으로 이어져 조직성과에 기여한다.

2. 법정복지와 기업자율복지의 구분과 비교

복지후생제도는 제공의 법적 근거와 조직의 재량 수준에 따라 법정복지(Statutory Benefits)와 기업자율복지(Voluntary Benefits)로 구분된다. 이 두 가지는 공통적으로 종업원의 삶의 질 향상을 목적으로 하지만, 제공 주체, 운영 기준, 전략적 활용 방식에서 뚜렷한 차이를 보인다.

1) 법정복지의 개념과 구조

법정복지는 근로자의 기본적 생활안정과 노동권 보호를 목적으로 국가 법률에 따라 사용자에게 강제되는 복지제도이다. 이는 국민의 사회보장권 실현을 위한 국가 차원의 제도적 장치로, 모든 사업장과 근로자가 해당 법률의 보호를 받아야 하며, 사용자는 일정 요건 하에 이를 반드시 제공할 법적 의무가 있다. 대표적인 법정복지 항목은 다음과 같다.

- 4대 사회보험(국민연금, 건강보험, 고용보험, 산재보험)
- 연차유급휴가 및 생리휴가(근로기준법)
- 산전후휴가, 육아휴직(남녀고용평등법, 근로기준법)
- 퇴직급여제도(근로자퇴직급여 보장법)

이와 같은 법정복지는 국가의 사회보장기능의 일부로 기능하며, 기업이 인사전략 차원에서 자유롭게 설계할 수 있는 여지가 적고, 법령 미준수 시 행정처분 및 과태료 등의 법적 제재가 부과된다.

2) 법정 4대 사회보험의 구조와 제도적 배경

우리나라의 법정복지제도 중 가장 핵심적인 영역은 바로 4대 사회보험이며, 이는 국민연금, 건강보험, 고용보험, 산재보험으로 구성되어 있다. 이 제도는 근로자의 생애 전반에 걸쳐 발생할 수 있는 노후, 질병, 실업, 산업재해 등 주요 사회적 위험(social risks)으로부터 보호하기 위해 대한민국 정부가 법률에 근거하여 설계한 공적 사회보장 시스템이다. 이러한 사회보험

제도는 국민 개개인이 직면할 수 있는 다양한 사회적 리스크를 사회 구성원이 공동으로 부담하는 보험 방식으로 해결하고자 하는 취지에서 마련되었으며, 사용자인 기업과 근로자가 함께 재정적 책임을 분담하거나, 경우에 따라 기업이 전액을 부담하는 구조로 운영된다.

이러한 제도는 단순한 복지수단을 넘어, 사회적 위험의 분산과 국민 생활의 안정 보장이라는 공공적 목적을 실현하는 데 중요한 역할을 하고 있으며, 다음에서는 4대 사회보험 각각에 대한 법률적 근거, 제정 시기, 주요 기능과 현대적 운영 방식을 중심으로 구체적으로 살펴보고자 한다.

(1) 국민연금제도

국민연금은 1986년 「국민연금법」의 제정을 통해 법적 근거를 마련하고, 1988년 1월부터 본격 시행된 우리나라 대표적인 공적연금제도이다. 이 제도는 국민이 노령, 장애, 또는 사망 등의 생애 위험에 직면하였을 때, 일정한 소득을 보장함으로써 최소한의 생계 수준을 유지하도록 설계되어 있다. 가입 대상은 18세 이상 60세 미만의 국내 거주자 전원이며, 사용자와 근로자가 동일한 비율(50:50)로 보험료를 부담한다. 국민연금은 퇴직 후 삶의 질 유지, 고령화 사회 대비, 사회통합을 위한 핵심 복지 인프라로 평가되며, 퇴직관리와 고령자 인사정책과 밀접하게 연결된다.

(2) 건강보험제도

건강보험은 1977년 「의료보험법」으로 시작되어 1999년 「국민건강보험법」으로 통합·개편되었고, 2000년 7월부터 전 국민을 하나의 보험자로 통합 관리하는 체계로 운영되고 있다. 이 제도는 근로자 또는 그 가족이 질병, 부상, 출산 등으로 발생하는 의료비 부담을 사회가 함께 분담함으로써, 생계 곤란을 방지하는 것을 목표로 한다. 가입은 의무이며, 사용자와 근로자가 각 50%씩 보험료를 부담한다. 최근에는 정부의 보장성 강화 정책에 따라 보장 범위가 확대되고 있으며, 이에 따라 기업의 부담도 증가하고 있다. 기업은 이에 대응해

단체보험, 건강검진 프로그램, 스트레스 관리 제도 등 다양한 건강복지 전략을 병행 운영하고 있다.

(3) 고용보험제도

고용보험은 1993년 「고용보험법」이 제정되고, 1995년부터 시행되었다. 실직 시 일정한 기간 동안 구직급여를 지급함으로써 생계 안정을 도모하는 것뿐만 아니라, 직업훈련, 고용안정 프로그램, 육아휴직 지원 등을 통해 근로자의 직무 전환과 직업역량 향상을 지원하는 기능도 수행한다. 가입 대상은 상용근로자 전원이며, 사용자와 근로자가 함께 보험료를 부담한다(단, 직업능력개발훈련 등은 사업주 전액 부담). 고용보험은 인사관리 측면에서 전직 지원, 유연고용, 경력개발 관리와 직접적으로 연결되며, 특히 청년, 경력단절 여성, 중장년 재취업 지원 등 세대 맞춤형 정책 수단으로 활용된다.

(4) 산업재해보상보험제도

산업재해보상보험(산재보험)은 1963년 「산업재해보상보험법」에 따라 제정되어 1964년부터 시행된 제도로, 업무상 사고 또는 질병으로 인한 부상, 장해, 사망 등 재해 발생 시 치료 및 보상, 재활 등을 지원하는 사회보험이다. 산재보험은 근로자의 생명과 안전을 보호하고, 동시에 사용자가 고용한 노동력의 연속성을 보장하기 위한 제도적 장치이며, 보험료는 전액 사업주가 부담한다. 최근에는 전통적인 신체 재해뿐 아니라, 업무상 스트레스, 우울증, 과로사 등 정신질환까지 보상범위가 확대되고 있으며, 이에 따라 기업의 산업안전보건 책임이 한층 강조되고 있다. 산재보험은 단지 보상의 기능을 넘어, 기업의 위험예방 시스템 구축, 안전문화 확산, 조직 내 직무설계와 리더십 개선 등과 밀접히 관련되며, ESG 경영의 사회(S) 영역 중 핵심 평가지표로도 활용된다.

4대 사회보험은 〈표 12-4〉와 같이 요약할 수 있다.

표 12-4 4대 사회보험 요약표

구분	국민연금	건강보험	고용보험	산재보험
제정 법률	국민연금법 (1986)	국민건강보험법 (1999) 1977년 의료보험 시작	고용보험법 (1993)	산업재해보상 보험법(1963)
시행 시기	1988년 1월	2000년 7월 (통합 시행)	1995년	1964년
주요 목적	노령·장애·사망 시 소득보장	질병·출산 시 치료비 지원	실직 보상, 직업훈련·전환지원	업무상 재해 치료·보상
가입 대상	18~60세 국내 거주 국민	모든 국민	상용근로자	전체 근로자
보험료 부담 주체	사용자·근로자 각 50%	사용자·근로자 각 50%	사용자·근로자 공동부담 (훈련분은 사업주 전액)	사업주 전액 부담
주요 급여	노령·장애·유족연금 등	요양급여, 건강검진 등	구직급여, 육아휴직 급여 등	요양·휴업·장해·유족·재활 급여 등
현대적 시사점	고령사회 대비, 퇴직설계 전략과 연계	보장성 강화에 따른 기업 부담 증가	직무전환·경력개발 전략과 연계	산업안전경영, 정신질환 보상 확대, ESG 경영과 연계

3) 기업자율복지의 개념과 운영 특성

기업자율복지란 법률상 제공 의무는 없으나, 기업이 종업원의 복지와 만족도를 제고하고자 자발적으로 설계·운영하는 복지제도를 말한다. 이러한 제도는 기업의 경영철학, 산업특성, 구성원 니즈에 따라 매우 다양하게 운영되며, 대표적으로 다음과 같은 항목이 포함된다.

- **건강복지**: 종합건강검진, 심리상담, 의료비 지원, 체력단련비
- **교육복지**: 자녀 학자금, 자기개발비, 외국어 교육비, 사내 아카데미
- **주거복지**: 사택 제공, 주택자금 대출, 통근버스, 전세보증금 지원
- **문화 · 여가복지**: 휴양소, 리프레시 휴가, 문화행사 지원, 동호회 운영
- **가족친화복지**: 육아휴직 확대, 배우자 출산휴가, 사내 어린이집

표 12-5 법정복지와 자율복지의 비교 정리표

항목	법정복지	기업자율복지
법적근거	국가 법률에 따른 강제성	기업 내부 규정 및 철학에 따라 자율설계
목적	근로자의 최소 생계 보장 및 사회안전망 확보	조직 몰입, 인재 유치·유지, 차별화된 기업 문화 형성
대표 항목	4대 보험, 연차휴가, 산전후휴가, 퇴직급여 등	건강검진, 자기계발, 여가휴식, 가족지원 등
운영방식	국가 기준에 의거한 획일적 운영	조직의 철학과 전략에 따라 다양하게 설계 가능
인사전략과의 연계성	필수적 비용이자 의무	유연한 전략 도구로 활용 가능 (성과연계, 세대별 차별화)
법적 책임	미이행 시 행정처분, 과태료 발생	미이행 시 법적 문제는 없음. 단, 조직 신뢰도에 영향 가능

기업자율복지는 법적 규제가 없기 때문에 기업의 자율성과 창의성이 반영되며, 조직 전략과 연계하여 복지의 브랜딩, 차별화된 고용주 이미지(Employee Value Proposition: EVP) 형성, 조직문화와의 정합성 제고 등에 기여한다.

4) 종합적 시사점

(1) 법정복지는 기본권 보장, 자율복지는 전략자산

법정복지는 인사관리에서 '기초 인프라'에 해당하며, 이를 충실히 이행함으로써 법적 안정성과 종업원의 기본 신뢰를 확보할 수 있다. 반면 자율복지는 조직의 전략적 방향, 구성원 구성, 기업 철학에 따라 설계되어야 하는 '선택적 무기'이다.

(2) 자율복지는 조직문화 및 세대별 다양성 대응의 핵심 수단

MZ세대는 복지를 단순한 생계수단이 아닌 조직의 가치 실현 도구로 인식하고 있다. 따라서 자율복지를 '경쟁력 있는 일터'의 핵심 구성요소로 보아야 하며, 복지의 유연성·개별성·상징성이 중시된다.

(3) 복지의 법정-자율 간 연계적 설계가 중요

복지 전략은 법정복지를 기반으로, 자율복지를 통해 상위 수준의 조직성과 및 만족도를 도모하는 하향식-상향식 복지설계의 균형 전략이 요구된다. 예컨대 산재보험과 병행되는 정신건강지원, 고용보험과 연계되는 직무전환 교육 등은 그 사례이다.

section 05 복지후생 제도의 운영 전략

1. 복지후생 운영 전략의 중요성

복지후생제도는 과거에는 '임금 이외의 부수적 혜택'이라는 보조적 개념으로 인식되었지만, 현대 조직경영에서는 핵심적인 전략 인사관리 도구로 그 위상이 재정립되고 있다. 이는 복지후생이 단순히 근로자의 생활 안정을 위한 수단을 넘어, 조직문화 형성, 인재유치 및 유지, 조직몰입 강화, 심리적 계약 이행 등 다차원적인 조직성과와 직결되기 때문이다. 특히 고령화, 저출산, 세대 다양화, 일과 삶의 균형(Work-Life Balance)을 중시하는 사회적 가치 변화는 복지후생이 단지 생존 차원의 복지를 넘어 '삶의 질 향상'과 '존중의 표현'으로서 작동하도록 요구하고 있다. 이에 따라 복지후생은 구성원 개인의 생애주기와 삶의 맥락을 고려한 개별화된 전략적 복지설계가 필요하며, 조직의 경영 전략 및 HR 전략과 유기적으로 연결되어야 한다.

복지후생 운영 전략이 중요한 또 하나의 이유는, 복지가 구성원에게 정서적 신호(emotional signal)로 작용하기 때문이다. 구성원은 복지를 통해 조직이 자신을 얼마나 배려하고 존중하는지, 조직문화가 수평적인지, 공정한지를 체감하게 된다. 예컨대 리프레시 휴가를 제공하거나 가족 돌봄을 위한 유급휴가가 마련된 조직은 '사람을 중시하는 조직'이라는 신뢰를 형성하게 되며, 이는 단순한 물리적 지원 이상의 심리적 자산(psychological asset)이 된다. 또한 복지후생 운영은 인재 유지와 조직 몰입을 위한 '소극적 보상'의 한계 극복 수단이기도 하다. 전통적인 임금 중심의 보상 시스템은 한계효용 체감에 따라 점차 구성원의 만족도에 영향을 미치지 못하게 되는데, 이때 복지후생은 비금전적·정서적 만족을 제공하는 보완 수단으로 작용한다. 실제로 많은 연구에서, 동일한 연봉 수준일지라도 복지후생 만족도가 높은 조직에서 이직률이 낮고 조직몰입도가 높다는 실증적 결과가 확인되고 있다.

이처럼 복지후생은 조직이 단순히 법적 기준을 준수하기 위한 수단이 아니라, 조직 내부의 '문화적 경쟁력'을 강화하고, 외부적으로는 우수 인재 유입을 위한 고용 브랜드(Employer Branding)의 핵심 수단으로 작용하고 있다. 따라서 복지후생은 단발성 이벤트나 시혜적 접근이 아닌, 지속가능하고 전략적으로 설계된 운영 전략에 기반한 장기적 시스템으로 구축되어야 한다.

2. 복지설계의 3대 기준(법적 타당성, 전략적 정합성, 심리적 수용성)

복지후생 제도를 전략적으로 설계하고 운영하기 위해서는 조직이 체계적인 기준과 원칙에 입각한 복지체계를 갖추는 것이 필수적이다. 복지제도는 그 자체가 구성원의 생활에 직·간접적으로 영향을 미치며, 조직문화와 일하는 방식에 영향을 주는 만큼, 그 설계에는 엄격하고 정합성 있는 기준이 요구된다. 일반적으로 복지설계의 기본 기준은 다음 세 가지로 요약된다.

1) 법적 타당성(Legal Compliance)

복지후생 제도는 기업의 자율적인 정책이라 하더라도, 반드시 노동관계 법령 및 관련 사회보험법 체계와 충돌하지 않아야 한다. 예컨대, 유급휴가 운영 시 법정 연차휴가와 자율적 유급휴가를 구분하지 않거나, 선택복지제도 운영 과정에서 비정규직, 계약직에게 차별적으로 포인트를 배정하는 경우 근로

기준법, 남녀고용평등법, 기간제법, 비정규직 보호법 등과의 충돌이 발생할 수 있다. 또한 복지비의 세제 처리나 급여 외 수당의 비과세 요건도 세법상 규정에 맞추어야 하며, 복지포인트가 실질 임금으로 간주되는 경우 최저임금 산입범위 논란이 발생할 수 있다. 따라서 인사담당자는 복지제도 설계 시 반드시 노무전문가, 세무전문가와 협의하며, 법령 준수와 세무 적격성을 확보하는 것이 선결 과제이다.

2) 전략적 정합성(Strategic Alignment)

복지후생은 단순히 구성원의 욕구만을 반영해서는 안 된다. 조직의 비전, 사업 모델, 인재관리 전략과 연계되어야 하며, 궁극적으로 조직성과 향상에 기여할 수 있는 구조로 설계되어야 한다. 예를 들어, 지속가능경영을 강조하는 기업은 친환경 교통수단 지원, 지역 봉사활동 유급휴가 등의 제도를 도입할 수 있으며, 여성 인재 확보를 핵심 과제로 삼는 기업은 사내 어린이집, 탄력근무제, 난임치료 지원 등의 복지 항목에 집중할 수 있다. 특히 산업 특성과 인재구성에 따른 전략 차별화가 필요하다.

R&D 중심 기업은 자기계발비, 해외 연수, 전자도서관, 연구공간 지원 등에 초점을 맞추고, 고객 접점 중심의 서비스 기업은 감정노동 보호, 심리상담, 건강 프로그램을 강화하는 것이 효과적이다. 이처럼 복지후생은 인재유지 전략, 성과관리 전략, 조직문화 형성 전략과 유기적으로 연계되어야 하며, 조직이 추구하는 철학을 구성원이 체감할 수 있는 '전략의 상징적 실천'으로 구현되어야 한다.

3) 심리적 수용성(Psychological Resonance)

복지제도가 구성원에게 실질적으로 체감될 수 있는 제도인지, 즉 수혜자가 해당 제도를 '유용하다'고 인식하고 자발적으로 참여할 수 있도록 심리적 공감과 신뢰를 주는 방식으로 설계되었는지가 중요하다. 실제 조직 내에서는 동일한 복지제도라도 부서나 직급, 연령대에 따라 접근성, 사용빈도, 만족도가 현격히 차이 나는 경우가 많으며, 이는 복지제도에 대한 형식적 접근이 가져오는 비효율성의 대표적 사례이다.

예컨대, 복지 포인트제의 항목이 주로 육아·가족 중심으로 구성되어 있다면 미혼, 1인가구, 청년층은 이용률이 낮고 '복지에서 소외되었다'는 불만을 가질 수 있다. 반대로, 문화생활 · 자기계발 중심으로 설계되면 가족부양 중심의 중장년층이 불만을 느낄 수 있다. 이처럼 복지후생은 다양성과 형평성을 동시에 고려한 설계가 필수적이며, 구성원과의 피드백을 통해 지속적으로 개선되어야 한다. 심리적 수용성을 높이기 위한 전략으로는 다음이 있다.

- 항목별 대상 세분화 및 선택권 부여
- 복지 설명회, 가이드북, 사례 공유 등을 통한 제도 홍보
- 연 1~2회의 복지 만족도 조사 및 개선 피드백
- 이용률 데이터를 기반으로 한 연령 · 성별 맞춤형 재설계

요약하면, 복지후생 제도를 조직의 전략적 수단으로 활용하기 위해서는 단순한 항목 나열이 아니라, 법률적 정합성, 조직 전략과의 일치성, 그리고 구성원의 심리적 수용성을 고려한 종합적인 설계 기준이 필요하다. 이 세 가지 기준은 독립적이기보다는 상호 보완적으로 작용하며, 복지후생이 조직성과와 연결되기 위한 핵심 조건으로 기능한다.

3. 구성원의 생애주기 기반 복지 설계

현대 조직은 단일한 연령 · 성별 · 가치관을 공유하는 인력으로 구성되지 않는다. 특히, MZ세대를 포함한 다양한 세대가 공존하고 있으며, 구성원 각각의 삶의 단계, 경력 목표, 가족 형태, 생활양식이 모두 상이하다. 따라서 복지후생 제도는 더 이상 획일적이고 정형화된 방식으로는 효과를 발휘할 수 없다. 이와 같은 인적 다양성에 대응하기 위한 전략으로 부상한 것이 바로 '생애주기 기반 복지 설계(Life Cycle-Based Benefits Design)'이다. 이 전략은 구성원의 삶의 단계별 특성과 욕구를 기반으로 복지항목을 차별화하여, 조직이

구성원을 단순한 인적자원이 아니라 '삶을 함께 설계하는 동반자'로서 인식하고 있음을 전달하는 수단이다. 생애주기 기반 복지는 단순한 연령 중심 구분을 넘어, 경력 단계, 가정 상황, 건강 상태, 사회적 역할 변화 등을 포괄하는 입체적 설계를 통해 구성원의 체감 만족도를 높이고, 조직과의 정서적 유대를 강화하는 데 기여한다.

이러한 설계의 이론적 배경은 도널드 슈퍼(Donald E. Super)의 생애진로 발달이론(Life-Span, Life-Space Theory)에 기초한다. 슈퍼는 인간의 직업생활이 일생 동안 지속적으로 변화·발달한다고 보고, 진로 발달을 단선적 개념이 아닌 복합적 삶의 연속선상으로 이해했다. 그는 생애를 ▲성장기(0~14세), ▲탐색기(15~24세), ▲확립기(25~44세), ▲유지기(45~64세), ▲쇠퇴기(65세 이후)로 구분하고, 각 단계별로 개인이 수행하는 사회적 역할(근로자, 배우자, 부모 등)에 따라 진로 및 직무 지원 전략이 달라져야 한다고 주장하였다. 조직 내 복지 설계에 이 이론을 적용하면, 구성원의 조직 생활 역시 탐색-성장-정착-유지-이행(퇴직)의 단계를 거치며, 각 시기별로 필요한 복지 자원이 달라진다는 점을 이해할 수 있다.

▣ 생애주기별 복지 설계 적용 예시

① 입문기 / 조직 초기 적응기

이 시기의 구성원은 대체로 20대 초·중반의 사회초년생이며, 조직문화 적응, 직무 역량 습득, 주거 안정 등이 주요 과제이다.

- **주요 복지:** 기숙사 또는 주거비 지원, 입문교육 및 멘토링, 동호회 활동비, 심리상담 서비스, 기본 건강검진 등

② 경력 성장기 / 가족형성기

30대 전후의 구성원들은 결혼, 육아, 주거 마련 등의 과제를 동시에 겪게 되며, 개인의 경력개발과 가족의 안정이 병행되어야 하는 시기이다.

- **주요 복지:** 자녀 학자금 지원, 주택자금 대출, 육아휴직 및 배우자 출산휴가, 유연근무제, 장기근속자 포상제도, 자기계발비 등

③ 성과 안정기 / 경력 유지기

40대 이후 중견 간부로 성장한 구성원은 건강관리, 자녀 교육, 승진 스트레스 등이 주요 이슈가 된다. 동시에 조직 내 핵심인재로 자리 잡기 때문에 장기적 조직 몰입과 동기부여가 중요하다.

- **주요 복지:** 종합 건강검진, 고등 · 대학 학자금 지원, 리프레시 휴가, 가족지원형 휴가제, 중간 경력 진단 및 리더십 프로그램 등

④ 전환기 / 퇴직 준비기

50대 중후반 이후의 구성원들은 퇴직 설계, 경력 마무리, 사회적 전환에 대한 지원이 요구된다. 최근에는 '제2의 인생'을 준비하는 적극적 은퇴 지원도 중요하게 여겨진다.

- **주요 복지:** 퇴직연금 컨설팅, 은퇴준비 교육, 경력 전환 코칭, 유급 사회공헌 활동 지원, 사내 시니어 직무 재배치 등

▣ 생애주기 복지 설계의 실무적 의의

① 구성원 존중과 조직 신뢰 강화

조직이 단지 생산성 중심이 아니라 구성원의 '삶'을 이해하고 배려하는 존재라는 인식을 강화함으로써 심리적 계약 이행을 유도한다.

② 이직률 감소 및 조직몰입 제고

경력단계별 맞춤 복지는 구성원이 조직에 오래 머물고자 하는 유인을 높여주며, 특히 고용 유연화가 일반화된 시대에 전략적 유연성 확보에 기여한다.

③ 세대별 복지 갈등 최소화

동일한 복지제도를 모든 구성원에게 일괄 적용할 경우, 체감 불균형과 갈등이 발생할 수 있는데, 생애주기 기반 설계는 이러한 갈등을 예방하고 공정성을 확보하는 장점이 있다.

④ 복지예산의 효율적 운영

모든 구성원에게 모든 복지를 제공하는 것보다, 단계별로 체계적이고 합리적인 복지투자가 가능하여, 복지비용 대비 조직성과의 투자 효율성이 높다.

결론적으로 생애주기 기반 복지 설계는 단순히 '연령에 맞춘 복지'가 아니라, 구성원의 삶의 흐름, 조직 내 위치, 직무 정체성, 사회적 역할을 통합적으로 고려한 전략적 복지 체계 구축이다. 이는 조직이 단지 근로 시간만을 책임지는 것이 아니라, 구성원의 생애 전체에 걸쳐 지속 가능한 파트너로 기능하고자 하는 경영 철학의 실천이며, 장기적으로는 조직의 ESG 경영과도 밀접히 연계될 수 있다.

4. 선택적 복지후생제도(Flexible Benefits)의 도입과 운영

현대의 인적자원관리에서 복지후생제도의 가장 대표적인 진화 형태는 선택적 복지후생제도(Flexible Benefits, 또는 Cafeteria Plan)의 도입이다. 이 제도는 구성원이 일정한 복지 포인트나 금액 내에서 자신에게 필요한 복지항목을 자율적으로 선택하여 이용할 수 있는 시스템으로, 조직이 제공하는 복지의 유연성과 구성원의 체감 만족도를 극대화할 수 있는 구조적 장점을 갖고 있다.

선택복지는 특히 MZ세대를 중심으로 구성원의 자기결정권(Self-determination)을 중시하는 가치관과도 부합한다. 구성원은 자신의 생애 단계, 라이프스타일, 가족 상황 등에 따라 건강, 교육, 문화, 여가, 자산 형성 등 복지 항목을 스스로 선택함으로써, 조직이 자신을 이해하고 있다고 느끼게 되며, 이는 조직에 대한 긍정적 태도와 장기적 유대감을 형성하는 데 기여한다. 선택복지제도의 일반적인 운영 방식 및 구조는 다음과 같다.

- **기본 구조 설계**: 기업은 연 1회 또는 분기별로 구성원에게 일정 금액의 복지 포인트(예: 연간 120만 원)를 부여한다.
- **항목 설정**: 포인트 사용이 가능한 복지 항목을 범주별로 설정한다. (예:

건강관리, 자녀교육, 문화활동, 경조사, 자기계발 등)

- **복지 플랫폼 제공**: 복지몰(Benefit Mall), 제휴 온라인 플랫폼 등을 통해 구성원이 직접 원하는 항목을 구매·신청할 수 있도록 시스템화한다.
- **사용 및 피드백 관리**: 구성원의 이용 내역을 분석하여 선호도, 사용률 등을 확인하고, 다음 기수 설계에 반영한다.

※ 선택복지제도의 장점과 한계

- **장점**: 구성원 개개인의 다양한 욕구 반영 가능, 복지 수혜의 형평성 확보 및 자율성 부여, 복지 비용 대비 효율성 및 만족도 제고, 복지 항목 사용에 대한 데이터 기반 관리 가능
- **한계**: 설계 및 운영 복잡성 증가, 복지 포인트의 배분 기준에 대한 공정성 논란 가능, 플랫폼 구축 및 유지에 대한 비용 발생, 저사용자 또는 정보 접근이 어려운 구성원에 대한 소외 가능성

※ 전략적 활용 방안

기본복지 + 선택복지의 병행 운영

건강검진, 육아휴직 등 필수적 법정복지는 고정형으로 제공하되, 자율성이 필요한 항목은 선택복지로 전환하는 혼합형 구조(Hybrid Model) 설계가 효과적이다.

성과연계 선택복지 포인트 차등 지급

성과 평가 결과나 장기근속, 리더십 발휘 정도에 따라 포인트를 차등 부여함으로써, 복지제도를 동기부여 도구로 활용할 수 있다.

데이터 기반 맞춤형 추천

연령, 가족구성, 부서별 선호도 등을 분석하여 구성원에게 맞춤형 복지 항목을 추천함으로써 이용률 향상과 만족도 제고가 가능하다.

결론적으로 선택복지제도는 조직이 구성원을 획일적으로 대우하지 않고,

각자의 삶의 맥락에 맞춘 유연하고 공정한 보상 구조를 제공하고 있다는 증표가 된다. 이는 복지를 단순한 '비용'이 아닌 조직경쟁력 확보를 위한 전략적 자산으로 활용하고자 하는 현대 인사관리의 방향성과 부합하며, 향후에는 AI 기반 복지설계, ESG와 연계된 복지 포인트 제도 등으로 더욱 고도화될 가능성이 크다.

section 06 총보상(Total Rewards) 관점에서의 통합 전략

1. 총보상 개념의 진화와 의의

조직이 구성원에게 제공하는 보상은 오랜 시간 동안 인적자원관리의 핵심적 관심사였다. 초기의 보상 개념은 기본적으로 노동력에 대한 대가로서의 임금(wage) 혹은 정해진 직무를 수행한 것에 대한 보수(pay) 개념에 머물러 있었다. 이러한 보상은 주로 생산직 근로자 중심의 임금지불 구조, 즉 시간당 급여 혹은 생산량 기반의 성과급 형태로 나타났으며, 조직의 목적도 '적정 인건비 관리'에 집중되었다. 그러나 20세기 중반 이후, 조직이 단순한 작업장(workplace)을 넘어 구성원의 경력, 가치, 정체성, 삶의 중심으로 확장되면서 보상의 개념 역시 질적 변화를 겪기 시작했다. 특히 1980년대 이후 지식기반 사회로의 전환, 정보기술 발전, 글로벌화, 다양성의 증대, 고학력 인재의 증가 등은 조직 내 구성원의 기대를 다층적이고 정성적인 방향으로 확장시켰다. 이에 따라 조직은 단순한 임금 수준만으로는 인재를 유인·유지할 수 없게 되었고, 보상의 개념은 물질적 보상과 심리적 보상, 직접적 보상과 간접적 보상, 단기성과 보상과 장기경력 개발 보상 등으로 다차원적으로 재정립될 필요성이 커졌다.

이러한 흐름 속에서 등장한 것이 바로 총보상(Total Rewards) 개념이다. 총보상이란 단순히 급여와 복지를 포함하는 보상 요소의 총합이라는 의미를 넘어서, 조직이 구성원에게 제공하는 모든 유·무형 가치(Value Proposition)를 통합적 · 전략적으로 관리하는 체계를 의미한다. 즉 총보상은 '조직이 구성원을 어떻게 대우하고 싶은가', '구성원이 조직에서 무엇을 얻고 싶은가'라는 질문에 대한 조직의 철학적 · 실천적 해답이라고도 할 수 있다.

총보상의 범주는 전통적 임금과 복리후생을 포함하는 금전적 보상(financial rewards)뿐만 아니라, 인정(recognition), 성과 기반의 피드백(performance management), 경력개발 기회(career opportunities), 일의 자율성과 의미(meaning at work), 일과 삶의 균형(work-life effectiveness) 등 정서적 · 경험적 요소까지 포괄한다. 이러한 다차원적 구성은 구성원 개개인의 가치관, 직무 특성, 생애주기, 세대차이 등에 맞춘 맞춤형 보상전략 설계의 기반이 된다. 총보상의 등장은 인적자원을 조직의 비용요소(cost)가 아닌 전략적 자산(asset)으로 인식하는 패러다임 전환과 깊이 연결되어 있다. 특히 자기결정이론(Self-Determination Theory), 심리적 계약(Psychological Contract), 조직몰입 이론(Organizational Commitment) 등은 총보상이 단지 외재적 유인(extrinsic motivator)을 넘어, 구성원의 내재적 동기와 자아실현의 통합적 과정임을 이론적으로 뒷받침한다.

또한, 총보상은 단순히 구성원의 만족을 넘어서, 성과(Performance), 몰입(Engagement), 이직률(Retention), 조직문화(Culture)와 직결되는 핵심 요인으로 작용한다. 이를테면, 복리후생과 일-삶의 균형 제도는 구성원의 장기재직과 건강을 유지하게 하고, 인정과 성과관리 제도는 즉각적인 몰입을 유도하며, 경력개발 기회는 미래에 대한 기대감을 제공함으로써 자발적 기여를 촉진시킨다. 이러한 구조는 조직의 지속가능한 경쟁우위(sustainable competitive advantage) 확보에도 결정적인 영향을 미친다.

최근 들어 총보상은 ESG(환경 · 사회 · 지배구조) 전략, DEI(다양성 · 형평성 · 포용성) 전략 등 기업의 사회적 책임 경영과도 연결되고 있다. 예컨대 친환경 기업 문화에 참여한 직원에게 인센티브를 부여하거나, 다양성과 포용을 실현한 팀에게 보상 가점을 부여하는 방식은 총보상의 사회적 확장을 보여주는 사례이다. 이러한 변화는 보상의 기능이 더 이상 '내부 직원 관리 수단'에 머물지 않고, 조직의 외부 이해관계자와 사회적 기대까지 고려하는 전략적 도구로 진화하고 있음을 의미한다.

요컨대, 총보상의 개념은 단지 보상의 항목을 확장하는 것이 아니라, 조직이 구성원과 맺는 관계의 깊이를 새롭게 정의하고, 그 관계 안에서 어떻게 전략적 성과와 인간적 만족을 동시에 이끌어낼 것인가를 구조화하는 통합적 경영 프레임워크이다. 이는 앞으로의 인적자원관리에서 보상 시스템이 반드시 전략적 유연성과 정서적 공감, 사회적 책임의 관점을 함께 갖추어야 함을 보여주는 방향타 역할을 한다.

2. 총보상 프레임워크(5대 핵심 요소)

총보상(Total Rewards) 프레임워크는 조직이 구성원에게 제공하는 다양한 보상의 총합을 포괄적으로 이해하고 전략적으로 설계하기 위한 분석 도구이다. 이는 보상관리의 단편적 접근을 넘어서 구성원의 삶의 질, 직무 만족, 성장 경험, 심리적 안정, 조직 기여를 통합적으로 고려하는 인적자원관리 전략의 핵심이다. 총보상의 구성 요소는 일반적으로 보상(Compensation), 복리후생(Benefits), 경력개발(Career Development), 인정과 포상(Recognition), 일의 의미 및 삶의 질(Work－Life Effectiveness & Meaning)이라는 다섯 가지 핵심 영역으로 구성된다. 각각의 요소는 독립적인 기능을 수행하면서도 상호보완적으로 작용하며, 조직 전략 및 가치체계와 유기적으로 연결된다.

1) 보상(Compensation)

보상은 구성원이 조직에 제공한 노동에 대한 직접적 대가로, 일반적으로 금전적인 보상을 의미한다. 이는 다시 고정급(fixed pay)과 변동급(variable pay)으로 나눌 수 있으며, 기본급, 직무급, 성과급, 수당, 인센티브, 주식보상 등 다양한 형태로 구성된다. 이러한 보상은 직무의 가치, 개인의 성과, 시장의 조건 등을 기준으로 산정되며, 공정성과 경쟁력을 동시에 확보하는 것이 핵심이다. 특히 고성과자 유지 전략으로서의 인센티브 설계, 조직성과와 연동된 보너스 지급, 글로벌 기업에서 보편화된 스톡옵션과 장기성과급 제도 등은 보상이 단지 경제적 보상을 넘어서 전략적 유인 수단임을 보여준다. 조직은 이 보상 요소를 통해 성과 중심 문화, 목표 정렬, 인재 유입 등을 효과적으로 추진할 수 있다.

2) 복리후생(Benefits)

복리후생은 구성원의 생활 안정, 건강 보호, 가족 돌봄, 여가 생활, 노후 준비 등 다양한 간접적 요구를 충족시키는 제도로서, 조직이 제공하는 금전 외적 보상의 핵심 축이다. 여기에는 국민연금 · 건강보험 · 고용보험 등의 법정 복지 외에도, 단체보험, 주택자금 지원, 휴가제도, 자녀 학자금, 유연근무제도, 사내 식당, 운동시설, 재택근무 인프라 등 다양한 항목이 포함된다. 최근에는 구성원의 생애주기별 복지 설계가 중요한 이슈로 부상하고 있다. 신입 구성원에게는 주거 · 통근지원, 중견 구성원에게는 자녀교육과 재테크 지원, 은퇴예정자에게는 퇴직설계 및 경력전환 지원과 같은 방식으로, 구성원 개개인의 삶의 단계에 맞춘 선택형 복리후생제도(Flexible Benefits)의 도입이 확산되고 있다. 복리후생은 조직의 사회적 책임과 구성원 배려의 상징적 제도로서, 단순한 비용이 아닌 투자 개념의 경영전략으로 접근할 필요가 있다.

3) 경력개발 및 성장(Career Development)

경력개발은 구성원이 조직 내에서 지속적으로 역량을 강화하고, 경력 목표를 실현하며, 성장 경험을 누릴 수 있도록 지원하는 보상 요소이다. 이는 직무 순환(Job Rotation), 교육훈련 프로그램(Training & Development), 리더십 아카데미, 직무승계계획(Succession Planning), 학습조직 운영 등 다양한 형태로 구현된다. 조직은 경력개발을 통해 학습과 성장의 기회 제공 → 역량 강화 → 성과 향상 → 보상 및 승진 → 장기 재직 유도라는 선순환 구조를 형성하게 된다. 또한, 구성원은 이러한 과정을 통해 자기효능감(self-efficacy)과 조직몰입을 제고할 수 있다. 경력개발이 총보상 체계의 일부로 포함된다는 것은 보상이 더 이상 단순한 '결과'가 아니라 성장 과정 자체에 대한 보상임을 의미하며, 이는 특히 자기개발 욕구가 강한 고학력·고성과 구성원에게 매우 효과적인 동기부여 방식이 된다.

4) 인정과 포상(Recognition)

인정(Recognition)은 구성원의 행동, 노력, 성과에 대해 조직이 비금전적으로 제공하는 긍정적 피드백과 사회적 보상이다. 이는 공식적·비공식적으로 운영될 수 있으며, 예를 들어 우수사원 포상, 부서장 감사 메시지, 사내 뉴스레터 소개, 동료 추천제도, 고객 칭찬 공유 등 다양한 방식으로 실현된다. 인정은 특히 성취욕구와 소속욕구를 자극함으로써 조직몰입을 촉진하고, 자발적 행동(OCB)이나 비정형 성과를 유도하는 데 탁월한 효과를 보인다. 최근에는 사내 플랫폼이나 애플리케이션을 통해 실시간 피드백을 주고받는 디지털 포상 시스템이 도입되고 있으며, 이는 조직문화와의 융합을 통해 인정이 단지 '사례'에 그치지 않고 지속적 소통의 일부로 자리 잡게 한다.

5) 일의 의미 및 삶의 질(Meaning & Work-Life Effectiveness)

마지막 요소는 구성원이 수행하는 업무에서 의미, 자율성, 가치 실현, 워라밸을 경험할 수 있도록 지원하는 영역이다. 이는 일에 대한 내적 보상과 연결되며, 구성원의 정체성, 자율성, 사회적 기여 의식을 고양하는 데 초점을 맞춘다. 대표적인 제도로는 유연근무제, 재택근무, 하이브리드 워크, 일·가정 양립 지원제도, 휴식과 충전 기회, 사내 카운슬링 및 복지상담 등이 있다. 특히 Z세대는 '돈을 넘는 가치', 즉 일을 통해 자신의 삶의 방향성과 사회적 의미를 실현할 수 있는지를 중요하게 여기며, 이는 조직이 인재를 유치하고 유지하는 데 매우 중요한 차별화 전략이 된다. 조직이 구성원에게 단순한 직무 수행 이상의 의미를 부여할 수 있을 때, 총보상 전략은 '일과 삶을 연결하는 플랫폼'

으로 기능하게 된다.

3. Total Rewards Wheel(시각적 프레임워크)[2]

총보상(Total Rewards) 전략은 개별 보상 요소를 나열하는 방식이 아니라, 조직의 핵심가치와 전략 중심으로 모든 보상요소가 유기적으로 작동하도록 통합하는 접근 방식을 필요로 한다. 이러한 통합적 사고를 시각적으로 구조화한 것이 바로 WorldatWork에서 제시한 "Total Rewards Wheel" 또는 "Total Rewards Framework" 모델이다.

이 모델은 미국의 권위 있는 인사·보상 전문기관인 WorldatWork에서 공식적으로 개발하여 발표한 것으로, 2007년 첫 정식 도입된 이후, 2014년과 2021년 개정판을 거치며 전 세계 인사담당자와 보상설계자들에게 가장 표준화된 총보상 전략의 프레임워크로 자리잡았다.

그림 12-1 Total Rewards Model의 시각적 도식

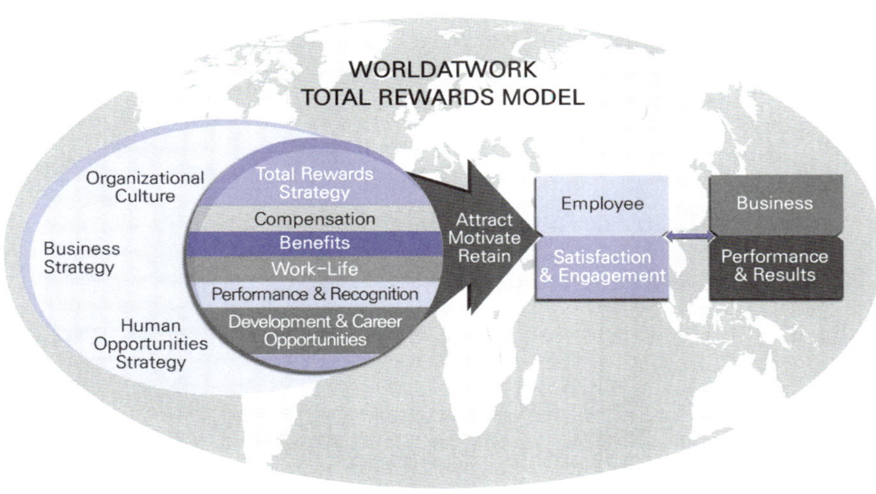

2) 이론적 기반: WorldatWork, The Total Rewards Model, 2007 / 개정판 2014, 2021

〈그림 12-1〉은 총보상 전략이 조직문화, 비즈니스 전략, 인사전략과 어떻게 연결되어 있는지를 보여주며, 그것이 구성원의 몰입과 만족을 어떻게 유도하고, 결과적으로 조직성과로 이어지는지를 선형적이면서도 통합적으로 설명한다. Total Rewards Model의 시각적 도식을 설명하면 다음과 같다.

① 배경 타원 영역: 전략적 기반

왼쪽의 타원형 배경은 총보상 전략의 근거와 맥락을 보여준다. 총보상 전략은 독립적으로 존재하는 것이 아니라 다음 세 가지 조직적 전략과 긴밀히 연동된다.

Organizational Culture(조직문화)

조직이 사람을 대하는 태도, 커뮤니케이션 방식, 일에 대한 철학 등은 총보상 설계의 방향에 직접적인 영향을 미친다.

예 수평적 문화 → 인정·자율성 강조, 위계적 문화 → 직급 중심 보상 강조.

Business Strategy(사업전략)

기업이 추구하는 경쟁전략(예: 원가우위, 차별화, 혁신 등)은 보상 항목의 설계에도 반영된다.

예 혁신 중심 전략일수록 유연성·창의성 보상 요소가 강조됨.

Human Resource Strategy(인사전략)

인재확보, 인재개발, 유지 및 전환 전략이 총보상 설계와 직결된다.

예 고성과자 중심 인사전략 → 성과급과 경력개발 요소 비중 확대.

이처럼 총보상 전략은 조직 내 전략 3요소의 교차점에 위치하여, 조직 정체성과 실행전략의 매개 변수로 기능한다.

② 내부 핵심 영역: Total Rewards Strategy의 구성요소

타원 중심부의 색상 구분된 5개 항목은 WorldatWork에서 정의한 총보상의

5대 핵심 요소이다.

요소명	설명
Compensation(보상)	급여, 인센티브, 보너스 등 직접적인 금전 보상
Benefits(복리후생)	건강보험, 연금, 유급휴가, 자녀학자금, 복지포인트 등
Work-Life(일과 삶의 균형)	유연근무, 워라밸 정책, 재택근무, 가족친화 제도 등
Performance & Recognition (성과 및 인정)	공식 포상제도, 칭찬문화, 성과 피드백, 사내 시상 등
Development & Career Opportunities(경력개발 기회)	교육훈련, 직무순환, 리더십 프로그램, 승진경로 등

이 다섯 요소는 총보상 전략의 구성 기반으로, 조직이 구성원에게 어떤 방식으로 보상을 제공할 것인지를 결정하는 주요 범주로 각 요소는 독립적일 뿐 아니라, 조직의 가치체계와 전략목표에 따라 상호보완적으로 통합 운영된다.

③ 중간 화살표: 행동 유도 메커니즘

중앙의 주황색 화살표는 총보상 전략이 구성원 행동을 유도하는 방향성을 보여준다. 화살표에는 다음과 같은 키워드가 적혀 있다.

- Attract(유인): 외부 인재를 끌어들이는 자극
- Motivate(동기부여): 내부 구성원의 성과 향상을 유도
- Retain(유지): 핵심 인재의 이탈 방지 및 장기 재직 유도

총보상 전략은 단지 만족을 주는 것이 아니라, 조직에 필요한 행동을 유도하고 전략목표와 정렬되도록 설계되어야 함을 시사한다.

④ 결과 박스 1: Employee(구성원 효과)

오른쪽 첫 번째 블록은 Employee 박스로, 구성원에게 나타나는 결과적 반응을 보여준다.

- Satisfaction(만족): 보상 수준, 복지혜택, 근무환경 등에 대한 정서적 만족
- Engagement(몰입): 조직에 대한 심리적 헌신, 주인의식, 성과 기여 의지

즉, 총보상 전략이 잘 설계되었을 경우, 구성원은 단순히 머무르는 것이 아니라 자발적으로 몰입하게 된다는 점을 강조한다.

⑤ 결과 박스 2: Business(조직 효과)

〈그림 12－1〉에서 가장 우측의 파란색 블록(Performance & Results)은 총보상 전략이 궁극적으로 달성하고자 하는 조직의 성과(Performance & Results)를 보여준다. 이는 총보상이 인적자원관리의 수단을 넘어, 비즈니스 성과에 직결되는 핵심 투자 전략임을 강조하는 부분이다.

– 구성원 몰입(Engagement) → 생산성 향상
– 만족도 상승 → 이직률 감소
– 성과 기반 보상 → 목표 달성률 증가

이러한 결과는 총보상 전략이 단순한 'HR 정책'이 아닌, 조직의 경쟁력 그 자체임을 입증한다.

⑥ 요약 정리

범주	주요 내용
전략 기반	조직문화, 사업전략, 인사전략의 교차지점에서 총보상 전략 수립
구성 요소	보상, 복리후생, 워라밸, 인정, 경력개발의 5대 요소로 구성
행동 유도	유인-동기부여-유지를 통해 구성원 행동 변화 유도
결과	구성원의 만족·몰입 → 조직의 성과와 경쟁력 향상

〈그림 12－1〉은 총보상 관점에서의 통합 전략'을 설명할 때 매우 효과적인 시각자료로 활용 가능하며, 특히 다음과 같은 목적에 유용하다.

– 총보상 프레임워크의 구조적 이해
– 각 구성요소의 전략적 기능 구분
– 보상설계와 조직성과 간 연계관계 도식화

4. 공정성과 윤리성을 기반으로 한 보상설계 원칙

조직 내 보상제도의 설계와 운영에 있어 가장 근본적이고도 민감한 기준은 바로 공정성(fairness)과 윤리성(ethics)이다. 이는 단순한 제도적 요소를 넘어서 구성원과 조직 간의 신뢰 형성과 직결되는 핵심 요인으로 작용하며, 장기적으로는 조직문화와 인재유지에 결정적인 영향을 미친다. 공정한 보상은 크게 세 가지 차원에서 정의된다.

첫째, 분배의 공정성(distributive justice)은 동일한 조건에서의 보상 분배를 의미한다. 동일 직무 혹은 유사 성과를 보인 구성원이 동일하거나 유사한 보상을 받아야 한다는 원칙이다. 둘째, 절차적 공정성(procedural justice)은 보상의 기준, 절차, 결정 과정이 명확하고 일관되며 모든 구성원에게 투명하게 공개되어야 함을 뜻한다. 셋째, 상호작용적 공정성(interactional justice)은 보상 결과나 피드백이 인격적으로 존중되는 방식으로 전달되는지를 포함한다.

윤리성의 경우, 최근 ESG(환경 · 사회 · 지배구조)와 DEI(다양성 · 형평성 · 포용성) 관점에서 더욱 중요성이 강조되고 있다. 예를 들어, 특정 성별, 연령, 국적, 학력, 장애 여부 등에 따라 보상이 달라지는 것은 명백한 차별이며, 조직의 지속가능성과 사회적 책임을 저해하는 행위로 간주된다. 따라서 보상 설계 시에는 법적 기준을 넘어서 포용성과 형평성을 고려한 구조를 갖추어야 하며, 특히 내부 임금격차, 남녀 임금격차, 정규직 · 비정규직 간 보상 격차를 모니터링하고 개선할 수 있는 체계를 마련하는 것이 필수적이다. 현대적 조직은 이러한 공정성과 윤리성 원칙을 반영하여 임금투명성 제도(pay transparency), 공정보상 진단 프로그램(fair pay audit), 이의 제기 절차 등을 도입하고 있다. 구성원이 보상결정의 과정을 신뢰할 때, 비록 보상의 절대적 수준이 낮더라도 수용 가능성이 높아진다는 연구 결과는 이러한 원칙이 단지 이상론이 아님을 증명한다.

5. 비금전적 보상의 전략적 가치

비금전적 보상은 구성원의 경제적 보상을 제외한 모든 심리적, 사회적, 정서적 가치 제공을 의미한다. 전통적으로 보상은 급여와 복리후생처럼 금전 중심의 요소에 초점을 맞추었으나, 최근에는 동기부여, 몰입, 조직문화 구축, 자아실현 등의 비금전적 보상의 중요성이 크게 부각되고 있다.

첫째, 비금전적 보상은 내재적 동기(intrinsic motivation)를 자극하는 강력한 수단이다. 예를 들어, 자신의 아이디어가 존중받거나, 기여에 대해 즉각적으로 인정받는 경험은 구성원에게 성취감과 자긍심을 제공하며, 이는 금전적 보상보다 지속가능한 몰입을 유도할 수 있다. 이러한 의미에서 상사의 감사 표현, 조직문화 차원의 칭찬, 고객의 긍정적 피드백은 매우 강력한 보상이다.

둘째, 비금전적 보상은 장기적 인재 유치와 유지 전략에서 핵심적인 역할을 한다. 급여는 다른 조직에서도 유사하게 제공받을 수 있지만, 업무 자율성, 유연근무, 의미 있는 프로젝트 참여, 성장 경험은 조직 고유의 제공가치를 기반으로 형성되며, 구성원의 정체성과 조직과의 연결고리를 강화한다.

셋째, 비금전적 보상은 조직문화 구축의 중심 축으로 기능한다. 특히 수평적, 자율적, 개방형 조직일수록 구성원의 감정적 만족과 사회적 인정이 더욱 중요한 성과 유도 요인이 된다. 실제로 구글(Google), 넷플릭스(Netflix) 등 혁신기업들은 복지 수준보다 문화적 가치와 업무의 의미 부여, 구성원 존중 체계를 통해 높은 몰입과 창의성을 이끌어내고 있다.

마지막으로, 비금전적 보상은 조직의 재정적 부담 없이도 효율적인 성과를 유도할 수 있다는 장점이 있다. 이는 중소기업이나 공공조직처럼 인건비 예산이 제한된 조직에서도 효과적인 인사 전략으로 활용 가능함을 의미한다.

6. 세대별 맞춤형 총보상 전략

조직 구성원의 세대 간 가치관, 삶의 방식, 직무선호가 점점 더 다양해지면서, 단일형 보상 설계는 더 이상 효과적이지 않다. 이에 따라 최근에는 세대별 니즈와 기대를 반영한 맞춤형 총보상 설계(Customized Total Rewards Design)가 중요한 인사 전략으로 부상하고 있다.

베이비붐 세대(1955~1964년생) 및 X세대(1965~1979년생)는 장기근속, 조직 안정성, 명확한 승진체계, 퇴직 후 안정에 대한 기대가 강하다. 이들에게는 연금제도, 주택자금, 자녀교육비 지원, 장기근속 포상 등이 효과적인 보상 수단이 된다.

밀레니얼 세대(1980~1995년생)는 성취, 성장, 피드백, 자율성, 워라밸을 중시하며, 유연근무제, 빠른 성과 인정을 통한 보상, 경력개발 프로그램, 멘토링, 명확한 커리어 트랙 등을 선호한다. 이들은 조직의 사회적 가치와 ESG·DEI 전략과의 연계성도 중요하게 생각한다.

Z세대(1996년 이후 출생)는 디지털 친화적이며, 직장보다 자기 삶의 주도권, 사회적 의미, 개인 브랜드를 더 중시한다. 이들은 재택근무, 프로젝트 단위 업무, 조직의 사회적 책임 참여 기회, 감성적 피드백, 심리적 안정감 등을 중요하게 여기며, 보상 자체도 '나만을 위한 설계'가 되어야 한다고 생각하는 경향이 있다.

조직은 이러한 차이를 반영하여 보상 구성요소의 선택 옵션 제공(Flexible Rewards), 라이프스타일 진단 기반 설계, 디지털 플랫폼을 활용한 개인 맞춤형 보상 정보 제공 등 다양한 전략을 도입하고 있다. 이는 단순히 만족도를 높이는 것을 넘어서, 조직의 구성원 다양성과 창의성을 존중하는 문화로 이어진다.

7. 총보상의 전략적 시사점

총보상 전략은 단순한 인사제도의 하나가 아니라, 조직 전략, 문화, 성과, 지속가능성 전반에 걸쳐 영향을 미치는 통합적 플랫폼이다. 따라서 총보상 전략의 시사점은 다음과 같은 다층적 의미를 내포한다.

첫째, 조직 전략의 실행력 확보 수단이다. Total Rewards는 단지 구성원에게 제공하는 보상의 구조를 의미하는 것이 아니라, 조직이 설정한 전략목표(예: 혁신, 고객지향, 지속성장 등)를 구성원 행동과 연결짓는 통로로 기능한다. 즉, 올바른 보상 설계는 조직의 전략 목표를 실현 가능한 행동으로 전환시킨다.

둘째, 경쟁력 있는 인재 유입과 유지의 핵심 장치이다. 전 세계적 인재 경쟁이 심화되는 가운데, 조직은 급여 수준 외에도 '왜 이 조직에서 일해야 하는가'라는 질문에 설득력 있게 답해야 한다. 총보상 전략은 조직의 정체성을 구성원 가치와 접목시켜 브랜드로서의 고용주 이미지(Employee Value Proposition: EVP)를 강화한다.

셋째, 구성원의 몰입과 조직문화 강화 요인이다. 개인은 단순한 생보다는 의미 있는 삶을 추구하는 존재이며, 보상은 그 의미에 대한 조직의 해석이기도 하다. 총보상 전략은 '성과에 대한 보상'과 함께 '관계에 대한 인정', '삶에 대한 배려'를 포함함으로써 조직－구성원 간 정서적 유대를 강화할 수 있다.

넷째, 지속가능한 경영과 ESG 실천의 기반이다. 오늘날 총보상 전략은 환경 보호, 사회 기여, 공정 지배구조와도 연계되며, 보상이 사회적으로 책임 있는 방식으로 운영되어야 함을 요구받고 있다. 성평등한 임금제도, 다양성과 포용을 반영한 복리후생, 친환경 활동 인센티브 등은 Total Rewards 전략의 확장 사례이다.

이처럼 총보상은 '얼마를 줄 것인가'의 문제가 아니라, '무엇을 인정하고, 어떻게 동기부여하며, 어떤 관계를 지향할 것인가'라는 더 근본적이고 전략적인 질문에 답하는 인사관리의 중심 개념이 된다.

CHAPTER

13

인적자원정보시스템과 HR 디지털화

section 01 인적자원정보시스템(HRIS)의 개념과 발전

1. 인적자원정보시스템(HRIS)의 정의

인적자원정보시스템(Human Resource Information System: HRIS)이란 조직의 인적자원관리(Human Resource Management: HRM)를 보다 체계적이고 전략적으로 수행하기 위해 인사와 관련된 다양한 데이터를 수집, 저장, 처리, 분석, 그리고 활용할 수 있도록 설계된 정보시스템이다. HRIS는 단순한 행정 처리 도구가 아니라, 인적자원을 하나의 '데이터 기반 자산'으로 인식하고, 이를 경영 전략과 유기적으로 연계시키는 핵심 인프라로 간주된다.

전통적으로 HRIS는 인사기록, 급여관리, 복리후생 등의 행정적 기능을 지원하는 데 초점을 맞추었으나, 디지털 기술과 조직 전략의 융합이 강화되면서 HRIS는 단순한 기록 관리 시스템을 넘어, 전략적 의사결정과 인재경영 전반을 지원하는 지능형 시스템으로 진화해왔다. 최근의 HRIS는 인사정보의 전산화, 자동화뿐만 아니라 AI 기반 채용 분석, 이직 예측 모델, 인재역량 매핑, 조직문화 진단 등과 같은 고차원적 분석 기능까지 포괄하고 있다. 이러한 HRIS는 경영환경의 급변, 인력 구성의 다양화, 고도화된 인재 확보 경쟁, ESG 기반의 인사윤리 요구 등이 증가함에 따라, 조직 내 인적자원을 보다 효율적으로 관리하고, 동시에 인사관리의 신뢰성과 객관성을 확보하는 데 매우 중요한 도구로 자리 잡고 있다.

또한 HRIS는 구성원과 관리자 모두에게 직관적인 데이터 접근성을 제공함으로써, 인사 관련 요청 및 처리를 투명하게 하며, 업무 속도를 높이는 동시에 조직 전반의 정보 흐름을 원활하게 만들어준다. 이는 궁극적으로 '전략적 HRM(Strategic HRM)'의 실현을 위한 데이터 기반 플랫폼이라는 점에서, 오늘날 조직 경영의 핵심 구성 요소로 부각되고 있다.

2. HRIS의 주요 기능 및 구성요소

현대적인 HRIS는 다양한 하위 기능 모듈로 구성되며, 조직의 규모, 산업, 전략에 따라 탄력적으로 구성될 수 있다. 그러나 일반적으로 다음의 여섯 가지 기능이 HRIS의 핵심 구성 요소로 간주된다.

1) 인사기록 관리(Personal Information Management)

이 기능은 모든 인사관리의 기초가 되는 모듈로서, 구성원의 기본 인적사항(이름, 주소, 연락처, 주민등록번호), 입사일, 부서, 직급, 직무이력, 경력사항, 학력, 자격증, 상벌 이력, 평가 기록 등 인사관리 전반에 필요한 정보를 체계적으로 저장·관리한다. 데이터는 DB화되어 검색과 수정이 용이하고, 상시적인 조직구성원 변동에 실시간으로 대응할 수 있도록 설계된다.

2) 급여 및 복리후생 관리(Payroll and Benefits Management)

이 모듈은 근로자의 근무시간, 시간 외 근무, 지각, 조퇴, 연차 사용, 각종 수당, 공제 항목 등을 기반으로 급여를 자동 계산하고 지급을 처리하는 기능을 담당한다. 이 외에도 건강보험, 국민연금, 고용보험, 산재보험 등 법정 복리후생과 기업이 자율적으로 운영하는 복지 제도의 운영 데이터를 통합 관리한다. 최근에는 연말정산, 맞춤형 복지포인트 관리, 식대·교통비 자동정산 등의 기능도 포함되며, 세무처리 및 회계 시스템과의 연동도 필수화되고 있다.

3) 채용 및 온보딩 관리(Recruitment & Onboarding Management)

채용 관리 모듈은 구인 공고 게시, 입사지원서 수집, 이력서 자동분류, 서류심사 결과 통보, 면접 일정 관리, 최종합격자 선정, 채용 통계분석 등 전 과정을 디지털화한다. AI 기반의 역량분석 시스템이나 비대면 면접 솔루션과 연계되며, 채용의 공정성·효율성을 높인다. 온보딩 기능은 입사자의 사전 정보입력, 초기 교육 배정, 부서 배치, 장비 지급 등 입사 후 초기 정착 과정을 표준화하고 자동화함으로써 신입 인력의 조직 적응을 원활하게 해준다.

4) 교육 및 역량개발 관리(Learning & Development Management)

이 기능은 구성원의 교육 수요 파악, 연간 교육계획 수립, 교육 이력 관리, 수료증 발급, 교육 후 피드백 분석 등 학습경로 전반을 체계화한다. 사내외 교육과정 운영뿐 아니라, LMS(Learning Management System) 또는 LXP(Learning Experience Platform)와 연동하여 온라인 교육 콘텐츠의 수강, 학습 진도 추적, AI 맞춤형 학습 추천도 가능하게 한다. 기업은 이를 통해 구성원의 핵심역량 개발, 리더십 육성, 경력경로 설계 등을 보다 과학적으로 추진할 수 있다.

5) 성과 및 평가 관리(Performance and Appraisal Management)

이 모듈은 목표 설정, KPI 관리, 중간점검, 평가자 의견 입력, 구성원 피드백, 최종 평가 결과 기록 등 평가 프로세스를 체계화한다. 특히 최근에는 다면평가, 목표기반 성과관리(OKR), 피드백 중심의 MBO 등의 방식이 디지털화되어, 평가 프로세스의 투명성과 공정성을 강화하고 있다. 더 나아가 AI 기반 성과분석 시스템은 평가 편향을 완화하고 데이터 기반의 승진, 보상, 이동 결정에 활용되고 있다.

6) 전략적 인사분석 및 의사결정 지원(HR Analytics & Decision Support)

이 기능은 단순한 통계 기능을 넘어, 이직률, 교육 ROI, 채용 전환율, 직무별 생산성, 조직 참여도 등 다양한 HR 데이터를 종합 분석하여 HR 전략에 필요한 인사이트를 도출한다. 빅데이터 분석, 예측모델, 머신러닝 알고리즘 등을 활용하여 인재 이탈 가능성 예측, 인력 배치 최적화, 역량 기반 승진경로 설계 등 미래지향적 인사전략 수립을 가능하게 한다.

이 외에도 근태관리, 직무분석, 인재풀 관리, 조직도 시각화, 법규 준수 및 감사자료 생성 등의 보조 기능도 HRIS에 통합되어 있으며, 최근에는 시스템 간 호환성, 모바일 접근성, 사용자 친화적 UI/UX가 HRIS의 경쟁력을 결정하는 핵심 요소로 간주된다.

결론적으로, HRIS는 조직 인사관리의 디지털 플랫폼이자 전략적 의사결정의 기반이 되는 핵심 시스템으로서, 데이터 중심의 HRM을 구현하고 인재 중심 조직문화를 정착시키는 중요한 역할을 수행하고 있다.

3. 전통적 HRIS의 발전과정

인적자원정보시스템(HRIS)은 기술 발전과 경영환경 변화에 따라 그 역할과 기능이 진화해왔다. 초기에는 단순한 기록관리의 도구에 불과했지만, 현재는 조직 전략의 핵심 파트너로 기능할 만큼 발전하였다. HRIS의 발전사는 정보기술(IT)과 인사관리 패러다임이 상호작용하며 발전한 과정으로 볼 수 있으며, 이를 시대별로 구분하면 다음과 같이 정리할 수 있다.

1) 수기 기록 기반의 인사관리 시대(1950~1970년대)

이 시기는 인적자원관리가 전산화되기 이전의 단계로, 인사정보는 수기 문서, 종이 파일, 카드 인덱스 등을 통해 관리되었다. 인사기록, 근태, 급여 등 모든 자료는 관리자의 수작업에 의존하였으며, 데이터의 누락이나 오류 가능성이 높았다. 업무의 반복성과 시간 소요가 커서, 인사관리의 효율성과 전략적 가치 실현에는 한계가 있었다. 이 시기의 HRM은 "행정 중심 인사관리"에 머물렀고, 조직의 전략과 인사 간의 연결은 거의 존재하지 않았다.

2) 단순 전산화 단계 - 초기 HRIS 도입기(1980년대)

컴퓨터의 보급과 함께 조직은 일부 인사업무를 전산화하기 시작했다. 대표적으로 급여 계산, 인사기록 저장, 연차관리 등 단순 반복 업무에 스프레드시트(Excel), dBASE, Lotus 1-2-3 등 초기 소프트웨어가 활용되었다. 이 시기의 HRIS는 데이터 입력과 조회 중심의 단방향 처리 시스템으로, 데이터의 실시간 활용보다는 단순 저장 및 참고 목적의 성격이 강했다. 인사업무 자동화의 출발점으로서, 당시에는 기능 중심으로 각기 다른 인사 시스템들이 개별적으로 운영되었다.

3) 통합 HRIS 시스템 구축기 - 전사적 자원관리(ERP)와 연계(1990~2000년대)

1990년대 들어 ERP(Enterprise Resource Planning) 개념이 도입되면서 인사관리도 점차 기업의 전략적 자원관리 범주로 통합되었다. SAP, Oracle, People Soft 등 글로벌 ERP 솔루션이 등장하면서, 인사정보는 회계, 재무, 구매 등 다른 부문과 함께 하나의 통합 시스템 내에서 운영되기 시작했다. 이 시기부터 HRIS는 단순한 정보처리 시스템을 넘어, 조직 전반의 자원관리 프로세스와 연계되는 구조로 발전하였다.

이 시기의 HRIS는 모듈화(Modularization)된 구조를 바탕으로 채용, 교육, 평가, 보상 등 각 기능을 별도 관리하면서도 통합된 데이터베이스(DB)에서 실시간으로 정보를 공유하였다. 결과적으로 인사관리의 정확성, 속도, 비용 효율성 등이 비약적으로 향상되었으며, 전략적 HRM(Strategic HRM)의 기반이 되는 시스템으로 자리 잡게 되었다.

4) 전략적 의사결정 지원 도구로의 전환기(2010년대 이후)

2010년대 들어 HRIS는 기능적 자동화 단계를 넘어, 분석과 예측을 중심으로 한 전략적 도구로 진화하였다. AI, 머신러닝, 빅데이터 분석이 HRIS에 도입되면서, 단순 기록관리에서 벗어나 이직 예측, 인재 매칭, 조직문화 진단, 교육 효과 분석 등 고도화된 분석 기능이 가능해졌다. 이 시기에는 HR Analytics, People Analytics, Talent Intelligence와 같은 용어들이 부상하였고, 데이터 기반의 인사 전략 수립이 인재경영의 핵심으로 부각되었다. 예컨대, 글로벌 기업들은 HRIS를 통해 전 세계 조직의 이직률, 직무별 성과, 다양성 지표 등을 실시간으로 분석하고, 이를 토대로 전략적 인사계획을 수립하고 있다.

5) 클라우드 기반 HR 플랫폼과 디지털 HR 생태계 구축기(현재)

오늘날 HRIS는 클라우드 기반 SaaS(Software as a Service) 형태로 진화하면서 운영 유연성, 접근성, 확장성을 극대화하고 있다. 대표적인 시스템으로는 SAP SuccessFactors, Oracle HCM Cloud, Workday, BambooHR 등이 있으며, 이들은 글로벌 표준의 HR 플랫폼으로 자리매김하고 있다. 또한 디지털 HR 생태계(Digital HR Ecosystem)의 개념이 등장하면서, HRIS는 다양한 외부 시스템 및 솔루션과 연동되며 조직 전체의 디지털 트랜스포메이션 전략과 긴밀하게 연결되고 있다. 챗봇, 모바일 앱, 마이크로러닝, 웨어러블 디바이스 등 다양한 신기술이 HRIS에 접목되면서, 사용자 경험 중심의 '스마트 HR'이 구현되고 있는 것이다.

4. HRIS와 ERP 시스템의 통합

HRIS는 오늘날 독립적인 인사관리 도구에 머물지 않고, 조직의 전사적 자원관리 시스템인 ERP(Enterprise Resource Planning)의 핵심 모듈로 통합되는 경향이 뚜렷해지고 있다. ERP는 조직 내의 재무, 회계, 생산, 구매, 물류, 인사 등 여러 부문에서 발생하는 정보를 하나의 통합된 플랫폼에서 처리함으로써 데이터의 일관성, 운영 효율성, 전략적 통제력을 극대화하는 시스템이다.

1) 통합의 필요성과 의의

전통적인 HRIS는 별도의 시스템으로 존재하면서도 회계, 재무 등과 중복된 정보를 개별적으로 입력하고 관리해야 했기 때문에, 업무 비효율과 데이터 불일치 문제가 발생하기 쉬웠다. 이러한 한계를 극복하고자 HRIS는 ERP 시스템의 한 구성요소로 통합되기 시작하였으며, 이는 다음과 같은 장점을 가져왔다.

- **업무의 자동화 및 일관성 확보**: HRIS와 회계, 재무 시스템이 연계되면서 급여, 상여, 세금, 퇴직금, 복리후생 등과 관련된 데이터 흐름이 실시간으로 자동 처리되고, 부서 간 업무 중복과 오류가 대폭 줄어들었다.
- **데이터 기반 전략 수립 가능**: 통합된 데이터 환경은 경영진에게 조직 전체의 인력, 비용, 생산성 정보를 실시간으로 제공함으로써, 전략적 의사결정을 지원할 수 있게 되었다.
- **조직의 전사적 운영 효율성 제고**: HR 부문과 타 기능 부문 간 연계가 강화되면서, 조직 전체의 운영 속도와 정합성이 향상되었다.

2) 실무적 예시

예를 들어, SAP ERP 내의 인사관리 모듈은 급여계산 결과를 회계 모듈에 자동 반영하여 부서별 인건비를 분개 처리하며, 동시에 인사자료는 구매 부서의 구매승인권자 결정 기준에도 반영된다. 또한 Oracle HCM Cloud는 인재 관리, 경력개발, 후계자 계획까지 연계하는 전략형 HR 통합 플랫폼으로 활용된다. 이러한 통합은 데이터 기반 조직 운영의 정점에 HR을 위치시키는 효과를 창출한다.

3) 통합 운영 시 유의사항

HRIS와 ERP의 통합이 성공적으로 이루어지기 위해서는 다음과 같은 사항을 고려해야 한다.

- **데이터 표준화 및 정합성 확보**: 부서 간 데이터 포맷과 기준이 상이할 경우, 통합 시스템 내에서 충돌이 발생할 수 있으므로, 초기 설계 단계에서 명확한 표준을 수립해야 한다.
- **사용자 교육 및 수용성 관리**: 새로운 시스템 도입은 내부 저항을 동반할 수 있으므로, 구성원 교육과 단계적 전환 전략이 중요하다.
- **정보보안과 접근권한 관리**: 통합 시스템은 더 많은 정보에 접근할 수 있는 구조이므로, 개인정보 보호와 보안 체계 구축이 필수적이다.

요약하자면, HRIS의 발전은 단순한 기술의 진화가 아니라, 조직이 인적자원을 어떻게 바라보는가에 대한 철학의 변화를 반영한 것이다. 특히 ERP와의 통합은 HRIS를 조직 운영의 중심축으로 끌어올림으로써, 인사관리의 전략적 가치와 데이터 기반의 인적자원 경영체계를 실현하는 데 핵심적인 역할을 한다.

section 02 인적자원정보시스템(HRIS)의 개념과 발전

1. 디지털 전환(Digital Transformation)의 개념

디지털 전환(Digital Transformation)이란 조직이 정보통신기술(ICT)을 기반으로 하여 기존의 경영 방식, 운영 구조, 고객 접점, 가치사슬, 조직문화 등을 전면적으로 재편하고, 이를 통해 혁신적인 경쟁력과 지속가능한 가치 창출 체계를 수립해 나가는 전사적 변화 과정을 의미한다. 이 개념은 단순히 업무의 디지털화나 자동화에 그치지 않고, 조직의 정체성과 비즈니스 모델 자체를 기술 기반으로 재정의(redefinition)하는 총체적인 패러다임 전환을 내포한다.

디지털 전환은 IT 기술의 보조적 도입과는 구별된다. 과거의 정보화(Informatization)는 오프라인 업무를 온라인으로 바꾸거나, 종이 기반 업무를 전산으로 대체하는 등의 도구적 활용 수준에 머물렀다면, 디지털 전환은 기술을 전략의 핵심 동력으로 삼아 조직 구조와 기능, 구성원의 역할과 관계까지 근본적으로 변화시키는 혁신적 조직 재설계(Innovative Organizational Redesign)를 수반한다. 이는 기술 중심이 아니라 '사람과 조직 중심의 변화'라는 점에서 디지털 전환은 기술적 변화인 동시에 사회적 변화이며, 경영 전략과 조직개발을 포괄하는 다층적 개념이다. 세계경제포럼(World Economic Forum)은 디지털 전환을 "조직이 기술의 융합을 통해 새로운 운영 모델, 고객 경험, 시장 구조를 창출하여 지속 가능한 경쟁우위를 확보하는 전략적 변화"로 정의하고 있으며, McKinsey[1)]는 이를 "기술 도입이 아닌 조직 DNA의 변화"라고 강조한다. 이처럼 디지털 전환은 단순한 IT 도입이 아니라, '무엇을 위한 기술인가'라는 철학적 질문에 기반하여 이루어지는 전략 중심의 조직혁신 과정이라고 할 수 있다.

디지털 전환은 다음과 같은 특징을 지닌다.

① 데이터 중심의 의사결정 체계 전환

모든 비즈니스 활동이 정형·비정형 데이터로 수집·분석되며, 경험이나 직관이 아닌 실시간 데이터 기반의 합리적·과학적 의사결정이 강조된다.

② 고객 및 구성원 경험 중심의 가치 설계

고객의 요구와 직원의 기대를 실시간으로 반영할 수 있도록 UI/UX 설계, 맞춤형 서비스, 몰입형 경험 중심으로 조직 시스템이 재편된다.

---

1) McKinsey & Company(맥킨지)는 1926년에 미국 시카고에서 설립된 세계 최대의 글로벌 경영 컨설팅 기업으로, 흔히 "세계 3대 컨설팅 기업(Big 3)" 중 하나로 꼽는다. 나머지 두 곳은 BCG (Boston Consulting Group), Bain & Company이다.

③ 기술과 인력의 융합(Tech-Human Integration)

AI, 클라우드, RPA, IoT 등 디지털 기술이 구성원의 업무와 결합하여 인간의 한계를 보완하거나 창의성을 증폭시키는 방식으로 운영된다.

④ 애자일(Agile) 기반의 민첩한 조직 구조

빠르게 변화하는 외부 환경에 대응하기 위해 수평적이고 유연한 조직구조, 민첩한 실행체계, 빠른 피드백 순환 시스템이 강조된다.

⑤ 경영철학과 조직문화의 전환

디지털 전환은 단순한 시스템 구축이 아니라, 변화 수용성, 실험 정신, 협업 중심의 디지털 친화적 조직문화를 요구한다.

인사관리(HRM)의 영역에서 디지털 전환은 특히 다음과 같은 의미를 갖는다.

① 행정 중심 HRM → 전략 중심 HRM

기존의 기록 관리, 급여 처리 중심의 HR 업무는 자동화되고, HR 부서는 인재 확보, 조직문화, 리더십 개발, ESG 대응 등 전략적 과제 수행에 집중하게 된다.

② 반응적 의사결정 → 예측 기반 관리(Predictive HR)

과거 데이터를 바탕으로 결과를 평가하던 방식에서 벗어나, 머신러닝 기반의 분석을 통해 향후 이직 가능성, 조직 내 갈등 가능성 등을 사전에 예측하고 선제적으로 대응할 수 있다.

③ 표준화된 HR 정책 → 개인화된 HR 서비스

모든 구성원에게 동일한 HR 정책을 적용하는 방식이 아니라, 개인의 성향, 경력단계, 역량 수준에 따라 맞춤형 경력개발과 복지 전략을 설계하는 방식으로 발전하고 있다.

※ 디지털 전환의 동인과 배경

오늘날 조직들이 디지털 전환을 추진하게 된 배경은 다층적이다. 무엇보다 다음 세 가지 요인이 가장 강력한 촉매 역할을 하고 있다.

① **기술의 비약적 발전**: AI, 클라우드, 빅데이터, 모바일, IoT 기술의 발달은 기존 경영활동을 대체하거나 증폭시키는 방식으로 조직에 파고들고 있으며, 더 이상 선택이 아닌 '전제 조건'이 되었다.

② **고객 및 인재의 기대 변화**: MZ세대의 부상, 플랫폼 경제의 확산, 하이브리드 워크의 보편화는 구성원이 조직에서 기대하는 경험 자체를 변화시켰고, HR 시스템 역시 이에 적응해야 한다.

③ **불확실성 시대의 전략 필요**: 팬데믹, 기후위기, 경제 불확실성 속에서 조직은 과거보다 훨씬 더 빠른 속도로 환경 변화에 적응해야 하며, 이를 위한 민첩성과 데이터 기반 판단 능력이 필수화되었다.

요약하면, 디지털 전환은 '기술의 문제가 아니라, 조직의 생존 전략'으로 결국 디지털 전환은 단순한 IT 시스템 구축의 문제가 아니라, 조직이 어떻게 미래 환경에 대비하고 지속가능한 경쟁력을 확보할 것인가에 대한 본질적인 질문에 대한 해답이다. HRM은 조직의 중심 자산인 '사람'을 다루는 부서로서, 디지털 전환 시대에 가장 큰 기회와 도전을 동시에 맞이하고 있다. 디지털 전환은 HR을 다시 '경영의 중심'으로 끌어올릴 수 있는 중요한 계기가 될 것이며, 이에 대한 체계적인 이해와 대응은 모든 조직에 필수적인 과제가 되고 있다.

2. HRM 영역에서의 디지털 전환 동향

최근의 HR 디지털화는 다음과 같은 방향으로 진화하고 있다.

① 클라우드 기반 HR 시스템의 확산

클라우드 플랫폼은 장소와 디바이스의 제약 없이 HR 데이터를 통합·

관리하고 실시간 분석을 가능하게 한다. 특히 Workday, SAP SuccessFactors, Oracle HCM Cloud와 같은 글로벌 HR SaaS 솔루션은 대규모 조직의 HR 운영 효율성을 비약적으로 향상시키고 있다.

② AI와 머신러닝 기반의 HR 의사결정 자동화

AI는 이력서 분석, 적합도 평가, 이직 가능성 예측, 채용 추천 등 다양한 영역에서 인사 담당자의 판단을 보조하거나 대체한다. 머신러닝 알고리즘은 과거 데이터를 기반으로 인재의 성과 가능성을 예측하거나, 조직 내 고위험군을 조기에 식별하는 데 활용된다.

③ HR Analytics의 전략적 활용

조직은 HR 데이터 분석을 통해 이직률, 교육 효과성, 직무 적합도, 다양성 수준 등을 실시간으로 파악하고 이를 기반으로 정량적이고 정교한 HR 전략을 수립하고 있다. 이는 특히 ESG 기반 경영, 다양성과 포용(Diversity & Inclusion), 심리적 안전성(Psychological Safety) 등 사회적 책임을 반영한 인사관리로 확장되고 있다.

④ 직원 경험(Employee Experience, EX) 중심의 디지털 설계

기존 HR 시스템은 관리자 중심의 효율성을 강조한 반면, 최근에는 구성원 중심의 경험(EX)을 극대화하는 방향으로 전환되고 있다. 이를 위해 모바일 앱 기반의 HR 서비스, 챗봇을 통한 휴가 신청, 자가진단형 커리어 설계 시스템 등이 활발히 도입되고 있다.

⑤ 하이브리드 근무체계에 대응한 유연 인사관리

COVID-19 이후, 재택근무와 현장근무가 병행되는 하이브리드 조직에서는 실시간 출퇴근 모니터링, 온라인 평가 시스템, 디지털 커뮤니케이션 채널 등이 필수 인프라로 부상하였다. 이에 따라 디지털 HR 시스템은 구성원의 생산성과 몰입도를 유지하는 데 핵심적인 역할을 한다.

3. HR 디지털화의 필요성과 기대효과

HRM에서 디지털화를 추진해야 하는 이유는 단순한 기술 변화 때문이 아니라, 조직 운영의 경쟁력 확보, 인재 중심 경영, 전략적 유연성 제고라는 보다 본질적인 목적에 기인한다. HR 디지털화는 다음과 같은 측면에서 그 필요성을 갖는다.

① 전략적 인사결정의 실시간 지원

디지털 HR 시스템은 조직 내 인력의 현황, 역량 분포, 비용 구조, 이직률 등을 실시간으로 분석하고 시각화함으로써 경영진의 빠르고 정확한 인사결정을 지원한다. 이는 인사담당자가 '데이터 기반 전략 파트너'로 기능하게 함으로써 인사의 전략적 위상을 제고한다.

② 반복적 업무의 자동화로 인적자원 역량 재배치

급여, 연차, 복리후생 신청, 증명서 발급 등 반복적이고 규칙 기반의 행정 업무는 RPA(Robotic Process Automation)와 AI 챗봇으로 자동화가 가능하다. 이에 따라 HR 부서는 단순 업무에서 벗어나 인재개발, 조직문화 설계, 리더십 육성 등 고부가가치 업무에 집중할 수 있게 된다.

③ 글로벌 · 멀티사이트 조직 대응력 강화

다국적 기업이나 원격 근무 환경에서는 지리적 제약 없이 통합된 HR 시스템 운영이 필수적이다. 디지털 HR 시스템은 각국의 법률, 문화, 복지제도를 반영한 현지화 기능을 제공함으로써, 글로벌 인사관리의 복잡성을 효과적으로 해결할 수 있다.

④ 직원 만족도 및 몰입도 제고

직원 중심의 HR 서비스 포털, 모바일 기반 셀프서비스, AI 기반 경력설계 등은 구성원의 참여도와 몰입을 높이며, '조직이 나를 위해 맞춤형 지원을 한다'는 인식을 형성하게 한다. 이는 궁극적으로 이직률을 낮추고, 고성과자

유지율을 높이는 데 기여한다.

⑤ 외부 환경 변화에 대한 대응력 향상

기후위기, 팬데믹, 디지털 윤리 등 복합적 위기 속에서, 디지털 HR 시스템은 조직의 리스크 감지 및 대응 역량을 실시간으로 높여준다. 또한 ESG 경영의 일환으로 인재 다양성, 복지 보장, 일·생활 균형을 데이터 기반으로 추적하고 개선할 수 있다.

4. HR 디지털화의 개념적 도식

〈그림 13-1〉은 HR 디지털화의 개념적 도식을 나타낸 것이다.

〈그림 13-1〉의 HR 디지털 전환의 6단계 개념 프레임워크를 설명하면 다음과 같다.

[1단계] Business as Usual – 전통적 운영 방식 유지

이 단계는 아직 디지털 전환이 HR 부서나 조직 전반에 본격적으로 도입되지 않은 초기 상태를 의미한다. 대부분의 HR 업무가 수작업, 종이 문서,

그림 13-1 HR 디지털화의 개념적 도식

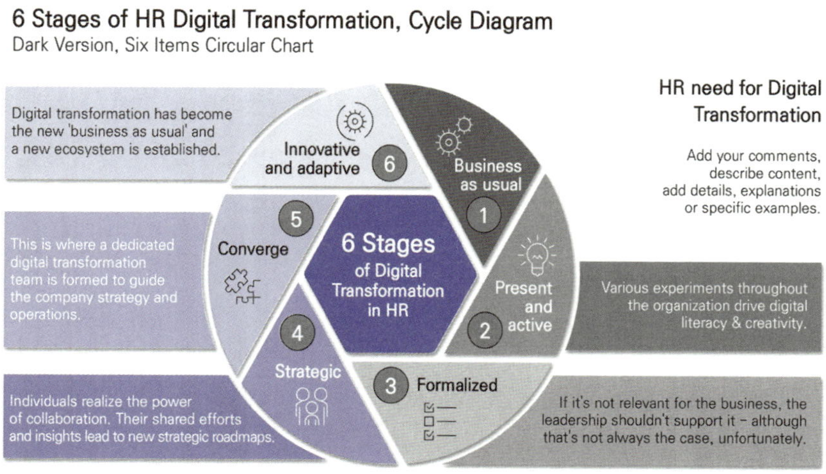

엑셀 파일 등으로 관리되며, 데이터는 파편화되어 있거나 실시간 접근이 어렵습니다. 조직은 디지털화의 필요성을 '인지'하기는 했으나, 변화에 대한 명확한 전략도, 추진 동력도 없는 상태이다.

조직 특징

- 변화에 대한 저항이 높음
- IT를 '지원 수단'으로 간주
- 인사 부서는 행정지원 중심의 기능 수행

[2단계] Present and Active - 실험적 도입과 디지털 인식 확산

이 단계에서는 조직 내부에서 다양한 디지털 도구를 부분적으로 실험적으로 도입하기 시작한다. 예를 들어, 일부 부서에서 전자근태 시스템을 도입하거나, 온라인 교육 플랫폼을 시범 운영하는 등의 활동이 이루어진다. 이러한 시도는 주로 디지털 리터러시와 창의성 향상을 목표로 하며, 디지털 전환의 필요성이 점차 조직 전반에 공유되기 시작한다.

조직 특징

- 다양한 부서에서 개별적으로 디지털 기술을 실험
- 디지털화가 '선진화'의 지표로 인식
- HR 부서 내 챔피언이 나타남(디지털화 추진 리더)

[3단계] Formalized - 공식적 디지털 전략 수립

조직은 이 단계에서 디지털 전환을 전사적 전략 과제로 공식화하며, 전담 디지털 트랜스포메이션 팀을 조직하고, 각 부서에 디지털 로드맵을 요구하거나 관련 예산을 배정한다. HR 부서에서는 기존 인사 시스템(HRIS)을 업그레이드하거나, HR Analytics 툴, 클라우드 기반 플랫폼 도입을 계획한다.

조직 특징

- 디지털 전략과 거버넌스가 공식화됨

– 기술 도입이 경영계획에 포함됨
– 일부 기능은 자동화되고 데이터 기반 관리가 시작됨

[4단계] Strategic – 전략적 연계와 분석 중심 전환

이 단계에서는 디지털 기술이 단순한 운영 도구를 넘어서 조직의 전략 수립과 실행을 지원하는 핵심 수단으로 작용하기 시작한다. 구성원들은 협업의 힘과 데이터 분석의 효과를 체감하며, HR 부서는 데이터 기반의 성과관리, 예측분석, 이직률 예측, 후계자 관리 등의 전략적 기능을 수행하게 되며. 디지털 전환이 전사 전략과 정렬(alignment)된 상태로 발전한다.

조직 특징

– 협업 기반 디지털 문화 확산
– HR 부서의 전략적 의사결정 참여 증가
– HR Analytics 도입 및 예측모델 활용

[5단계] Converge – 전사적 통합 운영

디지털 전환이 조직 전체에 통합되어 일관되게 운영되는 단계로, 각 부서의 디지털 전환이 연결되어 있어, IT · 재무 · 인사 부서 간 데이터 흐름이 통합되고 플랫폼 기반 경영 체계가 형성된다. HR 부서는 다양한 시스템과 연계되며, 전사적인 디지털 생태계 안에서 역할을 수행한다. 이때 조직의 디지털 리더십과 문화는 비교적 성숙한 상태에 이른다.

조직 특징

– 전사 차원의 통합 디지털 전략
– 부서 간 경계를 넘는 데이터 협업
– HR 운영이 비즈니스 운영과 동기화됨

[6단계] Innovative and Adaptive – 혁신과 적응이 일상화된 조직

최종 단계에서는 디지털 전환이 더 이상 '과제'가 아닌 조직의 기본 운영

방식(DNA)으로 정착되며, 기술 변화에 민감하게 반응하고, 내부적으로도 변화에 유연하게 적응하는 혁신 지향 조직문화가 자리잡는다. 이 단계에서 HR은 단순히 시스템을 운용하는 수준을 넘어, 지속적 혁신을 주도하는 핵심 파트너로 기능하게 된다.

조직 특징

- 변화에 민첩하게 대응하는 유연 조직
- HR 부서는 혁신과 지속가능성 전략의 핵심
- 기술과 사람의 균형(Tech-Human Integration) 강조

전체 흐름을 요약하면, 수동적 인사관리 → 실험적 디지털화 → 공식화된 전략 → 전략적 운영 → 통합된 시스템 → 혁신 기반 조직문화로 진화한다.

이 절의 내용을 요약하며, 디지털 전환(Digital Transformation)은 더 이상 선택이 아닌, 조직의 생존과 혁신을 위한 필수 전략으로 자리매김하고 있다. 특히 인적자원관리(HRM) 영역에서는 디지털 기술의 도입이 단순히 행정적 편의성을 넘어서, 데이터 중심의 전략적 의사결정, 구성원 경험의 개선, 조직 민첩성 확보로 이어지는 핵심 촉매제로 작용하고 있다. 디지털 전환은 '기술 도입' 그 자체가 목적이 아니라, 기술을 통해 사람 중심의 경영 혁신을 실현하려는 수단이다.

이러한 맥락에서 HR 디지털화는 인사 부서의 역할을 행정 중심에서 벗어나, 경영 전략의 핵심 파트너로 전환시키며, 동시에 구성원의 몰입도와 조직의 성과를 함께 제고하는 기반이 된다. 앞서 살펴본 HR 디지털 전환의 6단계 모델은 디지털화가 단번에 이루어지는 것이 아니라, 단계적이고 누적적인 조직 학습의 결과임을 시사한다. 초기에는 실험적 시도와 기술 인식에서 출발하지만, 점차 조직문화와 전략에 깊숙이 통합되며, 최종적으로는 혁신과 적응이 일상화된 상태로 발전한다.

시사점을 살펴본다면, 첫째, HR 부서는 더 이상 지원 기능이 아니라 전략 기능이다.

HR 디지털화는 인사 부서를 단순한 '행정처리 조직'에서 벗어나, 데이터 기반의 전략 수립과 미래 예측이 가능한 고부가가치 부서로 변모시키는 기회를 제공한다. 인사 담당자는 기술이 아니라 데이터와 인간 행동의 통합을 설계하는 전략가로 역할을 전환해야 한다. 둘째, 디지털 전환은 기술보다 문화의 문제다. 기술을 도입하는 것보다 더 중요한 것은 구성원의 수용성, 리더십의 의지, 조직문화의 유연성이다. 특히 중간관리자의 디지털 마인드셋, 구성원의 디지털 리터러시(Digital Literacy), 변화에 대한 감성적 저항 등을 관리하는 조직개발(OD) 전략이 병행되어야 한다. 셋째, 인사정보시스템(HRIS)은 '플랫폼'이 아닌 '생태계'로 접근해야 한다. 현대의 HRIS는 단일 시스템이 아니라, 채용, 성과, 교육, 복지, 리더십 관리 등을 아우르는 디지털 생태계(Digital HR Ecosystem)로 구성되어야 한다. 시스템 간의 연계성(Interoperability), 사용자 경험(UX), AI 기반 확장성 등이 그 성공 여부를 좌우한다. 넷째, HR 디지털화는 ESG · DEI 전략과도 깊게 연관된다. 조직은 디지털 전환을 통해 직원 다양성(Diversity), 공정성(Equity), 포용성(Inclusion)을 객관적으로 측정하고 관리할 수 있게 되었으며, 이는 ESG 경영의 인사 측면에서 핵심 지표가 되고 있다. 따라서 HR 디지털 전략은 기업의 사회적 책임 및 지속가능성과도 긴밀히 연계되어야 한다. 마지막으로, 교육과 리더십 개발의 디지털화는 조직 역량 강화를 위한 핵심 축이다. 비대면 근무, 다세대 구성원의 공존, 글로벌 협업 체계 속에서 디지털 기반의 교육훈련(LMS, LXP), 리더십 진단, 코칭 플랫폼 등이 중요한 역할을 하고 있다. 따라서 학습 플랫폼 중심의 인재육성 전략은 HR 디지털화의 주요 실천 축으로 자리 잡아야 한다.

section 03 HR Tech의 핵심 기술과 활용

— 인사관리의 디지털 전환을 견인하는 첨단 기술의 진화 —

현대의 인사관리는 기술의 발전과 함께 그 운영 방식 자체가 근본적으로 변화하고 있다. 특히 4차 산업혁명의 도래와 함께 HRM은 더 이상 '사람을 관리하는' 행정기능에 머무르지 않고, 데이터를 기반으로 사람의 역량을 극대화하고, 조직성과에 전략적으로 기여하는 핵심 기능으로 부상하고 있다. 이러한 변화의 중심에는 HR Tech(Human Resource Technology)라는 새로운 기술 패러다임이 존재한다. HR Tech란 인사관리 전반에 걸쳐 활용되는 다양한 디지털 기술을 통칭하는 용어로, 인재 확보, 유지, 개발, 평가, 배치 등 HR의 모든 기능에서 자동화, 지능화, 예측 기반화를 가능하게 한다. 본 절에서는 HR의 주요 영역에서 핵심적으로 활용되고 있는 대표 기술들을 중심으로, 이들의 개념과 역할, 조직 내 적용 방식 및 시사점을 학술적 관점에서 상세히 서술하고자 한다.

1. HR Analytics(예측 기반의 인사 전략 수립 도구)

HR Analytics는 인사관리를 데이터 기반으로 혁신하는 가장 핵심적인 기술 중 하나로, 조직 내 다양한 HR 데이터를 수집, 통합, 분석함으로써 구성원의 행동, 역량, 성과, 이직 가능성, 리더십 영향력 등을 정량적으로 파악하고, 이를 기반으로 경영진의 전략적 의사결정을 지원하는 기능을 수행한다. HR Analytics는 단순히 보고용 통계를 생성하는 데 그치지 않고, 통계적 기법과 인공지능(AI) 기반의 예측 모델링을 통해 '과거를 설명하고, 현재를 진단하며, 미래를 예측하고, 실행 방향을 제시'하는 지능형 분석 체계이다.

실제 기업에서는 HR Analytics를 통해 부서별 이직률의 패턴을 분석하고, 고성과자의 직무 이동 경로를 추적하며, 교육훈련의 효과성을 수치화하여 학습 설계에 반영하는 등 실무 전략에 폭넓게 활용하고 있다. 이러한 분석 결과는 리더십 평가, 후계자 관리, 승진 후보군 도출 등에서도 정성적 판단의 편향을 줄이고, 의사결정의 객관성을 제고하는 데 기여하고 있다. 특히 최근에는 Prescriptive Analytics(처방 분석) 기법을 활용하여 특정 인재군의 이탈 가능성이 높을 경우 사전에 개입 전략을 제시하거나, 특정 교육 이수자 집단의 성과 상승률을 토대로 차기 연수 대상자를 선별하는 방식도 활용되고 있다. HR Analytics는 인사관리의 전략적 전환을 가능케 하는 기반 기술로서, HR 부서를 경영의 핵심 파트너로 자리매김하게 하는 데 결정적인 역할을 수행하고 있다.

2. AI 기반 채용 및 인재 매칭 시스템(인재 확보 방식의 지능적 전환)

AI(Artificial Intelligence)는 채용의 전 영역에서 기존 방식의 한계를 극복하고, 효율성과 공정성을 동시에 제고하는 혁신을 가져오고 있다. 기존의 채용은 서류 검토, 면접, 평정 등 사람이 수작업으로 진행하던 과정을 중심으로 이루어졌으며, 시간과 비용이 많이 소요되고 평가자의 주관이 개입될 여지가 많았다. 이에 비해 AI 기반 채용 시스템은 수많은 지원자의 정보를 신속하고 정확하게 처리하고, 직무 적합도를 과학적으로 분석하며, 조직 문화와의 부합 가능성까지 예측하는 기능을 수행한다.

AI 채용 시스템은 자연어처리(NLP)를 통해 이력서를 자동 분류하고, 직무 요건과 일치하는 키워드를 중심으로 지원자를 선별할 수 있다. 또한 AI 기반 인터뷰 도구는 지원자의 표정, 음성 톤, 응답 내용 등을 종합 분석하여 정량화된 평가지표를 생성한다. 일부 기업에서는 신경망 모델을 기반으로 지원자의 태도 성향, 문제해결력, 팀워크 역량을 측정하고, 그 결과를 채용 결정에 반영하고 있다. 이러한 시스템은 채용 공정성의 향상이라는 측면에서도 주목된다. 예컨대, 성별, 출신지, 학교 이름 등의 비정량적 요소가 평가에 미치는 영향을 배제하고, 오로지 역량과 데이터 기반의 적합도로 판단하는 구조를 통해 채용의 편향(bias)을 줄이는 도구로 기능한다. 다만, 알고리즘 자체에 내재된 편향을 완전히 제거하기 위해서는 공정성 검증, 알고리즘 감사, 윤리적 설계 원칙의 준수가 반드시 요구된다.

3. 클라우드 기반 인사관리시스템(HRIS SaaS) : 유연성과 확장성을 갖춘 디지털 인프라

클라우드 기반의 인사관리시스템(Human Resource Information System: HRIS)은 조직 내 인사정보를 하나의 통합된 플랫폼에서 실시간으로 관리할 수 있게 해주는 디지털 기반 시스템으로, 최근에는 SaaS(Software as a Service) 형태로 제공되는 클라우드형 솔루션이 보편화되고 있다. 이는 설치형 HR 시스템과는 달리, 인터넷만 있으면 언제 어디서나 접속 가능하며, 유지보수 및 업데이트가 자동으로 이루어지는 점에서 유연성과 효율성이 탁월하다.

대표적인 클라우드 기반 HRIS에는 SAP SuccessFactors, Workday, Oracle HCM Cloud 등이 있으며, 이들은 급여관리, 복리후생, 근태관리, 채용, 교육, 평가 등 HR의 모든 기능을 하나의 플랫폼 내에서 통합적으로 운영할 수 있게 한다. 특히 다국적 기업이나 지점이 분산된 대기업에서는 클라우드 기반 HRIS를 통해 국가별 법규, 세제, 복지체계를 반영한 로컬라이징 기능을 구현할 수 있으며, 동시에 글로벌 차원의 인력 통계를 실시간으로 분석하고 보고할 수 있다. 이러한 시스템은 하이브리드 근무, 원격 근무 환경에서 특히 효과적이며, 관리자는 디바이스에 관계없이 인사 정보를 확인하고 승인할 수 있으며, 구성원은 자율적으로 연차 신청, 교육 이력 조회, 복지제도 신청 등을 모바일로 직접 수행할 수 있다. 결과적으로 HRIS SaaS는 HR 부서의 디지털 역량을 강화하는 동시에, 구성원의 사용자 경험(UX)을 향상시키는 핵심 플랫폼으로서 그 역할이 확대되고 있다.

4. RPA(Robotic Process Automation)와 인사관리 : 반복 업무의 자동화를 통한 효율 극대화

RPA(Robotic Process Automation)는 정형화된 규칙 기반의 반복 업무를 소프트웨어 로봇이 자동으로 수행하게 하는 기술로, 인사관리 영역에서는 특히 행정업무의 자동화와 오류율 감소 측면에서 큰 주목을 받고 있다. 인사 부서에서 반복적으로 이루어지는 업무들(예컨대 입사자 등록, 퇴직자 계정 삭제, 급여 지급 처리, 증명서 발급, 연말정산 자료 입력 등)은 대부분 고정된 양식과 절차를 따르기 때문에, RPA를 적용하기에 매우 적합하다. RPA 도입 시 HR 부서는 시간 소모적이고 단순 반복적인 업무에서 벗어나, 조직개발, 리더십 설계, 조직문화 분석과 같은 고부가가치 업무에 집중할 수 있게 되며, 업무의 정확성과 속도는 비약적으로 향상된다.

예를 들어, 기존에 5일 이상 소요되던 연말정산 자료 처리 업무가 RPA를 통해 1일 이내로 단축되거나, 인사기록 변경을 자동 승인 처리함으로써 HR 관리자 1인이 수십 개 부서의 요청을 동시에 처리할 수 있게 된다. 다만, RPA는 비정형적이고 정성적 판단이 필요한 업무에는 한계가 있으므로, 적용 이전에 해당 업무의 표준화와 업무 프로세스 정리가 선행되어야 하며, RPA 도입 이후에는 모니터링 체계와 오류 대응 절차를 병행 구축하는 것이 바람직하다.

5. 디지털 러닝 플랫폼과 교육훈련의 혁신
: 개인화와 참여 중심의 학습 전환

디지털 전환 시대의 교육훈련은 단순한 오프라인 강의의 온라인화에 머무르지 않고, AI와 데이터 기반의 맞춤형 학습환경을 제공하는 디지털 러닝 플랫폼 중심으로 재편되고 있다. 특히 구성원 각자의 역량, 직무, 커리어 목표에 따라 학습 콘텐츠가 추천되고, 스스로 학습 진도를 관리하며, 동료와의 실시간 피드백이 가능한 구조가 확대되고 있다. 기존의 LMS(Learning Management System)는 학습자 등록, 수강관리, 시험기능, 출석확인 등 관리 중심 기능에 초점이 맞춰졌다면, 최근에는 LXP(Learning Experience Platform)와 같은 경험 중심의 플랫폼이 부상하고 있다. 이 플랫폼은 AI 알고리즘을 통해 학습자의 관심사와 학습패턴을 분석하고, 외부 콘텐츠, 사내 콘텐츠, 사용자 생성 콘텐츠(UGC)를 혼합하여 큐레이션된 학습 경로를 제시한다.

예를 들어, 특정 직무의 핵심역량을 개발하고자 하는 직원에게는 유튜브 영상, TED 강연, 내부 직무 매뉴얼, 미니 테스트 등을 조합한 학습 경로를 자동으로 추천하며, 학습 진행률은 HRIS와 연계되어 HRD 계획 수립 및 보상체계에도 반영될 수 있다. 나아가 마이크로러닝, 게이미피케이션, 동료 피드백 기반의 협업학습이 확산되면서 교육훈련은 더 이상 '정해진 커리큘럼 수강'이 아닌, 자기주도적 경력설계를 위한 핵심 전략 수단으로 기능하게 된다.

이상의 HR Tech 기술들은 인사관리의 전 영역에 걸쳐 그 적용 범위와 깊이를 확대하고 있으며, 그 중심에는 '데이터 중심'과 '사람 중심'이라는 이중의 가치가 공존하고 있다. HR Tech는 단순한 운영 효율화 도구가 아니라, 사람의 역량을 극대화하고, 조직의 지속가능한 경쟁우위를 설계하는 전략적 자산이다. 앞으로의 인사관리는 기술의 이해와 활용 능력을 갖춘 HR 전문가를 필요로 하며, 이러한 맥락에서 HR Tech는 인사관리의 미래를 열어가는 핵심적 열쇠가 될 것이다.

section 04 디지털 기반 인사 의사결정

— 데이터와 알고리즘을 통한 전략적 HRM의 실현 —

디지털 전환 시대에 인사관리(HRM)는 직관과 경험에 기반한 의사결정 방식에서 벗어나, 데이터 중심의 합리적이고 과학적인 의사결정 체계로 급격히 전환되고 있다. 특히 채용, 성과평가, 이직관리, 조직 진단 등 인사관리의 핵심 기능은 빅데이터, 인공지능(AI), 감정분석 등의 기술을 활용하여 실시간으로 진단되고, 예측되며, 자동화된다. 이러한 변화는 단순한 기술 도입이 아니라, 조직의 인사 전략을 근본적으로 재설계하는 디지털 기반 HR 패러다임의 정착을 의미한다.

본 절에서는 디지털 기술을 기반으로 한 인사 의사결정의 대표적 사례인 데이터 기반 채용 전략, 성과평가 자동화 및 피드백 시스템, 이직 예측과 유지관리, 조직 분위기 모니터링 및 감정분석 등을 중심으로 그 개념과 활용 사례를 학술적으로 심화하여 살펴본다.

1. 데이터 기반 채용 전략

데이터 기반 채용 전략은 인재 확보 과정에서 직무 요건, 조직 문화, 과거 채용 성과 등의 데이터를 정량화하여, 채용의 정확성, 효율성, 공정성을 극대화하는 전략적 접근 방식이다. 이는 전통적인 이력 중심 평가 방식에서 벗어나, 후보자의 능력, 성향, 잠재력 등을 다차원적 데이터로 분석함으로써 조직 적합도가 높은 인재를 예측하고 선발하는 것을 목표로 한다. 예를 들어, 데이터 기반 채용에서는 채용 포털 클릭 수, 지원자의 학습이력, 자격증 보유 여부, 전 직장의 평균 재직기간, 업무 유사도 등을 종합적으로 분석하여, 지원자가 해당 직무에서 성공할 확률을 산출할 수 있다. 또한 과거 고성과자의 행동 패턴과 경로를 머신러닝을 통해 모델링함으로써, 유사한 프로파일을 가진 지원자를 우선 검토하는 방식도 도입되고 있다.

이러한 채용 전략은 후보자 경험 향상에도 기여한다. AI 기반 챗봇은 지원자에게 즉각적인 응답을 제공하고, 채용 진행 상황을 실시간으로 안내하며, FAQ를 자동으로 처리함으로써 채용 과정의 투명성과 만족도를 높인다. 결과적으로 데이터 기반 채용 전략은 채용 비용을 절감하고, 이직률을 감소시키며, 장기적으로는 조직의 인재 확보 경쟁력 강화에 기여하게 된다.

2. 성과평가의 자동화와 피드백 시스템

성과평가는 HRM의 핵심 영역 중 하나로, 그 공정성과 신뢰성은 조직 문화와 구성원의 동기 부여에 결정적 영향을 미친다. 최근 성과평가는 자동화 시스템과 피드백 중심 플랫폼을 기반으로 디지털화되고 있으며, 이는 평가의 실시간성, 데이터 정합성, 피드백 순환 구조의 개선을 가능하게 한다. 성과평가 자동화 시스템은 개별 구성원이 설정한 목표(KPI 또는 OKR)의 달성도를 시스템 내에서 실시간으로 추적하고, 객관적인 데이터를 바탕으로 성과를 산정한다. 예를 들어, 판매량, 프로젝트 완료 시점, 고객 응대 점수 등 다양한 실적 지표가 자동으로 기록되고, 이를 통해 평가자는 수동 입력 없이도 정량적 데이터를 기반으로 평가할 수 있다.

여기에 실시간 피드백 시스템이 결합되면 구성원 간 수평적 코칭과 피드백 문화가 촉진된다. 구성원은 업무 수행 중 동료나 상사로부터 즉각적인 피드백을 받고, 이를 바탕으로 자신의 역량을 조정하거나 목표를 재설정할 수 있다. 특히 다면평가(360도 평가)가 디지털 플랫폼과 연동되면서, 정성적 평가지표도 정량화된 분석으로 전환되고 있다. 이러한 자동화 기반 평가 시스템은 성과관리의 투명성과 참여도, 그리고 구성원의 몰입도를 높이는 데 기여하며, HR 부서가 평가 데이터를 바탕으로 교육, 승진, 배치 등의 후속 인사전략을 세밀하게 수립할 수 있게 해준다.

3. 이직 예측 및 유지관리(Attrition Analysis)

이직 예측(Attrition Prediction)과 유지관리(Retention Management)는 디지털 기술의 발전에 따라 HR 분야에서 가장 활발하게 도입되고 있는 데이터 기반 의사결정 영역 중 하나이다. 특히 고성과자 혹은 핵심인재의 이탈 가능성을 사전에 예측하고 이에 따른 선제적 대응 전략을 수립하는 것은 조직의 경쟁력 유지에 매우 중요한 요소로 인식된다. Attrition Analysis는 통계적 기법 및 머신러닝 알고리즘을 활용하여, 이직 확률이 높은 직원군을 식별하고, 이들의 공통된 특성(예: 최근 성과 저하, 보상 불만, 경력 정체, 상사와의 갈등 등)을 도출해낸다. 예컨대, 구성원이 일정 기간 교육에 참여하지 않았거나, 평가 점수가 지속적으로 낮아지는 경우, 혹은 이직한 전임자의 행동 패턴과 유사한 활동을 보이는 경우 등은 이직 가능성이 높다고 판단된다.

이러한 분석 결과는 관리자가 핵심 인재에게 개별 피드백을 제공하거나, 경력개발 면담, 맞춤형 보상, 유연 근무제 등의 개입 전략(intervention)을 설계하는 데 직접 활용된다. 또한 조직 전체의 이직 패턴을 기반으로, 조직문화, 직무 설계, 복지 정책 등의 시스템 수준 문제에 대한 진단과 개선도 가능하게 된다.

결과적으로 이직 예측 분석은 HR이 조직 유지 비용을 절감하고, 인재 손실을 방지하며, 내부 역량을 체계적으로 관리할 수 있도록 지원하는 핵심 전략 도구로 기능한다.

4. 감정분석 및 조직 분위기 모니터링

디지털 기술의 진보는 조직 내 보이지 않는 심리적 흐름까지 탐지할 수 있는 수준에 도달하였다. 특히 감정분석(Sentiment Analysis)과 조직 분위기 모니터링은 구성원의 정서적 반응, 몰입도, 스트레스 수준, 조직 만족도 등을 실시간으로 진단하고, 조기 경고 신호를 감지함으로써 조직문화를 건강하게 유지하는 데 기여한다. 감정분석은 이메일, 설문 응답, 피드백 메시지, 사내 커뮤니케이션 로그 등에서 사용된 언어를 분석하여, 긍정/부정 감정의 비율, 감정 기복 패턴, 특정 이슈에 대한 정서적 반응 등을 파악한다. 이 과정에서 자연어처리(NLP), 텍스트 마이닝, 머신러닝 기법이 활용된다. 예를 들어, 구성원들이 특정 시점에 '지쳤다', '불공정하다', '모호하다' 등의 표현을 반복적으로 사용하는 경우, 조직은 피로감 증가나 리더십 이슈를 감지할 수 있다.

이러한 기술은 HR 부서가 구성원의 감정을 정기적으로 파악하고, 정량적 지표화하여 관리할 수 있도록 한다. 또한 구성원 전체의 응답 없이도 실시간 데이터를 기반으로 '무형의 조직 기후(climate)'를 수치화할 수 있기 때문에, 과거 설문조사에 의존하던 방식보다 더 빠르고 정밀한 개입이 가능하다. 이와 함께 분위기 모니터링 시스템은 조직 내 긍정 피드백, 감정표현 빈도, 참여율 등의 지표를 종합적으로 추적하여, 리더십의 커뮤니케이션 스타일, 팀 내 신뢰 수준, 부서 간 협력 구조 등을 시각화해준다. 궁극적으로 감정분석 기반 인사관리는 구성원의 정서적 건강과 조직 몰입도를 높이는 데 기여하는 전략적 인적자원관리의 새로운 영역으로 자리 잡고 있다.

디지털 기반의 인사 의사결정은 단순한 자동화나 효율화의 문제가 아니라, 인사관리의 본질을 데이터 기반으로 재정립하는 근본적 전환을 의미한다. 이제 HR 부서는 채용, 평가, 유지, 조직문화 진단 등 모든 인사 전략을 감(感)이 아닌 데이터에 기반하여 설계할 수 있으며, 이를 통해 인사 의사결정의 정확성, 공정성, 신뢰성은 물론, 전략적 대응력까지 확보할 수 있게 되었다. HR 담당자는 이러한 변화에 대응하여 통계, 데이터 해석, 분석 모델링 등 디지털 리터러시와 인사이트 해석 능력을 갖추어야 하며, 동시에 사람 중심의 가치를 잃지 않기 위한 윤리적 감수성과 리더십적 시각도 병행하여 함양해야 할 것이다.

section 05 HRIS 설계와 운영 전략

— 전략적 인사정보시스템 구축을 위한 통합적 접근 —

인사정보시스템(Human Resource Information System: HRIS)은 오늘날 조직의 인사관리를 지원하는 핵심적인 인프라이자, 전략적 의사결정의 기반이 되는 디지털 플랫폼으로 자리매김하고 있다. 하지만 HRIS가 단지 기능적으로 잘 작동하는 시스템을 의미하는 것은 아니다. 효과적인 HRIS는 기술적 완성도와 함께 사용자 중심 설계, 데이터 신뢰성, 보안 체계, 조직문화와의 정합성까지 갖추어야 비로소 조직에 실질적인 가치를 제공할 수 있다. 따라서 HRIS의 도입과 운영은 단순한 시스템 구축이 아니라, 조직의 인사 전략과 디지털 역량을 연결하는 장기적이고 통합적인 경영 과제로 보아야 한다. 본 절에서는 HRIS의 도입 절차, 사용자 경험 중심 설계 원칙, 보안과 개인정보 보호의 중요성, 그리고 조직문화에의 정착 전략을 중심으로 체계적으로 살펴보고자 한다.

1. HRIS 도입의 프로세스

HRIS 도입은 단순히 소프트웨어를 선택하고 설치하는 기술적 과정이 아니라, 조직의 전략, 인사 프로세스, 업무문화, 법규 준수 요소 등을 종합적으로 반영하는 조직 혁신 프로젝트에 해당한다. 성공적인 HRIS 도입을 위해서는 다음과 같은 단계적 프로세스를 준수할 필요가 있다.

① 요구분석 및 목표 설정

HRIS 도입의 첫 번째 단계는 조직의 현재 인사관리 수준을 진단하고, 새 시스템을 통해 달성하고자 하는 목표를 명확히 설정하는 것이다. 예컨대, 단순한 인사기록 자동화가 목표인지, 성과관리·인재육성·데이터 분석까지 포함한 전략적 인사 운영체계로 전환하려는 것인지에 따라 도입 범위와 시스템 사양이 달라진다.

② 프로세스 표준화 및 업무정의

기존 인사 업무 절차를 표준화하고 프로세스를 정비하는 과정이 선행되어야 한다. HRIS는 디지털 로직에 따라 움직이기 때문에, 불분명한 업무 흐름이나 예외적 절차는 시스템 설계의 병목 요인이 될 수 있다. 따라서 조직 내부의 HR 업무를 데이터 중심으로 구조화하고, 이를 기반으로 기능 요건을 도출해야 한다.

③ 시스템 선정 및 커스터마이징

조직의 요구사항에 부합하는 HRIS 솔루션을 선정하고, 필요한 기능을 중심으로 커스터마이징(Customization) 작업을 진행한다. 이때 IT 부서, HR 부서, 시스템 공급사 간의 긴밀한 협업이 중요하며, 핵심 사용자(Key User)를 중심으로 POC(Proof of Concept) 방식의 시범 적용을 통해 기능 적합성과 사용성을 검토한다.

④ 시범 운영 및 피드백 반영

전체 적용에 앞서 파일럿 부서 또는 업무 영역에서 시범 운영을 진행하고, 사용자들의 피드백을 수집하여 오류를 수정하거나 기능을 개선한다. 이 과정에서 사용자 교육도 병행되어야 하며, 특히 중간 관리자들의 시스템 이해도는 전체 조직 확산의 열쇠가 된다.

⑤ 전사적 적용 및 모니터링 체계 구축

최종적으로 전 조직에 시스템을 적용한 이후에는 운영 매뉴얼, 기술지원 체계, 모니터링 및 개선 프로세스를 함께 마련해야 한다. 도입은 끝이 아니라 시작이며, 실시간 모니터링과 성과 분석을 통해 HRIS가 전략적 자산으로 자리잡을 수 있도록 지속적인 관리와 업그레이드가 필요하다.

2. 사용자 중심의 설계 원칙(UI/UX)

HRIS의 성공 여부는 단순한 기능 구현보다도 사용자 경험(User Experience, UX)과 인터페이스(UI)의 직관성, 편의성에 달려 있다. 시스템이 아무리 복잡하고 고도화된 기능을 탑재하고 있더라도, 실제 사용자(즉 관리자, HR 담당자, 일반 구성원)가 이를 이해하고 원활히 사용할 수 없다면 그 가치는 무의미해진다. 따라서 HRIS는 사용자의 행동 흐름과 업무 맥락을 고려한 사용자 중심 설계(User-Centered Design) 원칙에 따라 개발되어야 한다. 사용자는 메뉴 구조, 버튼 위치, 색상 구분, 경고 메시지, 정보 입력 방식 등 모든 세부 요소에서 '쉽고 빠르게 이해되고 작동되는' 경험을 추구한다. 특히 모바일 기반 접근성이 강화된 요즘, 반응형 설계(responsive design), 터치 기반 네비게이션, 음성 인식 기능 등의 요소도 중요한 설계 기준이 된다.

사용자 중심의 설계는 시스템 도입 초기의 사용자 거부감, 저사용률, 비효율적인 운영 문제를 줄이고, 구성원의 참여도와 시스템 만족도를 높이는 결정적 요인이다. 따라서 HRIS 설계 시에는 IT 기술자만이 아닌 HR 실무자,

직무별 대표자, UX 디자이너 등이 함께 참여하는 협업 기반의 설계 전략이 요구된다.

3. 데이터 보안 및 개인정보 보호

HRIS는 조직 구성원의 민감한 개인 정보와 고용 정보—예컨대 주민등록번호, 급여, 병력, 성과평가 결과, 가족사항 등—를 대량으로 포함하고 있는 시스템이다. 따라서 데이터 보안과 개인정보 보호는 시스템 운영의 가장 기본적이면서도 가장 위협받기 쉬운 영역이다. 조직은 HRIS 운영 시 다음과 같은 보안 전략을 철저히 수립해야 한다.

- **접근 권한 관리(Role-based Access Control)**: 사용자별로 접근 가능한 정보의 범위를 다르게 설정하고, 승인자와 실행자의 권한을 분리한다.
- **데이터 암호화 및 백업 체계**: 저장된 개인정보는 모두 암호화되어야 하며, 정기적인 백업과 복구 체계를 갖춰야 한다.
- **이상 징후 탐지 및 실시간 모니터링**: 비정상적인 로그인 시도, 외부 접속, 대량 다운로드 등 이상 행위에 대해 자동 탐지 및 차단 기능을 갖추어야 한다.
- **법적 기준 준수**: 「개인정보 보호법」, 「근로기준법」, 「전자문서법」 등 관련 법률을 준수하고, 감사 대응을 위한 로그 추적 기능을 포함해야 한다.

보안 체계의 미흡은 단순한 시스템 오류를 넘어, 조직의 신뢰도와 평판을 심각하게 훼손할 수 있는 리스크를 초래할 수 있으므로, 기술적 보안과 함께 조직 구성원 전반의 보안 의식 제고 교육도 병행되어야 한다.

4. HRIS 운영과 조직문화 정착

HRIS는 단순한 정보 시스템이 아니라, 조직의 인사 철학과 문화, 전략적 운영 방식이 반영된 디지털 자산이다. 따라서 시스템의 도입과 설계 못지않게, 조직 내 정착과 문화적 내재화 과정이 매우 중요하다.

첫째, HRIS는 관리자 중심이 아닌 구성원 중심의 시스템으로 인식되어야 한다. 구성원이 자신의 근태, 급여, 평가, 경력 개발 등 다양한 정보를 스스로 확인하고 활용할 수 있도록 함으로써, 자기주도적 HR 참여 문화를 촉진해야 한다.

둘째, 시스템의 지속적 활용을 위해 HRIS 내에서 피드백 루프와 참여 유도 기능이 활성화되어야 한다. 예를 들어, 성과 피드백, 교육 추천, 사내 공모 참여 등의 기능이 통합되면, 시스템이 단순 조회 도구를 넘어 커뮤니케이션과 조직 연결의 허브로 작용할 수 있다.

셋째, HRIS의 운영은 HR 부서와 IT 부서 간 협업 기반 거버넌스 체계를 구축해야 하며, 사용자 경험을 중심으로 정기적인 개선 프로세스를 설정함으로써 시스템의 생명력을 유지해야 한다. 특히 리더십의 관심과 지원, 전사 차원의 교육 프로그램, 제도와의 연계성 확보는 시스템의 조직문화 정착에 있어 결정적인 성공 요인이다.

결론적으로 HRIS는 이제 단순한 데이터 저장소가 아니라, 조직의 전략적 인재관리와 디지털 경영의 허브로 기능한다. 그러나 기술적 완성도만으로는 시스템의 효과를 장담할 수 없다. 진정한 HRIS의 성공은 명확한 도입 전략, 사용자 중심의 설계, 철저한 보안 체계, 조직문화와의 정합성이라는 네 가지 축이 조화를 이루는 데서 비롯된다.

앞으로의 HR 담당자는 시스템 운영자가 아닌, 디지털 인사 플랫폼의 기획자이자 사용자 경험을 설계하는 관리자로서 역할을 재정의해야 하며, HRIS는 그 중심 도구가 되어야 할 것이다.

section 06 HR 디지털화의 윤리와 거버넌스

— 공정하고 책임 있는 디지털 HR 구현을 위한 통제와 기준 —

디지털 전환은 인사관리의 효율성과 정밀도를 극대화하는 기술적 진보를 가져왔지만, 동시에 알고리즘의 편향, 개인정보 침해, 투명성 부족, 데이터 남용과 같은 윤리적·사회적 문제를 야기하기도 한다. 특히 인사관리(HRM)는 사람을 중심으로 하는 분야이기 때문에, 디지털 기술이 구성원에게 미치는 영향은 단순한 기술적 고려를 넘어서 공정성, 인권, 자율성, 조직문화의 지속가능성까지 포함하는 다차원적 함의를 지닌다.

따라서 HR 디지털화가 성공적으로 뿌리내리기 위해서는 기술 도입 자체보다도, 그것이 어떠한 윤리적 기준과 거버넌스 체계 아래에서 운영되는가가 핵심이 된다. 본 절에서는 HR 디지털화와 관련된 윤리적 고려사항, 알고리즘 편향 문제, 데이터 주권과 정보통제의 필요성, ESG 기반의 디지털 거버넌스 방향을 심층적으로 서술하고자 한다.

1. 디지털 기술의 윤리적 고려사항

디지털 기술은 HR 부서가 사람을 보다 정밀하게 이해하고, 공정하게 평가하며, 예측 가능하게 관리하는 것을 가능하게 한다. 그러나 이러한 가능성은 기술이 '어떻게 설계되고, 누구에 의해 사용되며, 어떤 목적을 위해 운용되는가'에 따라 정반대의 결과를 낳을 수도 있다. 대표적으로 AI 기반의 채용 시스템이 특정 성별이나 연령에 편향된 결과를 반복적으로 낳는 경우, 이는 기술적 진보라기보다 새로운 차원의 차별 재생산이라 볼 수 있다. 마찬가지로 직원의 업무 이메일이나 채팅 내용을 감정 분석에 활용하는 경우, 구성원에게 사전 동의 없이 실행된다면 이는 사생활 침해와 조직 감시의 도구가 될 수 있다. 따라서 HR 디지털화에서의 윤리적 고려는 다음 세 가지 관점에서 접근해야 한다.

- **목적의 정당성**: 기술이 구성원의 권익을 보호하고 조직의 정당한 목표 달성에 기여하는가?
- **수단의 투명성**: 기술이 어떤 기준과 알고리즘에 의해 작동하며, 그 구조가 내부 사용자에게 충분히 설명되고 공개되는가?
- **영향의 비례성**: 기술의 활용이 구성원에게 주는 영향이 최소한의 개입으로 최대의 효용을 추구하고 있는가?

이러한 윤리적 기준은 기술 도입 단계에서의 설계뿐 아니라, 운영 이후의 피드백, 업데이트, 대응 체계 전반에 걸쳐 지속적으로 반영되어야 한다.

2. 알고리즘 편향과 채용의 공정성

AI와 머신러닝 기반의 HR 시스템은 과거 데이터를 학습하여 미래 행동을 예측하거나 판단을 내리는 방식으로 작동한다. 그러나 과거 데이터 자체에 이미 편향(Bias)이 존재한다면, AI는 그것을 그대로 학습하고 강화하게 된다. 이를 알고리즘 편향(Algorithmic Bias)이라 하며, HR 영역에서는 특히 채용, 평가, 보상, 승진 등 조직 구성원의 삶에 결정적 영향을 미치는 의사결정에서 큰 문제로 대두된다. 예를 들어, 특정 직무의 과거 고성과자들이 대부분 남성으로 구성되어 있다면, AI는 남성 지원자를 더 우선적으로 추천하는 결과를 낳을 수 있다. 또는 특정 대학 출신 지원자의 채용 비율이 높았던 데이터가 있다면, 알고리즘은 해당 배경을 가진 후보자를 더 유리하게 판단할 가능성이 높다. 이와 같은 구조적 편향은 인사담당자가 의도하지 않았더라도, '기계에 의한 차별'이라는 새로운 형태의 불공정을 만들어낼 수 있다. 따라서 알고리즘을 HR 의사결정에 도입할 때에는 다음과 같은 조치가 필요하다.

- **알고리즘 설명 가능성(Explainability) 확보**: 시스템이 어떠한 원리로 판단을 내렸는지 설명 가능한 구조를 확보해야 하며, 결과에 대한 이의제기 및 재검토 절차가 마련되어야 한다.
- **편향 점검 및 교정(Bias Audit)**: 정기적인 알고리즘 점검과 외부 전문가에

의한 교차 검증을 통해 의도하지 않은 편향을 사전에 차단하거나 수정할 수 있어야 한다.

- **사람 중심의 최종 판단 유지**: AI가 제시하는 판단은 참고자료일 뿐, 최종 의사결정은 인간의 윤리성과 책임감에 기반하여 이루어져야 한다.

결론적으로, 알고리즘의 객관성을 맹신하는 것이 아니라, 그 한계를 인식하고 인간 중심적 보완 장치를 마련하는 것이 진정한 공정성 실현의 핵심이다.

3. 데이터 주권과 HR 데이터의 거버넌스

디지털화된 인사관리의 가장 큰 특징 중 하나는 구성원에 대한 방대한 양의 데이터가 생성되고 활용된다는 점이다. 이는 조직에게 강력한 인사이트 도출 능력을 제공하는 반면, 동시에 '데이터를 누가 통제할 것인가'에 대한 본질적 질문을 발생시킨다. 이 지점에서 등장하는 개념이 바로 데이터 주권(Data Sovereignty)이며, 이는 HR 데이터에 대해서도 점차 적용되고 있다. 데이터 주권이란 개인이 자신의 데이터에 대한 열람·수정·삭제·이동 권한을 갖고, 그 사용 목적과 범위에 대해 사전 동의를 할 권리를 의미한다. HRIS에서 구성원의 교육이력, 평가 결과, 병력, 가족관계, 출퇴근 패턴, 심지어 감정 상태까지 기록되고 분석되는 상황에서, 구성원이 스스로 해당 정보를 제어할 수 있어야 한다는 요구는 정당하며, 법적으로도 강화되고 있다. 또한 조직은 HR 데이터의 활용에 대해 명확한 거버넌스 체계(Data Governance Framework)를 구축해야 한다. 이는 다음과 같은 기능을 포함해야 한다.

- 데이터 수집과 처리에 대한 투명한 기준 제시
- 접근 권한의 위계적 구조 설정
- 데이터 변경·활용에 대한 기록 추적 및 감사 대응 체계 확보
- 비식별화, 익명화 등 프라이버시 보호 기술 적용

데이터의 활용 가능성과 위험성은 동전의 양면과 같다. HR 데이터의 전략적 가치는 보호와 통제, 책임과 권한의 균형을 통해 실현되어야 하며, 이는 단순한 기술 문제가 아닌 조직의 가치관과 거버넌스 철학을 반영하는 문제다.

4. ESG 관점에서 본 HR 디지털 거버넌스

최근 기업의 지속가능성과 사회적 책임을 종합적으로 판단하는 지표로서 ESG(Environment, Social, Governance)가 대두되면서, HR 디지털화 역시 단순한 기술 효율성이 아니라 사회적 책임성과 윤리성이라는 평가 기준 아래 놓이게 되었다. 특히 'S(Social)'와 'G(Governance)' 요소는 HR 디지털 거버넌스의 핵심 판단 기준으로 작용한다. Social 관점에서는 구성원의 다양성(Diversity), 형평성(Equity), 포용성(Inclusion)을 데이터 기반으로 얼마나 정직하게 측정하고, 관리하며, 개선하고 있는가가 평가의 핵심이다. AI 기반 채용에서 성별 · 연령 · 장애 등에 대한 공정성 확보, 교육 기회의 균등성, 비정규직/파트타임 근로자에 대한 평가 시스템의 형평성 등이 이에 포함된다.

Governance 관점에서는 디지털 기술의 사용 기준, 윤리 위원회 설치 여부, 내부 통제 체계, 알고리즘 투명성 등이 주요 기준이 된다. 기업이 자체적인 HR Tech 사용 지침을 마련하고, 외부 이해관계자에게 시스템 구조와 데이터 활용 내역을 공시하는 정도에 따라 ESG 평가에서의 '신뢰 지수'가 달라진다.

결론적으로, ESG 관점에서의 HR 디지털 거버넌스는 단지 '좋은 기술을 도입했는가'가 아니라, 그 기술을 어떻게 책임 있게 설계하고 운영하며, 구성원과 사회로부터 신뢰를 획득하는 방식으로 활용하고 있는가에 대한 판단이다. HR 디지털화의 궁극적인 목적은 기술을 통한 효율이 아니라, 사람 중심의 공정하고 신뢰받는 조직 시스템 구축에 있다. 디지털 기술은 인사관리의 도구이지, 그 자체가 목적이 되어서는 안 된다. 따라서 기술 도입 전에는 윤리적 기준과 공정성 원칙이 설계되어야 하고, 운영 중에는 데이터 주권과 거버넌스 체계가 정착되어야 하며, 외부 이해관계자에게는 ESG 기준에 부합하는 책임성과 투명성이 요구된다. 향후 HR 담당자는 기술적 역량과 함께 디지털 윤리, 거버넌스 이해, ESG 관점의 판단력을 함께 갖춘 전략적 리더로서의 역할을 수행해야 하며, 이는 단순한 시스템 관리자를 넘어 조직의 인적자원 가치를 사회적 신뢰로 연결하는 핵심 브릿지(Bridge)가 되는 일임을 인식해야 한다.

section 07 HR 디지털 전환의 미래 전망과 전략

— 인간 중심의 디지털 생태계와 전략적 HR 리더십의 진화 —

HR 디지털화는 단순한 기술의 일시적 확장이 아니라, 인사관리 전반에 걸쳐 지속가능하고 구조적인 변화의 전환점으로 작용하고 있다. 디지털 기술은 인사관리의 속도, 범위, 정밀도를 향상시키는 동시에, 조직 내 인간관계, 일의 의미, 리더십 구조, 심리적 안전 등의 정성적 요소에도 깊이 영향을 미치고 있다. 이에 따라 HRM의 미래는 기술 중심이 아니라, 기술과 인간, 효율성과 가치, 글로벌 환경과 지역성 간의 균형을 조율하는 통합적 전략 체계로 진화해야 한다. 본 절에서는 디지털 전환 이후 HRM이 나아갈 방향성과 함께, 그 전략적 기반이 되는 글로벌 트렌드, 인간 중심 HRM 철학, 조직의 디지털 리더십 역량 강화 방안에 대해 심층적으로 살펴본다.

1. HRM의 미래와 디지털 생태계

HRM의 미래는 고립된 부서 기능이 아니라, 디지털 기반의 생태계(HR Digital Ecosystem)로 진화할 것으로 전망된다. 이는 인사관리 시스템, 분석 도구, 학습 플랫폼, 피드백 메커니즘, 근태 및 복지 시스템 등이 유기적으로 연결된 통합형 운영 구조를 의미한다. 이러한 생태계는 기술적 측면에서는 클라우드, API 연동, 마이크로서비스 구조, 사용자 맞춤형 플랫폼 등으로 구현되며,

전략적 측면에서는 인재 확보→육성→유지→재배치→이탈까지의 전 과정이 데이터 흐름에 의해 통합 관리되는 구조로 구축된다. 특히 조직은 단일 시스템이 아닌, 다양한 HR Tech 솔루션들을 유연하게 결합하여 모듈형 생태계(Modular HR Architecture)를 설계하게 되며, 이는 구성원 중심의 경험 기반 경영(EX) 강화로 이어진다.

향후 HR 디지털 생태계는 업무 방식의 혁신뿐만 아니라, 조직과 개인의 관계에 대한 재정의, 커뮤니케이션 방식의 변화, 데이터 주권에 기반한 자율경영의 기틀을 마련하는 역할을 하게 될 것이다.

2. AI와 인간 중심 HRM의 조화

HRM의 디지털화가 심화될수록 인공지능(AI)의 영향력은 더욱 커지고 있으며, 이는 효율성 증대, 예측 가능성 향상, 운영 자동화 등 수많은 혜택을 제공한다. 그러나 동시에 HR의 본질은 '사람을 위한 시스템'이라는 점에서, AI 중심 인사관리와 인간 중심 HRM 간의 균형은 향후 가장 중요한 전략적 과제가 된다. AI는 채용에서 적합도 평가, 면접 자동화, 이직 예측 등에 매우 유용하지만, 구성원의 동기, 맥락, 성장 가능성, 관계의 질 등 정성적이고 주관적 요소는 여전히 인간의 판단에 의존할 수밖에 없다. 따라서 미래 HRM은 AI와 사람 간의 역할 구분을 명확히 하되, 협업 모델(Human-AI Collaboration)을 통해 상호 보완하는 구조로 진화해야 한다. 이러한 조화를 위한 실천 전략은 다음과 같다.

- **AI는 조력자이지 결정권자가 아니다**: AI는 데이터를 기반으로 한 추천을 제공하되, 최종 결정은 HR 전문가와 리더의 판단에 기반해야 한다.
- **감성지능(EQ) 기반 리더십과의 결합**: 디지털 역량뿐 아니라 공감, 윤리, 정서적 안정감 등의 요소가 HR 리더십의 핵심 역량으로 추가되어야 한다.
- **HR 역할의 재정의**: 미래의 HR은 기술 관리자에서 벗어나, '인간 중심의

조직설계자', '디지털 윤리 가이드', '데이터 기반 인재전략 설계자'로 전환된다.

AI는 HR의 미래를 결정하지 않는다. HR의 철학과 목적이 기술을 어떻게 정의하고 활용하느냐가 미래의 HR을 결정한다.

3. 글로벌 HR 디지털 전략 트렌드

디지털 전환은 전 세계적으로 동시에 일어나고 있지만, 국가·문화·법제도·노동시장 특성에 따라 HR 디지털 전략은 상이하게 전개된다. 특히 글로벌 기업의 경우 다양한 지역에서 통용 가능한 글로벌 표준 시스템(Global Standard Platform)을 운영하면서도, 각국의 지역 특성(Local Compliance & Sensitivity)을 반영해야 하는 이중 전략(Local–Global Duality)이 요구된다. 대표적인 글로벌 HR 디지털 전략 트렌드는 다음과 같다.

- **People Analytics의 국제화**: 이직률, 다양성 지표, 복지 수혜율, 조직 몰입도 등을 국가별로 비교 분석하고, 글로벌 차원의 인재전략을 수립
- **국경 없는 디지털 러닝**: 온라인 학습 플랫폼을 통해 전 세계 직원에게 동시 콘텐츠 제공, AI 기반 커리큘럼 추천
- **Cross-border Talent Mobility 시스템화**: 다국적 인재의 이동을 고려한 디지털 경력관리 체계, 글로벌 직무평가 기준
- **문화 감수성 기반 알고리즘 설계**: 각국의 문화·언어·근로관행을 반영한 지역별 맞춤형 UI/UX, 평가 기준, 커뮤니케이션 방식

이러한 글로벌 전략의 성패는 결국 '디지털 유연성 + 문화 적합성'의 균형에 달려 있으며, HR 디지털 전략은 단일 기술이 아니라 조직 철학, 현지 실정, 글로벌 지향성이 통합된 프레임워크로 설계되어야 한다.

4. 조직의 디지털 HR 리더십 역량

HR 디지털화가 조직 내에서 성공적으로 추진되기 위해서는 기술뿐 아니라 이를 주도하는 리더십 역량의 성숙도가 핵심 변수가 된다. 디지털 HR 리더십이란 단순히 HR 시스템을 잘 이해하고 사용하는 역량을 넘어서, 조직 전체의 디지털 전환을 인사 전략과 연결하고, 변화를 설계하며, 구성원을 참여시키는 리더십 능력을 의미한다. 디지털 HR 리더에게 요구되는 핵심 역량은 다음과 같다.

- **디지털 소양(Digital Literacy)**: HR Tech, AI, 빅데이터, 클라우드, UX 등 디지털 기술 전반에 대한 이해와 해석 능력
- **데이터 기반 의사결정 능력**: HR Analytics를 활용한 인사 전략 수립, 근거 중심의 정책 제안, KPI 정렬
- **조직 변화 설계 및 추진 능력**: HR 디지털 시스템 도입 시, 조직 구조 재설계, 업무 프로세스 조정, 교육훈련 계획 수립
- **윤리성과 신뢰 기반 리더십**: 기술에 대한 무비판적 수용이 아닌, 인간 중심 가치와 윤리 기준을 기반으로 한 책임 있는 의사결정

특히 중간 관리자와 현장 리더들은 구성원과 가장 가까운 거리에서 디지털 변화의 성패를 좌우하는 실질적 변화 촉진자(change agent)이며, 조직은 이들을 대상으로 한 디지털 HR 리더십 교육과 인증체계를 마련해야 한다.

결론적으로 HR 디지털 전환의 미래는 기술과 효율을 넘어, 사람과 가치의 조화, 글로벌 환경의 적응력, 전략적 리더십 역량 강화를 중심으로 전개될 것이다. HRM은 이제 단순한 기능 운영이 아니라, 조직의 지속가능성을 설계하고, 구성원의 성장 경험을 디자인하며, 사회와 기업 간의 신뢰를 구축하는 전략적 통합 기능으로 재정립되고 있다. 따라서 앞으로의 HR 전략은 다음과 같은 질문을 중심으로 구성되어야 한다.

- "기술은 누구를 위한 것인가?"

– “조직의 디지털 시스템은 구성원의 몰입과 성장에 어떤 영향을 주는가?”

– “우리의 HR 리더는 변화의 기회를 어떻게 설명하고 실행하는가?”

이 질문에 대한 해답을 찾아가는 과정이 곧 HR 디지털 전환의 미래를 완성해 나가는 과정이며, HRM은 기술 중심이 아닌 인간 중심의 디지털 생태계 설계자로서 그 존재 의미를 확장하게 될 것이다.

인적자원관리 강의 수강생 여러분께 드리는 인사

사랑하는 인적자원관리 수강생 여러분,

한 학기 동안 인적자원관리(Human Resource Management)의 전 과정을 함께 공부하며, 우리 조직의 '사람'을 어떻게 바라보고, 어떻게 성장시키고, 어떻게 함께 나아갈 수 있을지를 깊이 있게 고민해주셔서 진심으로 감사드립니다.

이 강의는 단순히 조직의 운영방식이나 제도를 배우는 데서 끝나지 않았습니다. 우리는 '사람'이라는 가장 복잡하면서도 가장 아름다운 자원을 어떻게 이해하고, 어떻게 존중하며, 어떻게 함께 성장시킬 수 있을지를 고민하는 여정을 함께 걸었습니다. 조직 속 개인의 의미, 리더의 역할, 공정성의 가치, 변화의 관리, 그리고 무엇보다 사람을 향한 따뜻한 시선과 냉철한 판단의 균형을 배웠습니다.

앞으로 여러분이 어떤 조직에서 어떤 역할을 맡든, 여러분이 가진 인사관리 지식은 단지 기능적 능력이 아니라 조직과 사람 사이를 연결하는 다리가 될 것입니다. 기업의 이익을 넘어 구성원의 존엄을 생각할 줄 아는 인사인이 되어주시길 바랍니다. 사람을 숫자로 보지 않고, 가능성과 맥락으로 바라볼 줄 아는 시야를 지닌 리더가 되기를 바랍니다.

이제 여러분은 '좋은 조직'을 상상할 수 있는 힘을 갖게 되었습니다. 그리고 그 상상을 현실로 바꿀 수 있는, 아주 중요한 첫걸음을 내딛었습니다.

당신이 머무는 곳에, 신뢰와 공정, 성장과 따뜻함이 함께하는 조직문화가 피어나길 진심으로 기원합니다. 한 학기 동안 참 수고 많으셨습니다. 여러분의 앞날을, 진심을 다해 응원합니다.

경영학과 교수
경영학박사
윤성두 드림

참고문헌

김문중, 『신경영학원론』, 청목출판사, 2006.

김문중, 『최신조직행동론』, 청목출판사, 2006.

김문중, 『현대노사관계론』, 청목출판사, 2006.

김영배(2018), 『21세기 인적자원관리론』, 박영사.

김유종 · 이원섭(2021), 『조직행동론』, 무역경영사.

박경규(2020), 『인적자원관리』, 박영사.

배종석(2019), 『전략적 인적자원관리』, 학현사.

서영택(2022), 『HRD와 성과관리』, 학지사.

윤성두(2021), 『노사관계론』, 한국경영연구원.

윤성두(2024), 『농산업창업론』, 한국농어촌경영연구원.

이규용 · 김주환(2020), 『조직행동과 리더십』, 한올출판사.

장수용(2023), 『디지털 인적자원관리』, 생능출판.

장재윤(2017), 『성과관리시스템(PMS) 이론과 실제』, 명경사.

정무진(2022), 『HR Analytics와 데이터 기반 인사』, HR Insight Books.

황희곤(2016), 『인사관리』, 대영문화사.

WorldatWork(2020), Total Rewards: A Guide to Compensation and Benefits Strategies, 15th ed.

Armstrong, M. (2020), Armstrong's Handbook of Human Resource Management Practice, Kogan Page.

Boxall, P., Purcell, J., & Wright, P. (2007), The Oxford Handbook of Human Resource Management, Oxford University Press.

Ulrich, D., Brockbank, W., Johnson, D., Sandholtz, K., & Younger, J. (2008), HR Competencies: Mastery at the Intersection of People and Business, SHRM.

McKinsey & Company (2021), The State of AI in HR: Global Trends and Use Cases, McKinsey Insights.

Deloitte (2022), 2022 Global Human Capital Trends, Deloitte Insights.

찾아보기

ㄴ

ㄷ

ㅈ

ㅎ

윤성두

약력
경희대학교(경영학사)
단국대학교 대학원 경영학 석사과정(경영학석사)
가천대학교 대학원 경영학 박사과정(경영학박사)
충남대학교 대학원 농업기계공학과 박사과정(농업기계공학박사 수료)
현) 경희대학교 경영대학원 경영학과 교수
가천대학교 겸임교수
한국기업경영학회 상임이사
중소기업기술정보진흥원 평가위원
농림수산식품교육문화정보원 평가위원
한국농어촌경영연구원 원장
전) 신구대학교, 강동대학교, 동원대학교 등 겸임교수
전북 농업마이스터 대학 객원교수

저서
노사관계론(2021, 청목출판사)
농산업창업론(2024, 청목출판사)
조직행동론(2026, 박영사)

신인적자원관리론

초판발행 2026년 2월 20일

지은이 윤성두
펴낸이 안종만 · 안상준

편 집 전채린
기획/마케팅 정연환
표지디자인 BEN STORY
제 작 고철민 · 김원표

펴낸곳 (주) 박영사
서울특별시 금천구 가산디지털2로 53, 210호(가산동, 한라시그마밸리)
등록 1959. 3. 11. 제300-1959-1호(倫)
전 화 02)733-6771
f a x 02)736-4818
e-mail pys@pybook.co.kr
homepage www.pybook.co.kr
ISBN 979-11-303-9793-1 93320

정 가 33,000원